U0636908

BLUE BOOK

智 库 成 果 出 版 与 传 播 平 台

中国社会科学院创新工程学术出版资助项目

发展规划蓝皮书
BLUE BOOK OF DEVELOPMENT PLAN

中国五年规划发展报告（2022~2023）
DEVELOPMENT REPORT OF CHINA'S 14TH FIVE-YEAR PLAN (2022-2023)

中国社会科学院数量经济与技术经济研究所
中国经济社会发展与智能治理实验室
中国社会科学院宏观经济研究智库
主　编／李雪松
副主编／李海舰　张友国

社会科学文献出版社
SOCIAL SCIENCES ACADEMIC PRESS (CHINA)

图书在版编目（CIP）数据

中国五年规划发展报告.2022-2023 / 李雪松主编；
李海舰，张友国副主编.--北京：社会科学文献出版社，
2023.8（2023.11重印）
（发展规划蓝皮书）
ISBN 978-7-5228-2109-2

Ⅰ.①中…　Ⅱ.①李…②李…③张…　Ⅲ.①中国经
济-国民经济计划-五年计划-研究报告-中国-2022-
2023　Ⅳ.①F123.399

中国国家版本馆 CIP 数据核字（2023）第 127399 号

发展规划蓝皮书

中国五年规划发展报告（2022~2023）

主　　编 / 李雪松
副 主 编 / 李海舰　张友国

出 版 人 / 冀祥德
组稿编辑 / 邓泳红
责任编辑 / 吴　敏
责任印制 / 王京美

出　　版 / 社会科学文献出版社·皮书出版分社（010）59367127
　　　　　　地址：北京市北三环中路甲 29 号院华龙大厦　邮编：100029
　　　　　　网址：www.ssap.com.cn
发　　行 / 社会科学文献出版社（010）59367028
印　　装 / 三河市东方印刷有限公司

规　　格 / 开本：787mm×1092mm　1/16
　　　　　　印张：50.75　字数：849 千字
版　　次 / 2023 年 8 月第 1 版　2023 年 11 月第 2 次印刷
书　　号 / ISBN 978-7-5228-2109-2
定　　价 / 198.00 元

读者服务电话：4008918866

钟　洲　李　琛　端利涛　张友国　刘　强
陈星星　王　恰　孙博文　蒋金荷　王喜峰
姜承昊　潘　晨　刘　丹　王俊鹏　袁　梦
王　红

编 辑 组　韩胜军　张　杰

主要编撰者简介

李雪松　经济学博士，中国社会科学院数量经济与技术经济研究所所长、研究员，中国社会科学院宏观经济研究智库主任，中国社会科学院大学教授、博士生导师。兼任中国数量经济学会会长、中国统计学会副会长。第 14 届全国人大代表。长期从事中国经济问题研究，主要研究领域为宏观经济理论与政策、经济政策效应评估、战略规划与产业升级等。著有《中国宏观经济模型及经济政策评价》《高级经济计量学》等，主编《发展规划蓝皮书：中国五年规划发展报告》，合编《经济蓝皮书：中国经济形势分析与预测》，发表论文论著 200 余篇。入选国家高层次人才特殊计划哲学社会科学领军人才、全国文化名家暨"四个一批"人才、新世纪百千万人才工程国家级人选、中国社会科学院领军人才，享受国务院政府特殊津贴。曾获孙冶方经济科学奖，中国社会科学院优秀科研成果奖（2 项），中国社会科学院优秀对策信息特等奖及一、二、三等奖（50 项），中国社会科学院研究生院优秀教学奖（3 次），中国社会科学院优秀皮书奖一等奖（5 次）。

李海舰　经济学博士，中国社会科学院数量经济与技术经济研究所党委书记、副所长、研究员、博士后合作导师；中国社会科学院大学（研究生院）教授、博士生导师。美国伊利诺伊大学高级访问学者。兼任国家社会科学基金项目同行评议专家，中国数量经济学会常务副会长，中国企业管理研究会副会长。中国社会科学院哲学社会科学创新工程"长城学者"，全国新闻出版行业领军人才，享受国务院政府特殊津贴。主要研究方向为公司战略与组织创新、数字经济与转型发展。主持（或共同主持）中国社会科学院重大项目、国家社会科学基金重大项目等课题多项，在《中国社会科学》《管理世界》《中国工业经济》等学术刊物上发表论文 400 余篇，出版专著（含合作）十几部，研究成果（含合作）获孙冶方经济科学奖、蒋一苇企业改革与发展学术基金奖、中华人民共和国机械电子工业部科学技术进步奖、中国社会科学院优秀科研成果奖等多项奖励。

张友国 经济学博士，中国社会科学院数量经济与技术经济研究所副所长、研究员，中国社会科学院大学教授、博士生导师，中国社会科学院环境与发展研究中心主任。美国加州大学伯克利分校农业经济系访问学者。兼任中国数量经济学会副会长、中国生态经济学会常务理事。长期从事中国绿色低碳发展问题研究，主要研究领域为减污降碳与经济高质量发展协同路径和政策、区域协同碳达峰碳中和路径与政策、经济—能源—环境可计算一般均衡模型等。主持国家社科基金重大项目、国家自科基金面上项目以及省部级重大重点课题10 余项，出版专著 4 部，主编著作 3 部，在《经济研究》等国内外期刊发表学术论文数十篇。曾获胡绳青年学术奖、中国社会科学院优秀科研成果奖、中国社会科学院优秀对策信息一等奖、刘诗白经济学奖、安子介国际贸易研究奖（著作类）。

摘　要

　　编制和实施国民经济和社会发展五年规划是我们党治国理政的重要方式，对五年规划进行研究并开展年度跟踪评估具有鲜明的中国特色，是建构中国经济学特别是发展经济学自主知识体系的重要组成部分。本书根据国家"十四五"规划纲要、党的二十大报告和 2022 年中央经济工作会议精神，结合国家有关专项规划、区域规划和实施方案，完整、准确、全面贯彻新发展理念，加快构建新发展格局，着力推动高质量发展，重点针对经济增长与扩大内需、改革开放与激发活力、科技创新与产业升级、数字经济与智能治理、能源转型与低碳发展等领域，全面跟踪"十四五"规划年度实施情况，梳理主要政策措施，分析前沿实践和发展趋势，客观评价进展成效，深入总结经验做法。在分析困难和挑战的基础上，立足国情，借鉴国内外经验，着眼未来寻求超越，提出具有针对性且体现思想性、学理性、前瞻性的对策建议。未来一段时期，要注重把发挥政策效力和激发经营主体活力结合起来，形成推动高质量发展的强大动力，要统筹推动经济运行持续好转、内生动力持续增强、社会预期持续改善、风险隐患持续化解，推动经济实现质的有效提升和量的合理增长。

　　关键词： 经济增长　扩大内需　改革开放　科技创新　数字经济　低碳发展

目 录 ↳

Ⅰ 总论

Ⅱ 经济增长与扩大内需

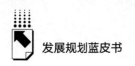

Ⅲ 改革开放与激发活力

Ⅳ 科技创新与产业升级

V 数字经济与智能治理

VI 能源转型与低碳发展

Contents ……………………………………………………… / 753

皮书数据库阅读**使用指南**

总　　论

B.1
推动经济实现质的有效提升
和量的合理增长

李雪松*

摘　要： 2023年是"十四五"时期的第三年，在步入"十四五"中期之际，有必要基于我国经济社会发展取得的成效，明确接下来经济发展具备的有利条件和面临的问题挑战，并提出具有针对性的应对策略，从而为实现"十四五"以及中长期总体目标打下坚实的基础。围绕这一思路，本报告首先梳理了2022年我国在经济增长、就业物价、科技创新、区域协调、改革开放等方面取得的进展成效；其次从中长期发展趋势角度提出了我国面临的三方面"重大阶段转换"特征，并进一步分析了我国未来经济发展在科技革命、市场规模、人口质量、国际合作等领域具备的有利条件，以及在关键核心技术、内需培育、房地产—地方财政—中小银行风险、重点群体就业等方面面临的挑战；最后为应对这些问

---

* 李雪松，中国社会科学院数量经济与技术经济研究所所长、研究员，中国社会科学院大学教授、博士生导师，中国社会科学院宏观经济研究智库主任，主要研究领域为宏观经济学、数量经济学、发展经济学等。

题提出了若干政策建议。

关键词: 经济增长　深化改革　扩大开放　激励创新

　　2023 年是"十四五"时期的第三年,是稳步推进"十四五"规划各项重大工程,围绕"十四五"时期经济社会发展目标持续发力的重要年份。尽管 2022 年遭遇了俄乌冲突复杂演变、发达经济体滞胀风险上升、新冠疫情反复、高温干旱气候等多重超预期冲击,经济运行面临的"三重压力"凸显,但全年经济整体呈现在震荡中逐步恢复的态势,并且在许多关键领域取得了积极进展和成效。在步入"十四五"中期之际,须立足当下,理清我国面临的经济发展环境,明确自身具备的有利条件和存在的问题,依照完整、准确、全面贯彻新发展理念,构建新发展格局的战略导向提出应对之策,为推动经济高质量发展,全面建设社会主义现代化国家打下坚实的基础。

一　2022年我国经济高质量发展取得新成效

　　2022 年我国经济发展经历了特殊而艰难的一年,一季度开局良好,二季度前期随着一线城市陆续遭受疫情冲击,经济面临的下行压力显著增加,为了稳定经济增长,党中央和国务院及时出台了一系列政策措施,三季度经济走势明显回升,尽管四季度再度遭遇负向冲击,但依然延续了复苏态势。[①]总体而言,2022 年我国经济发展基本盘持续增强,就业和物价表现总体稳定,创新综合实力稳步增强,区域协调发展持续优化,改革开放持续深化,经济高质量发展取得新成效。

(一)经济发展基本盘持续增强

　　一是经济总量再上新台阶。2022 年我国国内生产总值为 121 万亿元,

[①]　中国社会科学院宏观经济研究智库课题组:《有效应对外部变化　继续促进经济恢复——2022 年秋季中国宏观经济形势分析》,《改革》2022 年第 10 期。

继 2020 年突破 100 万亿元、2021 年突破 110 万亿元后，再度稳步迈上新台阶，稳居世界第二位。二是农业和工业部门供给能力持续提升。农业部门综合生产能力进一步增强，粮食产量再创新高。工业对经济恢复发挥重要作用，特别是高技术产业恢复明显快于传统制造业，新能源汽车、电器设备制造等成为制造业恢复的重要支撑。三是投资需求保持稳定。固定资产投资增速平稳，基础设施建设和制造业投资增速维持在较高水平，对稳增长发挥了重要作用。

（二）就业物价总体稳定

一是城镇就业在波动中向总体平稳的态势收敛，多数月份调查失业率处于目标值之下，新增就业人数超额完成年初目标。二是就业优先政策实施力度持续强化。不断加大对企业稳岗扩岗的支持力度，接续推出百万就业见习岗等新举措，有力增强劳动力市场应对周期性供求失调和结构性矛盾的韧性。三是保供稳价体系建设取得明显成效，保供稳价系列举措有效实施。面对疫情、气象灾害、国际市场波动等市场干扰因素，我国有力确保了粮油等重要民生商品的货足价稳，物价总体保持低位温和运行。四是价格监测预警机制不断完善，调控工具箱逐步丰富和优化，大宗商品储备调节能力进一步增强。

（三）创新综合实力稳步增强

一是创新驱动经济高质量发展的能力不断提升。高技术产业对经济增长的贡献持续增大，大数据、人工智能等新兴技术带动新产品、新业态快速发展，新能源汽车、光伏等战略性新兴产业维持较高景气度。二是科技创新体系不断优化，全球创新指数排名稳步上升。国家实验室体系进一步完善，科技人才评价改革试点工作有序推开。三是数据要素市场活力进一步释放，新设数字经济企业和"四新经济"企业数量快速增长。

（四）区域协调发展持续优化

一是京津冀协调发展、长江经济带发展、长三角一体化发展、黄河流域生态环境整治、成渝地区双城经济圈建设等重大战略取得重要进展。二是区域协

调发展战略深入实施。东、中、西与东北地区发展协调性逐步增强，特殊类型地区振兴发展取得新进展。三是深入推动以人为核心的新型城镇化。城镇基本公共服务均等化稳步推进，农业转移人口市民化质量显著改观。

（五）改革开放持续深化

一是持续深化社会主义市场经济改革。要素市场化配置综合改革试点逐步展开，国企改革三年行动基本完成，行政许可事项清单管理全面实行，财税金融体制改革扎实推进。二是持续推动高水平对外开放，保量的同时提质增速。新版外资准入负面清单深入实施，银行间和交易所债券市场对外开放同步推进，西部陆海新通道多条铁路建成通车，自贸区、海南自由贸易港建设扎实推进。

二 "十四五"后半段我国经济发展面临阶段性转换

"十四五"时期的前两年，受外部环境变化、新冠疫情等因素冲击，我国经济发展的实际进度与预期相比有所滞后，因而"十四五"时期的后半段变得尤为关键。2023~2025年是经济走出疫情"非常态"、填补疫情期间缺口的关键时期，决定了2025年能否实现"十四五"规划预定的各项目标任务，同时，未来三年将进入我国经济发展历程中具有较强特殊性的一段时期，集中体现在以下三个方面的阶段性转换。

（一）工业化进程的阶段转换

当前我国已基本实现了传统意义上的工业化，工业占GDP比重在国际比较中已处于较高水平，不少传统行业处于产能充足甚至相对过剩的状态。然而，实现工业化并不意味着工业化进程的终结，"十四五"时期后半段将是我国产业结构转型升级，迈向高端化、智能化、绿色化、融合化的攻坚阶段。在此过程中，原有的低成本优势将逐渐削减，亟待形成新的比较优势。如果"十四五"时期后半段产业结构转型升级顺利，我国经济社会发展将迈上新的、更高的平台，否则就可能在"前有堵截、后有追兵"的情况下面临风险。

（二）城镇化进程的阶段转换

2022 年我国常住人口城镇化率已达到 65.2%。随着常住人口城镇化率升至较高水平，一方面，"快速城镇化阶段"进入尾声，城镇化速度逐渐放缓，房地产、基础设施建设等经济活动对经济增长的带动作用将明显减弱；另一方面，户籍人口城镇化率与常住人口城镇化率之间仍有约 18 个百分点的差距，意味着大约有 2.5 亿人在城市工作生活但仍然是农村户籍。城乡融合发展、新型城镇化变得更为迫切，以城带乡、以城促乡的条件更趋成熟。

（三）人口结构特征的阶段转换

2022 年我国人口比上年减少 85 万人，其中 60 岁及以上人口占比达到 19.8%，65 岁及以上人口占比达到 14.9%，根据联合国的标准，已经正式进入了"老龄化社会"。[①] 过去长期支撑我国经济发展的以人口基数大、劳动年龄人口多、占比高为主要特征的"人口数量红利"逐渐削减，人口数量负增长、劳动人口减少、老龄化加深成为新挑战。同时，劳动力平均受教育程度明显增加，中青年代际的人力资本更为丰富，人口要素对经济发展的支撑将由过去的"人口数量红利"转向"人口质量红利"。

三　我国经济发展的有利条件与战略机遇

进入"十四五"时期后半段，尽管我国经济社会发展仍面临诸多风险挑战，但经济综合实力大为提升，且未来仍有较大的发展潜力，具备不少有利条件。

（一）新一轮科技革命加速演进，产业发展面临新的战略机遇

当前，全球科技创新进入密集活跃期，重大前沿技术、颠覆性技术和群体性技术快速突破，新一轮科技革命和产业变革深入推进，科技创新成为系统重

---

① 蔡昉、李雪松、陆旸：《中国经济将回归怎样的常态》，《中共中央党校（国家行政学院）学报》2023 年第 1 期。

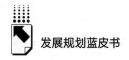
塑产业体系、全面提升产业核心竞争力的关键变量。从现实基础来看，我国产业发展可能迎来新的战略机遇。

一是制造业高端化和服务业现代化发展机遇。长期以来，我国制造业总体在产业链中低端徘徊，产品附加值普遍不高。为打破制造业"低端锁定"困境，我国加快围绕现代制造业提升科技创新水平，持续增加对关键领域的优质资源投入，推进传统产业改造升级，加速制造业从中低端向中高端迈进。同时还制定了一系列支持服务业高质量发展的政策举措，积极推动数字技术与生活服务业融合，大力支持生产性服务业专业化高端化发展，促进我国服务业现代化水平不断提高。

二是产业智能化发展机遇。智能化是未来经济发展的重要趋势。近年来，我国在人工智能、5G、量子计算等数字技术上取得一系列重要成果，并与先进制造技术实现有效结合，同时积极推动人工智能产业发展，不断强化数据支持和应用场景建设，为我国拓展产业智能化的广度和深度打下坚实的基础。

三是工业绿色化发展机遇。绿色发展已成为全球共识。近年来，为推动工业绿色发展，我国加强绿色技术在生产制造领域的应用，引导和支持制造企业降碳减污增绿，不断完善绿色制造体系，工业绿色转型动力有效增强。

（二）超大规模经济体具有"倍差优势"，产业、区域、城乡之间腾挪空间较大

我国是世界上第一个人口数量超过 10 亿且人均 GDP 超过 1 万美元的超大规模经济体。一方面，我国人口规模与美国、日本等其他经济体相比存在"倍差优势"。另一方面，从实体经济规模看，我国制造业增加值规模远大于美国、日本、德国、英国、法国等发达国家，"倍差优势"也在形成。人口和产业规模的倍差意味着，作为超大规模经济体，我国具备其他国家所不具备的一些特有优势：一是要素资源相对丰富的优势；二是产业基础较为完善的优势；三是超大规模市场优势；四是对周边地区和世界其他国家辐射强、带动强的优势。

同时，作为超大规模经济体，我国在产业之间、区域之间、城乡之间具备较为充分的腾挪空间——"东边不亮西边亮""一山过了还有另一山"的可能性远远大于其他国家。例如，传统制造业、房地产等行业趋于饱和的同时，数

字经济、智能装备、绿色低碳、生物医药等行业成为新的增长点。又如，在东部沿海地区经济发展接近前沿、增速放缓之后，中西部广阔的腹地仍有较大的追赶空间。再如，在城市建设热潮散去的同时，乡村建设和城乡融合发展又带来了新的增长点。

（三）"人口数量红利"仍保持在一定水平的同时，"人口质量红利"加快释放

在关注人口老龄化中长期隐忧的同时，也应认识到：未来一段时期我国仍将拥有世界上相对规模最大的劳动力供给，劳动年龄人口规模超过美欧日的总和，"人口数量红利"仍将保持在一定水平。更重要的是，由于国家多年来在教育上的持续投入，我国劳动力受教育年限逐年提升，人力资本持续积累，科学家、工程师、企业家等不同门类优秀人才加速涌现，"人口质量红利"对经济发展的贡献正在释放。

总体而言，未来几年在"人口数量红利"仍然存在的同时，"人口质量红利"加快释放，出现数量维度和质量维度"双红利"的有利窗口期。即便到2030年前后，届时处于20~50岁年龄段的青壮年人口数量仍将有6.12亿人，其中20~40岁的青年人口数量为3.9亿人。这些群体成长于中国经济蓬勃发展的高速增长期，是互联网等新经济时代的"原住民"，受教育程度较高，具有更强的创造力和国际竞争力，将成为我国建设社会主义现代化国家的生力军。

（四）参与世界经济与贸易的程度不断提升，深度融入全球产业链价值链

2001年正式加入世界贸易组织以来，我国充分发挥自身比较优势，承接了大量发达国家制造业环节转移，快速融入了世界经济体系。党的十八大以来，我国对外贸易规模持续扩大，实际利用外资显著增加。高技术制造业出口占比明显提升，"中国制造"向"中国智造"转型升级。数字经济发展带动对外贸易加速线上化，跨境电商进出口规模成倍增长。在推动经贸合作不断升级的同时，我国还积极参与全球和区域治理。我国提出的"人类命运共同体"理念得到了国际社会尤其是广大发展中国家的广泛认可，被多次载入联合国决

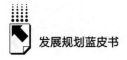

议。自"一带一路"倡议提出以来，已先后被全球130多个国家和30多个国际组织接受，成为具有全球影响力的发展合作平台。①

尽管近年来逆全球化主义明显抬头，但我国经济已深度融入全球产业链，世界经济对中国经济的依赖程度较高。尤其是俄乌冲突以来，欧洲大陆、中东、东南亚、非洲等地区对中国经济的依赖度进一步增强，中欧之间、中阿之间、中国与东盟之间、中非之间加强经济联系的呼声持续高涨。

四　当前需要关注的问题和挑战

当前我国处于经济发展重要转型期，一方面须加快按照贯彻新发展理念、构建新发展格局的战略导向积蓄增长新优势，另一方面须着力化解经济发展过程中累积的风险和矛盾。综合两方面的要求，当前需要关注的问题和挑战表现在以下几方面。

（一）关键核心技术"卡脖子"

2022年我国集成电路进口额超过4000亿美元，在主要进口商品中排第一位，是我国关键核心技术"卡脖子"的具体表征之一。此外，部分领域核心零部件、基础元器件、高端材料自给率不足三分之一等现象也表明我国关键核心技术对外依存度偏高，导致高技术企业发展及产业转型升级面临较大风险。具体来说，可以从以下两个角度认识我国在关键核心技术领域面临的"卡脖子"风险。

一是大国博弈加剧凸显了关键核心技术"卡脖子"风险。就自身发展阶段而言，我国仍处于社会主义初级阶段、综合经济实力与发达国家存在显著差距，这决定了我国在部分科技领域落后于人具有现实合理性，而且即使是发达国家也不可能在科技领域占据全局先进性和引领性。个别国家推动国际产业链供应链"去中国化"，凸显了我国在集成电路、高端装备、工业软件等领域关键核心技术"卡脖子"问题。

---

① 李雪松、冯明、张慧慧：《人民对美好生活的向往不断变为现实》，《人民日报》2022年9月30日。

二是我国科技创新综合实力不强导致短期内化解"卡脖子"风险的任务十分艰巨。其深层次原因包括：国家战略科技力量不够强大、前沿技术领域科技领军企业不足、企业基础研究投入不足、高层次科技人才培养和引进不足、科技成果转化不畅等。

（二）有效内需培育不足

扩大内需是构建新发展格局的战略基点，特别是在世界经济增长预期下行、国际政治格局不确定性增加的情况下，强大的国内市场能够有效支撑国民经济良性循环。然而，受疫情反复冲击和国内外发展环境变化的影响，有效内需不足成为制约我国构建新发展格局的现实挑战。

一是居民消费能力和消费信心不足。作为居民消费水平的重要观察指标，2022 年社会消费品零售总额同比增速显著低于疫情前。其主要原因，一方面是居民实际收入下降、预期收入不稳、资产负债表受损所致；另一方面是我国服务性消费体系不完善，制约居民消费升级和规模扩张。

二是民营部门投资规模增速明显下滑。2022 年 6 月以来，私营企业固定资产投资完成额累计同比增速持续低于内资企业。这其中既有民营企业家投资预期不稳、信心不足的原因，也有传统制造业成本优势减弱叠加个别国家推动全球产业链"去中国化"导致相关产业投资空间被压缩的原因。此外，房地产行业进入深度调整期，其投资增速显著放缓，这对国民经济长期健康发展带来的影响也需引起重视。

（三）房地产风险、地方政府隐性债务风险、中小银行风险相互交织

房地产、地方政府隐性债务、中小银行是当前风险较为集中的三个领域。前期对地方经济增长发挥重要作用的"房地产—土地财政—基础设施建设"循环面临收缩，房地产下行导致土地出让收入锐减，造成地方政府对债务的依赖上升，而地方债又主要由当地中小银行买入，三大风险相互交织、相互传染，导致整体风险进一步复杂化。[①]

---

① 中国社会科学院宏观经济研究智库课题组：《释放经济发展活力 巩固增长回升势头——2023 年第一季度中国宏观经济形势分析》，《改革》2023 年第 4 期。

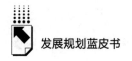
一是房地产市场处于深度调整期，未来几年风险可能持续释放。短期因素与长期因素碰头、供需失衡与金融因素叠加，房地产市场2022年经历了深度调整，一大批房地产企业债务违约甚至倒闭破产，行业整体由扩张期转向收缩期。尽管"保交楼"成效已逐步显现，但目前房地产企业风险尚未充分释放，房地产上下游资金链条、债务链条依然脆弱，对宏观经济运行造成的收缩效应需引起高度重视。

二是地方财政收支平衡压力加大，地方隐性债务风险较为突出。近年来，在主动减税降费、疫情冲击、房地产市场深度调整等因素共同作用下，不少地方财政困难。收支压力加剧了地方财政对债务的依赖，各种形式的隐性债务快速积累，政府综合债务率攀升，债务还本付息压力加剧，金融市场上对城投债务违约风险的担忧情绪滋长蔓延。

三是中小银行公司治理不健全，风险隐患较大。近年来，以包商银行、锦州银行、成都农商行、河南村镇银行等为代表的一系列中小银行风险爆雷事件频发。这些风险银行中，有的被大股东操纵，有的被管理层架空，有的缺乏专业的经营管理人员和可靠的激励约束机制，有的受到某些地方政府官员的不当干预，沦为地方融资平台的钱袋子。尽管具体原因各异，但都敲响了加强中小银行公司治理、加强金融监管的警钟。

（四）青年劳动力就业压力上升

自2022年4月以来，受互联网、房地产等行业就业吸纳能力持续下降，以及一线城市疫情反复的影响，16～24岁人口调查失业率攀升至18%以上，超过了往年毕业季水平。随着稳就业措施的推进，该指标在2022年第四季度有所下降，但2023年以来再次掉头上涨，近期达到新高。此外，2023年高校毕业生规模预计为1158万人，加上留学回国人数，三方合计意味着将有更多新增青年劳动力有就业需求。

导致青年劳动力调查失业率居高不下的主要原因包括：一是高校毕业生的就业落实更多的是对应新增就业机会。近年来部分行业就业创造能力显著走弱，同时叠加疫情冲击后市场主体尚未完全恢复，导致青年群体的就业机会明显减少。二是伴随经济高速增长，我国产业升级和就业技能需求迅速变化，而适应于产业发展的人才教育培养顶层设计薄弱。2019～2020年高职院校大规模扩招，扎堆开设财经商科类"热门专业"，加剧结构性失业矛盾。三是随着经济下行压力增大，优质就业岗位收缩，高校毕业生对"考公""考编"的热衷度上升，就业预期同质化导致竞争加剧，摩擦性失业增加。

五 战略举措与政策建议

综合考虑发展阶段特征和有利条件可以发现，现阶段面临的问题属于我国社会主义现代化建设新征程上面临的"成长中的烦恼"。发展中的问题也需要在发展的过程中加以解决。通过深化改革、扩大开放、激励创新，继续做大经济总量，提升发展质量，在发展的过程中防范化解风险，持续推动经济实现质的有效提升和量的合理增长。

（一）提升国家科技创新体系效率，完善关键核心技术攻关模式

一是区分关键核心技术"卡脖子"风险和现实"卡脖子"困境，有针对性地各个击破。充分发挥国家科技决策咨询委员会和科技领军企业的作用，对重点行业绘制关键核心技术图谱，明确存在"卡脖子"潜在风险和已经处于"卡脖子"困境的领域，并确定攻关优先级。针对前者需通过深化科技体制改革，大力支持企业开展基础研究，培育科技领军企业，培养和引进高层次人才，健全科技成果转化机制等多种渠道化解潜在风险。针对后者则需利用新型举国体制集中攻关。

二是明确新型举国体制中市场与政府的作用边界，提升技术攻关效率。新型举国体制是将市场与政府进行有机结合的科技创新体制，在两种资源配置手段均发挥作用的情况下，需要根据所攻关技术的特点及应用领域处理好市场与政府的关系。对于不涉及国家战略安全且其最终应用场景面向市场主体的领域，要充分发挥市场在资源配置中的决定性作用，强化企业创新主体地位，发挥龙头企业在产业联盟、技术联盟中的引领作用。[1]

---

[1] 陈劲、阳镇、朱子钦：《"十四五"时期"卡脖子"技术的破解：识别框架、战略转向与突破路径》，《改革》2020 年第 12 期。

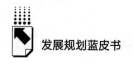

（二）统筹发挥有效市场和有为政府双重作用，充分发挥二者在扩大内需和增加就业中的作用

一是坚持"两个毫不动摇"，持续推进市场化改革，充分激发民营经济活力。激活民营经济既有助于促进投资、扩大生产，又有助于稳定就业、促进消费。一方面需深化投资体制机制改革，放宽市场准入，审慎出台各类限制性措施，创新监管方式，为民营企业"松绑"，改善投资预期，稳定投资信心。另一方面需加快完善现代企业产权制度，激励地方政府加速优化营商环境，保障国有企业和民营企业同等对待的政策落到实处。

二是围绕改善分配、优化服务、促进消费升级等关键着力点，增强居民消费能力、释放潜在消费需求。进一步优化户籍管理制度，加快农业转移人口市民化，畅通人口流动，提高居民收入。优化政府支出结构，提升公共服务支出比重，减轻居民在教育、医疗、养老、住房等方面的支出压力，增强居民消费能力。加大力度发展现代服务业，提升服务业投资开放度，拓展中高端消费市场。

三是强化就业优先政策，以激发市场主体活力提升稳就业能力。切实加强就业保障政策在保市场主体、稳增长、保障民生等相关政策中的优先地位。突出市场化、社会化的扩就业方向，着力减轻市场主体负担，优化生产经营环境，加大对市场化原则下稳岗扩岗的财政金融支持力度，提供精准高效的公共就业服务。

（三）增强系统观念，统筹防范化解房地产、地方债、中小银行三大风险

一是在发展中防范化解房地产市场风险，加快构建房地产"新发展模式"和"长效机制"。当前房地产市场仍处于调整期，市场预期不稳、情绪脆弱，亟须加强政策引导。未来一段时期，我国房地产市场将由高速增长阶段，转变为结构优化、品质提升的高质量发展阶段。为适应这一转型，需要加快明确房地产"新发展模式"和"长效机制"的具体内涵，向市场发出明确的政策信号，为稳预期创造条件，多措并举推动房地产行业走向高质量发展的新阶段。具体而言，明确商品房与保障性住房的发展定位，优化住房买卖市场与租赁市场的分工和联系，建立更加市场化的建设用地指标配给体系。

二是一体应对地方政府隐性债务风险和中小银行风险。地方政府、融资平台、地方中小银行之间资产负债表相互交织，单靠财政部门和金融部门各自采取措施，容易按下葫芦浮起瓢，难以解决根本问题。中央层面已提出建立"地方党政主要领导负责的财政金融风险处置机制"，具体落实上，建议以省级政府为主体建立工作机制，协调财政部门与金融监管部门，按照"三位一体"的原则统筹处置化解省市县三级地方政府隐性债务风险和地方中小银行风险：一体监测地方政府及融资平台的负债端信息和金融机构的资产端信息，一体化解地方政府及融资平台的偿债风险和金融机构的坏账风险，一体构建区域政府性债务可持续性指标和金融稳定性指标并进行考核。

三是深化财税金融体制改革，从根本上为防范化解地方财政金融风险提供体制机制保障。一方面，进一步研究深化财税体制改革，进一步理顺明确中央和地方事权，加快规范省以下政府间纵向财税关系，增强地方尤其是基层政府的财力，对冲土地出让收入下滑造成的缺口。另一方面，加快推进《金融稳定法》立法进程，优化中央和地方金融监管职能，在总结前期风险事件教训的基础上，优化中小银行布局，改善中小商业银行现代化公司治理。

（四）持续扩大高水平对外开放，在开放互动中防范化解风险

作为世界上最大的贸易国，只有继续保持与外部世界的经贸联系、深度融入全球产业链供应链，才能为防范化解各类风险创造有利的条件。

一是着力稳外贸，使我国出口在全球市场的份额保持在一定水平。出口贸易是我国对外开放、参与国际经济分工的最大基本盘。要在争取维持欧美现有市场的基础上，重点以东亚和东南亚周边国家、"一带一路"沿线国家、新兴市场国家为突破口，积极开发海外增量市场。

二是以更大的力度吸引外资，让我国成为各国优质企业竞相发展的舞台。外商投资是我国与外部世界保持密切经济联系的重要载体。一方面，要守好外资存量。加强与在华经营外资企业的政策沟通，建立专门针对外资企业的跨部门政策沟通机制与申诉救济渠道。帮助外资企业解决其面临的实际困难，防止存量外资企业外迁。另一方面，要积极拓展外资增量。在美欧经济下行、金融脆弱的背景下，主动加大力度吸引海外优质企业来华投资。

三是有序扩大制度型开放，以开放的决心对抗"去中国化"风险，坚定国际社会对中国经济开放包容程度未来只会上升、不会下降的预期。进一步完善稳定可预期的市场化、法治化、国际化的营商环境，以制度的稳定性减弱政策的不确定性。优化负面清单管理，增强行政审批的规范性、透明性。对标世界银行新版营商环境评估体系，打造世界一流营商环境。在数字经济、智能装备、绿色低碳、新能源汽车等领域，积极参与和引领国际标准制定，提升我国在新经济国际经贸治理中的话语权。

参考文献

中国社会科学院宏观经济研究智库课题组：《有效应对外部变化　继续促进经济恢复——2022 年秋季中国宏观经济形势分析》，《改革》2022 年第 10 期。

蔡昉、李雪松、陆旸：《中国经济将回归怎样的常态》，《中共中央党校（国家行政学院）学报》2023 年第 1 期。

李雪松、冯明、张慧慧：《人民对美好生活的向往不断变为现实》，《人民日报》2022 年 9 月 30 日。

中国社会科学院宏观经济研究智库课题组：《释放经济发展活力　巩固增长回升势头——2023 年第一季度中国宏观经济形势分析》，《改革》2023 年第 4 期。

陈劲、阳镇、朱子钦：《"十四五"时期"卡脖子"技术的破解：识别框架、战略转向与突破路径》，《改革》2020 年第 12 期。

谢伏瞻主编《经济蓝皮书：2023 年中国经济形势分析与预测》，社会科学文献出版社，2022。

李雪松：《把短期目标与长期战略更好结合》，《经济日报》2022 年 9 月 7 日。

李雪松：《推动三重结构升级　构建新发展格局》，《中国社会科学报》2022 年 8 月 1 日。

李雪松主编《发展规划蓝皮书：中国五年规划发展报告（2021～2022）》，社会科学文献出版社，2022。

经济增长与扩大内需

B.2
推进和拓展中国式现代化*

李海舰**

摘　要： 回顾中国现代化道路的发展历程，可将中国式现代化划分为 1.0、2.0、3.0、4.0。党的二十大报告对中国式现代化从中国特色、本质要求、重大原则、战略安排、使命担当五个层面做出了理论概括和全面部署，可将其称为中国式现代化 4.0。中国式现代化 4.0，既有世界各国现代化的共同特征，更有基于自身国情的个性特征，还有体现未来的时代特征。基于"三维"考量，中国式现代化 4.0 是高质量发展、全方位发展、市场化发展、安全化发展、数智化发展、绿色化发展、人民性发展、大同化发展的现代化，它打破了"现代化＝西方化"的迷思，颠覆了以西方社会为模板的现代化理论，创造了人类文明新形态。

关键词： 中国式现代化 4.0　国家现代化　社会现代化

---

* 本文主要内容发表于《经济研究》2022 年第 12 期。

** 李海舰，中国社会科学院数量经济与技术经济研究所研究员、博士生导师，主要研究方向为数字经济与管理创新等。

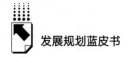

2023 年 2 月 7 日，习近平总书记在学习贯彻党的二十大精神研讨班开班式上指出，"概括提出并深入阐述中国式现代化理论，是党的二十大的一个重大理论创新，是科学社会主义的最新重大成果"，它回答了中国之问、世界之问、人民之问、时代之问。党的二十大报告对中国式现代化从中国特色、本质要求、重大原则、战略安排、使命担当五个层面做出了理论概括和全面部署。从中国特色看，包括五个方面：人口规模巨大、全体人民共同富裕、物质文明和精神文明相协调、人与自然和谐共生、走和平发展道路。从本质要求看，包括九个方面：坚持中国共产党领导，坚持中国特色社会主义，实现高质量发展，发展全过程人民民主，丰富人民精神世界，实现全体人民共同富裕，促进人与自然和谐共生，推动构建人类命运共同体，创造人类文明新形态。从重大原则看，包括五个方面：坚持和加强党的全面领导，坚持中国特色社会主义道路，坚持以人民为中心的发展思想，坚持深化改革开放，坚持发扬斗争精神。从战略安排看，分两步走：从 2020 年到 2035 年，基本实现社会主义现代化；从 2035 年到本世纪中叶，全面建成社会主义现代化强国。从使命担当看，九九归一：以中国式现代化全面推进中华民族伟大复兴。综上，"5+9+5+2+1"，这是党对中国式现代化在理论和实践上的新探索、新发展。

中国式现代化，在某种意义上，是新时代新征程的现代化，即指中国特色社会主义进入新时代特别是全面建成小康社会以来到新中国成立 100 周年这一时期。从国内视角看，它不同于 1921 年中国共产党诞生起 100 年期间党对中国现代化道路的探索。从国际视野看，中国式现代化，既与西方式现代化不同，也与少数发达国家的后现代化不同。因此，党的二十大报告提出的中国式现代化在某种程度上更加具有时代特征。

根据何传启主编的《中国现代化报告 2020——世界现代化的度量衡》一书，基于国际认识，可从三种相互关联的视角理解现代化：一是现代化是一种社会变迁，即从传统农业社会转向现代工业社会，工业主义渗透至诸领域并引起深刻变化；二是现代化是一种文明进步，即从传统文明向现代文明的范式转变，以及人的全面发展和环境合理保护，文化多样性长期存在；三是现代化是一种发展目标，发达国家目标是保持世界前沿水平，发展中国家目标是追赶和达到世界先进水平。作为中国式现代化，既有世界各国现代化的共同特征，更有基于自己国情的个性特征，还有体现未来发展的时代特征。因此，中国式现代化是在"三大理解"基础上叠加"三大特征"。

一 中国现代化道路的历史发展

（一）从1921年中国共产党诞生到1949年中华人民共和国成立

中国对现代化道路的探索始于近代。1840年鸦片战争，中国的大门被西方列强用坚船利炮打开。林则徐、魏源、康有为、梁启超等仁人志士开始探索民族独立、国家自主的现代化道路，其中包括洋务运动的工业现代化、戊戌变法和辛亥革命的制度现代化、新文化运动的文化现代化，这些探索具有重要作用，但都未能如愿、以失败告终。1921年中国共产党的诞生，深刻改变了中华民族发展的前途和命运。党团结带领全国各族人民经过土地革命战争、抗日战争、解放战争，推翻了帝国主义、封建主义、官僚资本主义"三座大山"，于1949年成立了中华人民共和国，实现了民族独立、国家自主，这为中国走向现代化创造了政治前提和先决条件。

（二）从1949年中华人民共和国成立到1978年实行改革开放

1949年中华人民共和国成立，中国在民族独立、国家自主的基础上具备了建设国家现代化的基础条件。1952年底，党提出要逐步实现国家的社会主义工业化，并逐步实现国家对农业、手工业和资本主义工商业的社会主义改造，简称"一化三改"。20世纪50年代中后期，从苏联引进156项大型工业项目，奠定工业化、现代化的基础。1964年，提出建设成为一个拥有现代农业、现代工业、现代国防和现代科学技术的社会主义强国，简称"四个现代化"。1949～1978年，新中国经过努力，初步建立了独立的比较完整的工业体系和国民经济体系。这一时期，中国借鉴苏联模式，实行高度集中的计划经济，走的是一条优先发展重工业的现代化道路。

（三）从1978年实行改革开放到2020年全面建成小康社会

1978年，党和国家工作中心转移到经济建设上来，中国作出改革开放的战略抉择。自此，开启了社会主义制度优势与市场经济体制优势相结合的实践创新，即实行社会主义市场经济。同时，立足社会主义初级阶段，把消灭贫困、实现小康作为实现中国现代化的中心任务。2002年，党的十六大报告提出全面建设小康社会和走新型工业化道路。区别于传统工业化道路的新型工业化道路，即科技含量高、经济效益好、资源消耗低、环境污染少、人力资源优势得到充分发挥。2007年，党的十七大报告提出，以科学发展观为引领，夺取全面建设小康社会新胜利。1978～2020年，中国实现了从生产力相对落后的状况到经济总量跃居世界第二的历史性突破，实现了人民生活从温饱不足到总体小康、奔向全面小康的历史性跨越。同时，创造了经济快速发展和社会长期稳定"两大奇迹"。这一时期，中国借鉴发达国家模式，实行社会主义市场经济，走的是一条产业结构升级的现代化道路。

（四）中国特色社会主义进入新时代特别是全面建成小康社会以来到新中国成立100周年

党的十八大以来，初步构建了中国式现代化的理论体系。2012年，党的十八大报告提出，坚持走新型工业化、信息化、城镇化、农业现代化道路。2017年，党的十九大报告强调，要推动新型工业化、信息化、城镇化、农业现代化同步发展，简称"四化同步"；同时提出，贯彻新发展理念，建设现代化经济体系。2021年，习近平总书记指出，立足新发展阶段，贯彻新发展理念，构建新发展格局，推动高质量发展，简称"三新一高"，这是实现中国现代化的必然要求。2022年，党的二十大报告指出，全面建成社会主义现代化强国，实现第二个百年奋斗目标，以中国式现代化全面推进中华民族伟大复兴。其中，现代化强国包括：教育强国、科技强国、人才强国、文化强国、体育强国、农业强国、制造强国、贸易强国、质量强国、交通强国、网络强国、航天强国、海洋强国，以及国家治理体系和治理能力现代化（治理强国）、国家安全体系和能力现代化（安全强国）、国防和军队现代化（军事强国），还有数字中国、法治中国、健康中国、平安中国、美丽中国。概括来说，形成了"13+3+5"的现代化强国蓝图。

综上所述，如果把1921年中国共产党诞生到1949年中华人民共和国成立时期的现代化进展，概括为中国式现代化1.0，其重要特征是"站起来"；把1949年中华人民共和国成立到1978年实行改革开放时期的现代化进展，概括为中国式现代化2.0，其重要特征是从"站起来"走向"富起来"；把1978年实行改革开放到2020年全面建成小康社会时期的现代化进展，概括为中国式现代化3.0，其重要特征是"富起来"；那么，则可把中国特色社会主义进入新时代特别是全面建成小康社会以来到新中国成立100周年时期的现代化进展，概括为中国式现代化4.0，其重要特征是"强起来"，或称中国式现代化新道路。

综观中国现代化道路，不难发现，实现了从"站起来"到"富起来"再到"强起来"的过程，上一环节的现代化成为下一环节的基础，下一环节的现代化是对上一环节的升华，这种层层递进、环环相扣的战略部署，不仅是历史的选择更是历史的必然。特别是，中国式现代化4.0，更多的是"面向未来"，极具新时代新征程的"时代烙印"。

二 中国式现代化4.0的理论认知

（一）中国式现代化与西方式现代化的区别

中国式现代化实行社会主义市场经济，重视制造业发展；坚持人民中心论，全体人民民主，体现全体人民意志；坚持物质精神协调发展（既"富口袋"又"富脑袋"），城市发达乡村繁荣并重，共同富裕、社会长期稳定；坚持"两山"理论，在"双碳"约束下推进；坚持走和平发展的道路，大同发展、和合共生、互利共赢，坚持两种文明交流互鉴，即传统文明与现代文明、中华文明与西方文明交流互鉴、彼此融合。

西方式现代化偏重资本主义市场经济，重视服务业的发展；偏重资本中心论，少数人的民主，体现利益集团意志；偏重物质精神分离发展（物质主义极度膨胀），城市发达乡村衰落同现，两极分化、社会动荡剧烈；先污染后治理，其间不受"双碳"约束；偏重殖民侵略对外掠夺，国强必霸、对抗冲突、零和博弈，偏重两种文明相互对立，即传统文明与现代文明、中华文明与西方文明相互对立、非此即彼。

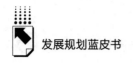

（二）中国式现代化4.0的核心理念

习近平总书记在学习贯彻党的二十大精神研讨班开班式上指出，"中国式现代化蕴含的独特世界观、价值观、历史观、文明观、民主观、生态观等及其伟大实践，是对世界现代化理论的重大创新"。概括来说，这些创新包括但不限于党的领导理论、人民中心理论、全过程人民民主理论、自立自强理论、本国国情理论、中国特色理论、世界大同理论、与时俱进理论，以及创新发展理论、协调发展理论、绿色发展理论、开放发展理论、共享发展理论、安全发展理论，它打破了"现代化＝西方化"的迷思，颠覆了以西方社会为模板的经典现代化理论，创造了人类文明新形态。

在推进中国式现代化4.0的新征程中，需要应对若干重大问题：要把经济发展和政治、文化、社会、生态发展统一起来，更加突出全面协调发展；要把引进创新和自主创新统一起来，更加突出科技自立自强；要把发展和安全统一起来，更加突出两者统筹发展；要把效率提升和公平分配统一起来，更加突出促进共同富裕；要把数智化发展和绿色化发展统一起来，更加突出"两化"协同发展；要把质的有效提升和量的合理增长统一起来，更加突出质的有效提升；要把融入全球发展和引领全球发展统一起来，更加突出引领全球发展。鉴此，必须处理好若干重大关系：顶层设计与实践探索、战略与策略、守正与创新、效率与公平、活力与秩序、自立自强与对外开放。

（三）中国式现代化4.0的"三维"考量

1. 基于共同特征考量

现代化是一种社会变迁、文明进步、发展目标，其共同特征是：产业结构升级与经济结构变革，以及由此引致的社会结构（人口、就业、城乡等）剧烈变迁、思想观念和文化生活深刻变化、国内国际联系日益紧密等，其突出表现为：市场化、工业化、城市化、法治化、民主化、全球化。这是现代化的基本趋势，发展中国家和发达国家都是相似或者趋同的。需要指出的是，必须看到：在相同中有不同，在不同中有相同。

2. 基于个性特征考量

中国式现代化，基于"自然主义"属性，包括：人口规模巨大的现代化、人口负增长时期的现代化、高质量发展的现代化、城乡共同繁荣的现代化、区域协调发展的现代化（从解决东西差距到解决南北差距，从解决区际差距到解决区内差距）、融入中华优秀传统文化的现代化（中华优秀传统文化是中国人民在长期生产生活中积累的宇宙观、天下观、社会观、道德观的重要体现）。基于"社会主义"属性，包括：全体人民共同富裕的现代化、物质文明与精神文明相协调的现代化、人类与自然和谐共生的现代化、中国与世界和谐发展的现代化、世界各类文明交流互鉴的现代化。

3. 基于时代特征考量

中国式现代化面临工业化与数智化叠加、现代化与后现代化交织、发展与安全统筹、发展与"双碳"约束等时代特征，它不同于历史上任何国家的现代化发展。以工业化与数智化叠加为例，数字员工成为新劳动力，数字世界成为新空间，数据资源成为新要素，数字技术成为新动能，数字知识成为新优势，数字管理成为新范式，算法算力成为新赛道，数字经济成为新生态，数字平台成为新组织，改变了人类的生活方式、生产方式、治理方式和思维方式。这是一种完全不同于工业社会的"全新时代"，因此，必须构建与数智时代相契合的世界观和方法论，开创数智时代新文明。

（四）中国式现代化4.0的重大意义

一方面，中国式现代化4.0是世界现代化的全新选择。世界现代化并非只有一个版本，不能定于一尊。中国式现代化使现代化模式由"一元论"走向"多元论"，破解了是"依附"还是"脱钩"的两难困境，找到了一条"既能独立又能发展"的现代化道路，拓展了发展中国家走向现代化的路径选择。另一方面，中国式现代化4.0创造了人类文明新形态。基于"全新时代"，中国式现代化是世界现代化史上的集大成者和最新界定，是一种系统协调、引领发展的现代文明形态，而且具有"并联式、压缩式、融合式、集成式"的特点，需要跨学科、多学科、全学科、交叉学科、新兴学科进行多维求解、悖论求解、综合求解，也就是说找"系统解""最高解"，其复杂程度、难度系数可谓前所未有。

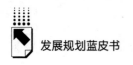

三 实现中国式现代化4.0的对策

（一）高质量发展

党的二十大报告指出，高质量发展是全面建设社会主义现代化国家的首要任务。

1.发展必须是第一要务

物质富足、精神富有是社会主义现代化的根本要求，必须不断厚植现代化的物质基础，不断夯实人民幸福生活的物质条件，促进物的全面丰富和人的全面发展。在2035年中国发展的总体目标中，要求经济实力、科技实力、综合国力大幅提升，人均国内生产总值迈向新的大台阶，达到中等发达国家水平；实现高水平科技自立自强，进入创新型国家前列；建成现代化经济体系，形成新发展格局，基本实现新型工业化、信息化、城镇化、农业现代化；人民生活更加幸福美好，居民人均可支配收入再上新台阶，中等收入群体比重明显提高，基本公共服务实现均等化，农村基本具备现代生活条件，社会保障长期稳定，人的全面发展、全体人民共同富裕取得更为明显的实质性进展；多层次社会保障体系更加健全，城乡人居环境明显改善，增进民生福祉；国家安全体系和能力全面加强，基本实现国防和军队现代化。这里，如果没有坚实的物质技术基础，就不可能全面建成社会主义现代化强国。何况，与美国相比，中国在经济总量特别是在人均GDP上差距较大。因此，必须坚持以经济建设为中心，把发展是党执政兴国的第一要务真正落实到位。同时，中国式现代化要把解放和发展生产力作为社会主义的根本要求。

2.发展必须是高质量的

发展是解决中国一切问题的基础和关键。制度之争，其最终是发展之争。当今时代，发展必须是高质量的。高质量发展是质量优先的经济增长理论，它超越了关注经济增长数量即GDP增速的传统，而将经济增长的着力点放在了经济活动质的提升上。解决发展不平衡问题，这是高质量发展的重中之重；解决发展不充分问题，这是实现合理增长的重中之重。在建设社会主义现代化国家的新征程中，要把解决"两类发展问题"统一起来，在解决发展不平衡问题中解决发展不充分问题，在解决发展不充分问题中解决发展不平衡问题，旨在实现既平衡又充分的发展。

3.发展必须是创新驱动

高质量发展必须实施创新驱动发展战略，始终坚持创新在现代化建设中的核心地位，把教育、科技、人才作为全面建设社会主义现代化国家的基础性、战略性支撑。党的二十大报告提出，发展是第一要务，科技是第一生产力，人才是第一资源，创新是第一动力，从而使高质量发展基于教育、科技、人才与创新深度融合，旨在开辟发展新领域新赛道，塑造发展新动能新优势。在创新中，强化基础研究，突出原始创新，攻克"杀手锏"技术、"卡脖子"技术、"捅破天"技术，实现高水平科技自立自强。

4.发展必须是量质统一

中国式现代化，既有质的要求，也有量的要求，是质和量的有机结合，即把质的现代化和量的现代化相统一。"质"指的是更高质量、更有效率、更加公平、更可持续、更为安全的发展，"量"指的是经济发展规模、速度等。如果没有量的积累和支撑，就无法保障质的存在和持续；如果没有质的规定和提升，量的增长则无法保证质的性质和成色。因此，高质量发展必须是"质的有效提升"和"量的合理增长"的相互协调、有机统一。

（二）全方位发展

中国式现代化是全面现代化，包括国家现代化、社会现代化和人的现代化。

1.国家现代化

（1）单一经济维度考量，是指农业现代化、工业现代化、服务业现代化，统称经济现代化。党的二十大报告提出的13个强国中，经济强国就有8个，占61.54%，由此可见经济现代化在全面现代化中的重大分量和重要地位。同时，首次提出"加快建设农业强国"。中国虽是农业大国，但并不是农业强国。加快建设农业强国，这是全面建成社会主义现代化强国的重点难点所在。

作为经济强国，必须构建现代化经济体系：创新引领、协调发展的产业体系，统一开放、竞争有序的市场体系，实现效率、促进公平的收入分配体系，彰显优势、协调联动的城乡区域发展体系，资源节约、环境友好的绿色发展体系，多元平衡、安全高效的全面开放体系，充分发挥市场作用、更好发挥政府作用的经济体制。

（2）"五位一体"维度考量。现代化，不仅指经济现代化，还包括政治现代化、文化现代化、社会现代化、生态现代化。在党的二十大报告关于中国式现代化的本质要求中，就从以上五个维度提出了对现代化的界定，即经济领域实现高质量发展，政治领域发展全过程人民民主，文化领域丰富人民精神世界，社会领域实现全体人民共同富裕，生态领域促进人与自然和谐共生。这里，中国式现代化是物质文明、政治文明、精神文明、社会文明、生态文明"五位一体"的现代化。

（3）其他更多维度考量，如国防军队，党的二十大报告指出，加快把人民军队建成世界一流军队，是全面建设社会主义现代化国家的战略要求。再如中国与世界的关系，在党的二十大报告关于中国式现代化的本质要求中，就从国际视野提出了对现代化的界定，即推动构建人类命运共同体，创造人类文明新形态。

2. 社会现代化

（1）城市现代化。一是数智化新城市。基于数字化、智能化，从工业化城市转向数智化城市，推动城市全面更新和升级。在建设数智化城市中，坚持以人为本，包括：城市基础设施全面更新、城市产业结构优化升级、城市空间结构配置重构、城市安全治理体系重塑。以城市基础设施全面更新为例，加快城市适老基础设施建设，实施积极应对人口老龄化国家战略；加快新型交通基础设施建设，积极应对智能交通、立体交通、低空交通发展需要；加快医疗基础设施、文化基础设施建设，更好适应人民美好生活量的满足和质的升级。根据有关资料，中国基础设施建设指数全球排名第 36 位，而中国市场规模全球排名第 1 位、经济总量全球排名第 2 位。因此，基础设施建设潜力很大。新中国成立初期，大量建设工厂、商场；中间，广泛开办学校、银行；后来，建设公园绿地、运动场所、休闲场所；现在，社区医疗设施、文化设施建设严重滞后，这对新时代新征程的现代化城市发展提出了巨大需求，更为数字化、智能化的新一代城市建设提供了重大机遇。二是农民工市民化。根据国内著名学者蔡昉 2022 年 11 月 5 日在中国数量经济学会（大连）年会上的主旨报告，农民进城打工，消费水平可以提高30%；给予城市户口，消费水平再上一个台阶，再提高30%。中国城镇化率提升空间较大，要从提高常住人口城镇化率转向提高户籍人口城镇化率，推进户籍制度改革，消除城乡二元结构。蔡昉指出，与人均GDP1.2万~2.3万美元的国家相比，中国的城市化率差距为5.5个百分点，中国的农业就业人口比重差距为18.2个百分点。只有农民工市民化，农民才能享有和城市居民同等的公共服务、社会保障，切实消除消费的后顾之忧，这是以人为中心的城镇化的关键。总之，用发展工业的方式发展农业（产业化），用减少农民的方式富裕农民（城镇化）。

（2）农村现代化。农业现代化和农村现代化高度关联。农业现代化是以现代工业装备农业，以现代科技武装农业，以现代管理理论和方法经营农业，其基本特征是科学化、集约化、商品化和市场化，根本目的是提高土地生产率、资源产出率、劳动生产率和产品商品率，实现农业的经济效益、社会效益和生态效益的统一。农村现代化是实施乡村振兴战略的关键所在，是缩小城乡差距、解决"大城市病"的重大决策。党的二十大报告明确把"全面推进乡村振兴"作为新时代新征程"三农"工作的主题，通过农村现代化，引导资源向农村流动，让农村和城市一样宜居。这里，农业现代化、农村现代化是解决国家发展不平衡不充分问题的重要举措，是推动农业农村高质量发展的必然选择，农业强不强、农村美不美、农民富不富，不仅是全面推动乡村振兴的重大任务，而且决定着中国现代化的质量。因此，围绕农村现代化，建设宜居宜业乡村、建设绿色美丽乡村、建设文明和谐乡村，促使农业劳动生产效率和非农产业劳动生产效率保持在一个台阶上，农业从业人员收入和非农产业从业人员收入大致相当；同时，把县域作为城乡融合发展的重要切入点，破除城乡分割的体制弊端，加快打通城乡要素平等交换、双向流动的制度性通道，打造智慧农业、智慧社区、智慧乡村（数字乡村）。

3.人的现代化

人的现代化，或者人的全面发展，包括物质高度富足加精神高度富有，把"富口袋"和"富脑袋"相统一，即物质文明和精神文明相协调的现代化。其中，人的素质、思维方式、思想观念与现代化社会高度匹配，则是重中之重。在中国式现代化进程中，高水准推进人的现代化，就是使全体人民文明素养得以极大提升，公民人格更有尊严、更为健全，人民平等参与平等

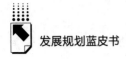

发展权利更有保障，人人都可成才体制机制不断完善，进而实现公民道德素质、健康素质、科学文化素质、法治素养、数字素养大幅提高。宏观层面，坚持以马克思主义为指导，弘扬中华优秀传统文化、革命文化、社会主义先进文化、时代文化，借鉴和吸纳世界优秀文明成果，厚植中华民族精神，培育中国精神力量。

（三）市场化发展

市场化是世界各国现代化的共同特征，中国坚持市场经济改革方向毫不动摇。但是，中国社会主义市场经济与西方资本主义市场经济不同。

关于社会主义基本经济制度，一是有效市场和有为政府有机结合，既发挥市场在配置资源中的决定性作用，又更好发挥政府作用。二是公有制经济和非公有制经济有机结合，既发挥公有制经济在国民经济中的引导、控制作用，又发挥非公有制经济的巨大活力。三是按劳分配和按其他要素分配有机结合，使勤劳致富、诚实致富、创新致富、创业致富诸要素全方位激活起来，极大地促进生产力的发展。总之，社会主义市场经济，既发挥资本的优势作用，又限制资本的消极作用。

关于社会主义市场运行机制，一是完美的市场与政府的结合。借助数智技术加持，无论政府还是市场，都是基于"数据+算法+算力"赋能，因此，政府和市场的底层逻辑趋向一致，政府和市场的作用机制趋向融合。这样一来，经过数智技术对政府和市场的重塑，形成了新市场和新政府的新机制。二是完善的全要素市场化体系。建设超大规模全国统一市场，包括：统一的要素和资源市场（土地和劳动力市场、资本市场、技术和数据市场、能源市场、生态环境市场）、统一的商品和服务市场、统一的市场基础制度（市场准入制度、公平竞争制度、社会信用制度）、统一公平的市场监管（市场监管规则、市场监管执法、市场监管能力）、高标准联通的市场设施（流通网络、市场信息交互渠道、交易平台）。三是完备的宏观经济治理体系，包括：调控抓手载体，涵盖远景目标、五年规划、政策组合（宏观政策、微观政策、结构政策、科技政策、改革开放政策、区域政策、社会政策和防疫政策）、社会规制、国有企业、数字平台等；预期调控方式，涵盖顺周期调节、逆周期调节、跨周期调节、长周期调节。

（四）安全化发展

安全发展，这是新时代新征程中国式现代化的内在要求、约束条件。世界发生百年未有之大变局，中美关系出现质的变化，中国式现代化面临的国际环境发生了重大改变，从"顺风顺水"转向"逆风逆水"，不确定性、不稳定性成为常态。美国以意识形态画线，搞圈子化，实行集团政治和阵营对抗，把科技、经贸问题政治化、工具化、武器化；搞半球化，对中国实行"脱钩断链"，甚至"去中国化"，在全球形成两个市场、两套标准、两条供应链。"和平与发展是当今世界两大主题"已经被"战略机遇和风险挑战并存、不确定难预料因素增多"所替代，各种"黑天鹅""灰犀牛"事件随时可能发生，可谓"风高浪急""惊涛骇浪"。一是来自西方世界的威胁，诸如"修昔底德陷阱"、意识形态对立、美国极限施压、局部战争突发；二是来自自然界的威胁，如极端气候；三是来自公共卫生的威胁，如全球疫情。这些风险挑战，可能影响中国关键核心技术安全、初级产品供给安全、重要资源能源安全、产业链供应链安全等。因此，在中国式现代化新道路上，必须坚持深化改革开放、坚持发扬斗争精神，科学统筹发展和安全，贯彻发展是最大的安全这一思想，以新安全格局保障新发展格局，以新发展格局维护新安全格局。

（五）数智化发展

中国式现代化，既建立在工业化基础上更建立在数智化基础上。当今时代，信息化、数字化、网络化、智能化已渗透到经济、政治、文化、社会、生态诸领域的方方面面。可以说，中国式现代化是工业化与数智化叠加的现代化，这是一条全新的现代化道路。一是数智技术与经济发展深度融合，包括：数智技术与实体经济深度融合，把发展经济的着力点放在实体经济上，着力推进现代制造业、现代服务业和现代农业"三业"融合与产业转型；数智技术与虚拟经济深度融合，切实发挥好虚拟经济服务实体经济的重大作用。二是数字技术与政府治理、城市治理、乡村治理深度融合，全方位全领域打造数字政府、数字城市、数字乡村，实现治理能力和治理体系现代化。三是数字技术与文化发展深度融合，推动中华文化创新性发展、创造性转化，增强中华文化在世界的传播力、影响力。四是数字技术与社会发展深度融合，全面打造"以

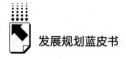

人为本""智能向善"的数字社会，构建数字文明。五是数字技术与生态文明发展深度融合，把数字化和绿色化"两化"协同发展起来，推动生产方式生活方式全面转型。总之，建设网络强国，打造数字中国，推进数字文明。

（六）绿色化发展

推动绿色发展，站在人类与自然和谐共生的高度谋划中国式现代化新道路。一是构建自然生命共同体，将"山水林田湖草沙冰"等视为一个有机整体，基于自然资源价值理论，拓展生态产品价值实现路径，进而把"绿水青山就是金山银山"上升为"绿水青山胜过金山银山"；二是构建人与自然生命共同体，强化"陆海空"全方位、立体式协同治理、综合治理，形成绿色生产方式、绿色生活方式，协同推进降碳、减污、扩绿、增长，寻找生态与经济、社会协调发展、一体发展的最优解；三是构建人类命运共同体，推动全球跨界气候治理、全球公域气候治理。因此，中国式现代化是人类与自然和谐共生的现代化。需要指出的是，到2035年，中国基本实现社会主义现代化；到本世纪中叶，中国全面建成社会主义现代化强国。这里，中国式现代化的战略安排与2030年前中国实现"碳达峰"、2060年前实现"碳中和"高度叠加，这使中国式现代化4.0面临"双碳"约束的重大挑战，不同于历史上西方式现代化。这里，高度考验国家处理中国式现代化4.0与碳达峰碳中和关系的能力。

（七）人民性发展

中国式现代化，是中国共产党领导的社会主义现代化，这是最大特征。在中国式现代化道路上，坚持和加强党的全民领导，坚持中国特色社会主义道路，坚持以人民为中心的发展思想，这是一个"铁三角"，旨在让现代化建设成果更多更公平地惠及全体人民，包括发展全过程人民民主、实现全体人民共同富裕等。中国14亿多人口要整体迈进现代化社会，规模超过现有发达国家人口的总和，在人类历史上没有先例可循，这将彻底改写现代化的世界版图。必须指出，在新时代新征程的现代化发展中会出现新的问题。从人口总量看，2022年始，中国进入人口负增长时代。国家统计局数据显示，2022年末全国人口141175万人，比上年末减少85万人，人口自然增长率为-0.60‰。从人口结构看，老龄化程度高。2022 年，60 岁及以上人口占全国人口的 19.8%，其中 65 岁及以上人口占全国人口的 14.9%。从人口状态看，部分人群出现不工作、不恋爱、不结婚、不生育现象，以及"内卷"、"佛系"、"躺平"、抑郁问题，从过去的上学难、医疗难到现在的就业难、创业难，这是西方发达国家在后现代化中遇到的问题。这是中国式现代化 4.0 发展道路上的重大挑战。因此，在中国式现代化中，必须将现代化问题和后现代化问题一同考虑，使人民对美好生活的向往能够最大限度地实现。

（八）大同化发展

开放发展，这是世界各国现代化的共同特征。在开放发展中，中国走的是一条和平发展的道路，既把中国发展置于世界发展的大背景中求解，又强调中国发展对世界发展的贡献。习近平总书记指出，"中国式现代化，深深根植于中华优秀传统文化"。大道之行、天下为公的大同理想，兼收并蓄、求同存异的和谐理念，协和万邦、和合共生的价值取向，蕴含着中华民族胸怀天下、和平共处的天下胸怀。中国共产党既是为人民谋幸福、为中华民族谋复兴的党，也是为人类谋进步、为世界谋大同的党。在新时代新征程的现代化发展中，强调：坚持对话协商，推动建设一个持久和平的世界；坚持共建共享，推动建设一个普遍安全的世界；坚持合作共赢，推动建设一个共同繁荣的世界；坚持交流互鉴，推动建设一个开放包容的世界；坚持绿色低碳，推动建设一个清洁美丽的世界。主张：弘扬和平、发展、公平、正义、民主、自由的全人类共同价值，以文明交流超越文明隔阂，以文明互鉴超越文明冲突，以文明共存超越文明优越，构建人类命运共同体。因此，中国式现代化是中国与世界和谐发展的现代化。

专栏　加快数字经济发展，推进中国式现代化

在迈向新时代新征程的现代化发展中，加快数字经济发展已上升为国家战略。从全球看，数字经济正在成为重组全球要素资源、重塑全球经济结构、重构全球竞争格局的关键力量。从国内看，加快数字经济发展，对于建设现代化经济体系、构建新发展格局、实现高质量发展、扎实推进共同富裕、构建国家竞争新优势、实现中国式现代化、创造人类文明新形态，具有重大现实作用和战略价值。可以说，数字经济发展，不仅注重当前更加注重长远，一身兼具多

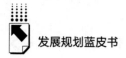
重使命，具有"牵一发而动全身"的全局意义。

数字经济发展，包括数据价值化、数字产业化、产业数字化、数字化治理。其中，数据价值化是"四化"中的堵点难点痛点、短板弱项瓶颈。然而，数字经济的核心是数据。数据作为新型生产要素，具有基础资源、重要资源、关键资源、核心资源、战略资源、高维资源定位，对其他生产要素具有叠加效应、乘数效应、指数效应、倍增效应。如何盘活数据资产、释放数据价值，则是重中之重，即"牛鼻子"。这是继土地红利、人口红利之后，国家需要更好释放的"数据红利"。做好这篇大文章，这是中国构建国家新优势、引领人类新文明的"突破口"。

目前，世界发生百年未有之大变局，从工业经济时代转向数智经济时代。严格来说，应是数智化前期叠加工业化后期。作为一种新型生产要素，数据具有"三非"属性：非物质性、非同质性、非消耗性，"三高"属性：高通用性、高赋能性、高外部性，"三弱"属性：弱排他性、弱竞争性、弱稀缺性，"三零"属性：边际成本趋零、绝对成本趋零、机会成本趋零，"三增"属性：边际收益递增、边际效用递增、价值创造倍增。作为一种新型经济形态，数字经济具有完全不同于工业经济的"系列属性"，包括：无形经济、数权经济、通用经济、共享经济、递增经济、外部经济、融合经济（生态经济）、平台经济，以及智能经济（无人经济）、尾部经济、场景经济、双侧经济、预期经济、系统经济、异质经济、免费经济，等等。基于"全新时代"，必须构建与数智时代相契合的世界观和方法论，以此认识问题、分析问题、解决问题。否则，无解。数字经济发展规律，其根本特征为共有、共用、共享、共治；中国特色社会主义，其核心要义为全民所有制度优势、全国一盘大棋优势、全国统一市场优势、海量应用场景优势。数字经济发展规律和中国特色社会主义高度契合，将创造人类文明的新形态。

参考文献

习近平：《高举中国特色社会主义伟大旗帜　为全面建设社会主义现代化国家而团结奋斗——在中国共产党第二十次全国代表大会上的报告》，2022年10月16日。

何传启主编《中国现代化报告 2020——世界现代化的度量衡》，北京大学出版社，2020。

李海舰：《中国式现代化：加入时代特征的考量》，《经济研究》2022 年第 12 期。

李海舰、朱兰、孙博文：《新发展格局：从经济领域到非经济领域——加快启动"五位一体"新发展格局的构建》，《数量经济技术经济研究》2022 年第 10 期。

李海舰、杜爽：《发展不平衡问题和发展不充分问题》，《中共中央党校（国家行政学院）学报》2022 年第 5 期。

李海舰、杜爽：《"十二个更加突出"：习近平新时代中国特色社会主义思想精髓》，《改革》2022 年第 5 期。

李海舰：《"场景大数据"理论的重要贡献和深远意义——在 2023 中国国际大数据产业博览会"场景大数据"理论与实践研讨会上的致辞》，2023 年 5 月 25 日。

中国式现代化研究课题组：《中国式现代化的理论认识、经济前景与战略任务》，《经济研究》2022 年第 8 期。

B.3
深入实施扩大内需战略：
现状、问题与对策建议

张慧慧*

摘　要：　扩大内需战略是中国应对近年来国内外经济发展环境变化所采取
的重要举措，是构建新发展格局的战略基点。通过梳理扩大内需
的政策措施和分析中国内需现状及特征，本文总结了扩大内需面
临的突出问题主要包括居民消费不足、消费结构有待升级、传统
投资领域空间有限、民间投资活力有待激发、地方政府债务风险
较大等。为此，需要通过持续深化体制机制改革，加强财政政策
和货币政策的协调配合，从稳定就业、促进房地产市场健康发
展、大力发展现代服务业、建设现代化产业体系、改善营商环境
和优化投资结构等多个方面入手扩大内需。

关键词：　扩大内需　消费　投资

扩大内需战略是中国应对近年来国内外经济发展环境变化所采取的重要举
措，是构建新发展格局的战略基点。作为世界上第一个人口数量达到 14 亿以
上、人均 GDP 超过 1 万美元、中等收入群体规模超过 4 亿人的超大规模经济
体，我国内需潜力巨大，且同时拥有相对丰富的资源禀赋和较为完善的工业体
系。通过实施扩大内需战略，并与深化供给侧结构性改革有机结合，有助于促
进国民经济良性循环，增强国内大循环内生动力和可靠性，转变经济发展方
式，实现高质量发展。

---

* 张慧慧，中国社会科学院数量经济与技术经济研究所助理研究员，主要研究方向为人才政
策等。

一　引言

改革开放带来了中国经济的飞速发展，也使居民生活水平发生了翻天覆地的变化。2001 年中国加入 WTO 后快速融入全球化经济发展浪潮，这一方面为经济增长注入新动力，带来了经济总量的高速增长，但另一方面，在"出口+投资"驱动的模式下，国内消费总量没有实现同等增长，主要表现为最终消费率逐步下行。根据国家统计局公布的数据，2001 年后中国最终消费率降到 60% 以下，并一度低至 50% 左右。2016 年以来，中国的最终消费率（包括居民和政府）在 55% 左右波动，明显低于发达国家。利用 OECD 公布的数据分析可知，20 世纪 70 年代以来美国和英国的最终消费率长期保持在 80% 以上。考虑到美国和英国在国际贸易中的分工地位与中国存在明显差异，因此其最终消费率对中国的借鉴意义更多体现在长期趋势性目标上。而同样采取过出口导向型发展战略的日本和韩国则更具参考性，但这两国在经济高速增长期间最终消费率均保持在 60% 以上，并且随着经济发展水平的提升，最终消费率进一步提升至 70% 以上。这些数据表明，中国在总量层面确实存在消费不足的问题。而在投资方面，较高的投资率一直是中国经济增长的重要动力，但近年来随着投资规模的持续增长，投资回报率逐步下行，对经济增长的带动作用明显减弱。现阶段中国正处于新旧动能转换时期，叠加三年疫情冲击，经济增长的不确定性对市场主体投资信心造成明显负向冲击，如何激发活力、优化结构、提升效率是中国在投资方面面临的重要问题。

随着近年来大国博弈格局的加速演化，中国面临的国际经济环境发生了重要变化。一方面，2022 年以来美欧等发达国家为应对通胀采取了激进的加息政策，其经济陷入衰退的概率逐渐增大。[①] 世界银行在 2023 年 3 月发布的报告中预计未来十年全球潜在 GDP 增速均值将较本世纪第一个十年下降 1/3。国际货币基金组织在 2023 年 4 月发布的《世界经济展望报告》中将全球经济增速进一步调降至 2.8%，并指出发达经济体增速放缓是主要影响因素。美欧作为

---

① 项梦曦：《激进加息对美国经济负面冲击正在显现》，《金融时报》2023 年 2 月 15 日。

中国重要出口贸易国，其衰退将导致中国出口需求萎缩。另一方面，中美贸易摩擦持续发酵，以及中国劳动力成本上升，劳动密集型产业向东南亚地区转移的效应正在加速显现。[①] 与此同时，部分高技术企业投资正在向发达国家回流，或在中国以外的国家或地区布局供应链。产业链供应链的全球重构将导致中国面临外商投资规模增速减缓甚至负增长的风险。因此，在外需走弱的背景下，为维持宏观经济稳定增长，推动高质量发展，必须依靠扩大内需来弥补潜在增长缺口。

总体而言，中国宏观经济治理的需求侧管理转向更加关注内需是应对现阶段国内外经济发展形势的必然选择。相较于为应对1997年亚洲金融危机和2008年国际金融危机所采取的扩大内需战略，本轮扩大内需战略明显不同。一方面，经历了过去二十多年快速的城镇化和工业化，基础设施建设和房地产领域已经取得了较高的发展水平，在相关领域进一步投资的空间有限且效率偏低。因此，本轮扩大内需要围绕现代化产业升级寻找新的发展空间，而且要充分发挥消费的基础作用。另一方面，此次扩大内需不仅是应对外需冲击的选择，而且是构建新发展格局的内在要求。因此政策设计不仅要关注对现阶段内需的提振作用，而且要着重关注对国内大循环体系以及新发展格局的长期影响。

二 扩大内需政策措施与内需发展现状

（一）"十四五"期间扩大内需政策措施梳理

在2020年4月中央财经委员会第七次会议上习近平总书记首次提出新发展格局，并将实施扩大内需战略作为关键内容进行了详细阐释。自2020年起，连续四年两会政府工作报告都围绕扩大内需部署当年重点工作，主要聚焦扩大消费和有效投资、推进区域协调发展和新型城镇化等方面，采取推动完善收入分配制度、发展服务消费、增加专项债投资，以及推进"两新一重"建设、

---

① 张晓兰、王晗：《近期我国产业链转移越南的特征、问题及政策建议》，《发展研究》2022年第8期。

老旧小区改造等多项措施。2021 年围绕构建新发展格局强调要建立扩大内需的有效制度，培育完整内需体系。2022 年 12 月中共中央、国务院印发《扩大内需战略规划纲要（2022—2035 年）》，提出"十四五"时期的五大目标，分别是促进消费投资、完善分配格局、提升供给质量、完善市场体系、畅通经济循环，并进行了详细的战略部署。

在政策实施层面，"十四五"时期以来，中央政府连续出台多项政策措施扩大内需，其中既有财政政策和货币政策，也有产业政策和深化改革措施，如通过加大减税降费、信贷投放力度，优化营商环境等持续为企业纾困，鼓励企业生产扩张；通过提前实施"十四五"重大工程项目，加快地方政府专项债发行，投放政策性开发性金融工具，以及专项再贷款、财政贴息等政策带动固定资产投资规模增长；通过减免车辆购置税等措施促进汽车消费；通过有力的金融措施支持刚性和改善性住房需求释放，稳定房地产市场发展。此外，面对新一轮科技革命和产业变革，国家层面积极布局产业高端化、智能化、绿色化发展，银保监会（金融监管总局）、工信部、发改委、科技部等相关部门都针对先进制造业、战略性新兴产业以及产业安全发展采取了一系列保障措施。

在中央政府的大力推动下，地方政府也积极出台相关规划和政策文件以落实扩大内需战略。投资方面，以上海、广东、浙江、山东等为代表的经济大省（市），2023 年以来均聚焦制造业转型升级出台了一系列政策文件，稳定投资信心，促进企业投资。如 2023 年 1 月，上海出台《上海市提信心扩需求稳增长促发展行动方案》，浙江出台《浙江省"415X"先进制造业集群建设行动方案（2023—2027 年）》，明确政府大力支持的投资领域和具体投资计划。此外，各级地方政府还充分利用专项债，以及鼓励和吸引民间投资等方式加快新基建投资，围绕大数据、云计算、物联网、5G 等领域，一方面发挥扩大投资对经济的拉动作用，另一方面奠定未来产业升级基础。消费方面，2022 年为应对疫情冲击，广东、四川、海南、江西、河南等地通过发放汽车、家电、家具、餐饮等消费券拉动居民消费。2023 年以来，随着疫情防控进入新阶段，更多地区积极推出促消费政策措施，包括打造消费中心，举办购物节，创新消费模式，利用专项资金支持汽车、家电等大宗消费，大力发展养老、家政、育儿等服务性消费。

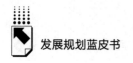
（二）内需结构特征演变分析

1. 基于国际比较的内需结构特征

为准确判断中国内需结构特征，表 1 展示了中国和典型发达国家 2000~2022 年支出法 GDP 中居民最终消费、政府最终消费、资本形成总额、净出口各项的占比，从结构层面对各国生产的增加值流向进行了比较。对比七个国家的数据，可以大体将其分为两类，一类是美、英、法，这三个国家绝大多数年份居民最终消费占比较高且净出口水平为负；另一类是中、德、韩、日，这四个国家绝大多数年份资本形成总额占比较高且净出口为正。前一类在国际贸易领域更多扮演消费国的角色，后一类则更多扮演生产国的角色。净出口为正意味着国内最终需求小于本国生产总值，因此对于中国、德国等这类净出口长期为正的国家，外需下行将对本国扩大再生产带来负向影响。

就内需结构而言，如果将居民和政府消费加在一起，将内需分为消费和投资两大类，那么根据国民收入恒等式"收入＝消费＋储蓄"和"储蓄＝投资"，消费与投资在国民经济中为此消彼长的关系。观察表 1 可知，中国属于典型的"低消费、高投资"，英国属于典型的"高消费、低投资"。具体而言，美国和英国的消费占比在 80% 以上，法国、德国、日本在 70%~80%，韩国在 60%~70%，而中国只有 50% 左右。与之相对应，中国的投资占比在 2005 年之后保持在 40% 以上，在 2008 年之后进一步攀升到 45% 以上。这与中国经济的发展模式相吻合。2001 年中国加入 WTO 之后，出口贸易规模快速增长，表现为净出口占比快速上升。因此制造业生产规模持续扩大，大量的产值流入再生产投资领域，最终消费尤其是居民部门消费占比显著下降。2008 年之后，为应对国际金融危机，中国出台了一揽子投资计划，主要投向基础设施建设领域，因此虽然这一阶段净出口占比明显回落，但投资占比仍持续上升。有研究注意到，东亚国家有注重节俭的文化传统，倾向于"高储蓄、低消费"，[①] 这在一定程度上解释了日本、韩国尽管已经迈入发达国家行列但投资占比依然显著高于其他发达国家的现象。但即便与日本和韩国比较，中国的投资占比仍要高出

---

① 叶德珠：《东亚国家高储蓄、低消费之谜的行为经济学解析》，《亚太经济》2008 年第 3 期。

10~15 个百分点。

进一步将最终消费拆分成居民和政府两个部门，可以发现中国政府部门的消费占比与美国、韩国相近，为 15% 左右，法国、英国、德国、日本的政府消费占比在 20% 左右，后一类国家的高福利以及老龄化可以在一定程度上解释这 5 个百分点的差异。相较而言，中国政府部门的消费占比并不显著偏低，关键在于居民部门的消费占比长期维持在 35%~40%，低于美国和英国近 30 个百分点，低于法国、德国、日本约 15 个百分点，低于韩国约 10 个百分点，几乎可以解释中国消费占比偏低的现象。

尽管消费占比偏低已经持续较长时间，但随着中国发展环境的显著变化，这种低消费结构已经成为未来经济持续增长的制约，一方面由于世界各国遭受新冠疫情冲击以及西方国家采取的经济刺激政策所引发的一系列后果，世界经济增长预期不断下行，中国外需环境明显走弱；另一方面中国经济总量持续增长，已经连续十多年保持全球第二大经济体的地位，占美国经济总量的比重达到了 70% 以上。因此，作为一个世界经济大国，我国无法长期依靠高投资和高出口模式来维持经济的健康发展，需要充分扩大内需特别是消费对经济增长的基础性内生动力作用。

表 1 支出法 GDP 各项占比国际比较

单位：%

国别	类别	2000 年	2003 年	2005 年	2008 年	2010 年	2013 年	2015 年	2018 年	2022 年
中国	居民最终消费	46.96	42.79	39.52	35.42	34.63	35.63	37.60	38.67	38.25 *
	政府最终消费	16.92	15.34	14.77	14.54	14.72	15.79	16.14	16.60	15.86
	资本形成总额	33.73	39.70	40.27	42.43	46.97	46.14	43.03	43.96	43.29
	净出口	2.39	2.16	5.44	7.62	3.69	2.44	3.23	0.77	2.60
美国	居民最终消费	66.02	67.57	67.25	68.04	68.18	67.47	67.36	67.72	68.17
	政府最终消费	14.02	15.24	15.05	15.93	16.69	15.04	14.33	13.96	14.10
	资本形成总额	23.68	21.75	23.38	21.04	18.67	20.34	21.20	21.21	21.56
	净出口	-3.72	-4.56	-5.67	-5.02	-3.54	-2.85	-2.89	-2.89	-3.83
法国	居民最终消费	53.86	54.24	54.39	54.47	55.36	54.64	54.05	53.88	53.82
	政府最终消费	22.33	23.14	23.07	22.56	23.99	24.11	23.81	23.27	23.68
	资本形成总额	22.49	21.19	22.45	24.13	21.95	22.29	22.71	23.86	26.62
	净出口	1.33	1.43	0.09	-1.16	-1.29	-1.03	-0.57	-1.01	-4.12

续表

国别	类别	2000年	2003年	2005年	2008年	2010年	2013年	2015年	2018年	2022年
英国	居民最终消费	66.22	65.39	64.63	63.90	63.92	64.94	64.38	64.96	62.89
	政府最终消费	16.68	18.87	19.66	20.40	21.54	20.14	19.51	18.46	21.05
	资本形成总额	18.33	17.92	17.89	17.49	16.24	16.48	17.76	18.10	18.77
	净出口	-1.23	-2.18	-2.18	-1.79	-1.69	-1.56	-1.65	-1.53	-3.48
德国	居民最终消费	56.30	56.46	56.54	54.22	55.11	54.56	52.97	52.10	51.17
	政府最终消费	19.04	19.33	18.78	18.26	19.56	19.63	19.69	19.88	21.94
	资本形成总额	24.49	20.44	19.49	21.45	20.07	20.05	19.74	21.92	24.83
	净出口	0.17	3.77	5.20	6.07	5.26	5.76	7.60	6.10	2.06
日本	居民最终消费	53.67	54.90	54.80	55.76	56.87	58.14	55.77	54.77	55.45
	政府最终消费	16.55	17.84	17.74	18.03	19.20	19.85	19.62	19.56	21.78
	资本形成总额	28.42	25.66	26.05	25.87	22.59	24.42	25.16	25.64	26.62
	净出口	1.36	1.61	1.40	0.34	1.34	-2.41	-0.55	0.02	-3.86
韩国	居民最终消费	54.50	54.07	52.32	52.53	50.44	50.51	48.54	48.02	48.38
	政府最终消费	10.90	12.15	12.86	14.05	14.20	14.98	15.08	16.05	18.73
	资本形成总额	32.89	32.28	32.51	33.67	32.55	29.89	29.53	31.49	33.16
	净出口	1.78	1.62	2.24	-0.23	2.81	4.63	6.85	4.44	-0.27

注："＊"数据为2021年。

资料来源：笔者根据OECD和中国国家统计局公布的数据计算而得。

2. 中国内需特征的进一步分析

消费方面，根据国家统计局公布的八大类居民消费支出，可以将居民部门的消费结构刻画为图1。过去20年，居民用于食品烟酒的支出占比下降了近10个百分点，而这部分几乎全部由居住支出所填补，两者合计占居民消费支出的比重没有明显变化。食品烟酒类支出下降、居住类支出上升的趋势在2016年之前变化明显，在2016年之后逐渐稳定，与中国房地产市场的发展轨迹较为一致。此外，交通通信类支出占比有所提升，衣着类支出占比逐步下降，而教育文化娱乐类支出以及医疗保健类支出等整体变化不大，这在一定程度上证明中国服务类消费市场发展较为缓慢。相较于发达国家，根据OECD公布的数据，从20世纪80、90年代起，美国的食品烟酒类支出占比不足20%，并且在后续20年逐步降低到10%以下，英国和德国的食品烟酒类支出占比处于10%~15%，日本和法国的食品烟酒类支出处于15%~20%。居住成本方面，除美国居住类支出长期保持在略低于20%以外，英、法、德、日居住类支出均保持在20%以上。相较于英美等发达国家，中国居民的食品烟酒类支出占比明显偏高，居住类支出占比基本持平，医疗保健类和教育文化娱乐类支出占比明显偏低。此外中国居民在其他用品及服务项下的支出占比较小，而发达国家无一例外这一项支出占比均很高，这表明中国的服务业市场发展仍不够成熟，服务业多样化明显不足。

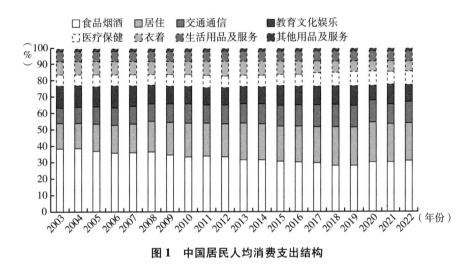

图1 中国居民人均消费支出结构

投资方面，中国投资占GDP的比重显著偏高，进一步对分行业投资数据进行分析可以发现，第一产业投资占比基本维持在3%以下，第二产业自2016年以来降到40%以下，2019年以来进一步下降到30%左右，第三产业近三年来维持在65%以上。而第三产业中又有1/3，即总投资的20%以上投向房地产，此外，第三产业的近1/2，即总投资的30%左右，投向广义基建领域。①从绝对规模来看，根据世界银行公布的数据，2021年中国固定资本形成总额是美国的1.5倍、欧元区的2倍以上、日本的6倍、英国和韩国的10倍以上。从效率角度来看，可以通过3个指标来观察投资效率，一是资本回报率，即资本收入与资本存量的比值；二是增量资本产出比（ICOR），即单位资本增量带

①　包括电力、热力、燃气及水的生产和供应业，交通运输、仓储和邮政业，以及水利、环境和公共设施管理业。

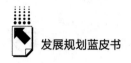

来的 GDP；三是存量资本回报率，即实际产出除以资本存量。无论采取以上三种指标中的哪一种，都可以得到同一结论，就是中国的投资效率在 2009 年之后进入了趋势性下行阶段，其中 ICOR 的下降幅度甚至超过一半。① 因此，扩大内需在投资领域的关键是在维持合理的投资规模的情况下优化投资结构、提升投资效率。

三　扩大内需的突出问题

《扩大内需战略规划纲要（2022—2035 年）》强调要将扩大内需和优化供给侧结构性改革有机结合，发挥消费对经济发展的基础性作用和投资对优化供给结构的关键作用。根据前文对内需现状及特征的分析可知，总量层面主要表现为消费严重偏低，结构层面一方面是消费结构相对落后，另一方面是投资主要流向房地产、传统基建等领域。随着中国城镇化发展进入后半段，房地产行业将迎来新发展模式，而传统基建的投资和收益空间也较为有限。因此扩大内需的着力点应当集中于扩大消费总量，升级消费结构，优化投资结构，提升投资效率。现阶段制约扩大内需的主要因素如下。

一是居民消费能力和信心不足，原因包括两方面：一方面是当前实际收入水平和未来预期收入水平下降，另一方面是居民资产负债表受损。前者影响人群主要集中在受疫情冲击较大的行业以及近年来发生深度调整的房地产、互联网、教培等相关行业的从业人员，而这些群体恰恰是边际消费倾向较高的年轻群体和中低收入群体。受资产负债表受损影响显著的居民则集中为房地产市场快速扩张、房价高位运行时贷款买房且尚未还清的群体，随着房地产市场走弱，且金融市场产品收益率表现不佳，资产收益难以覆盖借贷成本，因此居民增加储蓄、提前还款的意愿明显提高。此外，对于尚未购房的青年群体而言，刚性购房需求形成未来大额支出预期，推高了这一群体的储蓄意愿，制约其消费潜力释放。

二是消费结构有待升级。相较于发达国家，中国消费结构落后之处主要体现在服务相关的消费占比偏低，服务性消费体系不完善。主要不足之处包括四

---

① 于雪：《要素配置、政府边界与宏观投资效率》，《上海金融》2019 年第 11 期。

个方面：首先，适应于中国人口结构转型的服务业消费供给不足。当前中国人口结构少子化、老龄化特点突出，但生育服务、幼儿照顾、养老服务等产业发展不足，导致年轻群体生育成本偏高，生育意愿下降，而中老年群体则因应对养老问题而具有较强的储蓄动机。其次，医疗健康服务不足。看病难、看病贵依然是多数中国家庭面临的问题，同时现阶段公共卫生、养生保健等行业发展不充分，难以满足居民需求。再次，家政服务、社区公共服务发展不足。随着城市生活节奏加快，居民消费观念发生变化，家政服务已经形成了较大的市场需求，然而现阶段家政行业仍没有实现专业化、规模化发展，无法充分满足市场需求。最后，中高端消费供给不足。消费领域自有品牌打造相对滞后，在国际中高端消费市场竞争中明显处于劣势。同时中高端消费中心建设不足，难以满足相应的个性化、多样化服务消费需求。

三是传统领域投资增长空间有限。根据前文的分析，在过去二十多年的快速发展过程中，投资主要流向制造业、房地产和传统基建领域，而制造业中又有相当大的比例流向传统制造业。未来这三大领域的投资扩张均面临一定制约因素，传统制造业方面，受近年来中国劳动力成本上升和中美贸易摩擦等因素影响，部分传统制造业正在向东南亚国家转移，再加上前期累积的较大固定资本形成体量，传统制造业继续追加投资的空间有限。房地产领域方面，自2022年进入深度调整期以来，房地产开发投资和销售等指标大幅下滑。随着房地产行业走出高负债、高周转，加快构建新发展模式，未来难以重现过去的高投资水平。传统基建领域方面，随着城镇化发展进入后半程，与之相关的道路交通建设已经经历了十余年的快速增长，未来这类收益回报较高的项目将减少，从而导致整体传统基建投资的回报率下降。

四是民间投资信心不足，地方政府债务风险增大。近年来，受疫情冲击、国内经济政策不确定性增加、国际竞争格局变化等综合因素的影响，民营企业投资预期不稳、信心不足问题较为明显，2022年民间投资与国有控股投资之间的差距持续拉大。民间投资的不足，一方面需依赖于营商环境改善，另一方面也需要政府投资进行弥补。然而，房地产市场下行叠加疫情冲击，过去对经济增长发挥重要作用的"房地产—土地财政—基建投资"模式难以为继，导致地方财政持续处于紧平衡状态。地方政府对债务性收入的依赖度明显提升，隐性债务规模仍在扩大，债务还本付息压力加大。随着房地产市场的进一步调

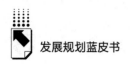

整，以及地方债务与当地中小金融机构紧密关联，地方政府债务风险明显增加。

四　政策建议

现阶段中国在实施扩大内需战略中面临的问题并非集中于单一领域，而是具有一定的系统性和复杂性，需要财政、货币等各类宏观政策协调配合，同时深化改革，释放经济活力，具体政策建议如下。

一是以稳定就业、增加劳动收入为重点促进居民增收。强化就业优先政策，以激发市场主体活力提升稳就业能力。切实加强就业保障政策在保市场主体、稳增长、保民生等相关政策中的优先地位，有针对性地对劳动密集型中小微企业进行用工补贴，帮助企业降低用工成本。完善就业监测和预警机制，增强对各类就业的宏观调控能力。逐步健全和完善就业需求、岗位技能需求、失业监测预警等体系，增强就业监测和就业保障对零工经济、平台就业等非传统就业的包容性。依托技能培训中心、职业学校、普通高等院校等公共平台，构建与新产业、新业态、新模式岗位需求相适应的技能培训体系，形成城镇就业"蓄水池"，缓解就业冲击压力。

二是从供需两端引导房地产市场健康发展。一方面是稳定住房市场，妥善处置化解大型房企风险，增强市场对房地产价格长期平稳发展的信心，缓解房地产市场下行给地方政府财政带来的负面影响；另一方面是建立存量房贷还款计划动态调整机制，因地制宜地加快房贷利息市场化改革，给予住房贷款者进行房贷还款计划调整的机会，支持商业银行动态下调长期贷款利率，促进居民资产负债表修复，减弱居民提前还贷意愿。此外还需建立多主体、多渠道的住房供给体系，改善居民刚需住房环境，缓解刚性住房支出压力。从租赁房、刚需型自住、改善型自住、非常住地消费型住房需求、中高端住房需求等多个方面完善住房市场发展机制，支持居民合理自住需求，遏制投机性需求。建立人口流动和土地供应之间的联动机制，针对人口净流入的城市，优化保障性租赁房、共有产权房等的供给体系。完善长租房政策，保障租户权益。

三是加快促进消费结构升级，大力推动现代服务业发展。在适应人口老龄化发展方面，加快促进养老公共服务体系和养老保健产业协同健康发展。挖掘传统消费、文化旅游、养生保健等行业的适老化市场需求，加快推动公共设施适老化改造和适老化技术开发，释放银发经济潜力。在缓解总和生育率下行问题方面，鼓励地方政府提升公共服务水平，加强针对婴幼儿养育的配套服务。大力提升社区层面普惠托育的供给能力，降低家庭养育负担。持续推动义务教育均衡发展，优化高等教育人才培养体系，缩小区域间高等教育差距，减轻家庭教育负担。在适应现代化生活服务需求方面，推动家政服务业专业化、规模化、网络化、规范化发展。完善家政服务从业标准，加强对家政从业者的职业保障，规范家政企业经营模式，鼓励家政市场多样化、多层次发展。

四是坚持"两个毫不动摇"，持续推进市场化改革，充分激发民营经济活力。民营经济具有"五六七八九"的特征，激活民营经济既有助于促进投资、扩大生产，又有助于稳定就业、促进消费。具体而言，一方面需深化投资体制机制改革，放宽市场准入，审慎出台各类限制性措施，推动"绿灯"投资案例尽快落地，创新监管方式，为民营企业"松绑"，改善投资预期，稳定投资信心。另一方面需加快完善现代企业产权制度，激励地方政府加速优化营商环境，保障国有企业和民营企业同等对待的政策落到实处。

五是积极拓展与现代产业体系发展相适应的投资领域。制造业方面，围绕制造强国和创新驱动发展战略，增加对基础工业设备、关键核心技术、重大技术装备、产业链供应链安全等领域的投资；聚焦新能源、高端装备、绿色环保、生物医药等领域加大投资，推动战略性新兴产业发展壮大。现代化基础设施方面，围绕数字化、智能化转型升级，加大对5G、大数据、云计算、工业互联网等信息基础设施的投资，为智慧城市、智慧产业发展奠定基础。此外，还需围绕现代清洁能源体系和水利基础设施建设拓展投资空间。同时还需尽快加快政府引导性和支持性基金建设，有力吸引社会资本共同加大投资。

参考文献

项梦曦：《激进加息对美国经济负面冲击正在显现》，《金融时报》2023年2月

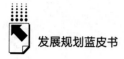

15 日。

张晓兰、王晗：《近期我国产业链转移越南的特征、问题及政策建议》，《发展研究》2022 年第 8 期。

叶德珠：《东亚国家高储蓄、低消费之谜的行为经济学解析》，《亚太经济》2008 年第 3 期。

于雪：《要素配置、政府边界与宏观投资效率》，《上海金融》2019 年第 11 期。

World Bank，"Falling Long-Term Growth Prospects：Trends，Expectations，and Policies，"2023. 3.

B.4
优化投资结构
加快"补短板"和"促升级"[*]

冯 明[**]

摘 要： "十四五"时期，我国固定资产投资结构正在发生深刻变化：制造业投资增速逆势上行，高技术产业投资持续快速增长，社会民生投资"补短板"速度显著加快，房地产投资增速由升转降，规模出现萎缩。"十四五"后半段及未来更长一段时期，我国应重点围绕"两大方向、五个领域"来优化投资结构：一大方向是"补短板"投资，主要包括基础设施建设投资和社会民生投资两个领域；另一大方向是"促升级"投资，主要包括新型城镇化投资、产业转型升级投资、新型基础设施建设投资三个领域。与此同时，也存在一些制约投资的因素，需要引起重视。为进一步拓展投资空间、优化投资结构，建议：第一，激发各类市场主体投资活力，加快促进产业结构转型升级；第二，完善政府类投资管理体制机制，提高政府投资的综合效益；第三，健全基础设施建设项目的投融资机制，防范化解地方政府隐性债务风险；第四，加快构建房地产长效机制；第五，在拓展增量投资的同时，主动应对存量改善型投资带来的机会与挑战。

关键词： 投资结构 固定资产投资 基础设施

---

* 本文为中国社会科学院交办课题"扩大内需战略研究"的阶段性研究成果。

** 冯明，中国社会科学院数量经济与技术经济研究所副研究员，主要研究方向为宏观经济、货币财税政策等。

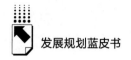

投资是连接短期和中长期、联动需求侧和供给侧的一类特殊经济活动。从短期来看，投资作为需求侧"三驾马车"之一，是带动短期经济增长的重要力量；从中长期来看，投资作为扩大再生产的载体，还是推动供给侧结构转型升级的重要抓手。"十四五"规划纲要提出，要拓展投资空间，优化投资结构。本文首先梳理总结"十四五"时期以来我国固定资产投资的总体表现，紧接着分析当前和未来一段时期优化投资结构的重点方向和领域，指出不足和制约因素，最后在此基础上提出若干对策建议。

一 "十四五"时期以来固定资产投资的总体表现

从总量来看，我国固定资产投资增速"十四五"时期以来有所放缓。2021 年和 2022 年全社会固定资产投资完成额分别达到 55.3 万亿元和 58.0 万亿元，名义同比增速均为 4.9%[①]，低于相应年份的 GDP 名义增长速度。固定资产投资增速放缓是多种因素共同作用的结果，既有疫情冲击等短期因素的作用，也受到经济增速换挡、产业结构转型、全球供应链调整等中长期因素的影响。

在投资增速总体放缓的同时，固定资产投资结构也在发生深刻变化，突出体现在以下几方面。

一是制造业投资增速逆势上行。2021 年和 2022 年制造业固定资产投资完成额分别增长 13.5% 和 9.1%，大幅高于全部固定资产投资平均增速，同期，服务业投资增速仅分别为 2.1% 和 3.0%。包括制造业在内的第二产业投资增速快于第三产业投资增速，扭转了过去多年以来二产投资增速慢于三产的局面。同时，2009 年以来第二产业固定资产投资比重持续下降、第三产业固定资产投资比重持续上升的态势在"十四五"时期的前两年也得到扭转。截至 2022 年末，第二产业固定资产投资比重达到 32.2%，比"十三五"末期提高 3.4 个百分点；第三产业固定资产投资比重为 65.3%，比"十三五"末期下降 3.4 个百分点。

二是高技术产业投资持续快速增长。2021 年和 2022 年，高技术产业投资

---

① 如无特殊说明，本文数据均引自 Wind 数据库。

分别增长 17.1% 和 18.9%，大幅超过全部固定资产投资的平均增速。其中，高技术制造业①投资在"十四五"时期的前两年均实现了超过 22% 的增长，高技术服务业投资分别增长 7.9% 和 12.1%。高技术产业投资的快速积累，标志着相关产业正处于扩张期，逐步成为推动构建新发展格局的新增长点。

三是社会民生投资补短板速度显著加快。进入新发展阶段，人民群众在教育、医疗、养老、幼育、文化体育娱乐等领域的需求更加旺盛，相关公共服务供给与需求之间的失衡成为突出矛盾，亟须加大投资力度，扩大公共服务供给。2021 年和 2022 年包括教育、卫生和社会工作、文化体育和娱乐业在内的社会领域投资分别增长 10.7% 和 10.9%②，明显高于全部固定资产投资的平均增速。尤其是卫生领域投资在新冠疫情防控背景下持续高速增长，2021 年和 2022 年同比增幅分别高达 24.5% 和 27.3%。

四是房地产投资由升转降，规模出现大幅萎缩。2022 年，全国房地产开发投资总额为 13.3 万亿元，比上年萎缩了 1.47 万亿元，降幅达到 10.0%。这是进入 21 世纪以来房地产开发投资规模首次呈负增长。房地产开发投资在全部固定资产投资中所占比重由上年的 27.1% 下降至 23.2%。与此同时，商品房销售额由 2021 年的 18.2 万亿元下降至 2022 年的 13.3 万亿元，萎缩了将近 5 万亿元。房地产投资和销售的大幅下降，一方面对经济增长造成较大拖累，另一方面也伴随着风险的暴露与扩散，房地产市场、中小金融机构、地方政府隐性债务等领域防范化解金融风险的任务更加艰巨。

二　优化投资结构的重点方向

"十四五"后半段及未来更长一段时期，我国应重点围绕"两大方向、五

---

① 根据《高技术产业（制造业）分类（2017）》和《高技术产业（服务业）分类（2018）》，高技术制造业包括六大类：医药制造，航空、航天器及设备制造，电子及通信设备制造，计算机及办公设备制造，医疗仪器设备及仪器仪表制造，信息化学品制造等；高技术服务业包括九大类：信息服务、电子商务服务、检验检测服务、专业技术服务业的高技术服务、研发与设计服务、科技成果转化服务、知识产权及相关法律服务、环境监测及治理服务和其他高技术服务等。详见 http://www.stats.gov.cn/sj/tjbz/gjtjbz/202302/t20230213_1902772.html 和 http://www.stats.gov.cn/sj/tjbz/gjtjbz/202302/t20230213_1902766.html。

② 详见 2021 年和 2022 年度《中华人民共和国国民经济和社会发展统计公报》。

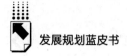

个领域"来优化投资结构。第一个大方向是"补短板"投资，主要包括基础设施建设投资和社会民生投资两个领域；第二个大方向是"促升级"投资，主要包括新型城镇化投资、产业转型升级投资、新型基础设施建设投资三个领域。

（一）重点方向之一："补短板"投资

"补短板"投资主要包括两个领域：一是基础设施建设投资补短板，二是社会民生投资补短板。

1. 基础设施建设投资补短板

基于长期积累，我国在交通、能源、水利、市政工程等基础设施建设方面取得了重大成就，有的甚至处于世界领先地位；同时，一些领域也仍亟须加强"补短板"，例如，在交通基础设施方面，包括铁路、公路、水运、民航在内的国家综合立体交通网的通达程度、密度、便捷度与经济社会快速发展需求相比仍有差距；区域间和城市群间的交通联系尚未实现充分通达；有的干线铁路公路运力紧张，亟须提升扩容；支线机场和通用航空事业方兴未艾。在能源基础设施方面，电力供应紧张问题仍时有发生，电网安全和智能化水平有待提高；油气对外依存度高、国际管线的运输能力和安全保障存在短板；水电、风电、光伏等清洁能源的开发利用仍有拓展空间。在水利基础设施方面，一些大江大河大湖仍然存在防洪短板，综合性水利枢纽和调蓄工程建设、堤防加固、河道治理、蓄滞洪区建设仍需加强，水源保护和节水基础设施也有待加大投入力度。在市政基础设施方面，不少城市综合管廊和地下管网的承载能力与可靠性存在明显短板，有的城市内涝风险隐患突出，县城亟须在城乡物流商贸、公共服务提供等方面加强基础设施建设，增强带动城乡融合发展的能力。未来，应针对上述短板，进一步优化基础设施的布局、结构、功能和系统集成，加快建设完善的现代化基础设施体系。

2. 社会民生投资补短板

在社会民生投资方面，随着经济增长和人均收入水平的提高，人民群众对医疗、教育、养老、幼育等公共服务的需求也日益增加且多元化。尽管近年来国家持续加大民生领域的投入，但相对于需求的快速增长而言，供给仍然存在明显不足，数量和质量均有短板。总体而言，城乡间、区域间民生基本公共服务发展不平衡不充分的问题依然较为突出；政府、市场、社会分工配合提供公共服务的模式仍然不够清晰、高效；财力不足和激励机制的欠缺导致一些地方政府扩大基本公共服务供给的动力不足；大规模人口跨区域流动增加了人口流入地和人口流出地在基本公共服务供需上的结构性矛盾。

在医疗领域，看病难、看病贵问题仍然是老百姓急、愁、盼的焦点问题之一，尤其是县级以下医疗基础设施和公共卫生条件有待改善。在教育领域，乡村地区和中西部地区教育资源存在短板，软硬件基础设施落后，一些人口流入规模大的城市基础教育学位紧张。在养老领域，老龄人口数量快速增加，亟须加快探索适合我国国情的政府、市场、社会、家庭多主体配合的普惠性养老服务提供模式，公共场所的适老化改造投资也须积极跟进。在幼育领域，生育养育成本高、压力大的问题较为突出，需要"政府之手"与"市场之手"配合，投资建设婴幼儿照护服务机构和设施。此外，农业农村、公共安全、生态环保、公共卫生、物资储备、防灾减灾等领域也存在不同程度的短板。这些民生领域的短板弱项，是未来加大投资力度、优化投资结构的重点方向。

（二）重点方向之二："促升级"投资

"促升级"投资主要包括三个领域：一是推动新型城镇化的相关投资，二是促进产业转型升级的相关投资，三是加快布局新型基础设施建设投资。

1. 推动新型城镇化的相关投资

2022年，我国常住人口城镇化率达到65.2%，意味着城镇化进程已经进入后半段。随着我国城镇化进程迈入新的发展阶段，对城乡投资布局也提出了新要求。综合分析国际经验和我国国情，城镇化后半程将呈现出若干有别于前半程的新特征：一是人口和经济活动可能进一步向城市群和都市圈地区聚集。二是一些人口流出比例较高的地区可能由扩张转为收缩，有些城市进入"收缩型发展"阶段，一些农村地区"弱者沉淀"问题逐渐凸显。三是城乡融合发展成为新趋势，要素由单向流动转为双向流动。因而，在进行相关投资布局时，应将这些新特征纳入考量，主动适应城镇化后半程的特征变化：其一，加快城市群和都市圈地区投资建设，培育增长高地，充分发挥城市群和都市圈对全国经济社会发展的辐射带动作用。其二，加大县城基础设施、产业配套和社会民生投资力度，增强县城综合承载能力，增强县城在连接城乡、带动城乡融

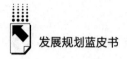

合发展中的关键节点功能。其三，逐步探索人口流出地发展新模式，在投资的过程中整合资源、提升品质，促进收缩型城市和乡村走向集约式发展之路。其四，统筹推进城乡规划布局和建设管理，有序稳妥促进各类要素在城乡之间高效配置，实现以工补农、以城带乡，助力乡村建设和农业农村现代化。

2. 促进产业转型升级的相关投资

当前，我国产业发展在国际竞争中面临前有围堵、后有追兵的状态，加之国内劳动力、土地等要素成本上涨，产业转型升级的必要性和迫切性显著增强。传统制造业发展已经进入"平台期"，一般性产能趋于饱和，部分领域甚至呈现过剩状态，这是近年来传统制造业民间投资活动趋缓的根本性原因。只有通过技术创新，才能突破瓶颈，拓展新的投资空间，跃上更高的发展平台。

产业转型升级不会凭空发生，而是需要以投资为媒介，在机器设备、技术工艺、管理流程的提升中实现。在制造业领域，受新兴技术的催生，新一代信息技术、高端装备制造、新材料、生物医药、新能源汽车、清洁能源与节能环保等战略性新兴产业存在巨大的投资机遇。同时传统制造业也需要朝着以下三个方向推进自身的转型升级：一是生产设备更新和技术改造投资，二是产能绿色化低碳化投资，三是数字化智能化投资。在农业领域，为不断强化农业基础地位、加快实现农业现代化目标，需要在高标准农田建设、农业科技和机械装备、智慧农业设施、农业专业化社会化服务、标准化规模养殖、农畜产品加工业等方面进行大量投资建设活动。在服务业领域，生产性服务业是现代经济的重要组成部分，是专业分工细化的标志，对农业和制造业生产效率提升发挥着正向作用。我国的生产服务业发展相对而言较为滞后，未来需要在研发设计、供应链协同、人力资源管理、知识产权服务、柔性化定制、产业融合发展等领域加大投资，推动生产性服务业向高端延伸，进而促进农业和制造业生产效率提升。

3. 加快布局新型基础设施建设投资

在以移动互联网、物联网、大数据、云计算、人工智能、区块链等为代表的新一轮技术浪潮的推动下，经济社会发展和国际产业竞争需要依托的基础设施条件也在发生剧变。除了交通、能源、水利等传统基础设施外，新型基础设施的重要性快速凸显。根据《扩大内需战略规划纲要（2022—2035 年）》，未来一段时期我国要推动系统布局信息基础设施、融合基础设施、创新基础设施等三类新型基础设施。"信息基础设施"的主要投资方向包括物联网、工业互联网、卫星互联网、千兆光网、全国一体化大数据中心体系、量子通信等,目的在于系统性增强各类数据的感知、收集、传输、存储、运算、使用能力,激活数据要素的经济社会价值。"融合基础设施"主要在于推动5G、人工智能、大数据、物联网、自动驾驶汽车等技术与交通物流、电力配送、生态环保、市政工程等传统基础设施深度融合,提高传统基础设施的智能化水平。"创新基础设施"主要包括加大对国家重点实验室的投资力度,适度超前布局建设重大科技基础设施,为基础科学和应用科学研究夯实基础;优化提升国家产业创新中心、国家制造业创新中心、国家工程研究中心、国家技术创新中心等产业创新基础设施。在全球新一轮科技革命和产业变革背景下,加快布局建设新型基础设施是为产业发展强基础、攒后劲的基础性工作,对于推动构建新发展格局具有重要意义。

上述两大方向、五个领域是"十四五"乃至未来更长一段时期我国拓展投资空间、优化投资结构的重点方向。当然,"补短板"投资和"促升级"投资之间并非完全割裂,而是相辅相成的。有些"补短板"投资也有助于"促升级",有些"促升级"投资实际上也是在"补短板"。

三　制约投资的因素

与此同时也应认识到,当前我国仍存在一些制约投资的因素。

第一,民间投资增速放缓,市场活力有待释放。近年来,民间投资增速显著放缓。2022年,民间投资增速仅为0.9%,大幅低于全部固定资产投资完成额的总体增速。民间投资占全部固定资产投资的比重自2015年以来持续下降,截至2022年末已由65%以上降低至54.2%,究其原因:一是经过改革开放以来多年的投资积累和产能扩张之后,民营企业占比较高的不少传统制造品行业趋于饱和,市场供大于求导致竞争激烈、利润率摊薄。在没有显著技术进步的情况下,这些行业的市场主体继续追加投资的空间不大。二是受劳动年龄人口数量减少、高房价倒逼、外卖和网约车等新兴灵活就业形式对青年群体吸引分流等因素影响,近年来传统制造业用工成本上涨较快,出现了招工难、留工难的现象。环保治污力度加大、用电成本上升等因素叠加也抬升了

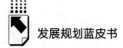

企业运营成本。三是在中美贸易摩擦、新冠疫情、俄乌冲突等外生冲击之下，市场主体对未来经济前景和投资回报缺乏稳定的预期和信心。在这些因素的综合作用下，近年来一些传统制造业市场主体已经开始向东南亚等地迁移，值得引起重视。

第二，房地产行业进入深度调整期，亟须加快构建新模式。房地产行业上下游链条长、辐射范围广，是国民经济中具有系统性影响的重要行业。经过多年的高速发展之后，当前我国房地产行业进入深度调整期，房地产开发投资、商品房销售等指标大幅下滑。随着行业增速放缓，前期在房地产开发企业中流行的高负债、高杠杆、高周转模式的可持续性遭遇挑战，不少房企陷入流动性危机甚至可能引发债务危机。同时，由于住房资产在居民部门资产负债表中占比颇高，房价分化走势也会对居民部门的消费储蓄决策产生重大影响：一方面，房价偏高会在一定程度上透支居民可支配收入，对消费造成挤出，不利于国民经济循环畅通；另一方面，随着有些城市房价面临下跌压力，也可能反过来对当地居民财富和消费造成负面影响。

第三，政府类投资项目的管理体制机制不够完善。一是有的地方仍然存在脱离本地实际盲目上项目、低水平重复建设等情况，导致部分投资项目缺乏产业和人口支撑，实际利用率不高，项目综合回报难以抵偿投资成本。这种情况在一些地方的产业园区、旅游景点、园林造景等领域表现较为突出。二是社会民生类投资跟不上人民群众对公共服务日益增长、多元化的需求。有的地方政府增加社会民生类投资的意愿不高、能力不足，导致公共服务供给滞后于需求。针对社会民生类投资的绩效评价方式不够全面，缺乏对使用便利度、用户满意度等多维度绩效的考评，导致相关领域投资容易出现供需错配。

第四，基建投资的融资工具和融资渠道不够丰富，防范化解地方政府性债务风险的任务较为艰巨。地方政府可用于基础设施项目建设的资金来源较为单一，主要靠一般公共预算财政资金、国有土地使用权出让收入、专项债资金以及包括城投公司举债在内的各种形式的债务融资。这些传统融资模式面临着越来越严峻的考验：一是一般公共预算财政收支压力持续紧张，"过紧日子"成为常态；二是随着房地产市场发展阶段的变化，地方政府的土地出让金收入明显减少；三是一些地方政府下属的城投公司负债率畸高，现金流脆弱，城投公司与地方中小金融机构、房地产企业之间形成复杂债务链条，成为容易触发区域性金融风险的隐患。在这样的背景下，基础设施建设亟须拓展新的融资来源。

四 政策建议

综合上文分析，针对未来尤其是"十四五"后半段拓展投资空间和优化投资结构提出以下对策建议。

第一，激发各类市场主体投资活力，加快促进产业结构转型升级。一是优化有利于各类市场主体公平竞争的市场化、法治化投资环境。在制度和法律层面落实国企民企平等待遇，鼓励支持民营经济和民营企业发展壮大，稳定市场主体的预期，强化信心。二是扩大先进制造业投资，在新能源汽车、电子设备、高端装备、清洁能源与节能环保、生物医药等领域不断积累和巩固产业竞争新优势。三是通过固定资产加速折旧、财政贴息贷款等财政金融政策工具，引导鼓励传统制造业企业加大技术改造投资，更新机器设备，优化工艺流程，提升生产效率。同时，加大农田水利投资，不断改善农业生产条件，提高农业生产效率，推进农业现代化。顺应产业融合发展的趋势，以生产性服务业投资为抓手，带动经济中各条产业链上下游整体效率提升。

第二，完善政府类投资管理体制机制，提高政府投资的综合效益。一是加强政府类投资的规划论证和项目准入。提高第三方参与项目可行性论证机制的独立性和可靠性。引入市场化机制，强化地方政府及其下属城投公司的预算约束。严格项目准入，杜绝盲目投资和低水平重复建设的倾向。二是健全政府类投资项目绩效评价，加强投资项目的事中事后监管和持续跟踪评价。在财务绩效评价的基础上，运用科学调查统计方法将用户满意度纳入绩效评价体系，把人民群众是否满意作为检验社会民生投资效果的重要标准之一。

第三，健全基础设施建设项目的投融资机制，防范化解地方政府隐性债务风险。一是优化专项债的功能定位和资金用途。对地方实践中广泛存在的专项债资金使用"一般化"的倾向，以及为了形式上符合专项债资金使用要求而过度包装拼凑项目等情况进行调查研究；合理调整优化专项债的功能定位，增强其与地方基建需求项目的匹配度。二是丰富融资工具和融资渠道，科学运用金融工具盘活存量资产，在存量资产与增量项目建设之间构建良性循环。加快

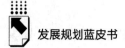
推动基础设施领域不动产投资信托基金（REITs）市场发展壮大。发挥资本市场功能，以合理的方式将保险资金、社保基金等长期资金引入基础设施项目建设。三是规范有序推进政府与社会资本合作（PPP），以市场化手段引入社会资本参与基础设施项目建设和运营。

第四，加快构建房地产长效机制。在短期，一是妥善处置化解大型房企风险，防止其向金融体系和地方财政体系扩散从而引发系统性风险。二是因城施策，通过适度放松限购限贷、合理调整首付比等政策，释放刚性和改善性购房需求，促进房地产市场实现"软着陆"，避免房地产行业持续拖累国民经济大盘。三是在建设用地指标供给、个人购房条件、住房金融等方面增强政策稳定性，以政策稳定性促进稳房价、稳地价、稳预期。在中长期，加快探索建立适合新发展阶段需求的住房新模式：一是在商品房市场化运行的基础上，扩大人口净流入城市的保障性住房供给，合理匹配新市民住房需求；二是在住房买卖市场的基础上，加快促进住房租赁市场尤其是长租房市场发展。

第五，在拓展增量投资的同时，主动应对存量改善型投资带来的机会与挑战。在一个国家经济发展的早期，固定资产存量相对较少，投资以增量项目为主；而当经济发展到一定阶段，随着存量固定资产的持续积累，存量改善型投资需求也会逐渐增多。当前，我国不论在交通、能源、市政工程等基础设施领域还是在制造业固定资产和房地产领域，都已经出现了数量可观的存量改善性投资需求，而且规模还不断扩大。"十四五"时期及未来更长一段时期，以老旧基础设施、老旧城区、老旧厂区、老旧街区、老旧小区更新改造为代表的存量改善型投资，将成为全社会投资活动中占比越来越高的组成部分。与以往增量投资模式相比，存量改善型投资在项目管理、绩效评价、资金配套等方面的要求都存在显著差异，需要加快探索与之相适应的管理体制机制和投融资模式。

专栏：新能源汽车——投资驱动产业转型升级的典型案例

新能源汽车是近年来投资驱动产业转型升级的一个典型例子。欧美日韩是汽车产业的先发国家，长期以来享有优势地位，我国作为后来者，想要追赶面临诸多困难。虽然新技术的出现为产业变革、换道追赶创造了可能性，但新技术的产业化只有通过大量的固定资产投资才能实现。谁能抓住这一宝贵的窗口期,将新技术转化为规模化量产能力,谁就能在新一轮产业竞争中占据先机,否则就可能陷入被动。幸运的是,我国紧紧抓住了新能源汽车技术迭代这一宝贵的窗口期,在市场竞争和有为政府的共同作用下,通过投资在新能源汽车及零部件制造领域实现了较快的产能扩张。

2022年,汽车制造业固定资产投资完成额增速达到12.6%,2023年第一季度同比增速进一步升至19.0%,大幅超过全部固定资产投资总体增速。在投资的驱动下,我国较快地形成了全球范围内最大的新能源汽车生产规模。根据中国汽车工业协会的统计,2022年我国新能源汽车产量达到705.8万辆,同比增长96.9%。目前,我国不仅成为世界上最大的新能源汽车生产国、消费国,而且已经成为世界上最大的新能源汽车出口国。可以说,正是在投资的驱动下,我国才得以抓住新能源汽车技术变革这一难得机遇,率先将新技术转化为大规模量产能力,从而逐步走在汽车工业新一轮全球竞争的前沿。

当然也应认识到,我国新能源汽车领域发展仍面临不少挑战:在技术创新层面,部分高端零部件的研发和生产能力不强,软件操作系统和底层算法构建能力存在短板。与某些国际巨头相比,我国新能源车企的品牌领导力和参与国际标准制定的能力还不强。在基础设施配套层面,充换电等配套体系仍亟待完善。公共充电桩的站点密度较低,使用便捷性不高;相关商业模式仍在探索之中,市场化机构提供汽车充电服务的积极性有待释放;家庭私人安装充电桩可能受到小区物业管理、电网设施不支持等因素的限制。在政策层面,伴随着新能源汽车向智能化和自动驾驶的方向逐渐突破,车路协同与驾驶安全、个人隐私保护与数据安全、数据要素权属界定与收益分配等领域也逐渐暴露出一些新问题,需要研究出台相关政策或制度加以规范。

从相关市场主体的角度而言,一是应加大技术创新投入,降低高端零部件和底层算法的对外依赖,保障供应链安全。二是提升售后服务品质,化解因技术迭代对消费者造成的风险;同时探索优化商业模式,逐步激活数据要素在自动驾驶和智慧交通时代的价值创造功能。三是在充分用好国内大市场的同时,积极"走出去",抢占海外市场份额,在国际竞争中不断增强优势。政策方面,应加快完善布局充电桩等配套设施,为新能源汽车发展提供基础设施服务保障。鼓励市场化主体参与充电设施建设、运营、维护等有偿服务,在城乡建设规划和老旧小区改造中研究设定公共充电车位配建比例要求。通过政策手段

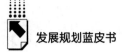

和市场化手段，共同引导形成多方参与、分时共享、合理错峰的充电基础设施服务体系。与此同时，应统筹好创新与监管、发展与安全的关系，及时推进相关领域政策完善，及时解决新能源汽车发展在自动驾驶、车路协同、出行数据安全、数据要素收益分配等方面出现的新问题，促进市场持续健康发展。

资料来源：冯煦明：《加快建设新能源车创新高地》，《经济日报》2022 年 9 月 8 日。

参考文献

冯明：《"十四五"时期投资空间拓展与投资结构优化》，《银行家》2022 年第 6 期。

国家发展和改革委员会：《全力推动构建新发展格局取得新突破》，《求是》2023 年第 8 期。

何立峰：《"十四五"时期经济社会发展主要目标》，《人民日报》2020 年 12 月 4 日。

刘鹤：《把实施扩大内需战略同深化供给侧结构性改革有机结合起来》，《人民日报》2022 年 11 月 4 日。

中国社会科学院宏观经济研究智库课题组：《释放经济发展活力 巩固增长回升势头——2023 年第一季度中国宏观经济形势分析》，《改革》2023 年第 4 期。

B.5
创造性建设中国特色消费中心[*]

周　勇[**]

摘　要： 建设消费中心，尤其是国际消费中心（城市）和区域消费中心（城市）是我国新时期发展消费经济，发力内需，构建以国内大循环为主体、国内国际双循环相互促进的新发展格局的重要举措。消费中心建设是具有中国特色的理论命题，有着独特的区域竞争、区域经济转型、区域高质量发展、本地化发展等内涵。消费中心正在改变中国经济发展版图，包括区域性中心城市正在分离生产和消费功能，专业性中心城市正在使生产和消费分化，偏远地区中心城市正在形成相对单纯的生活消费功能，跨国中心城镇正在打造专门的边境消费功能。消费中心还将继续改变中国经济发展版图，如借助消费中心全国区域经济发展更加均衡，整个国民经济部门更加平衡，部分中西部中心城市将加速发展。消费中心也是东部经济发展的潜在空间。消费中心建设有利于加速老少边穷和欠发达地区的经济增长极的形成。由消费中心建设而引致的中国经济版图之改变，也会对世界经济格局产生影响。

关键词： 消费中心理论　国际消费中心城市　中国特色理论

---

[*] 本文相关内容发表于《深圳大学学报》（人文社会科学版）（2023年第1期）、《贵州社会科学》（2023年第3期）、《经济日报》（2023年4月18日第10版）。

[**] 周勇，中国社会科学院数量经济与技术经济研究所研究员，主要研究方向为宏观经济管理与可持续发展等。

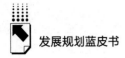

习近平总书记2023年1月在主持二十届中央政治局第二次集体学习时强调，要建立和完善扩大居民消费的长效机制。党的二十大报告指出，要着力扩大内需，增强消费对经济发展的基础性作用。《中华人民共和国国民经济和社会发展第十四个五年规划和2035年远景目标纲要》提出，要畅通国内大循环，促进国内国际双循环，加快培育完整内需体系；全面促进消费，培育建设国际消费中心城市，打造一批区域消费中心。① 需求主要分为投资和消费，长期以来，我国的增长更多依靠投资驱动，随着资本不断充裕，资本扩张潜力越来越有限，投资效益下降，投资的经济加速器作用减弱，经济增长的潜力空间更体现在消费上。这也意味着，消费越来越成为当前乃至今后很长一段时间我国经济发展的重要动能；建设消费中心，尤其是国际消费中心（城市）和区域消费中心（城市）是我国新时期发展消费经济，发力内需，畅通国内大循环，促进国内国际双循环的重要举措。在以国内大循环为主体、扩大消费为宏观经济调控重点的时期，消费竞争，或者说消费中心竞争，将如同当年的生产竞争，或者说生产中心竞争一样，成为区域经济发展的重要变量。也就是说哪个区域能够建成高能级的消费中心，该区域就可能获得更大程度的经济增长，甚至改变当前已有的区域经济发展秩序，打破已经形成的地方经济竞争格局。改革开放四十多年来，我国一、二线城市更多的是从生产制造起步，由以前的生产制造中心发展而来，未来显然将重新洗牌，改变发展局面的力量将更多地来自消费，由消费中心决定城市建设水平。消费中心建设具有国际竞争意义，我国不仅要建设世界生产中心，还要建成世界消费中心，正如商务部等14部门发布的《关于培育建设国际消费中心城市的指导意见》中提到，培育建设国际消费中心城市，带动一批大中城市提升国际化水平，加快消费转型升级，是推动经济高质量发展和新一轮高水平对外开放的重要举措，对于促进形成强大国内市场、增强消费对经济发展的基础性作用、更好满足人民日益增长的美好生活需要具有重要意义。消费以消费中心的形式，被提到当前这样一个建设高度，在我国区域实践中还是新事物，理论上较为新颖，需要理论界及时作出回应，提供理论依据和建设思路，比如需要明确

① 《中华人民共和国国民经济和社会发展第十四个五年规划和2035年远景目标纲要》，http://www.gov.cn/xinwen/2021-03/14/content_5592884.htm，2021年3月14日。

消费中心的深刻内涵，把握其建设现状，并预评估其对中国区域经济版图可能产生的影响。

一 中国特色消费中心政策和理论背景

消费中心（城市）概念提出和建设主张更多立足于中国改革开放实践，是中国经济发展到一定阶段自我探索的结果。消费中心（城市）当前在我国担当着重要的消费经济、区域经济、宏观经济、国际经济发展使命，有着一定的发展主线、内在逻辑。

（一）政策背景

中国消费中心建设政策的提出经历了一般消费政策、国家层面国际消费中心建设（国家层面国际消费中心任务明确、国家层面国际消费中心试点筛选、国家层面国际消费中心正式试点）、地方层面消费中心建设跟进阶段。

1. 第一阶段：一般消费政策阶段（2015年前）

消费是经济学基础变量，在我国经济政策实践中被不断强调。在消费中心建设蓝图提出前，国家围绕消费出台了众多政策意见，并逐步形成专门文件，如国务院办公厅《关于加快发展生活性服务业促进消费结构升级的指导意见》（国办发〔2015〕85号）。我国十多年来一般消费政策频频出台的背景是，投资效益下降，项目投资对经济增长的推动作用转弱，尤其2008年美国次贷危机爆发后，世界经济陷入低迷，出口市场受阻，中国经济需求更多由外转内，内需越来越依赖消费激发。

2. 第二阶段：国家层面国际消费中心建设阶段（2015~2021年）

这一阶段又可以细分为几个阶段，首先是国家层面国际消费中心任务明确阶段，2016年发布的《中华人民共和国国民经济和社会发展第十三个五年规划纲要》提出要"培育发展国际消费中心"。《国务院办公厅关于进一步激发文化和旅游消费潜力的意见》《中共中央 国务院关于完善促进消费体制机制进一步激发居民消费潜力的若干意见》《国务院办公厅关于加快发展流通促进商业消费的意见》等进一步明确了培育建设国际消费中心城市的重点任务。其次是国家层面国际消费中心试点筛选阶段，2019年商务部等14部门出台

《关于培育建设国际消费中心城市的指导意见》，提出利用 5 年左右时间，指导基础条件好、消费潜力大、国际化水平较高、地方意愿强的城市开展培育建设，基本形成若干立足国内、辐射周边、面向世界的具有全球影响力、吸引力的综合性国际消费中心城市，带动形成一批专业化、特色化、区域性国际消费中心城市。最后是国家层面国际消费中心正式试点阶段，2021 年 7 月商务部正式批准上海市、北京市、广州市、天津市、重庆市率先开展国际消费中心城市培育建设。各试点城市推出了全面而具体的国际消费中心城市落实性规划，如北京市出台《北京培育建设国际消费中心城市实施方案（2021—2025年）》、上海市推出《上海市建设国际消费中心城市实施方案》、重庆市发布《重庆市培育建设国际消费中心城市实施方案》、天津市推出《天津市培育建设国际消费中心城市实施方案（2021—2025 年）》、广州市发布《广州市加快培育建设国际消费中心城市实施方案》。

3. 第三阶段：地方层面消费中心建设跟进阶段（2021年至今）

地方层面消费中心建设既有国际消费中心城市，也有区域消费中心等。各地消费中心建设既是一个曾经领先的过程，也是一个后来跟进的过程。之所以要详细梳理国家层面国际消费中心政策，是因为我国 21 世纪初就已经提及区域性消费中心。① 当前随着国家层面国际消费中心城市试点，地方层面区域性消费中心建设再次迎来重大机遇，各地纷纷跟进，围绕消费中心建设的区域竞争日趋激烈。比如湖南省提出要深入实施扩大内需战略，增强消费对经济发展的基础性作用，支持长沙打造国际消费中心城市，建设一批区域消费中心城市。② 当前提出要建设国际消费中心的城市越来越多，除长沙，还包括深圳、杭州、成都、西安、郑州、南京、武汉等在内的 30 多个城市，至于提出区域层次消费中心建设的城市，则数量更多。

（二）理论背景

我国早期的消费中心研究主要基于区域角度，2010 年前后一个新的概

---

① 徐小东：《西部区域性消费中心研究》，西华大学硕士学位论文，2013；单筱婷：《厦门构建区域性消费中心的路径与政策研究》，厦门大学硕士学位论文，2014；肖怡：《国际大商都：广州建设国家中心城市的战略选择》，《广东商学院学报》2012 年第 2 期。

② 《中国共产党湖南省第十二次代表大会隆重开幕》，http://www.hunan.gov.cn/szf/zfld/XJH/HDXJH/202111/t20211125_ 21178184.html，2021 年 11 月 25 日。

念——区域性消费中心被越来越多地提及，甚至成为地方政府对城市的新定位，如长沙市人民政府将长沙定位为区域消费中心，并提出了构建举措。① 徐小东认为每个区域都有各自的消费吸引地。② 肖怡认为，"国际大商都"应是广州建设国家中心城市的突破口和战略选择，体现在国际采购中心、国际物流中心、国际会展中心、国际购物与消费天堂等九个方面。③ 郝玉柱与张艳玲从免税业角度研究城市消费，认为北京市作为我国免税业发展的龙头地区，在经营规模、制度、经营业态等方面都与其建设国际商贸中心的战略目标不相匹配。④ 汪明峰与孙莹认为，后工业化阶段大城市的消费地位越来越凸显。⑤ 消费中心研究渐成热潮是在 2019 年后，伴随着政策文件出台，新闻界、理论界紧步实践，对消费中心城市开始进行深入探索，这一时期的研究视野由区域拓展至国家、国际。相关研究如王微等⑥、郭军峰⑦、汪婧⑧、钟诗梦和李平⑨、刘社建⑩、吴莎⑪、陈新年⑫、韩成⑬等。消费中心建设是具有中国特色的理论命题。西方学者较早开始研究消费和城市的关系，如韦伯提出了"消费型城

---

① 林耿、周锐波：《大城市商业业态空间研究》，商务印书馆，2008。
② 徐小东：《西部区域性消费中心研究》，西华大学硕士学位论文，2013。
③ 肖怡：《国际大商都：广州建设国家中心城市的战略选择》，《广东商学院学报》2012 年第 2 期。
④ 郝玉柱、张艳玲：《国际商贸中心建设与北京免税业发展》，《北京社会科学》2013 年第 6 期。
⑤ 汪明峰、孙莹：《全球化与中国时尚消费城市的兴起》，《地理研究》2013 年第 12 期。
⑥ 王微、王青、刘涛等：《国际消费中心城市：理论、政策与实践》，中国发展出版社，2021。
⑦ 郭军峰：《我国消费中心城市识别、集聚特征与驱动因素——基于空间计量模型的研究》，《商业经济研究》2020 年第 20 期。
⑧ 汪婧：《基于熵权法的国际消费中心城市竞争力评价》，《商业经济研究》2020 年第 21 期。
⑨ 钟诗梦、李平：《我国消费中心城市发展水平测度与消费支点效应——基于区域一体化视角》，《商业经济研究》2021 年第 1 期。
⑩ 刘社建：《"双循环"背景下上海构建国际消费城市路径探析》，《企业经济》2021 年第 1 期。
⑪ 吴莎：《西部地区消费中心城市发展潜力测度与收敛性特征研究》，《商业经济研究》2021 年第 4 期。
⑫ 陈新年：《顺应居民消费升级趋势　加快构建新发展格局——疏解消费升级难点堵点痛点的建议》，《宏观经济管理》2021 年第 3 期。
⑬ 韩成：《流通产业与消费中心城市耦合度及协同发展研究》，《商业经济研究》2021 年第 11 期。

市"概念;① 爱德华·格雷兹开了从消费角度研究城市的先河,认为城市是商品、服务、文化的消费中心。② 尽管西方文献中有与消费、城市相关的消费城市理论,但中国的消费中心(城市)却有着独特的内涵。③ 当前,围绕消费中心实践探索和政策分析较多,但基础理论研究较少,内容涉及消费中心的定位、如何从消费中心和生产中心角度重构经济中心分析体系、分类体系、发展内涵等。④ 很多分析还是基于消费或者城市视角,没有建立起与中心相关的区域概念。消费中心的本质是空间竞争,更进一步而言是空间消费竞争,这是消费城市和消费中心城市的最大区别,进行消费中心建设实践和理论探索时,尤其需要对此多加关注,更多挖掘消费空间的内涵。

二 中国特色消费中心建设进展

我国提出消费中心概念的时间是在新世纪以后的第二个十年左右,初期为地区层面。而中央层面提出消费中心建设则是在"十三五"时期,《中华人民共和国国民经济和社会发展第十三个五年规划纲要》提出"培育发展国际消费中心"。也就是说,在国家层面正式试点国际消费中心城市建设之前,地方层面的区域性消费中心建设已开展多年,并初步形成影响了中国区域经济发展的版图。消费中心建设强化了生产、消费的分区划片和专业化竞争力培育,对一地生产经济向消费经济转型或者生产经济和消费经济并举发挥了重要的推动作用。同时经济空间分化或者分工、基于资源环境约束的经济转型也促成了一地经济高质量发展,有利于形成新发展格局,包括国际和国内

---

① 〔德〕韦伯:《非正当性的支配——城市的类型学》,康乐、简惠美译,广西师范大学出版社,2005。

② Edward L. Glaeser, Jed Kolko, Albert Saiz, "Consumer City," *Journal of Economic Geography*, 2001, 1 (1).

③ 刘司可、路洪卫、彭玮:《培育国际消费中心城市的路径、模式及启示——基于 24 个世界一线城市的比较分析》,《经济体制改革》2021 年第 5 期;周佳:《国际消费中心城市:构念、规律与对策》,《商业经济研究》2021 年第 14 期;夏会军、张冠楠:《流通产业发展水平测度及其空间可视化分布动态研究——以京津冀城市群为例》,《商业经济研究》2020 年第 12 期;周勇:《省域副中心城市和核心增长极:调整逻辑及整合框架——以湖南省等为例》,《学术论坛》2021 年第 5 期。

④ 周勇:《消费中心布局:原则、逻辑及路径》,《河南社会科学》2022 年第 2 期。

循环、本地和异地发展、本地化和全球化。当前中国不同类型消费中心表现各异。

（一）区域性中心城市正在分立生产和消费功能

曾经很长一段时间，受计划经济和工业发展思路影响，我国各大城市重生产、轻消费，主生产、辅消费，但当前该局面已发生改变，大城市作为消费中心的地位越来越凸显，生产发展功能有所模糊或者地位减弱，甚至在空间上进行了分立。分立主要通过建设卫星城、发展都市圈、创建城市群，由主城区向卫星城，由主城市向周边城市，由中心城市扩展到城市群发展而实现。比如许多省区的副中心城市建设，就是要从主增长极分离出更多的非核心生产功能，强化核心消费功能。[①] 在总体趋势上，大城市的中心城区变成消费中心的专属版图。在国际性及全国性中心城市，可能在中心城区还保留了企业总部、专业性部门或者一些核心生产服务功能，如会计、设计等。虽然同为服务业，但生产服务业和生活服务业之间实现了分区划片，即生产和消费的分立，生产服务业更多分布在写字楼和商务区，而生活服务业更多分布在消费商圈。而一些省域或者地市级中心城市，因为还需要进一步完成工业化，所以城市发展的生产制造功能还没有放弃，但正在逐步实现工业进园区、消费进商圈，起码在服务业和工业上实现了功能分区。区域性消费中心实现了区域生产、消费的专业化竞争，促进了区域经济由生产向消费转型，并且促成基于分工和转型的区域高质量发展，无论是对区域经济的全球化还是本地化，都产生了深远影响。

（二）专业性中心城市正在推进生产和消费的分化

当前一些拥有良好消费资源的中小城市，正放弃没有核心竞争优势的生产制造产业，专一于消费发展。例如全国大大小小的旅游风景区，主要把建设资源投向旅游消费，通过做大做强旅游业来推动当地消费中心（城市）建设。中小城市发展资源有限，无论是所能够投入的资金、劳动力还是有竞争力的产业项目、生产技术等都很有限，难以做到生产和消费并重，故取其一，在进一步做好消费特色定位的基础上，有可能实现专业化发展，取得类似企业"小

---

① 周勇：《省域副中心建设的空间组织关系及其协调》，《求索》2021年第3期。

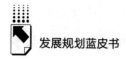

巨人"（"小巨人"概念最初出现在制造业中，是指专注某一行业，在细分行业排名靠前，专业化强、管理精细、有特色、有创新的中小企业，"专精特新"是"小巨人"企业的典型特征）那样的发展地位。专业性消费中心几乎完全剥离非消费经济功能，不仅实现消费而且是专业性消费的区域专门性发展，在消费细分领域更容易有针对性地谋划高质量发展蓝图，并且将区域消费本地化和全球化做到极致。比如湖南张家界的旅游消费既是纯粹本地化的，也是高度全球化的。

（三）偏远中心城市正在聚焦相对单纯的生活消费功能

当前我国许多偏远县城生产制造产业规模很小，仅具备就近供应能力，对外没有竞争优势，但消费经济并不疲弱，当地消费，尤其基本消费、特色消费，是外地所不可替代的，甚至物价水平有赶超大城市、中心区域之势。偏远县城消费中心虽然专注于不创造物质财富的消费经济，但这并不意味着其不创造精神和文化财富，通过提供教育、医疗、住房、旅游设施，带动相关投资、创业、就业、创新，消费也能推动经济增长，解决相当一部分人的就业问题，同时也有利于当地乡镇农产品的销售。部分偏远地区消费中心正在从芜杂的经济门类中逐步退出，走高质量发展之路，专注于绿色、共享等领域，借助生活消费、特色消费、生态消费、历史文化消费等，不仅本地化消费经济旺盛，还能够成功吸引外来消费。

（四）跨国中心城镇正在形成专门的边境消费功能

我国陆路边境线长，一条条边境带也是一条条边贸经济带。在这些边境区域，中国与周边国家和地区人民你中有我、我中有你，消费经济一片繁荣，每年吸引的大量旅游、购物消费者还带动了餐饮、交通、旅馆等消费，有力地促进了当地经济发展。跨国消费功能的发展改变了我国偏远边境地区经济发展版图，促进了这些地方经济的发展，甚至繁荣程度不输内地，很多小城镇还有着"小香港""小上海"之称。总体来看，跨国消费中心分布于偏远的边境线上，正因为偏远而拥有境内外广阔的消费腹地，成为相邻国家对外开放、国际协作交流、旅游消费的桥头堡，竞争具备空间排他性。同时跨国消费中心也带动了边境地区发展，促成相关地区生产经济向消费经济转型，从而减少传统农牧业对生态环境的破坏，促进可持续发展，并使偏远的边境区域融入全球化发展。

三　中国特色消费中心的宏观经济影响

中国特色消费中心已经并且将进一步发挥其应有的经济拉动作用，如优化经济结构，促进供给和需求平衡、生产和消费均衡，畅通国内国际双循环，助力高质量发展。消费中心，尤其是区域性、全国性、国际性消费中心将进一步改变中国经济版图。显然中国经济版图之改变，也会对世界经济格局产生影响，这是一种内涵式扩张影响，以空间为路径，仍然是消费中心的区域竞争、区域经济转型、区域高质量发展、本地发展内涵在发生作用。

（一）借助消费中心全国区域经济发展更加均衡

消费立足于一定的消费资源、文化和环境，而且消费层次越高越要求资源充裕、空间宽松、氛围闲适，这为乡村地区、外围地区、"老少边穷"地区建设着眼于中高层次消费的消费中心带来了契机。中高层次消费更注重生态环境基础，因为较少工业污染、环境条件好、生态资源丰富，这些传统欠发达边远区成为生态资源和环境消费中心区，众多消费者为享受优美环境而来、为消费生态产品而来。很多人愿意周末到乡村度假，很多曾为农民而在工业化中进城的城市居民一到周末即回乡，退休后也将回乡定居作为其养老方式的首选，从而带动乡村旅游和农村日常生活消费。同时，这些区域受工业化冲击小，传统消费文化、地方特色消费文化发展较好，社会消费氛围浓厚，能够让人们在更轻松的气氛中消费，找到消费兴趣点。因此，借助消费中心建设，传统欠发达地区迎来了发展良机，全国经济的平衡性有望进一步增强。

（二）部分中西部中心城市将借助消费中心而加速发展

部分中西部城市中心城区充斥着"脏、乱、差"的低层次产业，这一方面说明城市空间利用率低、浪费严重，但另一方面也说明中西部城市并不缺乏消费经济发展所需的空间，这些城市特色消费、传统文化消费也不输东部地区，甚至由于少受工业化冲击，生态、民族和地方文化消费设施供给能力强，

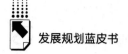

项目丰富，而能够实现消费中心的大发展。其实，中西部城市走消费中心发展之路早已有成功先例，比如作为旅游消费中心的昆明、作为休闲消费中心的成都。在生产制造业不断向东部聚集的年代，很多中西部区域工业生产迅速萎缩，一些城市主要靠消费经济维持经济发展。这些区域无论是城市居民还是农村居民都大批向东部流动，通过将获得的打工收入寄回原籍从而照顾家庭、教育孩子，支撑消费经济发展。通过消费中心建设，中西部地区有望获得来自东部和全国乃至世界的更多消费资源，从而加速发展。

（三）消费中心建设进一步加速老少边穷和欠发达区域经济增长极的形成

增长极的形成是区域经济协调发展的一个重要表征，是区域经济更上一个台阶的重要标志，因为增长极打破了一个区域经济分散、杂乱、群龙无首的局面，区域通过走向整合而凝心聚力，实现系统发展。在改革开放以来长期的经济发展中，我国许多老少边穷和欠发达地区因生产制造业发展条件有限，很难集聚形成中心发展区，经济有量的增长却没能实现质的突破，在区域层面形不成整体合力。而消费经济的发展条件与生产制造经济发展条件存在很大差异，这些区域具备生态、旅游、特色、文化类消费发展优势，通过建设消费中心，发展消费经济，能够加速资源要素聚集，汇集更大的区域发展新动能，从而在已有生产经济发展基础上增强消费经济发展动能，最终突破中心聚集的规模阈值，形成核心增长极。

四 展望

当前，中国特色消费中心建设还存在一些问题，如区域经济发展不平衡，有可能形成消费中心竞争马太效应；经济部门结构不平衡，制约综合性高端消费中心发展；中西部消费分散，头部消费城市实力不强；欠发达区域消费外流严重，本地消费增长极有待形成；东部资源和空间拥挤，消费中心建设面临压力；全国各地区收入分配差距大，不利于消费中心平衡发展；消费政策各地不协调，不利于全国消费中心经济畅通。未来，我国需要在区域经济平衡中建设中国特色消费中心；在国民经济部门平衡中建设中国特色消费中心；在加快中西部中心城市发展中建设中国特色消费中心；在欠发达区域经济增长极形成中建设中国特色消费中心。把中国特色消费中心打造成东部经济进一步发展的潜力空间；加大转移支付和投资力度，促进区域消费中心平衡发展；衔接各地消费政策，促进全国消费中心经济循环。

参考文献

中国社会科学院语言研究所词典编辑室编《现代汉语词典》，商务印书馆，2016。

林耿：《大都市区消费空间的重构——以广佛同城化为例》，《现代城市研究》2011年第6期。

刘彬、陈忠暖：《日常消费空间的地方性建构及消费者感知》，《世界地理研究》2018年第6期。

杨蓉、黄丽萍、李凡：《怀旧消费空间的地方建构——以广州西餐老字号太平馆为例》，《热带地理》2014年第4期。

B.6
促进高质量充分就业的机遇与挑战

万相昱　马文静[*]

摘　要： 在新发展阶段，我国更注重人的全面发展，坚持以人民为中心的重要理念，以不断增进民生福祉为己任。同时就业是人民幸福生活和社会、国家繁荣富强的基础性保障，就业是最大的民生，就业质量也是反映经济发展质量的重要指标。本文对高质量就业目标和政策进行了梳理，阐述了我国高质量就业发展的现状和所面临的矛盾挑战，并借鉴了国外经验和历史经验，对我国未来就业高质量发展提出了相关建议。

关键词： 高质量就业　新就业形态　重点群体就业

　　2022年政府工作报告将就业优先政策置于宏观政策层面，提出财税、金融等政策都要围绕就业优先实施，各类专项促就业政策要强化优化，对就业创业的不合理限制要坚决清理取消。高质量就业的衡量标准是充分的就业机会、公平的就业环境、良好的就业能力、合理的就业结构、和谐的劳动关系，高质量就业在工作强度降低和工作环境改善的同时，还能使劳动者的生活状况改善。在劳动者个体方面，高质量就业则表现为工作稳定、就业自由、环境安全，劳动者得到合理的劳动报酬和合法享有社会保护保障。

　　同时高质量就业的影响因素为宏观经济环境、人力资本、职业教育培训、人口和劳动力供需结构、社会保障制度等。宏观经济环境越好，人力资本水平

---

* 万相昱，中国社会科学院数量经济与技术经济研究所研究员，主要研究方向为数量经济方法与应用、收入分配等；马文静，中国社会科学院大学，主要研究方向为数量经济与应用等。

越高，人口和劳动力供需结构越合理，社会保障制度越有力以及拥有一定的职业教育培训，就业的质量就越高。

一 "十四五"时期高质量就业目标与政策梳理

（一）总体目标和战略部署

国务院发布《"十四五"就业促进规划》，提出就业高质量发展的总体目标。到 2025 年，要实现以下目标：一是就业形势总体平稳。城镇新增就业5500 万人以上，城镇调查失业率控制在 5.5% 以内，重点群体就业保持稳定，城乡、区域就业机会差距逐步缩小，劳动力市场供求基本平衡。二是就业质量稳步提升。劳动报酬提高与劳动生产率提高基本同步，覆盖城乡劳动者的社会保障体系更加健全，劳动权益保障进一步加强，劳动关系和谐稳定，更多劳动者实现体面劳动。三是结构性就业矛盾有效缓解。人力资源质量大幅提升，更加匹配产业转型升级和高质量发展的需要，全国高技能人才总量稳步扩大，劳动年龄人口平均受教育年限达到 11.3 年，新增劳动力受过高等教育比例达到55%。四是创业带动就业动能持续释放。创业引领作用更加凸显，对高质量就业的带动能力不断增强，创业环境更加优化，政策服务体系更加完备，创业机会更多、渠道更广，更多人可以通过创业实现人生价值。五是风险应对能力显著增强。就业领域风险监测预警和应对处置机制不断健全，失业人员保障范围有效扩大、保障水平进一步提高，困难群体得到及时帮扶，就业安全保障更加有力。

表 1 "十四五"时期就业主要指标

指标	2020 年	2025 年	年均/累计	属性
城镇新增就业（万人）	1186	—	>[5500]	预期性
城镇调查失业率（%）	5.2	—	<5.5	预期性
城镇就业占比（%）	61.6	>65	—	预期性
脱贫人口务工规模（万人）	3243	—	>3000	预期性
全员劳动生产率增长（%）	2.5	—	高于 GDP 增长	预期性
劳动报酬占比（%）	52.1	—	稳步提高	预期性

续表

指标	2020 年	2025 年	年均/累计	属性
开展补贴性职业技能培训（万人次）	2700	—	[7500]	预期性
基本养老保险参保率（%）	91	95	—	预期性
劳动年龄人口平均受教育年限（年）	10.8	11.3	—	约束性
新增劳动力受过高等教育比例（%）	53.5	55	—	预期性

资料来源：中华人民共和国中央人民政府。

同时对七个方面进行战略部署，一是坚持经济发展就业导向，落实就业优先战略，扩大就业容量，促进制造业、服务业和农业就业，增加小微企业和个体工商户的就业，并通过发展数字经济培育新的就业动能，推动区域就业协调发展；二是强化创业对就业的带动作用，以数倍增加就业岗位，不断优化创业环境，鼓励引导各类群体投身创业，完善创业服务体系；三是更加关注高校毕业生、城镇青年、退役军人和农村劳动力等重点群体的就业，完善该重点群体就业支持体系；四是通过开展职业技能培训、构建系统完备的技术技能人才培养体系途径，提升劳动者技能素质，并以此来缓解结构性就业矛盾；五是建设高标准人力资源市场体系，健全全方位公共就业服务体系；六是优化劳动者就业环境，提升劳动者收入和维护劳动者合法权益；七是警惕各种潜在风险，健全有效的监测预警机制，防范化解规模性失业风险。

（二）主要政策措施梳理

在"十四五"时期，一系列促进高质量就业的政策相继出台。2021 年 3 月，《中华人民共和国国民经济和社会发展第十四个五年规划和 2035 年远景目标纲要》的发布宣告"十四五"时期的来临。纲要提出实施就业优先战略，强化就业优先政策，健全就业公共服务体系，全面提升劳动者就业创业能力，从而实现扩大就业容量、提升就业质量和缓解结构性就业矛盾。2021 年 8 月，国务院印发《"十四五"就业促进规划》，部署七个方面的重点任务并提出相应举措，将技术技能人才的培养培训置于更重要的位置，注重政策的协同发力和社会大众关心的重点领域。2022 年 5 月，国务院办公厅印发《国务院办公厅关于进一步做好高校毕业生等青年就业创业工作的通知》，针对青年就业创业，提出五个方面的重点任务：一是多渠道开发就业岗位，二是强化不断线就业服务，三是简化优化求职就业手续，四是着力加强青年就业帮扶，五是压紧压实工作责任。同时，为推动高校毕业生顺利就业，2023年2月教育部办公厅印发《教育部办公厅关于开展2023届高校毕业生春季促就业攻坚行动的通知》，明确深入开展"访企拓岗促就业"行动、抓紧开展"万企进校园"招聘活动、加快"24365校园网络招聘服务平台"联通共享、开展"就业育人"主题教育活动和开展"宏志助航"重点群体帮扶行动等多项任务。

二 2022年度高质量就业发展现状与相关成就

（一）当前就业形势研判

城镇新增就业人数有所回落。截至2022年12月31日，全年城镇新增就业1206万人，比上年少增63万人，城镇新增就业人数增速下降4.96%，2022年下半年城镇新增就业人数增速整体趋于平稳。2022年新增城镇就业目标1100万人以上，与2021年目标持平，已完成政府设定的目标值。

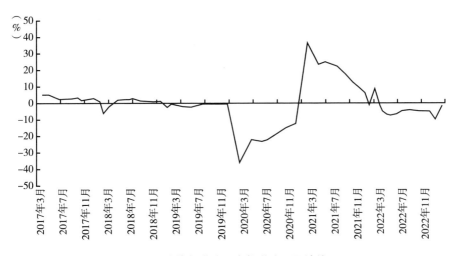

图1 城镇新增就业人数增速：累计值

资料来源：Wind。

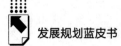

失业率总体趋于稳定。2022 年 12 月，全国城镇调查失业率为 5.5%，31 个大城市城镇调查失业率为 6.1%。从图 2 可以看出，31 个大城市城镇调查失业率全年高于全国城镇调查失业率。一季度各月全国城镇调查失业率逐步上升；二季度，受部分地区疫情散发影响，全国城镇调查失业率相对较高，4 月升至年内高点 6.1%；三季度受毕业季和限电限产影响，失业率有所波动，随着毕业生陆续入职以及限电限产影响减弱，8 月全国城镇调查失业率回落至 5.3%；四季度全国城镇调查失业率保持在 5.5%~5.7%。

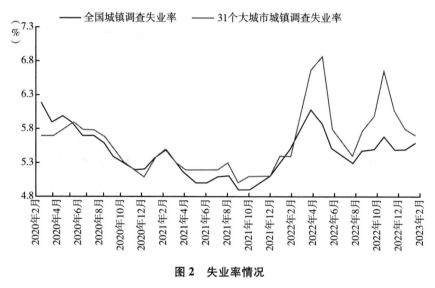

图 2　失业率情况

资料来源：Wind。

重点群体就业形势改善，高校毕业生就业形势逐步向好。2022 年二季度以来，在疫情和毕业季的双重影响下，16~24 岁城镇青年劳动力调查失业率逐月上升，7 月升至 19.9% 的年内高点。8 月以后，高校毕业生逐步走向工作岗位，青年调查失业率逐步回落。12 月，16~24 岁城镇青年劳动力调查失业率为 16.7%，比 7 月最高点下降 3.2 个百分点。如图 3 所示，2022 年农民工总量 29562 万人，比上年增加 311 万人，同比增幅为 1.1%。其中，本地农民工 12372 万人，同比增幅为 2.4%；外出农民工 17190 万人，同比增幅为 0.1%。

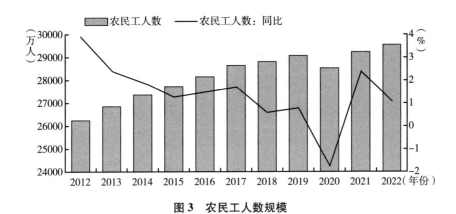

图3 农民工人数规模

资料来源：Wind。

劳动力市场趋于平衡，但供过于求问题仍比较突出。求人倍率为1.53，相较于2020年4月的1.63，有所回落，但总体上职业需求人数大于求职人数。实际上，我国的求人倍率于2010年一季度超过1之后，处于持续波动上行的态势，说明劳动力市场供大于求。

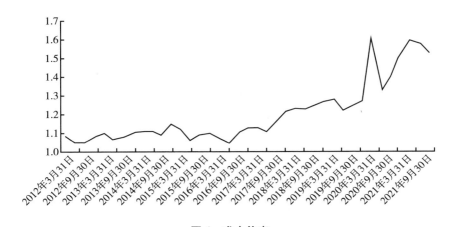

图4 求人倍率

资料来源：Wind。

工资性收入持续稳定增长。2022年全国居民人均可支配收入36883元，比上年增长5.0%，扣除价格因素，实际增长2.9%。分城乡看，城镇居民人均可支配收入 49283 元，比上年增长 3.9%，扣除价格因素，实际增长 1.9%；农村居民人均可支配收入 20133 元，比上年增长 6.3%，扣除价格因素，实际增长 4.2%。城乡居民人均可支配收入比值为 2.45，比上年缩小 0.05。全国农民工人均月收入 4615 元，比上年增长 4.1%。全年脱贫县农村居民人均可支配收入 15111 元，比上年增长 7.5%，扣除价格因素，实际增长 5.4%。

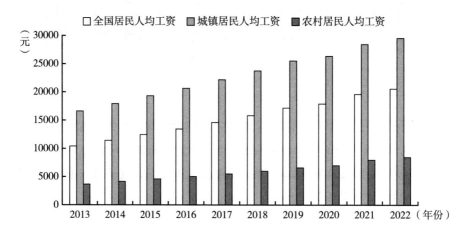

图 5　居民人均工资水平

资料来源：中经网统计数据库。

新就业形态发展势头迅猛。我国新产业新业态新模式发展较快，各种形式的灵活就业创造了许多就业岗位，吸纳了许多劳动力。目前全国职工总数 4.02 亿人左右，新就业形态劳动者 8400 万人，新就业形态劳动者成为职工队伍的重要组成部分，新就业形态劳动者主要是货车司机、网约车司机、快递员、外卖配送员等群体，以男性青壮年为主，农业户籍人员比例较高。

（二）当前就业市场高质量发展相关成就

"十三五"期间，国内外发展环境错综复杂，外加突袭而至的新冠疫情冲击，我国不惧挑战，坚持贯彻实施就业优先政策，就业工作平稳进行，就业市场高质量发展取得了一系列成就。2021 年国内外形势依旧严峻复杂并且存在诸多风险挑战，我国政府将就业摆在"六稳"和"六保"工作的首位，取得了斐然的成果，实现了"十四五"的良好开端。

2022 年是党的二十大召开之年，是实施"十四五"规划的关键之年。实施就业优先战略，关注重点群体，对就业进行扩容增效，培育新的就业增长动能，支持新就业形态、灵活就业的发展，强化优先导向，提高经济增长的就业带动力，稳岗位扩就业，落实落细稳就业举措，稳固了已有成就，实现了"十四五"规划的成功接续。

我国就业形势总体稳定，城镇调查失业率有所回落。全年城镇新增就业1206 万人，超额完成 1100 万人的全年预期目标任务。12 月，全国城镇调查失业率为 5.5%，比上月下降 0.2 个百分点。本地户籍劳动力调查失业率为5.4%；外来户籍劳动力调查失业率为 5.7%，其中外来农业户籍劳动力调查失业率为 5.4%。16～24 岁劳动力调查失业率为 16.7%，比上月下降 0.4 个百分点；25～59 岁劳动力调查失业率为 4.8%，比上月下降 0.2 个百分点。31 个大城市城镇调查失业率为 6.1%，比上月下降 0.6 个百分点。全国企业就业人员周平均工作时间为 47.9 小时。全年农民工总量 29562 万人，比上年增加 311 万人，增长 1.1%。其中，本地农民工 12372 万人，增长 2.4%；外出农民工 17190 万人，增长 0.1%。农民工月均收入水平 4615 元，比上年增长 4.1%。

就业结构不断优化。三次产业就业比重由 2015 年的 28.0∶29.7∶42.3 变为 2021 年的 22.9∶29.1∶48.0，第三产业就业人数规模由 2015 年的 33042 万人增至 2021 年的 35868 万人，比重增加了 5.7 个百分点，第一、第二产业比重下降。第三产业创造了更多的就业岗位，吸纳就业的能力增强，就业结构优化。

重点群体就业保持稳定，农民工规模不断增加，大学生就业水平保持稳定。新就业形态、灵活就业迅速发展，平台企业员工超 600 万人，远程办公、网约车、快递员、外卖员等新就业形态从业人数迅速增加。2022 年 12月，高校毕业生逐步走向工作岗位，青年调查失业率逐步回落，16～24 岁城镇青年劳动力调查失业率为 16.7%，比 7 月最高点下降 3.2 个百分点。全年农民工总量 29562 万人，比上年增加 311 万人，同比增幅为 1.1%。其中，

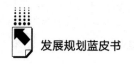

本地农民工 12372 万人，同比增幅为 2.4%；外出农民工 17190 万人，同比增幅为 0.1%。

三 当前就业市场的突出矛盾与主要挑战

目前我国就业形势向好，社会生产生活也逐渐恢复到疫情前水平，这为高质量就业提供了良好的前提。但是也要清楚认识到，"十四五"时期我国经济社会所面临的国内国外环境和形势依然比较严峻，就业市场上也存在各种矛盾风险和挑战。

（一）国内就业市场的主要矛盾

就业市场上存在结构性就业矛盾，这是就业市场最主要和最基本的矛盾，突出表现为"就业难"与"招工难"同时存在。一方面，目前经济增速降低，中小企业经营压力加大，对劳动力的需求骤减，现今在就业市场释放的岗位多为制造业、工业和服务业的一线岗位，所提供的工资待遇较低，而大学生毕业人数逐年上涨，2022 年应届毕业生达到 1076 万人，比 2021 年增加 176 万人，劳动力供大于求，且大学毕业生对就业的期待较高，不能接受现行就业市场职位的薪资待遇。另一方面，劳动者技能不能满足岗位的需求，如农民工群体，我国技术工人求人倍率为 1.53，高技能工人求人倍率甚至达到 2，高技术工人缺口一直未能得到填补。并且结构性就业矛盾也体现在区域间就业不平衡之中，东部地区和大中城市就业竞争更激烈，求人倍率也相对较高，而中西部地区、小城市或者农村地区劳动力供给少，就业机会也较少。

各种就业模式涌现，相关劳动法律体系和社会保障政策的完善却较为滞后。随着数字经济的发展，新就业形态、灵活就业发展势头迅猛，工作不再囿于时间、空间和形式，就业越来越呈现出多样化、灵活化的特征，但法律政策和社会保障却没有及时完善，劳动者的权益时常受到损害。互联网平台经常不与劳动者签订正式的书面劳动合同，运用算法或其他手段强迫商户"二选一"的现象也时有发生。新就业形态的收入稳定性差，且由于不受时间空间的限制，加班现象普遍存在。由于新就业形态、灵活就业属于新型就业形式，现行法律、社会保障体系仍不能解决大部分问题。

公共就业服务体系仍不够完善，职业技能培训不能适应就业的需要。公共就业服务专业化水平和服务人员的素质不高，农村就业服务更是注重于形式，就业服务体系仍不够完善，农民工并没有被纳入体系，拖欠农民工薪资现象频发，农民工的权益时常受到损害。职业技能培训资源匮乏，规模和质量不能真正满足企业用工需求。

（二）就业市场的外部冲击

一些国家为了恢复经济而采取量化宽松政策，这将对我国金融稳定造成影响。同时，国际上单边主义和贸易保护主义盛行，全球产业链供应链发生变化，我国产业链供应链安全遭受巨大威胁，我国关键核心技术遭遇"卡脖子"问题。

（三）未来的预期性挑战

传统就业岗位被人工智能所替代的挑战。随着数字化和科技发展的深入，各种形式的就业形态不断涌现，数字化技术和制造业、工业、服务业等传统产业深度融合，使传统行业生产效率提升，经营模式发生改变，传统产业正在经历着深刻变革。一方面，数字化科技实现跨产业、跨行业融合，产生新的经济增长动能，拓宽就业空间，向就业市场释放更多样的岗位；另一方面，人工智能发展迅速，许多行业已经出现了机器替代人来工作，就业问题或将受到挑战，如无人超市、无人工厂、无人办公室。

人口老龄化严重和人口总量下降带来的挑战。2022 年末，全国人口141175 万人，比上年末减少 85 万人；全国 0~14 岁人口为 23908 万人，占全国人口的 16.94%；15~59 岁人口为 89263 万人，占全国人口的 63.23%；60岁及以上人口为 28004 万人，占全国人口的 19.84%。劳动人口从 2012 年的69.2%降至 2021 年的 63.23%，人口老龄化问题严重，劳动力红利下降，这将加大我国未来维持良好的社会保障体系的难度。同时劳动年龄人口虽然呈减少的趋势，但劳动人口总量仍然接近 9 亿人，总量依旧庞大，就业规模仍需扩大。

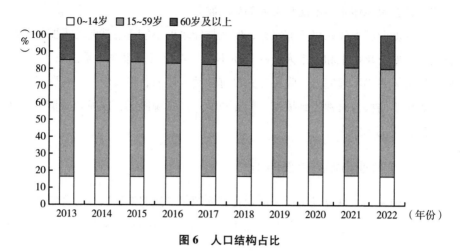

图6 人口结构占比

资料来源：Wind，国家统计局。

四 全球劳动就业市场评价与相关经验借鉴

（一）当前全球就业趋势

据国际劳工组织（ILO）的《世界就业与社会展望》，2022年全球失业率为5.8%，其中，低收入、中低收入、中高收入和高收入国家的失业率分别为5.8%、6.2%、6.0%和4.5%。受疫情影响，全球失业率在2020年达到最高，在2022年恢复到疫情前水平。高收入国家自2013年起失业率逐年下降，于2018年起失业率低于低收入国家，总体上说，高收入国家的失业率要低于低收入国家。

2012~2019年，全球就业人数逐年增加，但2020年受新冠疫情影响，就业人数大幅下降，2021~2022年逐渐恢复至疫情前水平。就业人口比例总体上呈下降趋势，与就业人数运行趋势相一致。

美国劳动参与率总体上呈下降趋势，由2012年的63.7%降至2022年的62.3%，下降了1.4个百分点。特别是2020年劳动参与率大幅下降，2021~2022年劳动参与率逐渐回升。

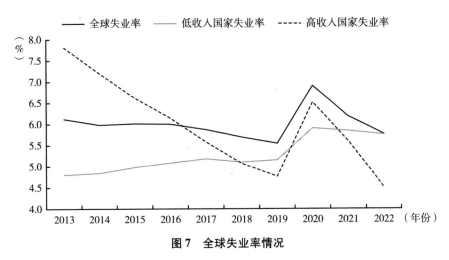

图7　全球失业率情况

资料来源：国际劳工组织，ILOSTAT。

图8　全球就业人数和就业人口比例

资料来源：国际劳工组织，ILOSTAT。

（二）全球各国提振就业的主要措施及效果

截至2022年底，全球多数国家经济和就业仍受COVID-19危机影响，并进一步受到乌克兰冲突的后果、气候变化的加速和前所未有的人道主义挑战的阻碍，在低收入和中等收入国家表现得尤为明显。全球多数国家国内生产总值

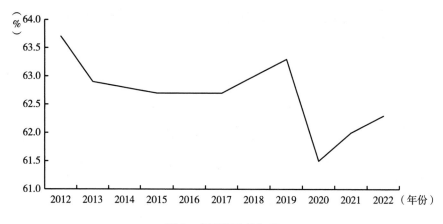

图 9　美国劳动参与率

资料来源：Wind。

增长放缓，但 2022 年的总体劳动力市场指标显示较前一年有所改善。但是在可预见的未来，大多数国家将无法完全恢复到疫情前的水平。缺乏就业机会、工作质量差、薪酬不足、严重的不平等和全球性生产力增长放缓仍是破坏社会公正和阻碍充分就业的重要挑战。

　　各国政府和多边机构都在寻求各种政策措施，以期通过大流行后的复苏来解决结构性和长期问题。世界各国政府都在努力鼓励中低收入人群的就业和收入增长。大流行暴露并加剧了全球几乎每个社会的严重不平等，激励人们更加关注劳动力市场不平等问题。发展中国家和发达国家正在转向一系列就业政策，包括积极的劳动力市场政策（ALMP），如培训投资、公共就业计划、就业补贴、创业激励和劳动力市场服务。为了遏制不平等现象，支持公共投资所需的资源，全球范围内调整企业税收的势头日益增强。

　　新兴的"更好地重建"议程的要素之一是加大绿色经济投资，各国政府越来越认同绿色经济对于遏制全球气温上升和创造新的更好的就业形式是必要的。海湾合作委员会国家正在致力于向绿色经济过渡，这种向绿色经济的转型将使劳动力市场发生重大转变，包括对工人技能的要求等。同时由于俄乌冲突给欧洲带来严重的能源危机，新兴的低碳部门可能会创造更多的就业机会。一些国家如德国也诉诸恢复工业和发电中的煤炭使用，尽管其认为这一举措将是暂时的和小规模的。

在北美，失业率的增幅远远超过了2008年全球金融危机期间以及其他发达经济体。这在一定程度上是因为美国和加拿大的政策集中为提供失业救济，而大多数欧洲国家则推出了就业保留计划。美国2021年宣布了大规模的财政支持政策，增加基础设施投资和完善社会安全网。相比之下，包括巴西和墨西哥在内的一些拉美经济体已开始注重财政缓冲，并实现货币政策正常化，以抵御通胀压力。美国失业人数在危机初期达到峰值，超过2300万人（2020年4月），此后逐渐减少。2020年，北美有790万人失业，另有260万人退出劳动力大军。这些影响导致2020年失业率达到8.2%，是大流行前水平的两倍多。

（三）其他促就业的历史经验

根据我国就业制度的发展轨迹，以改革开放为分界点分为两个阶段：第一阶段是新中国成立之初至改革开放以前，为计划经济阶段；第二阶段为改革开放以后，开始重视市场的作用。第一阶段新中国刚成立，百废待兴，以大力恢复经济和发展生产为主，尽可能地扩大就业，对官僚资本企业工人等特殊人员进行妥善安置，劳动力分配以计划安排为主，实行城乡二元化的就业制度。改革开放以后，我国就业制度进入了第二阶段，更加注重市场的基础性作用，现代企业公司制度和劳动合同制度逐渐完善，各种私营企业和乡镇企业发展活力迸发，创造了大量的就业岗位，与此同时城乡间劳动力流转更为灵活，城乡二元制就业制度在一定程度上受到冲击，这也为劳动力的稳定供给提供了必要条件。

"十三五"时期就业结构得以调整，高质量就业发展进一步深化。首先，就业结构与产业结构密切联系，通过优化产业结构来调整就业结构，逐步提高第二、三产业特别是第三产业的占比，降低第一产业的占比，增强服务业的就业吸纳能力。其次，在互联网广泛应用的背景下，发展新的就业形式，使就业市场更具活力，产生了许多新的就业岗位，如网约车司机、快递员、外卖员等。最后，我国政府不断完善公共就业服务体系和社会保障体系，将农民工纳入社会保障体系，促进人员流动更加流畅。

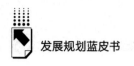

五 未来就业高质量发展的主要建议

（一）要坚定不移地发展经济，助力就业高质量发展

高质量就业离不开经济的健康平稳运行，促就业要靠发展，高质量就业根本在发展，经济发展是扩大就业的基础。加强对经济的宏观调控，创新调控方法，制定有利于高质量就业的财税、贸易、产业、金融等政策，合理运用多种手段来促进经济平稳运行和就业持续增长。不断优化产业结构，增强服务业对就业的吸纳能力，大力发展制造业，实现制造业"降本减负"，以制造业发展带动就业发展。同时要看到我国数字经济发展势头迅猛，将数字化和传统产业、行业深度融合，培育新的经济增长动能，从而向就业市场释放更多的就业岗位。

（二）继续贯彻就业优先政策，提升就业质量

要将就业放在"六稳""六保"首位，实施就业优先政策，将就业各项指标作为衡量宏观经济运行的重要指标，以就业状况为重要依据来制定宏观经济政策和确定未来发展方向。切实促进就业高质量发展，创造更多高质量就业岗位，从供给侧下手，促进重点环节和关键领域发展规模进一步扩大，使企业就业规范标准向国际标准看齐。妥善解决就业结构性矛盾，处理"就业难"与"招工难"并存的问题，优化产业结构，减少结构性失业，鼓励创新，营造良好的创业环境。民营中小企业及个体工商户是吸纳就业的主力军，应进一步对中小企业实行减税降费等优惠政策。

（三）完善公共就业服务体系，保障重点群体就业

提高公共就业服务体系解决现实就业问题的能力水平，提高服务人员的综合素质，建立有效的公共就业信息共享平台，对求职者进行就业指导并切实保护劳动者的权益。同时更加关注重点群体就业，为其就业进行保驾护航。有针对性地对高校毕业生进行就业指导服务，提供尽可能详细的就职经验和信息渠道，将就业质量纳入就业服务水平考核内容，对毕业生的就业情况和满意度进行跟进调查，并帮助高校毕业生树立正确的就业价值观，鼓励大学生创业。提

升农业现代化水平，释放农业劳动力，鼓励制造业在乡镇建设厂址，促进农业劳动力向第二、三产业转移，消除农村劳动力向城市转移的制度性障碍，促进劳动力在城乡间自由流动，创新农民工市民化制度。

（四）加强人才培养培训，提高人力资本水平

高质量就业的重要含义就是劳动者技能和综合素质提升。现今全球技术变革不断深化，产业不断融合升级，产品技术不断创新，劳动者也要不断提升自身技能来适应生产的发展。同时我国大多产业还仍处于全球价值链的中低端，劳动密集型产业居多，但近几年我国生育率一再降低，人口老龄化严重，过去我国赖以发展的人口红利逐渐消失。为此我国若要对产业进行优化升级，那么不可避免地就要提升劳动者的技能，提高人力资本水平。要强化产业和教育之间的融合，推动职业教育培训改革，构建全方位、多层次的职业教育培训体系。

（五）完善相关劳动法律，健全社会保障体系

产业数字化是未来发展的大趋势，传统产业、行业数字化达到了相当高的水平，由此也产生了许多新兴行业，新就业形态、灵活就业不断涌现，但劳动法律相对滞后，社会保障体系不健全，劳动者的权益时常受到损害，就业歧视普遍存在，这违背了高质量就业的要求。为此，要完善相关劳动法律，制定与平台经济相适应的劳动报酬和劳动安全标准，使劳动环境改善，将各类新就业形态、灵活就业的从业人员纳入社保范围，保障该类人员合法权益不受侵犯，畅通劳动力自由流动渠道，使就业环境更加公平。

参考文献

《国务院关于印发"十四五"就业促进规划的通知》（国发〔2021〕14号），中国政府网，2021年8月27日。

《中华人民共和国国民经济和社会发展第十四个五年规划和2035年远景目标纲要》，中国政府网，2022年3月13日。

ILO，"World Employment and Social Outlook：Trends 2023，" 2023.

B.7
巩固拓展扶贫攻坚成果[*]

张延群[**]

摘　要： 我国脱贫攻坚战取得全面胜利之后，巩固拓展脱贫攻坚成果，全面推进乡村振兴成为"十四五"期间扶贫工作的主要内容之一。本文首先对"十四五"规划纲要中有关巩固拓展扶贫攻坚成果的内容进行归纳，然后以"八七扶贫攻坚计划"确定的河南省27个国家级贫困县为样本，对我国过去20多年脱贫县的经济社会发展状况进行了描述性分析，对脱贫县与其所在地级市的相对变化进行了总结，通过实证分析得出结论：总体上看，国家财政支持促进了脱贫县的经济增长，但不同脱贫县之间存在较明显的异质性，财政支持对经济相对更加落后的脱贫县的长期增长有明显的促进作用；财政支持通过增加投资推动非农产业比重增加，使脱贫县产业结构快速升级。目前脱贫县总体经济发展水平与其所在地级市相比仍有差距，为巩固扶贫攻坚成果，需要继续加大对经济落后县的财政支持力度。为此，结合"十四五"规划的有关内容，提出政策建议。

关键词： "十四五"规划　国家级贫困县　财政支持

一　引言

到2020年我国脱贫攻坚取得全面胜利，现行标准下农村贫困人口全部实

---

* 本文获得中国社会科学院创新工程基础研究学者资助项目（XJ2023012）的资助。本文的主要内容已发表于《价格理论与实践》2023年第3期。
** 张延群，中国社会科学院数量经济与技术经济研究所研究员，主要研究方向为中国宏观经济、经济政策分析与预测等。

现脱贫，全国 832 个贫困县全部摘帽，近一亿农村贫困人口实现脱贫，区域性整体贫困问题得到解决，全体人民共同富裕迈出坚实步伐。在我国脱贫攻坚取得全面胜利之后，巩固拓展脱贫攻坚成果，全面推进乡村振兴成为"十四五"期间扶贫工作的主要内容之一。《中华人民共和国国民经济和社会发展第十四个五年规划和 2035 年远景目标纲要》提出，要建立完善农村低收入人口和欠发达地区帮扶机制，保持主要帮扶政策和财政投入力度总体稳定，接续推进脱贫地区发展，增强脱贫地区和脱贫群众内生发展动力。2022~2023 年的中央一号文件将巩固拓展扶贫攻坚成果、守住不发生规模性返贫底线、增强脱贫地区和脱贫群众内生发展动力等作为农村工作的重要内容之一。为了实现"十四五"规划中提出的任务和目标，有必要对我国过去 30 多年扶贫政策的实施效果进行评估，对作用机制进行分析，指出促进减贫的关键性因素，以此提出有针对性的巩固减贫效果、全面推进乡村振兴的政策建议。

过去 30 多年，国家运用多种政策工具对原贫困县从财政、金融、土地、人才、基础设施、公共服务等方面进行帮扶，其中财政政策的支持起到重要作用，财政转移支付是政府进行收入再分配的重要政策工具。财政支持对减贫和促进当地经济增长的作用机制可分为直接影响和间接影响，既可以通过实施财政转移支付项目或者进行贫困地区基础设施建设等方式对经济增长产生直接影响，也可以通过转移支付提高贫困地区教育卫生和人力资本水平，从而间接促进经济发展。[1] 财政扶持政策既有可能增强当地内生经济增长动力，促进经济长期增长，也可能出现"负向激励""精英俘获"等问题，即国家财政支持可能导致财政供养人口增加，而缺失监督造成地方政府扶贫资金浪费，降低贫困县的财政效率，从而难以对当地经济增长起到促进作用。[2]

1994 年国家颁布实施《国家八七扶贫攻坚计划（1994—2000 年）》（以下简称"八七扶贫攻坚计划"），在全国范围内确定了 592 个国家重点扶持贫困县，2001 年之后，贫困县名称改为国家扶贫重点县，2011 年对国家扶贫重

---

[1] 王昉、燕洪：《财政转移支付政策与贫困治理：基本逻辑与思想转型》，《财经研究》2022年第 8 期；林伯强：《中国的政府公共支出与减贫政策》，《经济研究》2005 年第 1 期。

[2] 袁飞、陶然、徐志刚、刘明兴：《财政集权过程中的转移支付和财政供养人口规模膨胀》，《经济研究》2008 年第 5 期；张鹏飞：《财政政策、精准扶贫与农村脱贫》，《浙江社会科学》2019 年第 4 期。

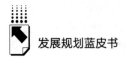
点县进行了第三次调整，但原定重点县支持政策不变。"八七扶贫攻坚计划"实行期间，扶贫投入逐年增加，对贫困县的转移支付力度不断加大，同时强调扶贫政策要增强贫困地区的内生发展动力，从"输血式"扶贫向"造血式"扶贫转变。[①] 国家对贫困县从财政、金融、土地、人才、基础设施、公共服务等方面进行帮扶，其中财政政策的支持起到重要作用。

本文以国家"八七扶贫攻坚计划"中河南省 28 个国家级贫困县（以下简称"脱贫县"）的数据为样本（其中信阳县撤县立市，不再有统计数据，实证分析中实际包含 27 个贫困县，即洛阳市的新安县、栾川县、嵩县、汝阳县、宜阳县、洛宁县、伊川县；平顶山市的鲁山县；濮阳市的台前县；三门峡市的渑池县、卢氏县；南阳市的南召县、淅川县、桐柏县；商丘市的睢县、宁陵县、虞城县；信阳市的罗山县、光山县、新县、商城县、固始县、淮滨县；驻马店市的上蔡县、平舆县、确山县、新蔡县），以净财政支出（定义为地方财政一般预算支出减去地方财政一般预算收入）作为国家财政支持的代理变量，对国家财政支持对脱贫县长期经济增长的影响及其主要途径进行分析。研究发现，近 20 年所有脱贫县的城镇化率都大幅提升，产业结构优化升级，体现在工业和服务业增加值占 GDP 的比重大幅上升。脱贫县农村居民人均可支配收入快速上升，多数贫困县的均值已经接近（比值大于 0.9）甚至超过所在地级市农村居民人均收入水平，近 10 年所有脱贫县城乡居民收入差距不断缩小。脱贫县总体固定资产投资增长速度快于所在地级市的平均水平，而且近几年大多数脱贫县的人均固定资产投资与所在地级市平均水平的比值已经超过 0.8。同时脱贫县在医疗卫生教育基础设施等方面也取得了大幅进步，总体上在经济和社会发展方面脱贫县与非贫困县的差距显著缩小，内生发展动力增强，为下一步全面实现乡村振兴在教育、卫生、基础设施等方面奠定了基础。目前脱贫县在人均 GDP、人均公共财政支出、居民人均消费等指标方面尽管与其所在地级市的平均水平相比仍然存在差距，但近 10 年两者差距保持基本稳定或略有缩小，没有进一步扩大。

---

① 王昉、燕洪：《财政转移支付政策与贫困治理：基本逻辑与思想转型》，《财经研究》2022年第 8 期。

二 "十四五"规划纲要与2022~2023年中央一号文件中有关巩固拓展扶贫攻坚成果的内容

"十四五"规划纲要强调我国在决战脱贫攻坚取得全面胜利之后,要建立健全巩固拓展脱贫攻坚成果的长效机制,坚决守住不发生规模性返贫的底线,增强脱贫地区和脱贫群众的内生发展动力。要继续巩固拓展扶贫开发的成果,要求严格落实"摘帽不摘责任、摘帽不摘政策、摘帽不摘帮扶、摘帽不摘监管"。要把增加脱贫群众收入作为根本要求,把促进脱贫县加快发展作为主攻方向,不断缩小收入差距、发展差距。在2022年和2023年颁发的有关拓展巩固扶贫开发成果、全面推进乡村振兴的有关文件中,出台了一系列具体政策措施,包括以下几个方面:一是要建立完善农村低收入人口和欠发达地区帮扶机制,保持主要帮扶政策和财政投入力度总体稳定,接续推进脱贫地区发展。二是提升脱贫地区的整体发展水平,具体政策措施包括:在西部地区脱贫县中集中支持一批乡村振兴重点帮扶县,从财政、金融、土地、人才、基础设施、公共服务等方面给予集中支持,增强其巩固脱贫成果及内生发展能力,在10个省区确立了160个国家乡村振兴重点帮扶县。三是将扶贫与实施区域协调发展战略相结合,与推动西部大开发、融入"一带一路"建设等相结合,与乡村振兴有效衔接。四是从财政、金融、土地、人才、基础设施建设、公共服务等方面对落后地区给予集中支持,特别强调财政政策的衔接,在过渡期内在保持财政支持政策总体稳定的前提下,根据巩固拓展脱贫攻坚成果同乡村振兴有效衔接的需要和财力状况,合理安排财政投入规模,优化支出结构,调整支持重点。

总体来看,"十四五"规划纲要将建立巩固拓展扶贫攻坚成果的长效机制、增强脱贫地区内生发展动力、防止发生大规模返贫和地区差距扩大等作为扶贫工作的重要内容,同时提出了制度改革和战略推进的具体路径与行动方案,包括将巩固拓展扶贫成果与当前实施的全面推进乡村振兴战略和区域协调发展战略相结合,继续对经济仍然比较落后的脱贫县实行财政政策支持,确立国家乡村振兴重点帮扶县、实行重点帮扶等在内的各项政策措施,这些规划的实施将促进脱贫县经济增长,提高居民收入水平,缩小脱贫县与非贫困县经济社会发展水平的差距。

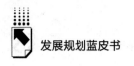

三 河南省脱贫县与非贫困县经济指标的比较

以河南省脱贫县为例，对脱贫县的经济社会发展状况进行描述性分析。河南省脱贫县对于全国脱贫县而言具有较强的代表性。河南省经济总量较大，经济发展水平在全国处于中间位置，2022 年 GDP 和人均 GDP 在全国 31 个省份中分别排名第 5 和 22 位。河南省共有 85 个县，其中 28 个县包含在"八七扶贫攻坚计划"贫困县的名录中，所占比重较大，因此河南省可以作为中部省份县域经济发展较典型的样本。本文所运用的方法可以推广至对其他省份和全国脱贫县的分析中。

将 2000~2020 年河南省脱贫县与其所属地级市的主要经济指标进行比较，可以清楚地看出脱贫县与其所属地级市平均水平相对值的变化。图 1 为脱贫县与其所在地级市人均固定资产投资的比值，显示大多数地级市这一比值呈明显的上升趋势，说明近 20 年脱贫县的总体固定资产投资增长速度快于其所在地级市的平均水平，而且近几年大多数地级市的比值已经超过 0.9。图 2 为脱贫县第二、第三产业增加值占 GDP 的比重，呈快速上升趋势，这在一定程度上说明投资的快速增长有可能是脱贫县实现经济增长和产业结构升级的重要途径之一。

将每个地级市内的所有脱贫县的人均实际 GDP 和人均财政支出分别记为 $y1$ 和 $e1$，脱贫县所在地级市的相应指标记为 $y2$ 和 $e2$，定义分别为 ratio_$y=y1/y2$ 和 ratio_$e=e1/e2$。图 3 为 ratio_y 和 ratio_e 的走势，可以看到，在绝大多数地级市和几乎所有时期，ratio_y 和 ratio_e 都小于 1，但走势基本平稳，说明脱贫县与所在地级市在人均 GDP 和财政支出上的差距基本保持稳定或略有缩小，在过去 20 年没有发生明显的趋势性变化。

将一个地级市内的所有脱贫县的人均财政支出与财政收入的比值定义为 ratio01，所在地级市的比值定义为 ratio02，用 ratio01 和 ratio02 刻画脱贫县以及脱贫县所在地级市的财政支持力度。图 4 为 ratio01 和 ratio02 的走势图，可以看到，在所有地级市和所有时期，ratio01 都明显高于 ratio02，说明国家对脱贫县的财政支持力度大于非贫困县，同时也在一定程度上说明以净财政支出作为财政支持力度的代理指标具有合理性。

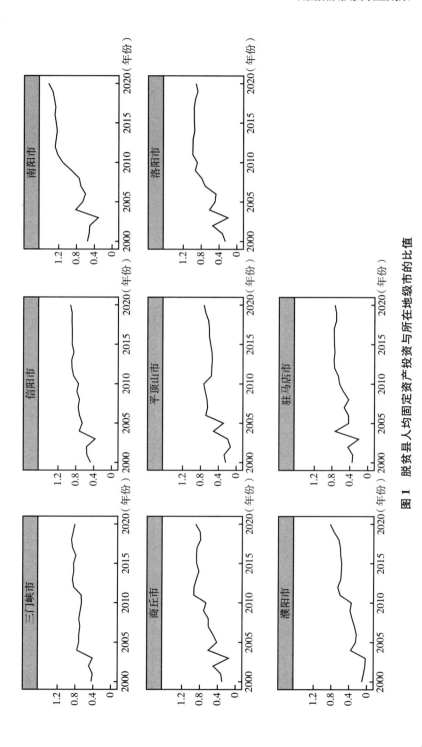

图 1 脱贫县人均固定资产投资与所在地级市的比值

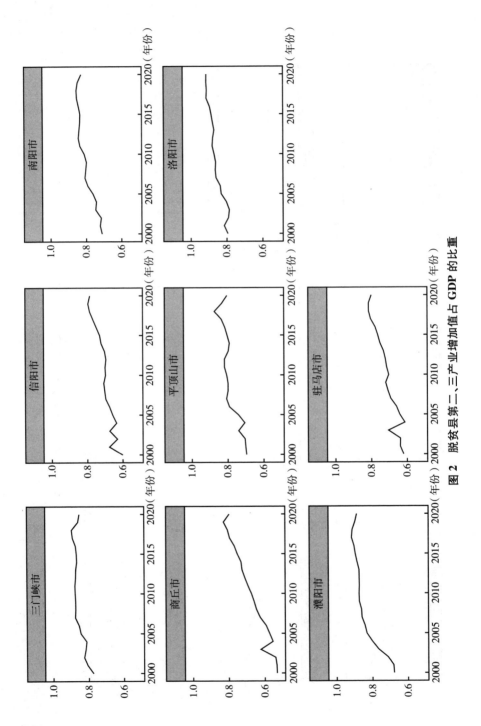

图 2 脱贫县第二、三产业增加值占 GDP 的比重

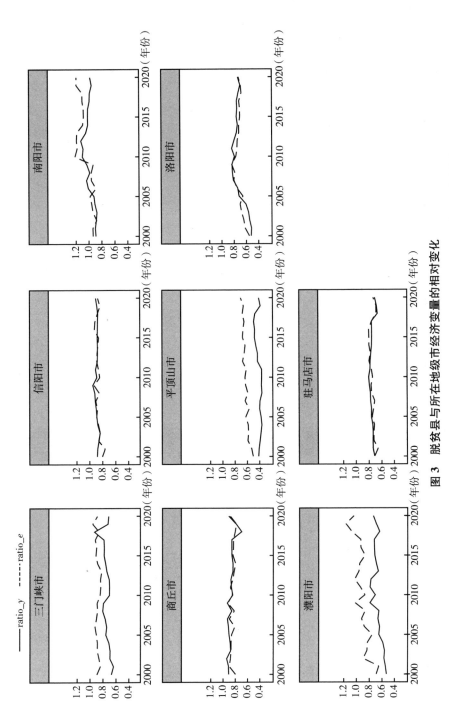
图 3　脱贫县与所在地级市经济变量的相对变化

注：ratio_y 表示脱贫县人均 GDP/所在地级市人均 GDP；ratio_e 表示脱贫县人均财政支出/所在地级市人均财政支出。

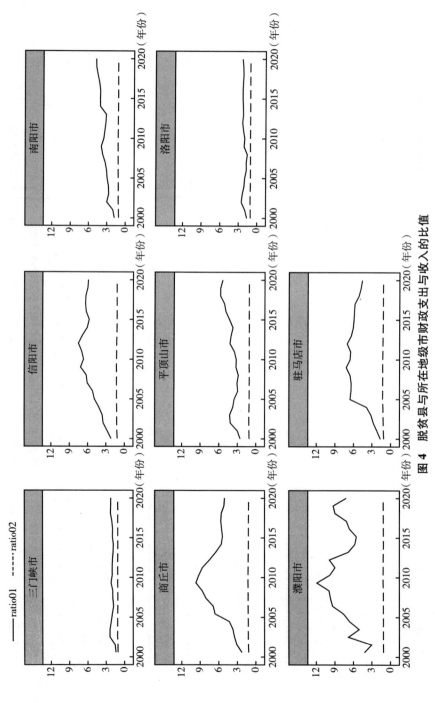

图 4　脱贫县与所在地级市财政支出与收入的比值

注：ratio01 表示脱贫县人均财政支出/财政收入；ratio02 表示脱贫县所在地级市人均财政支出/财政收入。

四 财政支持促进脱贫县长期经济增长的实证分析

考虑到不同地区县域经济发展的异质性特征，在实证分析时没有直接使用全国贫困县的面板数据，而是以河南省脱贫县为样本，对河南省27个脱贫县的经济数据进行独立分析，按照估计结果将27个脱贫县划分为两组，第1组包括财政支持对经济增长有长期正向影响的脱贫县，第2组为没有长期影响的脱贫县，最后比较和分析两组脱贫县的特征。

实证分析的第一步是针对每个脱贫县建立向量自回归模型，并在协整向量自回归模型（VECM）的框架下进行实证分析。

VECM 模型的设定为：

$$\Delta X_t = \alpha\beta'X_{t-1} + \Gamma_i\Delta X_{t-1} + \Phi D_t + \varepsilon_t \tag{1}$$

其中，X_t 是模型中所有变量构成的向量，D_t 就是截距项以及哑变量。$\varepsilon_t \sim Niid$（0，Ω）是误差项，α 和 β 是 $p \times r$ 维系数矩阵，Γ 是系统中变量之间存在协整关系的个数。β 中的系数表示协整关系，α 中的系数表示向协整关系调整的速度和方向。[1]

基于式（1），可以检验变量之间是否存在长期均衡关系，以及短期变量是否向着均衡关系调整。还可以通过 α 系数在不同方程中的显著性，判断变量的弱外生变量，即当协整关系出现均衡的偏离时，弱外生变量不做调整，可以看作是系统的驱动力量，以及判断变量是否为完全调整变量，完全调整变量对长期趋势不产生影响。

式（1）中使用的主要变量是实际人均净财政支出（exp_net）、实际人均GDP（y）、实际人均投资（$invt$）、实际人均消费（$cons$）。其中，投资的口径是固定资产投资总额，消费的口径是社会消费品零售总额，人口的口径是户籍人口，y 和 exp_net 由 GDP 平减指数进行平减，$invt$ 由投资品价格指数进行平减，社会消费品零售总额由 cpi 进行平减。样本期为 2000~2020 年。

因为样本数据的时间较短，本文采用尽量从简约模型开始的策略，即首先

---

[1] Juselius K. , *The Cointegrated VAR Model：Methodology and Applications*, Oxford University Press, 2006.

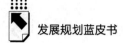

建立 3 个分别只包含 2 个变量的 VAR 模型，即模型 1 包含 y 和 exp_net，模型 2 包含 $invt$ 和 exp_net，模型 3 包含 $cons$ 和 exp_net，分别对模型 1、模型 2 和模型 3 进行协整以及短期调整关系的分析。在模型 1、模型 2、模型 3 中，将 y、$invt$、$cons$ 方程中的短期调整系数记为 $\alpha1$，将 exp_net 方程的短期调整系数记为 $\alpha2$，检验结果可以分为以下 4 种情形：①情形 1，存在协整关系，且 $\alpha1$ 显著，$\alpha2$ 不显著，可解释为 exp_net 是弱外生变量，对宏观经济变量有长期影响且起到驱动作用；②情形 2，存在协整关系，且 $\alpha1$ 和 $\alpha2$ 都显著，可解释为 exp_net 对宏观经济变量有长期影响，但不是驱动力量；③情形 3，存在协整关系，且 $\alpha1$ 不显著，$\alpha2$ 显著，可解释为 exp_net 是完全调整变量，即其冲击对宏观经济变量没有长期影响；④情形 4：不存在协整关系，可解释为 exp_net 与宏观经济变量没有长期均衡关系。

估计结果显示，在 27 个脱贫县中，exp_net 与 y、$invt$、$cons$ 存在协整关系的分别为 21 个、24 个和 11 个（情形 1+2+3）。与 exp_net 存在协整关系最多的是 $invt$，其次是 y，最少的是 $cons$。具体来说，在 y、$invt$、$cons$ 模型中出现情形 1 的结果，分别有 4 个、7 个和 2 个；出现情形 2 的结果分别为 7 个、10 个和 1 个；出现情形 3 的结果分别为 10 个、7 个、8 个，属于占比最大的情形；出现情形 4 的结果分别为 6 个、3 个、16 个。

总体上看，从 exp_net 与 y（模型 1），以及 exp_net 与 $invt$（模型 2）的模型检验结果看，exp_net 对经济有长期正向影响的脱贫县分别为 11 个和 17 个（情形 1+2），而在 exp_net 与 $cons$（模型 3）的模型中只有 3 个，在一定程度上说明净财政支出主要通过投资对 GDP 产生正向影响。另有部分脱贫县的 exp_net 对当地经济没有长期影响（情形 3+4），在下文将对这两类脱贫县的特征做进一步分析。

将 27 个脱贫县按照 exp_net 是否促进其长期经济增长的标准分为两组，第 1 组包括 19 个财政支持对经济增长有长期正向影响的脱贫县，第 2 组包括其余 8 个县。通过回归分析发现这两组脱贫县存在以下特征和差异，第一，第 1 组脱贫县总体上有较低的人均实际 GDP、人均财政收入、支出，以及较高的财政支出与收入的比值，即第 1 组脱贫县总体上人均 GDP 相对第 2 组更低，人均财政收入和支出也更低，获得的财政支持力度更大；第二，在相同人均 GDP 的情况下，第 1 组脱贫县有较低的财政收入，较高的财政支出，得到更大的财政支持力度，说明政府财政政策对更低收入地区的支持力度更大，或者说，更低收入脱贫县的经济增长更加依赖于财政政策的支持。

五 结论和政策建议

本文以河南省27个脱贫县为样本对净财政支出对其长期经济增长的影响进行实证分析，得出以下结论。

一是总体上以净财政支出衡量的财政支持对脱贫县经济增长有长期正向的影响，但县域间存在较强的异质性。二是净财政支出对经济增长长期正向的影响主要是通过促进投资拉动的，这体现为在17个脱贫县中都存在净财政支出对投资的长期正向影响，而且脱贫县整体的投资增长速度在近20年快于所在地级市的平均水平。同时投资很可能推动了脱贫县产业结构的升级，表现在第二、三产业增加值占GDP的比重快速上升，提升的速度也快于所在地级市，目前两者的差距明显缩小。三是财政支持向着发展水平相对更低的脱贫县倾斜，同时也说明发展水平更低的脱贫县其长期发展更加依赖于国家财政政策的支持。从数据描述性分析看，总体上脱贫县在人均GDP、人均财政支出等方面与所在地级市以及河南省的平均水平相比仍然较低，同时相对差距在过去20多年基本稳定，即脱贫县与非贫困县在经济发展水平方面仍然存在差距，但差距没有持续扩大或者缩小，由此得到以下政策启示。

一是要在过渡期对脱贫县持续实行帮扶。在过去近20年，国家对脱贫县的财政支持促进了其内生经济增长，对其经济增长产生了长期的促进作用，增强了其"造血"机能，为脱贫县的进一步发展奠定了坚实的基础。但应该看到，尽管脱贫县已经脱贫，但是从整体看脱贫县在人均GDP和人均财政支出等方面与所在地级市和全省平均水平相比差距仍然较大。因此在巩固拓展扶贫攻坚成果的过渡期，应持续对脱贫县运用财政支持等政策进行帮扶。

二是应重视脱贫县内部的差异性，对经济更加落后的脱贫县进行重点帮扶。经过20多年的发展，脱贫县间的经济发展水平出现了较大的差异，从人均GDP指标看，2020年最高与最低的比值达到5.75，部分脱贫县的人均GDP已经达到或者超过了所在地级市的平均水平，但经济发展水平相对偏低的脱贫县其人均GDP仅为所在地级市的0.41。对于经济发展水平相对更落后的脱贫

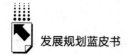
县，巩固拓展扶贫攻坚成果的任务依然艰巨。在巩固扶贫攻坚成果的过渡期，应对经济发展仍然较落后的脱贫县进行重点帮扶，继续通过财政政策等工具进行必要的财政支持，加大净转移支付力度，同时加大产业支持力度，从产业、就业、居民收入等方面进行帮扶，促进其经济长期可持续发展，防止其返贫和地区间差距拉大。

三是应精准施策，提高财政扶贫资金的使用效率。过去 20 多年，国家通过加大财政支持力度持续对贫困地区进行帮扶是在我国经济高速增长、总体财政状况处于较好水平的基础上进行的。目前我国经济进入增长速度减慢、增长质量提高的新发展阶段，全国公共财政收入增长速度放慢，财政收支差额增加，在新发展阶段继续运用财政政策工具对贫困地区进行帮扶的难度增加，因此在实施财政政策时，更应精准施策，提高财政扶贫资金的使用效率，同时强化财政资金的拉动作用，财政政策应与金融、土地、人才、基础设施、公共服务以及全面乡村振兴等政策相结合，调动更多社会资金和帮扶力量，以巩固拓展扶贫攻坚成果，实现全面乡村振兴和共同富裕。

四是要着力提高脱贫县居民收入和消费水平，增加消费对经济增长的促进作用。从居民人均消费指标看，多数脱贫县与所在地级市平均水平的比值小于 0.75，明显低于人均固定资产投资和人均 GDP 指标的比值，这可能与脱贫县的城镇化率较低、商业基础设施落后、流通网络不够健全等因素有关。因此，应使提高脱贫县居民收入和消费水平与全面乡村振兴战略和促进县域经济发展战略相结合，改善商业基础设施，健全农村流通网络和现代流通体系，加强县域商业体系建设，推动城乡融合发展，促进脱贫县城乡居民的消费和经济增长，缩小脱贫县与非贫困县之间的差距。

专栏　近期有关巩固拓展脱贫攻坚成果的重要文件

2023 年 1 月，《中共中央　国务院关于做好 2023 年全面推进乡村振兴重点工作的意见》指出，巩固拓展脱贫攻坚成果，坚决守住不发生规模性返贫底线；增强脱贫地区和脱贫群众内生发展动力，把增加脱贫群众收入作为根本要求，把促进脱贫县加快发展作为主攻方向，更加注重扶志扶智，聚焦产业就业，不断缩小收入差距、发展差距；完善帮扶政策，落实巩固拓展脱贫攻坚成果同乡村振兴有效衔接政策。

2022 年 1 月，《中共中央　国务院关于做好 2022 年全面推进乡村振兴重点工作的意见》指出，坚决守住不发生规模性返贫底线；完善监测帮扶机制，精准确定监测对象，强化监测帮扶责任落实；促进脱贫人口持续增收，逐步提高中央财政衔接推进乡村振兴补助资金用于产业发展的比重，促进产业提档升级；编制国家乡村振兴重点帮扶县巩固拓展脱贫攻坚成果同乡村振兴有效衔接实施方案；推动脱贫地区帮扶政策落地见效，保持主要帮扶政策总体稳定；聚焦产业促进乡村发展，持续推进农村一二三产业融合发展；大力发展县域富民产业，支持大中城市疏解产业向县域延伸，引导产业有序梯度转移；加强县域商业体系建设，实施县域商业建设行动，促进农村消费扩容提质升级。

2021 年 8 月，中央农村工作领导小组办公室、国家乡村振兴局印发《关于公布国家乡村振兴重点帮扶县名单的通知》，在西部 10 省区市确定了 160 个国家乡村振兴重点帮扶县。

2021 年 3 月，中共中央、国务院印发《关于实现巩固拓展脱贫攻坚成果同乡村振兴有效衔接的意见》，指出坚持以人民为中心的发展思想，坚持共同富裕方向，将巩固拓展脱贫攻坚成果放在突出位置；建立农村低收入人口和欠发达地区帮扶机制，设立 5 年过渡期，脱贫地区要根据形势变化，理清工作思路，明确过渡期内领导体制、工作体系、发展规划、政策举措；到 2025 年，脱贫攻坚成果巩固拓展，乡村振兴全面推进，脱贫地区经济活力和发展后劲明显增强，乡村产业质量效益和竞争力进一步提高，农村基础设施和基本公共服务水平进一步提升，生态环境持续改善，美丽宜居乡村建设扎实推进；农村基层组织建设不断加快，农村低收入人口分类帮扶长效机制逐步完善，脱贫地区农村居民收入增速高于全国农村居民平均水平；到 2035 年，脱贫地区经济实力显著增强，乡村振兴取得重大进展，农村低收入人口生活水平显著提高，城乡差距进一步缩小，在促进全体人民实现共同富裕方面取得更为明显的实质性进展。

参考文献

李丹、裴育、陈欢：《财政转移支付是"输血"还是"造血"——基于国定扶贫县

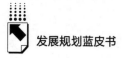
的实证研究》,《财贸经济》2019 年第 6 期。

林伯强:《中国的政府公共支出与减贫政策》,《经济研究》2005 年第 1 期。

王昉、燕洪:《财政转移支付政策与贫困治理:基本逻辑与思想转型》,《财经研究》2022 年第 8 期。

袁飞、陶然、徐志刚、刘明兴:《财政集权过程中的转移支付和财政供养人口规模膨胀》,《经济研究》2008 年第 5 期。

张鹏飞:《财政政策、精准扶贫与农村脱贫》,《浙江社会科学》2019 年第 4 期。

Juselius K. , *The Cointegrated VAR Model*:*Methodology and Applications*, Oxford University Press, 2006.

Juselius K. , Møller N. F. , Tarp F. , "The Long-Run Impact of Foreign Aid in 36 African Countries:Insights from Multivariate Time Series Analysis," *Oxford Bulletin of Economics and Statistics*, 2014, 76（2）.

B.8
发挥财政政策的收入分配调节效应

段　梦[*]

摘　要： 在综合考虑各类机构部门预算约束、效用最大化和资产组合行为特征的基础上，构建了金融CGE模型，重点分析了个税和转移支付政策调整对再分配效应的影响，研究发现：从全国来看，降低个税实际税率的10%不利于改善居民整体收入分配状况，但提高政府对居民转移支付率的5%和降低居民社会保障缴费率的10%在一定程度上改善了居民整体收入分配状况。但从城乡角度来看，降低个税实际税率的10%、提高政府对居民转移支付率的5%以及降低居民社会保障缴费率的10%对再分配效应的影响表现出一定的差异性。本文深化了对个税、转移支付等财政政策与再分配效应之间内在逻辑关系的理论认知，并基于"十四五"时期优化收入分配结构的目标，对改善我国财政调节工具的再分配效应提供了政策参考。

关键词： 基尼系数　再分配效应　金融可计算一般均衡模型　财政政策

一　引言

"治国之道，富民为始。"共同富裕是马克思主义的一个基本目标，也是自古以来我国人民的一个基本理想。党的二十大报告明确指出，要不断增进民生福祉，提高人民生活品质，不断完善分配制度和健全社会保障体系，不断实现人民对美好生活的向往。当前阶段，世界范围内收入不平等问题突出，一些

---

* 段梦，中国社会科学院数量经济与技术经济研究所助理研究员，主要研究方向为经济模型与政策评价。

国家出现贫富分化，中产阶级塌陷，导致社会动荡。我国采取了一系列积极有效的措施防止出现两极分化，促进共同富裕。实现共同富裕不仅是经济问题，也是关系党的执政基础的重大政治问题。我们绝不允许贫富差距越来越大，决不允许在富人和穷人之间出现一道不可逾越的鸿沟。因此，要不断完善初次分配、再分配和三次分配协调配套的基础性制度安排，加大税收、转移支付和社会保障等调节力度，扩大中等收入群体，提升低收入群体收入，合理调节高收入，形成"中间大、两头小"的橄榄形收入分配格局。

财政政策作为国家进行宏观经济调控的主要手段之一，其对宏观经济的调控也是对各方利益主体格局的重新组合，进而形成社会分配新格局。财政再分配工具主要包括税收和政府转移支付两大类，税收以个人所得税为主要的再分配调节工具。政府转移支付主要是指政府对符合条件的个人通过政府财政转移支出以实现再分配调节目标的关键工具，具有再分配调节的潜力。从经济发达国家的实际情况来看，政府转移支付的再分配效应的贡献率高达80%，远远超过税收的再分配效应。随着经济社会的不断发展和经济体制改革的不断深入，我国的财政政策不断健全，尤其是财政政策对收入分配的作用效果日益凸显。因此，探究财政政策的实施对收入不平等和再分配效应的影响，研究分析财政再分配机制可能存在的问题，显得尤为重要。

为此，本文首先尝试构建一个包含中央银行、商业银行、非金融企业、住户部门、政府以及国外等机构部门的金融CGE模型，并在预算约束条件下最优化各机构部门的资产组合行为，使其效用最大化。其次，根据国家统计局公布的居民收入统计数据，将农村居民和城镇居民按照收入水平划分为五类，并测算了全国居民基尼系数、农村居民基尼系数和城镇居民基尼系数。最后，利用金融CGE模型并基于编制的中国金融社会核算矩阵表，通过设置政策模拟情景来定量考察个税和转移支付政策变动对再分配效应将会产生何种影响。

二 党的二十大报告中有关收入分配的内容

（一）构建初次分配、再分配、第三次分配协调配套的制度体系

党的二十大报告提出，坚持按劳分配为主体，多种分配方式并存，构建初

次分配、再分配、第三次分配协调配套的制度体系。这是对优化收入分配格局的最新论述，是中国特色收入分配理论的重要体现。构建初次分配、再分配、第三次分配协调配套的制度体系对于正确处理效率与公平的关系，在发展的基础上不断增进人民福祉，逐步缩小收入差距，扎扎实实朝共同富裕的目标迈进具有非常重要的意义。初次分配、再分配、第三次分配在促进共同富裕中具有不同的功能和作用，要相互协调配套。其中，初次分配是基础，使市场在资源配置中起决定性作用，根据各种生产要素的边际贡献决定的要素价格来进行要素报酬分配。再分配是关键，政府通过税收、社会保障、财政转移支付等方式提高基本公共服务体系的机会均等化程度。加强对初次分配结果的调节、弥补初次分配的不足。第三次分配是有益补充，主要是企业、社会组织、家庭和个人等基于自愿原则，以募集、捐赠、资助、义工等慈善、公益方式对所属资源和财富进行分配，弥补市场和政府失灵。

（二）努力提高居民收入在国民收入分配中的比重，提高劳动报酬在初次分配中的比重

提高两个比重体现了收入分配改革的思路，也是不断推进收入分配改革的一个具体目标。提高居民收入在国民收入分配中的比重，强调的是居民收入相较于政府收入和企业收入，在国民收入中所占比重有待提高。提高劳动报酬在初次分配中的比重，强调的是相对于资本、技术、土地、数据等生产要素，劳动报酬在初次分配中的比重有待提高。其关键在于进一步扩大中等收入群体，提高广大工薪劳动者尤其是低收入群体的劳动报酬。继续稳定和扩大就业，不断健全各类生产要素由市场决定报酬的体制机制，持续推进劳动者权益保障，加强工资分配宏观调控指导。

（三）规范财富积累机制

党的二十大报告提出，要完善分配制度。坚持按劳分配为主体、多种分配方式并存，坚持多劳多得，鼓励勤劳致富，促进机会公平，增加低收入者收入，扩大中等收入群体，规范收入分配秩序，规范财富积累机制。值得注意的是，"规范财富积累机制"的提法首次出现在中央文件中，是对"共同富裕"理论的延续和完善。这意味着在加快居民财产积累过程中，更要注意规范资本

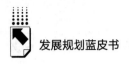

市场、金融市场、投资市场，倡导在规范机制下引导人民通过自己的双手创造幸福生活。这一方面是因为当前的财富分配差距远大于收入差距，另一方面是因为财富分配差距与收入分配差距相互影响，特别是居民的财产净收入主要依托其家庭财富。规范财产来源、引导财富积累过程、调节财富分配差距对于推动共同富裕而言不仅必要而且影响深远。

三　财政政策调整对居民收入分配的政策模拟

（一）政策模拟方案设定

党的二十大报告中指出，加大税收、社会保障、转移支付等的调节力度，完善个人所得税制度，规范收入分配秩序，规范财富积累机制。基于构建的金融 CGE 模型，本文模拟分析了个人所得税改革、政府对居民的转移支付以及居民社会保障缴费等政策调整对再分配效应的影响。具体而言，本文设定了以下三种政策模拟方案，分别是：①降低个人所得税实际税率的 10%；②提高政府对居民转移支付率的 5%；③降低居民社会保障缴费率的 10%。

（二）个人所得税实际税率下调对收入分配的影响

1. 对全国收入分配的总体影响

降低个人所得税实际税率将直接影响居民税负和实际收入，进而产生收入分配效应。本部分首先从全国层面对下调个税实际税率的 10% 所产生的收入分配效应进行了测算，个人所得税实际税率调整前后，其各项指标变化如表 1 所示。可以看出，个税实际税率调整后，实际收入基尼系数从 0.447058 上升至 0.447119，MT 指数由 -0.005147 下降为 -0.005213，RMT 指数由 -1.16% 变化为 -1.18%。该结果表明，个税实际税率调整前，现有的政府调节工具并未有效缩小城乡居民之间的收入差距，个税实际税率调整后，不仅没有改善现有的政府调节工具的再分配效应，反而恶化了收入分配。具体而言，纵向公平 VE 从 -0.004507 下降至 -0.004526，横向公平 HE 由 -0.000640 下降为 -0.000687，这两项指标在一定程度上均受到负面影响，表明降低个税实际税率并不利于改善收入分配格局，反而恶化了本就严峻的收入差距问题。此外，值得注意的是，下调个税实际税率导致累进性指数 P 由 -0.005338 降低为 -0.005429,说明降低个税实际税率导致现有的政府调节工具的累退性进一步增强。同时,从平均税率(收益率)T 的变化来看,T 由个税实际税率调整前的 0.457800 降低至 0.454656,在一定程度上抵消了累退性增强带来的负面效果,但并未从根本上改善收入分配格局。

表 1　下调个税实际税率对收入分配的总体影响

项目	政策调整前	政策调整后
市场收入基尼系数	0.441910	0.441906
实际收入基尼系数	0.447058	0.447119
MT 指数	-0.005147	-0.005213
RMT 指数(%)	-1.16	-1.18
VE	-0.004507	-0.004526
HE	-0.000640	-0.000687
P	-0.005338	-0.005429
T	0.457800	0.454656

资料来源:笔者根据模型计算结果整理。

2. 对城乡之间收入分配的影响

本部分在对全国再分配效应指标测算的基础上,分别对农村内部、城镇内部以及城乡之间的再分配效应进行了测算,相关结果见表 2。

对于农村而言,个税实际税率调整后,MT 指数由 0.011975 降低为 0.011873,表明个税实际税率调整后,农村内部的收入差距有所扩大。具体而言,纵向公平 VE 由个税实际税率调整前的 -0.039965 上升为 -0.039549,横向公平 HE 由个税实际税率调整前的 0.051940 降低为 0.051422。累退性指数 P 由 -0.049066 变化为 -0.049111,表明个税实际税率调整使得政府调节工具在农村的累退性进一步提高,平均税率(收益率)T 由 0.448892 下降为 0.446075,二者综合效果导致整体调节工具的纵向公平提升。

对于城镇而言,个税实际税率调整后,MT 指数由 -0.008860 上升至 -0.008823,表明个税实际税率调整后,城镇内部的收入差距有所缓解。具体而言,纵向公平 VE 由 -0.003736 上升至 -0.003658,横向公平 HE 由 -0.005124 下降至 -0.005165。累退性指数 P 由 -0.004374 变化为 -0.004340,平均税率(收益率)T

由 0.460624 下降为 0.457375，二者综合效果使得整体调节工具的纵向公平提升。

从城乡对比来看，下调个税实际税率后，农村家庭和城镇家庭人均收入略有上涨，但农村家庭人均收入上涨幅度小于城镇家庭。此外，还可以看出，城乡收入份额中，农村居民收入份额略有下降，城镇居民收入份额略有上升，全国家庭人均收入均值略有上涨。同时，代表城乡收入差距的指标，由个税改革前的 16507.49 元上升为 16550.97 元，略有上升，表明下调个税实际税率并未有效缩小城乡收入差距。

表2 下调个税实际税率对城乡之间收入分配的影响

项目	政策调整前		政策调整后	
	农村	城镇	农村	城镇
MT 指数	0.011975	−0.008860	0.011873	−0.008823
VE	−0.039965	−0.003736	−0.039549	−0.003658
HE	0.051940	−0.005124	0.051422	−0.005165
P	−0.049066	−0.004374	−0.049111	−0.004340
T	0.448892	0.460624	0.446075	0.457375
城乡家庭人均收入均值(元)	21423.02	46837.22	21459.37	46938.50
城乡户数比重(%)	40.42	59.58	40.42	59.58
城乡收入份额(%)	23.68	76.32	23.67	76.33
城乡各自基尼系数	0.357174	0.332491	0.357276	0.332460
全国家庭人均收入均值(元)	36564.85		36639.88	
城乡混合基尼系数	0.447058		0.447119	
城乡收入差距(元)	16507.49		16550.97	

资料来源：笔者根据模型计算结果整理。

（三）政府对居民转移支付率提高对收入分配的影响

1. 对全国收入分配的总体影响

提高政府对居民转移支付率将直接影响居民收入水平，从而产生改善收入分配状况的作用。本部分首先测算了政府对居民转移支付率变化前后的再分配效应，相关指标的测算结果如表3所示。可以看出，政府对居民转移支付率提高后，实际收入基尼系数由政策调整前的 0.447058 下降为 0.446834，MT 指数由-0.005147变化为-0.004945，RMT 指数由-1.16%变化为-1.12%，表明提高政府对居民转移支付率有利于缩小收入分配差距。其中，纵向公平 VE 由-0.004507变化为-0.005236，说明提高政府对居民转移支付率恶化了纵向公平，横向公平 HE 由-0.000640 变化为 0.000291，说明提高政府对居民转移支付率改善了横向公平，二者综合效果导致 MT 指数上升。此外，政府对居民转移支付率提高后，累退性指数 P 由-0.005338 变化为-0.006002，说明政府对居民转移支付率的提高导致政府整体的调节工具的累退性进一步增强，平均税率（收益率）T 由 0.457800 变化为 0.465915，进一步提升了整体政府调节工具的累退性。由于横向公平效应的提高，二者综合作用导致收入分配状况改善。

表 3　政府对居民转移支付率提高对收入分配的总体影响

项目	政策调整前	政策调整后
市场收入基尼系数	0.441910	0.441889
实际收入基尼系数	0.447058	0.446834
MT 指数	-0.005147	-0.004945
RMT 指数(%)	-1.16	-1.12
VE	-0.004507	-0.005236
HE	-0.000640	0.000291
P	-0.005338	-0.006002
T	0.457800	0.465915

资料来源：笔者根据模型计算结果整理。

2. 对城乡之间收入分配的影响

本部分在对全国再分配效应指标测算的基础上，分别对农村内部、城镇内部以及城乡之间的再分配效应进行了测算，相关结果见表4。

从农村来看，政府对居民转移支付率提高后，MT 指数由 0.011975 变化为 0.012617，表明提高政府对居民转移支付率改善了农村内部的收入分配状况。其中，政府对居民转移支付率提高后，纵向公平 VE 由-0.039965 变化为-0.042811，横向公平 HE 由 0.051940 变化为 0.055428。具体而言，政策改革后，累退性指数 P 由-0.049066 变化为-0.050749，表明政府提高对居民转移支付率导致政府整体的调节工具的累退性进一步增强，平均税率（收益率）T

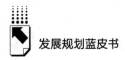

由 0.448892 上升为 0.457579，导致政府整体调节工具的累退性进一步增强，综合作用后有利于改善农村内部的收入分配状况。

从城镇来看，政府对居民转移支付率提高后，MT 指数由 -0.008860 变化为 -0.008781，表明提高政府对居民转移支付率改善了城镇内部的收入分配状况。其中，政府对居民转移支付率提高后，纵向公平 VE 由 -0.003736 变化为 -0.004021，横向公平 HE 由 -0.005124 变化为 -0.004760。具体而言，政策改革后，累退性指数 P 由 -0.004374 变化为 -0.004561，表明政府提高对居民转移支付率导致政府整体的调节工具的累退性进一步增强，平均税率（收益率）T 由 0.460624 上升为 0.468558，导致政府整体调节工具的累退性进一步增强，综合作用后有利于改善城镇内部的收入分配状况。

从城乡对比来看，提高政府对居民转移支付率后，农村家庭和城镇家庭人均收入略有增加，且农村家庭人均收入涨幅高于城镇家庭。此外，还可以看出，城乡收入份额中，农村居民收入份额略有上升，城镇居民收入份额略有下降，全国家庭人均收入均值略有上涨。同时，代表城乡收入差距的指标，由政策调整前的 16507.49 元上升为 16600.68 元，略有上升，表明提高政府对居民转移支付率并未有效缩小城乡收入差距。

表4　政府对居民转移支付率提高对城乡之间收入分配的影响

项目	政策调整前		政策调整后	
	农村	城镇	农村	城镇
MT 指数	0.011975	-0.008860	0.012617	-0.008781
VE	-0.039965	-0.003736	-0.042811	-0.004021
HE	0.051940	-0.005124	0.055428	-0.004760
P	-0.049066	-0.004374	-0.050749	-0.004561
T	0.448892	0.460624	0.457579	0.468558
城乡家庭人均收入均值(元)	21423.02	46837.22	21563.28	47107.08
城乡户数比重(%)	40.42	59.58	40.42	59.58
城乡收入份额(%)	23.68	76.32	23.70	76.30
城乡各自基尼系数	0.357174	0.332491	0.356536	0.332434
全国家庭人均收入均值(元)	36564.85		36782.32	
城乡混合基尼系数	0.447058		0.446834	
城乡收入差距(元)	16507.49		16600.68	

资料来源：笔者根据模型计算结果整理。

（四）居民社会保障缴费率降低对收入分配的影响

1. 对全国收入分配的总体影响

降低居民社会保障缴费率将直接影响到居民收入水平，进而对收入分配产生影响。本部分首先对降低居民社会保障缴费率对全国收入分配效应进行了测算，居民社会保障缴费率降低后，再分配效应变化指标如表5所示。可以看出，居民社会保障缴费率降低后，实际收入基尼系数由0.447058降低至0.446537，MT指数由-0.005147变化为-0.004647，RMT指数由-1.16%变化为-1.05%，表明降低居民社会保障缴费率在一定程度上改善了收入分配状况。其中，纵向公平VE由-0.004507变化为-0.003127，说明降低居民社会保障缴费率改善了纵向公平效应，横向公平HE由-0.000640变化为-0.001520，说明降低居民社会保障缴费率恶化了横向公平效应，二者综合作用改善了居民收入分配状况。具体而言，政策调整后，累退性指数P由-0.005338变化为-0.003912，说明降低居民社会保障缴费率导致了政府整体的调节工具累退性降低，平均收益率T由0.457800变化为0.444243，在一定程度上抵消了累退性降低的影响，二者综合作用后，导致再分配效应有所提高。

表5　居民社会保障缴费率降低对收入分配的总体影响

项目	政策调整前	政策调整后
市场收入基尼系数	0.441910	0.441890
实际收入基尼系数	0.447058	0.446537
MT 指数	-0.005147	-0.004647
RMT 指数（%）	-1.16	-1.05
VE	-0.004507	-0.003127
HE	-0.000640	-0.001520
P	-0.005338	-0.003912
T	0.457800	0.444243

资料来源：笔者根据模型计算结果整理。

2. 对城乡之间收入分配的影响

本部分在对全国再分配效应指标测算的基础上，分别对农村内部、城镇内部以及城乡之间的再分配效应进行了测算，相关结果见表6。

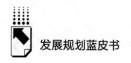

表6 居民社会保障缴费率降低对城乡之间收入分配的影响

项目	政策调整前		政策调整后	
	农村	城镇	农村	城镇
MT 指数	0.011975	−0.008860	0.011877	−0.008665
VE	−0.039965	−0.003736	−0.037228	−0.003332
HE	0.051940	−0.005124	0.049105	−0.005333
P	−0.049066	−0.004374	−0.048793	−0.004108
T	0.448892	0.460624	0.432781	0.447877
城乡家庭人均收入均值(元)	21423.02	46837.22	21671.98	47211.92
城乡户数比重(%)	40.42	59.58	40.42	59.58
城乡收入份额(%)	23.68	76.32	23.75	76.25
城乡各自基尼系数	0.357174	0.332491	0.357276	0.332318
全国家庭人均收入均值(元)	36564.85		36888.72	
城乡混合基尼系数	0.447058		0.446537	
城乡收入差距(元)	16507.49		16588.01	

资料来源:笔者根据模型计算结果整理。

从农村来看,居民社会保障缴费率降低后,MT 指数由 0.011975 变化为 0.011877,说明降低居民社会保障缴费率并未改善农村内部的收入分配状况。其中,居民社会保障缴费率降低后,纵向公平 VE 由 −0.039965 变化为 −0.037228,横向公平 HE 由 0.051940 变化为 0.049105。具体而言,政策调整后,累退性指数 P 由 −0.049066 变化为 −0.048793,说明降低居民社会保障缴费率降低了政府整体调节工具的累退性,平均收益率 T 由 0.448892 变化为 0.432781,抵消了累退性变化的部分影响,最终导致整体再分配效应有所降低。

从城镇来看,居民社会保障缴费率降低后,MT 指数由 −0.008860 变化为 −0.008665,在一定程度上改善了城镇内部收入分配状况。其中,降低居民社会保障缴费率后,纵向公平 VE 由 −0.003736 变化为 −0.003332,说明降低居民社会保障缴费率改善了城镇内部纵向公平,横向公平 HE 由 −0.005124 变化为 −0.005333,说明降低社会保障缴费率恶化了城镇内部横向公平。具体而言,政策调整后,累退性指数 P 由 −0.004374 变化为 −0.004108,说明降低居民社会保障缴费率导致政府整体调节工具的累退性降低,平均收益率 T 由

0.460624 变化为 0.447877，叠加累退性变化以及横向公平的变化，最终导致整体再分配效应有所提高。

从城乡对比来看，居民社会保障缴费率降低后，农村家庭和城镇家庭人均收入都有略微上涨，且农村家庭人均收入上涨幅度大于城镇家庭。此外，还可以看出，城乡收入份额中，农村收入份额占比略有上升，城镇收入份额下降，全国家庭人均收入均值略有上涨。此外，代表城乡收入差距的指标，由改革前的 16507.49 元上升为 16588.01 元，略有上升，表明降低居民社会保障缴费率并未有效缩小城乡收入差距。

四 结论和政策建议

（一）结论

从全国来看，降低个税实际税率的 10% 不利于改善居民整体的收入分配状况，但提高政府对居民转移支付率的 5% 和降低居民社会保障缴费率的 10% 在一定程度上改善了居民整体的收入分配状况。分城乡看，对于农村而言，降低个税实际税率的 10% 和降低居民社会保障缴费率的 10% 在一定程度上减弱了现有政府调节工具的再分配效果，提高政府对居民转移支付率的 5% 在一定程度上增强了现有政府调节工具的再分配效应。对于城镇而言，降低个税实际税率的 10%、提高政府对居民转移支付率的 5% 以及降低居民社会保障缴费率的 10% 均在一定程度上增强了现有政府调节工具的再分配效应。可以看出，即便是相同的政策调整，由于农村和城镇存在的本质差别，也会产生截然不同的结果。

从城乡收入差距来看，虽然在三种政策模拟方案下，农村家庭和城镇家庭人均收入均值均有略微上涨，但上涨幅度不同。具体而言，降低个税实际税率的 10% 时，农村家庭人均收入上涨幅度明显小于城镇家庭，提高政府对居民转移支付率的 5% 和降低居民社会保障缴费率的 10% 时，农村家庭人均收入上涨幅度明显大于城镇家庭。之所以出现这种差异，与现阶段城乡居民收入水平以及我国整体财政体系密切相关。此外，还可以发现，三种政策模拟方案下，代表城乡收入差距的指标均呈现略微上升的态势。

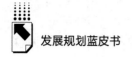

（二）政策建议

第一，不断提高劳动报酬在初次分配中的比例。劳动报酬是居民收入的重要组成部分，在居民可支配收入中占较大比重，应不断出台有针对性的政策措施，推动劳动报酬收入的较快增长，不断提高劳动报酬收入在国民收入中的份额，这是改善居民收入分配的关键所在。此外，建立健全劳动报酬合理增长机制，保持居民收入增速与经济增速基本同步，确保广大人民群众共享经济发展的红利。我国城乡居民之间的收入不平等问题早已在初次收入分配中形成，因此，要不断落实就业优先政策，坚持经济发展就业导向，千方百计稳定和促进就业，努力扩大就业。不断完善就业公共服务体系，推进人力资源市场体系建设。妥善应对新冠疫情带来的潜在影响，防范化解发生规模性失业。同时，切实保障劳动者的合法权益，贯彻落实最低工资保障制度，维护劳动力市场的平稳健康运行。

第二，多措并举提高居民财产净收入。随着我国经济不断发展和居民收入水平不断提升，居民财富不断积累，此时，财产净收入就会成为居民收入的重要组成部分，也是用来衡量国民富裕程度的重要指标。然而长期以来，我国居民财产净收入在居民可支配收入中的占比较低，且主要是利息收入，来源比较单一。因此，要不断加大改革力度，多渠道增加居民财产净收入。对于农村居民而言，应不断加强法治建设和执法，依法保障农村居民的财产净收入，特别是在征地、拆迁等过程中，确保农民的财产权利不受侵犯。对于城镇居民而言，其能够更多地参与金融市场，因此应在保证金融稳定的前提下，创新金融管理体系，丰富金融产品，让广大人民群众有更多的金融理财工具和产品选择。同时加强对上市公司的监管，强化对投资理财渠道的监管和交易方式的规范，为广大投资者提供制度保障。

第三，提升再分配收入占比。居民转移净收入在缩小居民收入差距的过程中发挥着明显作用，因此，应不断优化和改进政府财政支出结构，增加居民转移净收入。社会保障作为社会的安全网和稳定器，在居民收入再分配中发挥着重要作用，是提高居民转移净收入的重要工具，因此，应不断完善居民社会保障体系，将社保资源更多地投向乡村，进一步改善和优化城乡社保结构，缩小城乡差距。此外，将财政资金更多地投向保障和改善民生领域，特别是加大对贫困地区、关键领域和薄弱环节的转移支付力度，健全基本公共服务体系，适度提升教育、医疗等基本公共服务水平，提高基本公共服务供给水平和效率，缩小城乡基本公共服务差距，推进基本公共服务均等化，不断提高居民转移支付收入在可支配收入中所占比重。

参考文献

中共中央宣传部、国家发展和改革委员会：《习近平经济思想学习纲要》，人民出版社、学习出版社，2022。

习近平：《高举中国特色社会主义伟大旗帜　为全面建设社会主义现代化国家而团结奋斗——在中国共产党第二十次全国代表大会上的报告》，人民出版社，2022。

《习近平谈治国理政（第四卷）》，外文出版社，2022。

万莹、史忠良：《税收调节与收入分配：一个文献综述》，《山东大学学报》（哲学社会科学版）2010 年第 1 期。

王睿：《完善收入分配制度　扎实推进共同富裕——专家学者谈收入分配制度改革》，《中国人力资源社会保障》2023 年第 3 期。

B.9
强化金融稳定保障体系

程　远*

摘　要： 金融稳定保障体系是基于保持金融体系安全稳健运行而建立的一系列金融风险防控和金融危机管理制度。强化金融稳定保障体系的目标是保障金融系统服务实体经济的能力，维护金融机构、金融市场和金融基础设施提供基本服务的稳定性和连续性，遏制金融风险的累积和扩大，防范化解系统性金融风险。"十四五"期间为了强化我国金融稳定保障体系，中国人民银行、银保监会、证监会等部门从完善现代金融监管框架，加强系统重要性金融机构、金融平台、金融公司和金融机构监管，强化对关联交易监管以及跨境资本流动宏观审慎管理，加强反洗钱工作等方面实施了一系列方针政策。目前金融监管面临的挑战主要表现在房地产风险、政府性债务风险、外部市场风险输入等方面。为此，应通过推进金融领域的市场化改革，改进金融监管框架，加强审慎监管、行为监管和功能监管等举措来强化金融稳定保障体系。

关键词： 金融稳定保障体系　金融风险　金融监管

一　强化金融稳定保障体系的政策目标和主要举措

（一）强化金融稳定保障体系的政策目标

维持金融稳定，防范化解金融风险是金融工作的基本要求和促进经济高质

---

* 程远，中国社会科学院数量经济与技术经济研究所副研究员，主要研究方向为宏观经济学、货币经济学、一般均衡分析。

量发展的重要条件。1929年经济大萧条后，由金融风险累积并引发的金融危机成为威胁实体经济运转的重要因素，特别是美国次贷危机和欧洲主权债务危机之后，各国均加大了对金融风险的监管和防控力度。为了提高金融体系抵御风险和服务实体经济的能力，党的二十大报告提出"强化金融稳定保障体系"的工作要求。

金融稳定保障体系是基于保持金融体系安全稳健运行而建立的一系列金融风险防控和金融危机管理制度。强化金融稳定保障体系的目标是保障金融系统服务实体经济的能力，维护金融机构、金融市场和金融基础设施提供基本服务的稳定性和连续性，遏制金融风险的累积和扩大，防范化解系统性金融风险。强化金融稳定保障体系，重点是要推进金融风险处置的常态化、机制化和规范化，以确保金融机构、金融市场和金融基础设施持续发挥关键功能，不断提高金融体系抵御风险能力和服务实体经济质效，筑牢守住金融安全底线。

"十四五"期间，中国人民银行、银保监会、证监会等部门出台了一系列方针政策，对强化我国金融稳定保障体系具有重要作用，以下对这一期间的主要政策措施进行回顾。

（二）"十四五"期间主要政策回顾

1. 推进金融监管体系改革

为了实现对各类金融活动的全面监管，提高金融监管质效，有效防范化解金融风险，2023年3月，我国对金融监管体系进行了改革。一是组建国家金融监督管理总局，作为国务院直属机构，统一负责除证券业之外的金融业监管。二是证监会调整为国务院直属机构，划入国家发展和改革委员会的企业债券发行审核职责。三是统筹推进央行分支机构改革。四是完善国有金融资本管理体制。五是加强金融管理部门工作人员统一规范管理。六是深化地方金融监管体制改革。

2. 完善现代金融监管框架

2021年12月，中国人民银行发布《宏观审慎政策指引（试行）》，对宏观审慎政策相关概念及宏观审慎政策框架的主要内容进行了界定和阐述，同时说明了如何实施宏观审慎政策的支持保障和政策协调。该指引有利于加强对于系统性风险防范的共识，帮助市场主体深化对宏观审慎政策的认识和理解，从而夯实防范化解系统性金融风险的基础。2022 年 1 月，央行发布《地方金融监督管理条例（草案征求意见稿）》，明确地方金融监管规则和上位法依据，统一监管标准，构建权责清晰、执法有力的地方金融监管框架，将地方各类金融业态纳入统一监管框架，强化地方金融风险防范化解和处置。2022 年 4 月，中国人民银行印发《中华人民共和国金融稳定法（草案征求意见稿）》。《金融稳定法》总结重大金融风险攻坚战中行之有效的经验做法，建立金融风险防范、化解和处置的制度，健全维护金融稳定的长效机制，与其他金融法律各有侧重、互为补充，切实维护国家经济金融安全和社会稳定。

3. 完善系统重要性金融机构监管

2021 年 10 月，中国人民银行、银保监会首次发布我国国内系统重要性银行名单，同时发布《系统重要性银行附加监管规定（试行）》，从附加资本和附加杠杆率、恢复计划和处置计划、信息报送与披露等方面提出监管要求。2022 年 12 月，中国人民银行发布《金融基础设施监督管理办法（征求意见稿）》，明确了纳入我国金融基础设施统筹监管的六类设施及其运营机构，适用范围为经国务院或国务院金融管理部门批准设立的金融基础设施，同时从完善党建、加强国有金融资本管理、与国际规则标准衔接等方面对加强金融基础设施统筹监管作出总体安排。2022 年 4 月，中国人民银行、银保监会联合发布《关于全球系统重要性银行发行总损失吸收能力非资本债券有关事项的通知》，明确了总损失吸收能力非资本债券的核心要素和发行管理规定，为全球系统重要性银行有序组织发行工作提供了依据，是支持我国全球系统重要性银行满足总损失吸收能力监管规则的必要措施，对提高大型商业银行服务实体经济和风险抵御能力、增强我国金融体系的稳健性具有积极意义。2022 年 7 月，中国人民银行、银保监会发布《系统重要性保险公司评估办法（征求意见稿）》，为确定系统重要性保险公司名单提供指导和依据，将主要保险公司纳入宏观审慎管理和金融业综合统计，更好地维护金融稳定。

4. 加强金融平台监管

2021 年 1 月，中国人民银行发布《非银行支付机构客户备付金存管办法》，规范了备付金集中交存后的客户备付金集中存管业务，进一步细化了备付金存放、使用、划转规定，明确了中国人民银行及其分支机构、清算机构、备付金银行相应备付金管理职责，设定了客户备付金违规行为处罚标准，强化客户备付金监管，促进行业健康发展。2021 年 1 月，中国人民银行发布了《非银行支付机构条例（征求意见稿）》，明确了分类监管要求，加强备付金管理，并强化了支付领域反垄断监管措施。2021 年 9 月，中国人民银行发布《征信业务管理办法》，以信用信息的采集、整理、保存、加工、提供、信息安全等全流程合规管理为主线，明确了信用信息的定义及征信管理的边界，将原先游离于监管之外的新兴征信活动纳入法治监管的轨道。2021 年 12 月，中国人民银行等七部门发布《金融产品网络营销管理办法（征求意见稿）》，明确了金融产品网络营销宣传内容和行为的具体规范，补齐平台与金融机构合作开展金融业务的监管制度短板，有助于进一步保障金融消费者合法权益。2022 年 6 月，中央全面深化改革委员会第二十六次会议审议通过了《强化大型支付平台企业监管促进支付和金融科技规范健康发展工作方案》，强调要依法依规将平台企业支付和其他金融活动全部纳入监管，以服务实体经济为本，坚持金融业务持牌经营，健全支付领域规则制度和风险防控体系，强化事前事中事后全链条全领域监管。

5. 加强对金融公司、金融机构的监管

2021 年 3 月，中国人民银行发布《金融控股公司董事、监事、高级管理人员任职备案管理暂行规定》，按照人员适当性原则，结合金融控股公司特点，明确董监高任职条件和备案程序，应具备的与岗位相适应的技能、经验和知识，并加强任职管理，防控关键岗位人员风险，规范兼职、代为履职、公示人员信息等行为，同时明确了人民银行负责对金融控股公司董监高进行备案和监督管理，加强事中事后监管，强化责任追究力度。2021 年 12 月，中国银保监会公布《银行保险机构信息科技外包风险监管办法》，以进一步加强银行保险机构信息科技外包风险监管，促进银行保险机构提升信息科技外包风险管控能力，推动银行保险机构稳健开展数字化转型工作。2022 年 2 月，中国银保监会发布《信托业保障基金和流动性互助基金管理办法（征求意见稿）》，以促进信托业稳健运营和高质量发展，更好发挥基金化解和处置行业风险的积极作用，防范道德风险，保护信托受益人合法权益。2022 年 5 月，中国银保监会印发了《商业银行预期信用损失法实施管理办法》，以规范商业银行内控管理和风险管理，对于夯实商业银行拨备管理基础、提高风险防范化解能力、促进银行稳健运行和有效服务实体经济具有重要意义。2022 年 6 月，中国证券

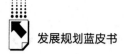
投资基金业协会印发《基金管理公司声誉风险管理指引（试行）》，引导基金管理公司加强声誉风险管理，完善风险管理体系，防范金融风险，维护市场稳定和行业形象，从而减少对投资者造成的损失和对行业造成的负面影响。2022年7月，中国人民银行制定施行《银行间债券市场债券借贷业务管理办法》，从市场参与者、履约保障品、主协议等方面完善债券借贷制度，提高债券借贷交易效率和灵活性，同时明确了大额借贷报告及披露、风险监测、自律管理等有关要求从而加强风险防范。2022年8月，中国银保监会制定《理财公司内部控制管理办法》，促进同类资管业务监管标准统一，增强理财公司法治观念和合规意识，促进构建与自身业务规模、特点和风险状况相适应的内控合规管理体系，从而督促理财公司强化内控合规管理建设，提高经营管理质效，增强风险防范能力，促进理财业务规范健康和可持续发展。2022年10月，中国银保监会修订发布了《企业集团财务公司管理办法》，强化金融监管、防控金融风险，以此持续强化监管，督促财务公司坚守主责主业、强化服务集团内部的定位，不断提升服务实体经济质效，实现高质量发展。2022年11月，中国银保监会发布《中华人民共和国银行业监督管理法（修订草案征求意见稿）》，以防范化解金融风险、提高监管有效性为总体目标，以弥补监管短板、加大监管力度、明确监管授权为着力点，切实提高金融治理体系和治理能力现代化水平。2022年12月，中国银保监会制定并发布了《银行保险机构消费者权益保护管理办法》，以建立健全金融消费者保护基本制度，加强和完善行为监管，进一步督促银行保险机构落实消费者保护主体责任，不断提升金融工作的政治性和人民性，依法保障金融消费者合法权益，维护好金融市场秩序和稳定。2023年2月，中国证监会、中国人民银行联合发布《重要货币市场基金监管暂行规定》，以强化重要货币市场基金监管，切实保护基金份额持有人合法权益，促进相关产品平稳健康发展。

6. 加强关联交易监管

2022年1月，中国银保监会发布《银行保险机构关联交易管理办法》，进一步加强关联交易监管，规范银行保险机构关联交易行为，防范利益输送风险。2022年1月，中国银保监会发布《金融租赁公司项目公司管理办法》，以健全和完善金融租赁公司业务监管规制，规范金融租赁公司以项目公司形式开展融资租赁业务，强化风险防范，促进业务持续稳健发展。2022年6月，中国银保监会发布《关于加强保险机构资金运用关联交易监管工作的通知》，以进一步健全保险机构资金运用关联交易管理机制，从而遏制资金运用违法违规关联交易，防范资金运用风险，维护市场运行秩序。2023 年 2 月，中国人民银行发布《金融控股公司关联交易管理办法》，明确金融控股公司承担对金融控股集团关联交易管理的主体责任，规范集团内部交易运作，在做好自身管理的基础上，指导和督促附属机构做好关联交易管理，并统一管理集团对外关联交易及其风险敞口，有助于推动金融控股集团提升关联交易管理水平，防范利益输送、风险传染和监管套利，健全宏观审慎政策框架。

7. 加强跨境资本流动宏观审慎管理

2022 年 1 月，中国人民银行会同外汇局联合发布《关于银行业金融机构境外贷款业务有关事宜的通知》，建立本外币一体化的银行境外贷款政策框架，将银行境外人民币和外汇贷款业务纳入统一管理，扩大银行境外人民币贷款业务范围，便利采用人民币开展境外贷款业务，并将银行境外贷款相关的跨境资金流动纳入宏观审慎管理政策框架，明确银行境外贷款业务办理和相关跨境资金使用要求。

8. 加强反洗钱工作

2022 年 1 月，中国人民银行、银保监会、证监会联合发布《金融机构客户尽职调查和客户身份资料及交易记录保存管理办法》，完善反洗钱监管体制机制，提升我国反洗钱工作水平，有效防范金融风险。2022 年 1 月，中国人民银行、公安部等 11 部门联合印发《打击治理洗钱违法犯罪三年行动计划（2022—2024 年）》，决定于 2022 年 1 月至 2024 年 12 月在全国范围内开展打击治理洗钱违法犯罪三年行动，以坚决遏制洗钱及相关犯罪的蔓延势头，推动源头治理、系统治理和综合治理，构建完善的国家洗钱风险防控体系，切实维护国家安全、社会稳定、经济发展和人民群众利益。

二　金融监管面临的主要挑战

（一）房地产风险

1. 房地产交易低迷，房企违约风险上升

受到疫情冲击、经济下行等多方面的影响，2022 年我国房地产市场交易

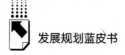
持续低迷。从房地产销售情况来看，国家统计局数据显示，2022 年全国商品房销售面积为 135837 平方米，同比下降 24.4%，为 2016 年以来的最低值；销售金额为 133308 亿元，同比下降 26.7%，为 2017 年以来的最低值。从房地产成交价格来看，中指研究院的报告显示，2022 年 1~11 月百城新建住宅价格累计上涨 0.06%，为 2015 年以来同期最低水平；百城二手住宅价格上半年呈横盘态势，下半年下行趋势明显，月度环比跌幅持续扩大，1~11 月累计下跌 0.55%。

2. 上下游关联行业受到风险波及

上下游企业的应付款是房地产开发投资的重要来源，统计局的数据显示，2022 年 2~12 月，房地产行业各项应付款累计额为 46652.94 亿元，占房地产行业实际到位资金的 21%。而房地产业的流动性紧张会导致房企对上下游行业商票违约增加。上海票交所数据显示，2023 年 1 月，存在商票逾期现象的房地产项目公司数量为 978 个，占全部商票逾期企业的比重为 62.9%。另外，房地产市场的不景气会导致对上下游产品的需求减少，进一步增加了相关产业的经营风险。

3. 金融机构风险上升

2022 年开始，房企违约不断增加。《中国新闻周刊》报道，根据不完全统计，2022 年有 40 家上市房企出现债务违约，违约房企资产和负债规模占上市房企的比例高达近四成。2023 年房企的债务压力仍然较大，《经济日报》报道，2023 年内房企到期信用债及海外债合计 9579.6 亿元，相比上年多 700 亿元，偿债压力有增无减。2023 年 1 月共有 40 笔债券到期，剔除已经提前赎回的部分之后约有 916 亿元，其中，恒大、佳兆业、华夏幸福基业、泰禾、禹州等房企均有债券出现实质违约。房企违约会推高金融机构风险。以涉房贷款为例，根据人民银行数据，2022 年末，金融机构人民币各项贷款余额 213.99 万亿元，其中人民币房地产贷款余额 53.16 万亿元，房地产开发贷款余额 12.69 万亿元，两项共占贷款余额总规模的 30.8%。如果考虑以房地产作为抵押物的其他贷款，则房地产风险的影响还会更大。

4. 进一步加剧了财政风险

土地和房地产有关收入是政府财政收入的重要组成部分，而房地产的不景气导致政府财政收入下降，从而加剧财政风险。财政部公布的财政收支数据显示，2022 年与土地和房地产有关的契税、土地增值税、房产税、耕地占用税、城镇土地使用税等五项房地产相关的税收及土地使用权出让收入总额为 86070 亿元，占全国一般公共预算收入和政府性基金预算收入的比例为 30.6%，其收入总额同比下降了 21.8%；其中，2022 年与房地产有关的五项税收总额为 19216 亿元，同比下降了 7.6%；2022 年国有土地使用权出让收入为 66854 亿元，同比下降 23.2%。

（二）政府性债务

1.政府部门杠杆率快速攀升

疫情期间，我国政府部门杠杆率的快速攀升引发了人们对于财政风险的担忧。根据张斌等的研究，2015~2021 年，我国政府债务与 GDP 的比例从 38.7% 上升到 46.8%。如果考虑到地方平台公司相关的隐性债务（包括政府债务和政府负有偿还责任的平台公司债务），广义的公共部门债务和 GDP 的比例达到 80.6%。[1] 张静静和张秋雨比较了从 2019 年 12 月至 2022 年 6 月我国和美国、英国、日本的政府杠杆率，发现我国政府部门杠杆率（57.6%~75.0%）虽然仍低于其他国家，但是增长速度快于美国（99.8%~113.4%）、英国（85.5%~101.3%），仅慢于日本（203.3%~233.6%）。[2]

2.地方政府债务负担持续加重

疫情蔓延、中美贸易摩擦、俄乌冲突等造成经济持续下行以及在此背景下实施大规模减税降费政策，导致地方财政收入大幅下降。加之地方政府承担的环境保护、脱贫攻坚、防范化解重大风险等责任并未减轻，从而加重了地方政府的债务负担。东吴证券的研究报告显示，2022 年我国地方债务总规模达到 87.89 万亿元，整体增速达 8.5%。其中显性债务规模达到 34.88 万亿元，较上年同期增长 15.1%；以发债城投带息债务为代表的隐性债务余额为 53.01 万亿元，增速为 4.5%。[3] 招商银行的报告显示，截至 2023 年 1 月，中国的地方政府债务余额达到 35.1 万亿元，其中包括专项债有 20.7 万亿元，一般债有

---

[1] 张斌、朱鹤、盛中明、张佳佳：《逆周期公共部门支出和政府债务可持续性》，中国金融四十人论坛，2023 年 2 月。

[2] 《招商宏观：地方政府债务处置及风险》，2023 年 2 月。

[3] 李勇、徐津晶：《固收深度报告：地方债务空间还有几何?》，2023 年 3 月。

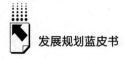

14.4 万亿元。①广发证券的报告测算了我国地方显性债务压力的增长速度，发现地方政府债务率从 2020 年的 93%左右上行至 2022 年的 125%，上升了 32 个百分点。地方政府负债率从 2019 年末的 38.6%增长到 2022 年的 50.2%，上升了 11.6 个百分点。②

3. 债务负担分布不均，一些地方政府的债务压力较大

各地区财政收入、经济表现、地方政府债额度等存在差异，导致不同地区的债务风险负担不同。根据东吴证券的测算，如果将显性债务和隐性债务都纳入考虑，则 2022 年全国大部分地区的债务率高于 120%。③在全国 31 个省区市中，有 15 个地区的债务率超过 300%，天津、江苏、浙江、重庆四地债务率甚至高于 450%，其中天津债务率最高，达到 837.53%，其次是江苏（491.33%）、浙江（485.29%）和重庆（479.89%）。分区域来看，西南和华东地区债务率较高，西南地区的整体债务率达到 385.2%，华东地区的债务率为 383.6%。而从偿债压力来看，未来几年将是地方政府债务的到期高峰期，多地面临较大的财政压力。粤海证券的报告指出，2021~2025 年城投债年均到期量达到 3.2 万亿元。其中，天津和宁夏 2023 年到期的城投债在存续债中的占比分别高达 56.7%和 42.7%。④

（三）外部市场的风险输入

1. 美联储实施紧缩货币政策

2022 年 3 月至 2023 年 3 月，美联储快速连续加息 9 次，美国联邦基金利率目标区间已升至 4.75%~5%，引发全球金融市场波动。欧洲国家纷纷跟随，掀起新一轮加息潮。全球金融市场持续的高利率环境可能会对我国金融市场造成输入性风险。一是美联储加息增加了发展中国家的资本外流压力。二是美联储加息可能导致人民币汇率贬值。三是高利率环境可能增加西方金融体系的流动性困难及金融风险，进而向国内传导。四是美联储加息可能造成我国资产价

① 《招商宏观：地方政府债务处置及风险》，2023 年 2 月。
② 张斌、朱鹤、盛中明、张佳佳：《逆周期公共部门支出和政府债务可持续性》，中国金融四十人论坛，2023 年 2 月。
③ 李勇、徐津晶：《固收深度报告：地方债务空间还有几何?》，2023 年 3 月。
④ 罗志恒：《如何看待地方债务：形势与应对》，中国首席经济学家论坛，2023 年 2 月。

格贬值和资本市场震荡。虽然目前我国受到影响有限，但是仍需警惕美联储继续加息或持续的高利率环境对我国金融系统产生的负面影响。

2. 俄乌冲突持续发酵

俄罗斯和乌克兰是全球重要的石油、天然气、粮食、化肥等产品的出口国，持续的战争及美欧对俄罗斯的经济制裁进一步推高了全球大宗产品价格，强化了2020年以来世界大宗商品价格上升趋势。俄乌战争持续发酵，全球食品、能源、大宗商品价格保持高位波动，不断推升世界经济的滞胀风险并引发金融市场波动，并可能通过全球产业链和资金链将风险输入我国的经济体系，从而对我国的经济发展和金融稳定造成负面影响。

三　加强金融监管的重点举措

（一）推进金融领域的市场化改革

明确政府和市场的边界，减少政府对金融机构和企业经营的干预以及对其施加的强制性、政策性任务，明确政府摊派政策性金融任务造成风险的责任分担。减少对"僵尸企业"的兜底，防止因政府兜底引发企业的道德风险而导致的金融风险积累。提升金融公司的治理水平，推动健全现代企业制度，加强对董事会、高管的行为监管，严格关联交易的管理。提高直接融资比重，建立多层次的金融市场体系，丰富资本市场参与途径，拓宽融资渠道。推动金融交易平台发展，加大场外市场发展力度，消除金融交易的信息不对称。

（二）改进金融监管框架

加强金融监管的协调配合，将功能监管与机构监管有机结合。借鉴审慎监管和行为监管双峰模式，审慎监管与行为监管既要适当分离又要相互协调，既要确保各自的监管目标和效率又要共同发挥风险防控的作用。建立金融风险预警、监管、处置的跨部门、跨行业、跨区域协同机制，实现全链条、全业务的全覆盖风险监管，发挥金融科技的作用。建立中央与地方相互沟通、配合的金融监管框架，地方负责对区域金融机构和市场进行属地监管，将防范系统性金融风险与区域性金融风险有效结合，压实地方金融监管机构对辖

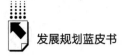
内防范和处置非法集资等工作的责任。严格规范中小银行跨区域经营，促进其深耕本地市场。完善金融风险处置的长效机制以及金融风险处置体系，明确风险监管与处置机构的责任和工作机制，健全金融监管职能和组织体系，发挥市场化法制化处置平台作用。强化保险保障功能，加快发展健康保险，规范发展第三支柱养老保险，健全国家巨灾保险体系。建设社会信用体系，运用云计算、大数据等新信息技术手段，建立包含跨部门信息的征信平台，提升金融生态环境。

（三）加强审慎监管

提高微观审慎监管的有效性，加强金融机构准入环节监管，强化股东资质、股本监管和资本约束，抑制金融机构盲目扩张，推动业务牌照分类分级管理，打击无牌从事金融、支付业务，规范金融机构同业业务和表外业务，提高对关联交易、集中度、同业业务、流动性、杠杆率、资产质量、数据真实性等方面监管的有效性，强化金融反垄断和反不正当竞争，强化异地展业经营监管，关注货币错配和汇率风险。强化逆周期监管和系统重要性金融机构监管，加强对金融创新活动监管，对互联网平台金融业务实施常态化监管，防范风险跨机构跨市场和跨国境传染。按照不同风险类型的金融机构，分类施策，化解处置风险，及早和迅速认定并处置各类非法金融活动。完善最后贷款人职能，严格限定央行资金的使用条件，明确金融风险处置资金使用顺序和损失分摊机制，完善再贷款损失核销机制，完善金融稳定保障基金建设和使用机制。完善存款保险制度，防范化解早期金融风险，发挥存款保险制度支撑问题金融机构退出的作用，深化存款保险早期纠正和风险处置职能以及风险差别费率的激励约束作用。完善跨境资金流动宏观审慎管理机制并将本外币统一纳入监管体系。

（四）加强行为监管

探索建立中央和地方、各部门间的协调监管机制，实现对金融机构行为和业务的全覆盖监管。规范债券发行和承销主体行为，加强批发市场准入和退出管理。规范金融产品销售管理，强化金融产品的信息披露的风险提示，严厉打击欺诈、虚假宣传、误导销售、非法集资、无照经营、霸王条款等行为。督促金融机构全面细化和完善内控体系，严守会计准则和审慎监管要求。强化外部监督，规范信息披露，增强市场约束，加强消费者个人信息保护。加大金融犯罪惩戒力度，推进行政、民事与刑事的有效衔接，保持行政处罚高压态势，常态化开展打击恶意逃废债、非法集资、非法吸收公众存款和反洗钱、反恐怖融资等工作。健全金融纠纷投诉受理渠道和多元化解机制。加强金融知识和风险教育，提升社会金融投资素养。

（五）加强功能监管

建立穿透式监管，加强功能监管和综合监管，破除行业与机构限制，依据功能明确划分审核、监管责任，对于同质同类金融产品和相似业务，实行公平统一的监管标准和信息披露要求，避免"监管真空"与"交叉监管"问题。加快金融监管数字化智能化转型，开发运用智能化风险分析工具，推进建设监管大数据平台，增强金融风险早期预警和前瞻性监测。推进监管流程的标准化线上化，加强监管数据治理、综合运用及安全保护，加快网络架构和运行维护体系等基础设施建设。

参考文献

肖璞：《为强化金融稳定保障体系作贡献》，《人民日报》2022年12月2日。

诸葛找房数据研究中心：《房地产市场2022总结&2023展望》，2022年12月30日。

中指研究院：《中国房地产市场2022总结&2023展望》，2022年12月7日。

郭子源：《力促房地产与金融正常循环》，《经济日报》2023年1月28日。

刘德炳：《楼市乍暖还寒？》，《中国新闻周刊》2023年3月11日。

《房玲等：多家头部房企商票逾期，承兑业务或将受限》，中新经纬，2023年2月23日。

《2022年四季度金融机构贷款投向统计报告》，中国人民银行网站，2023年2月3日。

张斌、朱鹤、盛中明、张佳佳：《逆周期公共部门支出和政府债务可持续性》，中国金融四十人论坛，2023年2月。

钟林楠、吴棋滢：《广发宏观：地方政府债务九问》，2023年2月。

《招商宏观：地方政府债务处置及风险》，2023年2月。

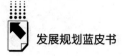

李勇、徐津晶：《固收深度报告：地方债务空间还有几何?》，2023 年 3 月。

罗志恒：《如何看待地方债务：形势与应对》，中国首席经济学家论坛，2023 年 2 月。

中国人民银行金融稳定分析小组：《中国金融稳定报告 2022》，中国金融出版社，2023。

曹宇：《构建新发展格局下的有效金融监管体系》，《中国金融》2020 年第 24 期。

胡金焱：《健全防控金融风险的新型金融监管体系》，《改革》2017 年第 11 期。

董小君：《在借鉴国际经验中补我国金融监管体系的短板》，《理论探索》2018 年第 1 期。

王浩：《全面提升我国金融体系的活力与竞争力》，《人民论坛》2019 年第 32 期。

B.10
防范化解房地产风险

胡 洁 于宪荣*

摘 要： 作为我国经济的支柱产业，房地产对经济增长、就业、财税收
入、居民财富、金融稳定都具有重大影响。近期金融监管的加强
导致房地产及上下游行业资金流动性下降，出现了企业违约、预
期下行、供需双弱等一系列问题；叠加疫情影响，居民住房按揭
贷款违约风险增加，房地产投资下滑加大了地方政府债务风险，
房价下跌将造成信贷资产估值损失，极易引发系统性金融风险。
当前房地产行业所面临的危机实质上是整个楼市的信心和预期的
危机，当务之急，以重塑整个市场的预期和信心为突破口，从短
期看，要对房地产企业给予适当合理的金融支持，弱化风险企业
的负面影响，加强预期引导；从长期看，要建立房地产健康发展
的长效机制，推动房地产企业转向更加稳健经营、可持续发展和
转型升级的新发展模式。

关键词： 房地产 流动性危机 债务违约

房地产业作为我国经济的支柱产业、地方财政收入的重要源头、国民财富
的主要蓄水池，对经济增长、就业、财税收入、居民财富、金融稳定都具有重
大影响，在整个宏观经济中占据举足轻重的地位。房产不只是消费品还是投资
品，具有实物资产和虚拟资产的双重属性，容易导致过度投机，引发金融风
险。房地产市场与信用市场深度绑定，房地产泡沫破裂导致的信用危机和财富

---

* 胡洁，中国社会科学院数量经济与技术经济研究所研究员，主要研究方向为公司金融、企业
管理等；于宪荣，中国社会科学院大学，主要研究方向为公司金融、企业管理等。

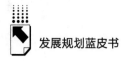

效应大幅缩水会给一个国家经济社会带来沉重打击。因此，当前稳定房地产市场对助力经济回稳而言至关重要。

一 "十四五"以来我国房地产市场调控政策措施

经过多年的改革与发展实践，我国房地产业快速发展，经济带动作用不断增强。商品房市场规模不断扩大，城镇居民住房条件明显改善，住房质量与居住环境明显优化，为社会弱势群体提供的低租金廉价住房以及公共租赁住房等快速增长，住房保障体系基本建立，使新就业和新毕业群体、流动人口以及暂时没有购房能力的家庭可以租房子住。市场机制在配置城镇住房资源中发挥着越来越重要的作用，中国特色的住房制度基本形成。

在房地产业发展取得一系列成效的同时，一些突出矛盾与问题也不断累积，房价快速上涨，与当地居民收入增速严重背离，房产的虚拟属性越来越突出，房地产开发企业杠杆率不断攀升。为抑制房价的过快上涨和房地产市场中的投资投机性需求，近年来国家频繁出台政策措施。2016年底中央经济工作会议首次提出"房子是用来住的，不是用来炒的"，并成为房地产调控的总基调。国家"十四五"规划纲要将保障性租赁住房作为实现"房住不炒"政策的重要措施，提出"加快建立多主体供给、多渠道保障、租购并举的住房制度，让全体人民住有所居、职住平衡；坚持因地制宜、多策并举，夯实城市政府主体责任，稳定地价、房价和预期"。近两年，为扭转房地产行业金融化泡沫化势头，国家针对房地产行业的金融监管不断加强。2021年政府出台了房地产行业"三道红线"和"房贷两集中"等融资管理政策，房地产泡沫化金融化势头得到根本扭转，但2021年下半年以来房地产市场出现了一轮急速调整，市场信心受损，使得行业从主动降杠杆变为被动降杠杆，大批房企深陷流动性危机。此后，为缓解房地产行业的压力，中央层面明确"三稳"目标、下调房贷利率、突出"因城施策"等调控政策；各地政府也纷纷采取放宽行政限制、强化住房公积金贷款支持、加大人才引入力度等宽松性政策，覆盖企业供给端和居民需求端，但政策收效不大，房地产整个产业链下滑趋势没有得到根本性扭转。

表 1 房地产业重要调控政策

发布时间	发布部门	政策名称	重点内容
2020 年 8 月	住建部、央行	重点房地产企业资金监测和融资管理规则	重点房地产企业融资"三道红线"指标于 2021 年 1 月 1 日开始正式执行
2020 年 12 月	央行、银保监会	《关于建立银行业金融机构房地产贷款集中度管理制度的通知》	银行业金融机构分档设置房地产贷款余额占比上限和个人住房贷款余额占比上限
2021 年 3 月		《中华人民共和国国民经济和社会发展第十四个五年规划和 2035 年远景目标纲要》	将保障性租赁住房作为实现"房住不炒"政策的重要措施,扩大保障性租赁住房供给,着力解决困难群体和新市民住房问题
2021 年 6 月	国家发改委	《关于进一步做好基础设施领域不动产投资信托基金(REITs)试点工作的通知》	明确将保障性租赁住房纳入基础设施 REITs 试点项目
2021 年 7 月	住建部、国家发改委、银保监会等 8 部门	《关于持续整治规范房地产市场秩序的通知》	力争用 3 年左右时间实现房地产市场秩序明显好转
2021 年 10 月	全国人大常务委员会	《关于授权国务院在部分地区开展房地产税改革试点工作的决定》	国务院制定房地产税试点具体办法,试点地区政府制定具体实施细则
2021 年 12 月	央行、银保监会	《关于做好重点房地产企业风险处置项目并购金融服务的通知》	加大并购贷款以及债券融资力度,同时提高并购效率,控制并购贷款风险
2022 年 2 月	央行、银保监会	《关于保障性租赁住房有关贷款不纳入房地产贷款集中度管理的通知》	明确保障性租赁住房项目有关贷款不纳入房地产贷款集中度管理,加大对保障性租赁住房发展的支持力度
2022 年 2 月	国家发改委等 12 部门	《关于印发促进工业经济平稳增长的若干政策的通知》	鼓励采用长期租赁、先租后让、弹性年期供应等方式供应产业用地
2022 年 4 月	中共中央政治局	经济工作会议	坚持"房住不炒"的定位,支持各地从当地实际出发完善房地产政策,支持刚性和改善性住房需求,强化商品房预售资金监管,促进房地产市场平稳健康发展
2022 年 7 月	中共中央政治局	会议内容	因城施策,用足用好政策工具箱,支持刚性和改善性住房需求,压实地方政府责任,保交楼、稳民生

续表

发布时间	发布部门	政策名称	重点内容
2022 年 9 月	央行、银保监会	《关于阶段性调整差别化住房信贷政策的通知》	各地可根据当地形势，自主决定阶段性维持、下调或取消首套住房商业性个人住房贷款利率下限
2022 年 10 月		党的二十大报告	坚持"房住不炒"的定位，加快建立多主体供给、多渠道保障、租购并举的住房制度
2022 年 11 月	央行、银保监会	《关于做好当前金融支持房地产市场平稳健康发展工作的通知》	出台"金融 16 条"，"三支箭"齐发助力房企融资
2022 年 12 月	证监会	《坚决贯彻中央经济工作会议精神　更好服务经济整体好转》	允许符合条件的房企借壳已上市房企，允许房地产和建筑等密切相关行业上市公司实施涉房重组

二　当前房地产市场形势依然严峻

房地产市场对促进经济发展、提高居民生活质量起到了重要的推动作用，但同时也形成了以"高负债、高杠杆、高周转"为主要特征的发展模式，带来了房价高企、金融风险、土地财政等一系列问题。2021 年以来受复杂严峻的外部形势和疫情反复影响，我国宏观经济形势不容乐观，房地产及上下游行业债务违约风险进一步加大，对经济金融带来较大风险。

（一）房地产企业违约数量猛增

金融监管加强，使得房地产行业资金流动性下降，房地产企业高周转模式难以为继，一批杠杆率过高、区域布局畸形、大量挪用预售资金的企业开始出现违约风险。随着 2021 年 9 月恒大"爆雷"后，全国数百家房地产企业陆续不同程度地出现资金链断裂，房地产领域结构性风险上升。根据人民法院公告网，2021 年有 369 家、2022 年有 272 家房地产企业发布了相关破产文书，其中大部分为中小房地产企业，破产原因基本为负债过高导致资金链断裂等。根据中国房地产行业 2022 年的年度报告，113 家 A 股上市公司中，有 67 家披露了业绩，其中 38 家房企亏损、29 家获利，并且亏损合计远超获利合计，八成以上房企都盈利微薄或陷入亏损，其中民营房企普遍深陷债务危机。

目前，绝大多数房企面临流动性危机。克而瑞数据显示，近几年来房地产企业境内债违约规模呈增长态势，2021 年房地产企业境内信用债违约数量为 52 只，约是 2020 年的 3.5 倍。2022 年债券违约主体较 2021 年有所减少，但房地产行业仍是最主要的债券违约事件发生领域。外债方面，2022 年是房地产业美元债违约的重灾年，共有 46 家美元债发生实质性违约，较上年增加 20 家，违约规模 588 亿美元。其中涉及房地产企业 42 家，占比 91%，是 2021 年的 3.5 倍；房企违约规模为 575 亿美元，占比高达98%。2023 年美元债仍然面临偿债高峰，房地产美元债到期规模 604 亿美元，过去 3 年均维持在 600 亿美元以上的水平，部分房地产企业仍将面临较大的流动性风险。虽然政策面已经开始松动，但随着偿债高峰期的到来，房地产的债务危机仍将持续一段时间，房地产行业进入加速出清、优胜劣汰的阶段。

（二）房地产市场供需两端快速下行

2022 年以来，虽然政策有所调整，但从量价两个维度来看，房地产供给收缩、购房需求边际走弱，进一步驱动预期下行。

1. 房地产需求快速下行，呈现量缩价跌

从全国商品房成交量来看，据国家统计局的数据，如图 1 所示，从 2021年初开始，商品房销售面积与销售额均持续快速下滑，2022 年初增速开始由正转负，12 月全国商品房销售面积累计下降了 23.4%，商品房销售额累计下降了 26.7%；其中，住宅销售面积和销售额分别下降 26.8% 和 28.3%，表明购房需求快速下行。相应地，2022 年 12 月，70 个大中城市中，商品住宅销售价格下降城市个数增加，各线城市商品住宅销售价格环比持平或下降，一线城市同比上涨，二、三线城市同比下降。房地产需求走弱，一方面是房地产政策收紧抑制了需求释放，房地产销量下行进一步传递负面市场预期；另一方面，部分房企"爆雷"事件引发行业系统性风险担忧，对于房地产行业景气预期下降，进一步驱动了需求的下行。

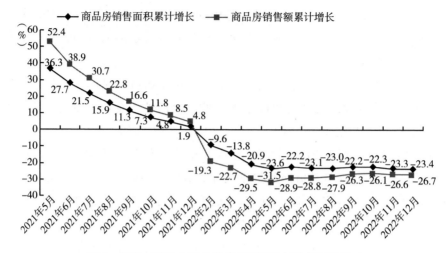

图1　2021~2022 年商品房销售面积和销售额同比增速

资料来源：国家统计局。

2. 房地产供给收缩，土地市场转冷

房地产市场销售额减少导致房地产企业资金周转恶化，土地市场景气度①大幅下降，成交率下跌至 50%以下。②据国家统计局数据（见图 2），2021 年初开始，房地产投资同比增速持续下滑，2022 年二季度开始出现负增长，2022 年全国房地产开发投资 132895 亿元，比上年下降 10.0%，其中住宅投资100646 亿元，下降 9.5%。房地产开发新增固定资产投资自 2022 年初开始快速下滑，增速由正转负，截至 2022 年 12 月同比下降 13.6%。同时，房屋销售下滑加大房地产企业资金周转压力，使得房地产业土地购置面积从 2021 年 5月开始出现负增长，同比增速保持在 -7.5%~-15.5%，2022 年初大幅下跌，一季度下滑至-41.8%，二、三季度持续下滑，2022 年 12 月同比更是下滑至-53.4%；房地产业土地成交价款自 2022 年初开始大幅下跌，增速由正转负，6 月同比下降 46.3%，12 月同比下降 48.4%。根据中指研究院的数据，2022年地方国企城投与央企拿地金额之和占比达到新高 79.4%，前 100 房企拿地总额 12975 亿元，拿地规模同比下降 48.9%。

---

①　土地市场景气度＝土地成交宗数/挂牌宗数。

②　合富研究院对全国 32 城监测数据。

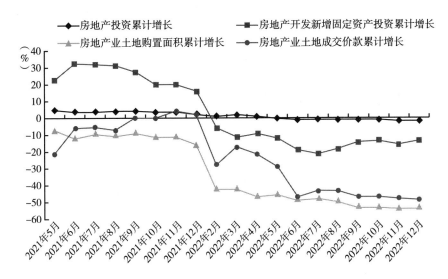

图2 2021~2022年房地产投资和土地购置情况

资料来源：国家统计局。

与此同时，现房和期房供给大幅下滑。据统计，如图3显示，房屋施工、新开工、竣工面积累计同比增速均有所下滑，尤其是2021年下半年以来，房屋新开工施工面积开始出现负增长；房屋竣工面积自2022年初开始出现负增长；房屋施工面积自2022年二季度开始出现负增长。2022年12月数据显示，房屋施工面积累计下降7.2%，房屋新开工施工面积累计下降39.4%，房屋竣工面积累计下降15.0%。房地产供给端的持续收缩使得土地市场交易规模下降，土地出让收入下降，地方财政收入随之大幅下降，导致地方政府债务风险升高。

（三）房地产业上下游企业流动性危机凸显

长期以来，通过发行供应商票据进行商业性融资一直是房地产企业的重要资金渠道。房企的商票在很长一段时间未被纳入央行监管，且不会被计入有息负债，因此在"三道红线"下，商票成为许多房企融通资金、降低负债的一条"蹊径"。2021年下半年以来，随着房地产业的流动性渐趋紧张，商票违约、对供应商款项的拖欠情况更加严重，2022年以来房地产业的信用危

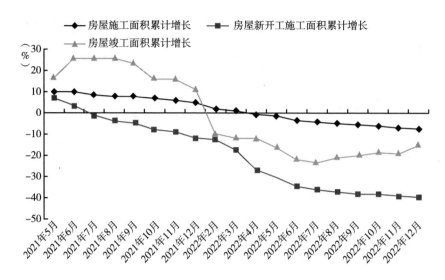

图3 2021年5月至2022年12月房屋施工情况

资料来源：国家统计局。

机更是加速恶化。上海票交所公布数据显示，仅2022年下半年就出现3次以上付款逾期，且截至2022年12月31日有逾期余额或2022年12月当月出现付款逾期的承兑人数量为4886家，是2021年底（484家）的近10倍，其中带有"房地产"和"置业"的企业分别有1590家和1406家，而2021年底分别有56家和36家，分别增长了27.4倍和38.1倍。其中违约主体不乏融创、世茂、荣盛、绿地、绿城、金科、鸿坤、阳光城等一批知名大型房地产企业。同时违约的还有169家名称中带有"工程"字样的企业，此外还包括大量的上下游企业，分别涉及门窗、幕墙、瓷砖、石材、混凝土、装饰装修等领域。① 由此可见，房企商票的大量违约给上下游供应商和工程建设企业造成较为严重的损失。

（四）住房按揭贷款违约风险加大

近年来，我国居民部门杠杆率持续上升，据国家资产负债表研究中心测

① 中指院发布的《2022中国房地产百强企业研究报告》。

算，2010年底居民部门杠杆率为27.3%，而2022年底达到61.9%，年均增长8.35%。与此同时，个人住房贷款余额持续上升，2022年达到38.8万亿元。相较于居民部门杠杆率和按揭贷款的高速增长，城镇居民人均可支配收入的增长水平可谓是相形见绌。如图4所示，近年来，城镇居民人均可支配收入同比增速均在10%以下，受疫情影响，2020年仅为1.2%。截至2022年底，中国居民部门的债务/可支配收入超过了140%。对比其他国家情况，1990年日本的居民债务/可支配收入接近120%的时候房地产价格开始逆转；美国是在2006年这一比例超过125%的时候房地产价格开始逆转。然而，近两年，受疫情影响，叠加俄乌冲突、美国对我国的封锁，导致供应链断裂，对我国经济社会产生了较大冲击，失业率大幅攀升，居民收入大幅降低。国家统计局发布的数据显示，2022年12月，全国城镇调查失业率为5.5%，31个大城市城镇调查失业率为6.1%，均高于上年同期。16~24岁、25~59岁人口调查失业率分别为16.7%、4.8%，处于历史较高水平。居民人均可支配收入的降低严重影响居民还贷能力，加大按揭贷款违约风险。[①]

**图4　2010~2022年个人住房贷款余额、居民部门杠杆率与
城镇居民人均可支配收入情况**

资料来源：Wind数据库、国家统计局。

---

① 高惺惟：《防范房地产金融风险及思考》，《中国金融》2021年第18期。

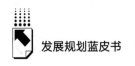

三 房地产风险传导机制及影响

住房不仅是消费品，还呈现金融资产属性。房地产与金融相互渗入较深，与金融信用深度绑定，呈现地产金融化、金融地产化。[①]

（一）房地产业流动性危机向金融部门传导，加大金融体系风险

1. 房地产市场主体违约风险直接扩大金融部门风险敞口

房地产行业是高杠杆行业，吸收了全社会大量金融资源。据统计，银行存款的39%贷给房地产，信托资金的51%都给了房地产。近十年来商业性房地产贷款余额占各项贷款余额的比重呈现持续上升趋势，2019年商业性房地产贷款余额为44.4亿元，占各项贷款余额的比重为29%，为近十年来的最高值，近两年有所下降。[②] 房地产市场的大幅收缩和快速下行，不仅直接导致金融信贷规模大幅收缩，经济效益下降，而且资产信贷违约大幅上升。一是大量房地产开发企业资金周转恶化，直接给银行金融机构带来大量不良贷款；二是房企违约风险向上下游传导，将对整个产业链上供应商、投资人、购房者造成直接损失，导致银行坏账增加；三是居民部门的住房按揭贷款的收缩和违约率提高，进一步增加银行风险敞口。近两年，工农中建四大银行的房地产行业不良贷款合计1102亿元，比2020年增加了4.3%，2022年为1801亿元，比2021年增加了6.3%；不良贷款率也明显上升，2022年中国银行同比上涨7.23%，居行业首位，上涨幅度最小的建设银行也达到了4.36%，而且近两年出现问题的信托公司均与房地产融资直接相关。

2. 房价下跌导致信贷资产估值损失

房产是中国人当前最重要的财富。根据央行调查统计司的《2019年中国城镇居民家庭资产负债情况调查》，我国城镇居民家庭住房资产约占家庭总资产的六成，明显高于其他国家，是美国人的两倍以上、日本和英国人的三倍以上，市值约为GDP的4倍。房产+地产也是中国大部分企业部门最重要的资

---

① 向为民、谢静、李娇：《二元均衡下房地产过度金融化：机制、测度及影响因素》，《江淮论坛》2022年第1期。

② 资料来源：Wind数据库。

产，更是居民和企业部门承担债务最重要的抵押物，如果房价大幅下跌，就意味着中国所有持有房地产的人的财富大幅缩水，也意味着中国居民与企业整体信用和承担债务的能力大幅下降。在我国债务主导型的金融体系中，以银行为代表的金融机构普遍使用土地和房产作为抵押品。房产作为主要的信贷资产，房价下跌必然导致信贷资产估值损失。对于以房产作为贷款抵押资产的金融机构来说，抵押资产的价值损失必然导致坏账增加，金融机构风险敞口扩大。历史经验也说明了房地产周期与经济周期高度吻合，10次经济危机中9次都是房地产危机，房地产泡沫是所有资产的终极泡沫。

（二）房地产的财富效应向实体经济传导，成为拖累经济的主要因素

房地产业创造的就业和收入对消费产生直接影响，房价下跌通过财富效应进一步抑制居民消费。一是房地产全产业链的不景气直接导致实体经济收缩。房地产业超长的产业链条涉及建筑、建材、家具、家电、装修装饰等几十个行业。当前全行业的流动性危机导致大批企业破产以及工人的失业，进而对我国实体经济造成巨大打击。二是房地产行业大规模的失业和收入大幅下滑，直接导致居民消费大幅度下降，进而拖累实体经济增长。根据第四次经济普查数据，2018年我国房地产业与建筑业的就业合计约占当年非农就业人数的15%。另据国家统计局数据，2021年房地产开发企业平均从业人数为280万人，建筑业从业人数为8180万人。如此大规模从业人员的收入和生活质量下降将加剧当前需求收缩态势。三是房价下跌通过财富效应抑制居民消费，由此拖累经济增长。房产占我国居民资产的六成，加之我国的养老和保险金融服务相对滞后，房地产也成为养老和保险的替代投资工具。[①] 房价下跌导致居民财富大幅缩水，巨大的负财富效应必然抑制居民消费，从而对内需造成巨大影响，使经济陷入衰退。

（三）房地产危机加大地方政府债务风险

伴随着2000年前后商品住房改革、城乡土地二元制度以及招拍挂制度等

---

① 《2022·CF40中国金融改革报告：金融促进高质量发展之路》分报告《构建房地产新模式》，中国金融四十人论坛，2022年4月。

的建立，我国地方政府形成了"以地融资"的财政模式，土地出让收入在地方政府财政收入中的占比持续上升。如图 5 所示，近十年来，土地出让收入由 2010 年的 2.82 万亿元上升到 2021 年的 8.71 万亿元，2022 年有所下降，为 6.69 万亿元，土地出让收入占地方财政收入的比重基本保持在 50% 以上。由于土地资源及土地出让收入完全归于地方政府，而部分地方政府为了尽可能扩充自身财力，不惜盲目抬高地价，房价的飞速上涨和金融资源向房地产行业的倾斜，由此在房地产领域积累了巨大的系统性风险。同时，长期以来，地方政府依赖土地出让收入来完善基础设施、偿还政府债务，房地产供给端的持续收缩使得土地市场交易规模下降，打破了地方政府"以土融资"的财政模式，土地出让收入下降，地方财政收入随之大幅下降，地方政府债务违约风险大幅增加。①

图 5　2010~2022 年土地出让收入与地方财政收入

资料来源：历年《中国国土资源统计年鉴》《中国财政年鉴》。

由此可见，房地产快速下滑会引发对整个经济社会的连锁反应，威胁整个宏观经济的安全，导致经济衰退。

---

① 梅冬州、温兴春、王思卿：《房价调控、地方政府债务与宏观经济波动》，《金融研究》2021 年第 1 期。

四　促进房地产市场平稳健康发展的政策建议

为消除"三高"房地产行业发展模式的弊端，2021 年中央经济工作会议提出"探索房地产行业新的发展模式"，2022 年再次提出"推动房地产行业向新发展模式平稳过渡"。总之，房地产业要从规模扩张向高质量发展转变，从重买卖、轻租赁向租购并举转变，从"大拆大建"向城市更新转变。① 从短期看，要发挥政策性开发性金融的作用，加强对房地产企业的金融支持，减小风险企业的负面影响，加强预期引导；从长期看，要建立房地产健康发展的长效机制，推动房地产企业转向更加稳健经营、可持续发展和转型升级的新发展模式。

（一）弱化负面影响、加强预期引导，促进良性循环

当前房地产行业所面临的危机实质上是整个楼市的信心和预期的危机，当务之急，以重塑整个市场的预期和信心为突破口。针对居民购房意愿下降和市场观望情绪浓厚，压实房地产开发企业、地方政府和金融机构的责任，在坚持市场化、法制化的前提下，进一步完善相关房地产政策措施，确保购房人的权益。一是多措并举，尽快处理风险事件。风险房地产企业以自救为核心，避免银行抽贷，用时间换空间稳步化解风险。二是支持房地产企业间的兼并重组，防止"爆雷"影响；鼓励机构稳妥有序地开展并购贷款，引导金融资源更多地向"稳健企业"及"保障体系"建设释放，重点支持优质房地产企业兼并收购困难房地产企业项目，逐步盘活烂尾项目。

（二）进一步加大政策性开发性金融的支持力度

一是要扩大政策性开发性金融的资金投放，成立纾困基金，主要集中在"保项目"，确保工程款的到位，严格执行保交楼，优先保障民生相关主体兑付，确保购房人的利益，树立市场信心。二是用市场化的方式来运行，最大限度地提升使用效率。通过纾困基金有选择地注入烂尾项目，在项目开始出现资

---

① 金观平：《推动房地产业发展模式转型》，《经济日报》2023 年第 3 期。

金回流时，发挥政策性金融工具的撬动效应，引导商业机构提供配套金融支持，促进更多的社会资金和商业资金跟进，最终共同盘活整个项目。只有信心恢复了，加之价格、利率、政策等空前优惠，才能重新启动市场需求，逐步破解当前的死循环。

（三）创新金融产品、加强对房地产企业的金融支持

信贷要加大资金支持力度，实施按揭额度、开发贷额度的弹性化管理，保障对合规交易（合规房地产企业的购地需求、刚性和改善型购房需求）的支持，支持房地产企业合理融资需求，但同时规范融资用途，约束"高周转"与"投机交易"。要不断创新和丰富房地产金融的相关工具，鼓励通过直接融资的其他金融工具来支持房地产企业，适度为房地产企业 IPO 和发债开门；加快推行按揭资产证券化、并购融资、绿色债券、房地产 REITs 等创新金融工具，适时扩大民营房企信用保护工具发行范围，协调券商等金融机构通过信用风险缓释工具（CRMW）等信用保护工具扩大优质房企的直接融资规模；同时要加大住房租赁金融支持力度，促进房地产市场健康发展和良性循环。

（四）建立房地产健康发展的长效机制

完善土地供应制度，采取更科学的土地供应方式，防止房价大起大落。完善住房供给体系，有效调整供给结构，在有条件的大城市以多种方式努力增加租赁住房供应。财政要加快构建保障体系，扩大租赁房、保障房供给。通过完善保障体系，加大对资金不足人群（包括城市新青年及无房家庭）的基本居住保障力度，缓解市场过度商品化对居住需求的挤压问题。要坚持中性的房地产金融政策，对房地产金融审慎管理，实施好房地产金融审慎管理制度，土地稀缺之下，缓解高房价与城市发展需求之间的矛盾。

（五）推动房地产企业逐步转变经营模式

我国房地产市场正处于新旧模式转换的重要阶段，要积极探索房地产健康模式。对于房地产企业来说，需要调整经营方式，改变传统的高存货、高周转、高杠杆经营模式，转向更加强调稳健经营、可持续发展和转型升级的新发展模式，在没有完全成形前要给足过渡措施。当前房地产企业要适应行业调整

周期，在加大营销回款力度的同时，紧抓政策窗口期，积极拓展新的融资渠道，以适度杠杆、适量存货、高效运营维持业务高弹性，适应市场分化、调整、洗牌的格局。

参考文献

金观平：《推动房地产业发展模式转型》，《经济日报》2023年第3期。

高惺惟：《防范房地产金融风险及思考》，《中国金融》2021年第18期。

梅冬州、温兴春、王思卿：《房价调控、地方政府债务与宏观经济波动》，《金融研究》2021年第1期。

向为民、谢静、李娇：《二元均衡下房地产过度金融化：机制、测度及影响因素》，《江淮论坛》2022年第1期。

B.11
积极应对人口老龄化

罗朝阳*

摘　要： 随着我国人口老龄化第二个"转折点"提前到来，党的二十大提出了积极应对人口老龄化的国家战略，为应对人口老龄化作出了最新的战略部署。本文系统分析了我国人口老龄化的现状和发展趋势，以及我国积极应对人口老龄化的政策措施及其成效，在此基础上总结我国在老龄服务、老龄产业、老龄资源利用方面存在的问题，并从潜在经济增长和社会保障压力两个方面分析了人口老龄化对我国经济社会发展带来的挑战。本文提出积极应对人口老龄化，一是需要大力发展老龄产业，打造高质量养老服务和产品供给体系；二是要建立健全多支柱、分层次、公平可持续的保障服务体系；三是要探索实行弹性退休制度，合理利用老年人才；四是要积极发展"数字老龄"，培育养老新业态；五是要降低育儿成本、提高生育意愿；六是要积极推进教育改革，提高全民受教育水平。

关键词： 人口老龄化　老龄产业　老龄资源

一　引言

根据第七次全国人口普查（以下简称"七普"）结果，2020年全国65岁及以上年龄人口（老年人口）占比达13.5%，较2010年上升了4.63个百分点。与上个十年相比，上升幅度增加了2.72个百分点，表明我国老龄化进程

---

* 罗朝阳，中国社会科学院数量经济与技术经济研究所助理研究员，主要研究方向为宏观经济政策效应评价等。

明显加快。另据联合国人口司《世界人口展望 2022》中等情形预测数据，我国总人口已在 2022 年初达到最高点，人口老龄化的第二个"转折点"提前到来（之前学者多认为中国人口总量将在 2025~2030 年达到峰值），同时也预示着我国总人口进入负增长区间。在人口老龄化进程不断加快以及人口进入负增长的背景下，党的二十大报告提出"实施积极应对人口老龄化国家战略，发展养老事业和养老产业，优化孤寡老人服务，推动实现全体老年人享有基本养老服务"。积极有效应对人口老龄化事关国家发展和民生福祉，事关实现"两个一百年"奋斗目标，也是实现经济高质量发展、维护国家安全和社会稳定的重要举措。

二　我国人口老龄化的现状与发展趋势

（一）国家层面

根据联合国人口司《世界人口展望 2022》中等情形预测数据，截至 2022 年底，我国老年人口占比（老龄化率）在全球 237 个国家（地区）中排名第 74 位，虽低于欧美等发达国家的平均水平，但已经超过中高收入国家的平均水平。

从老龄化率的发展趋势来看，根据联合国关于老龄化的划分标准，我国老龄化率在 2001 年超过 7%，进入轻度老龄化社会。根据预测数据，我国老龄化率将在 2023 年超过 14%，进入中度老龄化社会。2022 年之后，随着我国总人口进入"负增长区间"，老龄化率呈加速增长趋势，预计在 2032 年超过 20%，进入重度老龄化社会。从更长远的时间来看，我国老龄化率预计在 2050 年前后超过 30%，在 2080 年前后超过 40%，届时我国老龄化率将位处全球前十之列。总体来看，我国老龄化率呈现出"发展速度快、持续时间长、老龄化程度深"的演变趋势。

在人口结构方面，本文根据 2000 年以来的三次全国人口普查数据绘制了我国 2000 年、2010 年和 2020 年的人口金字塔图（见图 2）。根据 2000 年人口金字塔图，我国 30~34 岁群体、10~14 岁群体、25~29 岁群体以及 35~39 岁群体人员占比位列前四，大量青壮年劳动力以及较低的人口抚养比为我国经济

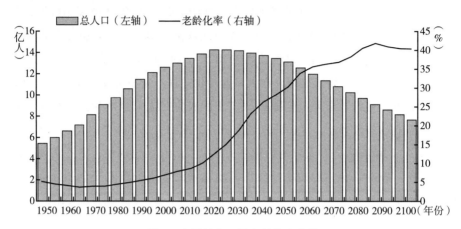

图1　中国总人口及老龄化率走势

注：所有数据均来自《世界人口展望2022》，其中2022年之前为估计值，2022年及之后为中等情形下的预测值。

高速发展贡献了重要的"人口红利"。根据2010年人口金字塔图，随着2000年的10~14岁群体进入劳动力市场，我国劳动年龄人口在2010年达峰，到达人口老龄化的第一个"转折点"。对比第五次人口普查结果，2010年60岁以上群体大幅增加，新生儿童绝对数量未发生较大变动，表明该阶段主要表现为老年人口抚养比的增加。根据2020年人口金字塔图，我国60岁及以上人口比重快速增加，尤其是65~69岁人口比重是2000年的一倍，老龄化和少子化并存，总体表现出"成熟劳动力不断退出、新生劳动力供给不足"的特征。未来十年，若退休年龄不发生较大变化，随着50~59岁劳动人口逐渐退休以及人均寿命不断增加，我国老龄化程度将进一步加深，进入重度老龄化社会。

（二）省级层面

本文根据六普和七普数据计算了我国省级层面人口老龄化率、少年抚养比、老年抚养比以及老少比等相关数据（见表1）。在人口老龄化率方面，可以看出，老龄化程度最高的地区为东北三省和川渝、浙江、上海等地区，老年人口占比均超过15%，部分地区甚至超过17%。此外，山东、安徽、湖南、湖北和天津等省（自治区、直辖市）老龄化程度也均超过14%，比全国提前进入中度老龄化阶段。对比来看，新疆、西藏、青海、宁夏以及广东等省份老

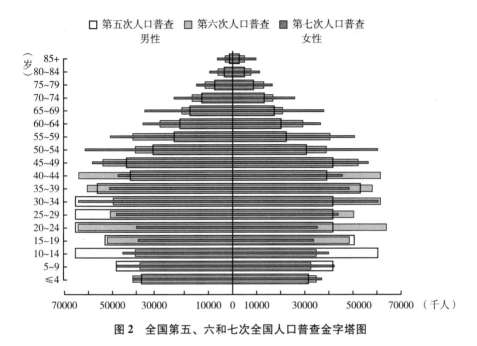

图2　全国第五、六和七次全国人口普查金字塔图

龄化程度较低，均在10%以下。对比第六次全国人口普查情况，2010~2020年多数省份老龄化程度均大幅加深，老龄化程度增加超过5%的地区达13个，其中东三省老龄化程度均增加了7%以上。按照此增长速度，辽宁省人口老龄化率将在2024年超过20%，成为全国首个进入重度老龄化阶段的省份。总体来看，我国人口老龄化具有区域差异大的特点。究其原因来说，一方面是人口跨省流动的结果，另一方面是受到预期寿命延长和新生人口支撑不足的影响。

表1　全国省级层面人口结构

单位：%

地区	六普				七普			
	老龄化率	少年抚养比	老年抚养比	老少比	老龄化率	少年抚养比	老年抚养比	老少比
全国	8.923	22.298	11.982	0.537	13.522	26.237	19.739	0.752
北京市	8.713	10.406	10.538	1.013	13.301	15.812	17.768	1.124
天津市	8.520	11.994	10.431	0.870	14.753	18.770	20.555	1.095

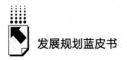
续表

地区	六普				七普			
	老龄化率	少年抚养比	老年抚养比	老少比	老龄化率	少年抚养比	老年抚养比	老少比
河北省	8.239	22.460	10.995	0.490	13.923	30.710	21.142	0.688
山西省	7.575	22.698	10.056	0.443	12.902	23.116	18.237	0.789
内蒙古自治区	7.562	17.955	9.649	0.537	13.052	19.265	17.903	0.929
辽宁省	10.308	14.594	13.170	0.902	17.415	15.567	24.371	1.566
吉林省	8.385	15.058	10.530	0.699	15.607	16.109	21.473	1.333
黑龙江省	8.282	14.966	10.382	0.694	15.613	13.931	21.080	1.513
上海市	10.128	10.601	12.464	1.176	16.280	13.251	22.023	1.662
江苏省	10.880	17.093	14.296	0.836	16.197	22.178	23.614	1.065
浙江省	9.337	17.053	12.054	0.707	13.267	18.347	18.103	0.987
安徽省	10.226	24.688	14.203	0.575	15.009	29.265	22.827	0.780
福建省	7.893	20.178	10.299	0.510	11.098	27.764	15.949	0.574
江西省	7.603	31.073	10.785	0.347	11.886	33.190	17.966	0.541
山东省	9.844	21.145	13.227	0.626	15.133	28.409	22.897	0.806
河南省	8.358	29.730	11.832	0.398	13.487	36.505	21.281	0.583
湖北省	9.088	18.070	11.803	0.653	14.587	23.606	21.110	0.894
湖南省	9.771	24.267	13.456	0.555	14.812	29.724	22.556	0.759
广东省	6.793	22.107	8.899	0.403	8.581	25.970	11.824	0.455
广西壮族自治区	9.241	31.437	13.382	0.426	12.197	36.812	19.006	0.516
海南省	8.069	27.417	11.183	0.408	10.430	28.702	14.987	0.522
重庆市	11.722	23.847	16.446	0.690	17.076	23.733	25.480	1.074
四川省	10.950	23.544	15.191	0.645	16.932	24.040	25.283	1.052
贵州省	8.709	38.259	13.189	0.345	11.557	37.171	17.924	0.482
云南省	7.626	28.926	10.644	0.368	10.746	28.079	15.421	0.549
西藏自治区	5.093	34.553	7.221	0.209	5.673	35.144	8.128	0.231
陕西省	8.529	19.157	11.111	0.580	13.323	24.999	19.214	0.769
甘肃省	8.233	24.669	11.185	0.453	12.581	28.519	18.496	0.649
青海省	6.304	28.745	8.662	0.301	8.678	29.518	12.308	0.417
宁夏回族自治区	6.392	29.624	8.851	0.299	9.619	29.117	13.742	0.472
新疆维吾尔自治区	6.482	27.991	8.871	0.317	7.759	32.184	11.119	0.345

在人口结构方面，本文对各地区0~14岁人口占比、老年人口占比、老年人口和0~14岁人口比值以及人均GDP数据进行了聚类分析（见图3）。根据聚类结果，全国31个地区（不含港澳台）可划分为7个组别，各组别分类变量的中心点见表2。具体来说，第一个组别包括宁夏、青海、新疆和西藏四个地区，该组别具有老龄化程度低、少年人口①比重高以及人均GDP低等特点，主要原因是这些地区具有较高的生育率。第二个组别包括北京和上海两个直辖市，具有老龄化程度相对较高、少年人口比重低和人均GDP高的特点。第三个组别包括辽宁、吉林和黑龙江三个省份，是我国老龄化程度最深的地区之一，具有老龄化程度高、少年人口比重低和人均GDP低的特点。这一方面是由于人口的大量流出，另一方面是长期低生育率的结果。第四个组别包括内蒙古、湖北、山东、四川、安徽、陕西、山西和湖南等地区，具有老龄化程度相对较高、少年人口占比和人均GDP处于全国中游水平的特点。第五个组别包括江苏、天津、浙江和重庆四个地区，普遍具有老龄化程度深、少年人口占比

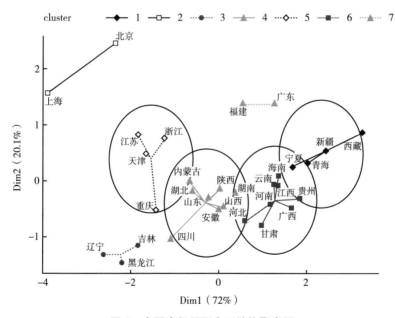

图3　全国省级层面人口结构聚类图

---

①　本文指0~14岁人口。

低但人均 GDP 较高的特点。第六个组别包括海南、云南、河南、河北、江西、贵州、广西和甘肃等地区，具有老龄化程度相对较低，而少年人口占比相对较高的特点。第七个组别包括福建和广东两个省份，具有老龄化程度低、青少年人口占比高以及人均 GDP 高的特点，主要原因为广东和福建吸引了大量以年轻人为主的外来务工人员，延缓了其人口老龄化的发展速度。

表 2　聚类结果各分类变量中心点

分组	老龄化率	少年人口占比	老少人口比	人均 GDP
1	-1.743	1.031	-1.224	-0.566
2	0.609	-1.634	1.585	2.864
3	1.096	-1.578	1.798	-0.642
4	0.498	-0.116	0.092	-0.193
5	0.791	-0.757	0.661	0.951
6	-0.313	0.897	-0.677	-0.683
7	-1.089	0.328	-0.818	0.834

注：所有数据均经过标准化处理。

根据以上分析，我国省级层面的人口老龄化具有以下特征。首先，不同省份的老龄化程度差异巨大，辽宁、四川和重庆等地区已经接近重度老龄化，而西藏、新疆和青海等地区则未步入或刚步入轻度老龄化阶段。其次，人口老龄化具有明显的区域聚类特征，川渝地区和东三省等低生育率和人口流出地老龄化程度最为严重。然后，由于经济发展模式能够吸引不同年龄结构的人口流入，不同省份的经济发展模式差异与人口老龄化程度高度相关，总体来看，以制造业为主的地区人口老龄化程度普遍较高（如山东、江苏和浙江等省份），而以市场为中心的地区人口老龄化程度则较低（如广东省）。最后，人口老龄化程度与经济发展水平出现一定程度的背离，部分地区"未富先老"特征尤为明显，个别地区经济发展水平较高但人口老龄化程度处于低位。

（三）城乡层面

分城乡层面，本文根据第五、第六和第七次全国人口普查数据绘制了我国城乡层面老龄化率、老年抚养比和老少比的对比图（见图4）。从老龄化率来看，2000~2010年，三个层面的人口老龄化率均有所增加，其中，农村层面老龄化率增长约2.5%，乡镇层面增长约2%，城市层面仅增长约1%，总体增加幅度相对有限。而2010~2020年，农村层面老龄化率增长约7.7%，乡镇层面增长约3.8%，城市层面增长约3%，增加幅度分别为上个十年的3.08倍、1.9倍和3倍。这表明我国老龄化进程不断加速，也说明我国人口老龄化进程出现分化，农村和城市老龄化进程提速明显。老年人口抚养比反映了劳动年龄人口对老年人口的抚养负担，从老年人口抚养比来看，伴随着人口老龄化程度和速度不断提升，劳动年龄人口的抚养负担不断加重，其中农村劳动人口的老年抚养负担在2010~2020年几近翻番。老少比是反映人口可持续发展的重要指标，维持适度的老少比有助于优化长期人口结构。对比来看，我国老少比在2010~2020年发生结构性变化，农村老少比超过城市老少比成为老少比程度最高的组别。这一方面是因为城市对农村地区青年劳动力的"虹吸"效应，另一方面是由农村新出生人口数量不断减少及退休后会选择回乡养老等现象所致。总体来看，人口老龄化与经济发展水平不匹配，呈现"人口老龄化城乡倒置"现象，农村地区老龄化程度更深、养老负担更重以及老少人口更加失衡。

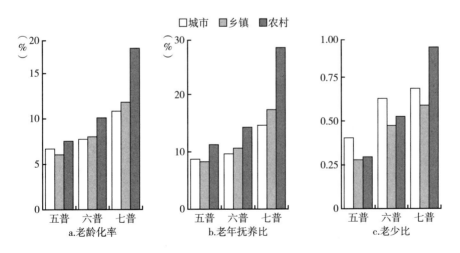

图4 全国分城乡老龄化率、老年抚养比和老少比情况

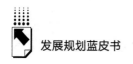

三 我国积极应对人口老龄化的政策措施及成效

（一）我国积极应对人口老龄化的措施

党的十八大以来，以习近平同志为核心的党中央集体高度重视人口老龄化问题，中共中央、国务院先后出台多项应对人口老龄化的战略部署及政策措施。2012 年 11 月，党的十八大报告提出"积极应对人口老龄化，大力发展老龄服务事业和产业"。同年 12 月将"积极应对人口老龄化是国家的一项长期战略任务"写入《中华人民共和国老年人权益保障法》。2013 年 11 月，党的十八届三中全会提出"积极应对人口老龄化，加快建立社会养老服务体系并发展老年服务产业"。2015 年 10 月，党的十八届五中全会提出全面放开二孩政策，积极开展应对人口老龄化行动，将应对人口老龄化转化为战略行动。

"十三五"时期以来，随着人口老龄化程度不断加速，我国积极应对人口老龄化的政策上升到前所未有的新高度。2016 年 3 月通过的《中华人民共和国国民经济和社会发展第十三个五年规划纲要》再次提出积极应对人口老龄化，开展应对人口老龄化行动，加强顶层设计，构建以人口战略、生育政策、就业制度、养老服务、社保体系、健康保障、人才培养、环境支持、社会参与等为支撑的人口老龄化应对体系。对积极应对人口老龄化做出了全方位的体系性安排。2016 年 10 月，中共中央、国务院印发《"健康中国 2030"规划纲要》，提出"促进健康老龄化"的概念。2019 年 11 月，中共中央、国务院印发《国家积极应对人口老龄化中长期规划》，明确了应对人口老龄化的重要意义和短、中、长期目标任务。

2020 年，《中共中央关于制定国民经济和社会发展第十四个五年规划和二〇三五年远景目标的建议》提出"实施积极应对人口老龄化国家战略"，通过制定人口长期发展战略，优化生育政策，以"一老一小"为重点完善人口服务体系，促进人口长期均衡发展。将应对人口老龄化上升到国家战略层面。同时也提到要逐步延迟法定退休年龄，促进人力资源充分利用。2021 年 7 月发布的《中共中央 国务院关于优化生育政策促进人口长期均衡发展的决定》提出从组织实施三孩生育政策、提高优生优育服务水平、发展普惠托育服务体系以及降低生育养育教育成本、加强政策调整有序衔接、强化组织实施保障等多个方面积极应对人口老龄化，促进人口长期均衡发展。2022 年 10 月，习近平总书记在党的二十大报告中指出，要实施积极应对人口老龄化国家战略，推动实现全体老年人享有基本养老服务，对积极应对人口老龄化做出了最新的战略部署。

（二）我国积极应对老龄化政策的成效

近年来，我国实施的积极应对老龄化政策取得了一系列成效。根据国家卫健委发布的《2021 年度国家老龄事业发展公报》，截至 2021 年底，全国共有国家老年医学中心 1 个、国家老年疾病临床医学研究中心 6 个；设有老年医学科的二级及以上综合性医院 4685 个，是 2018 年的近 3.1 倍；建成老年友善医疗机构的综合性医院 5290 个、基层医疗卫生机构 15431 个；设有临终关怀科的医疗卫生机构 1027 个，是 2018 年的近 3.7 倍；居民人均预期寿命提高到 78.2 岁，较 2017 年提升 1.5 岁；全国 31 个省（区、市）设市城市新建居住区配建养老服务设施达标率达 62%；增设养老、助残等各类社区服务设施 1.4 万个，351 万 60 周岁及以上老年人享受到公租房保障；全国有近 4000 万老年人享受到老年人补贴。[①] 另据国家统计局数据，截至 2022 年底，全国共有养老机构 4.0 万个，床位 822.3 万张，床位数是 2012 年底的近 2 倍，参加基本养老保险人数达 10.5 亿人，参加基本医疗保险人数超 13.4 亿人。[②] 在健康养老产业方面，我国智慧健康养老产业持续发展，2017 年以来累计创建示范企业 202 家、示范街道（乡镇）342 个、示范基地 86 个、示范园区 2 个。随着一系列积极应对老龄化政策的不断实施，我国养老服务供给体系逐步优化，覆盖城乡居民的多层次社会保障体系已经基本建立，有效改善了老年人多层次、多样化的养老服务需求。

四 人口老龄化对我国经济社会发展带来两大挑战

（一）老龄化进程影响潜在经济增长

人口在经济社会发展中兼有消费者与生产者的双重属性，决定了人口老龄

---

① http：//www. gov. cn/fuwu/2022-10/26/content_ 5721786. htm.

② http：//www. gov. cn/xinwen/2023-02/28/content_ 5743623. htm.

化会通过多个方面影响经济增长潜力。一方面，劳动人口与非劳动人口之比会随着老龄化程度加深而不断增加，导致劳动力数量的相对（或绝对）减少，进而影响经济潜在增长率。另一方面，人口老龄化必然使生产结构和消费结构发生较大变化，导致经济资源配置发生变化，改变原有的经济发展模式，通过增加经济增长的"调整成本"影响潜在增长率。不仅如此，人口老龄化导致人口抚养比不断上升，会影响社会储蓄水平，最终通过影响社会投资水平而影响经济潜在增长率。

根据发达国家经验，随着劳动力增速放缓甚至劳动力绝对数量的减少，实际产出增长率总体呈现下降趋势。[①] 2010 年后，随着劳动年龄人口数量达峰，我国人口转变速度逐渐加快，"人口红利"的逐渐消失导致潜在经济增速不断放缓。[②] 随着人口老龄化第二个转折点的到来，为了探究人口老龄化及不同生育率水平对我国中长期潜在增长率的影响，本文根据联合国《世界人口展望 2022》中的预测数据、佩恩表（PWT10.01）数据并参考陆旸和蔡昉[③]的研究测算了我国 2022~2050 年不同生育率情景（见表 3）下的潜在增长率（见图 5）。

表 3　不同生育方案下的总和生育率

生育方案	2022~2025 年	2026~2030 年	2031~2035 年	2036~2040 年	2041~2045 年	2046~2050 年
基准方案	1.196	1.247	1.295	1.330	1.356	1.381
低生育方案	0.946	0.877	0.815	0.830	0.856	0.881
高生育方案	1.446	1.617	1.775	1.830	1.856	1.881

注：基准方案对应中方案，低生育方案对应中方案 95% 预测区间的下限，高生育方案对应中方案 95% 预测区间的上限。

资料来源：《世界人口展望 2022》。

根据基准情形的预测结果，2020~2030 年，我国潜在增长率将从 2020 年的 5.3% 迅速降至 5% 左右，并保持上下小幅波动，主要原因是七普中的 10~14

① 〔英〕查尔斯·古德哈特、马诺吉·普拉丹：《人口大逆转：老龄化、不平等与通胀》，廖岷、缪延亮译，中信出版集团，2021。
② 陆旸：《中国人口红利的变化趋势和对策建议》，《人民论坛》2021 年第 17 期。
③ 陆旸、蔡昉：《从人口红利到改革红利：基于中国潜在增长率的模拟》，《世界经济》2016 年第 1 期。

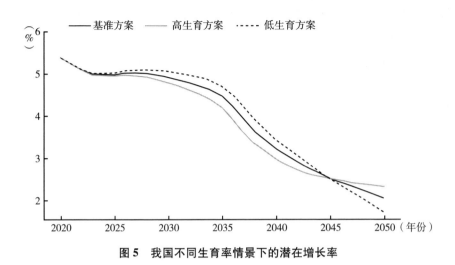

图5　我国不同生育率情景下的潜在增长率

岁年龄人口逐渐进入劳动力市场。2030～2035 年，随着我国 1962～1975 年"婴儿潮"人口不断退出劳动力市场，我国潜在增长率逐渐下降至 4.5% 左右。2035～2050 年，随着老龄化进程进一步加速，我国潜在增长率快速下滑，从 2035 年的 4.5% 下降至 2% 左右，年均下降约 0.17 个百分点。低生育方案下，在短期内，较低的少年抚养比可以减轻社会抚养负担，增加短期资本投入进而具有较高的潜在增长率。但长期来看，低生育率将导致人口老龄化进一步加剧，影响长期潜在增长率。在高生育方案下，虽然人口抚养比上升增加了社会的抚养成本，导致短期潜在增长率水平低于基准情形，但从长期来看，随着新生儿童成年并不断进入劳动力市场，长期潜在增长率将明显高于基准情形。

（二）老龄化导致社会保障压力倍增

人口老龄化加速到来给我国保障体系带来沉重的支付压力。在养老金方面，随着劳动年龄人口规模持续缩减，养老金筹集缺少源头活水，不可避免地出现收支缺口，威胁制度的可持续性。随着我国退休老年人口的迅速增长、人均寿命延长以及养老金水平的不断上涨，国家支付养老金的压力越来越大，难以维持收支平衡。根据中国社会科学院《中国养老金精算报告（2019～2050）》中的预测，全国城镇企业职工基本养老保险基金收不抵支的情况将出现在 2028 年，到 2035 年将耗尽所有累计结余。分省来看，虽然全国大多数

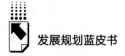

省市养老金仍有结余，但黑龙江省已于 2016 年处于亏空状态，表明养老金缺口形势严峻。

在社会医疗保险方面，老有所医是老年社会保障的重要组成部分。人口老龄化使基本医疗保险基金的参保缴费职工与退休人员的比率不断下降，从而使基金收入相对支出不断减少，对基本医疗保险基金收支产生直接冲击。而根据封进、余央央和楼平易基于中国健康与营养调查（CHNS）数据的研究，我国 65 岁及以上老年人的人均医疗费用约是 15~29 岁年龄组的 4 倍。[1] 随着我国退休后群体预期寿命提高，患病率、伤残率逐渐增加，医疗保险需求将进一步增加，导致社保负担医疗总费用不断增加，使医疗保险统筹面临巨大压力。

五　我国积极应对人口老龄化仍面临一些难题

（一）老龄相关服务供需失衡

党的十八大以来，在一系列扶持引导政策推动下，我国老龄服务体系建设步伐明显加快，形成了以医疗健康、康复护理、文化旅游等为主导的产业发展模式并获得了长足发展。但我国老龄相关服务仍存在供需失衡问题。

供需失衡主要表现在公办养老机构"一床难求"、民办养老机构"无力负担"。这一方面是因为我国公办养老机构具有"兜底"服务的职能，各地对于公办养老机构的收住对象、服务内容、服务标准、收费价格等都进行了一定的限制；另一方面是民办老龄服务机构主要针对高收入老年人群体，收费水平高于普通老年人的心理预期，供需错配导致老年人康养需求不能得到有效满足，同时还导致养老资源浪费。不仅如此，老龄服务精准程度不高也是供需失衡的主要原因，生活不能完全自理的特殊老年群体的个性化服务需求仍未受到足够关注。除此之外，土地要素受到房地产市场扭曲运行的影响，部分房地产商以养老为由"跑马占地"，"养老地产"房子盖起来了，老龄服务供给却有名无实，难以形成老龄服务的有效供给。

---

① 封进、余央央、楼平易：《医疗需求与中国医疗费用增长——基于城乡老年医疗支出差异的视角》，《中国社会科学》2015 年第 3 期。

供需失衡还表现在老龄服务供给缺口上。一方面是养老服务总量的缺口，根据《2021年度国家老龄事业发展公报》，截至2021年末，全国共有养老服务床位815.9万张，而同期我国失能半失能老年人约4000万，庞大的老年人口基数导致养老供给缺口较大。另一方面是特殊老龄服务机构和专业人才的缺口大，特殊护理老人"无人可托"。当前，养老护理队伍主要以"60""70"下岗再就业人群和农村进城务工人员为主，他们受教育程度偏低，缺乏相关的专业技能，而年轻护理人才因养老服务工作工资收入偏低、工作条件艰苦、劳动强度较高、职业上升路径不明晰、缺乏社会认可等而不愿进入，难以形成特殊老龄服务的有效供给。特别是，农村地区老龄化程度和养老负担最为严重，但养老基本保障制度建设相对滞后，保障标准相对偏低，是我国养老服务供给最为薄弱的环节。

（二）国内老龄产业发展相对滞后

近年来，大力发展老龄产业已经形成基本共识，部分领域发展业已初具规模。但由于我国老龄产业发展较晚，多数产业发展相对滞后、成熟度不高。在老龄文化产业方面，总体呈现总量短缺和结构失衡的特点。一方面是因为政府投入相对较少，另一方面是盈利模式不清晰，社会资本的参与积极性不高。在老龄用品制造产业方面，相对于保健用品、医疗器械等服务类制造产品，老年生活用品制造业发展相对滞后，整体呈现出行业发展不均衡，老龄用品产品创新不足及质量、环保、技术和适老化程度低等特点。老龄金融产业方面，我国养老金融无论是在理论上还是在实践上都处于初级阶段，老龄金融产品以银行存款为主，同质化严重，特色不明显，与国民层次多元化的养老需求仍有较大的差距，难以对老龄其他相关产业形成有效支撑。此外，我国公众养老金融知识有限，而老龄文化产业难以提供有效的养老金融教育渠道，不能有效满足多元化的养老金融知识需求。

整体来看，我国老龄产业以老龄健康产业和老龄服务产业为主，产业内部以及老龄产业与其他产业之间的融合发展仍有欠缺，不同板块互为支撑、混业经营、融合发展模式还未形成，上中下游的产业链条、产业布局仍有较大优化空间。

（三）老龄人力资源未能得到充分释放

老年人普遍具有更丰富的生活经验、更广阔的人生阅历和更熟练的技能，

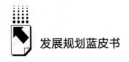

在经济社会发展中具有不可取代的作用，是社会整体人力资源的重要组成部分。但在老龄化程度不断加深的背景下，我国老龄人力资源未能得到充分释放。

一方面，随着我国经济社会不断发展，人民身体素质日益改善，人均预期寿命由新中国成立之初的 44.5 岁提高到现在的 78.2 岁，而我国的劳动年龄上限一直沿用 20 世纪 50～70 年代所制定的退休办法，目前看来明显偏低。从国际比较来看，2020 年，OECD 国家男性实际平均退休年龄约为 64.2 岁，女性约为 63.4 岁。[①] 而我国男性实际平均退休年龄为 60 岁，女性为 55 岁，中国退休年龄尤其是女性退休年龄，远低于 OECD 国家平均水平。过低的退休年龄导致老年劳动力资源未能得到充分利用，不利于延长人口红利，对经济增长会产生负面影响。

另一方面，退休人口重返劳动力市场比例较低。根据中国社会科学院城市劳动力住户抽样调查（第四轮）数据计算，我国 2016 年退休人员劳动参与率仅为 4.2%，而 65 岁及以上老年人劳动参与率仅为 1.8%，远低于主要发达国家。其中刚性的退休制度、相对慷慨的养老金待遇、老年人平均受教育水平低、学习新知识新技术的能力较弱等是退休人员劳动参与率低的主要原因。此外，我国高校毕业生等新生劳动力就业压力比较大，导致老年人再就业或延退退休容易被理解为老年人在劳动力市场上挤占工作岗位，也是老年人劳动参与率低的重要因素。

（四）生育率持续低迷加速老龄化进程

为积极应对人口老龄化，我国先后在 2011 年 11 月、2013 年 12 月和 2015 年 10 月实施了"双独二孩政策"、"单独二孩政策"和"全面二孩政策"。但从我国总和生育率的走势来看，三次生育政策放开未导致总和生育率出现大幅反弹，甚至在实施"全面二孩政策"之后出现大幅下降。2021 年 7 月提出实施"三孩生育政策"，但从我国总和生育率的预测数据来看，中等情形和低生育率情形下的总和生育率水平微升甚至大幅下降，仅在高生育率情形下才出现大幅反弹回升，但远低于世代更替水平（2.1）。生育率持续低迷进一步加速老龄化进程，前期生育政策未能扭转中国出生人口的下降趋势，效果有限。

[①] 资料来源于 Pensions at a Glance Asia/Pacific 2022。

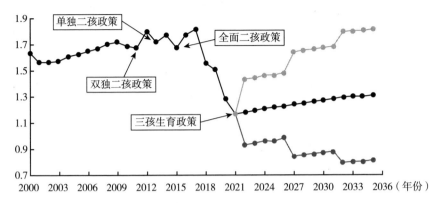

图6　2000～2036年我国总和生育率（TFR）走势

注：2022年之后黑色线数据为《世界人口展望2022》中的中等情形预测数据、深灰色线为低生育率情形下的预测数据、浅灰色为高生育率情形下的预测数据。

资料来源：《世界人口展望2022》。

持续低迷的生育率是由多种因素造成的。一是"70后""80后"生育主力逐渐退出生育旺盛期，"90后"成为生育主力，适龄生育群体数量的绝对减少是导致生育率低迷的重要因素。二是随着经济社会发展，年轻人婚育观念发生重大改变，"养儿防老"观念逐渐淡化，结婚率低、初婚年龄推迟和高离婚率等共同影响生育率。三是高房价、"四二一"结构的家庭养老负担以及教育、医疗、看护等养育成本提升进一步增加年轻一代的婚育成本，进而影响其生育行为。

六　我国积极应对人口老龄化的政策建议及改革举措

（一）积极发展老龄产业，打造高质量养老服务和产品供给体系

我国老年人口基数大，失能失智老年人口多，老龄产业具有巨大发展空间。积极发展老龄产业要做好顶层设计，加强政策引导。一是要根据我国老龄化整体进展以及分区域和城乡的差别有序安排产业发展进度，有针对性地编制相关产业发展规划，补齐老龄产业发展短板，实现产业均衡发展。二是要采取免税、减税、贷款补贴等政策以及适当扩大老龄产业用地供给，鼓励民间资本参与老龄相

关产业建设，同时也要做好监督工作，防范企业利用政府优惠政策套取资金和土地用于其他经营活动。三是要推进落实养老从业人员人才培养计划，加大对在岗人员的专业培训力度，畅通其职业晋升渠道，探索实行岗位补贴办法，增加相关从业人员收入，打造有较高专业素养和职业道德的养老专业人才，提升养老服务和产品的供给质量。四是要积极探索中国特色老龄产业发展新模式，推动互联网、物联网等在老龄产业中的深度应用，探索多元化医养结合发展模式，推动养老服务和金融业融合新业态。五是重点加大农村地区老龄产业相关政策支持力度，解决好老龄化最为严重地区的养老服务和产品供给问题。

（二）建立健全多支柱、分层次、公平可持续的社会保障服务体系

老年社会保障面临沉重的支付压力，急需通过建立健全多支柱、分层次、公平可持续的保障服务体系加以缓解。一要加快建立多层次、多支柱养老保险体系，发挥第一支柱养老保险保生活底线的作用，依靠第二、第三支柱提升养老金待遇水平。对养老保险三个支柱的缴费率统一进行调整，适当降低第一支柱缴费率，统筹发展基本养老保险、企业年金与职业年金等个人养老金，鼓励保险业和银行业等金融机构参与其中，促进养老金第三支柱发展。二要推动实行养老保险的中央调剂和全国统筹，根据实际情况动态调整预计调剂比例。推动基本医疗保险、失业保险、工伤保险的省级统筹和城乡统筹，进一步明确各级责权划分，推动社会保险事业健康运行和可持续发展。三是建立全面积累型的个人养老账户，通过税收优惠等政策解决缴费激励问题以及养老金的全国统筹问题。

（三）探索实行弹性退休制度，合理利用老年人才

在老龄化背景下，实行弹性退休已成为欧美各国的重要社会政策。当前，我国强制退休年龄已经不能准确反映个体在生理、心理和社会方面的活动能力，亟须探索实行弹性退休制度，合理利用老年人才。一是要细化延迟法定退休年龄方案，逐步延长法定退休年龄。针对劳动年龄人口的年龄界限，需要根据具体的人口资源状况、社会生产力发展水平对劳动力数量和质量、平均健康水平、人口预期寿命和科学教育发展水平等多个方面进行动态调整。二是要在实施渐进式延迟退休改革中，充分实施弹性退休政策，让有能力且有意愿继续工作的老年人能够便利地继续活跃在劳动力市场中。可以参考美国等西方国家

的普遍做法，将养老金待遇与实际退休年龄相挂钩，对提前退休者给予"惩罚"，对延迟退休者给予"奖励"，提高老年人劳动参与率。同时，要确保养老金待遇的适度性，避免养老金制度过度扭曲劳动力市场。

（四）积极发展"数字老龄"，培育养老新业态

随着互联网、物联网、大数据、云计算等新技术深入社会民生各领域，数字化发展为积极应对老龄化、改善和丰富老龄社会的生活提供了新的可能，为老年人口提供便利、高效、更有针对性的产品和服务，满足老年人日益多元的生活需求。积极发展"数字老龄"，一是要为数字化精准赋能老龄化提供顶层设计，将数字强国战略和积极应对人口老龄化战略进行有机统筹。二是要积极引导互联网企业和平台提供面向老龄时代的适老化数字产品和服务，为老年人提供有效的科技支撑。三是借助大数据技术不断提升涉老场景服务的智能化水平和工作效率。四是要不断提高老年人的数字信息获取能力和网络数字素养水平，让更多的老年人融入和享受数字化时代的美好生活。

（五）探索提高生育水平的政策体系，降低育儿成本、提高生育意愿

生育政策对生育行为的调控作用明显弱化，其中"经济负担重""没人带孩子"是影响二孩生育决策的主要因素，降低结婚、生育、养育和教育成本应成为提高生育意愿的重要内容。要更好地发挥"三孩生育政策"效果，就需要完善配套支持措施，切实减轻家庭的后顾之忧，从而更好地释放生育潜能，推动实现适度生育水平。一是要提高优生优育服务水平、发展普惠托育服务体系、降低生育养育教育成本，从托育体系、教育资源供给、妇女权益保护等领域做好保障配套支持和政策衔接工作 。二是要引导年轻群体树立正确的生育观念，通过加强与"三孩生育政策"相关的国情教育，培育与鼓励和生育相适应的新型生育文化。三是对符合条件的二孩家庭按月发放育儿补贴，实行激励生育的税收政策，相关经费可通过发放特别生育国债来解决。四是要增加保障性住房供给，减轻年轻流动人口的住房负担，缓解其住房压力。

（六）积极推进教育改革，提高全民受教育水平

教育是民族振兴、社会进步的基石，是提高国民素质、促进人的全面发展

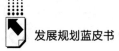
的根本途径。在潜在增速不断下行的压力下，应通过改善人力资本水平加以应对。[①] 当前，我国劳动年龄人口平均受教育年限约为 11 年，与发达国家相比仍有一定差距，全民受教育水平具有较大提升空间。积极推进教育改革，一是要建立覆盖城乡、布局合理的学前教育公共服务体系，提高学前教育的普及普惠水平。二是要推进义务教育均衡发展，加快普及高中阶段教育。三是大力发展职业教育，逐步实行中等职业教育免费制度，扩大农村职业教育培训覆盖面，缓解劳动力供求的结构性矛盾。四是全面提高高等教育质量，提升人才培养质量。五是加快发展继续教育，重视老年教育，加快构建终身学习体系。六是深化科研评价改革，建设高素质教师队伍，全面提升教育供给质量。

参考文献

翟振武、金光照：《中国人口负增长：特征、挑战与应对》，《人口研究》2023 年第 2 期。

杨晓奇：《我国老龄产业政策的现状、问题及其完善建议》，《老龄科学研究》2022 年 8 期。

王莉莉：《"十四五"我国老龄产业发展趋势、问题与对策建议》，《中国社会工作》2022 年第 5 期。

杜鹏、陈民强：《积极应对人口老龄化：政策演进与国家战略实施》，《新疆师范大学学报》（哲学社会科学版）2022 年第 3 期。

封进、余央央、楼平易：《医疗需求与中国医疗费用增长——基于城乡老年医疗支出差异的视角》，《中国社会科学》2015 年第 3 期。

陆旸：《中国人口红利的变化趋势和对策建议》，《人民论坛》2021 年第 17 期。

陆旸、蔡昉：《从人口红利到改革红利：基于中国潜在增长率的模拟》，《世界经济》2016 年第 1 期。

〔英〕查尔斯·古德哈特、马诺吉·普拉丹：《人口大逆转：老龄化、不平等与通胀》，廖岷、缪延亮译，中信出版集团，2021。

厉克奥博、李稻葵、吴舒钰：《人口数量下降会导致经济增长放缓吗？——中国人力资源总量和经济长期增长潜力研究》，《人口研究》2022 年第 6 期。

---

① 厉克奥博、李稻葵、吴舒钰：《人口数量下降会导致经济增长放缓吗？——中国人力资源总量和经济长期增长潜力研究》，《人口研究》2022 年第 6 期。

B.12
以科技创新支撑共同富裕

杨博旭*

摘　要：　共同富裕是中国式现代化的本质要求，科技创新是扎实推进共同富裕的重要支撑。本文在对科技创新支撑共同富裕的主要进展和问题挑战分析的基础上，提出科技创新支撑共同富裕的对策建议。首先，从科技创新支持共同富裕的现实基础和先进做法与成效两个角度，阐述了现阶段的主要进展。其次，分析了科技创新支撑共同富裕的问题和挑战，包括科技创新发展不充分不协调、科技"转移支付"体系尚未形成、数字创新加剧非均衡发展。最后，提出科技创新支撑共同富裕的对策建议，即坚持创新第一动力、探索科技成果转移支付、把握区域协调并进和推动数字赋能发展。

关键词：　科技创新　共同富裕　政策体系　数字创新

党的二十大报告指出，"中国式现代化是人口规模巨大的现代化，是全体人民共同富裕的现代化"，并提出"增强均衡性和可及性，扎实推进共同富裕"的战略目标。党的十八大以来，脱贫攻坚取得重大历史成就，我国进入扎实推进共同富裕的历史阶段。2021年5月20日，《中共中央　国务院关于支持浙江高质量发展建设共同富裕示范区的意见》，全面开启探索共同富裕的新征程。

创新作为引领发展的第一动力，也是推动共同富裕的重要抓手。深入落实创新驱动战略，依托创新做大"蛋糕"、做好"蛋糕"，以科技创新支撑共同

---

* 杨博旭，中国社会科学院数量经济与技术经济研究所助理研究员，主要研究方向为区域创新。

富裕建设，是实现共同富裕的关键问题。为更好地发挥科技创新在推进共同富裕过程中的支撑作用，解决发展不平衡不充分问题，2022年1月25日，科技部、浙江省人民政府印发《推动高质量发展建设共同富裕示范区科技创新行动方案》，科技创新在共同富裕中的支撑作用进一步凸显。同时，我国尚处于探索科技创新支撑共同富裕建设的早期阶段，在体制机制、要素流动、成果转化、收入分配等方面依然存在问题。

本文聚焦科技创新对共同富裕的支撑作用，在对科技创新支撑共同富裕主要进展梳理的基础上，分析科技创新支撑共同富裕的问题与挑战，探讨科技创新支撑共同富裕的主攻方向并提出对策建议。

一　科技创新支撑共同富裕的主要进展

（一）科技创新支撑共同富裕的现实基础

回顾党的百年奋斗历程不难发现，共同富裕贯彻于党和国家事业发展的全过程。特别是党的十八大以来，我国深入落实创新驱动发展战略，经济、科技和社会等各方面都取得了巨大成就，为扎实推进共同富裕奠定了基础，主要体现在以下三个方面。

一是中国进入新发展阶段。2020年10月29日，习近平总书记在党的十九届五中全会第二次全体会议上发表了《新发展阶段贯彻新发展理念必然要求构建新发展格局》，做出了我国进入新发展阶段的重要论断，并强调"进入新发展阶段，是中华民族伟大复兴历史进程的大跨越"。新发展阶段是一个新起点，也是我们党带领人民迎来从站起来、富起来到强起来的历史性跨越的新阶段。同时，新发展阶段也面临发展不平衡不充分的系统性问题，这就要求我党带领全国人民走向共同富裕。

二是中国进入创新型国家行列。根据世界知识产权组织发布的《全球创新指数报告》，2022年，我国创新能力全球排名第11位，位居36个中高收入经济体之首。我国成功进入创新型国家行列，开启了实现高水平科技自立自强、建设科技强国的新征程。图1展示了我国2013~2022年创新能力全球排名变化情况，我国创新能力全球排名从2013年的第35位提升到2022年的第11位。我国整体创新能力的提升，也为实现共同富裕奠定了坚实的基础。

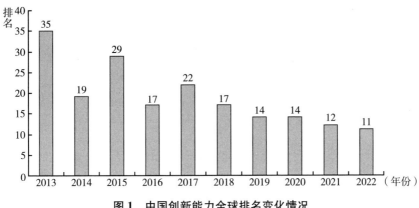

图1　中国创新能力全球排名变化情况

三是中国即将进入高收入国家行列。根据国家统计局发布的《中华人民共和国2022年国民经济和社会发展统计公报》，国民总收入（GNI）1197215亿元，人均国民总收入为8.48万元，约为1.2608万美元，略低于世界银行规定的高收入国家标准（1.3205万美元以上）。1990~2022年我国人均GNI快速增长，在1998年迈过下中等收入门槛，并于2010年进入上中等收入国家行列。过去十年来，中国人均GNI快速上升，逐渐接近高收入门槛。根据北京大学林毅夫教授在中国经济前景暨2023年两会解读报告会上的预测，中国可能于2025年进入高收入国家行列。①

（二）科技创新支撑共同富裕的先进做法与成效

为扎实推进共同富裕，我国以顶层设计为抓手，全面统筹、系统推进，以消除"三大差距"为主攻方向，着力解决发展不平衡不充分问题。我国不断出台各类政策措施，着力强化科技创新对共同富裕的支撑作用，并取得了一定成效。

---

① 《林毅夫：今年中国经济很可能实现6%或以上增长》，http：//www.chinanews.com.cn/cj/2023/03-22/9976683.shtml，2023年3月22日。

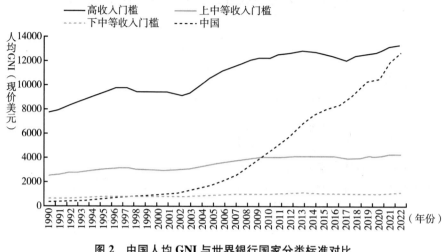

图 2　中国人均 GNI 与世界银行国家分类标准对比

一是强化顶层设计，统筹推进共同富裕。实现全体人民共同富裕是党中央重点谋划推进，自上而下统筹推进的重大战略。因此，在推动共同富裕过程中，充分发挥政府顶层设计的作用，强化科技创新在共同富裕中的支撑作用。我国进入新时代以来，一直将共同富裕作为党和国家事业的重要内容，在十九大、二十大、"十四五"规划等重要会议和报告中多次强调。国务院发文将浙江确定为共同富裕示范区之后，国家发改委、科技部、财政部和交通运输部等多个部门与浙江省政府联合发文，统筹推进共同富裕示范区建设，强化科技创新对共同富裕的支撑作用。

二是浙江先行先试，探索共富道路。共同富裕是一项长期且艰巨的任务，由于我国地区之间发展不均衡，推进共同富裕的基础和条件也不同。为保障共同富裕建设的顺利进行，党中央决定将浙江省确立为共同富裕示范区，浙江省先行先试、作出示范，为全国推动共同富裕提供省域范例。浙江省以改革创新为根本动力，深入实施科技创新和人才强省战略，加快构建全域创新体系，强化数字赋能，有力推进科技创新在共同富裕中的支撑作用，涌现出一系列先进做法和可复制经验。

三是构建统一大市场，促进创新要素流动。创新要素的自由有序流动，对于提升地区科技创新能力、强化科技创新对共同富裕的支撑具有重要作用。为进一步畅通国内市场、营造良好营商环境、降低交易成本，2022 年 3 月，《中共中央　国务院关于加快建设全国统一大市场的意见》，从全局和战略高度加快建设全国统一大市场。全国统一大市场建设对于促进创新要素流动、强化科技创新成果的正外部溢出效应、解决区域创新发展不充分问题具有重要作用。通过全国统一大市场建设，破除创新要素市场壁垒，进一步深化科技创新支撑共同富裕。

四是推进"东数西算"，平衡区域发展。新一轮科技革命和产业变革持续推进，数字技术对科技创新和经济社会发展的作用愈发明显。数字技术不仅是一种生产要素，而且对科技创新具有重要赋能作用，在很大程度上可以强化科技创新对共同富裕的支撑。2022 年 2 月，我国正式启动"东数西算"工程，一方面，通过"东数西算"工程，将东部先进的数字技术向西部地区转移，提升西部地区的科技创新能力；另一方面，依托"东数西算"工程，促进西部地区基础设施建设和经济社会发展。因此，"东数西算"工程凸显了数字技术对共同富裕的有力支撑。

二　科技创新支撑共同富裕的问题与挑战

我国深入实施创新驱动发展战略，不断提升创新系统的整体效能，为共同富裕提供了有力支撑且取得了一定成效。然而，共同富裕的推进是一项长期且艰难的事业，科技支撑共同富裕依然面临问题和挑战。

（一）科技创新发展不充分不协调

科技创新能力不断提升是有效支撑共同富裕的前提。现阶段，我国尚未实现高水平科技自立自强，且存在区域之间发展不协调问题。

1.研发投入不足

研发投入是提高创新能力的关键要素，也是提升原始创新能力和国际竞争力的基础保障。相较于发达国家，我国整体研发投入相对较低，进而增大产业链和供应链风险。图 3 和图 4 展示了主要国家或地区研发投入变化情况，中国研发投入强度和基础研发投入强度都较低。2016~2021 年，中国研发投入强度从 2.06% 提高到 2.44%，略高于欧洲 27 国的平均水平，尚未达到 OECD 国家的平均水平，远低于美国、韩国和日本。截至2021年，中国大陆基础研发投入强度一直在0.2%以下，低于美国、韩国、日本和中国台湾，其中，中国台湾基础研发投入强度最高，2021年超过0.7%。

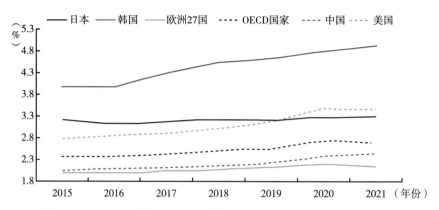

图3　2015～2021年主要国家研发投入强度（研发投入占GDP比重）

资料来源：经合组织主要科技指标（OECD Main S&T indicators）。

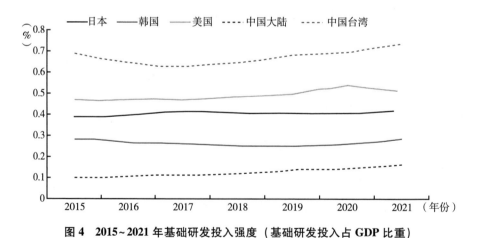

图4　2015～2021年基础研发投入强度（基础研发投入占GDP比重）

资料来源：经合组织主要科技指标（OECD Main S&T indicators）。

2. 空间分布不均衡

区域经济发展不均衡和不协调是我国长期面临的问题，也是制约科技创新支撑共同富裕的重要因素。变异系数是数据离散程度的直接反映，由于其无量纲特点，可用于数据的跨组比较。基于各省份国内生产总值（GDP）、人均GDP和《中国区域创新能力评价报告》，本文通过测算我国经济和创新发展的变异系数来呈现我国区域发展不平衡情况，如图5所示。2012～2021年我国区域经济发展变异系数始终在高位徘徊，且呈现增加趋势，区域经济发展不平衡问题突出。从人均GDP发展不均衡来看，发展不平衡问题依然突出，变异系数始终保持在0.4以上。我国区域创新能力发展不平衡状况整体好于经济不平衡，但除2012年外，其他年份的变异系数均大于0.35，且呈现上升趋势。此外，我国存在明显的区域创新能力发展不平衡，如京津冀协同创新问题突出，东北三省协同创新能力处于低水平。创新能力和经济发展不均衡的双重叠加，也进一步凸显了科技创新支撑共同富裕的重要性。

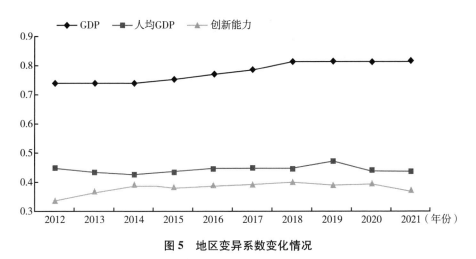

图5 地区变异系数变化情况

（二）科技成果"转移支付"体系尚未形成

科技创新转移支付是利用发达地区科技创新成果支援欠发达地区的模式，将发达地区的科技创新成果以免费或者低于市场价格的方式在欠发达地区进行转移转化，进而支持欠发达地区经济发展。转移支付是改善落后地区发展现状，缩小收入差距，实现共同富裕的重要手段。在科技创新支撑共同富裕的过程中，科技成果和先进技术的"转移支付"具有重要作用。我国尚未形成科技成果"转移支付"体系，创新成果依然集中分布在东部沿海地区，不利于

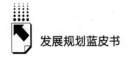

扎实推进共同富裕。

一是科技成果"转移支付"体制机制不健全。科技成果的转移支付比财政转移支付更为复杂，不仅要对科技成果进行评估，还要与转移地区进行匹配，需要一系列法律法规、政策和平台等的支持。我国尚未出台科技成果"转移支付"相关政策，浙江省在科技成果"转移支付"方面进行了初步探索，但尚未形成体系化政策，也未进行大规模推广。

二是科技成果"转移支付"信息不对称。信息不对称一直以来都是制约科技成果转移转化的难题。一方面，基于科技成果的"阿罗悖论"，需求方无法正确评价成果价值；另一方面，大量高校和科研机构的科技创新成果，由于缺少信息发布渠道，无法被成功转移转化，更无法进行"转移支付"。

三是科技成果"转移支付"供需不匹配。不同于财政转移支付，科技成果"转移支付"需要当地具有与之相匹配的创新基础。然而，因地区之间在创新能力和产业布局等方面的差异，对科技成果的需求和科技成果的承接能力也存在差异。这就导致大多数科技成果无法直接转移到落后地区，而是需要在对供需信息充分调研的基础上，对科技成果"转移支付"进行匹配，并根据当地需求，对科技成果进行再创新，以匹配当地需求。

（三）数字创新可能加剧非均衡发展

新一轮科技革命与产业变革正在纵深演进，数字技术应用广度和深度不断拓展，数字经济规模和占比也不断提升。在这一背景下，以数字技术为底座的创新，对共同富裕的支撑作用不断增加。与此同时，在发展数字创新过程中，也可能加剧非均衡发展，对推进共同富裕形成阻碍。

一是数字技术的区域发展不平衡。地区之间创新基础和数字产业布局的差异，导致数字技术和数字创新在区域之间呈不均衡分布状态。根据中国信息通信研究院发布的《全球产业创新生态发展报告（2022年）》，我国区域数字创新发展呈现梯队式格局，形成六大数字创新高地城市群。第一梯队包括北京、广东、上海、江苏、浙江，数字创新综合实力强，并形成京津冀、粤港澳、长三角三大数字创新高地。第二梯队包括山东、湖北、四川、陕西、安徽、重庆、天津、福建、湖南、河南、辽宁、河北等12个地区，形成山东半岛、川渝、长江中游三个具有数字创新高地潜力的城市群。

二是数字鸿沟问题有待解决。数字鸿沟是由数字技术和数字基础设施等数字相关要素分布不均导致的。数字技术快速迭代，数字鸿沟可能进一步加深，不利于推进共同富裕。我国数字鸿沟主要表现在：其一是我国与发达国家之间的数字鸿沟正在加深，限制我国对发达国家的追赶。其二是我国各地区之间和城乡之间数字鸿沟的日趋加深，不利于国民经济持续、健康和均衡发展。其三是中小企业与大企业之间的数字鸿沟，成为影响中小企业追赶大企业的主要障碍之一。

三是数字平台可能形成新的垄断和剥削。数字平台凭借强大的锁定效应、网络效应、规模效应，以及拥有的巨大经济体量、海量数据资源、技术创新优势和雄厚资本优势，形成自成一体的生态竞争体系。在这种体系背景下，形成典型的寡头垄断现象，如网购平台形成以淘宝、京东和拼多多三大巨头为核心的体系。同时，部分数字平台依托数字技术，进行"大数据杀熟"。数字平台利用自身平台优势，同时对平台用户和供应商收取费用，且随着平台垄断地位的巩固，费用和抽成比例不断提升。

三　科技创新支撑共同富裕的对策建议

（一）科技创新支撑共同富裕必须坚持创新是第一动力

习近平总书记在二十大报告中强调，"必须坚持科技是第一生产力、人才是第一资源、创新是第一动力"，再一次将科技创新提升到新的高度。共同富裕是社会主义的本质要求，是中国式现代化的重要特征，[①] 必须坚持创新作为第一动力，将科技创新作为实现共同富裕的关键路径。一是以科技创新夯实经济基础。新一轮科技革命和产业变革方兴未艾，国际竞争的底层逻辑是科技竞争，强化高水平自立自强，将创新驱动发展战略全面融入经济社会发展，支撑经济快速发展。二是以基础研究突破关键核心技术。基础研究是整个科学体系的源头，是科技创新的供给侧。现阶段我国面临的高端芯片、光刻机、高端数控机床等"卡脖子"技术在很大程度上都是由基础研究不足造成的。强化国家战略科技力量，加大基础研究投入，提高基础研究经费占全部科研经费的比重，

---

① 习近平：《扎实推动共同富裕》，《求是》2021 年第 20 期。

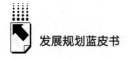

加快关键核心技术突破步伐。三是以产业创新推动价值链攀升。我国已建成世界上最为完整的产业体系，但是从全球价值链来看，诸多产业仍处于价值链中低端。建立健全产业创新机制，鼓励和引导产业自主创新，提高产业附加值，强化产业链资源配置能力，实现产业升级和全球价值链的地位提升。

（二）科技创新支撑共同富裕必须探索科技成果转移支付

发达地区和欠发达地区之间存在明显的创新能力差异，探索科技创新转移支付方式，完善科技成果转移长效制度体系，构建科技转移支付生态，促进科技成果流动，充分发挥科技创新成果的溢出效应，带动欠发达地区经济社会发展。第一，建立健全科技成果转移支付体制机制。探索自上而下的科技成果转移支付制度长效机制，在国家层面出台相关政策文件，为科技成果转移支付提供制度保障，建立容错机制，鼓励科技成果转移支付方式创新；鼓励各省区市根据自身情况，出台科技成果转移支付实施细则。第二，搭建科技成果转移支付数字化平台。通过科技成果转移支付平台，对供需信息进行展示，依托大数据等技术，对供需关系进行匹配，提升科技成果转移支付匹配度。定期开展供需对接会，通过体系化构建高校院所和社会化技术转移服务网络，实现技术成果与产业化市场的"双向奔赴"。第三，构建金融支撑保障体系。设立科技成果转移支付专项基金，对于欠发达地区进行科技成果转化的机构和个人，给予一定额度的资金补偿；借鉴浙江"用后转"交易规范标准，构建基于区块链的全流程追溯机制，确保交易的公开透明；支持保险机构开发科技成果先用后转保险产品。第四，持续完善科技特派员制度。各省区市依据自身特点，出台科技特派员实施细则，组织实施县域特色产业科技特派团服务专项行动；探索科技特派员跨区域支持体制，鼓励东部发达地区对中西部地区的定向支持。

（三）科技创新支撑共同富裕必须把握区域协调并进

党的二十大报告强调"促进区域协调发展，深入实施区域协调发展战略、区域重大战略、主体功能区战略、新型城镇化战略，优化重大生产力布局，构建优势互补、高质量发展的区域经济布局和国土空间体系"。区域协调发展是共同富裕的基本特征，科技创新支撑共同富裕，必须发挥地区科技创新的比较优势，建立优势互补、高质量发展的格局。一是以顶层设计增强区域协调。加快欠发达地区的基础设施建设，完善交通等配套设施，营造良好的营商环境，提高政府的服务能力，培育优质企业带动区域经济发展。在充分调研的基础上做好顶层设计，为整个区域制定发展规划，统筹各个地方的功能定位和产业分工，协调各地实施具体方案。二是依托特色产业形成比较优势。各级政府要立足实际，努力打造重点突出、特色鲜明、优势互补的板块经济。明确地区的发展定位，统筹发展格局，充分发挥地方优势，打造特色产业。积极推动区域间良性互动，促进要素跨地区跨部门跨行业有序流动，优化区域生产力布局，促进区域协调发展。三是以机制改革促进城乡融合。统筹实施区域协调发展战略和乡村振兴战略，加快建立健全促进城乡融合发展的体制机制和政策体系，推动城乡基础设施互联互通、公共服务普惠共享。引导技术、人才等向城乡流动，深入实施科技特派员和农村工作指导员制度，促进城乡要素自由流动、平等交换和公共资源合理配置。完善财政转移支付制度，创新"飞地经济"合作模式。四是以转移支付促进成果分配。建立健全相关法律法规，为科技成果"转移支付"提供制度保障。建立科技成果"转移支付"容错机制，鼓励各地探索有益经验。建立科技成果"转移支付"发布平台，提高供需匹配能力。

（四）科技创新支撑共同富裕必须推动数字赋能发展

我国数字经济蓬勃发展，数字化进程不断加速，截至2021年，数字经济规模45万亿元，占国内生产总值比重近四成。[1] 数字经济既是一种数字技术，也是一种数据要素，成为科技创新支撑共同富裕中不可或缺的要素。一是加快数字基础设施建设。数字基础设施是数字创新的基础底座，作为一种公共基础设施，需要政府的主动投入和有效引导。加快新一代数字基础设施布局和建设，统筹推进智慧城市、数字孪生全面发展。鼓励地方政府加大数字基础设施投入，对落后地区数字基础设施建设给予适当政策倾斜。建立健全数字基础设施的市场化运行机制，引导和鼓励民营资本投资。适度超前布局数字基础设施，抢占数字创新高地。二是以数字技术提升公共服务水平。优质共享的公共服务是共同富裕的典型特征，也是"有为政府"的重要体现，依托数字技术实现公共服务的提质增效成为实现共同富裕的重要路径。积极开展"城市大

---

[1] 王政：《我国数字经济规模超45万亿元》，《人民日报》2022年7月3日。

脑""智慧城市"等数字化场景建设，打造数字公共服务综合场景，精确做好民生需求分析，实现高水平的供需对接。加快电子政务平台建设，有序推动民生、医疗、金融等领域的数据共享，实现"最多跑一次"改革的全面覆盖。三是以数字融合赋能传统产业。传统产业转型升级是实现制造强国和高质量发展的重要任务，促进数字技术和实体经济深度融合，赋能传统产业转型升级。积极制定并出台相关政策文件，引导和鼓励传统产业的数字化转型，扩大数据要素在各个领域的应用范围，提高数据资产的赋能强度。建立健全传统产业转型服务制度，研判数字技术与传统产业融合的重点、难点和风险点，开展共性数字技术攻关，以数字技术赋能传统产业转型升级。四是以普惠效应促进成果共享。数字经济基于可共享性和低边际成本等特征，加快了数据要素的传播速度，有助于发展成果的全民共享。通过平台的网络化协作运营，降低中小微企业入市门槛，为各类市场主体提供公平参与经济活动并共享数字经济红利的机会。加快农村新型基础设施建设，积极推动智慧农业，驱动农业增产提质，尽快实现电商平台农村的全覆盖，畅通农产品销售渠道，提高农村收入水平。

专栏：浙江省科技创新支撑共同富裕的先进做法和成效

浙江省通过顶层设计开展制度创新、加快构建全域创新体系、强化数字赋能等，发挥科技创新在共同富裕中的支撑作用，涌现出一系列先进做法。

（一）顶层设计，以制度创新保障科技创新

以强化共同富裕示范区科技创新支撑为主线，系统谋划高质量战略性布局，为科技创新支撑共同富裕示范区建设提供制度保障。一是强化部省联动，争取国家政策支持。按照"建立上下联动、高效协同的落实机制"思路，科技部和浙江省政府联合印发《推动高质量发展建设共同富裕示范区科技创新行动方案》，争取到4方面14条改革授权和支持政策；财政部会同浙江省财政厅成立部省联动协调专班，建立健全财政部与浙江省的工作协同机制。二是健全制度，形成完善的保障体系。编制完成"十四五"科技创新发展规划及各专项规划，构建形成"2+9+10"科技创新规划体系；出台《浙江省高新技术产业开发区（园区）评价办法》，研究出台《浙江省"扩中""提低"行动方案》。三是引导要素下沉，支持县域科技创新。出台《科技赋能26县跨越式高质量发展实施方案》，实行项目、平台、人才、资金重点倾斜支持；出台

《关于进一步支持省际创新飞地建设和发展的指导意见（试行）》，支持创新飞地建设，推动科技成果向创新薄弱地区有效转移。

（二）全域创新，以协调发展带动全面发展

始终坚持推动区域创新协调发展，加快构建全域创新体系，促进项目、平台、人才、资金等创新资源流动，有效破解创新发展不平衡难题。一是探索建立争先创优机制，推动市县高质量发展。完善以"科技创新鼎"和党政领导科技进步目标责任制考核为抓手的争先创优机制，持续深化"两市两县两区"全面创新改革试点。二推动"共富工坊"建设，促进农民就业增收。多部门联合印发《关于强化党建引领推进"共富工坊"建设的指导意见》，提出浙江要三年打造1万家"共富工坊"，实现山区26县乡镇全覆盖、乡村振兴重点帮促村全覆盖。畅通村企合作渠道，搭建村企合作平台。三是深化科技特派员制度，推进科技惠农富民。探索开展科技特派员社会化市场化服务模式专项行动计划，启动科技特派员管理服务数字化平台建设，提升科技特派员精准服务水平。

（三）产业创新，以产业升级塑造产业优势

聚焦科技创新重点领域，着力推动创新链产业链深度融合，不断夯实共同富裕的产业基础。一是大力度推进关键核心技术攻关，加快实现高水平科技自立自强。聚焦"互联网+"、生命健康、新材料三大科创高地建设，推进"尖峰""尖兵""领雁""领航"四大计划；构建关键核心技术高效攻关机制，推行"揭榜挂帅""赛马制"等科研组织方式，加快突破一批"卡脖子"关键核心技术。二是充分发挥企业的创新主体作用，激发企业创新活力。持续实施科技企业"双倍增"行动计划，支持科技领军企业牵头组建创新联合体；建立企业科技"积分转授信"机制，率先推出"浙科贷""创新保"等专属融资服务项目，全面激发企业创新活力。三是培育壮大高新技术产业，塑造产业竞争新优势。推动国家高新区设区市"全覆盖"，深化高新区"亩均论英雄"改革，建立高新区亩均研发投入和亩均税收"双亩均"考核制度，全力推动科技创新和产业提升双联动。

（四）数字改革，以数字技术赋能创新发展

持续深化科技创新数字化改革，发挥数字技术对科技创新的赋能作用，推动数字化改革在民生领域的应用。一是打造"科技大脑+未来实验室"新范式，提升科技创新协同能力。构建"1+5+N"科技创新数字化改革体系架构，

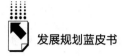

推动科研机构的创新资源数字化，形成与"科技大脑"交互协同的数字化"未来实验室"，实现与其他创新主体资源共享。二是推动企业数字化转型，全面赋能产业转型升级。立足制造业集聚的产业优势，实行分级数字化转型；依托数字产业集聚优势，推动数字化与实体经济的深度融合，赋能传统产业高端化、绿色化发展。三是推动数字技术在民生领域的深度应用，助推社会资源普惠共享。以"互联网+政务服务"为抓手，持续推进"四张清单一张网"和"最多跑一次"改革；推动人工智能、区块链、5G/6G 等技术在医疗、教育、交通等重大场景中的应用，推动社会资源共建共享普惠均等。

参考文献

杨博旭、柳卸林、王宁：《中国区域创新能力时空演变和趋势分析》，《科技管理研究》2022 年第 7 期。

蔡跃洲：《中国共产党领导的科技创新治理及其数字化转型——数据驱动的新型举国体制构建完善视角》，《管理世界》2021 年第 8 期。

李海舰、杜爽：《推进共同富裕若干问题探析》，《改革》2021 年第 12 期。

刘培林、钱滔、黄先海、董雪兵：《共同富裕的内涵、实现路径与测度方法》，《管理世界》2021 年第 8 期。

柳卸林、杨博旭、肖楠：《我国区域创新能力变化的新特征、新趋势》，《中国科学院院刊》2021 年第 1 期。

王政：《我国数字经济规模超 45 万亿元》，《人民日报》2022 年 7 月 3 日。

习近平：《扎实推动共同富裕》，《求是》2021 年第 20 期。

习近平：《把握新发展阶段，贯彻新发展理念，构建新发展格局》，《求是》2022 年第 9 期。

中国科技发展战略研究小组、中国科学院大学中国创新创业管理研究中心：《中国区域创新能力评价报告 2022》，科学技术文献出版社，2022。

改革开放与激发活力

加快建设世界一流企业

左鹏飞 *

摘　要：　党的二十大报告指出，"完善中国特色现代企业制度，弘扬企业家精神，加快建设世界一流企业"。这是党中央关于国有企业改革发展的新思想，也是新时代中国经济由高速增长阶段转向高质量发展阶段的必然要求。作为我国经济制度的内在要素，国有企业是推进中国式现代化建设、促进全体人民共同富裕的重要力量，是推动高质量发展、构建新发展格局的重要主体。本文在对我国建设世界一流企业现状分析的基础上，聚焦国有企业在改革发展中的重点难点和突出问题，结合当前主要国家建设世界一流企业的经验，为进一步做大做强国有企业，从强化国有企业科技创新主体地位、推进战略性重组和专业化整合协同发展、加快人才队伍建设以及提升国企全球运营能力等方面，提出加快建设世界一流企业的政策建议。

---

* 左鹏飞，中国社会科学院数量经济与技术经济研究所副研究员，主要研究方向为信息技术经济、数字技术创新、科技自立自强。

关键词： 世界一流企业　全球竞争力　企业家精神　国有企业

一　建设世界一流企业的现状分析

在全球经济增速低于预期、不确定性显著增强的背景下，推动世界一流企业建设提速起势，不仅有利于增强我国经济的韧性、活力和抗风险能力，而且有利于发挥中国对世界经济复苏的引擎作用，梳理总结我国当前推进世界一流企业的建设现状，有以下特点。

（一）国有企业综合实力大幅跃升，高质量发展态势更加显著

国有企业在推动高质量发展、建设现代化经济体系中的骨干作用日益凸显，为扎实推进中国式现代化建设提供了坚实基础和战略支撑。近年来，我国中央企业的综合实力不断提升，在国民经济发展中的"顶梁柱"作用不断凸显。一是规模质量明显提升。自 2020 年实施国企改革三年行动以来，我国国有企业经济规模持续壮大、综合实力显著提升，在推动我国经济提质扩量增效上取得明显成效。2022 年，中央企业全年实现营业收入39.6 万亿元、利润总额 2.6 万亿元、上缴税费 2.8 万亿元，分别同比增长9.1%、6.2%、19.3%。二是国有企业活力和效率明显提升。我国加快推进国有企业改革改制工作，持续完善国资监管体制，稳步提高国有资产资源配置效率。国企改革三年行动实施以来，中央企业的全员绩效考核覆盖率达到99.8%，中央企业和各地国企改革工作台账完成率都超过98%。① 三是央企控股上市公司质量持续优化。中央企业不断深化与资本市场的对接，持续向所控股上市公司注入优质资产，推动产业布局优化和结构调整，积极发挥上市平台功能作用，央企控股上市公司的户数和规模均保持良好增长态势。

---

① 《新华社：三年行动改革任务完成率超 98%　国企活力动力持续增强》，http://www.sasac.gov.cn/n2588025/n2588139/c26239082/content.html，2022 年 10 月 15 日。

（二）国有企业科技创新能力持续提升，创新型国有企业建设成效明显

国有企业是我国现代化产业体系科技动能的重要供给者，为夯实科技创新基础、实现高水平科技自立自强提供了重要支撑。一是研发投入效果持续显现。中央企业对科技创新工作的重视程度不断升高，研发经费投入持续增加，对重点产业和关键领域的科技供给能力持续增强，促进了科技创新活力、创造实力、创业动力的明显增强。2022 年央企研发经费首次超过 1 万亿元，并在航天、电网、大飞机、新能源等央企主导或参与的领域涌现出一批重大成果，部分领域跻身全球第一梯队。二是央企的创新主体作用日益凸显。近年来，中央企业积极融入国家战略科技力量布局，不断推进国家创新平台建设，持续壮大高层次人才队伍，在创新型国家建设中发挥日益重要的示范引领作用。截至 2022 年底，中央企业拥有 764 个国家级研发平台；拥有两院院士 231 名、专职研发人员 104.5 万人，分别占全国的 1/7、1/5。三是战略性新兴产业布局力度不断加大。近年来，围绕破解"卡脖子"技术短板，中央企业聚焦关键核心技术攻关，不断加大基础研究和应用基础研究支持力度，持续推动各类创新资源要素向未来科技和产业聚集，加强对集成电路、工业母机等战略性新兴产业的培育。3 年来，中央企业对战略性新兴领域年均投资增速超过 20%，营业收入占比超过 35%。

（三）央企国际化程度显著提高，品牌国际影响力持续提升

国有企业是我国应对新一轮全球科技革命和产业变革的战略力量，为我国深入参与全球经济竞争、经济治理以及维护国家利益提供了重要抓手。一是国际化经营能力和水平明显提高。围绕构建"双循环"新发展格局，中央企业积极融入全球产业格局，不断提升国际化经营能力和国际化开放水平，全面增强在经济全球化浪潮中的应对能力和可持续发展能力。当前，我国已有一批中央企业的综合实力跻身全球同领域领先者行列。截至 2023 年 2 月，国资央企海外资产总额达到 8 万亿元，有 8000 多个项目分布在全球 180 多个国家和地区，这些项目有力地促进了所在国家和地区的经济发展。二是国际品牌影响力显著提升。央企紧抓构建"双循环"发展格局和"一带一路"建设机遇，"走

出去"步伐不断加快,央企品牌稳步走向国际市场,在航天、高铁、核电、新能源等领域培育了一批具有国际影响力和美誉度的产品。中央企业进入全球品牌价值 500 强的企业数量从 2012 年的 13 家提高到 2022 年的 21 家;中央企业进入《财富》世界 500 强的企业数量,从 2012 年的 43 家提高到 2022 年的47 家。① 三是部分领域的国际标准话语权持续提升。中央企业不断加强自主创新能力建设,积极争取国际标准制定中的话语权,在深海、能源、交通、特高压等领域打造了一系列世界级原创性成果,形成了一批具有自主知识产权的技术和产品。

(四)国有经济布局不断优化,央企高质量发展空间进一步拓展

国有经济布局优化和结构调整是中央企业自身发展的必然选择,是服务于国民经济高质量发展的必经之路。近年来,我国加快推进国有经济布局优化和结构调整,不断推动国有资本向重要行业和关键领域集中。一是战略性重组和专业化整合深入推进。近年来,我国以市场化方式持续推进中央企业和地方国企内部的战略性重组和专业化整合。2020~2022 年,我国完成 4 组 7 家中央企业、116 组 347 家省属国有企业的重组与整合,并新组建和接收了 8 家中央企业。二是传统产业转型升级持续深化。中央企业加快技术改造升级,着力提升制造业核心竞争力,大力推进产业基础再造工程,全力支持实体经济发展,积极推进产业数字化、绿色化转型升级,在集成电路、高端机床等领域取得积极进展。三是"瘦身健体"工作取得明显成效。近年来,中央企业加快推进"两非""两资"工作任务,加大"僵尸"企业处置力度,持续推进"压减"工作,进一步让企业卸下"包袱"、轻装上阵。截至 2022 年底,央企"两非""两资"清退任务已经基本完成,并全面完成对"僵尸"和特困企业的处置;从事主业的央企数量达到 93%,以资产证券化等市场化方式盘活存量资产3066.5 亿元。②

---

① 《中央企业高质量发展报告(2022)》,http://www.sasac.gov.cn/n2588020/n2877938/n2879671/n2879673/c26508617/content.html,2022 年 11 月 18 日。

② 翁杰明:《国企改革三年行动推动国资国企领域发生深刻变革》,《学习时报》2023 年 2 月10 日。

二 建设世界一流企业面临的突出问题

经过四十多年的经济市场化改革，国有企业规模显著扩大、经营效益显著提高、国际竞争力显著增强。党的十八大以来，我国国有企业正在发生从量大向质变的重大转变，国有经济对国民经济持续健康发展的支撑作用更加彰显，并逐步建立起具有全球竞争力的现代企业集团。推进世界一流企业建设，需要企业在全生命周期活动中的各种因素和条件的综合发力，其关键点是要切实解决国有企业高质量发展过程中的痛点和难点。我国目前推进世界一流企业建设仍然存在诸多问题，核心竞争力和核心功能仍亟待提升。

（一）全球科技竞争白热化加剧，央企核心技术竞争力有待提升

中央企业是我国抢占全球科技创新制高点的主力军。从总体来看，目前中央企业有力地推进了我国产业技术创新，但其核心技术竞争力与全球同领域顶尖企业相比仍存在较大差距。一是补齐"卡脖子"短板的攻坚作用尚未充分发挥。目前，受美西方国家技术封锁、国内体系效能不强、研发投入产出效率不高等因素的制约，中央企业在破解高端芯片、关键基础软件、工业母机等"卡脖子"技术难题方面的攻坚作用尚未充分发挥，巨大的创造能力和科研潜力仍未释放。二是部分重点产业链供应链自主可控能力不强。近年来，中央企业在维护产业链供应链安全稳定方面做了大量工作，但目前在现代产业链链长建设、产业链供应链共生发展生态建设等方面仍相对滞后，加之部分领域关键核心技术受制于人，中央企业在提升先进制造业、装备制造业等重点产业链供应链自主可控能力上有巨大潜力。三是重大战略性新兴产业的引领性不强。中央企业加大战略性新兴产业布局力度，持续推动人工智能、新能源、高端装备、绿色环保等战略性新兴产业融合集群发展，然而新一代数字技术、高端制造、生物医疗、先进新材料等产业的引领性不突出。

（二）央企持续推进重组整合，资源配置效率仍需提高

企业竞争的本质是资源配置效率的竞争，专业化整合和产业化整合是提升中央企业资源配置效率的重要路径。近年来，中央企业加快推进战略性重组和

专业化整合，央企的资源配置能力大幅提升。但对标世界一流，央企资源配置效率仍需进一步提高。2022年《财富》发布的全球企业500强中，我国上榜国企的平均利润仅为美国企业的1/4。[①] 一是专业化整合和产业化整合仍需进一步融合。近年来，我国加大中央企业重组整合力度，央企内部的专业化整合和相应产业的横向整合都取得了长足进展，有力地增强了国有经济的创新力、竞争力和影响力。然而，目前专业化整合和产业化整合的融合程度不高，两者之间的互补互促作用未能有效发挥。二是结构性问题仍较为突出。由于在国民经济中具有特殊地位和重要作用，中央企业的产业分布范围较为广泛，关系到重要国计民生领域，同时企业管理层级较多，这些结构性问题制约了资源配置效率的提高。三是数字化转型步伐仍需加快。近年来，国有企业积极探索数字化转型，取得了丰硕成果和积极成效。然而，受数据标准体系建设滞后、数据要素流通程度较低、数字化转型重要性认识不足等因素的影响，国有企业的数字化仍相对滞后，导致数字化对企业的内部优化作用和外部协同作用无法充分发挥。

（三）国际人才竞争日趋激烈，央企高端人才培养机制亟须完善

人才是第一资源。近年来，我国深入实施人才强国战略，人才队伍建设取得长足发展。《2022年全球人才竞争力指数》显示，中国的排名从2019年的第45位上升到2022年的第36位，连续四年上升。中央企业的高层次人才规模也不断壮大。然而，在全球产业格局深刻重构背景下，中央企业的高端人才队伍"大而不强"的问题日益凸显。一是国际化、高层次的专门人才相对匮乏。对标世界一流企业，中央企业的人才供给数量和素质与企业发展实际需求之间存在较大差距，尤其是缺乏国际化、新兴领域的科技创新人才。二是人才结构性短缺现象突出。受企业管理模式、人才培养模式等因素的影响，目前中央企业的专业技术人才、应用型人才相对不足，部分企业的人员冗余现象依然严重，一线直接创造业绩的人员相对较少，高素质青年人才储备不足现象日益严重。三是高端人才可持续发展动力不足。目前，部分央企的高端人才规划力度仍然不足，"重使用、轻培养"的现象依然存在；关键前沿产业的需求变化

---

① 王丹：《深化改革提升国企竞争力》，《经济日报》2023年3月10日。

难以精准反馈至人才供给端；高端人才的评价匹配度和管理精细度仍需提升，人才"堰塞湖"现象依然存在，与高校、科研院所联合培养人才模式仍需优化。

（四）国企积极打造一流产品和质量，品牌国际化建设仍需加码

品牌是企业参与全球市场竞争的重要抓手，是企业应对全球不确定性的重要支撑。近年来，国有企业不断加大研发投入，产品质量得到显著提升。但长期以来，国有企业把满足国内市场需要作为主要目标，内向性特征显著，品牌的国际化经营相对滞后。一是国际通行规则对接仍需强化。受国际环境变化加剧、掌握对象国信息不足等因素影响，中央企业与国际通行规则的有效接轨仍要加强，尤其是在离岸金融、经贸规则、法律适用等方面。二是缺乏品牌国际化运营能力。国际一流品牌的形成，除了需要产品质量因素外，还需要相匹配的国际传播力。一方面，中央企业的宣传部门普遍侧重于国内，缺乏打入国际市场的产品广告策略，制约了产品海外影响力的提高；另一方面，央企与全球主流媒体对接不足，缺少常态化沟通机制，导致央企的国际话语权仍然较弱。三是央企海外履责过程中宣传力度不够。近年来，中央企业积极履行海外社会责任，助力破解当地基础设施滞后、医疗条件薄弱、教育资源不足等发展瓶颈，有力地推动了当地公益事业发展，然而，央企海外履责相关内容的报道却较少，传播范围较窄。国际媒体对相关议题的报道不足样本量的10%。[①]

三　建设世界一流企业的国际经验

（一）荷兰阿斯麦公司发展的有益启示

芯片是支撑数字经济发展的最基础元素。光刻机是芯片制造的最核心设备之一，荷兰阿斯麦公司是全球最顶尖的高端光刻机制造商，在全球光刻机市场处于垄断地位。2022年，阿斯麦公司实现净销售额212亿欧元，净利润高达

[①] 张迪、刘雨凡：《新时代中央企业国际品牌建设的对策建议——基于卓越公共关系视角》，《对外传播》2022年第3期。

56 亿欧元。作为半导体设备制造领域的世界一流企业，阿斯麦的崛起历程给我国建设世界一流企业带来了有益启示。

第一，高度重视研发投入，持续推进技术升级。阿斯麦一直重视研发创新，持续投入大量资金进行技术研发，研发投入占比在 10% 以上。同时，阿斯麦的核心技术研发并非着眼于当下产业应用，而是对前沿项目进行反复评审，持续推进技术升级，构建技术壁垒和产品壁垒。第二，多厂商联合研发，贯穿于上下游供应链。阿斯麦光刻机的供货商数量超过 5000 家，每台拥有零件数量超过 10 万个，而 85% 的零部件是与供应链上的厂商联合研发的。阿斯麦通过营造开放的生态系统，使得许多关键性技术问题能够与不同企业共同攻关解决，包括光刻镜头、光源系统、机械装置等。第三，积极聘请顶尖专家，重视顾问的意见。在前沿技术探索过程中，阿斯麦积极聘请高水平的工程师，尤其是在自身缺乏经验的领域。同时，为了保障公司持续稳健发展，阿斯麦长期坚持聘请技术、法律、战略等不同领域的高水准外部顾问。第四，积极争取政府支持，助力渡过资金难关。20 世纪 90 年代，伴随信息技术在全球范围的兴起，荷兰政府对于阿斯麦的重视程度不断提升。发展初期，阿斯麦面临资金问题时，为此其积极争取荷兰经济事务部的支持，并获得了政府的技术开发信贷支持。

（二）美国 OpenAI 公司发展的有益启示

伴随 ChatGPT 在全球的快速发展，这一技术的研发公司 OpenAI 受到了广泛关注。OpenAI 是一家从事通用人工智能研究和应用的公司，成立于 2015 年，2023 年 1 月其估值已经高达 290 亿美元，成为全球最具创新力的公司之一。作为未来前沿产业领域的世界一流企业，OpenAI 的快速崛起给我国建设世界一流企业带来了有益启示。

第一，深度聚焦基础研究，系统提升底层技术。OpenAI 致力于人工智能基础理论研究，而不是从具体场景、具体领域的应用角度入手，将创新资源和研发力量投向基础语言模型，并对语言模型进行长期的训练和投入，系统提升核心基础技术。第二，立足前沿领域，深挖可行技术路线。OpenAI 成立之初，明确了机器人、游戏人工智能和自然语言模型三个方向，并最终将自然语言模型作为人工智能研究的主攻方向，在 Google 构建的语言模型框架之上，探索新的可行技术路线。第三，避免重复做轻量产品，打造基础性应用产品。在人工智能前沿领域，不少初创公司都开发过简单的交互聊天产品，而 OpenAI 在这一领域没有重复造轮子，没有简单去做轻量产品测试，而是深挖产业基础需求，将产品研发设计落到产业最底层，以构建基础设施的思维研发自然语言处理模型。第四，灵活运用风险投资，构建企业战略联盟。在 OpenAI 发展中并未获得美国政府的引导资金和财政补贴的支持，主要依靠风险投资，融资规模达到 40 亿美元，并与微软形成结盟关系，微软成为 OpenAI 技术商业化的"首要合作伙伴"。

四 推进世界一流企业建设的政策建议

（一）强化国有企业科技创新主体地位，提升服务和保障国家战略能力

在推进中国式现代化建设进程中，国有企业是我国科技强国建设的核心主体，是科技进步和创新的重要承载者。国有企业要瞄准世界科技前沿，加快提升基础研究能力和原始创新能力，全力打造原创技术策源地。一是持续完善国有企业科技创新体制机制。强化创新在企业发展中的核心地位，持续完善国有企业法人治理结构，深化科技管理体制改革，推进关键核心技术突破体系和评价体系建设，增强高水平原创技术供给能力。二是完善基础研究投入机制。加强重要领域的基础研究项目部署，健全多元化投入机制，推动财政支持、政府采购、国家基金等协同发力，提高项目的可融资性和收益性，稳步提升基础研究能力。加快原创技术生态环境培育，强化基础研究和产业需求的有效衔接。三是完善联合研发机制。以核心技术研发和应用为导向，拓展产业边界和应用范围，推进开放技术生态系统建设；完善企业与外部合作研发机制，打造供应链上下游重要厂商的合作开发平台，完善与高校、科研院所、国家重点实验室的联合研发机制；积极聘请技术、战略、管理等不同领域的高水平外部顾问。

（二）推进战略性重组和专业化整合协同发展，聚焦主业提升效率效益

加快推进央企强强联合和企业间专业化整合，促进央企内部资源整合和优

化，持续优化国有经济结构，不断提高国有企业效率和贡献水平。一是推进中国特色国有企业现代企业制度建设。把党的领导融入企业治理各环节，确保党的领导制度化、体系化和规范化，进一步厘清企业党委会与企业董事会、经理层等的权责边界，实现党的领导与国有企业治理有机融合；构建以市场化为导向的企业管理机制，强化有效制度和精准政策供给，不断完善现代企业治理体系。二是深入开展新一轮国企改革深化提升行动。继续巩固已有行动成果，以提升核心竞争力和核心功能为重点，全面优化国企管理目标体系，持续推进管理能力现代化；推动国企更加聚焦主责主业主线，优化存量结构，促进增量提升，促进各类要素资源的流动、聚集与整合，激发国有企业高质量发展的内生动力。加大对战略性新兴产业的支持力度，鼓励布局高价值的新领域新赛道。三是加快完善和落实"一利五率"经营指标体系。促进"一利五率"与国企自身战略深度融合，扎实推进"一利五率"目标任务落实落地，充分发挥"一利五率"对企业生产经营工作的统领作用；统筹协调"一利五率"指标间关系，动态优化"一利五率"指标体系，发挥多指标合力作用。

（三）加快世界一流水平人才队伍建设，提升和扩大人才自主培养质量和规模

围绕世界一流企业的建设目标，加快打造高层次人才队伍，构建与企业发展战略高度适配的人才培养体系，发挥好高层次人才在企业发展中的第一资源作用。一是完善高层次人才培养体系。加大对科学素养高、发展潜力大的骨干人才培养力度；加强本领域的基础学科人才培养，重点支持一批取得突出成绩、具有明显潜力的人才；加大对前沿新兴领域人才的培养与引进力度；制定系统性递进式培养方案，统筹安排青年科研骨干承担和参与重大科研任务。二是完善人才激励约束机制。以科研任务为主责，完善"揭榜挂帅""赛马"等机制在重大项目中的应用；深化科技人才岗位设计，完善首席科学家、首席技术专家等制度；健全科学的人才评价激励机制，强化中长期激励，强化荣誉激励，激发和释放人才的创新创造活力；推进人才服务保障工作科学化、规范化和效能化。三是推动央企科技人才高地建设。立足中国、面向全球，瞄准世界科技发展前沿，建立健全与全球人才中心的常态交流机制，积极引进和聚集全球高科技人才；加快完善国家高水平人才高地央企参与机制，支持和参与国家

实验室建设、大科学计划、大科学工程，充分发挥央企在国家科技自立自强中的核心作用。

（四）把握世界经济格局趋势性变化，增强国企全球市场竞争力

国际化是国企进入世界舞台、拓展国际市场空间的重要途径。一是主动转变国际化思维。全球局势变化与演变趋向是决定国企能否把握未来发展主动权的重要参数。在国内国际双循环背景下，国企要进一步打破固化思维，实现从国内思维向国际思维转变，以国际化的发展目标倒逼企业职能的转变与创新。二是强化国际经贸规则衔接。国企要立足我国实际需要，积极参考和借鉴国际主要经验和做法，加强国际经贸规则研究、运用和人才培养；鼓励国企设立新型项目，探索创建国际规则试验区，细化国际规则分类、拓宽衔接路径，提升与国际经贸规则对接的针对性和实效性；积极参与国际经贸规则制定，加强多边合作，提升我国在国际经贸规则制定中的话语权。三是加强全球运营能力建设。坚持全球视野，做好科学谋划，探索构建国企国际形象提升工程，全方位塑造和提升国企海外形象；充分发挥我国在国际工程建设的传统优势，进一步强化与东道国和地区的友好往来；深化对国际市场的研究，积极打造国企与当地企业的生态联盟；丰富和提升中国品牌的内涵，加强国际传播能力建设。

专栏：浙江省打造世界一流企业的创新举措和经验做法

目前浙江省在建设世界一流企业方面处于全国领先地位。2023年2月，国资委发布《创建世界一流示范企业和专精特新示范企业名单》，其中有7家地方国企入选"创建世界一流示范企业"名单，浙江省有1家；有57家地方国企入选"创建世界一流专精特新示范企业"名单，浙江有5家，是全国入选名单最多的省份。综合来看，浙江省的建设经验主要包括以下三个方面。

第一，紧抓新一轮工业革命浪潮，引导行业头部企业提升价值创造能力。引导行业头部企业抓住新产业变革机遇，鼓励企业充分利用技术、人才和规模优势，加强技术创新，增加产品附加值，推动企业向价值链高端发展。2023年浙江省5家企业入选"创建世界一流专精特新示范企业"名单，分别来自化工、能源、工业汽轮、低温设备、机电等领域。

第二，多措并举持续优化营商环境，助力企业发展壮大。把优化营商环境

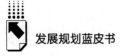

作为年度"一号改革工程",推动构建亲清政商关系;出台"最多跑一次"等一系列改革举措,充分发挥数字化对营商环境的优化作用,开展公平竞争领域"双行动",持续营造市场化、法治化、国际化的一流营商环境。

第三,大力支持企业开展国际化经营,鼓励企业主动出海拓展市场。为企业"走出去"创造良好的政策环境,支持头部企业走国际化发展道路。2023年开年,浙江省制定机票、展位、保险等一系列优惠政策,并由政府牵头,积极组织了250多个出海"抢单"团,有效拓宽了企业的国际市场。

参考文献

翁杰明:《国企改革三年行动推动国资国企领域发生深刻变革》,《学习时报》2023年2月10日。

王丹:《深化改革提升国企竞争力》,《经济日报》2023年3月10日。

张迪、刘雨凡:《新时代中央企业国际品牌建设的对策建议——基于卓越公共关系视角》,《对外传播》2022年第3期。

B.14
推进国有企业混合所有制改革

李文军　石先艳*

摘　要： 国有企业在中国经济中具有举足轻重的地位，发展混合所有制经济是国企深化改革的重要方向。本文系统回顾了中国国有企业混改从萌芽探索，到成长发展，再到调整完善，及至全面深化的发展历程，分析了国有企业混改取得的成绩以及国企参与积极性、混改效果、混改结构和混改融合度方面存在的问题，提出了进一步推进国企混改需要坚持"分类分层"混改思路；完善国有资本监管体制，提升国有企业资源配置效率；完善产权保护制度体系，激发混改主体参与热情；坚持高标准引入战略投资者，助推国有企业混改质效变革；完善国有企业治理结构，提高国有企业现代化治理水平等相关对策建议。

关键词： 国有企业　混合所有制　公司治理体系

一　引言

国有企业在中国经济中起到了"压舱石"的作用，具有举足轻重的地位，国有企业改革的目标就是做强做优做大。党的十八届三中全会强调了"混合所有制经济是基本经济制度的重要实现形式"，[①] 旗帜鲜明地确立了混合所有制经济在国企改革中的地位和角色。在这一指导思想引领下，中央及各级政府相继出台了一系列与国有企业混合所有制改革相关的文件和政策，[②] 对国有企

---

* 李文军，中国社会科学院数量经济与技术经济研究所研究员，主要研究方向为产业技术经济；石先艳，中国电子科技集团管理学博士，主要研究方向为国企改革。

① 中国共产党第十八届中央委员会第三次全体会议 2013 年 11 月 12 日通过《中共中央关于全面深化改革若干重大问题的决定》。

② 如 2015 年陆续出台《中共中央　国务院关于深化国有企业改革的指导意见》等。

业混合所有制改革（以下简称"国有企业混改"或"国企混改"）的指导思想、改革原则、基本流程、操作规范进行了要求和规范，为国有企业混改构建了"四梁八柱"。党的十九大强调"积极发展混合所有制经济是培育具有全球竞争力的世界一流企业的重要途径"，"十四五"规划进一步明确"按照完善治理、强化激励、突出主业、提高效率的要求，深化国有企业混合所有制改革，深度转换经营机制"。① 党的二十大提出要继续"深化国资国企改革"，"完善中国特色现代企业制度"，对国资国企改革发展提出了新使命新任务，为进一步推进和完善国有企业混改提出了新要求。

当前，我国已进入全面建设中国式现代化的新时代，国有企业改革已经进入了改革攻坚的"深水区"，国有企业混改是国有企业改革的关键和抓手。以国有企业改革历史为主线，系统梳理国有企业混改制度变革和国有企业分类改革的演化过程，更好地厘清国有企业混改演化思路，针对推进国有企业混改进一步发展提出科学合理的对策建议，具有重要的理论意义和实践价值。

二　国有企业混改的历程

回顾 40 多年来国有企业改革历程，建立现代企业制度，利用所有权与经营权分离把国有企业构造成独立的市场主体，让国有企业"在微观层面建设公平参与市场竞争的企业主体"一直是改革的方向和重点。② 混合所有制改革的目的之一也是通过资本多元化进一步推动国有企业现代化，这一进程经历了萌芽探索、成长发展、调整提高、全面深化等四个阶段。

从 1978 年党的十一届三中全会召开到 1992 年党的十四大召开，可视为我国国企混改的萌芽探索阶段。这一阶段市场经济开始萌芽，以放权让利激活国有企业活力为重点，扩大企业自主权试点范围、推行经济责任制、两步"利改税"等主要针对国有企业经营机制的改革措施陆续展开。开始探索股份制改造，混合所有制雏形基本形成，虽然还存在理论上"社会主义范畴"与

---

① 《中华人民共和国国民经济和社会发展第十四个五年规划和 2035 年远景目标纲要》，新华社，2021 年 3 月 12 日。

② 项安波：《重启新一轮实质性、有力度的国有企业改革——纪念国有企业改革 40 年》，《管理世界》2018 年第 10 期。

"资本主义范畴"的意识形态争论，但星星之火已有可以燎原之势。1984 年《中共中央关于经济体制改革的决定》发布，要求打破计划经济同商品经济对立起来的旧观念，树立自觉依据和运用价值规律的新观念，同时提出了"建立多种形式的经济责任制"和"所有权与经营权适当分开"，也就是"两权分离"理论的实践，为后续股份制改革和混合制探索奠定了基础。1987 年，党的十三大明确了各种股份制形式包括个人入股，都是"社会主义企业财产的一种组织方式"，对股份制的性质予以明确。随后，全国各地纷纷进行股份制改革试点，截至 1992 年试点企业达到 3700 家之多。①

1992 年召开的党十四大明确了我国经济体制改革的目标是建立社会主义市场经济体制，开启了我国改革开放的新阶段，自此开始至 2003 年国有资产监督管理委员会设立，我国国企混改也进入成长发展阶段。党的十四大强调了我国经济体制特征是"一个主体"（公有制）、"三个补充"（个体经济、私营经济、外资经济），提出通过国有经济布局与结构战略性调整，采用"抓大放小"的方式重新整合，建立企业优胜劣汰机制，切实改变国有企业大面积经营亏损和财政负担过重的局面，为国有企业轻装上阵打下基础。党的十四届三中全会强调要建立"产权清晰、权责明确、政企分开、管理科学"的现代企业制度，国家层面也对发展混合所有制企业持肯定态度，为混合所有制的跨越式发展提供了制度保障。1993 年《公司法》颁布后，旨在建立现代企业制度的公司化改造试点逐步展开，建立现代企业制度成为国有企业混改的重点和方向，有力促进了国有企业现代企业制度的建立和资本市场的发展。1997 年，党的十五大对公有制经济内涵进行了扩充，将"混合所有制经济中的国有成分和集体成分"也纳入其中，混合所有制经济从制度层面得到认可，在此基础上国企混合所有制改革进入跨越式发展的快车道。据统计，截至 2001 年 4731 家重点企业中有 3322 家已经实现了公司化改造，② 为国有企业混改奠定了坚实的基础。

2003 年，按照党的十六大关于建立"三分开、三统一、三结合"的新型国资管理体制要求，国有资产监督管理委员会（以下简称"国资委"）应运而生，以此为起点到 2012 年，混合所有制改革进入调整提高阶段，国企混改得到"质"的提升。国有企业从以前多头管理模式变为由国资委代表国家全面履行出资人职责，

---

① 《东风绽放花千树——以城市为重点的经济体制改革探索》，中国经济网，2022 年 2 月 27 日。
② 《全国重点企业改制与发展现状》，中国统计信息网，2002 年 9 月 19 日。

国资委成为既要管人管事也要管资产的"东家"角色。国有企业改革思路也进行了战略调整,《企业国有资产监督管理暂行条例》和《中华人民共和国企业国有资产法》等一系列规范性文件先后出台,为国有产权交易公开透明提供了制度保障。混合所有制改革混合对象已经拓展至民营企业、中外合作企业等,通过证券化上市实现"资本社会化"进一步发展。在指导思想上,坚持"防止国有资产流失,促进国有资产保值增值"的原则,混合所有制改革不仅从"量"上得到了巩固,更是从"质"上得到了提升,不再简单地停留在混合实现股权结构多元化上,而是更注重混合所有的产权结构能否发挥提高企业效率的积极作用。但国资委直接管人、管事、管资产,"既当裁判员又当运动员"的定位让监管陷入尴尬境地,改革的呼声也越来越高。同时"僵尸企业""产能过剩"等问题严重制约国有企业发展,国有企业垄断经营、高额补贴等不公平竞争也饱受争议,新一轮国有企业混改蓄势待发。

2013 年 11 月,党的十八届三中全会通过了《中共中央关于全面深化改革若干重大问题的决定》,为国有企业深化改革指明了方向,明确了继续推进混合所有制经济发展、改革国有资产管理体制、推动国有企业完善现代企业制度、非公有制参与国有企业改革等重点内容,国有企业混改进入全面深化阶段。2014 年,国资委在其所监管的中央企业开展"四项改革"试点工作,通过先行先试,以点带面,用先进带动整体推进。2015 年 8 月,中共中央颁布了《中共中央　国务院关于深化国有企业改革的指导意见》(简称"22 号文"),各部委和地方也相应出台了一系列国有企业改革的"1+N"政策文件,国有企业改革顶层设计框架基本确立,为全面深化改革打下了坚实的制度基础。2015 年 10 月,国务院发布的国有企业混改意见明确了"分类分层"的思路,[①] 鼓励非国有资产参与国有企业混合所有制改革。分类就是根据国有企业所处的不同行业采取不同的方式,实行不同的监管机制和公司治理机制,对于竞争行业的国有企业"稳妥推进",对于重要行业的国有企业"有效探索",对于公益类的国有企业"规范引导"。分层就是要按照国有企业层级特点,采用不同的混改方式,采用"一企一策"提升混改效果。2019 年国务院国资委进一步明确了"管资本"要求,印发《关于以管资本为主加快国有资产监管职能转变的实施意见》,为加快国有资产监管职能转变提供了行动指南,为后续国有企业混改创造

---

① 2015 年 9 月发布《国务院关于国有企业发展混合所有制经济的意见》。

了良好的环境。随着"双百行动"① 和"国有企业三年行动计划"② 的推行，这一阶段混合所有制改革进入深化加速的新周期，国有企业混改全面深化。

专栏 国有企业改革政策框架

指导思想

《中共中央 国务院关于深化国有企业改革的指导意见》
（中发〔2015〕22号）

基本思路

《国务院关于国有企业发展混合所有制经济的意见》
（国发〔2015〕54号）
《关于深化混合所有制改革试点若干政策的意见》
（发改经体〔2017〕2057号）

操作规范

《中央企业混合所有制改革操作指引》
（国资产权〔2019〕653号）各省份相关操作指引文件

机制改革

法人治理	授权机制		工资管理
《国务院办公厅关于进一步完善国有企业法人治理结构的指导意见》（国办发〔2017〕36号）	《国务院关于推进国有资本投资、运营公司改革试点的实施意见》（国发〔2018〕23号）	《改革国有资本授权经营体制方案》（国发〔2019〕9号）	《国务院关于改革国有企业工资决定机制的意见》（国发〔2018〕16号）

员工长期激励

《关于国有控股混合所有制企业开展员工持股试点的意见》（国资发改革〔2016〕133号）	《国有科技型企业股权和分红激励暂行办法》（财资〔2016〕4号）、《关于扩大国有科技型企业股权和分红激励暂行办法实施范围等有关事项的通知》（财资〔2018〕54号）	《关于上市公司实施员工持股计划试点的指导意见》（证监会公告〔2014〕33号）	《关于进一步做好中央企业控股上市公司股权激励工作有关事项的通知》（国资发考分规〔2019〕192号）

《国务院办公厅关于加强和改进企业国有资产监督防止国有资产流失的意见》（国办发〔2015〕79号）

《关于在深化国有企业改革中坚持党的领导加强党的建设的若干意见》（2015年）

《企业国有资产交易监督管理办法》（国资委、财政部令第32号）

《关于以管资本为主加快国有资产监督职能转变的实施意见》（2019年）

注：笔者根据相关政策文件整理而成。

---

① 2018年3月国务院国资委发布《关于开展"国企改革双百行动"企业遴选工作的通知》，国务院国有企业改革领导小组办公室决定选取百家中央企业子企业和百家地方国有骨干企业在2018~2020年实施"国企改革双百行动"。

② 2020年6月30日中央深改委第十四次会议审议通过了《国企改革三年行动方案（2020—2022年）》，对国资国企改革发展作出重大战略部署。

三　国有企业混改的成绩与问题

经过多年探索和发展，国有企业混合所有制改革取得了显著成效。截至2021年底，我国国有企业资产总额达308.3万亿元，[①] 规模和效益增速均高于同期宏观经济总体增速。2021年全国国有企业营业收入、利润总额较2020年分别增长18.7%、26.3%，2022年国务院国资委监管的中央企业年化全员劳动生产率较国企改革三年行动之初增长32.5%。[②] 这些成绩的取得，国企混改功不可没。

（一）国有企业混改的主要成绩

一是国有企业混改规模不断扩大。就混改事项而言，中央企业2013年至今累计实施混改4000多项，吸收社会资本超过1.5万亿元；就混改户数而言，截至2017年底，在中央企业及各级子企业中，混合所有制户数占比达到69%，相比2012年提高近20个百分点，地方国有企业混合所有制户数占比高达54%，共计引入社会资本超7000亿元；从所有者权益层面看，2017年底，中央企业所有者权益总额17.62万亿元，其中引入社会资本形成的少数股东权益5.87万亿元，占比33%。[③] 就产权结构而言，2012~2020年，中央企业通过混合所有制改革引入社会资本形成的少数股东权益由3.1万亿元增至9.4万亿元，社会资本在央企产权结构中占比由27%提升到38%，国有资本与社会资本在产权层面已实现较大范围的混合。

二是试点示范作用明显。2016~2019年，国家发改委共公布了四批试点企业名单，总计210家。2014年只有部分国有企业，如中石油、中石化等国有企业的小规模尝试，到2016年，东航集团、联通集团等9家单位作为第一批央企被纳入混改试点，到第二批10家、第三批31家，再到第四批160家，可以试点单位数量呈现飞跃式发展。尤其是国有企业改革"三年行动"以来，

①　《国务院关于2021年度国有资产管理情况的综合报告》，中国人大网，2022年11月2日。
②　《抓紧研究谋划新一轮深化国企改革行动》，新华社，2023年2月27日。
③　《国资委召开国有企业混合所有制改革媒体通气会》，http://www.sasac.gov.cn/n2588020/n2588057/n8800048/n8800068/c9826237/content.html，2018年11月15日。

实施央企混合所有制改革超 900 项，共计引入社会资本超 2000 亿元，[①] 在混改推进和改制整合方面都体现出明显的"加速度"，为"十四五"时期持续深入推进国有企业混改奠定了良好的基础。

三是国企混改效果突出。混合所有制改革进一步解决了资产证券化后的遗痛，混合所有制改革主要是使国有企业股权多元化，广义混改包括员工持股、公开上市、引入战略投资者等，狭义混改主要是指引入战略投资者。就上市公司而言，国有资产的证券化是推动股东多元化的方式之一，通过引入公众股东，推动了法人治理结构不断完善，同时还可以将自己置身于公众之中，便于公众监督，最终助推公司业绩的提升。其中，一些战略投资者可能同参与混改的国企处于同一条产业链、供应链上，形成股东资源互补，促进双方发展和竞争力的增强。同时当外部战略投资者的持股比例达到一定程度并具有一定话语权后可在一定程度上形成股权制衡，促进国有企业在战略规划、组织管理方面的民主化和市场化。

（二）国有企业混改的困境和问题

近年来，国有企业混改取得了长足进步，在政策层面，顶层设计已经形成；在实践层面，分层分类的混改试点、垄断企业的混改、国有企业三年改革行动都在稳步推行。但也应该清醒地认识到国企混改还存在不少问题，主要有以下几方面。

1. 从混改的参与积极性来看，各方参与混改的主观能动性尚未被完全激发

"1+N"的混改政策已经对国有企业如何进行分层分类混改有了比较明确的规定，但整体而言，混改的配套制度还有待进一步完善，尤其是在国有企业的信息披露方面还存在不透明问题。对于国有企业经营者来说，在混改过程中股权评估可大可小，这种"自由裁量权"会带来"国有资产流失"风险，国有企业因担心决策操作失误造成国有资产流失需承担责任而"不愿混"，[②] 加之对混改后自己职务和职业生涯前景的综合考量，国有企业经营者会进一步谨

---

① 《国务院新闻办就 2020 年央企经济运行情况举行发布会》，http：//www.scio.gov.cn/xwfbh/xwbfbh/wqfbh/47673/48612/wz48614/Document/ 1727688/1727688.htm，2020 年 1 月 20 日。

② 綦好东、郭骏超、朱炜：《国有企业混合所有制改革：动力、阻力与实现路径》，《管理世界》2017 年第 10 期。

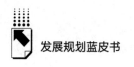

慎权衡混与不混的利弊。此外，一些垄断行业、盈利能力强的非竞争行业的国有企业混改意愿不强。

国有企业混改对于民营企业来说本来是一件非常有益的事情，但很多民营企业对此存在顾虑。一方面担忧强势的国有资本让自己在混改后没有话语权，另一方面担忧自己的权益不能得到保障。消除民营企业家对混改的担忧，对激发民营企业参加国有企业混改而言十分关键。要进一步完善相关混改的保障制度，建立明确的进入与退出机制，提升国有企业承诺的可置信，确保民营企业的合法权益。

2. 从混改的效果来看，混改后经营机制和决策模式没有发生实质变化

国有企业混改中的"混"是解决资本进入的问题，是基础，而"改"是解决转变经营理念和经营方式的问题，既是目的也是关键。从理论上来讲，国有企业混改会引入外部股东，双方利益博弈会促使外部股东要求按照企业股东利益最大化的目标提升经营效益。但实际上受路径依赖等原因的影响，国有企业经营管理者极有可能依然按照以前的经营理念行事，即便是在混改过程中控制权最终有所变化，由于存在相互制约也不能大规模更换管理层，改革之后整体上仍是"涛声依旧"，导致混合所有制的优势没有发挥出来。混改后的企业按照约定构建了新的"三会一层"法人治理体系，但由于国有资本较为强势、部分国有企业在混改之前没有进行有效的分层分类、"搭便车"等行为以及权责不明确等，往往"三会一层"难以实现权责分明，并不能促进股东制衡从而提升企业的治理水平和能力。

3. 从混改的结构来看，进展不平衡和行业分类界限模糊并存

首先，混改进展不平衡。目前中央和省属集团公司的混改尚未真正启动，国有上市公司的混改程度还不足；相反，国有股东更愿意增持而不是出售盈利能力强的上市公司股份，导致在电力、石油、天然气、电信等非竞争性行业的国有股权占比呈上升趋势，混改试点企业数量并不多。总体上看，目前政府对有关混合所有制改革的推进仍比较谨慎。

其次，行业分类界限不清。虽然政策文件（如《关于国有企业功能界定与分类的指导意见》）根据主营业务和核心业务范围对国有企业作了分类指导，但实际上国有企业承担着"盈利"和"公益性"两种使命，国有企业业务范围较为广泛，既有公益类也有商业类，二者相互交织难以分割，因此国有企业可能在国有企业分类改革中很难准确找到特定的分类，导致在行业分类上

存在一定混乱。

4. 从混改的融合来看，产权多元化导致的文化和逻辑冲突有待解决

国有企业与非国有企业在文化、管理风格等方面差异较大，国有企业实施混改后，必然会存在多元化文化融合和碰撞问题，从目前混改实践来看，文化冲突和管理理念不同是混改后亟须解决的难题。一般来说，国有企业具有一定的政府行政色彩，注重程序，决策时间较长，而民企大多数具有家族化管理作风，注重实质，决策程序较为随意，国有企业混改后如果文化融合不好，势必会增加企业的运行成本，从而削弱国有企业混改的效果。文化冲突的深层次是政府权力逻辑与财产权利逻辑的冲突，国有企业遵循的是政府权力逻辑，强调领导与被领导关系，而非国有企业遵循的是财产权利逻辑，强调市场机制，国有企业混改过程中并不能很好地调和这两种逻辑。[1]

四　推进国企混改的对策建议

我国改革已进入"深水区"。未来国企混改需要向纵深发展，以提高核心竞争力和增强核心功能为重点，推进国有企业混合所有制改革，切实塑造符合自身性质和功能定位的微观主体，提升资源配置效率，推进我国经济高质量发展。根据国企混改的方向要求，结合尚存的困境与问题，为此提出以下对策建议。

（一）坚持"分类分层"混改思路

精准稳妥地推进国有企业混改，坚持"分类分层"混改思路。目前，国家政策针对不同企业性质将其划分为商业一类、商业二类和公益类，并对不同类别的国有企业有明确的定位。政府要根据政策要求结合企业特点，在充分沟通的前提下准确界定企业属性类别。同时在推进过程中，要按照"宜独则独、宜控则控、宜参则参"的改革要求分类实施，坚持有进有退、因企施策、一企一策的原则，使市场力量和行政手段相结合。分层推进方面，明确中央企业与地方企业的不同使命，差异化推进混改。可以按照先易后难的原则，先选择

---

[1]　张文魁：《混合所有制的股权结构与公司治理》，《新视野》2017 年第 4 期。

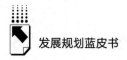
层级较低、改革难度低的地方国企作为混改试点，并根据各地方产业优势和区域特色，引入合适的战略投资者，推动地方国企混改。中央企业可采取从下到上的方式，从某一个最适合、最具备条件的板块进行混改，使其发挥示范效应，从而推动整个集团的改革。

（二）完善国有资本监管体制

首先，需要转变国资监管机构职能和履职方式。新时代国有资本管理方向是从"管人、管事、管资产"的多重目标模式转向"管资本"的单一目标模式，加强出资人资本运营功能，通过国有资本投资运营公司，构建"国资委、国有资本投资运营公司、国有企业"三层架构，搭建以"管资本"为主的国资监管体系，保障企业经营权，推进监管机制市场化转型，最大限度地减少各种类型的行政干预。

其次，需要进一步理顺三层架构的关系。第一层是国务院和地方国资委将股东的角色让渡给国有资本投资运营公司，从管理职能转向监督管理职能，聚焦国家与地区国有资本战略布局，监督并任命国有资本投资运营公司董事会。第二层是国有资本投资运营公司部分履行国有资本的股东职能，通过股权投资方式落实战略，并严格按照现代企业治理方式运营被投资公司，实现国有资本的"有进有退、合理流动"。第三层是国有企业按照现代企业治理方式，基于市场化原则选聘管理层，挑选更有管理与经营经验的职业经理，独立自主开展经营活动。

（三）完善产权保护制度体系

针对国有企业混改过程中国有企业和非国有企业的不同顾虑，需要完善产权保护制度体系，激发混改主体的参与热情。首先，需要建立混改容错机制，消除悬在国企混改践行者头上的"达摩克利斯之剑"的负面影响。要正确区分改革过程中正常试错出现的决策操作失误与以权谋取私利的行为，建立敏捷纠错机制，以"容错"激励改革，以"纠错"消化试错成本，给国有企业参与混改"松绑"，增强对混改的信心，营造良好的混改氛围。其次，要积极构建公平公正的制度体系。进一步修订完善制约国有企业混改的规则制度，建立能提高社会资本投资积极性的法律法规，完善保护中小投资者特别是小股东权益的法规制度体系，确保各类产权资本在混改中流转顺畅。要大力发展资产评估、产权交易、审计等第三方服务组织机构，促使服务标准、服务程序与服务方式进一步规范化。最后，要多种途径吸引非国有资本参与国有企业混改。保障国有资本与非国有资本具有同样的权利，消除民营资本的后顾之忧。对于一些竞争性国有企业，可以让非国有资本控股，对于一些涉及国计民生的重要企业，在保障国有企业控股的前提下，吸引优质民营资本参与混改。

（四）高标准引入战略投资者

坚持高标准引入战略投资者，是助推国有企业混改质效变革的重要举措。一是要坚持市场化原则引入战略投资者，引入具有市场化基因的战略投资者倒逼国有企业市场化机制形成。二是要坚持股权相对集中原则引入战略投资者，引入的资本能够改善股权结构，并以此形成股东相互制衡，减少由单一产权引发的委托代理问题，提升公司治理水平。三是坚持股东资源互补原则引入战略投资者，通过引入具有资源异质性及资源优势互补的资本，使股东资源与企业融合、嫁接和整合，使得各混改参与方业务关联并促进企业价值链延伸。

（五）完善国有企业治理结构

国有企业混改不会"一混就灵"，需要建立权责明晰的现代国有企业治理结构，理顺党委、董事会、监事会与经理层之间的关系，特别是通过促进企业治理体制和经营机制改革，更好发挥党组织在公司治理中的作用，完善国有企业治理结构，提高国有企业现代化治理水平。一是突出股东制衡与股东资源互补，构建公司治理体系。充分发挥各方股东资源互补优势，构建符合混改企业实际的新型治理模式，充分发挥战略投资者资源互补优势，发挥协同效应、互补效应，促进企业战略竞争优势。二是突出市场在资源配置的决定性作用。建立市场化的人员流动机制，强调市场化选聘、契约化管理，为混改后的国有企业配置一批专业精、管理强的职业经理人，培育企业家精神。建立具有活力的市场导向薪酬机制和市场化考核监督机制，形成激励与约束兼容，提升企业活力和竞争力。

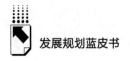

（六）推动文化融合形成文化合力

消弭产权多元化导致的文化冲突需要推动文化融合，这是一个循序渐进的过程，需要全流程进行梳理，混改前要充分了解国有企业与引入投资者在经营理念上的差异，优先选择股东资源互补和价值取向趋同的投资者；混改过程中要设计好股权方案和沟通平台，防止因模糊条款而引发后续争议；混改后充分利用各方文化优势，有机融合，提炼出一套适合混改后的新企业文化，形成文化合力，以高质量企业文化推动混改企业高质量发展。

参考文献

项安波：《重启新一轮实质性、有力度的国有企业改革——纪念国有企业改革40年》，《管理世界》2018年第10期。

綦好东、郭骏超、朱炜：《国有企业混合所有制改革：动力、阻力与实现路径》，《管理世界》2017年第10期。

张文魁：《混合所有制的股权结构与公司治理》，《新视野》2017年第4期。

B.15
加快构建全国统一大市场[*]

李兆辰[**]

摘　要： 建设全国统一大市场是我国构建新发展格局的基础支撑和内在要求。加快构建全国统一大市场，对于建设高标准市场体系和高水平社会主义市场经济体制具有重要意义，有利于推动我国市场更加高效、公平和开放，推进高质量发展。"统一""大""市场"分别体现了结构、规模和机制方面的内涵，有利于形成正反馈机制。现阶段，全国统一大市场的实施进展体现在构建规则框架、优化营商环境、加强市场监管、激发市场活力等方面，下一阶段需要重点关注破除市场壁垒、查处不正当竞争行为、强化反垄断、完善制度规则。对于我国加快构建全国统一大市场，从三个方面提出政策建议，包括建设统一联通的市场设施、优化统一公平的监管模式、完善统一协调的制度规则。

关键词： 全国统一大市场　国内大循环　市场监管　营商环境

一　政策背景

"十四五"规划和2035年远景目标纲要设立"建设高标准市场体系"专章，明确提出实施高标准市场体系建设行动，健全市场体系基础制度，坚持平等准入、公正监管、开放有序、诚信守法，形成高效规范、公平竞争的国内统

---

　* 本文部分内容发表于《北京工业大学学报》（社会科学版）2023年第2期。

　** 李兆辰，中国社会科学院数量经济与技术经济研究所助理研究员，主要研究方向为公共治理、创新经济学等。

一市场。① 2022 年 3 月，中共中央、国务院发布的《关于加快建设全国统一大市场的意见》明确提出，建设全国统一大市场是构建新发展格局的基础支撑和内在要求。加快建设高效规范、公平竞争、充分开放的全国统一大市场，全面推动我国市场由大到强转变。② 这标志着我国从全局和战略高度系统提出了"全国统一大市场"这一概念。

从构建全国统一大市场的政策背景来看，早在 2017 年 10 月，党的十九大报告就在"贯彻新发展理念，建设现代化经济体系"这一部分提出"清理废除妨碍统一市场和公平竞争的各种规定和做法"。③ 2021 年 1 月，习近平总书记在省部级主要领导干部学习贯彻党的十九届五中全会精神专题研讨班开班式上强调，"构建新发展格局的关键在于经济循环的畅通无阻"，要"加快培育完整内需体系，加强需求侧管理，扩大居民消费，提升消费层次，使建设超大规模的国内市场成为一个可持续的历史过程"。④ 2021 年 3 月，"十四五"规划和 2035 年远景目标纲要提出，"加快构建国内统一大市场，对标国际先进规则和最佳实践优化市场环境，促进不同地区和行业标准、规则、政策协调统一，有效破除地方保护、行业垄断和市场分割"。2021 年 12 月，习近平总书记在主持召开中央全面深化改革委员会第二十三次会议时强调，"构建新发展格局，迫切需要加快建设高效规范、公平竞争、充分开放的全国统一大市场，建立全国统一的市场制度规则，促进商品要素资源在更大范围内畅通流动"。⑤ 2022 年 3 月，中共中央、国务院发布《关于加快建设全国统一大市场的意见》，标志着我国从全局和战略高度系统提出了"全国统一大市场"这一概念。

① 《中华人民共和国国民经济和社会发展第十四个五年规划和 2035 年远景目标纲要》，http://www.gov.cn/xinwen/2021-03/13/content_5592681.htm，2021 年 3 月 13 日。
② 《中共中央 国务院关于加快建设全国统一大市场的意见》，http://www.gov.cn/zhengce/2022-04/10/content_5684385.htm，2022 年 4 月 10 日。
③ 《习近平在中国共产党第十九次全国代表大会上的报告》，http://www.gov.cn/zhuanti/2017-10/27/content_5234876.htm，2017 年 10 月 27 日。
④ 习近平：《深入学习坚决贯彻党的十九届五中全会精神 确保全面建设社会主义现代化国家开好局》，《人民日报》2021 年 1 月 12 日。
⑤ 习近平：《加快建设全国统一大市场提高政府监管效能 深入推进世界一流大学和一流学科建设》，《人民日报》2021 年 12 月 18 日。

加快构建全国统一大市场,有利于充分发挥市场在资源配置中的决定性作用,更好发挥政府作用,对于加快构建新发展格局,着力推动高质量发展具有重要意义。建设统一大市场,包括在市场主体、制度规则、监管政策和基础设施等诸多方面建立和完善正反馈机制。建设全国统一大市场是我国构建新发展格局和推进高质量发展的重要基础和支撑,需要促进生产、分配、流通、消费等各个环节更加畅通,提高市场运行效率,进一步巩固并扩展我国的市场资源优势,使得建设超大规模的国内市场成为一个可持续的历史过程。建立在正反馈机制上的统一大市场,有利于促进各类要素资源在更大范围内畅通流动,推动我国市场更加高效、公平、开放,实现由大到强的转变,为建设高标准市场体系以及构建高水平社会主义市场经济体制提供坚强支撑。

二 理论内涵

(一)统一大市场之"统一":结构

"统一"反映了统一大市场的结构。从总体角度来看,"统一"反映了统一大市场的总体特征和范围;从部分角度来看,"统一"反映了统一大市场的不同区域、不同领域以及不同环节之间的关系。

根据《关于加快建设全国统一大市场的意见》,统一大市场强调了国家层面的政策、规则以及执行上的统一,以提高政策的统一性、规则的一致性和执行的协同性为基础,通过更加充分的市场竞争形成公平有效的大市场。"统一"反映了统一大市场的基本结构,如果没有政策、规则和执行的统一作为前提,就无法实现市场有效性这一目标。"统一"要求政府在政策、规则和执行等方面具备统一性和一致性,这也是政府弥补市场失灵的主要职能,是更好发挥政府作用的内在要求。

从国际经验上看,"统一"是对于市场有效性的基本要求,这也体现在各个发达经济体的经济实践中。在治理工具和管理方式方面,欧盟专门设立了评估部门,确定了相应的评估指标体系,动态评估各个成员国在统一市场的建设和运行方面的情况。在强化顶层设计的权威性和法律性方面,美国和欧盟分别属于英美法系和大陆法系,但是在统一市场建设的立法、执法和司法都归属权

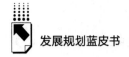
力的最高层，从而在建设统一市场这一层面上，能够减少州政府或成员国的各方面阻碍。在处理各级行政机构关系的方面，欧盟之所以能够发展统一市场，就在于其中的各个成员国放弃了一部分制定本国市场规则的权力，并移交给欧盟机构。① 此外，东盟以及区域全面经济伙伴关系协定（RCEP）等也都强调了"统一市场"（integrated market）② 的重要意义，强调了经济体系尽管包含不同地区和领域，其基本结构应当具备一定的通行性和兼容性。

（二）统一大市场之"大"：规模

"大"反映了统一大市场的规模。一方面表现为数量上的市场容量提升，另一方面表现为质量上的市场影响力、辐射力增强。只有在潜在市场规模和需求弹性足够大时，生产活动才有迅速提升的前景，市场主体才有动力放弃原有的旧技术转向新技术。

超大规模市场和整体市场是我国经济发展的重要优势，有利于我国构建以国内大循环为主体、国内国际双循环相互促进的新发展格局。从国内大循环的角度来看，统一大市场有利于我国经济体系的供需互促、产销并进、畅通高效，持续培育和发展强大国内市场，支持和吸引各类市场主体和市场资源。从国际竞争与合作的角度来看，统一大市场有利于我国利用全球的市场要素和资源，增强在全球产业链、供应链和创新链中的影响力，促进国内市场与国际市场更好联通，提升在国际经济治理当中的话语权。统一大市场既是建设现代化经济体系的要求，也是其实现基础。建设统一大市场意味着建设影响力与吸引力更强、制度规则更加完备的现代市场循环体系，有利于我国更好配置国内外要素资源，推动国民经济供给与需求在更高层次与水平上实现动态均衡，实现经济高质量发展。③

市场规模是市场机制有效运行的重要条件。④ 市场经济的核心是分工和交换，市场机制直接体现在交换环节，而交换的前提是分工。通常情况下，市场

---

① 王青：《建设统一大市场需消除体制机制障碍》，《经济日报》2022 年 4 月 28 日。
② 我国在提出"统一大市场"时使用的英文翻译为"unified market"。
③ 袁富华、李兆辰：《高质量发展的制度分析：效率—福利动态平衡与治理》，《中共中央党校（国家行政学院）学报》2023 年第 2 期。
④ 苏剑：《以全国统一大市场筑牢市场经济根基》，《光明日报》2022 年 4 月 19 日。

分工程度越高，生产者的专业化程度就越高，因此生产效率也就越高，而市场分工的精细程度取决于市场规模的大小。只有在市场规模足够大的情况下，一些小众的产品和服务才具备盈利条件。更大的市场规模，意味着市场参与者的原材料和各类投入品的来源也更加广泛，获得合适的、物美价廉的原材料和各类投入品的可能性也就越大，市场参与者就可以在保障投入品质量的同时，实现生产成本的最小化。

（三）统一大市场之"市场"：机制

"市场"反映了统一大市场的机制。统一大市场是将市场机制作为一种普遍通行的资源配置方式的经济体系，这也指明了统一大市场的根本性质。市场经济的运行依靠价格机制和竞争机制，在市场机制的作用下，市场经济能够实现多种功能。

统一大市场有利于促进供给与需求形成均衡，优化资源配置。在商品市场中，企业为了实现利润最大化，会通过各种途径降低生产成本的激励，如提高技术水平、降低原材料成本等，这就在客观上促进了资源的有效利用。从消费者的角度来看，消费者对于更加迫切需要的商品会愿意给出更高的价格，从而实现商品配置的资源优化。在劳动力市场中，市场机制能够调节劳动力的供给与需求。当劳动力的供给小于需求，即存在工作岗位空缺时，迫切需要的劳动力的工资就会上升，促进劳动力供给增加，从而减少岗位空缺，从而实现劳动力资源的优化配置。因此，建设统一大市场有利于通过市场机制进一步优化资源配置。

我国在构建新发展格局和推进高质量发展的过程中，需要通过建设统一大市场，更加充分地发挥市场机制的作用。建设统一大市场能够破除各种封闭小市场和自我小循环，发挥我国超大规模市场优势，通过统一大市场集聚资源、推动增长、激励创新、优化分工、促进竞争，有利于供给与需求之间的相互协调和相互促进，充分发挥市场在资源配置中的决定性作用，更好发挥政府作用，加强竞争政策的基础地位。建设统一大市场有利于推动我国市场实现由大到强的转变，反映了我国构建新发展格局的本质要求。[1]

---

[1] 李兆辰、袁富华：《统一大市场作为公共物品的理论逻辑与现实路径》，《北京工业大学学报》（社会科学版）2023 年第 2 期。

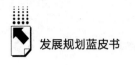

三 实施进展与重点难点

（一）实施进展

1. 构建规则框架

2021 年发布《市场主体登记管理条例》，首次全面统一各类市场主体登记制度。2021 年通过《关于强化反垄断深入推进公平竞争政策实施的意见》，首次形成我国公平竞争顶层设计政策框架。2022 年陆续修订《反垄断法》以及《反不正当竞争法》，与 7 部配套规章和 8 部平台经济等重点行业领域指南一起，逐步构建起由法律、法规、规章、指南等构成的市场公平竞争制度规则体系，覆盖线上线下，日趋系统完备。2022 年发布《促进个体工商户发展条例》，将鼓励、支持和引导个体经济健康发展的举措上升为法规，系统维护个体工商户合法权益，明确提出国务院建立促进个体工商户发展部际联席会议制度。

2. 优化营商环境

进一步简政放权，放宽市场准入，全面实施市场准入负面清单制度，清单管理措施比制度建立之初压减 64%，将行政许可事项全部纳入清单管理。近年来，取消和下放行政许可事项 1000 多项，中央政府层面核准投资项目压减90% 以上，工业产品生产许可证从 60 类减少到 10 类，工程建设项目全流程审批时间压缩到不超过 120 个工作日。改革商事制度，推行证照分离改革，企业开办时间从一个月以上压缩到目前的平均 4 个工作日以内。推进政务服务集成办理，压减各类证明事项，加快数字政府建设，90% 以上的政务服务实现网上可办，户籍证明、社保转接等 200 多项常用事项实现跨省通办。

3. 加强市场监管

改革市场监管执法体制，落实公平竞争审查制度。聚焦民生关切和产业发展重要领域，2018~2022 年共查处各类垄断案件 554 件，审结经营者集中案件2696 件，查办各类不正当竞争案件 4.6 万件。推动在全国范围内建立公平竞争审查制度，大力清理和废除妨碍全国统一市场和公平竞争的各种规定和做法，国家、省、市、县四级政府公平竞争审查实现全覆盖，审查政策措施文件

493 万件，持续强化滥用行政权力排除、限制竞争执法，有力维护市场公平竞争秩序、维护各类市场主体合法权益、维护消费者权益和社会公共利益，促进我国超大规模市场生态持续优化。

4. 激发市场活力

各类市场主体活力充分激发。纵深推进商事制度改革，先后实施注册资本从实缴改为认缴、从"先照后证"到照后减证、从改革注册登记到精简经营许可等一系列改革举措，构建起简约高效、公正透明、宽进严管的行业准营规则体系，市场主体制度性成本持续下降。大力支持市场主体发展，建立扶持个体工商户发展部际联席会议制度，加大对个体工商户的政策支持力度，加大涉企收费规范治理力度，近五年累计退还企业 120 亿元。着力实施统筹活力和秩序的事中事后监管措施，以信用监管为基础的新型监管机制基本形成。我国市场主体呈现蓬勃发展势头，从 2012 年的 5500 万户快速增长到 2022 年的 1.64 亿户，增长了近 2 倍，其中企业和个体工商户分别历史性地跃上 5000 万户和 1 亿户的大台阶。[①]

（二）重点难点

1. 破除市场壁垒

清理各地区含有地方保护、市场分割和指定交易等内容的妨碍公平竞争和统一市场的政策，清理歧视外地企业的各类政策，对于新出台的政策开展公平竞争审查。引导不同地区依据自身产业基础、资源环境承载能力以及防灾避险能力等因素，找准比较优势和功能定位，避免开展低层次重复建设和过度同质竞争，不搞"小而全"的自我小循环，不能以"内循环"的名义搞地区封锁。强化地区间产业转移协调合作，构建重大问题协调解决机制，推动产业布局和分工进一步优化。鼓励各地区优化营商环境，避免招商引资恶性竞争。

2. 查处不正当竞争行为

对于消费者和市场主体反映强烈的重点行业和重点领域，加强全链条竞争监管执法，以公正监管促进公平竞争。加强对共享经济和平台经济等新业态新

---

① 罗文：《我国市场监管事业取得历史性成就发生历史性变革》，《学习时报》2022 年 10 月 10 日。

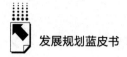

领域不正当竞争行为的监管，整治网络黑灰产业链条，查出各类网络化的新型不正当竞争行为。健全跨部门、跨行政区域的反不正当竞争执法协作联动和信息共享机制，提高执法的统一性、协调性和权威性。构建跨行政区域的反不正当竞争案件移送、执法协助和联合执法机制，针对各类新型案件和疑难案件完善会商渠道和裁量标准。

3. 强化反垄断

完善对垄断行为认定的法律法规，健全反垄断审查制度，对经营者进行集中分类分级精准治理。破除平台企业在数据垄断等方面的问题，防止垄断企业利用数据、技术、算法等方式排除和限制竞争。加强对于科技、金融、传媒、民生等领域以及新业态、劳动密集型行业和初创企业经营者的集中审查，提升审查效率和审查质量，强化对垄断风险的预警、识别和预防。对于自然垄断行业稳步推进改革，加强对于电网和油气管网等网络型自然垄断领域的监管。加强对于创新型中小企业知识产权和原始创新的保护。

4. 完善制度规则

保障商品服务和要素资源自由流动，不得设置不合理和歧视性的准入退出条件。在资质认定和业务许可等方面，不得对外地企业设定明显高于本地企业的要求和标准。规范行政审批、许可和备案等政务服务的前置条件及审批标准，不得在没有依据的情况下对企业设定条件要求。未经公平竞争不得授予经营者特许经营权，不得限定经营、购买、使用特定经营者提供的商品和服务。完善政府采购和招标投标规则，严格按照有关规定开展公平竞争审查和合法性审核，不得设定不合理条件以排斥、限制经营者参与投标采购活动。推进招投标流程电子化，完善电子招投标的制度规则和技术标准，鼓励高水平评标专家等资源跨地区共享。

专栏：浙江省 2022 年开展破除地方保护和市场分割专项行动

为贯彻落实《关于加快建设全国统一大市场的意见》，加快建立全国统一的市场制度规则，打破地方保护和市场分割，浙江省公平竞争审查工作部门联席会议办公室 2022 年在全省开展破除地方保护和市场分割专项行动，破除妨碍各种生产要素市场化配置和商品服务流通的体制机制障碍，加快建设高效规范、公平竞争的统一大市场，激发市场主体活力。

浙江省的专项行动聚焦教育、医疗卫生、工程建筑、公用事业、交通运输、保险、政府采购、招投标等行业和领域。一是要求各地对存量政策措施开展全面自查，对含有地方保护和市场分割的政策措施和做法依法予以废止或者修改，对新增制定政策措施实现公平竞争审查100%全覆盖。二是坚持反行政垄断执法与第三方评估相结合，组织开展全省滥用行政权力实施地方保护和市场分割行为交叉检查，依法查处各地地方保护和市场分割行为。三是委托专业机构，对相关部门实施公平竞争审查制度情况开展第三方评估，并通报评估结果。

近年来，浙江省市场监管局在公平竞争审查工作部门联席会议办公室发挥牵头作用，全面实施公平竞争审查制度，加大反垄断执法力度。浙江省审查新制订文件40386件，经审查修改文件788件，分三轮清理存量文件81787件，经清理废止或修订2135件，同时督促纠正各地政府及其部门滥用行政权力排除、限制竞争案件270多起，坚决破除地方保护和市场分割，激发市场主体活力，畅通国内大循环。①

四 政策建议

（一）建设统一联通的市场设施

建立统一的产权交易信息发布机制，实现产权交易市场全国联通。优化行业公告等重要信息的发布渠道，推动市场公共信息实现互通。依法公开市场主体、投资项目、产量产能等信息，引导市场供需动态平衡。推动商品市场数字化改造与智能化升级，打造综合性商品交易平台。加快建设大宗商品期现货市场，完善交易规则。整合公共资源交易平台，探索各类公共资源交易纳入统一平台的标准和方式，促进公共资源交易全流程电子化。优化商贸流通基础设施网络，推动国家物流枢纽建设，促进线上线下融合发展，形成商贸流通新平台

---

① 《助推统一大市场建设：浙江省开展破除地方保护和市场分割专项行动》，https://www.sac. gov.cn/jzxts/tzgg/gpjzsc/art/2022/art_ cdf543c15df84ca4887163c650f3b076.html，2022年4月18日。

新业态新模式。促进第三方物流发展，支持数字化物流平台建设，推动物流产业科技和商业模式创新，培育一批具有全球影响力的平台企业和供应链企业，实现物流降本增效。完善国家综合立体交通网，推进多层次一体化的综合交通枢纽建设，推动交通运输设施跨区域一体化发展。完善区域联通、城乡融合、安全高效的电信、能源等基础设施网络。加强应急物流体系建设，提升灾害高风险区域的交通运输设施、物流站点等承灾能力，积极防范能源和粮食等重要产品的供应风险。

（二）优化统一公平的监管模式

加强市场监管行政立法，完善市场监管程序，依法公开监管标准和规则，增强市场监管的稳定性和可预期性。对于互联网医疗和线上娱乐等新业态，推进线上线下一体化监管。强化对于重要工业产品的风险监测和监督抽查，落实质量安全主体责任。充分发挥行业协会和商会的作用，优化政企沟通机制，形成政府监管、平台自律、行业自治、社会监督的多元治理新模式。加强维护统一市场综合执法能力，在反垄断、反不正当竞争、知识产权保护等方面增强执法力量。建立综合监管部门和行业监管部门的联动机制，统筹执法资源和标准程序，减少执法层级，规范执法行为，提高执法效能。鼓励跨区域联合发布统一监管政策法规和标准规范，创新联合监管模式，加强在调查取证和案件处置等方面的合作。充分利用大数据等技术手段，形成具有较高信息化水平的智慧监管。对于新业态新模式，坚持监管规范和促进发展并重，在法律法规和标准规范等方面及时填补空白。

（三）完善统一协调的制度规则

落实"全国一张清单"管理模式，禁止各地区各部门自行发布市场准入负面清单。制定全国通用性资格清单，统一规范评价程序和管理办法，提升全国互通互认效力。开展市场主体登记注册工作，建立全国统一的登记注册数据标准和企业名称自主申报行业字词库，推进经营范围登记的统一表述。建立公平竞争政策和产业政策协调保障机制，优化产业政策实施方式。健全反垄断法律规则体系，完善公平竞争审查制度，探索重点领域和行业性审查规则，统一审查标准，规范审查程序，提高审查效能。健全统一规范的产权纠纷案件执法司法体系，完善执法司法双向衔接机制，强化部门协同，统一裁判标准。完善知识产权诉讼制度，健全知识产权法院跨区域管辖机制。编制全国公共信用信息目录，建立公共信用信息与金融信息共享整合机制，形成覆盖全部信用主体、类别和区域的信用信息网络。健全以信用为基础的新型监管机制，建立企业信用状况评价体系，编制全国失信惩戒措施清单。健全守信激励和失信惩戒制度，完善信用修复机制，加快推进社会信用立法。

参考文献

李兆辰、袁富华：《统一大市场作为公共物品的理论逻辑与现实路径》，《北京工业大学学报》（社会科学版）2023 年第 2 期。

罗文：《我国市场监管事业取得历史性成就发生历史性变革》，《学习时报》2022 年 10 月 10 日。

苏剑：《以全国统一大市场筑牢市场经济根基》，《光明日报》2022 年 4 月 19 日。

王青：《建设统一大市场需消除体制机制障碍》，《经济日报》2022 年 4 月 28 日。

习近平：《加快建设全国统一大市场提高政府监管效能　深入推进世界一流大学和一流学科建设》，《人民日报》2021 年 12 月 18 日。

习近平：《深入学习坚决贯彻党的十九届五中全会精神　确保全面建设社会主义现代化国家开好局》，《人民日报》2021 年 1 月 12 日。

袁富华、李兆辰：《高质量发展的制度分析：效率—福利动态平衡与治理》，《中共中央党校（国家行政学院）学报》2023 年第 2 期。

B.16

完善收入分配格局[*]

李 莹^{**}

摘　要:　完善收入分配格局是夯实共同富裕的重要举措。自 20 世纪 90 年代以来,我国的收入分配格局经历了从不断恶化到逐步改善再到"十四五"期间呈现多元化变动的过程。"十四五"期间,数字经济发展带来的"数字红利"与"数字鸿沟"对初次分配产生不确定性影响,税收结构不合理限制了再分配的调节力度与精准性,财富不平等加剧导致的阶层固化对三次分配提出更高要求。针对上述挑战,需要通过构建公平高效的初次分配机制、优化税制结构与完善慈善事业发展环境来加以应对。

关键词:　收入分配　共同富裕　不平衡　共享发展

实现发展成果的高度共享是社会主义的本质要求,完善收入分配格局是重中之重。党的十八大以来,我国在收入分配调节方面的制度和实践不断健全和完善,持续稳步向共同富裕的目标推进;党的十九大以来不断强化第三次分配的认识,提出"构建初次分配、再分配、三次分配协调配套的基础性制度安排";党的二十大报告既重申了党关于收入分配的基本方针、政策,又回应了民生期盼,强调"机会公平"、创造性地提出"规范财富积累机制"等,为进一步完善收入分配体制机制指明了方向。

---

* 本文获得国家社科基金青年项目"城乡居民机会不平等的生成机制、传导效应与应对策略研究"(22CTJ022)的资助。
** 李莹,中国社会科学院数量经济与技术经济研究所副研究员,主要研究方向为收入分配。

一 共享发展理念下改善收入分配的政策方向

（一）强调"促进机会公平"

以实现共同富裕为目标的收入分配改革核心是正确处理公平与效率的关系，以"做大蛋糕"作为"分好蛋糕"的物质基础，以"分好蛋糕"作为"做大蛋糕"的重要保障，在发展中实现共享，在共享中促进发展。发展不是单纯的经济增长，要兼顾物质财富的增加与人的发展，[①] 是所有人的能力普遍提高与人与人之间能力差距不断缩小的过程。新中国成立以来，收入分配改革思路经历了从重视平均，到效率优先、兼顾公平，再到兼顾效率和公平的演变历程。党的二十大报告强调"促进机会公平"是兼顾效率与公平的着力点，将关注物的分配拓展到关注人的发展，有效激发全体人民的积极性、主动性、创造性。

初次分配促进机会公平，重点要打破一切不合理的限制和障碍。比如，党的十九届四中全会指出要"健全劳动、资本、土地、知识、技术、管理、数据等生产要素由市场评价贡献、按贡献决定报酬的机制"，个体在初次分配中获取的收入取决于拥有哪些要素以及各类要素的边际贡献能力，鼓励知识、技术与数据等创新要素参与分配；《"十四五"新型城镇化实施方案》中提及深化户籍制度改革，将推动劳动力市场保持更加充分的竞争，推动人口跨地区与跨城乡流动的自由度更高。初次分配的最终目标是让个人能力充分发挥，凭个人贡献分享发展成果。

再分配着力提高基本公共服务体系的机会公平程度。再分配是由政府主导，利用税收、社会保障、财政转移支付调节收入分配格局的主要形式。税收为基本公共服务体系建设提供资金来源，社会保障是基本公共服务体系的重要构成，财政转移支付建立起社会公平底线。公共服务享有的机会公平，是一种合理的、差别化的共享。党的十八大以来，我国持续推动基本公共服务体系建设，"十四五"规划在建设高质量教育体系方面要求"促进教育公平，推动义

[①] 李实：《缩小收入差距　促进共同富裕》，《中共杭州市委党校学报》2022 年第 5 期。

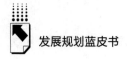

务教育均衡发展和城乡一体化"，在社会保障方面，要求"健全覆盖全民、统筹城乡、公平统一、可持续的多层次社会保障体系"。对教育、社会保障等从机会公平层面提出了具体要求。

（二）首提"规范财富积累机制"

收入与财富是衡量物质层面富裕程度的两个重要维度，收入的积累形成财富，财富不仅会带来更高的财产性收入还会形成代际传递，容易造成富者愈富、穷者愈穷的"马太效应"，形成财富存量差距与收入流量差距之间的循环与强化机制。长期以来，收入分配秩序的规范被置于收入分配制度的核心位置，早在 2013 年国务院发布的《关于深化收入分配制度改革的若干意见》中就强调收入分配秩序规范聚焦对流量收入的调控，重点在于获取收入的过程要公开透明且结果公平合理，政策规制的核心是保护合法收入，规范隐性收入与取缔非法收入。党的二十大报告首提"规范财富积累机制"，不仅强调流量的收入分配问题，还强调存量的财富积累问题。规范财富积累机制，侧重对存量财富积累的调控，关注财富获得的形式、手段与积累机制，目标是通过合理的调控手段调节财富积累速度，使财富积累合理合法。在规范收入分配秩序的基础上，首次提出规范财富积累机制，从财富的增量和存量角度"双管齐下"，是我国收入分配制度的重大突破。

（三）三次分配被正式纳入收入分配体系

三次分配是社会组织、企业与个人等基于自愿原则与道德准则，通过募集、捐赠等方式对收入与财产再一次进行分配，重在构建先富帮后富的社会环境。第三次分配的概念虽然在 20 世纪 90 年代就被提出，但自党的十九大以来，对第三次分配的认识才不断深化发展。党的十九届四中全会首次提出"重视发挥第三次分配作用，发展慈善等社会公益事业"，党的十九届五中全会提出"要发挥第三次分配作用，发展慈善事业，改善收入和财富分配格局"。中央财经委员会第十次会议提出"构建初次分配、再分配、三次分配协调配套的基础性制度安排"，首次将第三次分配纳入分配制度体系改革的整体设计之中，推动共同富裕取得实质性进展。

慈善作为第三次分配的主要载体，相关制度建设稳步推进。2016 年颁布

第一部《中华人民共和国慈善法》，为我国慈善事业发展提供了基本的法律依据，① 随后民政部、财政部等部门出台慈善规章制度，各省份也制定了地方性法规，慈善事业向规范化发展。随着近年来我国经济社会发生了重大变化，慈善事业也面临着新机遇、新挑战，为了更好适应新时代党和国家对慈善事业的定位，解决当前慈善事业发展的新老问题，《慈善法（修订草案）》公布，其中第一条明确了"充分发挥慈善在第三次分配的作用，推动共同富裕"的定位，立法目的的明确为更好地推动慈善事业发展、出台更多优惠措施奠定了基础。

专栏：法国三次分配蓬勃发展——爱心食堂案例

在两次石油危机的冲击下，西方福利国家体制陷入空前的危机。而随着社会力量的崛起和慈善事业的发展，以慈善捐赠等为代表的三次分配成为许多发达国家调整收入分配格局的重要手段。法国在三次分配方面一直走在世界前列，慈善业十分发达，居民和社会组织参与公益事业非常活跃。法国基金会公布的一项调查数据显示，2019 年法国国内捐赠金额达到 85 亿欧元，有 490 万户家庭和 10.4 万家企业参与捐赠。40%捐赠用于资助卫生健康类等方面的组织，23%用于资助宗教组织，19%用于资助教育和研究领域，4%用于资助环境领域，3%用于资助政治组织与党派，2%用于资助文化领域。

1985 年由法国喜剧大师克鲁什创立的"爱心食堂"是法国最具代表性的慈善组织，主要依靠义工、捐助者以及政府机构资助，每年冬季由志愿者通过分布在法国各地的 2000 多个食物分发站，向困难群体提供应急物资。根据"爱心食堂"2020~2021 年度报告，"爱心食堂"2020~2021 年共接待 120 万人，其中 59000 名婴儿，共分发热餐 1.42 亿份；目前法国共有 1923 个"业务中心"，70 个"婴儿爱心食堂"，联系近 210 万流落街头的人士，紧急收容中心收留 931 人；在全国各地设有 100 个社会融入车间与工地；1948 人接受融入雇员试用，录用率达 48%；共有 31 个流动中心，陪伴 3518 人寻找工作；资助开设 676 个图书空间；为 1970 人提供预算理财服务；发放 532 项个人微型贷款；帮助 2614 人享受维权活动，协助 1600 人进行司法诉讼。"爱心食堂"在

---

① 郑功成、王海漪：《扎实推进共同富裕与慈善事业高质量发展》，《学术研究》2022 年第 9 期。

巴黎市内共设有 9 个免费食物"配给中心"和固定热餐供应点。

资料来源：王连伟：《法国怎样进行第三次收入分配》，《学习时报》2022 年 4 月 1
日；《法国的"爱心食堂"是怎么回事？》，https：//www. 163. com/dy/article/GQ0PMK
MV0514BIA6. html，2021 年 11 月 29 日。

二 收入分配格局的趋势性特征

（一）1992~2008 年收入分配格局不断恶化

宏观收入分配格局偏向企业与政府。企业、政府与居民三者之间的分配格
局体现了各个部门在经济增长中的共享程度。居民部门收入占比在 20 世纪 90
年代后期到 2008 年整体呈下降趋势（见表 1），劳动报酬占比自 2003 年开始
大幅下降，2006 年低于 50%（见图 1），这种分配形势不利于居民分享经济成
果，这也是党的十七大报告提出两个提高"逐步提高居民收入在国民收入分
配中的比重，提高劳动报酬在初次分配中的比重"的背景。

表 1　宏观收入分配格局

单位：%

年份	初次分配			再分配		
	企业	政府	居民	企业	政府	居民
1992	17. 40	16. 06	66. 54	13. 33	18. 96	67. 71
1993	20. 40	15. 89	63. 72	16. 15	19. 23	64. 61
1994	18. 45	13. 83	67. 73	16. 02	18. 01	65. 97
1995	20. 19	12. 88	66. 93	16. 70	16. 50	66. 81
1996	17. 36	13. 20	69. 44	13. 57	17. 15	69. 29
1997	17. 69	13. 17	69. 14	14. 37	17. 51	68. 13
1998	16. 84	13. 50	69. 66	14. 33	17. 53	68. 14
1999	18. 26	13. 47	68. 27	14. 31	18. 58	67. 11
2000	19. 92	13. 33	66. 75	17. 94	14. 53	67. 54
2001	21. 66	12. 92	65. 42	18. 92	15. 01	66. 07
2002	21. 87	14. 25	63. 87	19. 34	16. 23	64. 43
2003	22. 63	13. 96	63. 41	19. 94	16. 09	63. 97
2004	25. 46	14. 21	60. 32	22. 51	16. 43	61. 05

续表

年份	初次分配			再分配		
	企业	政府	居民	企业	政府	居民
2005	24.95	14.40	60.65	21.60	17.55	60.84
2006	25.17	14.62	60.21	21.54	18.21	60.25
2007	25.97	14.90	59.13	22.10	19.01	58.89
2008	26.91	14.39	58.70	22.74	18.98	58.28
2009	25.12	14.33	60.56	21.19	18.28	60.53
2010	24.77	15.05	60.18	21.19	18.41	60.40
2011	23.97	15.43	60.61	20.03	19.19	60.78
2012	22.70	15.91	61.39	18.47	19.54	61.99
2013	24.12	15.22	60.66	19.77	18.94	61.29
2014	24.67	15.24	60.09	20.50	18.85	60.65
2015	24.16	14.95	60.89	19.81	18.55	61.64
2016	24.25	14.46	61.28	20.01	17.89	62.10
2017	25.41	14.03	60.56	21.19	17.96	60.85
2018	26.03	12.79	61.19	21.84	18.73	59.43
2019	25.91	12.67	61.42	21.88	17.81	60.31
2020	26.88	11.08	62.04	22.93	14.87	62.21

资料来源：笔者根据历年《中国统计年鉴》资金流量表（实物）计算整理。2018 年开始社会报销缴纳从政府部门运用中调整至居民部门，因此居民与政府部门 2018~2020 年的可支配收入占比数据与之前存在口径差异。

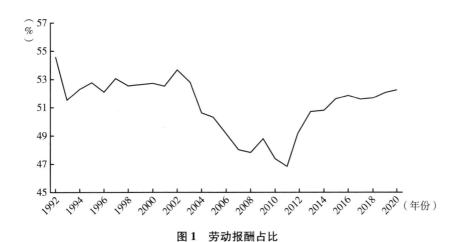

图 1　劳动报酬占比

资料来源：笔者根据历年《中国统计年鉴》资金流量表（实物）计算整理。

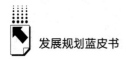

居民收入差距持续扩大。反映社会整体收入差距的基尼系数从 20 世纪 90 年代初期的 0.32 上升到 2008 年的 0.491，持续超过 0.47 的警戒线。反映城乡收入结构的城乡收入比从 1992 年的 2.58 倍升至 2002 年的 3.03 倍，此后保持在 3 倍以上，2007 年达到顶峰，为 3.14 倍，城乡居民之间的收入差距不断扩大。在行业差距方面，垄断性行业本身具有独占社会资源、排挤市场竞争等特点，垄断行业的收入与其他行业的收入差距拉大。

（二）2009~2020 年收入分配格局逐步改善

居民部门收入占比缓慢回升，再分配力度仍待加大。2009 年之后居民部门收入占比开始缓慢回升，分配向居民倾斜，但上升幅度不大。初次分配与再分配对比来看，企业缴纳税收导致企业占比下降，政府部门收入占比上升，但居民部门变动不大。与发达国家依靠再分配改善分配格局不同，我国初次分配基本决定了分配格局，再分配力度较小。

劳动报酬占比回升，但与发达国家相比仍有差距。劳动报酬占比在 2011 年之后快速反弹并于 2013 年超过 50%，2020 年升至 52.25%，但仍低于 2002 年的最高水平。即便我国的劳动报酬属于宽口径，包含了雇员的劳动报酬以及自雇劳动者混合收入中的劳动报酬，但仍低于发达国家窄口径的雇员劳动报酬占比，比如 2019 年欧盟的平均水平为 53.1%，美国为 55.48%，日本为 53.92%。[1]

收入快速增长，收入分配差距拉大势头得到有效控制。脱贫攻坚以来，农村居民收入快速增长，农村贫困人口减少约 1 亿人，消除了绝对贫困，全面建成小康社会目标得以实现。从全国范围来看，2020 年全国居民人均可支配收入 32189 元，这一数据相较 2010 年的水平，实现了十年间收入翻一番的目标。在收入快速增长的同时，基尼系数自 2009 年以来逐步回落至 2015 年的 0.462，之后在小范围内波动。城乡之间的收入差距缩小，城乡收入比从 2007 年顶峰时的 3.14 倍下降到 2020 年的 2.56 倍，东部沿海地区城乡收入比偏小，经济发展较为落后的西部地区的城乡差距更大，比如甘肃、贵州、云南以及青海城乡收入比在 3 倍左右。

---

[1] 黄群慧、邓曲恒：《以改善收入和财富分配格局推进共同富裕》，载《2022 年中国经济形势分析与预测》，社会科学文献出版社，2022。

（三）"十四五"时期收入分配格局呈现多元化变动特征

收入增速放缓。受经济增速放缓以及新冠疫情冲击，居民收入增速出现不同程度的下降，全国居民人均可支配收入增速从 2013 年的 8.1% 下降到 2019 年的 5.8%，疫情冲击背景下 2020 年与 2022 年的收入增速分别为 2.1% 和 2.9%；虽然农村居民人均可支配收入增速高于城镇，但城乡均呈现持续下降趋势。

城乡之间收入差距持续缩小，但城乡内部收入差距扩大趋势还未得到彻底扭转。城乡收入比在 2022 年下降到 2.45 倍，延续了 2009 年以来的下降趋势；以高收入组与低收入组人均可支配收入比值来表征城乡内部的收入差距，农村和城镇内部收入差距均不断扩大，同时地区间经济发展不平衡和由此所带来的收入差距较大问题在农村比城镇更加突出。

中等收入群体占比小且分布不均，橄榄形收入结构尚未形成。中等收入群体是社会的稳定器，也是橄榄形社会结构的重要支撑。2021 年中等收入群体占比接近 1/3，对应的收入份额接近 2/3，对应的人均年收入均值为 6.7 万元。① 虽然拥有全球绝对量规模最大的中等收入群体，但占比远低于发达国家（60% 左右）。中等收入群体的分布很不均衡，主要集中在城镇地区和东部省份，农村地区和中西部省份比重偏小。② 当前我国还是一个以低收入群体为主体的国家，在经济增速放缓导致收入增速降低的情况下，让规模巨大的低收入群体增加收入、提高致富能力，最终有机会进入中等收入群体的难度增加。

三 优化收入分配格局面临的突出挑战

（一）数字经济发展对初次分配产生不确定性影响

数字经济在"十四五"规划中被明确认定为未来推动中国经济发展的重要手段，成为推动我国经济增长的主要引擎之一，而数字经济催生的新就业形

---

① 资料来源：笔者根据国家统计局收入分组数据模拟个体收入数据，然后按照国家统计局中等收入群体标准计算获得。按照国家统计局采用的定义方式，将 2018 年价格下典型三口之家的家庭年收入为 10 万~50 万元的定义为中等收入家庭，测算得到。

② 李逸飞：《面向共同富裕的我国中等收入群体提质扩容探究》，《改革》2021 年第 12 期。

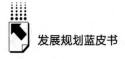

态创新了劳动力资源配置与收入分配模式。

数字经济通过创造就业岗位、提高低收入者劳动报酬来改善初次分配格局。我国当前存在大量的低技能劳动者，数字经济为低技能群体创造了大量的劳动密集型岗位，成为劳动力蓄水池，吸收产业转型挤出的劳动力，提供更加灵活的工作机会。这类新就业形态降低了岗位门槛，缩小了技能工资差距。中华全国总工会进行的第九次全国职工队伍状况调查显示，目前全国职工总数4.02亿人左右，其中新就业形态劳动者8400万人，新就业形态劳动者主要来自货车司机、网约车司机、快递员、外卖配送员等群体，以男性青壮年为主，农业户籍人员比例较高。[①] 同时，以数字技术为支撑，通过GPS定位导航、5G等技术，提高工作效率和质量，基于较低的搜索成本、追踪成本和验证成本，增加低技能劳动者的劳动报酬。

数字经济引致的"数字鸿沟"对初次分配格局也存在潜在的负面影响。一是数字化转型，推动制造业打造一批"无人车间""无人工厂"，基础工作被替代，但增加了对高技能人才的需求，提高了技能溢价，拉大了高低技能群体间的收入差距，比如教育对收入不平等的贡献率从1988年的4.26%上升至2018年的15.6%。[②] 二是数字经济发展进程中，数据成为与土地、劳动力、资本、技术等撬动经济的生产要素并列的、支撑数字经济发展的核心生产要素，数据同时也具有无形性、非消耗性等特点，可以接近零成本无限复制，对传统产权、流通、分配、治理等制度提出新挑战。具体表现为：数据要素不断深化与其他生产要素的协同联动机制，边际产出和生产中相对重要性的改变冲击传统生产要素分配格局；数据要素的相关收益分配主体不清晰、权益边界模糊，以及由此所产生的收益分配机制尚未落实，同时面临数据资源垄断、数据隐私泄露、数字经济税源隐蔽等问题，正在加剧初次收入分配的不平等。

（二）税收结构不合理限制了再分配的调节力度

我国税收构成中，间接税占比高，而间接税最终会转嫁给居民，已有研究显示间接税具有累退性特征，低收入家庭的间接税的负担率要远高于高收入家庭，从而对收入分配产生逆向调节，其中增值税使我国基尼系数上升了1.4个百分点。[①] 不易转嫁的直接税（个人所得税、财产税以及消费税等税种）的占比较低，不利于贫富差距的缩小，也不利于扩大消费。财产税作为调节收入差距的主要直接税税种，尚未成为调节收入差距的主要工具。房产税在调控房产市场的同时还能够较好地调节收入分配，但目前仅有少数试点（上海、重庆）；遗产税和赠与税可以有效调节收入的代际传递，尚处于研究开征阶段。

直接调节居民收入差距的个人所得税规模占比很小，调节力度不够。由于我国个人所得税覆盖范围小，大部分群体为工薪阶层，对高收入调节力度很弱；个人所得税的税收规模比较小，2021年个税在全部税收收入中所占的比重为8.1%，而OECD国家基本超过20%。个人所得税相对规模不仅低于欧美发达国家的水平，也低于新兴经济体与转型国家。从个人所得税的内部结构来看，以工资、劳务以及生产经营所得为主，导致个税对收入分配的改善作用微弱。研究显示个税仅使基尼系数降低了0.0039，仅为税前收入基尼系数的0.87%。[②] 在个税综合所得方面，大部分经营所得实质上属于劳动收入，而税率差异诱导高收入群体将劳动报酬转换为经营所得，造成税收流失。[③] 财产性收入在居民收入中的比重越来越大，但当前利息、股息与红利所得，以及财产租赁所得、财产转让所得等财产性收入尚未并入综合所得，且适用比例税率（20%），尚未体现累进性，愈加不适应未来多渠道增加城乡居民财产性收入的政策方向。

（三）社会阶层固化对三次分配提出更高要求

随着经济的快速发展，房产价格快速升高，我国的财富分配格局发生了巨大变化：财富快速增长。瑞士信贷（Credit Suisse）发布的《2022年全球财富报告》显示，截至2021年末，中国居民财富规模达到85.1万亿美元，占全球居民财富总量的15.1%；财富分配不平等程度迅速提升，财富基尼系数从2000年的0.595升至2015年的0.712，虽然在此之后下降至2019年的

---

① 张楠、彭海斌：《间接税的累进性与再分配效应测算》，《财经科学》2018年第1期。

② 张玄、岳希明、邵桂根：《个人所得税收入再分配效应的国际比较》，《国际税收》2020年第7期。

③ 经营所得的最高边际税率为35%，低于劳动所得最高税率（45%）。

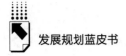
0.697，但受到新冠疫情冲击，2021 年又回升至 0.701，在全球范围内处于较高水平。

财富差距一方面通过代际传递，直接导致社会阶层固化，影响社会的畅通流动；另一方面在资本收益长期高于劳动收益的环境下，以劳动为主的财富积累速度赶不上资本创富，进一步造成收入差距扩大。此外，人力资本投资由家庭财富水平内生决定，穷人将积累更少的人力资本（包括教育与健康）并在代际中持续下去，这种传递效应甚至在几代人中持续并加剧。[①] 在市场失灵和政府失灵的情况下，如何通过社会力量增加社会流动的畅通性尤为重要。在初次分配与再分配基础上，企业、居民等主体参与第三次分配，基于更加多样化、更灵活、更具针对性的帮扶方式，成为畅通社会性流动的必要补充。

四　政策建议

（一）构建公平高效的初次分配机制，激发数字红利的同时弥合数字鸿沟

完善数字经济时代下的收入分配机制，应对数字经济发展的机遇与挑战。一是构建数据要素初次分配制度的关键在于解决初次分配"向谁分"和"分多少"的问题，[②] 这就应合理界定数字产权，以按要素贡献分配而不是按流量分配为前提。二是增加对低技能人群的教育培训，弥合"数字鸿沟"。在教育体系中增加与数字经济岗位相匹配的就业技能培训，同时政府购买或鼓励平台企业加强对员工数字技术的职业培训，促进员工掌握更多就业技能，缩小高低技能人群或高低学历人群间的收入差距。三是完善数字经济时代的就业者劳动保护机制。需要进一步明确数字平台或企业在劳动报酬、社会保险等方面对个体所需要遵循的义务和责任，以及劳动力在相关平台上所享有的权利，使相关社保政策、最低工资和就业的劳动保障政策覆盖这类新型就业群

---

① 易行健、李家山、张凌霜：《财富不平等问题研究新进展》，《经济学动态》2021 年第 12 期。

② 杨铭鑫、王建冬、窦悦：《数字经济背景下数据要素参与收入分配的制度进路研究》，《电子政务》2022 年第 2 期。

体，通过保障低收入或低技能人群的就业和工资，进一步优化收入分配格局。

（二）优化税制结构，加大再分配的调节力度

再分配阶段，要更好地发挥税收的调节作用，着重平抑初次收入分配差距。在个人所得税方面，一是扩大综合所得征税范围，更好地适应数字经济时代居民收入来源多元化的特点；二是考虑社会大众普遍反映的问题，动态扩展专项附加扣除项目，降低中等收入群体税负水平；三是加强对重点领域的税收征管，如家族财产信托、海外信托、资本利得等，强化高收入人群的税收征管，促进税收公平。此外，还要充分发挥财产税在缩小收入差距中的调节作用，及时扩大开征房产税试点范围，缩小收入与财富差距；推动开征遗产税，加快建立覆盖全部财富的税收体系，有利于促进代际公平与慈善捐赠。

（三）改善慈善事业发展环境，构建先富帮后富的社会环境

三次分配是初次分配与再分配的有益补充，通过构建先富帮后富的社会环境，采用更加多样化、更具针对性的帮扶方式实现收入分配格局的优化。"十四五"规划提出"发挥第三次分配作用，发展慈善事业，改善收入和财富分配格局"。第一，促进慈善事业的快速发展，不仅要依赖于人民群众慈善意识的提升，更需要激励机制，这又以适合国情的慈善激励体系为前提。通过制定各级慈善表彰制度，从精神层面营造行善光荣的社会环境；健全财税支持政策，加大对慈善公益事业的税收优惠力度，完善实物性捐赠的税前扣除细则，从物质层面对行善予以物质激励；加大对志愿服务的支持力度，形成人人愿意做志愿服务的社会新风尚。第二，形成覆盖更为广泛的慈善组织体系。一方面，政府通过提供办公场所、增加政府购买、放宽社会组织的法定代表人限制等方式引导企业、高收入群体积极参与设立社会组织，加大力度培育慈善组织，提高慈善资源的组织能力、配置能力。另一方面，鼓励发展慈善信托，扩大慈善参与范围。第三，充分发挥政府在慈善事业发展中的引导、管理、规范、监督职责，形成监管规范、促进发展并重的慈善监管体系。最终促进高收入、高净值群体主动参与慈善事业，改善收入分配格局。

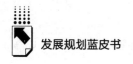

参考文献

李实：《缩小收入差距　促进共同富裕》，《中共杭州市委党校学报》2022 年第 5 期。

郑功成、王海漪：《扎实推进共同富裕与慈善事业高质量发展》，《学术研究》2022 年第 9 期。

李逸飞：《面向共同富裕的我国中等收入群体提质扩容探究》，《改革》2021 年第 12 期。

杨铭鑫、王建冬、窦悦：《数字经济背景下数据要素参与收入分配的制度进路研究》，《电子政务》2022 年第 2 期。

易行健、李家山、张凌霜：《财富不平等问题研究新进展》，《经济学动态》2021 年第 12 期。

张楠、彭海斌：《间接税的累进性与再分配效应测算》，《财经科学》2018 年第 1 期。

张玄、岳希明、邵桂根：《个人所得税收入再分配效应的国际比较》，《国际税收》2020 年第 7 期。

B.17
进一步健全资本市场功能

吕 峻*

摘 要： 在简要介绍近年来中国资本市场发展概况和政策法规的基础上，总结了资本市场在融资功能、投资功能以及资产配置功能方面的主要成就和问题，指出中国资本市场存在投资功能和融资功能的发挥不匹配、资源配置功能的发挥不充分等问题，产生这些问题的主要原因包括机构投资者治理滞后、违法违规惩治力度相对偏弱、市场环境不完善等。政府需要保持战略定力，坚持循序渐进发展具有中国特色资本市场的理念，并在此基础上以加强国有金融资本监管为突破口，逐步引导机构投资者完善治理机制，持续加大对资本市场违法违规行为的惩处力度，构建有利于资本市场功能发挥的环境。

关键词： 资本市场 证券市场 市场功能

一 中国资本市场发展概况和政策

（一）中国资本市场发展概况

1. 资本市场快速成长，规模位居全球第二

截至 2022 年底，中国上市公司数量达到 5153 家[①]，其中 A 股公司 5079 家。A 股公司数量同比增长 8%，近三年年均增长 10%。上市公司总市值达到 87.8 万亿元，占国内生产总值的比重达到 73%。2022 年股票总市值虽然因市

---

* 吕峻，中国社会科学院数量经济与技术经济研究所副研究员，研究领域为创新金融。

① 本文所用数据，除单独注明外，均来自 Wind 金融数据库。

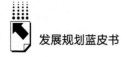

场低迷比上年底减少11%，但近三年年均增长达到12%。上市公司总市值规模（不含港澳台）居世界第二，仅次于美国证券市场。

截至2022年底，在社会融资规模中，债券存量91.2万亿元，占社会融资规模存量的26.4%。其中，企业债券存量31.0万亿元，同比增长3.6%，近三年年均增长9.8%；政府债券存量60.2万亿元，同比增长13.4%，近三年年均增长16.9%。债券市场规模居世界第二。此外，非金融企业股票融资10.6万亿元，同比增长12.4%，近三年年均增长13.2%。社会融资存量规模中，债券、股票融资存量合计101.8万亿元，占社会融资规模存量的29.6%。

2. 多层次资本市场基本建成，注册制改革全面实施

2009年在深交所开通创业板市场，2013年开通新三板市场，2019年和2021年分别开通科创板和北交所，服务于创新企业的多层次资本市场基本形成。沪、深两大交易所的主板、创业板、科创板和北交所错位发展，可以为不同成长阶段和不同特点的企业提供融资服务。主板主要服务于成熟期大型企业。科创板突出"硬科技"特色。创业板主要服务于成长型创新创业企业。北交所与全国股转系统共同打造服务创新型中小企业的主阵地。

在机制建设方面，近年来中央和证监会出台了一系列政策文件推进相关制度完善、方便完善资本市场融资功能特别是支持创业创新功能，主要包括：①建立和完善创业投资基金退出反向挂钩政策；②制定多层次资本市场的"转板"制度；③在科创板引入做市商制度（2022年7月）；④在A股市场从试行到全面推广股票注册制（2023年3月）。

截至2022年底，5067家A股上市公司中，上海证券交易所分别有1668家和501家主板和科创板公司；深圳证券交易所分别有1504家和1232家主板和创业板公司，北京证券交易所有162家上市公司。

3. 投资者规模日益壮大，投资者结构逐步优化

从投资主体来说，中国资本市场的机构化已经取得了长足发展。截至2022年底，基金公司公募基金资产管理业务总规模达26.03万亿元，十年增长了8倍。私募基金资管业务规模达20.28万亿元。机构投资占股票市场流通市值的比重由2017年初的15.8%提升至2022年6月底的23.5%[1]。2021年个

---

① 易会满：《努力建设中国特色现代资本市场》，《智慧中国》2022年第8期。

人投资者交易占比首次降至 70% 以下，价值投资、长期投资、理性投资的理念逐步建立。[①]

2022 年末，按法人机构（管理人维度）统计，非金融企业债务融资工具持有人共计 2172 家。从持债规模看，前 50 名投资者持债占比 51.9%，主要集中在公募基金、国有大型商业银行、证券公司等；前 200 名投资者持债占比82%。从交易规模看，2022 年，非金融企业债务融资工具前 50 名投资者交易占比 49.7%，主要集中在证券公司、股份制商业银行和城市商业银行；前 200 名投资者交易占比 83.1%。[②]

（二）近年来中国资本市场发展的主要政策

随着中国经济发展模式由要素和投资驱动向创新驱动转换，资本市场在经济活动中的重要性凸显。党中央和国务院对于资本市场的健康和高质量发展高度重视，在国家"十四五"规划和党的二十大报告等一系列的政策文件都提出要健全和完善资本市场制度和功能，提高全社会直接融资比重。2020～2023年 4 月，国家出台的关于资本市场发展的十余项重要政策文件如表 1 所示，这些政策文件主要从以下这些方面展开：①推动证券市场全面实施注册制改革，提升资本市场融资效率；②建立常态化退市机制，提升资本市场优胜劣汰和资源配置功能；③降低企业上市门槛，完善创业投资退出制度，使资本市场更好地为创新和创业服务；④加大资本市场违法的惩戒力度，提高资本市场参与者的违法成本；⑤完善独立董事制度，提升上市公司治理水平。

表 1　2020 年以来中国关于资本市场的主要法规和政策文件

发文机构	法规或政策
2020 年 3 月中共中央、国务院	关于构建更加完善的要素市场化配置体制机制的意见
2020 年 3 月全国人大	证券法（修订）
2021 年 3 月国务院	中华人民共和国国民经济和社会发展第十四个五年规划和 2035 年远景目标纲要

[①]　2022 年 6 月 23 日，证监会副主席李超在中共中央宣传部举行的"中国这十年"系列主题新闻发布会上介绍了党的十八大以来我国资本市场改革与发展情况。
[②]　《2022 年金融市场运行情况》，人民银行网站，2023 年 1 月 21 日。

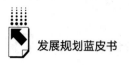
续表

发文机构	法规或政策
2021 年 1 月中办、国办	建设高标准市场体系行动方案
2021 年 7 月中办、国办	关于依法从严打击证券违法活动的意见
2022 年 10 月中央	中国共产党第二十次全国代表大会报告
2022 年 11 月证监会	推动提高上市公司质量三年行动方案（2022—2025）
2023 年 2 月证监会	全面实行股票发行注册制总体实施方案
2023 年 3 月国务院	国务院政府工作报告
2023 年 4 月国办	关于上市公司独立董事制度改革的意见

（三）资本市场功能之辨析

资本市场作为金融市场组成的一部分，具有融资功能毋庸置疑。但是关于资本市场的其他功能，观点众多，本文主要综述其中具有代表性的观点，并在此基础上确定本文讨论的资本市场功能范围。

上海证券交易所原首席经济学家胡汝银认为资本市场既提供了便捷的投融资渠道，便于资金的聚集和流动，又是高效的资源配置平台，能够优化生产要素的配置。[①] 吴晓求等认为，资本市场作为金融体系的一部分，随着经济发展，其功能从以融资功能为主发展到融资和财富管理功能（即投资功能）并重。同时，在风险配置和资产定价方面发挥着重要作用。[②] 证监会主席易会满提到资本市场在资源配置、风险缓释、政策传导、预期管理等方面有独特而重要的功能，是深化金融供给侧结构性改革的关键所在。[③] 资本市场的风险共担、利益共享的机制，不仅能提供融资支持，更能在完善公司治理、激励企业家精神等方面发挥重要功能。署名金观平的作者在 2022 年 5 月 16 日的《经济日报》上，引用习近平总书记在中央政治局第三十八次集体学习内容时提到，资本市场在具有融资功能和财富管理功能的基础上，还是要素资源市场化配置枢纽、宏观政策传导枢纽、风险防范化解枢纽和市场预期引导枢纽。

---

① 胡汝银：《中国资本市场演进的基本逻辑与路径》，格致出版社，2018。

② 吴晓求、许荣、孙思栋：《现代金融体系：基本特征与功能结构》，《中国人民大学学报》2020 年第 1 期。

③ 易会满：《努力建设中国特色现代资本市场》，《智慧中国》2022 年第 8 期。

资本市场最初在世界范围出现就是为融资服务，因此融资是其基础功能之一，融资功能的发挥依赖于其投资功能的发挥，融资功能和投资功能本质上是一个硬币的两面。因此，融资功能和投资功能是资本市场的基础功能。随着资本市场规模日益扩大，资本市场开始承担社会的资源配置、宏观政策传导、市场预期、培育创新等功能，其中最为重要的是定价能力衍生出的资源配置功能。限于篇幅，本文主要讨论中国资本市场的基础功能，对于衍生功能的讨论以资源配置功能为主。

二 中国资本市场功能的发挥成就

（一）IPO 融资规模明显增加，对创新创业融资支持力度加大

2020~2022 年，中国 A 股 IPO 数量总计 1386 家，是之前三年合计的 1.9 倍，平均每年 462 家；这一时段 IPO 融资金额合计达到 1.6 万亿元，是之前三年的 2.6 倍，平均每年 5362.8 亿元。2022 年在全球 IPO 市场普遍受挫情况下，A 股 IPO 市场表现良好。根据毕马威中国发布的《中国内地和香港 IPO 市场——2022 年回顾及 2023 年展望》[①]，上交所和深交所在 2022 年全球新股融资额中居前两位，募集资金总额占全球市场的近一半。在 2022 年上市的企业中，科创板、创业板和北交所等通过注册制上市的公司成为 A 股 IPO 市场的主力，"专精特新"企业在新股中占比持续上升，数量达 165 家。上市公司 IPO 行业主要分布在电子、医药生物、机械设备等六大行业，资本市场通过 IPO 有力地支持了具有"硬科技"特色的创新创业企业的发展。

（二）再融资维持高位，有力地支持了实体经济发展

2020~2022 年，A 股市场再融资的企业达到 1951 家，再融资金额总计 3.6 万亿元，平均每家 18.3 亿元。再融资企业数量和金额都超过 IPO 企业。2022 年，A 股再融资募集资金总额为 1.1 万亿元。再融资行业主要分布在新能源相

[①] https://kpmg.com/cn/zh/home/insights/2022/12/chinese-mainland-hk-ipo-markets-2022-review-2023-outlook.html.

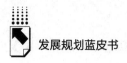

关行业（包括锂矿、储能、新能源汽车、相关设备制造等），以及工程机械、航空运输、金融等行业。新能源相关行业是近年来中国经济增长的主要动力之一，再融资有力地支持了该行业企业产能的快速扩张；工程机械再融资与国家基建增加密切相关；受新冠疫情的影响，航空运输经营现金流受到重创，通过再融资较好地降低了该行业企业的财务风险；金融行业再融资一方面降低了银行业资本风险，另一方面也提高了金融服务实体经济的能力。

（三）财富管理规模扩大，产品日趋丰富

截至 2022 年末，中国公募基金数量达到 10490 只，大类包括股票型基金、混合型基金、债券型基金、货币市场基金、另类投资基金、QDII 基金、FOF 基金、REITs 等八大类基金，管理基金净值达到 26 万亿元，是 2019 年的 1.75 倍。剔除货币基金，基金净值合计达到 15.3 万亿元，其中偏股型基金 7.0 万亿元。股票型基金收益虽然在近两年表现较差，但是近三年收益率中位数也达到了 35.2%（平均数位 19.3%）。债券类基金收益总体表现良好，中长期纯债型基金最近 1 年收益率中位数为 2.4%，平均数为 1.9%；最近 2 年收益率中位数为 6.5%，平均数为 4.6%；最近 3 年收益率中位数为 9.4%，平均数为 5.1%。

（四）分红规模增加，股息率逐步提高

2017~2021 年，中国上市公司现金分红超 6 万亿元；偏股型基金年化收益率 11.7%，公募基金受托管理各类养老金超 4 万亿元，创造了良好的回报。根据中证指数报告，2022 年 A 股市场分红总额保持较高增速，分红行为进一步改善。境内市场分红总额约为 1.6 万亿元人民币，较 2021 年增长 23%，维持了较高增长速度。其中，央企及地方国企在分红水平、分红持续性与增长性等方面均优于其他类型企业，资本市场的"压舱石"作用凸显。平均股利支付率为 32.5%，和上年相比基本保持稳定；受市场整体震荡下行因素影响，上市公司平均股息率由 1.5% 提升至 1.9%。同期，美股市场股利支付率为 27.7%，股息率为 1.6%。

（五）常态化退市机制逐步建立，优胜劣汰的效应明显显现

2020 年，中国资本市场最严退市新规发布，沪深交易所由此开启了新一

轮退市制度改革。在充分考虑到中国资本市场发展阶段、上市公司特点、投资者结构、市场承受能力等多个方面因素的情况下，沪深交易所在原有制度基础上吸收、调整、优化，制定形成了"交易类""财务类""规范类""重大违法类"等四类强制退市指标，并将其融入退市新规。

2020~2022 年，中国 A 股上市公司共有 82 家企业退市（其中 2022 年 42 家），而 1999~2019 年退市企业总计 127 家。在"应退尽退"明确预期下，空壳公司加速出清，"炒小""炒差"的风气得到有效遏制，优胜劣汰的市场机制逐渐形成，市场生态发生深刻变化。

三　中国资本市场功能发挥存在的主要问题及原因分析

（一）资本市场功能发挥存在的主要问题

1. 科创板企业 IPO 的高定价、资金超募现象比较严重

IPO 高定价和资金超募一直是中国资本市场的顽疾，为此证监会做了不少行政化干预和市场化定价尝试，一些专业人士曾将这一现象归咎于中国企业 IPO 节奏过慢。但在当前 IPO 节奏明显加快的背景下，这一市场顽疾并没有明显改善，并且在 2019 年开市的科创板企业中表现得更为突出。2020~2022 年，科创板企业 IPO 平均市盈率为 73，但同期二级市场平均市盈率仅为 38。伴随着 IPO 高定价，科创板企业资金超募现象也非常严重。2020~2022 年，科创板资金超募企业占比达 55%，超募资金金额达 3239.4 亿元。即使在 A 股市场非常不景气的 2022 年，IPO 企业资金超募情况也未明显减轻。

2. 企业再融资意愿强烈，再融资规模超过 IPO 融资

按照企业金融理论，企业融资大多遵循内部融资、债务融资和外部权益融资的"优序理论"。以美国为例，企业内部融资比例高达 75%，债券类融资和权益类融资只占 25%。而中国资本市场则呈现出不同的态势。2020~2022 年，A 股市场再融资企业数量和融资总额均超过 IPO 企业。同期，美国三大交易所 IPO 企业数量 2920 家，总计融资 5030.7 亿美元；再融资企业数量 1775 家，总计融资 2972.0 亿美元。美股 IPO 再融资企业数量和融资总额远低于 IPO 企业，

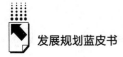
每家企业 IPO 融资和再融资额基本相当，这和 A 股企业形成了鲜明的对比。再融资企业数量和融资额占比更能说明这一问题，近三年 A 股再融资企业数量占 2022 年末上市企业数量的近 38.5%，融资金额占总市值的 4.1%，而美股再融资企业数量占比为 29.4%，融资金额占比仅 0.6%。

3. IPO 企业数量和退市企业数量增加过快

2019 年以来，在提升全社会直接融资的政策背景下，为推行全面注册制和提高上市公司质量，IPO 企业数量和退市企业数量较 2019 年前都有明显增加。但是，两类企业数量差距仍过于明显。2020~2022 年，中国三家证券交易所 IPO 企业数量和退市企业数量之比为 17∶1，而美国三大证券交易所二者之比为 2∶1。中国 A 股企业 IPO 节奏和退市节奏的不协调，直接引起投资者对资本市场过度扩容的担忧，既不利于营造相对稳定的市场气氛，也对监管能力、上市公司质量的提升提出了巨大的挑战。

4. 多数行业企业的股息率仍旧偏低

尽管在政策引导和公司治理逐步改善背景下，中国上市公司分红率逐年提高，总体股息率超过美国股市。但是中国上市公司分红以具有一定垄断性质的国有能源类企业和国有银行为主，其他行业特别是工业企业的分红率和股息率仍旧低于美国市场，这与中国制造业大国的地位并不完全匹配。根据中证指数报告，在 11 个行业大类中，中国上市公司除能源、金融和可选消费行业的分红率超过美国公司外，剩余 8 个行业的股息率都低于美国公司。工业行业股息率方面，美国为 1.8%，中国为 1.0%。就总体股息率而言，虽然中国上市公司超过美国上市公司，但是明显低于日本、韩国、英国等国家上市公司。

5. 二级市场过度炒作和投资机构散户化行为问题严重

受投资者结构的影响，中国的资本市场历来炒作气氛严重。在机构投资者日益壮大和退市制度执行日趋严格的背景下，二级市场过度炒作的表现从过去热衷于"炒差""炒壳"逐渐转向近年来出现的"抱团取暖""白马股""赛道股"迹象。从表面上来看，这似乎是一种好的投资风格转换，但是由于许多机构投资者并没有秉承良好的价值投资理念，这些所谓"绩优股"和"赛道股"股价严重偏离本身价值，扰乱了资本市场定价功能，并且由于存在分期轮番炒作现象，这些企业股价大幅波动，引起资本市场大起大落。

6.股票指数收益率偏低，股票型基金收益波动较大

沪深 300 指数收益率与全球其他 11 个股票市场指数①涨跌幅相比，近三年处于低位水平。2021 年和 2022 年沪深 300 涨跌幅分别为-5.2%、-21.3%，近三年收益率为-5.5%，在 12 个全球股票指数中均处于倒数第二位置，同期 MSCI 全球市场指数涨跌幅为 10.4%。沪深 300 指数涨跌幅较低，一方面与中国 GDP 增长率在世界处于较高位置不匹配，另一方面说明股票市场的多数投资者近三年在资本市场没有获得较好的收益，资本市场的投资功能和融资功能不匹配。股票型基金虽然从近三年来看总体收益率不错，但是收益率波动幅度过大，最近 1 年收益率中位数为-21.0%（平均数为-17.1%），最近 2 年收益率中位数为-14.7%（平均数为-7.8%），分年度来看，基金收益率波动幅度较大。过大的波动对投资者的信心和耐性都是极大的考验。

（二）影响资本市场功能发挥的主要原因

从上述问题可以看出，中国资本市场存在融资功能发挥有一定程度的扭曲、投资功能和融资功能的发挥不匹配、资源配置功能的发挥不充分等问题。产生这些问题的原因是多方面的，抛开历史文化因素，主要原因可以归结为以下几点。

1.机构投资者和券商的治理机制建设严重滞后

有效的治理机制是保证市场经济的参与主体按照市场规则正常运行的重要保障。许多学者将中国资本市场炒作严重的问题主要归结为散户投资者过多，这一理由在机构投资者壮大之前或许勉强成立。但近年来机构投资者日益壮大，市场的过度炒作现象仍旧没有得到明显改善，这一理由很难成立。虽然个人投资者占比仍保持最高，但由于个人投资者数量众多，持股分散，从来不是资本市场资本定价机制的主导者。中国资本市场建立以来，出于管理体制等因素影响，对机构投资者和保荐机构的治理机制建设未取得实质性进展。对资本市场健康发展有重要影响的机构管理层和关键业务人员因缺乏有效的长期激励和约束机制而存在"过度激励"或"短期激励"问题，这些专业机构非但没

---

① 包括：标普 500、MSCI 发达市场、MSCI 全球市场、日经 225、法国 CAC40、德国 DAX、Stoxx 欧洲 600、韩国 KOSPI、英国富时 100、巴西 IBOVESPA、MSCI 新兴市场。

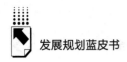

有起到稳定资本市场的作用，反而因"利益输送""散户化投资"等问题行为遭到社会广泛质疑。券商作为资本市场的"看门人"，多年来注重"可批性"而不注重"可投性"的经营理念一直没有明显改变。①针对机构投资者和券商的治理机制问题，近期监管部门、行业协会和财政部门也制定了一系列的政策措施，但是这些政策措施多是 2022 年上半年发布的，具体执行效果怎样，尚需要时间检验。

国际经验借鉴一：基金经理的考核

美国 SEC 要求基金在 SAI 文件中披露基金经理的薪酬结构、考核频率与方法。该法规设立的初衷是认为这一披露可以使投资者更加了解基金经理的激励机制和利益捆绑形式，减少代理风险。

美国资本集团在基金考核激励上，鼓励关注长期收益，考核区间包括 1 年、3 年、5 年、8 年，区间越长权重越高。考核基准主要是与投资范围匹配的市场指数、同类产品业绩的均值等。

国际经验借鉴二：机构投资者的信义义务

为了促使代客理财的机构投资者按照客户最佳利益行事，减少基金公司和基金经理的道德风险，美国《统一信托法典》《雇员退休收入安全法》《投资公司法》《投资顾问法》要求机构投资者记录履行信义义务（忠实义务和注意义务）的具体过程并公开披露，这有利于投资者及时充分了解机构投资者的决策行为，方便社会公众监督机构投资者行为。

2. 资本市场违法违规查处难度较大，惩罚仍相对偏轻

首先，由于证券交易价格波动大且影响因素复杂，资本市场的犯罪具有隐蔽性、专业性、复杂性，发现难度大，定性难度也大。其次，资本市场的违法违规行为产生的具体后果和受损对象不易确定，且违法违规人员一般具有高学历，显性社会危害程度较轻，无论是行政处罚（以暂停资格和谴责、出具警示函为主）还是刑事处罚总体都相对偏轻（以缓刑为主）。最后，由于中国反

① 内容参见 2022 年 11 月 21 日易会满主席在 2022 金融街论坛年会上发表的主题演讲。

商业贿赂体系尚不完善，对资本市场商业主体之间利益输送行为的监管相对薄弱，导致近些年虽然对公职监管人员受贿查处案例较多，但对商业贿赂的查处案例较少。资本市场法制监督存在的问题，放大了资本市场专业机构治理缺陷产生的后果，容易诱发这些机构的管理层或者关键业务人员通过扭曲证券定价机制来获得市场利益或私人利益的动机。

3. 股权融资成本高于债务融资成本的市场环境尚未形成

中国一些上市企业之所以热衷于再融资，与中国上市企业特有的治理结构和治理环境以及机构投资者治理机制建设滞后密切相关。上市企业将从市场融得的权益资金视为一种低成本的资金而"圈钱"的理念一直没有明显改变。当前，造成许多上市企业倾向于"圈钱"的主要原因有：一是中国上市企业股权比较集中，较大规模的外部股权融资并不能对原有大股东的控制权产生显著影响；二是参与定增的机构投资者如前文所述本身就存在严重的治理问题，无论从能力还是从动机来说，并不积极参与促进融资企业长期发展的治理机制建设，尚不论融资中是否存在利益交换问题；三是二级市场"抱团""赛道股"或炒作"概念股"等投资气氛使实际控制人和参与定增的机构不用过于担心因企业"圈钱"而造成的利益损失。

四　健全资本市场功能的政策建议

（一）充分考虑"中国特色"，坚定循序渐进发展资本市场的理念

中国资本市场环境与西方国家相比有很大的不同，在利用资本市场支持实体经济和创新的过程中，既要借鉴西方发达国家的经验，也要充分考虑中国国情，更要充分了解西方国家资本市场存在的问题，在坚持市场化发展方向不变前提下，坚定循序渐进发展资本市场的理念，市场化发展的节奏要与市场参与主体治理机制和政府监管能力建设相协调。当前应考虑采用以下措施稳定市场预期和净化市场氛围：一是将 IPO 企业节奏和退市节奏逐步挂钩，在给予市场参与者相对稳定的市场容量预期的同时，减轻由市场急剧扩容而造成的监管压力和由政策不完善而带来的负面效应；二是优化和提高再融资、并购重组的门槛，将再融资和并购重组的机会留给治理机制良好、管理层稳定和具有成长

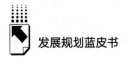
潜力的上市公司，原则上应禁止主业已经空心化的上市公司被"借壳"或通过重组"续命"，净化市场环境。

（二）以加强国有金融资本监管为抓手，引导机构投资者完善治理机制和改进投资理念

政府要充分认识金融是现代经济的核心，对于社会资源配置和价值创造起着输血和导向作用。金融机构的价值理念影响整个经济甚至社会价值理念。考虑到中国资本市场的机构参与者多数具有国有背景，政府应成立单独机构加强对国有资本的金融监管，从股东监管的角度督促国有金融机构坚持价值投资的理念，完善国有金融机构高管和关键业务人员的激励和约束制度，引导市场其他参与者提高治理水平和改进投资理念。这也是坚持和加强党对资本市场全面领导的重要体现。此外，在考虑中国国情的基础上，要积极借鉴发达国家对于基金经理的中长期考核机制和机构投资者参与上市企业决策机制等方面的经验，确保机构投资者有能力、有义务和有动力参与上市企业决策。

（三）持续加大证券领域违法违规的惩处力度，加强证券领域反商业贿赂法制体系建设

持续加大证券领域违法违规的惩处力度，特别是加快证券领域反商业贿赂的法制体系建设。针对证券领域的违法行为查处难度大、处罚力度轻的问题，2020 年以来国家出台了一些具有针对性的政策或法规。但从证监会公布的 2022年证监稽查 20 起典型违法案例来看，证监会查处重点违法类型以信息披露、内幕交易、操纵市场以及一些中介机构未勤勉尽责为主，处罚总体仍相对偏轻，对于容易发生利益输送等商业贿赂行为的领域尚未见到相关案例。因此，国家需要进一步采取措施落实从严治理资本市场的相关政策法规，特别要考虑健全反商业贿赂法制体系，针对资本市场的参与者构建强有力的法制外部监督环境。

参考文献

易会满：《努力建设中国特色现代资本市场》，《智慧中国》2022 年第 8 期。

吴晓求、许荣、孙思栋：《现代金融体系：基本特征与功能结构》，《中国人民大学学报》2020 年第 1 期。

中证指数公司：《全球市场整体分红水平提升，红利指数投资规模增长——全球上市公司分红年度报告（2022）》，2023 年 2 月。

胡汝银主笔《中国资本市场演进的基本逻辑与路径》，格致出版社，2018。

孙蕾：《机构投资者参与公司治理法律问题研究》，人民出版社，2013。

冶英：《公募基金基金经理的激励机制探究——基于 Z 基金的案例分析》，上海交通大学硕士学位论文，2018。

B.18
构建适应共同富裕要求的
开放型高水平资本市场

赵奇锋*

摘　要： 构建适应共同富裕要求的开放型高水平资本市场是我国在新发展时期和新发展阶段，构建新发展格局，实现全社会共同富裕的重要举措。经过三十多年的发展，我国资本市场建设取得重大成就，在服务实体经济、创造市场价值、改善财富分配方面发挥了不可替代的重要作用。然而，我国当前资本市场发展水平距离成熟的、发达的现代开放型高水平资本市场还存在差距。资本市场还无法适应促进区域经济协调可持续发展、实现资源高效分配、缩小收入差距、实现共同富裕的总体要求。因此，在立足本国国情的前提下，借鉴发达国家资本市场建设的国际经验，持续推进我国开放型高水平资本市场建设和改革，使其在实现国家创新驱动发展和共同富裕过程中发挥更大作用。

关键词： 资本市场　高质量发展　共同富裕

一　开放型高水平资本市场的内涵特征与重要意义

（一）开放型高水平资本市场的概念和内涵

1. 开放型高水平资本市场的概念

开放型高水平资本市场是指一个国家或地区的资本市场对国内外投资者的

---

* 赵奇锋，中国社会科学院数量经济与技术经济研究所助理研究员，主要研究方向为中国资本市场与企业技术创新。

开放度和市场的质量、效率等多个方面的指标均处于国际领先水平。在这种市场中，不仅国内外的投资者都可以便捷地进入和退出市场，而且资本市场中的证券、基金等金融工具具有高流动性、高效率和高安全性，市场透明度高，监管严格，市场参与者的权利和利益得到有效保障，形成了健康、稳定、可持续发展的资本市场生态。

2. 开放型高水平资本市场的内涵

开放度是开放型高水平资本市场的首要指标。一个资本市场如果要达到国际领先水平，就必须具有高度的国际化水平，吸引全球范围内的投资者参与市场。为此，需要在监管、法规、投资者准入等方面实现市场的全方位开放。市场的质量和效率是开放型高水平资本市场的另一个核心指标。这不仅包括证券、基金等金融工具的质量，还包括市场的流动性、交易效率、价格透明度等方面的指标。市场的监管和透明度是开放型高水平资本市场的保障措施。一个高水平的资本市场必须具备完善的法律法规和监管机制，对市场参与者的行为进行严格监管，保障市场的公平和透明度。同时，市场信息披露要求严格，市场数据及时、准确，市场参与者可以根据市场信息进行投资决策，保障其权益和利益。市场的稳定和可持续发展是开放型高水平资本市场的最终目标。一个高水平的资本市场需要具备稳定的市场运行机制，保持市场的良好运行状态，避免市场出现较大波动和风险，以维护市场参与者的利益。同时，资本市场需要保持可持续发展，适应国家经济发展需要。

（二）开放型高水平资本市场的基本特征

1. 市场开放程度高

随着全球化进程不断加速，开放型高水平资本市场的开放程度也不断提高。一个市场的开放程度高，有利于吸引更多的投资者进入市场，提高市场流动性和效率，推动市场的健康、稳定、可持续发展。中国资本市场的开放程度近年来大幅提高。2019 年中国证监会发布了《关于完善境外机构投资者投资境内证券市场有关事项的通知》，进一步放松外资在 A 股市场的投资范围和比例限制，逐步打破 A 股市场的资本壁垒。此外，中国资本市场还推出沪港通、深港通等境内外交易连接机制，进一步提高中国资本市场的国际化程度和开放程度。

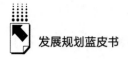

2. 市场机制和制度完善

开放型高水平资本市场的另一个基本特征是市场的机制和制度完善。资本市场需要具备规范、透明、公正、公开的市场规则和制度，保障市场参与者的合法权益，维护市场的公平和透明。资本市场机制和制度的完善可以提高市场的竞争力和吸引力，进而提高市场的活力和效率。在国际市场中，一些具有较高开放程度的资本市场在市场机制和制度的完善方面处于领先地位。美国股市是全球最大的股票市场之一，其市场机制和制度得到了广泛认可。美国股市具有完善的信息披露制度和投资者保护制度，保障了市场的公平、透明和规范运行。

3. 市场参与者多样化

开放型高水平资本市场的第三个基本特征是市场参与者多样化。市场参与者的多样化可以提高市场的流动性、增加市场的投资机会，提高市场的竞争力和吸引力。市场参与者的多样化不仅体现在国际投资者的多样化，也体现在资本市场主体的多样化。一些具有较高开放程度的国际资本市场在吸引国际投资者方面表现突出。例如，伦敦证券交易所是欧洲最大的股票市场之一，吸引了来自全球 200 多个国家和地区的投资者参与交易。伦敦证券交易所的开放程度高，市场参与者的多样化，为市场提供了强大的流动性支持和资金支持。

4. 市场创新与发展能力强

开放型高水平资本市场的第四个基本特征是市场创新与发展能力强。市场的创新和发展能力是市场能否长期保持竞争力和吸引力的关键因素之一。资本市场需要不断创新，探索新的投资机会和业务模式，提高市场的效率和竞争力，满足多样化需求。纳斯达克股市是全球最大的科技股票交易市场之一，其在市场创新方面一直处于领先地位。纳斯达克股市不仅推出诸如第二市场、新三板等创新交易平台，还推出股票期权、期货等衍生品交易业务，为投资者提供更多的投资机会。

（三）开放型高水平资本市场与实现共同富裕的关系

1. 开放型高水平资本市场对于资源配置的重要作用

开放型高水平资本市场作为一个国家重要的资源配置渠道，对于经济的发展和实现共同富裕具有重要的作用。在开放型高水平资本市场的基础上，资本市场可以通过股票发行、债券发行等方式，将社会的资金汇聚到各个行业和企业，从而实现资源的有效配置。资本市场的有效资源配置可以使得各个企业在经济发展中充分发挥作用，推动经济发展。同时，资本市场可以对于资源的分配进行有效的调节。资本市场中的价格和汇率等机制可以引导资金流向和产业结构调整，促进各行业的协调发展，实现资源优化配置。这样的调节机制可以减少资本市场的波动，降低经济风险，提高市场的竞争力和吸引力，从而推动实现共同富裕。

2. 开放型高水平资本市场对于企业发展的促进作用

开放型高水平资本市场可以促进企业发展，提高企业的效率和竞争力，从而推动实现共同富裕。在资本市场中，企业可以通过股票发行、债券发行等方式融资，从而筹集更多的资金来扩大生产、提高产能和增加就业，实现企业的规模扩大和经济效益提升。此外，资本市场中的价格机制和投资者的监督作用也可以促进企业的发展。在资本市场中，企业必须公开披露财务信息，受到投资者和监管机构的监督。这样可以有效地防止企业出现不良行为，规范企业行为，提高企业的管理水平和财务透明度。这种监督机制可以促进企业健康发展，为全社会的共同富裕做出贡献。

3. 开放型高水平资本市场对于投资者财富的积累和增值作用

开放型高水平资本市场可以为广大普通投资者提供财富积累和增值的机会，为实现共同富裕提供重要的途径。在开放型高水平的资本市场中，个人可以通过投资股票、基金、债券等方式获得收益。这些收益可以帮助个人增加财富，提高生活水平，促进个人的发展。同时，资本市场的发展也可以促进社会的财富分配。资本市场中的股权、债权等权益可以分散到不同的投资者手中，从而实现财富的均衡分配。资本市场的发展可以提高投资者的参与度和投资能力，从而实现更加公平的财富分配。

4. 开放型高水平资本市场对于经济风险的控制和防范作用

在一个开放型高水平资本市场中，可以有效地控制和防范经济风险。在资本市场中，投资者可以通过多元化投资来降低风险，减少个体投资者的风险。此外，资本市场还可以通过透明的信息披露机制、规范的市场交易机制等方式，加强对市场的监管，降低市场风险和投资风险。这种风险控制和防范机制可以保障投资者的合法权益，提高投资者的信心和市场的稳定性，为实现共同富裕做出贡献。

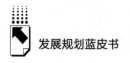

（四）构建开放型高水平资本市场的重要意义

1. 促进经济结构升级和创新驱动发展

开放型高水平资本市场是一种国际化的金融市场，它可以为我国经济结构调整和创新驱动发展提供重要支持。首先，可以吸引国际上的资本和技术进入中国，促进技术创新和产业升级。其次，可以提高企业的融资效率和资本市场对实体经济的支持能力，为实体经济的创新和发展提供更加多样化、灵活化的融资渠道。因此，构建开放型高水平资本市场对于我国实现由传统的资源型经济向创新型经济转型至关重要。

2. 推进金融市场和产业结构的协调发展

随着中国经济的快速发展，金融市场在国民经济中的地位越来越重要，而资本市场是金融市场的重要组成部分。构建开放型高水平资本市场可以促进金融市场和产业结构的协调发展，加快中国金融市场与国际市场的融合，提高我国资本市场的国际竞争力。同时，开放型高水平资本市场还可以吸引国内外的优质企业和高科技产业进入中国市场，为我国实现高质量发展提供更为有力的支持。

3. 缩小收入差距，促进全社会共同富裕

中国一直致力于实现共同富裕的社会发展目标。构建适应共同富裕要求的开放型高水平资本市场，可以为实现这一目标提供重要支持。首先，可以提高居民的财富水平，缩小贫富差距，推动实现共同富裕。其次，可以为社会提供更多的就业机会，促进区域经济发展，提高人民群众的生活水平。因此，构建开放型高水平资本市场是实现共同富裕的重要举措。

二 构建适应共同富裕要求的 开放型高水平资本市场的理论基础

（一）开放型高水平资本市场与扩大收入增量

1. 开放型高水平资本市场是实现收入增量的重要渠道

资本市场集融资、投资和风险管理于一体的市场机制，为企业和个人提供

了重要的融资渠道。在市场经济条件下，资本市场是企业和个人筹集资金的主要渠道之一。通过股票、债券、基金等融资方式，企业可以获得更多的资金，进行更多的投资和创新，从而扩大生产和创造就业机会。同时，个人也可以通过投资股票、基金等方式获得收益，实现财富增值，促进收入增长。

2. 开放型高水平资本市场是实现经济结构调整的重要抓手

资本市场在促进经济增长的同时，也可以推动经济结构调整和产业升级。在开放型经济背景下，资本市场可以引导资金流向高新技术产业和服务业等高附加值、高质量的产业领域，从而推动产业结构升级和优化。此外，资本市场的发展还可以促进企业的创新和竞争力提升，推动企业转型升级，实现经济结构的调整和优化。这样，就能够提高整体经济效益，为实现收入增量提供更多的支撑和保障。

3. 开放型高水平资本市场是增加就业和改善社会福利水平的重要途径

资本市场的发展可以促进企业的扩张和创新，从而创造更多的就业机会。同时，资本市场的发展也可以增加企业的收益和利润，为员工提供更好的薪资和福利待遇，改善社会的福利水平。在资本市场的作用下，企业能够更加灵活地调整和优化资源配置，提高生产效率和竞争力，创造更多的就业机会。这样，就能够实现收入增量的增加，促进经济繁荣和社会稳定。

（二）资本市场与提高收入质量

1. 促进企业创新和发展，提高产业附加值

资本市场能够为企业提供多样化的融资渠道，通过资本市场的融资，企业能够进行技术创新、产品创新和模式创新，从而不断提高产品和服务的质量和附加值，不仅可以带动经济增长，同时也可以提高企业盈利能力，为员工提供更多的薪资和福利，提高员工收入水平。此外，资本市场还能够引导资金流向高附加值、高质量的产业领域，从而促进产业升级和结构调整，提高整体经济效益。通过资本市场的引导作用，让更多的资源配置到高技术、高附加值、高利润率的领域，从而推动经济可持续发展，提高产业的竞争力，从而促进经济和社会的发展，最终带动人民收入水平的提高。

2. 提高金融服务水平，为民众提供更优质的金融服务

资本市场的发展不仅能够带动经济增长，同时也能够提高金融服务水平，

为民众提供更优质的金融服务。通过资本市场，金融机构能够发挥更加专业的服务优势，提供更加多样化的金融产品和服务，满足民众对金融服务的需求，提高金融服务的覆盖面和效率。通过金融服务的提升，让更多的人获得融资的机会，从而提高人民的收入水平。资本市场的发展也促进了金融服务的创新和升级，特别是互联网金融的快速发展。互联网金融能够为消费者提供更加便捷和灵活的金融服务，满足民众对金融服务的个性化需求，从而提高人民的收入水平和生活质量。

（三）开放型高水平资本市场与改善收入分配

1. 资本市场的发展可以激励创新，从而推动经济增长和就业增加

在一个开放且规范的资本市场环境下，创业者可以通过股权融资等方式获得更多的资金支持，从而扩大企业规模、提高生产效率、拓展市场份额等，进而推动经济发展。这样的经济发展不仅可以带动更多的就业机会，还可以促进企业的利润增长，从而使企业有更多的分配资金。当企业利润增长时，公司股东可以通过股息分配和股票升值等方式获得更多的收益，这也可以提高股东的收入水平。此外，随着资本市场的发展，更多的企业可以通过股权融资等方式获得资金支持，从而扩大企业规模、提高生产效率、拓展市场份额等。这些企业的发展需要更多的劳动力参与，因此也会带动就业。而就业机会的增加，也可以提高劳动者的收入水平。资本市场的发展还可以吸引更多的国内外投资者参与，从而带来更多的资本流动和资源配置，从而扩大就业和改善收入分配结构。

2. 资本市场的发展可以优化资源配置，提高生产效率

资本市场可以帮助优化资源配置，提高生产效率，从而增加社会总产出和收入水平。资本市场为企业提供了多种融资方式，如股票、债券等，能够有效解决企业资金短缺问题，为企业的扩张提供支持。同时，资本市场还可以通过并购、重组等方式整合企业资源，提高企业的运营效率和创新能力，从而提高企业的利润和市值。这些都有利于优化资源配置，提高生产效率，为经济增长和收入分配提供支持。中国在 2019 年成功推出科创板并试行注册制，这一举措有助于更多优秀的科技企业进入资本市场，获得融资支持，同时也能够吸引更多的投资者进入市场，提高市场流动性和资金效率。科创板的成功推出，有利于优化资源配置，提高生产效率，为经济增长和收入分配提供更多支持。

3. 资本市场的发展可以提高财富分配效率，促进资产收益的公平分配

资本市场的健康发展可以提高财富分配效率，促进资产收益的公平分配。通过资本市场，普通投资者可以直接投资企业股票、债券等，从中获得相应的收益，不仅提高个人的财富水平，同时也促进资产收益的公平分配。资本市场还可以通过设立基金、资产管理等机构，让普通投资者更加便利地获取股票、债券等资产的投资机会，促进投资风险的分散和资产配置的多样化，从而提高财富分配的效率。中国证券投资基金业协会发布的数据显示，截至 2020 年底，我国共有基金管理人 39 家，管理规模达到 21.6 万亿元，为普通投资者提供了丰富的资产配置和投资机会，推动了资产收益的公平分配。

三 开放型高水平资本市场助力共同富裕面临的挑战

（一）市场基础建设仍需加快

开放型高水平资本市场是一个高度复杂的系统，其发展离不开完备的基础设施。但目前我国资本市场基础建设仍存在诸多不足，如市场规范和监管机制尚不完善、信息披露标准和质量有待提高、投资者保护机制有待完善等。这些问题限制了资本市场的发展和投资者的参与，也制约了资本市场对实现共同富裕目标的贡献。

（二）资本市场投资环境需改善

资本市场投资环境的优劣直接关系到投资者的积极性和市场活力的增长。但目前我国资本市场在投资环境方面仍存在一些问题，如交易成本高、信息披露不透明、交易流动性不足等。这些问题会导致投资者的犹豫和不信任，从而制约了资本市场的发展和对实现共同富裕目标的贡献。

（三）资本市场创新需加强

资本市场是创新的重要场所，只有不断推进创新才能满足不同投资者的需求，激发市场活力，为实现共同富裕目标提供更多机会。但目前我国资本市场的创新能力较弱，市场产品和业务创新不足，创新型企业上市难度大等问题仍

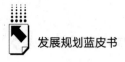

待解决。因此，资本市场需要加强创新，积极推动科技创新、金融创新和制度创新等。

（四）投资者理念和能力需提高

资本市场的成败与投资者的理念和能力密切相关。投资者的理念和能力决定了市场的稳定和发展。但目前我国仍存在部分投资者盲目跟风、追求高收益，缺乏长远投资思维，投资决策缺乏科学性和规范性等问题。因此，资本市场需要加强投资者教育和引导，积极普及长期价值投资理念。

（五）资本市场风险监管能力需增强

随着资本市场的发展和市场参与者的增加，金融风险也会相应增加。特别是在国内资本市场的开放和国际化进程中，外部风险也将成为实现共同富裕目标的挑战。首先，市场波动风险可能导致投资者利益受损，对资本市场的长期稳定发展造成不良影响。其次，金融机构的风险管理是实现共同富裕目标的重要组成部分，风险管理的有效性和健全性对资本市场和经济的稳定发展有着决定性的影响。再次，监管政策的不合理或执行不力可能导致市场乱象，对公众信心和市场稳定性造成负面影响。最后，资本市场的创新需要适应新时代的发展需求。

四 适应共同富裕要求的资本市场建设国际经验借鉴

（一）美国、英国等以市场化为主导的资本市场发展经验

1. 美国市场化资本市场的经验

美国作为全球最大的资本市场之一，其资本市场发展经验非常值得借鉴和学习，主要经验包括以下几个方面。第一，建立完善的市场机制和制度。美国政府通过制定完善的法律法规，建立较为完善的市场机制和制度，保障市场的正常运转。例如，美国证券交易委员会对证券市场进行监管，确保市场公平公正。第二，促进科技创新，推动市场发展。美国政府鼓励创新，推动市场发展。例如，美国政府设立一系列的科技创新计划和投资基金，支持科技创新型

企业发展。此外，美国政府还通过实施税收政策和股权激励政策等，鼓励创新型企业进入资本市场。第三，提供融资渠道和股权激励政策。美国政府通过发展资本市场为企业提供多元化的融资渠道。企业可以通过发行股票、债券等证券融资，也可以通过银行贷款等方式获得融资。此外，美国政府还提供股权激励政策，鼓励员工持有公司股票，提高员工的工作积极性和企业的稳定性。第四，保障投资者权益。美国政府非常注重保护投资者权益。在交易中信息公开透明，同时投资者也有权对公司进行监督和管理。

2. 英国市场化资本市场的经验

英国也是一个市场化资本市场发展比较成熟的国家，其资本市场发展经验值得借鉴和学习，主要经验包括以下几个方面。第一，建立透明、高效的市场机制和制度。英国政府通过建立透明、高效的市场机制和制度促进市场发展。例如。英国金融市场行为监管局对金融市场进行监管，保障市场的公平公正。第二，鼓励企业上市融资。英国政府通过鼓励企业上市融资，提高资本市场的活力和竞争力。英国政府通过实施税收政策和企业家股权计划等，鼓励创新型企业进入资本市场。此外，英国政府还积极引进海外投资者，提高市场国际化程度。第三，推动金融科技创新。英国政府积极推动金融科技创新，成立金融科技委员会，推动金融科技企业发展。此外，英国政府还通过实施金融科技试验计划等措施，鼓励金融科技创新。第四，提供多元化的融资渠道。英国政府通过提供多元化的融资渠道，为企业提供更加灵活的融资方式。企业可以通过股票、债券等证券融资，也可以通过银行贷款、债务重组等方式获得融资。此外，英国政府还鼓励企业发行绿色债券、社会债券等，促进可持续发展和社会责任投资。

（二）日本、德国等政府发挥重要作用的资本市场发展经验

1. 日本政府发挥重要作用的资本市场发展经验

第一，鼓励银行间担保债券市场的发展。日本政府通过鼓励银行间担保债券市场的发展，提高市场的流动性和透明度。银行间担保债券市场是指银行之间交易的债券市场，通过担保和交易规则等机制，增加债券市场的信用和流动性。此外，日本政府还通过推出可转债券等新型债券，促进市场的创新和发展。第二，支持企业上市融资。日本政府通过支持企业上市融资，提高市场的

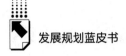
活力和竞争力。例如，日本政府通过实施税收政策和推出创新型企业股票、企业价值提高证券等，鼓励创新型企业进入资本市场。此外，日本政府还积极引进外国投资者，提高市场的国际化程度。第三，建立严格的投资者保护制度。日本政府建立严格的投资者保护制度，保障投资者的权益。日本政府成立金融服务机构，负责对金融市场进行监管和调查，保障市场的公平公正。日本政府还规定上市公司必须披露的信息内容和披露时间，提高信息透明度。

2. 德国政府发挥重要作用的资本市场发展经验

第一，建立严格的监管机制。德国政府建立严格的监管机制，保障市场的公平公正。例如，德国政府成立联邦金融监管局，负责对金融市场进行监管和调查。规定上市公司必须披露的信息内容和披露时间，提高信息透明度。第二，鼓励企业通过股权融资和债券融资获取资金。德国政府鼓励企业通过股权融资和债券融资获取资金，提高市场的流动性和透明度，发展中小企业股票市场和中小企业债券市场，鼓励中小企业进入资本市场。第三，建立公共基金，促进市场长期稳定发展。德国政府成立投资基金，通过对中小企业和新兴产业的投资来推动市场的发展。第四，鼓励公司间股权交易。德国政府制定股权买入交易税收优惠政策，鼓励公司间的合并和收购，提高市场的活力和竞争力。

五 构建适应共同富裕要求的 开放型高水平资本市场的政策建议

（一）加大监管力度，保障市场公平公正

开放型高水平资本市场的发展需要良好的法律法规体系和有效的监管机制支撑，以保障市场的公平、公正、透明和稳定。因此，需要进一步加大监管力度，提高监管效能，严厉打击各类违法违规行为，维护市场秩序。另外，应当加强对于信息披露的监管，保障投资者的知情权，提高市场透明度，增强市场信心。

（二）深化市场改革，促进市场活力

资本市场改革是一个长期的过程。需要深化市场改革，放宽市场准入限制，鼓励更多的公司通过资本市场融资。同时，应当进一步完善上市制度，强

化退市机制，避免出现"僵尸企业"，激发市场活力。此外，还应当推进证券市场的多层次发展，鼓励中小企业通过创业板、新三板等渠道融资。

（三）拓宽融资渠道，支持实体经济发展

当前，资本市场主要面向大型企业和金融机构，中小微企业和个人投资者融资渠道较少。需要拓宽融资渠道，支持中小微企业和个人投资者融资。通过发行支持中小微企业融资的创新金融产品，如债券、基金等，提供更多融资渠道。同时，还应当积极推动股权众筹、债权众筹等新型融资模式的发展，为个人投资者提供更多的投资机会。

（四）加强国际合作，推进资本市场对外开放

资本市场对外开放是中国资本市场发展的重要方向之一。需要加强国际合作，积极推进资本市场对外开放，吸引更多的外资进入中国市场，增强市场活力和国际竞争力。逐步扩大 QFII、RQFII 等投资渠道的开放范围，推动人民币国际化，进一步完善跨境投资机制，提高投资者的投资便利性和市场参与度。同时，还应加强与国际监管机构的合作，推动国际监管标准的统一，增强市场的国际竞争力和吸引力。

（五）提升资本市场服务实体经济能力

资本市场作为支持实体经济发展的重要手段，应该进一步提升服务实体经济的能力。加强投行和资产管理机构的服务能力，为企业提供更加专业的融资和投资服务。同时，还应注重发挥股权投资、债券融资等工具在支持实体经济发展中的作用，促进资本市场与实体经济的紧密结合。

（六）促进投资者教育，提高市场参与度

加强投资者教育，提高市场参与度。通过加强投资者教育和宣传，提高投资者的风险意识和理性投资水平，减少投资风险。此外，还可以采取多种措施，如降低交易费用、增加投票权、提高信息透明度等，强化投资者的市场参与和权益保护。

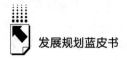

参考文献

何德旭、王学凯：《金融如何助力共同富裕》，《财经智库》2022 年第 1 期。

李实：《共同富裕的目标和实现路径选择》，《经济研究》2021 年第 11 期。

李扬：《寻找金融助力共同富裕的合理路径》，《中国金融》2022 年第 2 期。

楼继伟：《以高水平开放助推资本市场高质量发展》，《清华金融评论》2019 年第 12 期。

尚福林：《不断推进金融供给侧结构性改革助力促进共同富裕》，《清华金融评论》2022 年第 3 期。

张晓晶：《金融发展与共同富裕：一个研究框架》，《经济学动态》2021 年第 12 期。

B.19
稳步扩大制度型开放

李双双*

摘　要：　受疫情影响，我国在"十四五"规划实施前半程，经济增长经历较大幅度波动，稳增长遭遇较大压力，但是我国扩大对外开放的步伐并未停歇，不利条件反而成为推动制度型开放措施加速推出落地实施的重要动力。2021 年以来，我国在制度型开放平台建设、规则、规制、标准、管理开放等方面均有诸多举措推出，在推动经济开放发展上取得多方面实效。随着改革进入深水区，改革阻力和困难加大，世界变局波谲云诡，外部不利因素增多、风险性增大，我国在扩大制度型开放过程中面临更加严峻的挑战。鉴于制度型开放具有稳定性、长期性特征，需要我国在"十四五"规划后半程乃至未来更远的中长期制度型开放中，在处理好几方面特殊关系的基础上，做好制度设计和政策部署。

关键词：　制度型开放　规则　规制

"十四五"规划提出要"建设更高水平开放型经济新体制""稳步拓展规则、规制、管理、标准等制度型开放"。[①] "制度型开放"虽是 2018 年底中央经济工作会议上提出的新概念，却非一项新工作。我国推动制度型开放已有较长历史，在复关和入世申请以及入世之后，与国际规则接轨，向市场经济转

---

*　李双双，中国社会科学院数量经济与技术经济研究所副研究员，主要研究方向为国际贸易、国际宏观经济等。

①　《中华人民共和国国民经济和社会发展第十四个五年规划和 2035 年远景目标纲要》，http://www.gov.cn/xinwen/2021-03/13/content_ 5592681.htm，2021 年 3 月 13 日。

型，是我国一直大力推动的事业。只是相较于商品和要素流动型开放，我国在制度型开放上稍显不足。这种"不足"既体现在我国引领国际规则制定的软实力不够，与我国经济和贸易大国地位不匹配，也体现在我国制度型开放滞后于商品和要素流动型开放，也与成熟市场经济存在一定差距，反过来限制了商品和要素流动。"制度的适用性或覆盖面是有边界的""推动对外开放离不开相对完善的制度保障"。① 新的国内外环境，要求我国从商品要素流动型开放转向制度型开放。"十四五"前半程是一段非同寻常的艰难时期，叠加保护主义、地缘政治冲突、新冠疫情等多重不利影响，特别是疫情防控要求经济封锁对商品和要素流动形成限制，凸显了制度型开放的重要性。因此，在"十四五"规划前半程，虽然我国经济因受到不利影响而呈现较大波动，但是制度型开放仍加速推进并取得了明显实效。

一 我国稳步扩大制度型开放的主要政策与特征

（一）我国稳步扩大制度型开放的主要政策

"十四五"规划前半程因受到疫情影响，我国经济出现了较大波动并面临稳增长方面的特殊困难，但是政府扩大对外开放的步伐并未停歇，我国在制度型开放平台建设、规则、规制、标准、管理等方面的政策均加速推出落地。

制度型开放平台建设方面，我国全面扩围跨境电商综合试验区、自由贸易试验区、服务业扩大开放综合试点、国家进口贸易促进创新示范区、市场采购贸易方式试点等本土平台，并开展营商环境创新试点，继续推进高标准建设海南自由贸易港；高标准建设"一带一路"、RCEP 等现有区域合作平台，进一步落实和谈判加入 CPTPP 和《数字经济伙伴关系协定》等新区域合作平台。

规则开放方面，大力推进知识产权保护规则和数字经济规制建设。我国出台了《知识产权强国建设纲要（2021—2035 年）》《"十四五"国家知识产权保护和运用规划》，积极参与世界知识产权组织（WIPO）、亚太经合组织

---

① 张宇燕：《中国对外开放的理念、进程与逻辑》，《中国社会科学》2018 年第 11 期。

（APEC）等国际组织的知识产权国际事务，扎实推进多双边国际协议落实。①
我国积极参与以电子商务为核心的数字领域国际规则制定，推进多双边电子商
务规则谈判和数字领域机制建设。

规制开放方面，我国颁布出台了《"十四五"市场监管现代化规划》《中
共中央 国务院关于加快建设全国统一大市场的意见》《关于进一步优化营商
环境降低市场主体制度性交易成本的意见》，努力健全反垄断法律规则体系，
完善公平竞争审查制度，并开展反垄断审查试点，②加强市场行为监管；出台
《"十四五"海关发展规划》，构建以信用管理为基础的新型海关监管机制；颁
布实施《出口管制法》《外商投资安全审查办法》《数据安全法》《网络安全
审查办法》，致力于形成更加完善的国家开放安全保障制度。

管理开放方面，我国不仅借鉴国际通行规则对外商投资准入实施负面清单
管理，还勇于突破尝试，在内资领域通过先试点再全面实施的方式进行负面清
单管理。此外，在海南自由贸易港推出第一张跨境服务贸易负面清单，实现了
服务贸易管理模式根本性变革。同时，我国更加注重依法依规管理，颁布实施
《外商投资法》《外商投资法实施条例》，以法律法规形式确立准入前国民待遇
加负面清单管理制度，构建新时代外商投资法律制度基本框架；颁布《外商
投资信息报告办法》，建立与更高开放水平相适应的信息报告制度，取代商务
部门的审批和备案管理。③

标准对外开放方面，中共中央、国务院颁布《国家标准化发展纲要》，提
出了未来十五年国家标准化建设的发展路线图。④为贯彻落实该纲要，出台了
首个国家标准化战略规划《"十四五"推动高质量发展的国家标准体系建设规
划》。此外，《中共中央 国务院关于加快建设全国统一大市场的意见》专门

① 《"十四五"海关发展规划》，http：//www.customs.gov.cn/customs/302249/zfxxgk/zfxxgkml34/
3789429/index.html，2021年7月27日。
② 《提升审查效能 深化"放管服"改革 市场监管总局发布〈关于试点开展委托实施部分
经营者集中案件反垄断审查的公告〉》，http：//www.gov.cn/xinwen/2022-07/29/content_
5703394.htm，2022年7月29日。
③ 《"十四五"利用外资发展规划》，http：//images.mofcom.gov.cn/wzs/202110/20211022094012249.
pdf，2021年10月22日。
④ 《国家标准化发展纲要》，https：//www.ndrc.gov.cn/fggz/fzzlgh/gjjzxgh/202112/t20211201_
1306575.html，2021年12月1日。

对标准开放做出规定，要求"促进内外资企业公平参与我国标准化工作，提高标准制定修订的透明度和开放度。开展标准、计量等国际交流合作。加强标准必要专利国际化建设，积极参与并推动国际知识产权规则形成"。

（二）我国扩大制度型开放的主要特征

制度型开放是我国深入推进改革开放的重要组成部分，是我国改革开放的新阶段。它既有对我国改革开放传统优点的继承和发展，也有不同于早期政府主导的政策性开放的新特点。从实践上观察，我国在新时期稳步扩大制度型开放体现了如下特征。

一是在实践上呈现平台先行先试后推广与规则、规制、管理、标准四个领域国内国际双向铺开相结合。制度型开放是一个改革与开放相结合的过程。随着改革进入深水区、开放走向新高度，面临的未知与不确定增多，因此我国汲取改革开放成功经验，采取"摸着石头过河"的渐进式改革，通过"先行先试"，在改革条件具备或成熟的地方通过试点探索出规律，积累一定经验后再加以推广，改革由点到面、由微观到宏观，循序渐进、稳步推进，最终走向全面整体推行。与此同时，在全国层面找到一些重点领域，进行规则、规制、管理、标准双向开放，既将先进的国际制度引进来，同时也将我国的先进制度推广出去，并积极参与新的国际制度制定。

二是制度型开放是注重让市场发挥主导作用的过程。一方面，制度的制定以营造有利于市场主体更好发挥作用，便利化市场生产要素和商品、服务流动为目的。制度型开放本质是建立开放型社会主义市场经济新体制，是为了理顺政府与市场的关系，真正做到有效市场和有为政府。不管是高标准建设的各种先行先试开放区，还是引进国际先进规则、管理模式和标准，都是为了规范政府监管，约束政府权力，以制度的稳定性取代政策的多变性，营造稳定、公平、可预期的营商环境。另一方面，制度制定过程注重市场主体参与。不同于前期改革开放主要由政府主导推动，制度型开放在制度制定环节就注重市场主体参与，比如，鼓励企业和社会团体参与标准的制定，在《市场准入负面清单》的制定上实施社会广泛参与机制。

三是制度型开放注重将制度制定与落实、效果评估相结合。比如，对于负面清单制度，为了防止落实不到位，《中共中央　国务院关于加快建设全国统一大市场的意见》提出，要"严格落实'全国一张清单'管理模式，严禁各地区各部门自行发布具有市场准入性质的负面清单，维护市场准入负面清单制度的统一性、严肃性、权威性。研究完善市场准入效能评估指标，稳步开展市场准入效能评估"。①

二 我国制度型开放取得的成效

一是市场准入大幅放宽。截至 2022 年，我国对外商投资准入限制已降至 31 条，自贸区投资准入限制降至 27 条。随着负面清单逐步缩减，除涉及国家安全、稀有矿产、新闻出版、影视广播、义务教育等少数领域外，绝大部分领域已经放开。② 市场准入放宽对激发市场主体活力起到明显效果，比如 2021 年版清单放宽了租赁和商业服务业、科学研究和技术服务领域的准入限制，受政策利好影响，这两个行业在 2021 年成为新增市场主体占比增速最快的行业，分别同比增长 36.9% 和 20.0%。《外商投资法》的实施也起到了积极作用，虽然 2020 年和 2021 年受到疫情负面冲击，但是我国外商投资企业法人单位数同比增长分别达到了 8.8% 和 5.8%。

二是营商环境进一步改善。虽然疫情期间，我国基于保护国民生命健康安全考虑，对经济活动和跨境人员流动进行了必要管控，对外资企业在华经营造成了一定程度影响，但是由于多方面制度型开放政策的落地实施，我国营商环境在逆境中仍有改善。根据中国国际贸易促进委员会研究院发布的年度报告《中国营商环境研究》，中国营商环境不断改善，营商环境评价得分（满分 5 分）从 2019 年的 4.30 分上升到 2022 年的 4.38 分，2022 年超九成受访企业对中国营商环境评价为"满意"及以上水平，88.26% 的受访企业对市场准入评价"较满意"以上。③ 中国美国商会、中国欧盟商会等外国驻华商协会均认

---

① 《中共中央　国务院关于加快建设全国统一大市场的意见》，http://www.gov.cn/zhengce/2022-04/10/content_ 5684385.htm，2022 年 3 月 25 日。
② 《"十四五"利用外资发展规划》，http://images.mofcom.gov.cn/wzs/202110/20211022094012249.pdf，2021 年 10 月 22 日。
③ 中国国际贸易促进委员会研究院：《2019 年度中国营商环境研究报告》，http://www.gyccpit.org/uploadfile/202002/20200221115616584.pdf，2020 年 2 月 21 日。

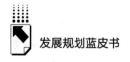

为，中国营商环境取得较大改善。

三是服务贸易进一步开放。虽然作为密切接触性行业，服务贸易受到疫情严重冲击，但是作为扩大制度型开放的重点领域，我国服务贸易开放得以有序推进。根据 OECD 数据，我国服务贸易限制指数（Services Trade Restrictiveness Index）从 2018 年的 0.291 下降至 2020 年的 0.276。2020 年以来疫情对服务业经营的限制影响了服务业开放，但是我国服务贸易限制指数依然继续降至 2022 年的 0.275，在海洋运输和公路运输上的限制指数分值甚至低于包括美国在内的很多 OECD 成员，在建筑、商品分销、物流、工程等方面的开放程度也接近 OECD 成员的平均水平。

四是金融体制开放再深化。2020 年版《外商投资准入特别管理措施（负面清单）》中对金融业准入的负面清单实现清零，比早先计划提前一年。国家外汇管理局通过支持股权基金开展跨境产业投资，先后批准多地实施合格境外有限合伙人（QFLP）和合格境内有限合伙人（QDLP）试点，更好地满足市场主体全球化资产配置需求。此外，我国从 2023 年 3 月开始实施《境内企业境外发行证券和上市管理试行办法》及其配套指引，境内企业境外上市进入更加规范的阶段，为中国企业境外融资铺平道路。

五是外资外贸环节管理更加完善。"十四五"规划提出"完善出入境、海关、外汇、税收等环节管理服务"。虽然受疫情影响，我国在出入境和海关管理上实施了严格的管控措施，但是在外汇和税收管理服务方面仍取得了进展。国家外汇管理局通过大幅精简外商直接投资（FDI）审核流程，建立以登记为核心的对外直接投资（ODI）外汇管理框架等一系列具体举措，推动中国成为最具吸引力的外商直接投资目的国家之一。我国税务、海关等部门积极推广国际贸易"单一窗口"出口退税申报功能，增加退税网上申报渠道，同时通过强化部门数据共享、优化系统功能，大幅提高了税务部门退税审核的效能。

六是开放平台功能进一步提升。自贸区率先实现了外资准入负面清单制造业条目清零。21 个自贸试验区面积虽占全国的不到 4‰，但是 2022 年全年实际使用外资却占全国的 18.1%，实现进出口总额占全国的 17.8%。截至 2022 年底海南自由贸易港已经累计发布制度创新案例 134 项，其中 8 项在全国推广。北京等 5 个服务业扩大开放综合试点已累计向全国推广了 7 批 35 项经验案例，对全国服务业开放的引领示范日益显现。我国对"一带一路"沿线国家和 RCEP 成员的贸易增速一直显著高于我国整体对外贸易增速，成为我国对外贸易的重要增长点。

三　我国制度型开放存在的问题和面临的挑战

尽管我国在制度型开放上取得了新的进展，但是随着改革进入深水区，改革阻力和困难越大，国际社会百年大变局愈加波谲云诡，外部不利因素增多且风险性增大，我国在制度型开放上面临着更为严峻的挑战。

第一，营商环境相关制度执行有待改善。一是负面清单清零与企业实际扩大经营之间存在矛盾。例如，虽然金融业负面清单已全部清零，但是外资银行在开设地方分支机构上依然面临审批限制，导致经营上未能享受和内资同等待遇。二是地方执行上存在政府部门权责范围不清、行政越权等问题。如 2023 年 3 月某开放平台省政府办公厅印发的一份支持民营经济发展的文件中提出"贯彻落实少捕慎诉慎押刑事司法政策，对民营企业家涉案人员能不捕的不捕、能不诉的不诉、能不判实刑的不判实刑，能不继续羁押的及时予以释放或变更强制措施"，引起了政府行政越权的争议。虽然政策初衷是改善营商环境，而且政策本身也是对国家最高检政策的落实，但是由于其中涉及省政府办公厅要求省检察院和省高级法院进行量刑的问题，被质疑行政干预司法。

专栏："少捕慎诉慎押"司法理念执行中的问题

最高人民检察院于 2019 年提出了"少捕慎诉慎押"司法理念，并于 2020 年写入《"十四五"时期检察工作发展规划》，要求"检察机关'十四五'时期要做优刑事检察，坚持依法惩治犯罪与保障人权相统一，全面贯彻宽严相济刑事政策，落实少捕慎诉慎押司法理念"。2023 年两会期间，最高检再次强调了该理念。2023 年 3 月，某省率先提出对企业家执行"少捕慎诉慎押"司法理念，但由于发文单位为省政府办公厅而责任单位为省检察院和省法院，引发有违"法律面前人人平等"和行政干预司法的争议。因为在我国司法独立于行政，省检察院和省高级法院的直接上级是省委和省政法委。如果由省委来颁布此文件，并不会引起质疑，但是地方政府在执行过程中并未充分按照司法独

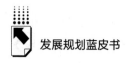

立于行政来执行，因而让人担心有违法治。这反映了地方政府存在职权范围划分不清问题，也反映依法治国过程中存在历史错误惯性做法要予以破除。

第二，服务业制度型开放步伐有待加快。我国服务业国际竞争力相对较弱导致服务贸易一直处于逆差，即使服务贸易数据短期冲高也并不代表服务贸易竞争力获得了实质性提升——2021年和2022年我国服务贸易出口大幅增加，主要是由于货物贸易及海运价格大幅增加带动运输服务出口大幅增长。服务贸易竞争力提升有赖于开放竞争下的行业实力提升。首先，服务业有待进一步按照分类施策原则放松特定行业准入限制。从服务业限制情况看，我国相对发达国家平均开放水平较低的行业有广播、电影、录音、快递、计算机、商业银行、保险、会计、法律、电信。基于国家安全方面考虑，对法律、会计等行业对外资进入加以限制是发达国家也在施行的普遍做法，但是有些行业则没必要做过多限制，比如电影、快递、计算机、商业银行、保险等行业需要进一步放宽市场准入。其次，自贸区版和全国版跨境服务贸易负面清单推出、服务业开放综合试点扩围等推进节奏还不够快。

第三，金融体制开放存在不足。我国在资本市场开放上依然存在较多限制。资本账户开放原则是"一线放开、二线管住"。"一线放开"可以简单理解成外资和自贸区之间的限制在业务真实的情况下基本放开了，但是自贸区和国内之间的二线账户的汇兑和交易并未放开。我国股票或债券市场虽已通过沪港通、深港通、债券通等机制实现了双向对外开放，但仍存额度管理、收益汇出等管制障碍。我国金融衍生品市场只有部分市场对少数特定外资机构开放。债券市场只放开了境外资金北上投资境内债券，境内资金南下投资境外债券尚未开放，这不利于资金双向交流互动。在银行业开放方面，外资银行在资本补充渠道、经营牌照审批、分支机构设立审批等方面依然面临各种限制。

第四，融入国际规则面临障碍。制度型开放的时代，也是一个规则和制度重塑的时代。但是我国融入国际规则面临障碍。一是在大国利益冲突背景下的国际规则再造过程中，美欧有意对中国进行规制锁定，并对中国规则加以排斥。美国通过"小院高墙"、友岸外包、近岸外包建立排斥中国的平行体系，并通过一套以保护国家安全为宗旨的国际新规限制中国。以自由贸易为原则的国际规则是开放性的，特别是多边规则是非排他性的，但是以国家安全为原则的规则是封闭性和排他性的，这决定了中国只要在美国认定的安全威胁范围内，就不会允许中国突破规则锁定，重新融入美国划定的规则圈。二是中国与欧美存在经济体制差异，导致规则难以做到充分衔接。例如，在反补贴调查中，美国一直控诉我国存在土地补贴问题。因为我国土地归属为集体所有，地方政府在招商引资上有给予企业土地租金优惠的权力，形成了一种地方政府经济政绩锦标赛决定工业用地价格的特有模式，这与欧美土地完全由市场供求定价不同，因此会被认定为补贴。

第五，维护产业链安全的制度环境有待完善。随着美欧重新组合全球价值链，建立排斥中国的平行产业链体系，产业链安全已经超过成本因素成为我国以欧美为主要市场的外贸企业海外转移的最重要考量。2021～2022 年，我国实际使用外资金额保持正增长，尤其是高技术产业以及中、西部地区增长明显，显示我国对外资依然具有较强吸引力。但是 2022 年在全球绿地投资正增长的情况下，我国吸引绿地投资出现下降，且计划对华进行 2.5 亿美元以上金额大额再投资的在华外企占比降至五年来新低，说明外资企业出于产业链安全考虑对部署在华建厂扩产方面的中长期投资正变得更为谨慎。此外，根据华南美中商会的调研，在对华投资意愿上，对中国制造能力的看重已经被对中国市场的看重反超，成为在华外资企业对华增加投资的次要因素，也从侧面说明中国正在失去成本优势和制造中心地位。① 我国亟须建立起维护产业链安全的制度环境。

四　制度型开放的国际经验

虽然在二战之前的国际经济合作历史中已经存在制度型开放内容，但是考虑到对我国的借鉴意义，本文将考察范围定位在二战之后。本部分主要考察美国和日本二战后制度型开放方面的经验。

（一）美国的制度型开放经验与特征

作为战后主导国际经济秩序重建的国家，美国的制度型开放过程就是将其贸易思想变成国际规则的过程。在进行制度型开放方面，美国以经济、科技、

---

① 华南美国商会：《2023 年中国营商环境白皮书》，2023 年 2 月 20 日。

军事硬实力作为主导制定全球规则的基础，将国内规则推广为国际规则，国内规则和国际规则同时施行，并且坚持国内法高于国际法。二战后美国主导建立了世界银行、国际货币基金组织、关贸总协定以及后期的 WTO，这些国际组织及其原则与规则构成战后国际经济秩序的基础。一战后美国就曾尝试主导战后国际秩序重建，虽然彼时美国经济已经跃居世界第一，但是其外交方面的软实力并不足以撼动欧洲老牌国家的主导地位。[①] 直到二战后，美国成为综合实力绝对的世界头号强国，才具备了主导国际秩序构建的实力。

美国制度型开放过程始终以本国利益为核心，并随着变化的局势不断做出调整。二战后美国支持自由贸易，但是美苏对峙时期支持区域合作，建立排除社会主义阵营的平行体系。随着冷战结束，以开放态度接纳社会主义国家，但是将其视为转型国家，对其加入 WTO 设置附加条件，要求其向市场经济转型。2008 年国际金融危机后，随着美国经济式微，中国经济迅速恢复，东升西降格局让美国走向保护主义，再次转向区域主义，重建排除中国的平行体系。美国优先、在多边主义与区域主义之间自由切换是美国制度型开放的典型特征。此外，在具体领域的开放安排上，美国并非一放了之，而是根据形势变化做出调整。比如美国是世界上金融业开放程度最高的国家，在 2008 年国际金融危机之前通过不断开放实现了银行、保险、证券的混业经营，并对金融业的监管程度大幅降低。国际金融危机发生后，美国意识到混业经营和放松监管的风险，对金融监管制度进行改革，重新加强了金融监管。[②]

（二）日本的制度型开放经验与特征

作为一个通过发展出口导向型经济实现战后经济起飞的国家，日本制度型开放走的是从追随和对接已有国际规则到主导区域规则制定的路径。在开放初期，作为出口导向型国家，日本重视对国际规则的对接与遵守，以 WTO 规则为标准对国内规则进行修订。在 20 世纪 60~90 年代与美国进行贸易战时期，日本对美国采取了妥协政策，主动对国内政策进行调整。近年来，日本重视推动区域

---

① 〔英〕约翰·梅纳德·凯恩斯：《〈凡尔赛和约〉的经济后果》，李井奎译，中国人民大学出版社，2017。

② 李俊江、孙黎：《美国保险市场对外开放的发展及对中国的启示》，《保险研究》2011 年第 8 期。

贸易规则，如率先提出 CPTPP，并在数字经济规则制定方面率先行动。

与美国不同，日本是追赶者，在制度型开放方面特征也因此有所差异。在制度型开放过程中，不同于美国一直坚持美国优先，日本考虑的是合作优先和长远发展优先，因此在制度型开放过程中兼顾发展与安全。例如，日本贸易体制的对外开放上，不仅在广泛调研和听取政企意见的基础上制定了改革计划，也制定了严格的风险应对方案。[①] 在资本市场开放过程中，日本根据国内不同产业的成熟程度实施分类分级开放政策，只对国内外差距不大的行业施行完全资本自由化，而对国内与国外还存在差距的行业则设置了一定的保护，在产业成熟后才彻底放开。此外，日本还会借助外力维护本国利益，推动制定保护本国产业的国际规则，例如，借助美国对农产品的保护立场，在贸易规则上推行农业保护规则，保护本国农民利益。

五　我国进一步扩大制度型开放的路径与对策

（一）进一步扩大制度型开放的实现路径

我国在进一步扩大制度型开放过程中要处理好五个方面的关系。一是政府与市场的关系。制度型开放是将改革与开放相统一。我国进行市场经济体制改革的本质是要处理好政府与市场的关系，制度型开放亦是如此。只是不同的是，制度型开放涉及的市场不仅包括国内市场，还包括国际市场。二是处理好中国特色与国际通行规则的关系。中国施行的是社会主义市场经济体制，与美欧的自由市场经济存在差别，美欧在同意中国入世之时将其认定为转型国家和非市场经济国家，希望中国按照美欧模型进行转型。中国进行制度型开放并非要全盘接受美欧建立和倡导的国际规则与标准，而是要在保持中国特色的前提下有所取舍地进行对接和改良。三是中央与地方之间的关系。制度型开放是中央政府主推的，很多规则也是由中央层面制定，但并不意味着所有方面都要全国"一盘棋"，制度型开放既是一个破除地方垄断的过程，也是一个向地方放权的过程，充分发挥地方创新能力和自主权的过程。四是向发达经济体开放和

---

① 崔岩：《"入关"后日本经济对外开放历程的回顾与思考》，《日本研究》2000 年第 1 期。

向发展中经济体开放的关系。虽然制度型开放要求对接高标准，但是标准并非越高越好，而是要对不同的国家和地区有所区别，就像联合国要求对发达国家和发展中国家适用"共同而有区别的责任"，对于与发展中国家尤其是欠发达国家的合作不宜一味追求国际高标准。五是开放发展与安全发展的关系。制度型开放是高水平开放，但是高水平开放不等于一放了之，尤其是在国际环境转向以国家安全为重要考量进行脱钩断链的背景下，开放的过程中做好安全保障是制度型开放中制度设计的重要一环。

（二）进一步扩大制度型开放的对策

对于未来进一步扩大制度型开放而言，应该在规则、规制、管理、标准四个方面对应处理好上述五个方面的关系上做好制度设计。

在规则开放上，处理好中国特色与国际通行规则的关系，以及安全与发展的关系。一方面要更大力度衔接国际通行规则，另一方面要努力推广中国规则，积极参与国际新规的制定。比如数字经济领域我国具有规模优势，但是规则制定引领能力则相对较弱。此外，要注重防止被美欧进行规则锁定。西方国家制定新规则的能力极强，我国在这方面经常为被动应对。应该更为主动性地去应对，主动引导规则的制定。

在规制开放上，处理好中央与地方之间的关系。要根据不同领域开放特点来实施差别化政策，对于需要破除地方保护和垄断的方面，要建立全国统一的监管规则；对于地方政府更有效率的地方，要给地方政府自主权。比如全国统一大市场的构建，需要中央全盘统筹，全国"一盘棋"，制定全国统一的竞争标准，但是对于地方政府更为了解情况因而更有效率的领域应该让地方政府发挥主动性。

在管理开放上，处理好政府与市场以及安全与发展的关系。一方面要继续缩减负面清单，实现政府管理从干预向服务转型，另一方面也不能一放了之，要继续研究行业开放规律并根据不同行业特点实施差异化策略。比如在服务行业，根据OECD服务贸易限制指数以及中国海关总署公布的中国服务贸易分行业同比增速数据，海运和保险行业开放程度和行业出口增速正相关，而建筑、电影、金融、电信的行业开放程度和行业出口增长之间关系不显著。一种可能是因为行业开放程度不够，还未起到促进行业发展的作用，另一种可能是这些行业开放程度和行业发展确实不存在明显的相关关系。

在标准开放上，处理好向发达经济体开放和向发展中经济体开放的关系。一方面要努力衔接高标准，另一方面在国际合作中不能一味追求高标准。发达国家和发展中国家的发展差异导致其诉求不同，不能一味追求高标准，比如对于高质量基础设施，很多发展中国家认为一味追求高质量会造成高成本。对于应对气候变化和能源转型，发展中国家存在较大融资缺口。因此，需要从联合国"共同而有差别的责任"的原则出发，兼顾发展中国家的发展阶段和诉求，在制定国际合作标准时注重差异性，不在国际场合一味支持追求高标准，也不在与其他发展中国家合作中固守高标准。

参考文献

崔岩：《"入关"后日本经济对外开放历程的回顾与思考》，《日本研究》2000 年第 1 期。

《国家标准化发展纲要》，https：//www.ndrc.gov.cn/fggz/fzzlgh/gjjzxgh/202112/t20211201_1306575.html，2021 年 12 月 1 日。

〔英〕约翰·梅纳德·凯恩斯：《〈凡尔赛和约〉的经济后果》，李井奎译，中国人民大学出版社，2017。

李俊江、孙黎：《美国保险市场对外开放的发展及对中国的启示》，《保险研究》2011 年第 8 期。

张宇燕：《中国对外开放的理念、进程与逻辑》，《中国社会科学》2018 年第 11 期。

中国国际贸易促进委员会研究院：《2019 年度中国营商环境研究报告》，http：//www.gyccpit.org/uploadfile/202002/20200221115616584.pdf，2020 年 2 月 21 日。

《中华人民共和国国民经济和社会发展第十四个五年规划和 2035 年远景目标纲要》，http：//www.gov.cn/xinwen/2021-03/13/content_5592681.htm?pc，2021 年 3 月 13 日。

B.20
推动共建"一带一路"高质量发展

朱　兰[*]

摘　要： "十四五"时期,以新发展理念为指导,秉持绿色开放廉洁理念,"一带一路"建设从基础设施、经贸合作、绿色发展、开放体系等方面深化细化,推动"一带一路"向着高质量方向发展。面对全球政治不稳定、经济复苏乏力、大国博弈加剧带来的风险挑战,建议从加强国家风险监测与防控、创新"一带一路"发展模式、加强战略主动着手,增强"一带一路"发展韧性、提高"一带一路"发展质量、拓宽"一带一路"发展空间。

关键词： "一带一路"　基础设施　经贸合作

2023 年是"一带一路"倡议提出 10 周年,党的二十大报告高度评价了"一带一路"的十年建设成果。"十四五"时期,共建"一带一路"的外部环境和内部条件都在发生深刻变化,"一带一路"第二个十年将面临更加复杂的国际形势。这要求共建"一带一路"转向高质量发展,发展模式从 1.0 版升级到 2.0 版,在新起点上持续推进"一带一路"行稳致远。

一　"十四五"时期共建"一带一路"的政策进展

自 2013 年习近平总书记提出"一带一路"倡议以来,共建"一带一路"已经历经三个阶段:第一阶段是 2013~2015 年,"一带一路"倡议提出之后的宣传启动和夯基垒台时期,"一带一路"核心内容明确为"五通",即政策沟

---

* 朱兰,中国社会科学院数量经济与技术经济研究所助理研究员,主要研究方向为数字经济等。

通、设施联通、贸易畅通、资金融通、民心相通;第二个阶段是 2016~2020 年,"一带一路"建设进入立柱架梁、落地生根阶段,以"互联互通"为核心,推动包括基础设施、资金、信息、人才、贸易、政策等在内的全方位的互联互通;第三个阶段则是 2021 年至今,"一带一路"建设进入高质量、可持续发展时期,以高标准、可持续、惠民生为目标,进一步深入推进基础设施"硬联通"、规则标准"软联通"、同共建国家人民"心联通"。

围绕高质量共建"一带一路"这一主题,习近平总书记提出了三个重点努力方向:一是秉承共商共建共享原则,二是坚持开放、绿色、廉洁理念,三是努力实现高标准、惠民生、可持续目标。① 为深入贯彻习近平总书记关于共建"一带一路"的系列重要讲话精神,"十四五"时期,我国在基础设施、经贸合作、绿色发展、对外开放体系等方面,提出了更加具体、更可操作、更可持续的系列行动方案和机制架构。

一是基础设施方面,推动陆海天网四位一体联通。2021 年 5 月,印度尼西亚、越南、老挝等国家,与中国西部地区 12 省区市、海南省、广东省湛江市联合发布"陆海新通道国际合作(重庆)倡议",强调多方面国际合作,推动中国西部加快走向开放前沿。2021 年 9 月,发布《"十四五"推进西部陆海新通道高质量建设实施方案》,明确到 2025 年基本建成经济、高效、便捷、绿色、安全的西部陆海新通道,更好发挥西部陆海新通道的互联互通效应。2022 年 5 月,民航局和国家发展改革委发布《"十四五"时期推进"空中丝绸之路"建设高质量发展实施方案》,推进"空中丝绸之路"建设。

二是绿色发展方面,推动"绿色丝绸之路"建设。2022 年 2 月,《国家发展改革委 国家能源局关于完善能源绿色低碳转型体制机制和政策措施的意见》(发改能源〔2022〕206 号)在关于促进能源绿色低碳转型国际合作方面,明确指出促进"一带一路"绿色能源合作、积极推动全球能源治理中绿色低碳转型发展合作、充分利用国际要素助力国内能源绿色低碳发展。2022 年 3 月,国家发展改革委等发布《关于推进共建"一带一路"绿色发展的意见》,推动"绿色丝绸之路"建设。2023 年 4 月,在"一带一路"全民早期预警高层论坛

---

① 胡必亮:《推动共建"一带一路"高质量发展——习近平关于高质量共建"一带一路"的系列论述》,《学习与探索》2020 年第 10 期。

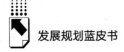

暨第 50 期多国别考察活动中,《共建"一带一路"全民早期预警北京宣言》在京通过,推动各方建立全覆盖的预警系统,提高社会整体抗灾能力,构建人类命运共同体。

三是对外开放方面,加强平台建设和机制对接。2022 年 11 月,商务部等 8 部门决定增设包括北京首都国际机场临空经济区、天津经济技术开发区、河北唐山曹妃甸区在内的 29 个国家进口贸易促进创新示范区。2023 年 2 月,商务部联合中央编办、外交部、国家发展改革委等 16 部门印发《关于服务构建新发展格局推动边(跨)境经济合作区高质量发展若干措施的通知》,要将边(跨)境经济合作区建设成为集边境贸易、加工制造、生产服务、物流采购于一体的高水平沿边开放平台,成为推进高质量共建"一带一路"的重要平台。2022 年 12 月,中国、美国、欧盟等世贸组织主要谈判参加方正式启动《服务贸易国内规制参考文件》,要求世贸组织成员提高服务业监管政策的透明度,简化许可审批程序,从而降低企业跨境贸易成本。① 2023 年 2 月,国家税务总局发布 81 份共建"一带一路"参与国、沿线国家和地区《中国居民赴某某国家(地区)投资税收指南》,向纳税人对外投资提供税收参考。

四是区域布局方面,提升西部对外开放水平、构建多层次对外开放体系。2020 年,中共中央、国务院印发《关于新时代推进西部大开发形成新格局的指导意见》,指出以共建"一带一路"为引领、加大西部开放力度,包括积极参与和融入"一带一路"建设、强化开放大通道建设、构建内陆多层次开放平台、加快沿边地区开放发展、发展高水平开放型经济、拓展区际互动合作等6 项任务。2021 年,中国人民银行、国家发改委等部门联合川渝两地政府发布《成渝共建西部金融中心规划》,提出到 2025 年初步建成西部金融中心。2022年《重庆市推动外贸高质量发展三年行动计划(2022—2024 年)》明确提出,2024 年重庆外贸进出口总值将突破 1 万亿元,重庆对"一带一路"沿线国家的贸易占比要达到 30% 以上。2022 年 6 月,《成渝地区共建"一带一路"科技创新合作区实施方案》发布,旨在形成"一区、两核、多园、众点"的国际科技合作空间布局。

---

① 《减少跨境贸易成本 惠及服务贸易发展》,中国一带一路网,2022 年 12 月 26 日。

专栏:"十四五"时期推动共建"一带一路"高质量发展的重要文件

2019年,习近平在总结"一带一路"建设经验教训的基础上,提出了关于高质量共建"一带一路"的系统思想;2020年,根据新冠肺炎疫情全球大流行的新形势,习近平进一步提出了关于高质量共建"一带一路"的新思想。

《中华人民共和国国民经济和社会发展第十四个五年规划和2035年远景目标纲要》对"十四五"时期"一带一路"高质量发展指明了方向,即"坚持共商共建共享原则,秉持绿色、开放、廉洁理念,深化务实合作,加强安全保障,促进共同发展",并提出了"加强发展战略和政策对接、推进基础设施互联互通、深化经贸投资务实合作、架设文明互学互鉴桥梁"四个主要任务。

2021年11月19日,习近平总书记在第三次"一带一路"建设座谈会上发表重要讲话时,进一步对"共建'一带一路'高质量发展"的指导原则、基本理念和实践目标进行了强调,即"完整、准确、全面贯彻新发展理念,以高标准、可持续、惠民生为目标,巩固互联互通合作基础,拓展国际合作新空间,扎牢风险防控网络,努力实现更高合作水平、更高投入效益、更高供给质量、更高发展韧性,推动共建'一带一路'高质量发展不断取得新成效"。

2022年,中央经济工作会议提出"围绕构建新发展格局,增强国内大循环内生动力和可靠性,提升国际循环质量和水平""要为外商来华从事贸易投资洽谈提供最大程度的便利,推动外资标志性项目落地建设""要更大力度推动外贸稳规模、优结构,更大力度促进外资稳存量、扩增量,培育国际经贸合作新增长点"。

2023年,党的二十大报告中提出"推进高水平对外开放。依托我国超大规模市场优势,以国内大循环吸引全球资源要素,增强国内国际两个市场两种资源联动效应,提升贸易投资合作质量和水平。稳步扩大规则、规制、管理、标准等制度型开放。推动货物贸易优化升级,创新服务贸易发展机制,发展数字贸易,加快建设贸易强国。合理缩减外资准入负面清单,依法保护外商投资权益,营造市场化、法治化、国际化的一流营商环境。推动共建'一带一路'高质量发展。优化区域开放布局,巩固东部沿海地区开放先导地位,提高中西部和东北地区开放水平。加快建设西部陆海新通道。加快建设海南自由贸易港,实施自由贸易试验区提升战略,扩大面向全球的高标准自由贸易区网络。有序推进人民币国际化。深度参与全球产业分工和合作,维护多元稳定的国际经济格局和经贸关系"。

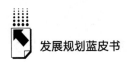

二 "十四五"时期"一带一路"共建的政策成效

"十四五"规划提出以来，"一带一路"建设逐渐向高质量发展迈进，共建国家数目不断增加，双边贸易和投资规模稳步扩大，产业链供应链合作水平持续提升，政策沟通更有力、设施联通更高效、贸易更畅通、资金更融通、民心更相通。

（一）朋友圈逐渐扩大，规制对接日益深化

"一带一路"共建经济体数目显著增加，广泛凝聚国际共识。秉持共商共建共享原则，截至 2023 年 2 月，中国已经同 151 个国家和 32 个国际组织签署 200 余份共建"一带一路"合作文件，相较于"十三五"时期的 138 个国家和 31 个国际组织，"一带一路"共建国家数目新增 13 个、国际组织新增 1 个。成功举办第四届和第五届中国国际进口博览会，其中第五届进博会共有 145 个国家、地区和国际组织参展，相较于第四届的 50 多个国家，参与国家数目增加了近 2 倍。参加第五届进博会的世界 500 强和行业龙头企业超过 280 家，回头率近 90%，40 个"一带一路"沿线国家中 13 个 RECP 成员国企业参展，累计意向成交 735.2 亿美元，比上届增长 3.9%。

发展规划对接日益深化，中国"软实力"逐渐增强。从规则对接领域来看，规则对接逐渐从贸易、融资、农业拓展至数字信息、电子商务、人工智能等。2021 年，中国申请加入《数字经济伙伴关系协定》，参与制定高标准数字经贸规则。2022 年，我国全年与相关国家签署绿色发展、数字经济、蓝色经济等领域投资合作备忘录达到了 31 个，共建"一带一路"发展空间更为宽广。从影响力来看，中国标准国际影响力逐渐提升，已有超过 1/3 的"一带一路"沿线国家和地区在建重点基础设施项目采用中国标准。2022 年，《区域全面经济伙伴关系协定》（RCEP）和《中国—柬埔寨自贸协定》正式生效，累计与 13 个共建国家签署 7 个自贸协定，与 32 个共建国家和地区签署"经认证的经营者"（AEO）互认协议，贸易投资自由化便利化水平持续提升。

（二）对外投资稳步增长，工程建设质量提升

在对外投资方面，双向投资总额增加。2013~2022年，我国与沿线国家双向投资累计超过2700亿美元，我国企业在沿线国家建设的境外经贸合作区累计投资达571.3亿美元（截至2022年底）。2015~2021年，我国企业年均在55~60个"一带一路"国家进行对外直接投资。"十三五"时期，企业对外投资金额为150亿美元左右。"十四五"时期，企业对外直接投资金额大幅上升，2021年和2022年对外直接投资金额均超过200亿美元，分别是203亿美元和209.7亿美元。"一带一路"沿线国家已成为我国企业对外投资的首选地。合作园区蓬勃发展，截至2022年底，我国企业在沿线国家建设的合作区累计投资3979亿元，为当地创造了42.12万个就业岗位。

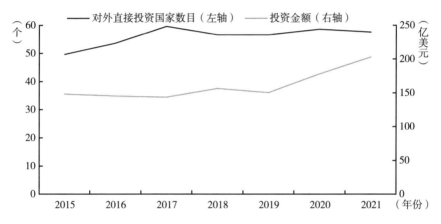

图1　2015~2022年我国对"一带一路"对外投资国家数目和金额

资料来源：根据商务部"走出去"公共服务平台（http://fec.mofcom.gov.cn）整理而得。

在工程建设方面，项目质量有所提升。2013~2022年，我国在沿线国家承包工程新签合同额、完成营业额累计分别超过1.2万亿美元和8000亿美元，占对外承包工程总额的比重超过了一半。"十三五"时期，除2015年外，我国企业新签对外承包工程项目合同份数年均超过7000份，新签合同额占比最高达到59.5%，但是实际完成额占比低于新签合同额占比。"十四五"时期，工程建设项目更加注重投入效益，新签合同额占比虽有下降，但是实际完成额

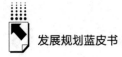

占比上升。2021年，中国与31个合作伙伴发起"一带一路"绿色发展伙伴关系倡议，承诺不再新建境外煤电项目，并率先宣布出资15亿元设立昆明生物多样性基金，"绿色丝绸之路"建设亮点频现。

表1　2015~2022年"一带一路"工程项目建设情况

年份	新签对外承包工程项目合同数（份）	新签合同额（亿美元）	占全部新签合同额比重（%）	完成营业额（亿美元）	占完成营业总额占比（%）
2015	3987	926.4	44.10	692.6	45.00
2016	8158	1260.3	51.60	759.7	47.70
2017	7217	1443.2	54.40	855.3	50.70
2018	7721	1257.8	52.00	893.3	52.80
2019	6944	1548.9	59.50	979.8	56.70
2020	5611	1414.6	55.40	911.2	58.40
2021	6257	1340.4	51.90	896.8	57.90
2022	5514	1296.2	51.20	849.4	54.80

资料来源：根据商务部"走出去"公共服务平台（http://fec.mofcom.gov.cn）整理而得。

（三）设施联通不断加强，贸易畅通质效双升

基础设施方面，"六廊六路多国多港"框架初步形成。中泰铁路、雅万高铁、中巴经济走廊等标志性重大项目取得积极进展，中老铁路、匈塞铁路和蒙内铁路等开通运营。中欧班列覆盖地区范围不断扩大，截至2022年10月底，中欧班列共规划82条运输线路，通达欧洲24个国家204个城市。据商务部国际贸易经济合作研究院与西部陆海新通道物流和运营组织中心发布的《新通道 新格局 国际陆海贸易新通道发展报告2017~2022》，西部陆海新通道开行5年来，沿线省区市与东盟国家进出口贸易额不断攀升，由2017年的589亿美元增至2021年的1077亿美元，运输货物品类由50余种发展到640余种。2022年，中欧班列开行1.6万列、发送160万标箱，同比分别增长9%、10%；西部陆海新通道班列发送货物75.6万标箱，同比增长18.5%。航空方面，国际民航运输航线网络不断拓展，截至2021年末，我国与100个国家签订双边政府间航空运输协定，与其中54个国家保持定期客货运通航，与东盟、欧盟签

订区域性航空运输协定。①

贸易方面，质量效益双向提升。2013~2022 年，中国与"一带一路"沿线国家货物贸易额从 1.04 万亿美元扩大到 2.07 万亿美元，年均增长 8%，几乎翻了一番。② 2022 年，我国与"一带一路"沿线国家的进出口规模创历史新高，占我国外贸总值的比重达 32.9%，占比较上年提升了 3.2 个百分点，较 2013 年"一带一路"倡议提出时提升了 7.9 个百分点。跨境电商成为"一带一路"贸易增长新引擎，"数字丝绸之路"快速发展。截至 2021 年，我国已与 22 个国家建立"丝路电商"合作机制，跨境电商贸易已经覆盖"一带一路"沿线所有国家和地区。

（四）人文交流更加密切，民心相通持续深入

交流领域更加多元，沟通模式更加创新。健康领域，加快建设"健康丝绸之路"。2021 年，中国援建的非洲疾控中心总部主楼顺利封顶，与 31 个合作伙伴共同发起"一带一路"疫苗合作伙伴关系倡议，截至 2021 年底已累计向 120 多个国家和国际组织提供 20 亿剂新冠疫苗，建立了 30 个中医药海外中心。科技创新领域，2021 年中国已和 84 个共建国家建立科技合作关系，支持联合研究项目 1118 项，累计投入 29.9 亿元，在农业、新能源、卫生健康等领域启动建设 53 家联合实验室，"创新丝绸之路"建设朝气蓬勃。③ 文化领域，实施"丝路一家亲"行动，开通文化班列，以非遗作品化身文化大师，促进双方文化交流，传播思路文明。与"一带一路"共建国家合作开设"鲁班工坊""孔子学院"等，品牌效应逐渐显现。

普惠民生项目精准推进，政策效果更加显著。大批"小而美"的项目实施，2015 年提出的"万村通"项目，截至 2022 年 12 月已在非洲 21 个国家顺利完成建设工作，为非洲 9512 个村落接入卫星数字电视信号，直接受益家庭超过 19 万户，为近千万民众打开连接外部世界的窗口。通过小项目带来大收益，比如中国

① 《"一带一路"建设成果丰硕 推动全面对外开放格局形成——党的十八大以来经济社会发展成就系列报告之十七》，统计局网站，2022 年 10 月 9 日。

② 《我国与"一带一路"沿线国家货物贸易额十年年均增长 8%》，中国政府网，2023 年 3 月 3 日。

③ 《高质量共建"一带一路"成绩斐然》，中国政府网，2022 年 1 月 25 日。

与菲律宾"香蕉扶贫"、中国与阿富汗"馕课",以当地特色食物为媒介,不仅传播知识和技术、管理模式等,也提供广大的国内市场,促进当地农副产品走出国门,带动农民脱贫。据不完全统计,我国在共建国家开展民生合作项目300多个,推动中外社会组织建立600对合作伙伴关系,增强了共建国家民众的获得感。世界银行预计,到2030年共建"一带一路"有望帮助全球760万人摆脱极端贫困、3200万人摆脱中度贫困,并将使参与国贸易增长2.8%~9.7%、全球贸易增长1.7%~6.2%、全球收入增加0.7%~2.9%。①

三 "十四五"时期共建"一带一路"面临的挑战

当前,世界百年未有之大变局加速演进,国际地缘政治冲突加剧、中美关系向战略竞争转变、经济全球化进程受阻、新一轮科技革命和产业变革带来的竞争加剧,能源危机、粮食安全、金融风险、产业链供应链"本地化"等传统安全与非传统安全因素相互交织、相互影响,共建"一带一路"面临的国际环境日趋复杂。外部风险叠加国内错综复杂的经济环境,共建"一带一路"面临"黑天鹅""灰犀牛"挑战。

(一)政治不稳定因素增加,共建"一带一路"安全形势严峻

在政治、经济和社会等多重力量的影响下,全球和国家层面的分化状况正在加剧,"一带一路"建设面临日趋复杂的国际政治环境。一是地缘政治冲突。"一带一路"途经的中亚、中东和东南亚等传统沿线国家和地区拥有丰富的自然与战略资源,是世界主要国家开展地缘政治博弈的重要地区,容易受到内外势力的扰乱与干涉。逆全球化、民粹主义抬头、国家治理能力不足等多方因素加剧了部分地区的地缘政治冲突。美国对华强硬政策具有外溢效应,破坏我国周边稳定和全球事务合作,影响地缘矛盾解决,挑拨我国与东道国的政治信任。二是政权更迭。政治选举、政权变动带来的战略方针、对华态度调整等都会影响"一带一路"发展前景。据了解,2023年,"一带一路"共建国中有相当一部分国家将要举行全国性的政府或议会选举,比如亚洲的土耳其、巴

---

① 《"一带一路"迎来十周年:推动全球共同发展》,财经头条,2023年2月9日。

基斯坦、泰国、柬埔寨、缅甸、孟加拉国，欧洲的捷克、塞浦路斯、爱沙尼亚、芬兰、希腊、卢森堡、黑山、波兰、瑞士，非洲的尼日利亚、布基纳法索、塞拉利昂、津巴布韦、加蓬、利比里亚、马达加斯加、刚果民主共和国，拉丁美洲的阿根廷、安提瓜和巴布达、古巴和新西兰。三是国家风险高企。国家风险是指东道国特定的国家层面事件通过直接或间接的方式导致国际经济活动偏离预期结果造成的损失和可能性。[①] 根据 2020 年中国信保内部对国家风险水平和主权信用风险水平的评估，共有 61 个国家风险水平较高，93 个国家风险水平中等，38 个国家风险水平较低；32 个国家主权信用风险水平较高，83 个国家主权信用风险水平为中等，60 个国家主权信用风险水平较低，17 个国家出现风险事件。

（二）全球经济复苏不稳定，共建"一带一路"经济风险高企

2023 年 1 月，世界银行发布的《全球经济展望》报告显示，受通胀高企、利率上升、俄乌冲突等因素影响，全球经济增速急剧放缓，甚至接近衰退的程度。全球经济复苏困难重重，"一带一路"建设中经济金融风险凸显。一是债务危机。目前签订"一带一路"合作文件的 151 个国家，涉及中亚、东南亚、南亚以及欧洲、非洲等地区，大部分属于发展中国家，其中低收入国家占比接近半数。这些国家自身债务负担较重，叠加经济衰退、新冠疫情、大宗商品价格波动、通胀带来的财政压力加大，部分国家可能面临债务危机。二是供应链风险。随着全球化趋势逆转、贸易保护主义抬头，知识产权保护、高端技术封锁、投资规则、环境标准、食品安全等技术性贸易壁垒不断增加，全球产业链供应链"本地化""区域化"趋势明显，增加了对外投资难度和企业破产风险。三是营商环境恶化。一方面，西方国家持续发动舆论攻击，从早期的透明度不足、环保问题、债务问题等，进一步延伸到人权、腐败等，给"一带一路"贴上"腐败""强迫劳动""压制人权"等负面标签，破坏政治信任，恶化东道国投资环境，阻碍项目进行。另一方面，大国之间政治博弈也对市场经济运行造成扰动，大国之间金融制裁、强制收购、突然终止协议、技术封锁等，打击全球营商环境和商业信心。

---

① 中国出口信用保险公司：《国家风险分析报告（2020）——51 个重点国家风险分析》，中国金融出版社，2020。

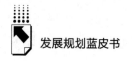
（三）全球竞争格局转变，共建"一带一路"大国战略博弈加剧

随着中美结构性矛盾变化、中美关系转向以战略竞争为主，以美国为首的西方国家出台系列对冲措施，势必将对共建"一带一路"高质量发展造成冲击。为遏制中国"一带一路"建设，美国先后提出"繁荣非洲倡议""蓝点网络计划""美洲增长倡议""美国中亚战略""经济繁荣网络计划"。拜登政府上任后，借助七国集团，美国联合欧洲、日本等其他成员国联合发起"重建更美好世界"（Build Back Better World，B3W）倡议，并在2022年的峰会上再次以"全球基础设施和投资伙伴关系"（Partnership for Global Infrastructure and Investment，PGII）计划推出，这些计划被视为西方国家集体制衡或者替代中国"一带一路"倡议的方案。日本是美国的战略盟友，积极参与美西方主导的"印太战略"下的各项基础设施合作计划，并在2021年6月推出《基础设施海外推进战略2025（改订版）》，加强与美国、印度、澳大利亚在新型基础设施领域的合作。印度作为近年来美西方主导"印太战略"的积极响应者和参与者，先后提出"季风计划""亚非增长走廊""印度—太平洋倡议"等。欧盟先后提出欧亚互联互通战略、欧盟—日本互联互通计划、欧盟—印度互联互通伙伴关系协议等全球基建计划，以"全球门户"整合欧盟机构和各成员国各类资源，助力全球基建投资计划。

四　推动共建"一带一路"高质量发展的对策建议

（一）统筹发展与安全，加强国家风险监测与防控，增强"一带一路"发展韧性

统筹发展与安全，一是加强国家政治经济风险监测与防控。总结海外重大项目风险管理经验，主动建立"一带一路"重大项目监督和评估体系。探索建立境外项目风险的全天候预警评估综合服务平台，及时预警、定期评估。深化全球风险研究与管理工作，把握世界政治经济演变大势，加强"一带一路"共建国重要国家、支点国家的国家风险研究，准确识别和测度国家风险来源、类型和影响，提前做好风险预警与应对策略。二是完善"一带一路"风险防控和安全保障体系。健全债务可持续性保障机制，落实好《"一带一路"债务

可持续性分析框架》，提高投融资决策的科学性，加强债务管理能力。严格重大合作项目建设标准，将高质量、可持续、抗风险、价格合理、包容可及目标融入项目建设全过程。充分利用政策性出口信用保险工具，更好发挥出口信用保险作用。与"一带一路"共建国共同建立风险应对机制，探索建立涉外法律、投资机制、融资模式、环保规定等服务支撑体系，有效维护境外投资经营合法权益。落实风险防控制度，压紧压实企业主体责任和主管部门管理责任。

（二）积极适应新形势，创新"一带一路"发展模式，提高"一带一路"发展质量

立足新发展阶段，全面准确贯彻新发展理念，将发展模式从 1.0 版升级到 2.0 版，推动共建"一带一路"高质量发展。一是以创新为引领，推动"创新丝绸之路"建设。深入推进"一带一路"联合实验室、国际大科学计划、科技创新合作区建设，培育"一带一路"科技创新中心。支持在绿色技术、生命科学等基础研究和前沿领域，开展联合研究、技术转移、人才培养等合作，鼓励科技人才跨境交流和合作。二是以数智为手段，推动"数字丝绸之路"建设。加快与沿线各国开展数据安全、数字经济政策对接，签署"数字丝绸之路"建设谅解备忘录，完善新型基础设施，构建互联互通的高速宽带网络。充分挖掘我国在人工智能、电商经济、电子支付、制造业数字化转型等方面的优势，鼓励企业"走出去"，推动"信息丝绸之路"建设。三是以绿色为底色，推动"绿色丝绸之路"建设。加强绿色基础设施建设，强化"一带一路"共建国之间的绿色产业、绿色贸易、绿色能源、绿色交通、绿色金融、绿色标准、绿色技术等重点领域合作，统筹推进绿色"一带一路"。积极推动建立共建"一带一路"绿色低碳发展合作机制，推进应对气候变化、生物多样性保护、荒漠化防治、海洋和森林资源保护等领域的双多边务实合作，提升共建国的可持续发展能力。

（三）加强对外战略主动，借助多边平台和合作机制，拓宽"一带一路"发展空间

党的二十大报告指出，"和平赤字、发展赤字、安全赤字、治理赤字加重，人类社会面临前所未有的挑战"。在全球治理困境更加凸显、中美关系转向以战

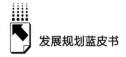

略竞争为主的背景下，拓展"一带一路"发展空间，一要加强舆论应对。加强对外宣传，提高话语体系与话语能力，回击西方舆论的污名化宣传，坚决驳斥对"一带一路"倡议的刻意歪曲和政治压制，要深刻揭露某些智库对"一带一路"倡议唱衰与抹黑的图谋。打造共建"一带一路"中的合作样板工程，生动展示共建"一带一路"成果，讲好新时代"丝路故事"，增加中国与共建国的政治互信，营造良好舆论氛围。二要加强理论研究。加大共建"一带一路"研究力度，深入阐释共建"一带一路"的理念、原则、方式等，避免出现对共建"一带一路"的意义和价值认识不到位、研究不深入、假研究、虚研究、追热潮等现象。注重学术研究和现实问题相结合，基于"一带一路"现实问题，开展调查研究，深入挖掘探索，提出有理论支撑、有现实意义的新理论、新思路、新对策。三要寻求合作空间。坚持战略的坚定性与策略的灵活性相结合，借助世界贸易组织、亚太经合组织、世界卫生组织、联合国开发署、世界银行等多边机构，以及金砖国家、上海合作组织等合作机制，探索与美欧、日本、印度等不同国家和地区的合作空间。针对不同国家的战略态势，制定差异化的对外合作战略，选择合适的合作领域与合作方式。

参考文献

胡必亮：《推动共建"一带一路"高质量发展——习近平关于高质量共建"一带一路"的系统论述》，《学习与探索》2020 年第 10 期。

《2023 共建"一带一路"：十年征程再出发》，《光明日报》2023 年 1 月 11 日。

《"一带一路"迎来十周年：推动全球共同发展》，《北京日报》2023 年 2 月 9 日。

颜少君：《新形势下"一带一路"面临的风险与中国抉择》，《开放导报》2023 年第 1 期。

中国出口信用保险公司：《国家风险分析报告（2020）——51 个重点国家风险分析》，中国金融出版社，2020。

邹磊：《美欧全球基建计划协调对"一带一路"倡议的影响与中国应对》，《国际经济评论》2023 年第 2 期。

张晓晶、王瑶琪、胡必亮：《深入学习贯彻习近平经济思想笔谈》，《经济学动态》2022 年第 10 期。

B.21
评估中国对外直接投资
对共建"一带一路"国家的经济效应

娄 峰*

摘 要： 随着"逆全球化"思潮的不断演化，如何更好地推进我国对外直接投资显得尤为重要。本文在梳理以往对外直接投资相关文献的基础上，进一步分析了对外直接投资对国民经济的影响机理。基于最新版的 GTAP 数据库，构建了用于分析我国对外直接投资的 GTAP 模型。研究结果表明，中国加强与各国的投资合作，不仅有利于提升自身经济增长速度，还有利于提升东道国的经济发展水平，属于真正的"互惠互利、合作共赢"。为此，基于研究结论，提出相应的政策建议。

关键词： 对外直接投资 GTAP 模型 宏观经济 产业结构

一 引言

随着全球化的快速发展及国际竞争的日趋激烈，资本、劳动力、技术、知识等生产要素对一国经济增长的重要促进作用愈发显现，加快了国际生产网络的发展，逐步形成了各国不同生产要素禀赋在全球生产价值链优化配置的分工格局。其中，对外直接投资逐渐成为经济全球化进程中各国开放国内市场、参与国际分工、获得国际竞争力的重要方式，在国家经济发展过程中起着至关重要的作用。各类跨国企业可以通过对外直接投资（Overseas Direct Investment,

---

* 娄峰，中国社会科学院数量经济与技术经济研究所研究员，主要研究方向为经济预测、政策模拟等。

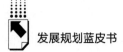

OFDI）优化各国之间的资源配置，实现母国产业结构的调整和升级，并在经济全球化浪潮中不断开拓国际市场，有利于发达国家追求利润最大化和布局全球市场网络，也有利于发展中国家补充其发展所需的要素条件，尤其是对于一些急需弥补资金庞大缺口的发展中国家而言，国外资本的注入能在一定程度上补缺这些国家的投资不足，提高其生产技术水平，从而推进经济发展。

越来越多的研究表明，积极的对外直接投资是提升我国经济增长质量的有效途径，也是促进我国经济发展向更高层次迈进的必然要求。对外直接投资，有利于我国企业寻求海外战略资源、积极融入全球创新链，获取国际先进知识、技术等，并将其整合转化为本国资源，即通过 OFDI 提升本土创新能力，促进产业结构优化升级，进而提升国内市场的核心竞争力。在此背景下，系统探索研究对外直接投资对经济增长的贡献度，不仅对于强化我国企业的国际竞争优势，推动我国经济健康、平稳较快增长，提升中国的综合国力乃至实现建设经济强国梦想的国家战略具有重大现实意义和研究价值，而且能够丰富对外直接投资理论的内涵，还能为我国政府寻求经济高质量发展阶段下的对外直接投资新方式提供决策参考。

二　文献综述

对外直接投资（OFDI）一直是国际贸易理论研究中的重要主题。相关文献不胜枚举，关于对外直接投资对国民经济的影响，主要从对投资母国就业、进出口、产业结构等方面展开。

OFDI 对就业的影响方面，国内外文献就对外直接投资的就业效果主要有以下三种观点。第一种观点认为，对外直接投资对本国或本区域的就业有替代效应，Koningd 和 Murphy 基于 1000 多家欧洲跨国企业的对外直接投资数据研究发现，对外直接投资对母国的就业存在替代效应。[①] Harrison 和 McMillan 基于美国经济分析局（NBER）的企业数据研究发现，对于最有可能在外国子公司和国内执行相同任务的公司（"横向"外国投资）而言，外国和国内雇员似

---

① Koningd J. , Murphy A. P. , "Do Multinational Enterprises Relocate Employment to Low-Wage Regions? Evidence from European Multinationals," *Review of World Economic*, Vol. 142, No. 2, 2006.

乎是替代关系。① 第二种观点认为，对外直接投资对母国的就业有互补效果，企业通过对外直接投资扩大海外市场，出口需求增加促使企业扩大规模，进而创造更多的就业机会，带动了国内就业水平的提升。② 罗丽英和黄娜基于1985~2006 年的数据研究发现，对外直接投资的增长可以有效带动国内就业水平的提升。③ 李磊等基于中国企业微观数据库也得到了相同的结论。④ 刘海云、廖庆梅研究发现，不同类型的 OFDI 对母国的就业水平的变动影响存在差异。⑤ 李杨和车丽波利用 2010~2018 年中国企业 OFDI 的相关数据研究发现，无论投资动机如何，OFDI 与母国就业技能结构均呈现正相关性。第三种观点认为，对外直接投资对就业的影响存在不确定性。⑥ 蒋冠宏基于对外直接投资的工业企业数据研究发现，对外直接投资总体上促进了母国就业水平的提升，但投资行业和东道国经济发展水平的不同使得对外直接投资的就业效应存在差异。⑦ 张原通过分析中国与"一带一路"沿线国家的对外直接投资发现，其就业效应的大小与投资领域、东道国的产业结构等因素密切相关。⑧ Hong 等基于1996~2010 年日本跨国企业的对外直接投资数据研究发现，不同动机的对外直接投资对国内就业的影响存在明显差异。⑨

① Harrison A. E., McMillan M. S., "Outsourcing Jobs? Multinationals and US Employment," *Review of Economics and Statistics*, Vol. 93, No. 3, 2011.

② Hijzen A., Inui T., Todo Y., "The Effects of Multinational Production on Domestic Performance: Evidence from Japanese Firms," RIETI Discussion Paper No. 07-E-006; Desai M. A., Foley C. F., Hines J. R., "Domestic Effects of the Foreign Activities of US Multinationals," *American Economic Journal: Economic Policy*, Vol. 1, No. 1, 2009.

③ 罗丽英、黄娜:《我国对外直接投资对国内就业影响的实证分析》,《上海经济研究》2008 年第 8 期。

④ 李磊、白道欢、冼国明:《对外直接投资如何影响了母国就业?——基于中国微观企业数据的研究》,《经济研究》2016 年第 8 期。

⑤ 刘海云、廖庆梅:《中国对外直接投资对国内制造业就业的贡献》,《世界经济研究》2017 年第 3 期。

⑥ 李杨、车丽波:《对外直接投资对企业就业技能结构的影响效应》,《数量经济技术经济研究》2021 年第 3 期。

⑦ 蒋冠宏:《我国企业对外直接投资的"就业效应"》,《统计研究》2016 年第 8 期。

⑧ 张原:《中国与"一带一路"沿线国家双向投资的就业效应研究》,《西部论坛》2018 年第 3 期。

⑨ Hong E., Lei H., Makino S., "Outbound Foreign Direct Investment Motivation and Domestic Employment by Multinational Enterprises," *Journal of International Management*, Vol. 25, No. 2, 2019.

关于 OFDI 对进出口的影响，学术界的观点也存在分歧，一种观点认为，OFDI 能够促进本国的进出口贸易。国外相关研究如 Lipsey 和 Weiss 通过对美国 OFDI 以及贸易出口的相关数据进行实证分析，认为 OFDI 与出口存在促进作用。① Blomström 等通过对瑞典 OFDI 与贸易出口的相关数据进行实证分析后发现，在瑞典绝大多数行业的 OFDI 均能促进母国的出口贸易。② 国内学者如项本武基于 2000~2006 年我国对 50 多个国家的对外直接投资和进出口数据研究发现，长期来看，中国的对外直接投资能够明显促进中国的进出口贸易，③同时，张春萍基于 1996~2010 年中国对 18 个国家和地区的对外直接投资和进出口数据研究发现，中国对主要东道国的直接投资具有明显的进出口创造效应。④ 另一种观点认为，OFDI 对本国的进出口贸易产生了负面影响。Fontagné 和 Pajot 根据法国企业 OFDI 和出口贸易的相关数据认为，在法国二者存在负相关性。⑤ 谢杰和刘任余运用空间计量的方法，从新经济地理学角度研究发现，OFDI 与出口贸易存在互补效应。还有学者认为，OFDI 对进出口的影响不是简单的促进或替代效应，其效应的发挥与投资类型、投资动机等因素密切相关。⑥

OFDI 对母国产业结构的影响方面，一种观点认为，OFDI 能够有效提升母国的资源利用效率，进而促进母国产业结构的优化升级。Akbara 和 McBride 基于 1989~2001 年外商直接投资数据研究发现，出于战略意图，寻求资源的外国直接投资可能对经济发展产生短期影响，而服务于市场的外国直接投资在战

① Lipsey R. E., Weiss M. Y., "Foreign Production and Exports in Manufacturing Industries," *The Review of Economics and Statistics*, Vol. 63, No. 4, 1981.

② Blomström Magnus, Ari Kokko, Mario Zejan, "Host Country Competition, Labor Skills, and Technology Transfer by Multinationals," *Weltwirtschaftliches Archiv*, Vol. 130, No. 3, 1994.

③ 项本武:《中国对外直接投资的贸易效应研究——基于面板数据的协整分析》,《财贸经济》2009 年第 4 期。

④ 张春萍:《中国对外投资直接投资的贸易效应研究》,《数量经济技术经济研究》2012 年第 6 期。

⑤ Fontagné Lionel, Pajot Michaël, "Foreign Trade and FDI Stocks in British, US and French Industries: Complements or Substitutes? Inward Investment Technological Change and Growth," 2001.

⑥ 谢杰、刘任余:《基于空间视角的中国对外直接投资的影响因素与贸易效应研究》,《国际贸易问题》2011 年第 6 期。

略上意味着长期存在，为转型经济体的经济发展带来更多的好处。[1] 冯春晓指出，我国制造业对外直接投资与其产业结构调整存在正相关关系。[2] 章志华等利用我国 2004~2017 年 30 个省区市的面板数据，研究发现，只有当金融水平发展到一定程度之后，对外直接投资才会促进产业结构的调整。[3] 贾妮莎等基于 1982~2012 年的时间序列数据，研究发现 OFDI 能够明显促进国内产业结构的调整升级。[4] 章志华、唐礼智基于 2003~2015 年我国对外直接投资数据，分析了对外直接投资和产业结构之间的关系，研究发现，对外直接投资不仅能促进本区域产业结构优化升级，还能带动邻近区域产业结构调整优化。[5] 另一种观点认为，OFDI 会对国内投资产生挤出效应，造成国内产业发展受阻[6]，出现"产业空心化"[7]，进而导致对外贸易的减少和就业水平的降低。[8]

综上所述，以往有关对外直接投资对国民经济的影响主要关注的是国民经济的某一方面，如就业、进出口等，较少从整个宏观经济运行的角度进行分析。且以往的研究方法多集中为经济计量方法。而现实经济则是"牵一发而动全身"，且经济计量方法由于或多或少存在内生性等问题，一直饱受诟病，其中最为著名的就是"卢卡斯批判"。相较于以往研究，本文基于最新版 GTAP 数据库，构建了包括 10 个产业部门和世界上主要 10 个经济体的 GTAP 模型，以便分析我国对外直接投资变动对本国和东道国经济的影响。

---

① Akbara Yusaf H., McBride Brad, "Multinational Enterprise Strategy, Foreign Direct Investment and Economic Development: The Case of the Hungarian Banking Industry," *Journal of World Business*, Vol. 39, No. 1, 2004.

② 冯春晓：《我国对外直接投资与产业结构优化的实证研究——以制造业为例》，《国际贸易问题》2009 年第 8 期。

③ 章志华、唐礼智：《空间溢出视角下的对外直接投资与母国产业结构升级》，《统计研究》2019 年第 4 期。

④ 贾妮莎、韩永辉、邹建华：《中国双向 FDI 的产业结构升级效应：理论机制与实证检验》，《国际贸易问题》2014 年第 11 期。

⑤ 章志华、唐礼智：《空间溢出视角下的对外直接投资与母国产业结构升级》，《统计研究》2019 年第 4 期。

⑥ Blomström Magnus, Sjöholm Fredrik, "Technology Transfer and Spillovers: Does Local Participation with Multinationals Matter?" *European Economic Review*, Vol. 43, No. 4, 1999.

⑦ 胡立君、薛福根、王宇：《后工业化阶段的产业空心化机理及治理——以日本和美国为例》，《中国工业经济》2013 年第 8 期。

⑧ Ray Barrell, Nigel Pain, "Foreign Direct Investment, Technological Change, and Economic Growth within Europe," *The Economic Journal*, Vol. 107, No. 445, 1997.

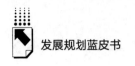

三 对外直接投资对我国国民经济发展贡献的作用机理

（一）对外直接投资对国民经济贡献的理论分析

假设国内生产由创新资本密集型企业 1 和劳动密集型企业 2 构成，根据柯布—道格拉斯生产函数设立：

企业 1 的生产函数：$y_1 = A_1 k_1^\alpha l_1^{1-\alpha} g(\theta)$；

企业 2 的生产函数：$y_2 = A_2 l_2^\beta$；

并且 A_2 为定值。A_1 与 k_2 有关，即 $A_1 = A(k_2)$。$g(\theta)$ 为产品竞争力带来的产出相关函数，并且设 $\eta(\theta)$ 为提高产品竞争力的投入成本。$l_1 + l_2 = L$，L 为常数，并且劳动成本为 ω。存在对外直接投资额度 k_2，并且 $k_1 + k_2 = K$，K 为常数。

因此，当企业 1 达到利润最大化时，社会总利润最大，$\Pi = y_1 - \omega l_1 - \eta(\theta)$。

对 k_2 进行求导可得：

$$A'(k_2)(K - k_2) = \alpha A(k_2) \tag{1}$$

对 θ 进行求导可得：

$$A(k_2)(K - k_2)^\alpha l_1^{1-\alpha} g'(\theta) = \eta'(\theta) \tag{2}$$

对 l_1 进行求导可得：

$$(1 - \alpha)A(k_2)(K - k_2)^\alpha l_1^{-\alpha} g(\theta) = \omega \tag{3}$$

根据柯布—道格拉斯生产函数的相关性质可知，$A'(k_2) > 0$，即对外直接投资可以提高全要素生产率。

设 $A_1 = A(k_2)$，根据公式（1）可推出 $k_2 = \dfrac{2k}{\alpha+2}$，$k_2$ 在 $\left(0 \sim \dfrac{2k}{\alpha+2}\right)$ 为单调递增的，k_2 在 $\left(\dfrac{2k}{\alpha+2} \sim +\infty\right)$ 为单调递减，因此当对外直接投资额度 k_2 在 $\left(0 \sim \dfrac{2k}{\alpha+2}\right)$ 时，可以促进经济增长，且当 $k_2 = \dfrac{2k}{\alpha+2}$ 时，企业 1 达到利润最大，社会总利润最大。

根据公式（2）可得 $l_1 = \left(\dfrac{(1-\alpha)A(k_2)(K-k_2)^x}{\omega} \right)^{\frac{1}{\alpha}}$，当对外直接投资额度上涨时，企业1的劳动力也随之增加，即表示经济社会转向创新资本密集型企业，劳动密集型企业减少，实现了产业结构升级。

根据山东财经大学王明益及其合作者在中国经济学学术资源网上发布的《我国出口产品质量升级：基于劳动力价格扭曲的视角》中的相关结论，本文设提高产品竞争力的投入成本 $\eta(\theta) = \theta^\gamma$ 且 $\gamma>1$，产品竞争力带来的产出相关函数 $g(\theta) = g^\theta$ 且 g 为常数，则公式（3）可转化为 $g = \dfrac{\gamma^{\theta\gamma-1}}{A(k_2)(K-k_2)^x l_1^{1-x}}$，因此对外直接投资可以提升产品竞争力。

（二）对外直接投资对构建新发展格局的影响路径分析

国内外环境的深刻变化带来一系列新机遇和新挑战，本文必须增强机遇意识和风险意识，准确识变、科学应变、主动求变，通过构建新发展格局来转危为机，努力实现更高质量、更有效率、更加公平、更可持续、更为安全的发展。在这种情况下，2020年4月10日，习近平总书记在中央财经委员会第七次会议上的重要讲话指出，"国内循环越顺畅，越能形成对全球资源要素的引力场，越有利于构建以国内大循环为主体、国内国际双循环相互促进的新发展格局，越有利于形成参与国际竞争和合作新优势"，同时强调，新发展格局绝不是封闭的国内循环，而是更加开放的国内国际双循环。推动形成宏大顺畅的国内经济循环，就能更好吸引全球资源要素，既满足国内需求，又提升我国产业技术发展水平，形成参与国际经济合作和竞争的新优势。

OFDI本身就是促进国际竞争与合作的一种方式，而且能够通过影响投资国国内的供需结构，进而对投资国的产业发展产生积极效应，从而促进国内大循环。首先OFDI能够影响投资母国国内市场的供给与需求，其次是国内市场的供给与需求的变化将引导产业的进一步发展，即遵循"OFDI—供需结构—产业升级"的逻辑。OFDI可以通过以下途径对国内市场的供需结构带来影响。

资源寻求型OFDI通过对自然资源等原材料的进口，增加了国内原材料的供给，解决了国内生产中间产品与最终产品的企业的资源瓶颈，使得国内市场

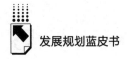

的中间产品与最终产品的供给增加，对国内市场的供给结构带来正面的影响。

市场寻求型 OFDI 通过将成熟产品的生产转移至国外的方式，扩大海外市场。国内原有的生产要素得到释放后，可能向两个方向转移：一是转向新产品的研发，促进国内原有产品的升级换代；二是转向国内技术水平与附加价值更高的行业，生产高端产品。这两种转移的结果无疑会使得国内市场的产品供给结构得到相应的改善。

与此类似，战略资产寻求型 OFDI 通过对外投资的方式获得国外的关键性生产要素或无形资产，其最突出的特点是利用国际研发、OFDI 的逆向技术溢出效应等获取核心技术和战略资产，这也为母国企业的产品研发与升级换代提供了有力保障，其结果是国内市场的产品供给结构得到优化。

效率寻求型 OFDI 能够通过转移低效率的生产环节的方式，普遍提高国内企业要素投入的生产效率，由此增加了相应要素投入的产出。而从供给和需求的角度来看，人均收入水平的提高带来的最直接的影响是社会需求结构的变化，其将推动全社会耐用消费品的需求增加、需求结构多样化等。

上述母国市场供需结构的变化，对国内产业发展也会产生积极的影响，具体又可以从供给和需求两个角度进行考察。一方面是供给结构的变化。资源寻求型 OFDI 带来的原材料、中间产品的供给增加，有力支持了母国各产业的后续发展，从供给侧方面为产业升级提供了保障。而市场寻求型 OFDI 与战略资产寻求型 OFDI 带来的产品更新换代与产品的高技术化，本身就是产业升级的一个表现。另一方面是需求结构的变化。需求结构的变化可以从两个途径来影响产业升级，一是收入水平的提高带来的消费者需求的多样化，将引起社会需求结构的变化，在需求的驱动下，国内加工组装工业将迅速发展，企业也开始从事多元化经营，由此产生了需求驱动下的企业扩张与产业升级；二是收入水平的提高会推动人们对耐用消费品与奢侈品的需求增加，带动耐用消费品和投资品的需求收入弹性增加，进而促进母国相关工业产业发展。

四　对外投资 GTAP 理论模型构建

本文基于国际贸易理论和一般均衡理论等，构建一个全球可计算的一般均衡模型，其核心方程如下。

（一）国际贸易和运输利润方程

GTAP 模型中包括贸易和运输服务，对其需求利润可以用商品离岸价和到岸价之间的差额来表示，式（4）用简单的 Leontief 函数来刻画对国际贸易和运输服务的总需求 $XWMG$。式（5）通过简单的 Leontief 函数，刻画不同类型的国际贸易和运输服务的总需求，并记为 m。式（6）表示国际贸易和运输服务的价格，由各种类型的运输服务方式加权得到，其中，$PTMG_m$ 表示类型 m 的全球贸易和运输服务的价格。式（7）用来刻画国际贸易和运输服务 m 的全球需求 $XTMG$。

$$XWMG_{r,i,d} = \zeta_{r,i,d}^{mg} XW_{r,i,d}^{d} \tag{4}$$

$$XMGM_{m,r,i,d} = \frac{\alpha_{m,r,i,d}^{mg}}{\lambda_{m,r,i,d}^{mg}} XWMG_{r,i,d} \tag{5}$$

$$PWMG_{r,i,d} = \sum_m \frac{\alpha_{m,r,i,d}^{mg}}{\lambda_{m,r,i,d}^{mg}} PTMG_m \tag{6}$$

$$XTMG_m = \sum_r \sum_i \sum_d XMGM_{m,r,i,d} \tag{7}$$

式（8）表示在 r 区域，供给商对类型 m 的国际贸易和运输服务的需求，各供给商之间的替代弹性由 σ^{mg} 表示，其中变量 $XA_{r,m,tmg}$ 表示 r 区域 m 部门的产出。式（9）表示每种类型 m 的国际贸易和运输服务的全球平均供应价格，由于在 GTAP 数据库中，进口份额为零，因此 Armington 变量将等于国内部分。

$$XA_{r,m,tmg} = \alpha_{r,m,tmg}^{\alpha} XTMG_m \left(\frac{PTMG_m}{PA_{r,m,tmg}}\right)^{\sigma_{r,m}^{mg}} \tag{8}$$

$$PTMG_m = \left[\sum_r \alpha_{r,m,tmg}^{\alpha} PA_{r,m,tmg}^{(1-\sigma_{r,m}^{mg})}\right]^{\frac{1}{(1-\sigma_{r,m})}} \tag{9}$$

（二）双边贸易价格方程

在式（10）中，PE 表示 r 区域的生产者支付给 d 区域 i 商品的价格，在没有其他中间费用的情况下，PE 等于总供给价格 PS，由于双边出口税或者补贴的存在，离岸价格将发生变化。式（11）表示商品 i 的 CIF 价格，由 FOB

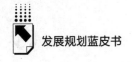

价格和运输服务的单位成本决定。式（12）表示商品 i 的市场价格，由 CIF 价格和进口关税 τ^m 决定。

$$PE_{r,i,d}^{fob} = PE_{r,i,d}(1 + \tau_{r,i,d}^{\theta}) \tag{10}$$

$$PM_{s,i,r}^{cif} = PE_{s,i,r}^{fob} + \zeta_{s,i,r}^{mg}PWMG_{s,i,r} \tag{11}$$

$$PM_{s,i,r} = PM_{s,i,r}^{cif}(1 + \tau_{s,i,r}^{m}) \tag{12}$$

（三）市场均衡方程

在市场均衡方程中，主要包括国内和国际两个方面的市场均衡条件，式（13）刻画了国内市场的均衡条件，并最终确定均衡价格 PD。式（14）刻画了国际市场的均衡条件，并最终确定均衡价格 PE。

$$XD_{r,i}^{s} = \sum_{aa}XD_{r,i,aa} \tag{13}$$

$$XW_{r,i,d}^{s} = XW_{r,i,d}^{d} \tag{14}$$

（四）要素市场均衡方程

式（15）刻画了可移动要素的总供应量 XFT，它是变量经济系统价格 $PABS$ 的函数，在式（15）中，如果将 η^{ft} 的数值设为 0，其产生的影响与总供给外生化相同。式（16）表示不同类型要素的供应量，第一行用标准 CET 函数刻画了不可移动要素（如土地）的供应量，第二行刻画了完全可移动要素（劳动力和资本）的供应量，第三行刻画了自然资源要素的供应量。式（17）刻画了可移动要素的复合要素价格。通过式（15）~（20），将要素市场的供给和需求，以及要素的均衡价格联系在一起，实现了要素市场的均衡。

$$XFT_{r,fm} = A_{r,fm}^{ft}\left(\frac{PFT_{r,fm}}{PABS_r}\right)^{\eta_{x,fm}^{ft}} \tag{15}$$

$$\begin{cases} XF_{r,fm,a}^{s} = \gamma_{r,fm,a}^{f}XFT_{r,fm}\left(\frac{PF_{r,fm,a}^{y}}{PFT_{r,fm}}\right)^{\omega_{r,fm}^{f}} & if\ \omega_{r,fm}^{f} \neq \infty \\ PF_{r,fm,a}^{y} = PFT_{r,fm} & if\ \omega_{r,fm}^{f} \neq \infty \\ XF_{r,fnm,a}^{s} = \gamma_{r,fnm,a}^{f}\left(\frac{PF_{r,fnm,a}^{y}}{PABS_r}\right)\eta_{r,fnm}^{ff} \end{cases} \tag{16}$$

$$\begin{cases} PFT_{r,fm} = \left[\sum_a \gamma^f_{r,fm,a} PF^y_{r,fm,a}{}^{(1+\omega^f_{r,fm})}\right]^{1/(1+\omega^f_{r,fm})} & if \quad \omega^f_{r,fm} \neq \infty \\ XFT_{r,fm} = \sum_a XF^s_{r,fm,a} & if \quad \omega^f_{r,fm} \neq \infty \end{cases} \qquad (17)$$

$$XF^s_{x,f,a} = XF^d_{r,f,a} \qquad (18)$$

$$PF^a_{r,f,a} = PF_{r,f,a}(1 + \tau^{ft}_{r,f,a} + \tau^{fs}_{r,f,a}) \qquad (19)$$

$$PF^y_{r,f,a} = PF_{r,f,a}(1 - k^f_{r,f,a}) \qquad (20)$$

五　对外直接投资贡献度测算及政策模拟

本部分基于最新 GTAP 第十版数据库，构建了对外投资 GTAP 模型。该数据库包含了 141 个国家和地区、65 个商品部门、5 种生产要素。根据本研究的需要，将 141 个国家和地区加总为 10 个，分别是美国、欧盟、中国、日本、韩国、澳大利亚、新西兰、东盟十国、其他"一带一路"国家、世界其他国家和地区。其中，中国、日本、韩国、澳大利亚、新西兰以及东盟十国，恰恰是 RCEP（区域全面经济伙伴关系协定）成员国，并且其中有多数国家还是中国"一带一路"国家间合作倡议的沿线国家，同时，欧盟 27 国中也有接近半数的国家业已参与"一带一路"建设。将 65 个商品部门加总为 10 个，分别是农产品部门、畜产品部门、自然资源部门、加工食品部门、纺织服装部门、轻工业部门、重工业部门、公共事业与建筑部门、交通与通信部门、其他服务业部门。

考虑到在标准的静态 GTAP 模型中，资本无法在国家之间进行流动，为了模拟分析各国投资水平的变化对本国及世界其他国家和地区的影响，本文假设本国在加强与其他国家投资合作的过程中，不仅会带动本国投资水平的提升，还会带动投资东道国的投资水平的提升。因此，设置了以下三种政策模拟方案。

政策模拟方案一（S1）：中国加强与 RCEP 成员国的投资合作，促使 RCEP 成员国的投资水平提升 10%；

政策模拟方案二（S2）：中国加强与东盟十国和其他"一带一路"国家的投资合作，促使其投资水平提升 10%；

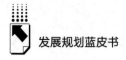

政策模拟方案三（S3）：中国加强与欧盟、RCEP成员国和其他"一带一路"国家的投资合作，促使其投资水平提升10%。

（一）对各国经济规模的影响

通过表1可以看出，在政策模拟方案一中，由于中国加强与RCEP成员国的投资合作，促使RCEP成员国的投资水平提升10%的政策模拟冲击，各RCEP成员国的GDP增长率均有不同程度的增加，且增长幅度较大的国家包括中国、韩国和澳大利亚。在政策模拟方案二中，中国加强了与东盟十国和其他"一带一路"国家的投资合作，促使其投资水平上升10%的政策模拟冲击，使得其他"一带一路"国家的GDP增长水平相较于政策模拟方案一的结果有明显的提升。在政策模拟方案三中，中国不仅加强与RCEP以及其他"一带一路"国家的投资合作，还加强了与欧盟的投资合作，促使其投资水平提升10%的政策模拟冲击，使得这些国家的GDP增长速度呈现不同程度的增加。对比三种政策模拟方案可以发现，中国加强与各国的投资合作，不仅有利于增强本国经济发展能力，还有利于提升合作国经济发展水平，并不是所谓的"零和游戏"，恰恰体现了"双赢"思维。同时，美国GDP增长率始终为负值，侧面反映了美国应逐渐转变对华态度，积极主动寻求合作共赢的机会，实现共同发展。

表1 各国或地区GDP变化

单位：%

区域	S1	S2	S3
美国	−0.01	−0.01	−0.02
欧盟	−0.01	−0.01	0.19
中国	0.35	0.37	0.36
日本	0.02	0.01	0.02
韩国	0.28	−0.02	0.28
澳大利亚	0.26	0.00	0.26
新西兰	0.11	0.00	0.11
东盟十国	0.12	0.12	0.12
其他"一带一路"国家	−0.02	0.09	0.09
世界其他国家和地区	−0.25	−0.27	−0.44

资料来源：根据GTAP模型计算结果整理。

（二）对各国总体贸易的影响

在该模型中，模型的贸易条件改变的变量表示为 tot，等于 $psw-pdw$，其中，psw 表示出口价格指数的变化率，pdw 表示进口价格指数的变化率，该指标衡量了一个国家在一定时间内的进出口水平的营利性和贸易利益。如果该指标呈上升的趋势，则意味着该国一定数量的产品出口的同时进口更多的国外产品，贸易条件改善。如果呈下降趋势，表明该国家的贸易条件环境有所恶化而贸易竞争力减弱。

从表 2 可以看出，在中国加强与他国的投资合作，促进本国和贸易合作国的投资水平提升的过程中，不仅提升了各国的经济发展水平，还在一定程度上改善了本国和贸易伙伴国的贸易条件，对比三种政策模拟方案中的欧盟可以发现，欧盟在与中国的投资合作过程中，贸易条件得到了有效的改善。同时，从表 2 的右半部分可以看出，虽然绝大多数国家的贸易平衡出现赤字，但贸易赤字并非坏事，对比表 3 中各国的进出口变化可以看出，在与中国投资合作的各国中，各国的总进口出现不同程度的增加，总出口出现不同程度的降低，进口的增加和出口的减少，在一定程度上反映出本国经济体具有较强的韧性和本国经济发展蕴含的增长潜力。

表 2   各国贸易条件和贸易平衡变化

区域	贸易条件(%)			双边贸易平衡(百万美元)		
	S1	S2	S3	S1	S2	S3
美国	−0.08	−0.10	0.01	735.42	954.24	2185.86
欧盟	−0.01	−0.04	0.67	−988.11	−1153.54	−311319.94
中国	2.43	2.54	2.51	−413295.44	−411190.19	−412513.25
日本	1.47	−0.25	1.34	−98626.34	−448.88	−98796.24
韩国	0.91	−0.17	0.82	−38892.73	−340.30	−39146.41
澳大利亚	1.32	0.21	1.48	−37605.28	59.87	−37550.03
新西兰	0.80	−0.26	0.68	−4525.65	−39.56	−4540.60
东盟十国	0.49	0.57	0.55	−71936.70	−71550.95	−71851.05
其他"一带一路"国家	0.01	1.03	0.91	−1355.73	−226162.69	−227239.63
世界其他国家和地区	−1.92	−1.98	−3.40	666488.94	709872.06	1200771.63

资料来源：根据 GTAP 模型计算结果整理。

表3　各国总的进出口变化

单位：%

区域	总进口			总出口		
	S1	S2	S3	S1	S2	S3
美国	−0.03	−0.02	0.26	0.03	0.08	0.31
欧盟	0.30	0.26	1.58	0.28	0.28	−3.97
中国	5.97	6.35	6.25	−13.55	−13.25	−13.36
日本	2.99	−0.25	2.88	−8.96	−0.04	−8.97
韩国	1.23	0.18	1.11	−5.50	0.24	−5.55
澳大利亚	6.35	0.06	6.46	−8.24	−0.16	−8.27
新西兰	3.50	−0.26	3.33	−6.02	−0.08	−6.11
东盟十国	2.02	2.00	2.04	−3.54	−3.62	−3.57
其他"一带一路"国家	−0.04	3.96	3.84	−0.11	−5.22	−5.26
世界其他国家和地区	−5.95	−6.35	−10.62	11.60	12.27	21.23

资料来源：根据 GTAP 模型计算结果整理。

（三）对各国社会福利的影响

GTAP 模型中用 EV（Equivalent Variation）变量来解释社会经济福利，包括消费者和生产者的盈余，可反映一个国家的人均总收入影响的希克斯等价变化。作为 RCEP 重要的成员国之一，中国加强与 RCEP 各国的投资合作，可以有效增进 RCEP 成员国的社会福利，对比三种政策模拟方案可以发现，当仅仅考虑加强与东盟十国以及其他"一带一路"国家的投资合作时，各伙伴国的社会福利增进幅度最大。总而言之，各国之间加强投资合作不仅有利于提升本国的经济发展水平，还有利于提升社会的总体福利水平，让广大人民群众尽享经济发展红利。

表4　各国社会福利变化

单位：百万美元

区域	S1	S2	S3
美国	−3944.86	−4701.74	−2789.43
欧盟	−1281.90	−3713.64	70621.91
中国	88652.76	93490.62	87872.31
日本	14743.74	−1893.11	13223.60

区域	S1	S2	S3
韩国	9730.54	−1162.94	8840.09
澳大利亚	7453.94	748.53	7683.69
新西兰	648.13	−116.83	552.55
东盟十国	10184.30	11367.33	10620.86
其他"一带一路"国家	−864.91	37435.20	31836.54
世界其他国家和地区	−123806.12	−128554.39	−217815.84

资料来源：根据 GTAP 模型计算结果整理。

六　结论及政策建议

从上述测算和政策模拟结果来看，中国加强与各国的投资合作，不仅有利于提升自身经济增长速度，还有利于提升合作伙伴国的经济发展速度，属于真正的"互惠互利、合作共赢"。中国加强与各国的投资合作，也有利于提升合作伙伴国的整体社会福利水平，让广大人民群众尽享发展带来的红利。根据研究结论，提出以下政策建议。

（一）优化对外投资环境，加大中国企业对外投资力度

支持和鼓励中国企业"走出去"，进一步明确对外投资的重点方向和重点任务，根据"走出去"企业的发展需求，采取切实有效的措施，加强关于对外投资企业的税费减免、通关便利等方面的服务，满足企业海外经营发展需求。同时，充分利用各种国际合作机制和对话平台，加强彼此之间的政策沟通，积极推动国家间发展战略的对接，增强彼此之间的了解和互信，逐步消除影响双边投资合作的贸易保护主义壁垒，不断提升商贸流通便利化、自由化和全球化水平。

（二）积极适应经济全球化，不断改进对外投资方式

尽管逆全球化暗流涌动，但经济全球化大势不可逆转。要顺应世界经济发展大趋势，积极推进区域贸易投资合作机制建设，基于互利共赢、自主自愿原

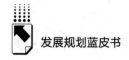

则，整合升级现有的贸易投资协定，共同探索新的合作机制，有效解决发生的贸易争端。同时，在互利共赢、自主自愿的原则下，不断改进投资方式，拓展投资渠道，结合相关国家市场的实际需要，积极采取投资、并购、参股、控股等多种方式，加强海外业务布局，打造本土化企业，融入本土化发展，切实履行好企业社会责任，带动东道国经济贸易繁荣。

（三）积极推动 RCEP、"一带一路"合作建设，提升国家商贸流通便利化水平

结合国家重大战略布局，积极利用双边、多边国际合作机制，加强国际合作，拓展国际市场，带动中国产品、技术、服务和品牌"走出去"，以及国外先进产品、技术、服务和品牌"引进来"，实现优势互补、共赢发展。秉承共商共建共享原则，围绕政策沟通、设施联通、贸易畅通、资金融通、民心相通的重点合作内容，加强与 RCEP 成员国、"一带一路"沿线国家和地区的经贸合作，发挥全区域的带动作用，以经济走廊建设为抓手，深化贸易投资合作，打造贸易合作新优势，进一步把对外经贸合作水平提升到新高度。

参考文献

冯春晓：《我国对外直接投资与产业结构优化的实证研究——以制造业为例》，《国际贸易问题》2009 年第 8 期。

胡立君、薛福根、王宇：《后工业化阶段的产业空心化机理及治理——以日本和美国为例》，《中国工业经济》2013 年第 8 期。

贾妮莎、韩永辉、邹建华：《中国双向 FDI 的产业结构升级效应：理论机制与实证检验》，《国际贸易问题》2014 年第 11 期。

贾妮莎、申晨、雷宏振、兰娟丽：《中国企业对外直接投资的"就业效应"：理论机制与实证检验》，《管理评论》2019 年第 6 期。

蒋冠宏：《我国企业对外直接投资的"就业效应"》，《统计研究》2016 年第 8 期。

李磊、白道欢、冼国明：《对外直接投资如何影响了母国就业？——基于中国微观企业数据的研究》，《经济研究》2016 年第 8 期。

李杨、车丽波：《对外直接投资对企业就业技能结构的影响效应》，《数量经济技术经济研究》2021 年第 3 期。

刘海云、廖庆梅：《中国对外直接投资对国内制造业就业的贡献》，《世界经济研究》2017年第3期。

罗丽英、黄娜：《我国对外直接投资对国内就业影响的实证分析》，《上海经济研究》2008年第8期。

项本武：《中国对外直接投资的贸易效应研究——基于面板数据的协整分析》，《财贸经济》2009年第4期。

谢杰、刘任余：《基于空间视角的中国对外直接投资的影响因素与贸易效应研究》，《国际贸易问题》2011年第6期。

张春萍：《中国对外直接投资的贸易效应研究》，《数量经济技术经济研究》2012年第6期。

张原：《中国与"一带一路"沿线国家双向投资的就业效应研究》，《西部论坛》2018年第3期。

章志华、唐礼智：《空间溢出视角下的对外直接投资与母国产业结构升级》，《统计研究》2019年第4期。

Blomström Magnus, Ari Kokko, Mario Zejan, "Host Country Competition, Labor Skills, and Technology Transfer by Multinationals," *Weltwirtschaftliches Archiv*, Vol. 130, No. 3, 1994.

Blonigen B. A., "A Review of the Empirical Literature on FDI Determinants," NBER Working Paper, No. 11299, 2005.

Desai M. A., Foley C. F., Hines J. R., "Domestic Effects of the Foreign Activities of US Multinationals," *American Economic Journal: Economic Policy*, Vol. 1, No. 1, 2009.

Eric D. Ramstetter, "Is Japanese Manufacturing Really Hollowing Out?" Working Paper, Vol. 24, 2002.

Harrison A. E., McMillan M. S., "Outsourcing Jobs? Multinationals and US Employment," *Review of Economics and Statistics*, Vol. 93, No. 3, 2011.

Hijzen A., Inui T., Todo Y., "The Effects of Multinational Production on Domestic Performance: Evidence from Japanese Firms," RIETI Discussion Paper, No. 07-E-006.

Hong E., Lei H., Makino S., "Outbound Foreign Direct Investment Motivation and Domestic Employment by Multinational Enterprises," *Journal of International Management*, Vol. 25, No. 2, 2019.

Koningd J., Murphy A. P., "Do Multinational Enterprises Relocate Employment to Low-Wage Regions?" *Evidence from European Multinationals. Review of World Economic*, Vol. 142, No. 2, 2006.

Fontagné Lionel, Pajot Michaël, "Foreign Trade and FDI Stocks in British, US and French Industries: Complements or Substitutes? Inward Investment Technological Change and Growth," 2001.

Lipsey R. E., Weiss M. Y., "Foreign Production and Exports in Manufacturing Industries,"

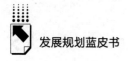
The Review of Economics and Statistics, Vol. 63, No. 4, 1981.

Blomström Magnus, Sjöholm Fredrik, "Technology Transfer and Spillovers: Does Local Participation with Multinationals Matter?" *European Economic Review*, Vol. 43, No. 4, 1999.

Ray Barrell, Nigel Pain, "Foreign Direct Investment, Technological Change, and Economic Growth within Europe," *The Economic Journal*, Vol. 107, No. 445, 1997.

Swenson D. L., "Foreign Investment and the Mediation of Trade Flows," *Review of International Economics*, Vol. 12, No. 4, 2004.

Akbara Yusaf H., McBride Brad, "Multinational Enterprise Strategy, Foreign Direct Investment and Economic Development: The Case of the Hungarian Banking Industry," *Journal of World Business*, Vol. 39, No. 1, 2004.

B.22
提高我国对"一带一路"沿线国家供应链参与韧性

董惠梅　曹怡婷*

摘　要： 近年来地缘政治冲突、新冠疫情蔓延，凸显了全球供应链的脆弱性。世界主要国家由此出台了一系列增强供应链韧性的政策，对中国外向型经济发展空间产生一定的影响。本文从投资规模、投资行业结构、投资区位结构、投资模式等角度，对中国对"一带一路"国家的供应链参与现状进行了分析。研究发现，中国在"一带一路"沿线国家供应链体系中的地位逐渐提升，但存在风险。通过对"一带一路"相关政策的梳理，探讨提高供应链参与韧性的具体实现路径，并提出提高中国对"一带一路"沿线国家供应链参与韧性的政策建议。

关键词： "一带一路"倡议　供应链　外向型经济

　　随着"一带一路"倡议的落实，中国对"一带一路"沿线国家直接投资（OFDI）规模不断扩大，在沿线国家供应链体系中的地位日益提升。但近年来地缘政治冲突加剧、新冠疫情蔓延、半导体等战略物资短缺，凸显了全球供应链的脆弱性。世界主要国家和地区由此萌生了强烈的经济安全意识，并相继出台一系列政策，以增强供应链韧性，保障国家经济安全。① 2020年4月，日本出台《新冠病毒传染病紧急经济对策》，提出改革供应链，增强供应链韧性，

＊　董惠梅，中国社会科学院数量经济与技术经济研究所副研究员，主要研究方向为对外直接投资等；曹怡婷，中国社会科学院大学，主要研究方向为对外直接投资等。
①　刘湘丽：《增强供应链韧性：日本政策的出台与走向》，《现代日本经济》2021年第6期。

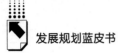

减少对进口的依赖。2021年5月，为提升产业的"开放战略自主能力"，欧盟提出在原材料、半导体和电池等六个领域减少对外依赖。2021年6月，美国发布了对半导体、药品、关键矿物质、大容量电池四类物资供应链风险评估报告，提出政府要加大资金投入，支持关键药物和先进电池的国内生产，加强关键矿物的国内开发与生产，与盟友合作解决半导体供应短缺等问题，并增加国内芯片产量。面对新冠疫情全球大流行后国际投资大幅下滑，欧美发达国家核心产业本土回迁与多元分散供应推动全球供应链战略布局区域化、分散化、本土化调整，引发国际投资规则重塑等新挑战，如何提高对"一带一路"国家供应链参与韧性，以确保供应链、产业链的安全稳定，对推动"一带一路"高质量发展、维持我国海外投资和贸易优势、拓展我国外向型经济发展的空间、提升我国经济的国际竞争力及其在全球的影响力而言意义重大。

一 "一带一路"倡议提出以来中国对外投资相关政策梳理

（一）"一带一路"倡议提出以来我国对外投资相关政策

2015年是"一带一路"倡议全面实施的开局之年。当年3月，国家发改委、外交部和商务部经国务院授权联合发布了第一份共建"一带一路"顶层设计文件，即《推动共建丝绸之路经济带和21世纪海上丝绸之路的愿景与行动》（以下简称《愿景与行动》），明确合作的重点内容是政策沟通、设施联通、贸易畅通、资金融通和民心相通。2017年5月，推进"一带一路"建设工作领导小组办公室发布《共建"一带一路"：理念、实践与中国的贡献》，将"六廊六路多国多港"确立为"一带一路"合作的顶层框架。多年来，一系列相关政策措施不断推动经济走廊建设。2016年10月，推进"一带一路"建设工作领导小组办公室印发《中欧班列建设发展规划（2016—2020年）》，以中欧班列等现代化国际物流体系为依托的新亚欧大陆桥经济走廊建设不断取得新进展。2017年12月，国家发改委出台《企业境外投资管理办法》，确立"鼓励发展+负面清单"的管理办法，提升对外投资管理的透明度和引导性。

近年来,在推动"一带一路"高质量发展进程中,基础设施"硬联通"的内涵和外延不断拓展。一是更加重视生态文明和绿色发展,建设"绿色丝绸之路"。2017 年 4 月,环境保护部等四部门联合发布《关于推进绿色"一带一路"建设的指导意见》,同年 5 月,环境保护部发布《"一带一路"生态环境保护合作规划》,明确了"一带一路"生态环境保护合作的目标,强调基础设施绿色低碳化建设和运营管理。二是发展数字经济,建设"数字丝绸之路"。此外,健康丝绸之路、冰上丝绸之路也为基础设施"硬联通"注入了新内涵。在规则标准"软联通"方面,为了推动标准"走出去",促进投资贸易便利化,深化国际合作,提升标准国际化水平,支撑互联互通建设,2015 年 10 月,推进"一带一路"建设工作领导小组办公室发布《标准联通"一带一路"行动计划(2015—2017)》。2017 年 12 月,国家标准委发布了《标准联通共建"一带一路"行动计划(2018—2020 年)》,要求主动加强与沿线国家标准化战略对接和标准体系相互兼容,大力推动中国标准国际化,强化标准与政策、规则的有机衔接,以标准"软联通"打造合作"硬机制",为推进"一带一路"建设提供坚实的技术支撑和有力的机制保障。

(二)"十四五"规划以来中国对外投资相关政策

对外开放是"十四五"规划的关键词之一,对外投资是对外开放的重点。"十四五"规划文本多个章节①提及对外投资,并提出"十四五"时期,对外投资要坚持以企业为主体,创新境外投资方式,优化境外投资结构和布局,支持企业融入全球供应链,通过规范企业投资行为、建立供应链风险预警防控系统、加强国际供应链保障合作等途径防范化解各类风险。此外,"一带一路"经贸投资务实合作也强调构筑供应链合作体系,加强风险防控和安全保障。

2021 年 3 月 30 日,商务部等八部门印发《关于开展全国供应链创新与应用示范创建工作的通知》,要求示范企业在境外投资时积极布局全球供应链;要求示范城市搭建"走出去"平台,加强"走出去"供应链配套能力建设,提高对外投资合作水平,优化全球供应链布局。2021 年 7 月 20 日,商务部、

---

① 多个章节指:第十三章"促进国内国际双循环"第二节"提高国际双向投资水平"、第四十章"建设更高水平开放型经济新体制"第四节"健全开放安全保障体系"、第四十一章"推动共建'一带一路'高质量发展"第三节"深化经贸投资务实合作"。

中央网信办、工业和信息化部发布《数字经济对外投资合作工作指引》，通过鼓励企业融入数字经济全球产业链、加快推进数字基础设施建设等途径实现更高水平的国内国际双循环。2022 年 1 月 30 日，国家发展改革委、国家能源局颁布《关于完善能源绿色低碳转型体制机制和政策措施的意见》，提出促进能源绿色低碳转型国际合作以及"一带一路"绿色能源合作，探索建立清洁低碳能源产业链上下游企业协同发展合作机制，引导企业开展清洁低碳能源领域的对外投资。相继出台的政策措施，更加重视风险防控和经济安全，推动对外直接投资更高质量发展。

二 中国对"一带一路"沿线国家供应链参与韧性

（一）供应链参与韧性的内涵界定

"韧性"研究源于物理学，应用于社会心理学的发展。在生态学、社会学、心理学、经济学、组织学等学科中，韧性的概念各不相同。[1] 对供应链韧性概念的专门研究可以追溯到 20 世纪初，Rice 和 Caniato 最早提出了供应链韧性的定义，认为供应链韧性是对意外中断做出反应并恢复正常供应网络运营的能力。[2] 此后，概念/理论研究、建模研究、案例研究和调查研究等均提出供应链韧性的定义。然而关于供应链韧性的概念仍缺乏共识。[3] 现有定义普遍从供应链的反应能力、恢复能力和适应能力等方面描述供应链韧性。将成本效益纳入供应链韧性概念的文章较少，但现有研究已经证实韧性和成本效益并非不可兼得，因此，Tukamuhabwa 等对供应链韧性的定义考虑了成本效益，将供应链韧性定义为供应链的适应能力，这一适应能力使得供应链能够防备和/或应对中断，进行及时且有成本效益的恢复，从而达到中断后的运营状态，且理想

[1] Ponomarov S. Y., Holcomb M. C., "Understanding the Concept of Supply Chain Resilience," *The International Journal of Logistics Management*, 2009, 20 (1).

[2] Rice J. B., Caniato F., "Building a Secure and Resilient Supply Network," *Supply Chain Management Review*, 2003, 7 (5).

[3] Ali I., Golgeci I., "Where is Supply Chain Resilience Research Heading? A Systematic and Cooccurrence Analysis," *International Journal of Physical Distribution & Logistics Management*, 2019, 49 (8).

情况下比中断前更好的状态。① 本文借鉴 Tukamuhabwa 等的研究,将对"一带一路"供应链参与韧性界定为中国企业基于全球价值链分工在沿线各国投资所构成的跨国(地区)供应链体系,当遭受外部或内部冲击导致供应链意外中断或部分失效时,仍能保持连续供应并及时恢复到正常运营的能力。

在全球价值链分工的驱动下,产品的不同生产工序被配置在要素禀赋不同的国家(地区),跨国(地区)供应链成为产业提升效率的重要保障。中国对"一带一路"沿线国家的直接投资,构建起了较为复杂的海外供应链体系,在降低生产成本的同时提升了生产和流通的效率。但这样的供应链体系对外部环境较为敏感,一旦遭遇外部冲击,便会出现"断链""堵链"等现象。新冠疫情全球蔓延,区域贸易摩擦频发,使得供应链频繁受到冲击,导致供应链中断风险增加,暴露出海外供应链体系的脆弱性。因此,本文从对外直接投资的角度,对中国对"一带一路"沿线国家的供应链参与状况进行分析,对其韧性进行评价,并就如何增强供应链韧性提出对策建议。

(二)中国对"一带一路"沿线国家供应链参与状况及韧性分析

1. 投资规模持续扩大,供应链参与度日益提升

2013~2020 年,中国对"一带一路"沿线 63 个国家的直接投资流量从 126.3 亿美元增长至 225.4 亿美元,平均年增长率高达 10.4%。此外,中国对"一带一路"国家的投资流量占当年对外直接投资流量的比重也呈现稳步增长趋势(除 2016 年有所降低外)。存量方面,2013 年末,中国对"一带一路"国家的投资存量为 720.2 亿美元,此后投资存量逐年增加,2020 年末,存量已增长至 2007.9 亿美元,约是 2013 年存量的 2.8 倍。2017 年起我国加强了对外直接投资合规性和真实性的审查,进一步规范投资行为,我国对"一带一路"直接投资增速有所趋缓。

"十四五"时期以来,中国对"一带一路"沿线国家的投资规模持续增加。2021 年,投资流量规模达到 241.5 亿美元,虽然占同期总额的比重(13.5%)较 2020 年(14.7%)有所下降,但规模较 2020 年增长 7.1%。从非金融类直接投资

---

① Tukamuhabwa B. R., Stevenson M., Busby J., et al., "Supply Chain Resilience: Definition, Review and Theoretical Foundations for Further Study," *International Journal of Production Research*, 2015, 53 (18).

的表现来看，我国企业对"一带一路"沿线国家的投资平稳增长，规模从2020年的177.9亿美元增加到2022年的209.7亿美元，增长了17.9%。存量方面，截至2021年末，中国对"一带一路"沿线国家的投资存量规模为2138.37亿美元，相比2020年的2007.9亿美元增长了6.5%。持续扩大的投资规模表明中国对"一带一路"国家供应链参与度提升，在体量上具有举足轻重的地位，影响力逐渐提高。

2. 投资领域日趋多元化，成为供应链体系的重要节点

共建"一带一路"之初，中国对沿线国家的投资主要集中在能源产业。近年来，随着相关政策的出台，中国对"一带一路"国家的投资呈现多元化趋势，投资行业涉及国民经济的18个行业大类。如表1所示，2021年，从中国流向"一带一路"沿线国家的制造业投资额为94.3亿美元，占比达39.0%；其次是批发和零售业、建筑业、租赁和商务服务业，占比分别为13.8%、10.0%、9.5%。2020~2021年，中国对"一带一路"沿线国家批发和零售业的投资流量成倍增加，增长率达到106.8%；金融业在投资流量中的占比虽小，但增长迅速，增长率为73.8%；流向制造业、租赁和商务服务业的直接投资也快速增长，年增长率分别为22.8%、18.0%；而中国对建筑业、科学研究和技术服务业的投资流量呈现下降态势，分别降低了35.9%和37.9%。

表1 "十四五"时期前后中国对"一带一路"沿线国家直接投资的行业结构

单位：亿美元，%

行业分布	2020年		2021年	
	流量	占比	流量	占比
制造业	76.8	34.1	94.3	39.0
批发和零售业	16.1	7.1	33.3	13.8
建筑业	37.6	16.7	24.1	10.0
租赁和商务服务业	19.4	8.6	22.9	9.5
电力、热力、燃气及水的生产和供应业	—	—	18.5	7.7
交通运输、仓储和邮政业	—	—	16.6	6.9
金融业	8.0	3.5	13.9	5.6
居民服务、修理和其他服务业	—	—	6.0	2.5
科学研究和技术服务业	8.7	3.8	5.4	2.2
电力生产和供应业	24.8	11.0	—	—
信息传输、软件和信息技术服务业	8.2	3.6	—	—
其他	—	—	11.6	2.8

资料来源：中华人民共和国商务部《2020年度中国对外直接投资统计公报》《2021年度中国对外直接投资统计公报》。

进一步细分行业结构，中国与"一带一路"国家的跨境产业合作，既有以轻工、家电、纺织服装为主的传统优势产业，以钢铁、电解铝、水泥、平板玻璃为主的富余产能优势产业，又有以电力设备、工程机械、高铁和轨道交通为主的装备制造优势产业。由于中国与"一带一路"国家的产业结构具有显著的互补特点，[①] 投资领域不断扩大，中国与"一带一路"国家供应链产业链融合发展，产业间的合作在广度和深度上均得到拓展，实现了产业间的融合互动和协同发展。[②]

3. 投资区域分布表现出临近化特征，供应链空间布局集中度高

2013～2020 年，中国对"一带一路"国家的直接投资主要分布在东南亚地区，尤其是新加坡、印度尼西亚、泰国、越南、老挝等国家。2013 年，我国对东南亚地区投资 72.69 亿美元，占比 57.53%。《愿景与行动》提出当年，我国对东南亚地区的投资成倍增加，高达 146.04 亿美元，占比也提高至 77.29%，此后也一直保持着较高的占比；其后是中东和欧洲地区，而对中亚和蒙古以及南亚的投资相对较少。"十四五"规划提出当年，中国的投资集中程度继续提升，流向东南亚国家的直接投资总额为 197.4 亿美元，占比高达 81.7%，较规划提出前一年增加了 10.3 个百分点。从国别来看，"十四五"时期以来，中国对东南亚地区的投资集中在新加坡、印度尼西亚、马来西亚等国家，对欧洲地区的投资集中在俄罗斯，对南亚地区的投资集中在印度、巴基斯坦。就非金融类直接投资而言，新加坡、印度尼西亚、马来西亚、泰国、越南、巴基斯坦、阿拉伯联合酋长国、柬埔寨、塞尔维亚和孟加拉国等国家已成为中国投资的主要目的地。因此，虽然我国对"一带一路"直接投资分布在沿线 60 多个国家，但大多集中在邻近国家，重点在东南亚地区。中国对"一带一路"沿线国家直接投资的空间分布较为集中，临近化特征明显。这种空间集聚带来的好处是提升了生产效率，但面临外部扰动的可能性更大，也大大提升了供应链的脆弱性。中国对"一带一路"国家直接投资空间分布见表 2。

---

① 陈键、龚晓莺：《中国产业主导的"一带一路"区域价值链构建研究》，《财经问题研究》2018 年第 1 期。

② 姚星、蒲岳、吴钢等：《中国在"一带一路"沿线的产业融合程度及地位：行业比较、地区差异及关联因素》，《经济研究》2019 年第 9 期。

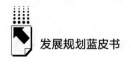

表2 "十四五"时期前后中国对"一带一路"沿线国家直接投资的空间分布

单位：亿美元，%

地区	指标	2020年		2021年	
		绝对值	占比	绝对值	占比
东南亚	流量	161.0	71.4	197.4	81.7
中东		35.6	15.8	20.0	8.3
中亚和蒙古		0.6	0.2	15.1	6.3
欧洲		10.9	4.8	-5.9	-2.4
南亚		17.4	7.7	14.8	6.1
东南亚	存量	1277.4	63.6	1403.8	65.6
中东		272.3	13.6	281.6	13.2
中亚和蒙古		160.4	8.0	153.2	7.2
欧洲		172.3	8.6	151.5	7.1
南亚		125.5	6.2	148.2	6.9

资料来源：中华人民共和国商务部《2020年度中国对外直接投资统计公报》《2021年度中国对外直接投资统计公报》。

4. 投资模式不断创新，境外经贸合作区成为推动"一带一路"的重要载体

"十四五"时期，中国对"一带一路"沿线国家的投资模式虽然仍以绿地、并购为主，但投资模式不断创新。2020年，中国在"一带一路"沿线国家实施跨境并购项目84起，并购金额31.5亿美元，占对沿线国家直接投资总额的14.0%。2021年，中国对"一带一路"沿线国家的并购投资项目数量、金额和比重较2020年均有显著提高，其中，实施跨境并购项目92起，并购金额总计62.3亿美元，占对"一带一路"沿线国家直接投资总额的比重增加了11.8个百分点。

与此同时，在新时期"一带一路"倡议走深走实的背景下，境外经贸合作区已成为推动"一带一路"沿线国家现代化与工业化进程、加强中国同沿线国家间互联互通建设的重要载体。① 截至2018年底，同沿线国家共建境外园区82个，约占全部境外园区的80%。涵盖加工制造型、多元综合型、商贸

---

① 李金叶、沈晓敏：《境外园区对中国对外直接投资的影响研究——基于"一带一路"沿线国家面板数据的分析》，《华东经济管理》2019年第12期。

物流型、资源开发型等多种类型。① 在与沿线国家建设的 82 个园区中，从园区类型来看，加工制造型园区数量最多为 33 个，占比为 40.2%；多元综合型为 21 个，占比为 2.56%；其余类型园区占比相对较少。从园区区域分布来看，园区多集中在亚洲与非洲等地，亚洲地区中东南亚分布数量最多，为 27 个园区，其中仅印度尼西亚就有 10 个园区。其次为非洲国家，有 25 个园区，欧洲地区有 15 个园区，俄罗斯有 8 个园区。可见我国境外园区在空间布局上存在扎堆建设问题，这与沿线国家直接投资空间布局特征一致。

境外经贸合作区的建设，有利于形成区内完整的供应链，实现零距离采购上游原材料，向下游输送中间品，大大降低了原材料采购运输成本，使得产业内部运作关系更为契合，园区内多家企业可共享基础设施、物流设施等配套服务，减少外部扰动带来的风险，保证供应链产业链稳定运营。

三 提高我国对"一带一路"沿线国家供应链参与韧性

综上分析，中国在"一带一路"沿线国家供应链体系中的地位是突出的，影响力日益增强，但同时也存在一定的脆弱性。中国对"一带一路"沿线国家投资规模的扩大，一方面扩大了海外市场，提升了国际竞争力，另一方面也将部分供应链暴露在外部扰动的风险之下，由于对"一带一路"沿线国家投资空间布局的高集中度，面临外部扰动的可能性也更大。特别是近年来，欧美供应链韧性战略对中国的遏制意图也十分明显。中国的外部环境已发生改变。欧美供应链韧性战略对中国参与的供应链造成了扰乱，对中国企业的影响越来越难以全面估计。在这样的背景下，如何提高中国对"一带一路"沿线国家供应链参与的能力及效率，并保证其安全，成为"一带一路"高质量发展的重要议题，为此，提出以下对策建议。

（一）宏观层面

1.坚持高水平对外开放，维护全球供应链韧性

如前所述，中国参与的"一带一路"沿线国家供应链在空间布局上较多

---

① 李金叶、沈晓敏：《境外园区对中国对外直接投资的影响研究——基于"一带一路"沿线国家面板数据的分析》，《华东经济管理》2019 年第 12 期。

地集中在东南亚，投资领域中制造业占较大份额，集聚发展有助于实现规模经济和协同效应，但也蕴含着一定的风险。当前欧美供应链韧性战略的目标之一就是摆脱中国的影响，针对性非常突出。拜登政府积极推动"印太经济框架"下的供应链外交，并希望通过加强与日本、韩国、印度、越南和马来西亚的双边关系来逐步削弱中国制造业在东亚供应链体系中的影响力。日本希望以印太地区为中心，建立有弹性的供应链，以期最终在该地区实现强劲、可持续、平衡和包容性增长。① 这些都将对中国与亚太地区双向贸易投资产生影响。因此，必须关注地缘风险上升背景下的供应链多元化发展问题。坚持高水平对外开放，持续扩大国际合作，积极主动深度参与国际产业链供应链合作，对冲风险，增强韧性。争取广泛参与多方共商对话，在国际经贸谈判中推动形成维护全球供应链韧性、消除非经济因素干扰的国际共识和准则，共同维护全球供应链韧性。

2. 加强供应链国际合作，构建更加稳定、多元的供应链网络

在提升产业链供应链韧性的过程中，应加强与全球特别是区域重要供应链经济体的合作，建立长期的合作关系。② 中国与亚太已经形成了程度较高的供应链参与网络，在当前全球经济不确定性增强的大局势下，中国更应加强主要伙伴的经济联系和政治互信，借助已有的区域贸易协定如《区域全面经济伙伴关系协定》等，加大对欧亚经济走廊的投资，推进中日韩自贸协定谈判、中欧全面投资协定以及加入 CPTPP 等，强化主要贸易伙伴的对话与合作，建立关键产业链供应链环节跨境清单，推动形成信息共享、常态化协商等合作机制，在发生负面冲击时保持供应链稳定。通过开展海外并购、建立海外研发中心、建立海外制造基地、进行海外跨境的产能合作等方式参与资源配置和全球市场布局，构建更加稳定、多元的供应链网络。

3. 在重要领域和关键行业充实国内供应链

新冠疫情期间全球供应链的脆弱性凸显，也彰显了国内供应链备份的价值。③ 在本土投资设厂，供应链的安全性是最重要的。本土企业的资本属性并

---

① 经济产业省：《日豪印经济大臣会合が开催されます》，2020-08-31，2021-07-23。

② 余典范：《持续提升我国产业链供应链韧性和安全水平》，《光明日报》2023 年 1 月 6 日。

③ 苏杭、刘佳雯：《日本供应链改革的新动向及其影响》，《现代日本经济》2021 年第 6 期。

不要求国内企业完全控股，也包括外国跨国公司来华设厂。为此，可采取更具理性的产业政策，突出重点，在重要领域和关键行业形成基本的物资生产、装备制造、零部件供应和能源原材料的供给能力。同时采取一系列税收优惠政策，优化营商环境。

4. 构建现代物流体系，推动中欧班列高质量、可持续发展

物流是供应链的重要组成部分，是由包装、运输、搬运、装卸、仓储、货贷、流通加工、配送、信息处理等功能组成的复合型服务业。现代物流体系是由物流基础设施、物流装备与技术、物流服务商、物流行政管理构成的完整体系，是提高供应链韧性的重要保障。[①] 中欧班列是往来于中国与欧洲及"一带一路"沿线各国的集装箱国际铁路联运班列，是中国与"一带一路"沿线国家经贸往来的重要桥梁，已成为推动"一带一路"建设的重要载体。[②] 然而在中欧班列运行过程中也面临一些风险与挑战，需要多方协调、整合各自资源，以保证其持续、高质量发展。海外仓是现代物流体系的组成部分，是跨境电商重要的境外节点，是新型外贸基础设施，也是带动"一带一路"沿线国家外贸增长、实现高质量发展的重要平台。要积极推动海外仓发展，鼓励传统外贸企业、跨境电商和物流企业等参与海外仓建设，提高海外仓数字化、智能化水平。

（二）企业层面

多维度增强企业供应链韧性建设能力。"供应链韧性"最初主要是企业层面的商业战略概念，在全球化快速发展背景下，企业基于经济理性加入全球供应链并在其中寻求利益最大化。当全球化进程受挫时，供应链危机随之产生，必然促使企业调整供应链管理策略，并多维度增强企业供应链韧性建设能力，为企业综合解决效率、稳健、成本、风控兼顾等问题，使其在面对不确定性的情况下，具有缓冲、快速应对及适应的能力。通过引入风险平衡机制，以柔性工作流在多种运营模式之间灵活切换，形成高效、低成本与稳健并存的供应体系。积极利用数字化技术，借助历史数据及算法模型等，通过模拟、预测产业

---

① 丁俊发：《供应链再认识》，《全球化》2022 年第 4 期。
② 徐紫嫣、夏长杰、袁航：《中欧班列建设的成效、问题及对策建议》，《国际贸易》2021 年第 9 期。

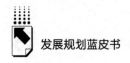

链的生命周期过程中重点供应链上人员、原材料、物流联动的强度和分布，做好供应链的动态优化方案，提升企业的应急响应能力。①

参考文献

陈键、龚晓莺：《中国产业主导的"一带一路"区域价值链构建研究》，《财经问题研究》2018 年第 1 期。

丁俊发：《供应链再认识》，《全球化》2022 年第 4 期。

李金叶、沈晓敏：《境外园区对中国对外直接投资的影响研究——基于"一带一路"沿线国家面板数据的分析》，《华东经济管理》2019 年第 12 期。

刘湘丽：《增强供应链韧性：日本政策的出台与走向》，《现代日本经济》2021 年第 6 期。

苏杭、刘佳雯：《日本供应链改革的新动向及其影响》，《现代日本经济》2021 年第 6 期。

徐紫嫣、夏长杰、袁航：《中欧班列建设的成效、问题及对策建议》，《国际贸易》2021 年第 9 期。

姚星、蒲岳、吴钢等：《中国在"一带一路"沿线的产业融合程度及地位：行业比较、地区差异及关联因素》，《经济研究》2019 年第 9 期。

余典范：《持续提升我国产业链供应链韧性和安全水平》，《光明日报》2023 年 1 月 6 日。

Ali I. , Golgeci I. , "Where is Supply Chain Resilience Research Heading? A Systematic and Cooccurrence Analysis ," *International Journal of Physical Distribution & Logistics Management*, 2019, 49 (8) .

Ponomarov S. Y. , Holcomb M. C. , "Understanding the Concept of Supply Chain Resilience," *The International Journal of Logistics Management*, 2009, 20 (1) .

Rice J. B. , Caniato F. , "Building a Secure and Resilient Supply Network," *Supply Chain Management Review*, 2003, 7 (5) .

Tukamuhabwa B. R. , Stevenson M. , Busby J. , et al. , "Supply Chain Resilience: Definition, Review and Theoretical Foundations for Further Study," *International Journal of Production Research*, 2015, 53 (18) .

---

① 余典范：《持续提升我国产业链供应链韧性和安全水平》，《光明日报》2023 年 1 月 6 日。

B.23
实施自由贸易试验区提升战略

冯 烽*

摘 要： "实施自由贸易试验区提升战略"是党中央立足新发展阶段、贯彻新发展理念、加快构建新发展格局作出的重大战略决策。把自由贸易试验区打造成为国内国际"双循环"重要枢纽，既是扩大面向全球的高标准自由贸易区网络的重要路径，也是推进高水平对外开放的重要内容。本文系统梳理了中国自由贸易试验区的发展历程与政策文件，总结了自由贸易试验区建设取得的主要成就，并归纳了巴拿马科隆自由贸易区、迪拜杰贝阿里自贸区的发展模式。针对我国当前自由贸易试验区建设中存在的制度创新动力不足、服务业开放程度不高、数据跨境流动壁垒仍未破除等突出问题，未来我国要着力从以下三个方面推进自由贸易试验区的高质量发展：增强制度创新的系统性和整体性，对标高标准国际贸易和投资通行规则，加大金融改革创新力度。

关键词： 自由贸易试验区 制度创新 服务业开放

一 引言

自由贸易试验区（以下简称"自贸区"）[①] 是中国在深化改革、扩大开

---

* 冯烽，中国社会科学院数量经济与技术经济研究所副研究员，主要研究方向为数量经济理论与方法、能源经济等。

① 国际上自由贸易区（Free Trade Area, FTA）和自由贸易园区（Free Trade Zone, FTZ）的中文翻译均为"自贸区"，其中，FTA 是指两个或两个以上的国家（或经济体）通过签订协议组成集团，集团成员在世贸组织最惠国待遇的基础上，进一步相互开放市场，（转下页注）

放方面的重大创新实践。自 2013 年设立首个自由贸易试验区以来，经过 10 年的艰辛摸索和建设发展，自由贸易试验区在推动制度创新、扩大对外开放、促进区域协调发展等方面取得了令人瞩目的成果，为加快经济高质量发展注入了强劲动力。当前我国正面临日益复杂严峻的内外部形势。向外看，在贸易保护主义抬头、地缘政治冲突加剧等不利因素的叠加影响下，国际投资环境恶化和全球经济正面临衰退的风险；向内看，推进高质量发展依然面临区域发展不平衡不充分、重点领域基础研究和自主创新能力不强、产业链供应链关键环节存在不少短板弱项等一系列挑战。面对国内外形势的深刻变化和"需求收缩、供给冲击、预期转弱"三重压力，深入推进改革创新、坚定不移扩大开放是加快实现中国式现代化的必然选择。党的二十大报告强调，要"实施自由贸易试验区提升战略"，这是党中央立足新发展阶段、贯彻新发展理念、加快构建新发展格局作出的重大战略决策。在此背景下，梳理过去自贸区发展建设取得的历史成就和经验，分析存在的突出问题，借鉴国际上自贸区建设的成功经验，探索实施自贸区提升战略的实现路径，对推动自贸区高质量发展和加快构建面向全球的高标准自贸区网络而言具有重要的现实意义。

二 中国自贸区发展历程与政策梳理

（一）中国自贸区发展历程

从发展形态看，我国自贸区主要经历了"保税区""自贸区""自贸港"三种形态。保税区是自贸区的雏形，是我国最早的海关特殊监管区域形态，其

（接上页注①）实现贸易和投资自由化的特定区域，如欧盟自由贸易区（European Union Free Trade Area，EUFTA）、北美自由贸易区（North American Free Trade Agreement，NAFTA）、中国—东盟自由贸易区（China-ASEAN Free Trade Area，CAFTA）等；FTZ 是指在一个国家（或经济体）为贸易自由化、便利化在其境内设立的特定区域，该区域内实行海关特殊监管措施和经济管理体制，对境外入区货物的关税予以免税或保税，如美国纽约港自由贸易园区（New York Harbor Free Trade Zone）、巴拿马科隆自由贸易区（Colon Free Trade Zone）、中国（上海）自由贸易试验区［China（Shanghai）Pilot Free Trade Zone］等。为避免混淆，本文自贸区专指国外的自由贸易园区（FTZ）和国内的自由贸易试验区。

设置的初衷是扩大就业、增加外汇收入和带动区域经济发展。保税区由海关实施封闭监管，实行"境内关外"管理①，其主要功能是保税仓储、出口价格、转口贸易和商品展示，货物在保税区内可进行存储、加工、改装、分类、混合及展览。1990 年，内地首个保税区——上海外高桥保税区成立，之后演化出出口加工区（2000 年 4 月）、保税物流园区（2003 年 12 月）、保税港区（2005 年 6 月）、综合保税区（2006 年 12 月）等多种形式并存的格局。这些海关特殊监管区域为吸引外资提供了良好的平台，加速了中国的对外开放进程。

随着中国加入 WTO，保税区原先享有的优惠政策效果开始弱化，加上长期以来保税区存在监管政策烦琐、监管不透明等问题，难以实现对企业的有效监管，也不利于对外贸易的便利化，保税区逐步演化发展为自贸区。自贸区融合了保税区的保税、仓储、物流、中转、展示等各种功能，但最大的区别是在自贸区内货物可以不受限制自由流动。自贸区是在保税区、综合保税区等海关特殊监管区域的基础上，增加一些融资便利政策，通过开展自由贸易和投资便利化的制度创新，促进对外贸易。此外，自贸区在金融服务、商贸服务、航运服务、文化服务以及社会服务等领域的开放创新融入了区域经济的发展，产生了强大的辐射作用和溢出效应。② 因此，自贸区的层次更高、内涵更丰富，堪称是保税区的全方位升级。

经过 5 年的积极探索，自贸区建设多点开花，在多个领域的政策试点取得显著成效，但与世界一流自由港（区）相比，国内的自贸区无论是在开放领域还是在开放程度方面都还存在不小差距，为了对标国际上领先的自由港（区），进一步与国际贸易规则接轨，同时为了服务"一带一路"倡议等国家重大战略和推动南海和平稳定发展，2018 年起中央提出在海南自贸区的基础上在海南全岛建设自由贸易港，要求在赋予海南高度经济自主权的同时，形成与自贸港相适应的体制机制，破除一切制约发展的现行体制机制障碍，为实行国家重大战略目标服务。海南自贸港是第一个中国特色社会主义自贸港，其设立标志着中国自贸区建设迈向中国特色自由贸易港建设的新征程。

---

① 即境外货物进入保税区，实行保税管理；境内其他地区货物进入保税区，视同出境。
② 彭羽、杨作云：《自贸试验区建设带来区域辐射效应了吗——基于长三角、珠三角和京津冀地区的实证研究》，《国际贸易问题》2020 年第 9 期。

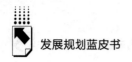

（二）自贸区政策梳理

目前，21 个自贸区共有 28 个建设方案，总计推出了 3400 多项改革试点任务，相关政策涉及贸易自由化便利化、投资自由化便利化、金融服务实体经济等多个领域。①

1. 外商投资和市场准入领域方面

2013 年 9 月，全国第一张外资准入负面清单——《中国（上海）自由贸易试验区外商投资准入特别管理措施(负面清单)(2013 年)》诞生，其中对国民经济分类中的 18 个门类 89 个大类 419 个中类 1069 个小类制订了 190 条特别管理措施。上海自贸区开了国内对外商投资实行负面清单制度管理的实践先河。2015 年随着改革试点的推进，负面清单先后于 2015 年、2017 年、2018 年、2019 年、2020 年、2021 年进行了 6 次修订。2021 年 12 月，国家发改委和商务部联合发布《自由贸易试验区外商投资准入特别管理措施（负面清单）（2021 年版）》。这份最新的负面清单经过 6 次瘦身，管理措施由最初的 190 条逐年缩减、优化至最新的 27 条，扩大了制造业开放，放宽了服务业准入，提升了负面清单的精准度。

2. 贸易便利化领域方面

国务院印发的各自贸区总体方案均明确列出了有关推进贸易便利化的任务与措施，实际上有关自贸区建设的相关政策文件几乎都涉及促进自贸区贸易便利化的相关举措。为充分发挥自贸区在推动加快构建以国内大循环为主体、国内国际双循环相互促进的新发展格局中的作用，2021 年 8 月，国务院印发了《关于推进自由贸易试验区贸易投资便利化改革创新若干措施的通知》（国发〔2021〕12 号），其中包括开展贸易进口创新，支持自贸区所在地培育进口贸易促进创新示范区；释放新型贸易方式潜力，支持自贸区发展离岸贸易；推进"两头在外"保税维修业务，支持自贸区内企业按照综保区维修产品目录开展保税维修业务；提升医药产品进口便利度，允许具备条件的自贸区开展跨境电商零售进口部分药品及医疗器械业务等。

---

① 冯其予：《自贸试验区硕果累累》，《经济日报》2022 年 5 月 2 日。

3. 金融开放方面

为构建与自贸区跨境贸易和投资便利化相适应的金融服务体系，中国人民银行根据各自贸区总体方案分别出台了相应的金融支持自贸区建设的指导意见。如 2013 年 12 月，《中国人民银行关于金融支持中国（上海）自由贸易试验区建设的意见》发布，内容包括账户体系、投融资汇兑、人民币跨境使用、利率市场化、外汇管理以及风险监测等多个领域的 30 条意见，因此该文件又被称为"央行 30 条"。这些指导意见不仅有助于企业降低融资成本、提高资金效益，还有助于商业银行扩大客户来源，更重要的是为自贸区内进行金融产品创新提供了政策性指引。"央行 30 条"建立了可复制、可推广的金融管理模式，为后续其他自贸区的指导意见提供了参考范本。

专栏：自由贸易试验区外商投资准入特别管理措施
（负面清单）（2021 年版）

经国家发展改革委第 18 次委务会通过，2021 年 12 月国家发展改革委、商务部共同发布《自由贸易试验区外商投资准入特别管理措施（负面清单）（2021 年版）》，该负面清单自 2022 年 1 月 1 日起施行。负面清单统一列出股权要求、高管要求等外商投资准入方面的特别管理措施，适用于自由贸易试验区。负面清单之外的领域，按照内外资一致原则实施管理。

与 2020 年版相比，2021 年版外资准入负面清单进一步缩短了长度，完善了管理制度，提高了精准度。自贸试验区负面清单进一步缩减至 27 条，压减比例为 10%，主要变化：一是进一步深化制造业开放，二是自贸试验区探索放宽服务业准入，三是提高外资准入负面清单精准度，四是优化外资准入负面清单管理。

2021 年版外资准入负面清单总的方向是进一步提高对外开放水平，健全外商投资准入前国民待遇加负面清单管理制度，推进投资自由化便利化，遵循的主要原则：一是统筹发展和安全，进一步扩大对外开放，对外开放的力度同国家安全和监管能力相适应；二是借鉴国际通行规则，通过外资安全审查、内外资一致管理措施能够防控风险的领域原则上不列入负面清单；三是发挥自贸试验区改革开放"试验田"作用，继续扩大开放先行先试；四是维护国家安全，涉及国家政治安全、意识形态安全等敏感领域继续保留外资准入限制。

三 自贸区建设取得的主要成就

（一）制度创新成果丰硕

"为国家试制度"是自贸区肩负的重要使命，在制度改革创新上要大胆试、大胆闯、自主改，而体现自贸区建设成果的也恰恰是制度创新产生的并向全省全国复制推广的经验。2014年至今，国务院发布向全国范围复制推广自贸区改革经验的通知6次，共140项，这些推广的经验成果体现了改革事项集中、参与部门多元化的特点。① 具体到各个成果而言，既有契合企业需求，降低企业成本的制度性安排，如"网上自主办税""证照'一口受理、并联办理'审批服务模式"，可以简化办事流程，减少运营成本，也有对标国际先进标准，缩小制度差距的创新，如上海自贸区提出"国际船舶运输、管理、代理领域扩大开放"，允许从事国际船舶运输、管理领域的企业外资控股甚至独资，助推上海国际航运中心建设，还有彰显地域特色、因地制宜的制度创新，如福建自贸区提出"直接采认台湾地区部分技能人员职业资格"，对完善人社领域促进两岸融合发展、吸引台胞来闽发展具有积极促进作用，浙江自贸区围绕油品全产业链投资便利化、贸易自由化核心任务，积极探索与保税燃料油相关的制度安排，形成"外锚地保税燃料油受油船舶'申报无疫放行'制度"等7项可复制推广的经验，河南自贸区郑州片区创新形成了"跨境电商零售进口退货中心仓模式"，有效解决了进口商品的退货处理难题，助力郑州国际物流中心建设。

（二）投资自由化水平明显提升

为打造更加公平自由的投资环境，我国自贸区在2013年开始实施负面清单管理制度并持续优化。与过去的"审核制"不同，负面清单制度不再是事先规定什么可以做，企业申报后再审批，其背后逻辑是"除非是法律禁止做

---

① 邓富华、张永山、姜玉梅、霍伟东：《自由贸易试验区的多维审视与深化路径》，《国际贸易》2019年第7期。

的，否则都是法律允许做的"，即"法无禁止即可为"理念。自贸区的负面清单管理制度不仅为全国版的首个负面清单《外商投资准入特别管理措施（负面清单）（2018 年版）》的制订提供了优质蓝本，更为试验区吸引外资带来了显著成效。从投资规模看，我国自贸区建设以来，实际使用外资规模逐年增长，即使面对中美贸易战、新冠肺炎疫情的冲击，仍能保持正增长。2022 年全国 21 家自贸区实际使用外资 2225.2 亿元，较上年增加近百亿元，占全国的 18.1%。其中，高技术产业实际使用外资 863.4 亿元，同比增长 53.2%。[1] 2022 年以来，我国实施了新版外商投资准入负面清单，在金融、汽车等领域放宽市场准入，发布了《鼓励外商投资产业目录（2022 年版）》，扩大鼓励外商投资的范围，出台了《关于以制造业为重点促进外资扩增量稳存量提质量的若干政策措施》，进一步加大制造业引资力度。

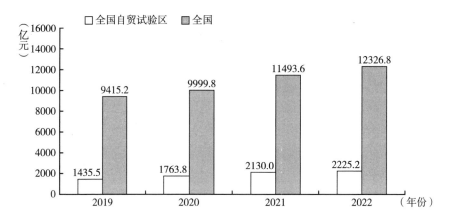

图 1　2019~2022 年实际使用外资规模

资料来源：根据历年中国政府网站数据绘制。

（三）对外贸易质量显著提升

自贸区通过关税优惠、自由转口、放宽外汇管理等简化贸易流程、降低贸

---

[1] 《国务院新闻办发布会介绍 2022 年商务工作及运行情况》，中国政府网，2023 年 2 月 3 日；《国新办举行 2021 年商务运行情况新闻发布会》，中国政府网，2022 年 1 月 25 日。

易壁垒政策加速了要素自由流动，推动了对外贸易的高质量发展。自贸区还通过建立数字贸易平台、降低专业技能认证难度、减少服务供应商限制、改进服务贸易监管机制等措施推进服务贸易创新，推动服务贸易的跨境流动，如我国在跨境服务贸易领域专门推出负面清单，即《海南自由贸易港跨境服务贸易特别管理措施（负面清单）（2021 年版）》，在负面清单之外的领域给予境外服务提供者国民待遇，实现服务贸易"既准入又准营"，这是中国对服务贸易管理模式的重大突破，加速了自贸区的高质量发展。从自贸区的贸易规模看，自 2019 年以来全国自贸区进出口总规模稳步增长，2022 年我国自由贸易试验区进出口总额 7.5 万亿元，增长了 14.5%，占全国的 17.8%。其中，出口 3.3万亿元，增长 18.1%，进口 4.2 万亿元，增长 11.8%。[1] 从自贸区对外贸易的质量看，自贸区通过深度参与全球价值链改善了出口贸易结构，有效推动了贸易转型升级。近年来，服务贸易成为我国对外开放新的增长点，除 2020 年外服务进出口总额均能保持正增长，且自 2010 年以来有近半的年份同比增长超过 10%。[2]

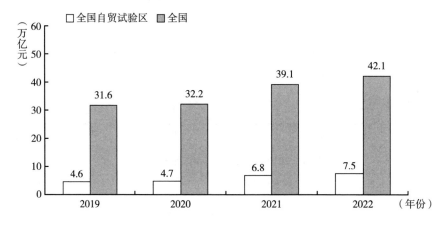

图 2 2019~2022 年进出口规模

资料来源：根据历年中国政府网站数据绘制。

---

① 《国务院新闻办就 2022 年全年进出口情况举行发布会》，中国政府网，2023 年 1 月 13 日。

② 资料来源：商务部商务数据中心。

四 自贸区建设存在的突出问题

（一）制度创新动力不足

尽管我国自贸区取得了一批重要的制度创新成果并在全国复制推广，但随着自贸区建设的推进，制度创新的系统集成难度也越来越大，自贸区制度创新改革进入"啃硬骨头"的攻坚期和深水区。尽管《中华人民共和国海南自由贸易港法》的出台从法律上明确了海南自贸港的事权，但其他自贸区由于地方性法规的滞后性，其进行制度创新改革需突破现有法律法规时举步维艰。对于集成性的制度创新，很难靠自贸区自身突破实现，需要中央、省及自贸区协同攻坚。有些关于自贸区的政策文件由中央多个部门联合发布实施，相关改革举措的落地需要跨部门协调，故部门职责不够明确会增加协同成本和创新难度，① 导致了分自贸区的制度创新仍停留在单一部门内部进行的流程优化"微创新"阶段，进行突破性的高质量制度创新意愿不强。

（二）服务业开放程度不高

我国自贸区在服务贸易开放方面与国际上高水平自贸区相比，无论是开放的范围还是开放的深度都存在不小差距。金融服务方面，自贸区外资银行等金融机构的市场准入以及金融产品的行政管制还存在一些限制，如外资银行的控股比例、外资保险公司的市场份额、资本流动和外汇兑换等存在限制条件。医疗服务方面，外国医疗机构只能以非独资形式进入中国市场，并且需要获得严格的政府审批，并且对于外国医生在中国的执业条件也存在一些限制。文化娱乐服务方面，外资文化娱乐企业需要获得政府批准才能进入中国市场，而且这个过程比较漫长，此外，对外国电影、电视剧等文化产品的进口也设置了限制。教育服务方面，外国教育机构进入中国市场的门槛较高，并且需要获得政府的许可和认证，审批流程也较长。专业服务方面，外

---

① 洪俊杰、武昭媛、郑郁寒：《中国推进贸易投资高水平自由化便利化的实践与思考》，《国际贸易》2022 年第 7 期。

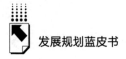

国的法律、会计、管理咨询的专业服务机构也需要获得政府批准并受到行政管制。

（三）数据跨境流动壁垒仍未破除

自贸区在数据要素的跨境流动上的障碍严重制约了自贸区数字贸易的发展，特别是削弱了数据密集型产业对自贸区经济生产和创新的推动作用。一方面，目前由于自贸区尚未建立完善的数据监管体系，数据的采集、存储、处理和传输等环节还存在安全隐患，出于国家安全和个人隐私保护的需要，对数据安全审核和数据出境审批有着较为严格的限制；另一方面，一些国家为维护其在数字贸易中的主导地位，通过立法来限制数据的跨境流动，全球数据保护主义和数据本地化策略严重影响了自贸区跨境数据的流动和数据贸易的发展。[①]自贸区跨境数据的商业价值得不到充分的利用和开发，也影响了自贸区相关业态创新。此外，各国对数据跨境流动的法律制度和监管规则的巨大差异，也增加了自贸区对跨境数据的监管协调难度。

五　自贸区建设的国际经验借鉴

（一）巴拿马科隆自贸区

科隆自贸区成立于1948年，是世界上成立较早、规模较大的自贸区之一，位于巴拿马运河大西洋入海口处，其特殊的地理位置促使其主要从事商品的转口贸易。巴拿马为科隆自贸区的设立颁布了专门的法令（1946年第18号法令），使自贸区的运营、管理有法可依，也能保障园区内企业和人员的合法权益。根据该条法律，自由区将是属于巴拿马政府所有的自主运营机构，享受独立法人资质，内部制度自制，接受行政机关和国家总审计署的监察，[②]从这一点上看它更像是一个巨大的企业。科隆自贸区的主要举措和经验包括：一是货

[①]　常亚杰：《跨境数据流动制度与管理创新——以上海自贸试验区临港新片区为例》，《科学发展》2023年第1期。

[②]　中国驻巴拿马经商参处：《巴拿马科隆自由区——（一）概况及历史沿革》，http：//panama.mofcom. gov. cn/article/b/201305/20130500108920. shtml，2013年5月。

物贸易方面，科隆自贸区实施境内关外制度，货物仅经过而不运往巴拿马关内就不需要缴纳任何关税或费用，且不用办理许可证，但这仅是关税意义上的境内关外，巴拿马的海关仍然有对非法货物的限制，且自由区与国内市场通过围墙形式物理隔离。二是物流领域的便利，在客观条件上科隆自贸区拥有数个优良港口和航线众多的机场，制度上科隆自贸区内商品的仓储保管和转运不受任何时间限制，只需要在海关办理进出口手续上的文件处理。巴拿马实行方便船旗制度，使得在这里通过的大量船舶悬挂巴拿马国旗，获得更便捷的物流服务。① 三是投资、商业活动领域的免税或优惠，园区内的企业在进口税、增值税、所得税、股息税、生产税、投资税、牌照费、手续费等国家和地方税费方面都可以获得减免；在当地人的用工比例和工会组织等方面比园区外的企业更为灵活和优惠。

（二）迪拜杰贝阿里自贸区

迪拜杰贝阿里自贸区是阿联酋成立最早、面积最大的自贸区，位于迪拜西南，拥有中东最大港口，临近迪拜机场。除了独特的地理位置，杰贝阿里自贸区的成功还有以下经验可供参考：一是实行政企合一的管理和运营机构，杰贝阿里自贸区管理局是拥有政府职能的实体公司，可以直接向投资者提供颁发营业执照等行政服务，也可以提供工程、投资等咨询服务。这种运营方式以市场为导向，能为企业提供一站式的高效服务。二是自贸区拥有宽松优越的政策和投资环境，允许绝大部分货物自由进出而没有关税，不限制国际资本流动，企业和个人的所得税享有 50 年免税期，企业没有股权比例限制，允许企业进入绝大部分行业，海关手续和投资程序便捷高效等，这也是对"自由""贸易"最直观的解释。三是大力招商引资，一方面迪拜政府在基础设施建设方面大量投入，利用最新的技术为客户提供物流和基建支持，方便货物在自贸区、海港、空港之间的及时流动；另一方面杰贝阿里自贸区面向全球，在一些有潜力开拓中东业务的国家建立了办事处，迪拜政府也在世界各地举办"迪拜周"以吸引外国的顶级企业、商会。目前中国是 JAFZA 最大的贸易合作伙

---

① 何力：《南美沿海型和内陆型自贸区实践与我国自贸区建设》，《国际商务研究》2014 年第 2 期。

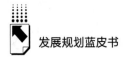

伴，有多个领域的 200 多家顶尖中国企业在 JAFZA 设立地区总部以拓展业务范围。

六 实施自贸区提升战略的政策建议

（一）增强制度创新的系统性和整体性

自贸区一方面要继续对标高标准国际规则，特别是在国际经贸规则领域。对于我国已经加入的区域经济一体化组织、已经实施的双/多边国际经贸协定，如《区域全面经济伙伴关系协定》（RCEP），自贸区应该率先全面高质量地履行有关规则，尤其是其中非强制要求的鼓励性义务；对于还未签署或加入的多边经贸协定，如世贸组织的《政府采购协定》（GPA）、《跨太平洋伙伴关系协定》（CPTPP）和《数字经济伙伴关系协定》（DEPA），自贸区应该率先对接其中的规则，包括关税、市场准入以及知识产权保护、劳工等相关措施。另一方面要做好系统集成创新：①进一步优化顶层协调机制，在国务院现有联席会议的基础上，强化改革事项具体负责部门的牵头责任，可以在具体改革领域设置专门的办公室负责协调各方及有关事宜，加强部门间的对接和协同，尤其是像金融领域相关改革这样牵涉众多改革事项的更应该有顶层的牵头部门。还可以构建信息共享机制，破除部门间的数据壁垒，以便于中央直接对接各自贸区的制度改革创新，减少逐级上报审批的成本。②提升对地方自主改革的授权，各中央部门应通过科学论证和考量各自贸区的事权承接能力，以正面指导和负面清单相结合的方式加大中央和省级经济决策权的下放力度；同时通过法律保障赋权，可由全国人大及其常委会直接立法，像大部分国外自贸区/港那样出台国家层面的"中国自由贸易试验区法"，或者由全国人大赋予省、特区相关立法权限。③提升改革事项的系统性、整体性和精准性，对于效果好的改革事项应尽快复制推广。要顺应当前新产业、新商业模式不断涌现的态势，从发展全过程、产业全链条出发，聚焦创新技术领域，既要在特定领域深化改革，也要加强跨领域的统筹协调。④优化制度创新保障机制，包括建立制度创新的容错和评估机制，根据实际情况减轻或免除制度创新和复制推广失败的责任人的责任追究，并将评价体系规范化、法定化，还可以引入独立的第三方评估机制。

（二）对标高标准国际贸易和投资通行规则

自贸区要对标国际通行规则，将"一线放开、二线管住、区内自由"的自由港监管模式落到实处。在海关特殊监管区内进一步提升开放程度，落实"境内关外"的管理制度，形成具有中国特色的"自由贸易试验港"，可以参考国际上自由港的通行规则，实现货物和服务贸易的完全自由；在投资领域实行与国际通行规则接近或一致的负面清单，并提供配套的金融服务与管理制度。这其实也是通过引进国际高标准的贸易、投资规则来作为压力测试，为国内市场进一步开放、与国际市场接轨提供参考。在非海关特殊监管区则作为"境内关内"区域，形成"经济改革创新示范区"，进一步探索创新政府与市场之间的关系，强调政府职能转变和市场在资源配置中的主导作用，探索政府由事前审批到事中事后监管的转变和营造要素自由流动、收入按要素分配的市场环境。将"经济改革创新示范区"作为"自由贸易试验港"的前置阶段，并把"自由贸易试验港"作为自贸区最终的发展方向。同时要加强风险防控体系建设，自贸区应该针对重大问题敏感事项在试验任务实施前充分评估其风险，如在金融、数字等敏感领域应尽快进行压力测试和风险测试，并建立健全事中事后监管机制。通过针对市场经济体系的改革与完善开展多方面的试验，为市场经济改革创新在全国的复制推广提供范例和经验。

（三）加大金融改革创新力度

自贸区一方面应该大力"走出去"，率先在金融领域扩大对外开放，探索建立多层次、高质量的资本市场。自贸区可在充分评估风险且风险可控的前提下试点完全放开跨境资本账户，使跨境资金能够自由流动、兑换，进一步方便内资投资全球和吸引外资投资内地企业；可吸引国际顶级金融机构落户自贸区，并使其在公司股权、业务牌照等问题上与内资金融机构保持一致，公平竞争，以局部带动整体，通过开放倒逼金融制度、系统改革。另一方面也应该探索优化国内金融结构，不断创新金融产品和服务，提高服务实体经济的能力，让更多金融资源涌向自贸区发展的重点领域和薄弱环节。自贸区应大力发展投融资体系，如通过专项债券、产业基金的形式扶持、帮助解决中小企业、高新技术企业，特别是其中的私营企业的融资难问题，激发市场活力。在探索金融

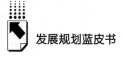

改革创新的同时，自贸区也要重视防范金融风险，在监管手段和制度具体实施细则方面持续优化，使金融监管能力和金融领域开放程度相匹配。

参考文献

常亚杰：《跨境数据流动制度与管理创新——以上海自贸试验区临港新片区为例》，《科学发展》2023 年第 1 期。

邓富华、张永山、姜玉梅、霍伟东：《自由贸易试验区的多维审视与深化路径》，《国际贸易》2019 年第 7 期。

何力：《南美沿海型和内陆型自贸区实践与我国自贸区建设》，《国际商务研究》2014 年第 2 期。

洪俊杰、武昭嫒、郑郁寒：《中国推进贸易投资高水平自由化便利化的实践与思考》，《国际贸易》2022 年第 7 期。

彭羽、杨作云：《自贸试验区建设带来区域辐射效应了吗——基于长三角、珠三角和京津冀地区的实证研究》，《国际贸易问题》2020 年第 9 期。

科技创新与产业升级

B.24
打赢关键核心技术攻坚战的对策研究

摘　要： 随着以美国为代表的发达国家对中国的技术限制和封锁不断升级，对中国经济和科技安全产生巨大冲击。中国关键核心技术缺乏的深层次原因在于企业基础研究投入低、在关键核心技术领域企业创新激励不足、缺乏原创性成果等。为此建议，激励企业加大基础研究投入力度，强化企业在关键核心技术领域的研发主体地位，以及发挥新型举国体制优势进行关键核心技术攻关。

关键词： 关键核心技术　基础研究　新型举国体制

《中华人民共和国国民经济和社会发展第十四个五年规划和2035年远景目标纲要》提出，从国家急迫需要和长远需求出发，集中优势资源攻关新发突发传染病和生物安全风险防控、医药和医疗设备、关键元器件零部件和基

---
* 郑世林，中国社会科学院数量经济与技术经济研究所副研究员，主要研究方向为技术经济学、创新经济学。

础材料、油气勘探开发等领域关键核心技术。党的二十大报告强调,以国家战略需求为导向,积聚力量进行原创性引领性科技攻关,坚决打赢关键核心技术攻坚战。为了更好地应对国际科技竞争挑战,本报告从我国目前面临的关键核心技术攻坚战形势出发,在厘清关键核心技术"卡脖子"现状及其深层次原因的基础之上,借鉴一些西方发达国家关键核心技术攻克的成功经验,结合我国现实情况提出切实可行的有针对性的对策建议,为打赢关键核心技术攻坚战提供政策参考。

一 打赢关键核心技术攻坚战的形势分析

(一)美国对中国科技限制、竞争和封锁的状况分析

首先,切断中国获取美国高新技术的引进路径。在行业层面,进一步扩大技术出口管制行业范围。2018 年,美国通过了新一版《出口管制改革法案》,在原有管制范围的基础上,新增了包括生物医药、先进计算、先进材料等关键核心技术在内的 14 项"新兴和基础技术"。在企业层面,将一大批中国高新技术企业列入"实体清单"。被美国列入实体清单的企业,将无法从美国和第三国进口美国原产商品、技术或者软件,从而切断中国高科技企业供应链。截至 2023 年 3 月,被列入美国实体清单的中国企业已经超过 400 家。在上述措施的基础上,针对中国的关键核心技术领域半导体行业,美国更是不遗余力地进行了全方位的围剿。一方面,美国政府通过《芯片与科学法案》吸引企业在美建厂,并要求这些企业不得在中国新建或扩大含有先进制程芯片制造业务的半导体工厂;另一方面,与日本、韩国、中国台湾地区共同组建所谓的"芯片四方联盟",意图将中国大陆企业排除在半导体产业链之外,并与日本、荷兰组建反华技术封锁网络,限制中国进口光刻机等半导体生产的先进设备及配套材料,进而遏制中国在半导体领域的发展。

其次,利用贸易保护手段阻碍中国高技术企业出口。2018 年 3 月 23 日,美国发布"301 调查"结果,开始对中国进口的商品加征关税,并限制中国企业在全球投资。美国政府此举对准了航空产品、新一代信息技术、工业机器人、新材料、生物医药等关键核心技术领域,旨在精准打击中国高科技产品出

口，进而遏制中国发展高端制造业。此后，美国多次以国家安全为借口，向其贸易伙伴国施压，致使澳大利亚、新西兰、英国、日本等贸易伙伴国纷纷将华为、中兴等企业排除出政府采购清单和 5G 网络建设与服务招标名单，导致中国高新技术企业出口接连受挫。

最后，出台一系列限制中美科技人才培养和交流的措施。第一，修订中国留学生申请 STEM 专业的相关政策。2018 年 6 月 11 日，美国实施新的签证政策，对于计划学习航空、机器人和先进制造业的中国留学生，签证期限从以前的 5 年缩短为 1 年。第二，暂时中止关键敏感领域的中国学者赴美学术交流。进一步严格审查申请赴美中国学者关键领域短期学术交流，同时宣布原给予中国部分学者 10 年期往返签证无效。第三，严格审查来自中国的学者和学生参与敏感项目的研究，防止中国从美国联邦政府资助的研究成果中受益。按照项目的敏感度并结合资格审查，审慎决定来自中国的学者与学生准入参与科研项目，以确保他们不从事美国政府资助的关键研究等。

（二）科技封锁对中国经济和科技安全产生的系统影响

一是科技封锁阻断中国制造业向高端化升级。科技封锁深层次目的在于试图遏制中国发展。我国瞄准新一代信息技术、高端装备、新材料、生物医药等战略重点，意在高端制造业、科技创新方面全面突破。如果中国在产业方面实现赶超，中美分工就从垂直分工转为水平分工，从而形成与美国产业的正面对撞。因此，美国政府近年来一直将矛头对准高铁装备、航空产品、新能源汽车、新一代信息技术、生物医药和高性能医疗器械等行业，旨在精准打击中国高科技产品出口，针对中国未来要发展的高科技、高精尖产业设防，遏止中国制造业向高端化升级，抑制高科技产业发展，就是为了预防中国研发与高端制造对美形成同水平竞争力，从而全面抑制中国发展。

二是科技封锁削弱中国高科技企业的出口竞争力。一段时间以来，美国政府对中国的科技封锁愈加频繁，短期内会严重影响中国高科技企业的出口竞争力。"301 调查"之后，美国多次宣布对从中国进口商品加征关税，直接造成中国芯片、电子设备等高新技术企业生产及出口受阻，带来了行业整体的成本骤增和出口下降。截至 2019 年 5 月，中国进出口总值为 1.79 亿美元，同比下跌 1.56%。此外，一些对美国出口的中小制造企业和依赖进口美国原材料或中间投入品的企业也将遭受沉重打击。对美国出口企业利润微薄，无法承受25%的关税重压及突如其来的供应链断裂，从而陷入绝境或关门倒闭；依赖进口企业的成本大增，无法及时寻到他国进口替代品，亦会陷入经营困境。因此，短期内，科技封锁对我国高科技企业的稳定生产和供应链保障提出了极高要求，多方重压之下出口竞争力可能会被削弱，对中国进一步建设世界科技强国产生不利影响。

三是科技封锁增加我国系统性科技安全风险。国家科技发展需要良好的外部环境，在经济科技全球化的条件下，中美贸易摩擦导致的外部环境紧张对我国系统性科技发展造成了严重限制，极大影响了我国对外科技交流与合作，对我国巩固自身科技安全与经济安全、防范化解科技领域重大风险造成不利影响。目前，各国科技发展相互依存、互相促进，形成国际化产业分工体系。总体上，虽然我国科技发展取得了显著成效，但是产业核心关键技术受制于人的局面还未从根本上发生改变。芯片、操作系统、发动机、精密仪器以及重大装备、关键元器件等均存在受制于人的问题。2018 年美国供应商的芯片断供，使年销售收入达到千亿元以上的中兴通讯公司被迫全面停摆。另外，我国在很多基础性技术的发展上缺乏自主可控能力，特别是信息技术底层、基础性技术掌握在美国等少数国家手中，使我国科技发展和经济发展始终面临不可控的风险。未来一定时期内，美国多项科技管制措施将陆续生效，可能带动全球进入国际科技对立的紧张局面。因此，科技封锁可能使我国外部技术来源渠道变窄，对我国国际科技合作交流和强化科技安全及经济安全带来严重负面影响。

（三）中国打赢关键核心技术攻坚战的需求分析

一是打破发达国家科技封锁包围圈的必然要求。随着全球价值链的延伸以及自主创新能力的提高，中国在部分高科技领域的竞争力逐渐增强，在量子技术、人工智能、5G 等关键核心领域取得了显著的技术突破，但这也让以美国为首的西方发达国家把中国的发展视作对其科技霸主地位的威胁，层层科技封锁线开始向中国的科技产业缠绕。美国对华技术封锁已成为常态。在这种情况下，我国只有转变发展理念，改变长期以来依靠引进外部发达国家技术的发展路径，自主进行研发、技术攻关，把关键核心技术牢牢掌握在自己手里，才能突破发达国家科技封锁的束缚，掌握发展的主动权。

二是有利于维护中国经济和产业安全。关键核心技术是一个国家技术体系中最关键、最核心的部分，对国家的产业发展和安全、经济效率提升等具有重要影响。一旦缺失这类技术，无疑将严重制约产业的转型和升级，并导致被其他国家"卡脖子"的困局。目前随着我国综合国力的增强，我国与一些发达国家在更多领域由原来的互补关系逐渐转变为竞争关系。因此，从保障国家经济发展和安全角度考虑，我国需要打赢关键核心技术攻坚战，实现关键核心技术体系的自主可控，从而建立相对完整的技术和产业体系，真正提升国家产业链的安全性和竞争力。

三是有利于中国式现代化，构建新发展格局，推动高质量发展。当前，我国经济发展已经从数量扩张进入质量提升阶段，实现高质量发展成为我国社会主义现代化建设的首要任务。然而，以模仿、引进和吸收为主要手段的原有创新模式，已经远远不能满足经济高质量发展阶段产业转型升级和国际价值链提升的要求，迫切需要进行更多原创性的创新，突破产业发展中的关键核心技术。只有破解科技结构、创新范式、人才基础、制度保障等方面的"卡"点，打好关键核心技术攻坚战，切实解决关键核心技术"卡脖子"问题，才能加快构建新发展格局，推进经济高质量发展，早日实现中国式现代化。

四是有利于中国建设世界科技强国。近年来，中国在信息技术、互联网、人工智能、5G等多个核心技术领域取得了重大突破，为国家发展作出了重要贡献。我国创新调查制度监测评价显示，据初步测算，2022年我国全社会研发（R&D）经费投入达到3.09万亿元，稳居世界第二大研发投入国的地位。同时，我国基础研究经费稳步增长，2022年基础研究经费达到1951亿元，基础研究经费占R&D经费的比重为6.32%，连续稳定在6%以上。但是我国距离建成世界科技强国还有不少的路要走，其中最重要的一环便是突破关键核心技术"卡脖子"问题。"关键核心技术是要不来、买不来、讨不来的"，只有打赢关键核心技术攻关战，实现高水平自立自强，才能早日把中国建设成为高水平的世界科技强国，从而在激烈的全球化竞争中占据主动地位。

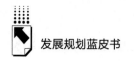
二 中国关键核心技术"卡脖子"现状和深层次原因分析

（一）中国关键核心技术"卡脖子"现状分析

关键核心技术指的是在国家的产业体系和技术创新体系中处于战略性地位，并且发挥决定性作用的技术。与一般技术相比，关键核心技术主要呈现两个特点：一是高投入、长周期。由于关键核心技术复杂程度高，技术的研发需要投入大量的资金和时间。2020 年中国工业和信息化发展统计公报显示，中国的高技术制造业研发支出达到 2.19 万亿元人民币。但巨额投入并不能快速转化为创新，历经了十几年的发展，中国才在航天发动机、高端电子化学品等领域有所突破，但仍落后于世界一流水平。二是依赖基础研究和通用技术。关键核心技术的突破路径一般为：基础研究阶段形成基础理论，而后申请基本性专利，最后确定技术路线。因此，加强基础研究，从根子上掌握关键核心技术，是科技自立自强的必然要求。然而，基础研究成果往往只停留在理论阶段，只有拥有高水平的通用技术才能将理论蓝图转化为关键核心技术的应用。通常来说，关键核心技术主要包括人工智能、芯片、氢能源、航天航空技术、高铁技术等新兴技术。

虽然中国已经在许多关键核心技术领域取得了重大进展，但技术"卡脖子"问题依然严峻。2018 年以来，美国通过切断中国高新技术的引进路径，利用贸易保护手段阻碍中国高技术企业出口与限制中美科技人才培养和交流等，加紧了对我国的制裁和打压，在这高压之下，我国的"卡脖子"问题也清晰地浮现出来。按照美国制订的《国家量子倡议法》（2018）、《美国人工智能发展倡议》（2019），以及《出口管制改革法案》（2018）等相关法案和计划，美国已经针对我国限制在 AI 技术、AI 芯片、机器人、量子计算、脑机接口、先进材料等 14 类新兴和基础技术领域的出口和技术合作。此外，美国也多次以国家安全为借口，迫使澳大利亚、新西兰、英国、日本等美国的贸易伙伴国抵制中国高新技术出口。从受影响的企业来看，大体分为高研发驱动成长期企业和规模领先型成熟期企业两类。高研发驱动成长期企业代表了中国未来的创新潜力，但其尚未将研发投入转化为创新和市场优势，所以其他国家往往利用关键核心技术"断供"对其进行打压。而规模领先型成熟期企业往往拥有相关领域的最高竞争水平，是为中国在相关领域赢得话语权的关键，因而成为各国长期关注和严防死守的重点对象。

关键核心技术被"卡脖子"给中国企业带来了一系列困难。一是技术壁垒。没有关键核心技术的支撑，企业在技术创新上受到很大限制。二是生产成本上升。受制于关键核心技术，中国企业无法自主生产高端芯片、高端设备和高端材料等，只能通过进口，导致生产成本上升，降低了企业的竞争力。三是国际地位削弱。由于关键核心技术受限，中国在传感器和芯片等领域的国际地位受到影响，很难成为领域的全球领导者。总体来看，关键核心技术被"卡脖子"使得中国企业在技术研发和生产方面临巨大挑战，难以满足国内市场需求，也难以开展国际业务。

（二）分析中国关键核心技术缺乏的深层次原因

首先，中国基础研究投入比重处于较低水平。基础研究是所有创新活动的源泉，当前，我国基础研究投入总体偏低，对于基础研究的支持强度与世界一流的创新型国家相比仍有较大差距。中国基础研究经费占 R&D 经费比例长期徘徊在 5% 左右，虽然在 2020 年突破了 6% 的大关，但是远远低于美国、英国和日本等创新强国 12%~25% 的水平。其中，高校、科研机构和企业都面临着基础研发经费投入不足的问题。一方面，竞争性经费在高校科研机构的基础研究资助中占据主导地位。自由探索前沿基础研究需要长期稳定的经费支持。当前，我国高校科研机构超过 70% 的基础研究经费属于竞争性经费，明显高于美国和英国约 60% 的占比。科研人员缺乏持续稳定的资金支持，并疲于申请短期经费，是影响中国基础研究队伍长期稳定开展科研活动的重要因素。另一方面，中央政府的基础研究经费主要流向高校和科研机构，并且企业自身在基础科学研究方面的投入也严重不足。2020 年，高校和科研机构执行基础研究经费的占比为 88.5%，企业占比仅为 6.5%，同期，美国基础研究经费由企业执行的比例为 32.4%，日本为 47.07%。这说明政府对于企业基础研究的支持力度不足。此外，企业的内部研发支出也存在结构失衡问题。长期以来，我国企业研究重心主要为投入周期短和资本回报较快的技术应用研究，即使近年来企业加大了基础研究投入，2020 年企业基础研究资金在总研发资金的占比仍

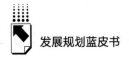

然只有 4%，远远低于创新强国 10%~20%的比例。

其次，我国企业依赖于"1~100"创新路径，并不擅长"0~1"的基础性创新。市场化改革后，由于中国企业离世界技术前沿差距很远，劳动力成本低，只要进行技术跟跑、应用开发和规模化生产，就能获取丰厚的利润。因此，我国多数企业家对"引进—消化—吸收"的技术发展路径存在依赖，存在"西方做什么，我们就做什么"的固有思维，并过于看重眼前的商业化利益，鲜有改变世界、生产伟大产品的抱负情怀。而基础研究创新存在高投入、高风险的特性，并且当技术推向市场时，还面临着成果难以转化、市场需求不足的难题。对两者进行权衡，基于追求利润最大化的特性，大多数企业若在避免技术创新的情况下便能实现大幅盈利，自然会选择一条轻松的"1~100"创新路径，很少有企业拥有胆识和决心去进行"0~1"的创新。

再次，我国基础研究人才、世界顶尖科技人才和科技型企业家匮乏。虽然我国科技人才总量居世界第一，但是投身基础研究的人才数量不足。理工科作为基础研究的重要支撑学科，2021 年理工科毕业生占适龄人口（25~34岁）的比重仅有 1.58%，处于极低水平。人才的供给和储备不足，是影响我国基础研究人才队伍扩充和基础研究力量提升的重要因素。并且，中国基础研究人员处于中间水平的人很多，世界顶尖科技人才严重短缺。根据全球学者库 2022 年发布的"全球顶尖前 10 万科学家排名"，在前 100 名科学家中，来自中国的科学家仅有 3 名。这说明了我国从事重大原创理论、引导前沿学科发展的顶尖科学家较少，更加缺少能提出问题、解决问题、建立理论体系、创立独特方法并形成学派的科学家群体。此外，我国还缺乏具有复合型技能的科技型企业家。科技型企业家要求企业家即能够深入理解企业核心技术，感知技术价值与市场需求的结合点，从而推动成果与市场接轨，又要求其能够承担创业失败的风险，并且胜任日常企业管理事务，带领团队完成工作任务。这种跨学科、跨界式的复合型专业技术人才十分短缺，并且高校和政府缺少对于科学家转型为企业家的培训，使得多数科技型企业家败于团队管理和市场战略制定。

最后，"枪打出头鸟"的外部文化与"求异"的创新精神相悖。创新本就是一项不断追求新知和对原有事物进行革新的活动，需要基于思辨和批判思想，勇于抛弃旧思想旧事物的创新精神。然而，中国的传统文化历来主张

"循规蹈矩"和"谨小慎微",不问、不说与不辩是"君子讷于言而敏于行"的体现,而标新立异和冒进会面临"枪打出头鸟"的风险。例如,中国民众对于科学家进行创新的态度过于苛刻,对于创新成果总是抱着一种"看热闹"的心态,若成果被验证是错的,则会遭到大众的讥讽和打击。而这种"容错率低"和"枪打出头鸟"的外部文化会打击科学家和企业家进行研发创新的积极性,不利于创新成果的产出。

三 发达国家关键核心技术攻克的经验借鉴

(一)美国关键核心技术培育和攻克的经验

在当今世界,科技的发展已经成为国家的核心竞争力之一。作为科技强国,美国一直致力于关键核心技术的培育和攻克。20世纪初期,相较于英国和德国等科技强国,美国的科技实力相对较弱。然而,经历了一战和二战的历史洗礼,美国在科技领域逐步实现了对先进国家的赶超,并最终成为全球科技领域的领先大国,美国关键核心技术培育和攻克的经验具体体现在以下几个方面。

首先,在国家层面统筹科技发展,集中优势力量攻克重大难题。在第一次世界大战期间,尽管美国的工业化已经取得了一定程度的发展,但在科技方面与英国等欧洲强国相比仍有较大差距。为了缩小差距,美国政府相继成立了国家科学委员会、国家计划委员会和国家资源委员会,从国家层面统筹科研资源。即使经历经济危机的困境时期,美国的科研经费也没有下降。随着第二次世界大战的爆发,美国联邦政府开始取代私人企业成为研发的主要投入方。1941~1945年,美国R&D总投入达到30亿美元,其中83%由美国政府出资。此外,美国还成立了科学研究发展局(OSRD),负责军工生产和组织。20世纪50年代和60年代,美国政府开始大力支持高等教育机构和研究机构的科研工作,鼓励他们与企业合作开展应用性研究。美国强大的工业生产能力和应用科学的发展,使其在战争时期通过军火贸易赚取了丰厚的利润,提高了美元的国际地位,增强了经济实力,也为之后的科研发展奠定了基础。

其次,美国高度重视人才的引进与培养,采用多种措施吸引全球优秀人

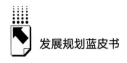

才。一方面，美国在早期通过多种方式吸引外国人才，包括颁布专利法、成立专利局以及提供高额资金等。通过这种人才引入形式，美国获得了一批人才与相关高科技技术，为第二次工业革命奠定了基础。另一方面，二战期间，美国稳定的生活环境、良好的科研设施和优厚的科研待遇吸引了大批欧洲科学家前往美国工作。同时，美国制定了大量移民法案，推动科技人才输入美国。1864年美国首次颁布移民政策法律《鼓励外来移民法》，1946年颁布《富布赖特法案》设立专项资金，支持国外学者和学生到美国开展研究和学习。二战前后，爱因斯坦、贝特等顶尖的欧洲科学家移民美国，使得美国在基础科学方面领先世界。

最后，美国对高等教育的普及与重视为科技的持续领先提供了坚实的基础。高等教育在美国科技创新中发挥了不可或缺的作用，是美国科技创新的重要基础。美国的大学和研究机构在科技研究和创新方面处于领先地位，为美国的科技创新提供了持续不断的人才和技术支持。早在1636年，美国便成立了第一个高等教育学院哈佛学院，19世纪初，美国高等教育机构开始大规模扩张，涌现出了许多著名大学，如普林斯顿大学、耶鲁大学、哈佛大学等，自此，美国高等教育开始从私立学院向公立大学发展。20世纪中叶，为了提高教育的普及率，提高整个国家的教育水平和科技创新能力，美国的高等教育经历了一次重大变革，推动了教育事业的大众化。此外，高等教育机构也是美国科技企业和创新机构的重要合作伙伴，通过与企业和机构之间的合作推动科技成果的转化和应用。高等教育在美国科技发展中具有不可或缺的地位和作用，是美国科技创新和经济发展的重要支柱。

（二）德国关键核心技术培育和攻克的经验

19世纪初德国在经济和科技方面远比同期的英国和法国落后，但其凭借着科学研究领域的各种突破，抢占了新的技术和产业竞争制高点，打破了英法老牌国家的技术垄断，成功跻身世界科技强国行列。具体而言，德国在19世纪培育和攻克关键核心技术的经验主要包括以下两方面。

一方面，基础科学的发展是德国突破关键核心技术的重要前提。德国的教育体制改革以1810年创办世界上第一所研究型大学柏林大学为标志。柏林大学被誉为"现代大学之母"，以科学研究为主要使命，一方面主张教学与研究相结合，另一方面主张大学与政府和社会保持独立，自由探索纯粹的学问和真理。以培养研究人员为导向的研讨班（Seminar）教学模式也在此时诞生。在这种办学理念和模式下，柏林大学培养出了爱因斯坦、薛定谔、普朗克、冯·诺依曼等世界级科学大师，促进了德国基础科学的全面发展，为第二次产业革命中电力与电器、汽车、石油化工等一大批新兴产业的诞生提供了基础性科学支撑。因此，基础科学的发展为德国突破英法技术封锁提供了关键支撑，鼓励大学科教融合和自由探索是攻克关键核心技术难题的源头与起点。

另一方面，实验室体系的建立为德国突破关键核心技术提供了重要保障。柏林大学建立之后，大学实验室、工业实验室、政府实验室相继出现，对德国核心技术攻关产生了重要影响。1826年，李比希在吉森大学创立了世界上第一个以研究和教学为目的的实验室，开了实验室教学模式的先河，直接推动了德国科学研究的快速发展。19世纪中后期，德国企业率先建立起工业实验室，高薪聘用科学家，推动了科学研究的应用和技术创新的推广，并使德国在煤炭、钢铁、化工和电气工业等基础产业领域取得了重大突破。1887年，为了更好地承担起对科学的公共责任，发挥国家战略科技力量，德国联邦政府建立了第一个政府实验室——国家物理技术研究所，为解决重大研究难题提供了支撑和保障。正是通过大学、工业、政府实验室体系，尤其是依托于大型企业的工业实验室，德国完成了科学研究成果的应用转化，培育出了新一代关键核心技术，引领了第二次产业革命。

总体而言，19世纪德国开创了教学、科研相统一的高等教育体系，建立起被现代大学、企业、科研机构视为典范的实验室制度。通过教育和科研体制创新，德国攻克并掌握了第二次产业革命中电气、化工等关键核心技术，成功跻身世界科技强国行列。

（三）日韩关键核心技术培育和攻克的经验

20世纪末，日韩在核心技术水平上与欧美等发达国家相去甚远。经历短短几十年的奋起直追，日、韩两国从落后走向繁荣，从模仿起步走向技术创新，如今已成功跻身世界重要的科技强国行列。两国的技术追赶策略主要可以概括为以下四个方面。

首先，政府积极干预为日韩技术赶超提供了必要的资金基础与方向引导。

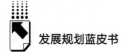

日韩政府立足国情，针对核心技术开发、人力资本引进以及中小企业培育等方面制定了一系列资金支持、税收减免的优惠政策。相对而言，日本政府更倾向于为技术发展提供方向指导。例如，日本经常发布"指示性"和"展望性"的官方研究计划来引导企业创新。而韩国政府则侧重于提供直接的财政支持。1989 年，韩国为技术赶超科研项目注资 115 亿韩元，1993 年攀升至 887 亿韩元。可见，政府干预为核心技术提供了良好的发展环境。

其次，企业自主创新是日韩突破关键核心技术的主导力量。日韩企业极其注重研究开发，大量投入研发费用，并斥巨资引进科研人才，在政府的鼓励下，甚至逐渐形成了通过技术创新来降低生产成本的自主创新意识。例如，韩国的三星、LG、SK 集团等与日本的索尼、丰田、本田等企业在技术攻关方面一直坚定不移的进行投入，以持续的技术进步来创造市场优势和商业价值。可见，企业自主创新是提升国家核心技术水平的动力源泉。

再次，重视教育为日韩技术赶超提供了人力资本基础。20 世纪末，日韩为更快地赶超发达国家开始紧抓基础教育。日本方面，二战后其教育经费以惊人的速度增长，公共教育支出占 GDP 的比重从 1970 年的 4.7% 上升到 1982 年的 7.2%，直接追平美国的教育投入水平。韩国方面，政府为促进基础科学研究制定了中期综合计划。该计划的实施显著提高了基础科学研究投入，从 1993 年的 5.81 亿美元提升至 2001 年的 44.9 亿美元。随着教育投入增加，韩国还迅速扩充了各类研究中心，使得众多的优质人才与学术资源得以聚集。综上，大量的教育投入可为技术创新提供庞大的人才队伍支撑。

最后，注重多方合作是日韩实现技术本土化的重要手段。日韩采取合作创新模式，实现了从纯粹的技术引入，到引进技术改良，再到本土化自主创新的转型过程。具体方式包括鼓励研究人员积极参与国际学术交流、健全留学制度、增加人才互动、在国外建立合作实验室、融入全球产业链等。此外，日韩政府还牵头实施政产学研合作计划，不仅优化了技术开发流程，还提高了成果转化效率。综上，正是合作网络的存在，使得日韩在战后迅速实现了部分产业的技术赶超。

总体而言，通过实施以上策略，日韩显著提高了关键核心技术的国际竞争力。二者的技术赶超历史说明：第一，一国实现技术赶超需要具备货真价实的技术能力。第二，"星星之火，可以燎原"。小的创新意识与能力的积累是实现自主创新的重要捷径。第三，政府凝聚力十分重要。只有政府有极强的决策力，民众也有极强的执行力，才能真正实现技术赶超。第四，充分发挥自身的优势。只有加强各自优势，不断提升自身技术水平与市场竞争力，才能实现更长远的发展目标。

四 打赢关键核心技术攻坚战的对策建议

当前我国原始科学和技术创新仍远远滞后于美国等发达国家，在国际科技竞争和限制的背景下，我国关键技术仍受制于人。鉴于此，本报告提出以下政策建议，作为推进我国打赢关键核心技术攻关战的决策参考。

（一）激励企业加大基础研究投入

基础研究是攻克关键核心技术的源泉，但中国企业基础研究投入比重低，基础研究经费渠道较为单一。首先，在国家层面统筹科技发展，为前瞻性、战略性研究提供必要的企业基础研究扶持。通过对企业基础研究的直接财政支持和科技项目扶持，加强关键核心技术和前沿引领技术领域的研发。其次，通过税收减免政策鼓励企业基础研究。优化现行的加计扣除计划，建立一套以基础研究价值为核心的研发投入加计扣除政策，鼓励企业进行基础研发投入。此外，出台针对高端科学设备的税费抵免政策。鼓励加大科学仪器设备等方面的投入，对企业的大型科研设备投入实行消费型增值税、进项税抵扣增值税等政策。最后，拓宽企业基础研究融资渠道。鼓励银行、风险投资、企业投资者等参与投资基础研究，解决过往经费渠道来源单一问题，为企业基础研发投入提供有力补充。

（二）强化企业在关键核心技术领域的研发主体地位

一方面，继续发挥好国有企业在军工、航空航天、轨道交通、战略新兴等关系国家安全和国民经济命脉的重要行业和关键领域的研发主力军作用。重要行业和关键领域的核心技术购买不来，必须依靠自主研发。因此，建议在此领域重点通过新型举国体制、揭榜挂帅、项目制等激励机制提升国有企业的自主研发水平。另一方面，在市场化领域更要强化非国有企业在关键核心技术领域的研发主体地位。以往市场领域的关键核心技术可以通过购买国外关键设备、元器件、基础材料等来实现产品生产，但近年来随着国际贸易冲突加剧，民用领域反而成为被"卡脖子"的焦点。因此，建议发挥好"政府跟进、企业主导、金融市场参与"的作用。采取财税政策鼓励非国有企业加大在核心基础零部件、关键基础材料、先进基础工艺、产业技术基础等方面的研发投入。鼓励非国有企业与大学、高校和国有企业进行联合研发，共同推进核心技术研发和专利申请，以及广泛参与国家"卡脖子"关键核心技术联合攻关计划和重大科技资助项目。鼓励银行、风险投资、股票市场深度参与非国有企业核心技术研发活动。发挥企业家精神，让主导企业从"0～1"的关键核心技术研发中获得丰厚利润，加速非国有企业在关键核心技术的突破和颠覆性创新。

（三）发挥新型举国体制优势进行关键核心技术攻关

关键核心技术受制于人不仅表现为基础科学研究滞后，更表现为制造企业研发投入不足，缺乏原始创新能力。由于关键技术领域研发具有投入资金密集、周期长、付出代价高的特征，企业不愿意进行研发投入，中国企业在前沿技术研发和高价值专利布局上落后于国际技术领先企业，一旦国外厂商断供就会引发"卡脖子"问题。因此，一是发挥好政府在攻关"卡脖子"问题方面的引导作用。将"卡脖子"清单转化为科研任务清单，在关键核心技术领域部署科技攻关机制，设置攻关项目，加大企业研发补贴力度，围绕重点产业链，打通堵点，连接断点，实现"从0到1"的关键技术突破。二是分技术领域分步骤进行"卡脖子"技术突破。"卡脖子"技术不会是一步到位的突破，首先，建议优先突破对产业发展制约、影响较大的共性技术、底层技术、基础技术，这些技术被个别国家或厂商所垄断，且中国企业绕不开、买不来，为此，建议根据轻重缓急、先易后难分步骤进行联合攻关突破。其次，对于具有激进式、适合社会分散创新的前沿技术领域，不适合集中攻克，应采取"卡哪、补哪、卡谁、谁攻克"的原则进行突破。最后，前瞻性布局类脑智能、量子信息、基因技术、未来网络、储能等技术领域，充分做好技术人才储备和技术备份。三是加大"卡脖子"和前沿关键核心技术领域企业的减税力度。针对企业建设实验室、购买科学仪器设备、聘请科学家、产学研合作等加大税收抵免力度。四是拓宽企业研发融资渠道。创建投资基金支持企业加大研发投入，鼓励银行、风投、创投等支持企业研发。

参考文献

习近平：《高举中国特色社会主义伟大旗帜　为全面建设社会主义现代化国家而团结奋斗——在中国共产党第二十次全国代表大会上的报告》，2022 年 10 月 16 日。

郑世林、张果果：《制造业发展战略提升企业创新的路径分析——来自十大重点领域的证据》，《经济研究》2022 年第 9 期。

张可、高庆昆：《基于突破性技术创新的企业核心竞争力构建研究》，《管理世界》2013 年第 6 期。

李兰、王锐、彭泗清：《企业家精神引领企业迈向高质量发展——中国企业家队伍成长与发展 30 年调查综合报告》，《管理世界》2023 年第 3 期。

胥和平：《中国战略技术及产业发展的系统思考》，《中国工业经济》2002 年第 8 期。

洪勇、苏敬勤：《发展中国家核心产业链与核心技术链的协同发展研究》，《中国工业经济》2007 年第 6 期。

芮明杰：《构建现代产业体系的战略思路、目标与路径》，《中国工业经济》2018 年第 9 期。

郑世林、汪勇、陈东敏：《新时代中国跻身创新型国家前列的前景、目标和建议——基于全球创新指数报告的研究》，《科技导报》2021 年第 21 期。

郑世林、汪勇：《当前国际形势下我国建设世界科技创新中心的对策研究》，《工信财经科技》2021 年第 2 期。

辜胜阻、吴华君、吴沁沁、余贤文：《创新驱动与核心技术突破是高质量发展的基石》，《中国软科学》2018 年第 10 期。

李妍：《知识垄断是当代资本主义的重要特征——以美国科技霸权为例》，《马克思主义研究》2021 年第 6 期。

蓝志勇、刘洋：《美国人才战略的回顾及启示》，《国家行政学院学报》2007 年第 1 期。

高美玲：《发达国家科技发展路径研究——以美国为例》，《科学管理研究》2012 年第 3 期。

生延超：《日本、韩国的技术赶超及其对中国的启示》，《中国科技论坛》2009 年第 6 期。

B.25
强化企业科技创新主体地位[*]

朱承亮[**]

摘　要： 强化企业科技创新主体地位，是深化科技体制改革、推动实现高
水平科技自立自强的关键举措。企业从技术开发主体、技术创新
主体走向科技创新主体，表明企业在国家创新体系中的地位、角
色、使命和任务都发生了很大变化。当前，高质量创新型企业不
断涌现，企业创新活力明显增强，企业已经是名副其实的研发经
费投入、创新成果产出和科技成果转移转化主体，但依然面临企
业创新要素聚合力不强、高质量企业数量有待增加、企业研发投
入结构有待优化、企业在产学研合作中主体作用"虚化"、企业
融通创新程度不高等突出问题，亟待提升企业创新要素聚合能
力，加强产学研用深度融合，推动大中小企业融通创新，营造良
好企业创新生态，前瞻性布局基于科学的产业创新。

关键词： 科技创新　企业主体　融通创新　产业创新

一　强化企业科技创新主体地位的理论逻辑和政策梳理

（一）强化企业科技创新主体地位的理论逻辑

在世界主要发达国家中，"企业是技术创新主体"是一种普遍现象。[①] 近

---

[*] 本文系中国社会科学院重大创新项目"完整、准确、全面贯彻新发展理念研究"（2023YZD017）
的阶段性成果。

[**] 朱承亮，中国社会科学院数量经济与技术经济研究所副研究员，主要研究方向为科技创新
与经济发展等。

[①] 孙喜杰、曾国屏：《关于"企业是技术创新的主体"及政策引导》，《中国软科学》2000 年
第 10 期。

代工业化历史进程表明，企业始终处于技术创新的主体地位，正是由于一大批企业在市场竞争的驱动下，通过不断的技术创新活动，使科技进步成为经济增长的内生动力，促使国家经济增长方式不断演进和产业结构不断优化。熊彼特认为技术创新是生产要素和生产条件的新组合，其在《经济发展理论》一书中明确指出，把新组合的实现称为"企业"，把职能是实现新组合的人们称为"企业家"。能使新技术产业化的主要驱动力量只能是企业和企业家。可见，从技术创新的原始概念来看，只有企业才是技术创新的主体，大学和研发机构只是新的生产要素的提供者。[①] 此外，从资源优化配置角度来看，企业作为市场主体，最为贴近市场，有直接面向市场并了解市场需求的灵敏机制，企业理应是创新主体。我国受长期计划体制影响，研发机构和生产单位分割，企业在很大程度上仅仅是一个单纯的生产单位，研发能力很弱，为解决科技与生产相脱节的问题，才提出了"让企业成为技术创新主体"的议题。

自 1999 年我国提出建设具有中国特色的国家创新体系以来，企业主体地位问题一直是学界和政策关注的焦点。学界对企业主体地位的内涵进行了讨论，企业作为技术创新的主体是指企业在研发投入、创新活动、成果应用、风险承担等技术创新全过程中发挥着主导作用成为共识。如陈云和谢科范认为判断企业是否真正成为创新主体取决于五个标准：企业是否成为科技投入、科技活动、成果转化、收益、风险承担的主体。[②] 在界定企业创新主体内涵的基础上，学界从不同角度对企业创新主体地位进行了评价，但是学界和管理层一致认为虽然我国企业创新主体地位大幅提升，但企业尚未成为真正的创新主体。如张义芳认为"尽管我国企业技术创新的整体地位已得到很大提升，在研发投入、执行和技术成果产出上已超过科研机构和大学，具有了创新主体的一些表征，但这些主体表征具有相当的虚幻成分，我国企业距离成为真正的创新主体实际上尚有极大的差距"。[③] 学界在评价企业创新主体地位基础上，剖析了企业尚未真正成为创新主体地位的原因，并提出了针对性的对策建议。如孙玉涛和刘凤朝认为政府主导的国家创新体系建设制约了企业主体地位的确立，企

---

① 连燕华：《试论企业是技术创新的主体》，《科学管理研究》1994 年第 5 期。

② 陈云、谢科范：《对我国以企业为主体的技术创新体系的基本判断》，《中国科技论坛》2012 年第 3 期。

③ 张义芳：《我国企业成为技术创新主体了吗》，《中国科技论坛》2006 年第 4 期。

业成为市场经济活动的主体才是确立技术创新主体的前提和基础，转变政府职能是企业技术创新主体地位确立的关键，要注重完善市场环境和市场机制，减少对企业技术创新活动的直接干预。① 李学勇认为我国企业没有成为技术创新主体的主要原因在于市场机制尚不健全，政策环境尚不完善，技术创新还没有真正成为企业生存和发展的内在需求，没有成为企业获得竞争优势的主要途径。②

（二）强化企业科技创新主体地位的政策梳理

在科技创新的背景下，技术创新不仅以市场为导向，还需要以新的科学发现为导向，新的科学发现直接引导技术创新，从而进入科技进步的前沿。③ 强化企业创新主体地位是顺应历史发展规律的必然选择，是遵循市场规律和科技创新规律的必然选择，是我国经济社会高质量发展的必然要求。④ 我国确立企业创新主体地位有一个发展过程。随着我国经济和科技发展阶段的不断变化，企业在科技创新中的作用不断丰富，在创新链中的分布不断延伸，从技术开发主体、技术创新主体走向科技创新主体，在国家创新体系中的地位、角色、使命和任务都发生了很大变化。

1. 技术开发主体阶段（改革开放到1998年）

改革开放初期，科研院所和高校是我国技术开发的主要力量。为推进科技发展，促进科学技术工作面向经济建设，推动科技成果转化为现实生产力，我国将工作的重点放在提高企业创新能力上，并强调企业通过加强技术吸收和开发来提高创新能力。1985年3月《中共中央关于科学技术体制改革的决定》提出，"大力加强企业的技术吸收与开发能力和技术成果转化为生产能力，促进研究机构、设计机构、高等学校、企业之间的协作和联合，并使各方面的科学技术力量形成合理的纵深配置"。1988年5月《国务院关于深化科技体制改

---

① 孙玉涛、刘凤朝：《中国企业技术创新主体地位确立——情境、内涵和政策》，《科学学研究》2016年第11期。

② 李学勇：《确立企业在技术创新中的主体地位》，《求是》2007年第8期。

③ 洪银兴：《科技创新中的企业家及其创新行为——兼论企业为主体的技术创新体系》，《中国工业经济》2012年第6期。

④ 卢现祥、李磊：《强化企业创新主体地位　提升企业技术创新能力》，《学习与实践》2021年第3期。

革若干问题的决定》提出，"企业特别是大中型企业和企业集团，应在改革中建立健全技术开发和技术管理体系，通过各种联合，加强技术开发和吸收能力"。1992 年 3 月，国务院发布《国家中长期科学技术发展纲领》，提出"逐步使行业和企业成为技术开发的主体。要增强企业的技术吸收与自主开发能力，建立并完善企业的技术开发与技术管理体系"。1993 年 11 月党的十四届三中全会《中共中央关于建立社会主义市场经济体制若干问题的决定》首次提出"在企业内部建立起市场、科研、生产一体化的技术进步机制，使企业成为技术开发的主体"。1995 年 5 月，《中共中央 国务院关于加速科学技术进步的决定》强调要"大力推进企业科技进步，促进企业逐步成为技术开发的主体"。20 世纪 90 年代，科研院所分类改革，技术开发类科研机构实行企业化转制，初步确立了企业的技术开发主体地位。

2. 技术创新主体阶段（1999~2020 年）

改革开放以来，通过不断引进、消化、吸收、模仿国外先进技术，我国技术集成开发水平不断提高。21 世纪以来，如何将技术开发成果转化为现实生产力，提升我国技术创新能力，是摆在我国面前急需解决的重大课题，在这一过程中以市场为导向的企业必然要成为技术创新的主体。1999 年 8 月《中共中央 国务院关于加强技术创新，发展高科技，实现产业化的决定》提出，"促进企业成为技术创新的主体，全面提高企业技术创新能力"。2006 年 1 月，中共中央、国务院发布了《关于实施科技规划纲要增强自主创新能力的决定》，提出增强我国自主创新能力的关键在于"强化企业在技术创新中的主体地位，建立以企业为主体、以市场为导向、产学研相结合的技术创新体系"。同时强调"应使企业真正成为研究开发投入、技术创新活动和创新成果应用的主体"。2006 年 2 月《国家中长期科学和技术发展规划纲要（2006—2020年）》提出，"支持鼓励企业成为技术创新主体。推动以企业为主体、市场为导向、产学研相结合的技术创新体系建设"。2007 年 12 月《中华人民共和国科学技术进步法》提出"国家建立以企业为主体，以市场为导向，企业同科学技术研究开发机构、高等学校相结合的技术创新体系，引导和扶持企业技术创新活动，发挥企业在技术创新中的主体作用"。2012 年 9 月，中共中央、国务院发布的《关于深化科技体制改革加快国家创新体系建设的意见》强调"建立企业主导产业技术研发创新的体制机制，充分发挥企业在技术创新决策、研发投入、科研组织和成果转化中的主体作用"。2013 年 1 月国务院办公厅《关于强化企业技术创新主体地位全面提升企业创新能力的意见》提出，"建立健全企业主导产业技术研发创新的体制机制，促进创新要素向企业集聚，增强企业创新能力，加快科技成果转化和产业化"。2015 年 3 月，《中共中央 国务院关于深化体制机制改革加快实施创新驱动发展战略的若干意见》提出要"促进企业真正成为技术创新决策、研发投入、科研组织和成果转化的主体"。2015 年 9 月，中共中央办公厅、国务院办公厅印发《深化科技体制改革实施方案》，进一步强调"建立企业主导的产业技术创新机制，激发企业创新内生动力"。改革开放和社会主义现代化建设阶段，企业技术创新主体地位基本确立。

3. 创新主体和科技创新主体阶段（2021 年至今）

随着我国技术创新水平的不断提升，我国进入高质量发展新时代，新时代我国自主研发短板问题不断暴露，对提升自主创新能力的需求愈发迫切。尤其是中兴事件的爆发，更加暴露了我国在科学研究方面的薄弱问题，产业关键核心技术"卡脖子"问题凸显。因此，我国不仅要重视技术发明创新，更要重视科学发现创新，企业不仅是技术创新主体，更是科技创新主体。新发展阶段，企业在国家创新战略中的定位，不仅是技术创新主体，也是科技创新主体，更是创新主体。2020 年 10 月，党的十九届五中全会审议通过的《中共中央关于制定国民经济和社会发展第十四个五年规划和二〇三五年远景目标的建议》首次将企业定位为创新主体，指出"提升企业技术创新能力。强化企业创新主体地位，促进各类创新要素向企业集聚。推进产学研深度融合，支持企业牵头组建创新联合体，承担国家重大科技项目"。2021 年 3 月，《中华人民共和国国民经济和社会发展第十四个五年规划和 2035 年远景目标纲要》指出"完善技术创新市场导向机制，强化企业创新主体地位，促进各类创新要素向企业集聚，形成以企业为主体、市场为导向、产学研用深度融合的技术创新体系"。2021 年 11 月 24 日，习近平总书记主持召开中央全面深化改革委员会第二十二次会议审议通过《科技体制改革三年攻坚方案（2021—2023 年）》，进一步将企业定位为科技创新的主体，强调"优化科技力量结构，发挥企业在科技创新中的主体作用，推动形成科技、产业、金融良性循环，加速推进科技成果转化应用"。2021 年 12 月，中共中央政治局会议强调要"强化国家战略科技力量，强化企业创新主体地位，实现科技、产业、金融良性循环"。党的二十大报告明确提出，"强化科技创新主体地位，发挥科技型骨干企业引领支撑作用，营造有利于科技型中小微企业成长的良好环境，推动创新链产业链资金链人才链深度融合"。2023 年 4 月 21 日，习近平总书记主持召开了二十届中央全面深化改革委员会第一次会议，审议通过了《关于强化企业科技创新主体地位的意见》，指出"强化企业科技创新主体地位，是深化科技体制改革、推动实现高水平科技自立自强的关键举措。要坚持系统观念，围绕'为谁创新、谁来创新、创新什么、如何创新'，从制度建设着眼，对技术创新决策、研发投入、科研组织、成果转化全链条整体部署，对政策、资金、项目、平台、人才等关键创新资源系统布局，一体推进科技创新、产业创新和体制机制创新，推动形成企业为主体、产学研高效协同深度融合的创新体系"。

二 企业科技创新主体地位的现状分析

（一）高质量创新型企业不断涌现

市场主体大量增加，截至 2022 年末，我国市场主体总量近 1.7 亿户，比 2012 年末增长约 2 倍。企业质量不断提高，截至 2022 年 9 月，我国累计培育 8997 家专精特新"小巨人"企业、848 家制造业单项冠军企业，带动全国范围认定省级专精特新中小企业 4 万多家，入库培育专精特新中小企业 11 万多家。从世界 500 强企业、独角兽企业和瞪羚企业拥有数量来看，我国仅次于美国，均位居世界第二。根据胡润研究院数据，截至 2022 年末，我国拥有的世界 500 强企业、独角兽企业和瞪羚企业占全球的比重分别为 7%、23% 和 32%，分别高出排名世界第三位国家 25 个、18 个和 1.4 个百分点。根据《2022 年欧盟工业研发投资记分牌》，我国有 678 家企业进入全球研发企业 2500 强，上榜企业数量位居世界第二，研发投资总额 1959 亿欧元，与欧盟相当。截至 2022 年末，全国高新技术企业达到 40 万家，贡献了全国企业 68% 的研发投入。

（二）企业创新活力明显增强

2021 年，开展创新活动的规模以上企业数量达 433152 家，占全部企业的

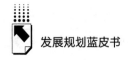

44.3%；实现创新的规模以上企业数量达 401901 家，占全部企业的 41.1%。其中，开展产品或工艺创新活动的规模以上企业数量达 324368 家，占全部企业的 33.1%；开展创新合作的规模以上企业数量达 273354 家，占全部企业的 27.9%；实现组织或营销创新的规模以上企业数量达 313507 家，占全部企业的 32.0%；制定创新战略目标的规模以上企业数量达 416751 家，占全部企业的 42.6%。

（三）企业是研发经费投入主体

从研发经费投入情况来看，2012～2021 年，企业研发经费投入规模从 7625 亿元增长至 21809 亿元，增长了近 1.9 倍，同期，企业研发经费投入占全社会研发经费的比重从 74% 提升至 78%，提升了 4 个百分点，企业成为名副其实的研发经费投入主体；而政府作为研发经费投入的第二主体，政府研发经费投入规模从 2221.4 亿元增长至 5299.7 亿元，但其占全社会研发经费的比重从 22% 下滑至 19%。

（四）企业是创新成果产出主体

企业在科研组织中的主体地位进一步凸显，国家重点研发计划中企业参加或牵头的占比已经接近 80%。截至 2022 年末，国家企业技术中心 1601 家，国家级科技企业孵化器 1425 家。从专利情况看，我国企业已经成为技术创新产出的重要主体。2021 年，企业申请专利 180.9 万件，占全国专利申请量的 34.5%；企业申请发明专利 72.0 万件，占全国发明专利申请量的 45.4%。从取得的重大科技成果看，企业发挥的作用也日益显著。2000～2021 年，我国企业取得重大科技成果数量从 10586 项增加至 42266 项，占全国重大科技成果总量的比重从 32.2% 提高到 53.7%，过半数重大科技成果来自企业。

（五）企业是科技成果转移转化主体

从技术交易情况看，我国企业既是技术转让的绝对主体，也是技术购买的绝对主体。2014～2021 年，我国企业法人转让技术合同额从 7516 亿元增加至 34551 亿元，占全国技术交易的比重从 87.6% 提升至 92.6%；企业法人购买技术合同额从 6610 亿元增加至 30378 亿元，占全国技术交易的比重从 77.1% 提升至 81.5%。根据《中国科技成果转化年度报告 2022》，2018～2022 年，全国技术合同从 41.2 万项提高到 77.3 万项，成交额从 1.77 万亿元提高到 4.78 万亿元，分别增长 87.6% 和 170%，企业科技成果转化主体地位更加突出，企业贡献了全国 93.7% 的技术输出和 82.8% 的技术吸纳。

三 企业科技创新主体地位面临的突出问题

（一）企业创新要素聚合力不强，高质量企业数量有待增加

企业人才、资本等创新要素聚集能力不足。以人才要素为例，2019 年全国企业创新调查显示，29.5% 的被调查企业将"缺乏人才或人才流失"认为是阻碍企业创新的重要因素。此外，企业现有研发人员高学历人员占比较低。2020 年，我国具有博士和硕士学位的研发人员在企业的比重仅分别为 6.55% 和 33.9%，相较于高校和研究机构明显偏低。高质量企业方面，根据《2023 全球独角兽榜》，从入榜企业数量来看，中国虽以 316 家位居第二，但仅为美国的一半；从入榜企业价值来看，中国独角兽总价值 9 万亿元，占全球独角兽总价值的 30%，比美国低 17 个百分点。从世界 500 强企业数量来看，中国占全球的 7%，比美国低 45 个百分点。

（二）企业基础研究投入不足，投入结构有待优化

当前，我国企业研发投入增长较快，但规模和强度仍低于世界主要创新型国家。根据《2021 年欧盟工业研发投资记分牌》，我国企业研发投入强度虽稳步攀升，2020 年达到 3.6%，位居全球研发投入规模排名前 10 国家中的第 7 名，但是研发投入强度不足瑞士（7.9%）和美国（7.8%）的一半，与德国、荷兰和日本等国家相比也有一定差距。根据《2022 年欧盟工业研发投资记分牌》，中国上榜企业数量位居第二，研发投资总额 1959 亿欧元，但仅为美国的 44.6%。我国企业研发投入结构有待优化，研发投资主要集中在试验发展方向，基础研究投入严重不足，基础研究占企业全部研发投资的比例不足 3%，与发达国家接近 20% 的比例相去甚远，导致我国企业面向世界科技前沿的原创技术策源力不足。

（三）科技领军企业数量不足，在产学研合作中的主体作用"虚化"

虽然我国世界 500 强上榜企业数量居世界第二，但主要集中分布于传统产业和垄断行业，在全球供应链主导权、关键核心技术等方面依然受制于人，尚未摆脱价值链"低端锁定"困境。根据《2022 年欧盟工业研发投资记分牌》，尽管我国上榜企业占全球的 27%，但大体量科技领军企业数量不足。当前地方政府虽对推动产学研合作的积极性较高，但存在"拉郎配"导致企业被动参加产学研合作的现象。特别是在由政府牵头的重大产学研合作项目中，企业在研发投入、成果转化方面的主体地位较为明显，但在创新决策、科研组织等方面的主体作用"虚化"。虽然科技管理部门采取了多种措施支持企业在更大范围、更深程度参与国家科技创新决策，如吸纳企业界科技专家进入国家科技专家库、建立企业家科技创新咨询座谈会议制度、引导企业围绕国家重大战略开展研发等，但是企业在面向国家重大战略的技术创新决策力依然不高。

（四）中小企业创新能力不足，大中小企业融通创新程度不高

当前中小企业发展面临预期不稳、成本高企、用工难、融资贵等新老问题相互交织的严峻形势，中小企业创新能力和专业化水平有待提升。当前，不论是制约产业创新发展的关键核心技术和产业共性技术还是面向未来战略性新兴产业发展的前沿技术，单独依靠任一企业都难以解决，企业创新模式需要从单打独斗走向融通创新。但是当前我国大中小企业融通创新呈现"浅""散"特征，大多是基于供应链的市场交易型和订单合同型，缺乏长期合作创新机制，很少能上升到共生互助的战略联盟型和股权结盟型，平台型创新应用领域和范围也非常有限。在融通创新过程中，大企业与中小企业开展深入合作的意愿不高，中小企业无法满足大企业在质量控制、规模化生产等方面的要求，专业服务融通创新的社会机构服务能力有待提升。

四 强化企业科技创新主体地位的对策建议

（一）强化精准配置，提升企业创新要素聚合能力

充分发挥企业家的重要作用，加强对企业家的战略引导和服务，赋予企业

家在重大科技创新项目立项、重大科技基础设施建设等决策方面的权力。鼓励企业家和科学家深度合作，加强技术经理人队伍建设。深化产教融合，完善校企联合培养机制，支持领军企业与高校联合办学育人，构建以企业为主体、各方积极参与和支持的高技能人才培养体系。畅通创新人才流动渠道，鼓励龙头企业与高校、科研院所共建联合研究中心、院士专家工作站等"双跨"平台。探索建立政产学研人才跨地区、跨部门、跨行业多向流动的"旋转门"机制。搭建人才沟通交流平台，为高层次科技人才开设绿色通道，加速科技人才向企业集聚。构建以财政投入为引导、企业投入为主体、金融机构为支撑、社会资本为补充的多元化科技投入体系，整体提升企业创新投入强度。

（二）激励企业加大研发投入，加强产学研用深度融合

扎实推进企业创新政策落地，简化普惠性优惠政策兑现程序，促进鼓励企业研发的政策应享尽享。加大基础研究投入，形成持续稳定多元的投入机制，对企业投入基础研究实行税收优惠，创造有利于基础研究的良好科研生态。改革和完善国企及其经营者的考核、评价和薪酬制度，设立独立核算、免于增值保值考核、容错纠错的研发准备金制度，强化国企创新责任担当。消除阻碍科技成果转化制度壁垒，强化企业在科技成果转化中的主体地位。组建创新联合体，形成联合开发、优势互补、成果共享、风险共担的产学研协同创新机制。建立健全金融支持企业创新的工作机制，打通科技、产业、金融链条，实现科技、产业、金融高水平循环。

（三）激发中小企业创新活力，推动大中小企业融通创新

加大对中小企业的信贷投放力度，降低融资成本，发挥北交所和中小企业发展基金作用，加大中小企业融资支持力度。加强中小企业人才供需对接，强化公共服务体系、人才政策、福利待遇建设，提升企业人才队伍素质。给予国家小型微型企业创业创新示范基地税收优惠，参照针对科技企业孵化器、众创空间的税收政策，对其免征房产税和城镇土地使用税，对其向入驻中小微企业提供服务取得的收入免征增值税。强化大中小企业共生共荣意识，形成创新协同、资源共享、供应链互通的大中小企业融通创新发展生态。鼓励大企业加强对中小企业的数字化赋能，提升中小企业

数字化发展水平。培育大中小微企业融通创新平台和基地，促进产业链上中下游对接和大中小微企业之间的业务协作、资源共享和系统集成，形成良好的产业链知识技术流动机制。

（四）发挥市场在创新资源配置中的决定作用，营造良好企业创新生态

继续加快建设统一开放、竞争有序的市场体系，进一步完善市场机制，发挥市场在创新资源配置中的决定作用。更好发挥政府在保障公平竞争、加强市场监管、维护市场秩序、弥补市场失灵等方面的服务作用。深化教育体系改革，聚焦创新人格形成、创新思维发展和创新实践开展，强化学生创新素养培育。进一步增强企业在创新资源配置中的主导权，强化企业在创新决策、科研组织方面的主体作用，支持企业牵头组建创新联合体、承担国家重大科技项目，让企业既成为科研项目"出题人"，又成为合作项目管理者。加快建立协同创新机制，围绕产业链部署创新链，围绕创新链完善资金链，打造开放协同高效的创新环境。

（五）重视基于科学的企业，前瞻布局基于科学的产业创新

从产业创新发展的知识基础角度，可以将产业分为基于科学的产业和基于技术的产业。两类产业创新及发展规律有很大不同。基于科学的产业的创新发展主要依赖于科学理论突破，带来原理、方向和技术路线、技术平台的重大变化，从而引发产业深度变革。基于技术的产业的创新发展更多地依赖于技术进步，其发展的基本原理和技术路线大致是明确的，主要难点集中在技术、工艺、装备的突破上。[1] 当前，率先培育基于科学理论突破形成的新兴产业和未来产业已成为国际竞争的焦点。由于我国基础研究相对薄弱，基于科学的产业发展是我国短板。在当前诸多关键核心技术被"卡脖子"的背景下，亟待高度重视"基于科学的企业"的理论研究和培育发展，前瞻性布局基于科学的产业创新。

---

① 眭和平、雷家骕：《前瞻布局基于科学的产业创新》，《经济导刊》2021 年第 4 期。

参考文献

孙喜杰、曾国屏：《关于"企业是技术创新的主体"及政策引导》，《中国软科学》2000 年第 10 期。

连燕华：《试论企业是技术创新的主体》，《科学管理研究》1994 年第 5 期。

陈云、谢科范：《对我国以企业为主体的技术创新体系的基本判断》，《中国科技论坛》2012 年第 3 期。

张义芳：《我国企业成为技术创新主体了吗》，《中国科技论坛》2006 年第 4 期。

孙玉涛、刘凤朝：《中国企业技术创新主体地位确立——情境、内涵和政策》，《科学学研究》2016 年第 11 期。

李学勇：《确立企业在技术创新中的主体地位》，《求是》2007 年第 8 期。

李新男：《企业技术创新主体地位与建设创新型国家》，《中国科技论坛》2007 年第 6 期。

洪银兴：《科技创新中的企业家及其创新行为——兼论企业为主体的技术创新体系》，《中国工业经济》2012 年第 6 期。

卢现祥、李磊：《强化企业创新主体地位　提升企业技术创新能力》，《学习与实践》2021 年第 3 期。

胥和平、雷家骕：《前瞻布局基于科学的产业创新》，《经济导刊》2021 年第 4 期。

B.26
建设具有全球竞争力的开放创新生态

王宏伟　陈　蕊*

摘　要： 构建开放创新生态具有世界意义，是应对人类共同挑战和解决各国发展难题的迫切需要，是促进世界经济复苏和繁荣发展的必由之路，是抓住新一轮科技革命和产业变革机遇的客观要求。本文聚焦构建具有全球竞争力的开放创新生态，揭示了建设具有全球竞争力开放创新生态面临的新形势，总结提炼出建设具有全球竞争力开放创新生态的内涵和构成要素，对我国建设具有全球竞争力开放创新生态的现状进行了描述，并指出存在的问题，基于此，提出了我国建设具有全球竞争力开放创新生态的政策建议。研究发现，我国建设具有全球竞争力的开放创新生态存在创新主体多样性不足且创新能力不强、产学研协同创新渠道和能力建设不足、具有国际影响力的高质量创新供给不足、开放创新的制度体系仍不健全、开放包容的创新文化尚未完全建立等问题，应持之以恒继续推进高水平对外开放、强化创新主体能力、汇聚全球高端创新资源、创造国际一流的科研环境等。

关键词： 全球竞争力　开放创新生态　创新主体

一　建设具有全球竞争力的开放创新生态面临的新形势

党的二十大报告提出，扩大国际科技交流合作，加强国际化科研环境建

---

* 王宏伟，中国社会科学院数量经济与技术经济研究所研究员，中国社会科学院项目评估与战略规划研究咨询中心主任，主要研究方向为科技创新政策、科技人才等；陈蕊，中国社会科学院数量经济与技术经济研究所博士后，主要研究方向为企业创新等。

设，形成具有全球竞争力的开放创新生态。开放合作是强化国际科技交流合作、融入全球创新网络的根本方向，是优化国际科研环境、营造开放创新生态的必由之路，是提升科技创新能力、实现科技自立自强的应有之义。在百年未有之大变局下，国际科技竞争态势正在深刻演变，我国建设具有全球竞争力的开放创新生态正面临着新的国内外形势和特点。

（一）从外部形势看，我国加强国际科技交流合作、融入全球创新网络的紧迫性

从外部环境看，加强国际科技交流合作、融入全球创新网络已成为迫切任务，也呈现出新的形势和特点：一是新一轮科技革命和产业变革加速演进，正在拓宽国际科技合作边界，重塑国际科技创新合作交流需求。二是人工智能、量子技术、生物技术等新兴科技的高速发展与广泛应用，对全球科技和经济格局造成"创造性破坏"，亟须构造跨领域、多元化、开放包容的全球科技合作治理体系。三是人类面临公共卫生、环境污染、粮食安全、能源危机等共同挑战，亟待寻求适应新形势的全球科研协作机制，携手探讨人类共同命运的科技解决方案。四是逆全球化、单边主义、保护主义思潮抬头，进一步凸显加强国际科技交流合作的紧迫性。

（二）从我国国情看，我国推进高水平科技自立自强、建设世界科技强国的必要性

从我国国情看，推进高水平科技自立自强，建设世界科技强国对我国把握新发展阶段、贯彻新发展理念、构建新发展格局具有重要的战略意义。一是我国经济发展环境发生深刻变化，劳动力成本上升，资源环境承载力达到瓶颈，发展面临着诸多压力，需要更加注重自主创新，以高水平科技自立自强塑造高质量发展新优势。二是创新、协调、绿色、开放、共享新发展理念的实现要求坚定不移地推进科技自立自强，建设世界科技强国。三是构建新发展格局，畅通国内大循环和国内国际双循环，需要科技自立自强以提供核心动力和关键支撑。为此，必须加快形成具有全球竞争力的开放创新生态，为科技创新和高质量发展汇聚创新要素，提供科技动力和人才支撑，促进质量变革、效率变革、动力变革，为现代化经济体系建设提供关键支撑。

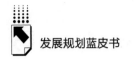

二 具有全球竞争力的开放创新生态的内涵界定

（一）时代内涵

生态原本是生物学概念，是指在一个生态系统中，生物种群的多样性越高，这个生态系统的稳定性就越高，因为一旦食物链（网）某个环节遭受破坏，很容易找到替代路径。把创新主体、制度文化、要素流动网络等分别类比种群、环境、食物网，就形成创新生态概念。创新主体多样性、互动性是创新生态良性演化的基本条件，开放是创新生态系统演化的重要外部条件，开放程度影响着资源要素的丰富程度。创新生态的演化动力包括市场选择和政策引导，以政府为主导的公益性研究（研究型大学、国家科研机构等）与以市场为配置手段的市场价值研究（科技企业、转化机构等）之间的联系互动，影响着整个创新生态系统的效能。

在充满机遇和挑战的新时代下，开放创新生态被赋予了新的时代内涵。一是数字化的创新模式。数字化技术已经成为创新的核心驱动力之一，数字化的创新模式如开源软件、云计算、大数据、人工智能、物联网等，为企业提供了更加高效、智能、灵活的创新手段和方式。二是面向未来的创新思维。企业需将目光放远，从未来趋势出发，根据市场需求、技术变革、社会变迁等因素，利用科技创新打造可持续发展的商业模式，不断更新自己的战略、组织和文化，实现创新和变革。三是跨界融合的创新模式。在开放创新生态中，不同行业、不同领域之间的融合创新越来越受到重视。企业需要在跨界融合的创新模式下，利用多元化的资源，开展创新合作，实现创新资源的最大化利用。四是用户导向的创新理念。用户已成为创新的重要参与者。企业需要从用户的需求出发，倾听用户的意见和建议，不断优化产品和服务，提高用户体验，推动企业的创新发展。五是可持续发展的创新思维。在开放创新生态中，企业需要关注可持续发展，不仅要追求短期利润最大化，还要考虑长期的可持续性。可持续发展的创新思维需要将环境、社会和经济利益融为一体，为企业的长远发展提供保障。六是政策支持的创新环境。政府和政策对于创新的支持和引导也是开放创新生态中不可或缺的因素。政府可制定相应的政策和法规，为企业创新提供支持和保障，促进创新生态的良性发展。

（二）开放创新生态的构成要素和特征

开放创新生态的构成要素包括创新主体、创新资源、创新能力、制度环境、科研环境及创新文化等。开放创新生态的主体包括高校、企业、科研机构、科技服务机构、科技组织等各种力量，这些主体在开放创新中各司其职、相互协作，形成了协同创新的动力。开放创新生态的资源包括技术、人才、资金、市场、科研基础设施等多个方面，这些要素在创新生态中相互支撑、相互促进，构成了创新生态的基础。开放创新的能力包括知识产出、技术产出、科技成果转化、合作创新绩效、创新潜力等，这些创新成果是创新主体发展潜力和竞争力的直接体现。开放创新生态的制度环境包括政策环境、营商环境和市场环境等，这些制度环境为创新提供了保障、规范和引导。开放创新生态的科研环境包括学术环境等，学术环境为创新营造了良好的创新氛围。开放创新生态的文化包括科学文化、学风作风、创新文化、合作文化、开放文化等多种文化，这些文化为开放创新提供了价值规范和行为规范。

开放创新生态的主要特征包括创新驱动、开放合作、人才引领、产业协同、制度保障和绿色可持续。其中，创新驱动是指继续推进科技创新和技术进步，加强创新生态建设，形成以创新为核心的经济发展新动能。开放合作是指积极参与全球科技合作，加强知识产权保护，加强与国际先进科技企业的合作，推进科技成果转化与应用。人才引领是指引进和培养高层次创新人才，建立完善的人才激励机制，培育具有国际竞争力的人才队伍。产业协同是指促进各产业融合发展，推进产学研深度合作，形成产业链、创新链、人才链和价值链的有机融合。制度保障是指建立完善的科技创新制度和政策体系，促进科技成果转化和应用，提高科技创新的效率和质量。绿色可持续是指加强环保意识和绿色发展理念，推进绿色技术创新和可持续发展，打造生态友好型创新生态。

总之，开放创新生态的构成要素和主要特征意味着建设具有全球竞争力的开放创新生态是多渠道、全方位和多层次的，也意味着创新不再依赖于某一单一主体，而是由多方参与、彼此协作共同完成。在全球化背景下，开放创新成为实现国际合作和共赢发展的重要手段。

三 我国建设具有全球竞争力的开放创新生态现状

（一）科技创新投入，包括合作创新主体和创新资源发展状况

我国在科技创新投入方面已成为全球领导者之一。在合作创新主体上，高校整体表现强势，2015~2021 年，全球顶尖高校或科研院所数从 11 家增加到 121 家，2022 年中外合资办学高校数量为 212 家。企业作为科技创新主体表现亮眼，2015~2022 年，世界科技企业百强中的中国企业数量从 1 家增加到 5 家，全球 500 强跨国公司地区总部数量从 106 家上涨到 145 家，独角兽企业数量的全球占比从 2016 年的 21% 增加到 2022 年的 30%。科研机构数量明显增加，2015~2022 年，国家实验室数量从 7 个增加到 20 个。科技服务机构数量显著上涨，2015~2021 年，创业风险投资机构数量从 1775 个增加到 3568 个，科技孵化器数量从 2536 个增加到 6227 个。科技组织数量缓慢增加，2015~2020 年我的国际科技组织数量从 268 个增加到 299 个。

在创新资源上，资金保障方面，我国研发经费投入总体上涨，占全球的比重略有降低。其中，2015~2021 年，全社会研发经费投入从 1.42 亿元上涨到 2.80 亿元，全社会研发经费投入强度从 2.07% 增加到 2.44%，研发经费的国外资金占比从 0.7% 下降至 0.2%。人才保障方面，研发人员数量整体增加，顶级科技奖项获奖人数表现欠佳。其中，2015~2021 年，研究与试验发展（R&D）人员占就业人员的比重从 0.72% 增加到 1.15%，高被引用科学家全球占比从 5% 上涨到 16.2%，顶级科技奖项获奖人数从 2012 年的 2 人降低至 2020 年的 0。项目课题方面，项目数和合同金额增幅明显。其中，2015~2021 年，国际科技合作项目数从 100164 项增加到 24612 项，国外技术引进合同金额从 281.54 亿美元上涨至 367.06 亿美元。总体而言，我国在科技创新投入方面表现出了强大的动力和活力，取得了令人瞩目的成绩，正朝着成为全球科技创新领袖的目标迈进。

（二）开放创新平台建设，包括有利于科技合作的基础设施建设等状况

我国高度重视开放创新平台建设，大力促进国内外科技合作与交流。在科

技园区方面，拥有众多科技园区，为企业创新和研发提供了广阔的平台、基础设施和科研服务支持等，如北京中关村科技园区、上海张江科技园区等。在研究院所方面，我国高校和科研机构拥有全球顶尖的研究设备和技术人才，并不断加强与国外科研机构的合作，促进科技创新和技术交流，如中国科学院、清华大学、北京大学等。在创新中心建设方面，政府出台各项政策积极鼓励企业在国内建立创新中心，为企业提供科技创新和技术研发等方面的支持，如华为技术有限公司在深圳建立的华为创新中心。在科技交流平台方面，政府通过建立科技交流平台的方式，促进国内外科技人才和科研机构之间的合作，如中国国际科技合作网、中国科技资源共享网等。总的来说，我国在科技合作基础设施建设方面取得了明显进展，有效促进了国内外科技合作和技术交流，显著提高了我国的科技创新水平。

（三）开放创新能力建设，包括合作创新绩效、创新潜力建设等

我国正坚定不移地建设具有全球竞争力的开放创新生态，提高国家开放创新能力，包括创新竞争力、合作创新绩效和创新潜力建设三方面。首先，创新竞争力不断提升，知识产出、技术产出和科技成果转化均取得了明显成效，其中，知识产出方面，2015～2019年，科技论文数从407974篇增加到528263篇，百万人口科技论文数从296篇增加到377篇，SE论文合著数量从2015年的87808篇增加到2018年的126868篇。技术产出方面，PCT专利申请数量从2015年的29837个增加到2021年的69594个，三方专利全球占比从2015年的5.92%增加到2019年的9.81%，2021年科技成果转化能力得分为70.37分。其次，在合作创新绩效方面，我国通过国际科技合作、跨领域合作、产学研合作等方式推动合作创新，不断提高合作创新绩效。如积极参与全球科技治理，与世界各国共同推进科技创新，促进各国之间的交流与合作。同时，政府还通过鼓励产学研合作、跨领域合作和产业链协同创新等模式，推动合作创新迈上新台阶。最后，在创新潜力建设方面，我国十分重视创新潜力的培育和挖掘，不断提高创新潜力建设水平。政府出台一系列支持创新的政策，为创新型企业提供优惠政策和资金支持。同时加强对科技人才的培养和引进，提高科技人才的素质和水平，为创新提供源源不断的人才支持。总之，我国在开放创新能力建设方面取

得了不俗的进展，为建设具有全球竞争力的开放创新生态打下了坚实的基础。

（四）制度环境建设，包括有利于合作创新的制度环境、科研环境、创新文化建设状况

近年来，我国始终致力于加强有利于合作创新的制度环境建设，包括制度环境、科研环境和创新文化建设。首先，在制度环境建设上，政策环境不断优化。其中，知识产权保护力度得分从 2015 年的 4 分增加到 2019 年的 4.5 分，主导制定的国际标准数量得分从 2015 年的 68 分上涨至 2021 年的 71 分。营商环境持续改善，2015~2021 年，成立新企业容易度得分从 77.4 分上涨至 94.1 分。市场环境明显提升，市场垄断程度得分从 2015 年的 4.2 分上涨至 2019 年的 4.5 分。其次，在科研环境建设上，我国的科研环境不断优化。政府持续加大对科研机构的投入，开展一系列科研计划和基金，例如"863 计划""973 计划"等。同时，我国高等教育水平也不断提高，越来越多的高校开始注重科研工作，并建立了国际化的科研合作平台。最后，在创新文化建设上，各级政府正努力营造鼓励创新的文化氛围。在宣传和媒体方面加强对科技创新的报道和宣传，鼓励人们关注科技创新的重要性。2021 年公众尊重科学和支持科学的态度得分为 74.35 分，科学家的科研伦理及诚信水平得分为 67.88 分。此外，越来越多的创新创业孵化器和加速器开始涌现，为创新主体提供了优良的创业环境。总之，我国在制度环境、科研环境和创新文化建设方面都取得了显著的进展，为国际科技合作提供了良好的环境和条件。

四　我国建设具有全球竞争力的开放创新生态面临的突出问题

（一）面临的困境和突出问题

1. 创新主体多样性不足且创新能力不强

一是创新活动主要由少数大型企业、高校和科研机构主导。这种单一的创

新主体结构不利于提高创新能力，如高校和科研机构主导的创新活动通常存在技术路线单一、忽略科技成果市场价值等问题，相比之下，美国和欧洲等发达国家的创新主体结构则更加多元化和分散化，包括大企业、小企业、初创企业、个体创新者等不同类型的创新主体。创新主体多样性有利于提高创新主体自身的创新能力和合作创新能力，能够更好地应对市场需求和技术变化。二是政府主导的创新投入过多。我国政府在支持创新方面投入了大量资金、技术和人才，但政府过度干预市场，过度主导创新，导致创新主体多样性不足，市场化机制不够健全。三是企业创新能力不足。如小企业和初创企业等创新主体受到融资难、人才流失等问题的影响，创新能力较为薄弱，部分企业缺乏自主创新能力，对新技术的应用和推广能力也比较弱。

2. 产学研协同创新渠道和能力建设不足

一是产学研协同协作层次不高。我国目前产学研协同创新主要还是停留在技术转让合作开发和委托开发等较低层次的合作上，而共建研发机构及技术联盟、科技工贸一体化的经济实体等高层次的合作还比较少。二是产学研协作深度不够。由企业提供资金，高校、科研机构提供智力支持，共同进行新产品的开发生产是我国最常见的协同创新模式。这种模式下，企业仅关注短平快的项目，对那些事关行业发展的关键技术、共性技术则很少关心，造成协同创新仅仅停留在短期内。三是产学研协同的资金不足。资金不足使得现阶段产学研协同创新平台建设大多停留在较小的规模内，产学研协同创新平台建设所需的软硬件设施及项目开发都受到资金的限制。四是产学研协同创新的动力不足。产学研各主体处于不同的领域，追求不同的目标和价值观念，且同主体内部激励评价机制不同，最终导致动力不足、活力不强。

3. 具有国际影响力的高质量创新供给不足

一是我国的创新生态仍受制于传统的科研体制机制影响，如科研经费分配、科研成果评价和晋升机制等，使得创新活动过于重视科研成果的数量和速度，而忽视了科研成果的质量和影响力，产生大量短期行为，如"造假"和"炒作"，限制了高质量创新成果供给。二是缺乏核心技术研发能力。在一些关键领域，如芯片、高端机器人等方面，我国仍然缺乏核心技术，企业核心研发能力较为欠缺，难以在国际市场上竞争。三是缺乏自主知识产权。我国在科技领域的知识产权保护体系还不完善，缺乏自主知识产权的创新成果，在国际市场上难以获得认可。四是产品质量不高。部分产品档次比较低，特别是中高端的产品难以满足消费者的需求，虽然有一些商品处于国际先进行列，但总体上处于产业链的中低端，国际竞争力有待增强。五是创新成果转化难度大。在科技成果的转化和应用方面，我国与发达国家相比还存在很大差距，缺乏创新驱动和核心技术，对新技术的应用和推广能力较弱，影响了我国在国际市场上的竞争力。

4. 开放创新的制度体系仍不健全

一是政策环境方面，我国的创新政策制定过程仍然存在缺陷，如政策执行力度不够、政策的针对性不够、政策的协调性不够等问题。同时，知识产权保护制度不完善，知识产权侵权的惩罚力度不够大，维权成本过高、知识产权保护效率低等问题严重降低了创新者的积极性，对国内外投资者的信心产生负面影响。此外，我国在一些重要领域的国际标准制定中仍然较为被动。二是市场准入制度门槛高。部分外国企业在进入中国市场时，面对较多限制，阻碍了外商投资进入中国市场，也限制了国外技术引进。同时，在科研资金分配和管理上也存在较多问题。如科研经费和项目的审批和管理不够规范等，影响了创新主体的创新积极性。三是科研人才流动面临较多阻碍。政府已采取了大量措施积极吸引海外高端人才回国，但国内科研环境差、待遇低等问题，影响了优秀人才的回国积极性。

5. 开放包容的创新文化尚未完全建立

一是教育体系不够开放，科学知识普及率低。我国教育体系较为封闭，不够开放，公民的科学素养和科学素养普及率较低，例如，学生在大学里往往只是被动地接受灌输而来的知识，而非被鼓励思考和创新，同时，在新兴和前沿领域的教育也非常匮乏。二是科研成果的应用和传播有待加强。受制于语言障碍、知识门槛等因素，大量科研成果未能被充分传播和应用到实践中，影响了公众对科学知识的认可度和信任度。三是创业风险意识比较薄弱，缺乏冒险精神。公众对创业相对比较保守，认为创新创业面临的不确定性风险大，在做决策时会更加理性和谨慎。四是科研伦理和诚信仍面临挑战。部分科学家存在学术不端行为，如数据篡改、抄袭和造假等问题，同时，一些科研机构和学术期刊也存在管理漏洞和利益冲突问题。

（二）深层次的原因分析

针对中国建设具有全球竞争力的开放创新生态面临的突出问题，深层次的原因主要包括以下几方面。

一是制度问题。首先，制度设计不完善。我国的制度环境对小微企业等创新主体的创新活动支持力度不足。同时，不同创新主体间缺乏有效的协同机制，产生"短板效应"，导致产学研协同创新渠道不畅。其次，科研经费和项目管理不规范、科研人员晋升评价机制不合理，导致部分科研人员更注重追求短期成果而不是原创性研究。再次，知识产权保护制度和执行机制不完善，知识产权被侵犯的现象时有发生，阻碍了科技创新活动的进行。最后，教育制度和教育模式不完善。传统教育模式重视知识灌输，忽视思考和创新能力的培养，导致多数学生只会被动接受，缺乏独立思考的能力。

二是人才问题。首先，人才流动性不足。一些高端人才往往集中在大型企业和科研机构，小微企业等的创新缺乏高端人才的支持。其次，人才培养机制不完善。科技创新离不开高素质的创新人才，我国的人才培养模式还存在一些问题，如注重理论知识的传授，但对实践能力和创新思维培养不足。最后，人才素质有待提升。我国拥有数量庞大的高等教育毕业生，但在实际应用上，人才素质方面还存在较多问题，如缺乏实践经验、缺乏创新意识等。

三是创新生态不完善。首先，政策不完善。政策制定和执行力度不够，缺乏长期稳定的政策支持，也缺乏具有针对性和前瞻性的政策，使得创新企业面临较高的风险和不确定性，限制其可持续发展。同时，政府部门的监督和管理力度不足，导致一些企业和个人在创新过程中存在侥幸心理和违规行为。此外，税收政策也需要更加灵活。创新企业在发展初期阶段往往处于亏损状态，如果不能享受到相应的税收减免和优惠政策，将极大地限制其发展空间和潜力。其次，创新创业氛围不足。创业文化发展不成熟，公众对创新创业的风险和不确定性认识比较模糊，对创业持谨慎态度。同时，缺乏创业支持机制和创业精神也在一定程度上制约了创业活动的开展。最后，科研伦理和诚信建设较薄弱。科研领域存在利益驱动、学术不端等问题，科研诚信问题难以得到有效解决。

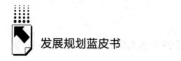

五 我国建设具有全球竞争力的开放创新生态的政策建议

（一）推进高水平对外开放

推进高水平对外开放是我国建设具有全球竞争力开放创新生态的重要保障。一是扩大对外开放的领域和范围。加快扩大开放的领域和范围，推动更广泛的开放，特别是在服务业、高新技术、金融业等领域。同时，还可通过提高对外开放的水平，深化对外开放的深度和广度，吸引更多的外资和外国人才来华投资和工作。二是优化营商环境。优化营商环境是推进高水平对外开放的重要保障。要不断改善营商环境，提高市场化、法治化、国际化水平，为国内外企业和投资者提供更加公平、稳定、透明的营商环境。三是建立更加开放的产业生态体系。加快推进制造业的转型升级，加大对高新技术产业、智能制造、生态保护等领域的支持力度，建立更加开放的产业生态体系，提高企业间协同创新水平。四是加强与其他国家的经济合作。加强与世界各国的贸易和投资合作，积极参与全球经济治理，加强与其他国家的对接和合作，促进技术交流、人才流动和合作创新。五是要推进自由贸易区建设。要积极推进自由贸易区建设，打造更加开放的贸易和投资环境，促进跨境贸易、投资和服务流动，推进高水平对外开放，提高我国在全球市场上的竞争力。

（二）强化创新主体能力

强化创新主体能力是我国建设具有全球竞争力开放创新生态的关键支撑。一是加大政府财政支持力度。政府可以加大对科学研究和技术开发的财政经费支持力度，并出台税收优惠政策，鼓励企业、高校和科研机构加大研究投入，提高创新成果的技术含量和附加值。二是建立知识产权保护制度。打造具有国际竞争力的知识产权保护体系，确保科技成果的产权和利益受到合理保护，优化科技成果的转化路径，增加科技成果的收入，吸引企业、创新人才和资本进入创新领域，持续开展创新活动。三是构建以企业为主导的产学研深度融合机制。不断强化企业科技成果转化的主体地位，提高企业作为需求侧的成果吸纳能力和转化能力，健全产学研成果对接和产业化机制，加速推动高校、科研院所等产生的科技成果在企业转化并产业化。四是深化人才引育机制。优化企业、高校、科研机构科技创新人才支撑体系，推动国家科技人才计划加强对企业科技领军人才和重点领域创新团队的支持。五是优化科技创新环境。政府可通过简化科技创新流程，减少行政审批环节，提高创新活动的效率。此外，还可以建立科技创新投融资平台，为创新主体提供融资渠道和资金支持。

（三）汇聚全球高端创新资源

汇聚全球高端创新资源是我国建设具有全球竞争力的开放创新生态的前提。一是加强国际科技合作载体建设。以国内高校、科研院所、园区及企业为主体，联合国（境）外高校、科研院所及企业，建立一批国际科技合作基地，探索国际科技合作新模式、新路径，引领我国创新主体更深层次地参与全球科技合作及创新治理。建立一批国际联合实验室，围绕特定技术领域，双向部署共建高水平科研平台，共同开展基础科学研究、应用技术研发、先进适用技术示范推广及人才培养。二是建立开放型创新平台。在创新资源集聚的国家和地区建设海外创新孵化中心，通过基金投入、孵化介入、研发合作等方式，集聚和链接全球创新资源，开展海外科技成果转化、人才引进、技术转移、创新团队及企业孵化对接，实现境内外协同互动。三是鼓励技术转移和合作。政府可通过建立技术转移机构，吸引全球高端创新资源，为企业提供技术咨询和技术转移服务。同时，鼓励企业与全球高端创新资源合作，开展联合研发、技术交流等活动。四是吸引国外高端人才。人才是吸引全球高端创新资源的关键。政府可以通过优化人才政策，提高薪资待遇、提供良好的工作和生活环境等，吸引全球高端创新人才。同时，出台更多的移民政策和人才引进计划，鼓励全球高端人才来华创新。

（四）创造国际一流科研环境

创造国际一流的科研环境是我国建设具有全球竞争力的开放创新生态的重要支撑。一是加大科研投入。加大政府对创新活动的投入，建立完善的科研资金管理制度，支持高水平科研机构和重点学科发展，为科研人员提供实验室设施、科研装备和研究经费等支持，增强我国科研实力和竞争力。二是建立国际化的人才队伍。加强对高层次科研人才的引进和培养，引进国际一流的科学家

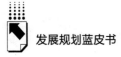

和技术人才，鼓励海归人才回国发展，培养和造就优秀的科研团队和领军人才，打造具有国际化水平和竞争力的科研团队。三是建立国际化的科研合作平台。积极开展国际科研合作，与国际知名科研机构和大学建立战略合作伙伴关系，建立国际化的科研合作平台，促进跨国科研合作和知识共享，提高我国科研领域的国际影响力和地位。四是提高科研成果转化效率。加强科研成果的转化和产业化，鼓励高校、科研机构的科研人员与企业合作，将科研成果转化为实际生产力和经济效益。五是加强知识产权保护。建立健全知识产权保护制度和法律体系，保护科研成果和知识产权，鼓励科研人员进行自主创新和知识产权申请，提高科研人员的创新积极性。

参考文献

胡再勇：《加快形成开放创新生态：理念、路径与措施》，《当代中国与世界》2023年第1期。

黄金霞：《形成具有全球竞争力的开放创新生态　亟待多元主体开展开放科学实践》，《农业图书情报学报》2022年第9期。

罗蓉、毛科俊、于畅、陈迪：《加快建设具有全球竞争力的开放创新生态》，《当代中国与世界》2023年第1期。

沈宇航、颜菊：《产学研协同创新障碍及深度融合机制研究》，《云南科技管理》2023年第1期。

王宏伟、张静：《不断优化科技创新生态》，《中国社会科学报》2022年3月1日。

王光辉：《构建开放创新生态　助力科技自立自强》，《科技传播》2022年第23期。

王志刚：《加快实现高水平科技自立自强》，《人民日报》2022年12月23日。

魏世杰：《中国创新政策体系存在的问题和完善思路》，《中国科技论坛》2017年第2期。

王文：《构建开放创新生态：从理论溯源到政策前瞻》，《当代中国与世界》2023年第1期。

夏明辉：《坚定不移推进高水平对外开放》，《中国城乡金融报》2023年1月13日。

B.27

推进高水平国际科技创新中心建设[*]

庄芹芹[**]

摘　要： 国际科技创新中心是实现高水平科技自立自强的战略性资源空间布局，应同步实现知识创造、前沿技术创新、创新产业发展和开放创新生态构建四大功能，对内服务国家创新驱动发展战略，对外辐射引领全球科技创新方向。2021~2022年，上海加快国际科技中心建设，原始创新策源能力增强，关键核心技术持续攻坚，创新动能不断集聚，开放创新生态积极完善，长三角科技创新共同体稳步建设，国际创新合作网络持续拓展，但仍存在整体创新效能不高、教育科技人才协同程度不高、基础研究有待突破、科学中心功能相对落后、创新产业支撑有待强化等不足。面对实现高水平科技自立自强的目标，为更好发挥国际科技创新中心的龙头带动作用，提出以下对策建议：一是强化教育、科技、人才"三位一体"顶层设计，推进从战略到政策的部门联动和协同机制；二是坚持目标导向和自由探索两种模式"双轮驱动"，分类扎实推进基础研究；三是推动科技—产业—金融良性循环，促进创新链产业链资金链人才链深度融合；四是打造内外双向开放创新生态，对内推动长三角科技创新共同体发展，对外拓展全球合作创新网络。

---

* 本文获得中国社会科学院重大创新项目"实现高水平科技自立自强的关键"（2023YZD010）、国家自然科学基金青年项目"美国贸易政策不确定性对中国制造业企业创新的影响：效应、识别与对策研究"（72204264）、中国社会科学院习近平新时代中国特色社会主义思想研究中心重点项目"科技自立自强视角下强化国家战略科技力量的路径研究"（2023XYZD04）的资助。

** 庄芹芹，中国社会科学院数量经济与技术经济研究所副研究员，主要研究方向为创新经济、技术经济。

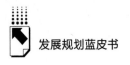

关键词： 国际科技创新中心　科技创新　上海

《中华人民共和国国民经济和社会发展第十四个五年规划和2035年远景目标纲要》（以下简称《纲要》）明确提出要强化国家战略科技力量，建设重大科技创新平台，支持北京、上海、粤港澳大湾区形成国际科技创新中心。党的二十大报告进一步提出要完善科技创新体系，统筹推进国际科技创新中心与区域科技创新中心建设。面对2023年实现高水平科技自立自强、迈入创新型国家前列的总体目标，要构建高效能的国家创新体系空间布局，提升国际科技创新中心能级。2022年是"十四五"规划实施的第二年，也是全面建设社会主义现代化国家开局起步的关键时期。作为国际化程度最高的创新中心，上海科技创新中心建设稳步推进，国家战略科技力量持续强化，国家实验室体系不断完善，但也存在教育科技人才协同水平不高、基础研究有待突破、科学中心功能相对落后、国际领军企业偏少等问题，创新体系整体效能有待提升。

本文首先从理论上分析了国家科技创新中心的内涵和核心功能；其次，重点分析了上海建设国家科技创新中心的战略部署和政策措施；再次，动态跟踪了2021～2022年上海科技创新中心建设进展，评估了"十四五"规划目标的实现程度；最后，基于当前上海国际科技创新中心发展中存在的困难，提出有针对性的对策建议。

一　国际科技创新中心的内涵和功能

（一）国际科技创新中心的理论内涵

国际科技创新中心是引领创新的关键节点，在全球科技和产业竞争中凭借科学研究和技术创新的独特优势，发展形成引导全球创新要素流动方向、影响资源配置效率的枢纽性城市。从演化经济学角度，随着科技创新活动纵深发展和地理扩散持续作用，企业、科研院所等创新主体，带动全球资金、技术、人才和数据等创新要素持续集聚，逐渐发展成为国际科技创新中心。具体地，科学发展为企业技术创新提供基础科学理论，创新企业不断催生新业态新产业，科技创新中心逐渐成为集聚全球创新资源、产业链的枢纽城市，形成了开放的创新生态系统，辐射和影响周边地区甚至全球创新发展，逐渐发展成为全球科技创新中心。从创新地理学来看，在行业生命周期的早期阶段，区域嵌入的隐形知识对于创新活动发生具有重要作用，相对于发生在行业成熟阶段的一般性生产活动，创新更具有地理集聚性，空间集聚特征明显。塑造创新活动的地理空间尺度包括全球、国家和区域。其中，区域尤其是城市，是所有空间尺度的讨论起点。

（二）国际科技创新中心的核心功能

国际科技创新中心是创新活动在区域层面集聚的高地。基于国家创新体系框架，地理邻近性是连接知识的节点。产业活动和创新活动的区域集聚形成的区域学习网络允许更密集的信息流动和互动学习，基于企业、高等院校和科研机构、教育机构等形成了横向合作网络，实现了规模经济。因此，从创新演化的规律来看，国际科技创新中心包括科学研究、技术创新、创新人才、产业支撑和创新生态。相应地，国际科技创新中心可进一步分解为科学研究中心、国际前沿技术高地、创新人才中心、高技术产业集聚地、创新扩散中心等。相应的，从功能层面，国际科技创新中心应同步实现科学知识创造、前沿技术创新、科技创新成果转化和带动经济增长，要对内服务于国家创新驱动发展战略，对外辐射并引领全球科技创新。具体地，一是原始创新策源高地，承担知识创造功能，是科学活动纵深发展与地理扩散形成的科学中心。二是前沿技术创新中心，面向科技前沿和产业发展需求，高校院所、企业等开展各类技术创新活动。三是创新经济发展高地，引导着全球技术、人才、资金等创新要素的流动方向和发展效率。四是开放创新生态高地，多元创新主体协作和相互支持，形成良好的制度环境创新、创新文化与开放合作模式。

二 "十四五"初期上海建设
国际科技创新中心的政策措施

作为三大国际科技创新中心之一，新时期上海国际科技创新中心建设要面

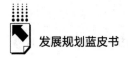

向更高标准和全球领先创新集群。2019 年 11 月习近平总书记在上海考察时提出科创中心建设"四个第一"的新要求，即要努力成为科学规律第一发现者、技术发明第一创造者、创新产业第一开拓者、创新理念第一实践者。经过持续不断的努力，2020 年上海已经建成全球科创中心的基本框架。在此基础上，"十四五"时期是上海科创中心实现功能强化的重要阶段，其中，强化科技创新策源功能，是这一阶段上海建设科创中心的主线。

2021 年 9 月，发布《上海市建设具有全球影响力的科技创新中心"十四五"规划》，明确未来五年的方向和任务。总体目标上，到 2025 年，上海将努力成为科学新发现、技术新发明、产业新方向、发展新理念的重要策源地。《规划》还提出了研发投入、基础研究、高技术企业、PCT 专利、高价值发明专利拥有量以及战略性新兴产业、技术合同和外资研发中心等方面的要求（见表 1）。面对"四个第一"新要求，2021～2022 年上海围绕强化国际科技中心的四大功能出台了一系列政策措施。

在科学研究方面，加快增强源头创新能力。研究修订了《上海市自然科学基金管理办法》。推动重点实验室的建设与管理，增强战略科技力量，修订了《上海市重点实验室建设与运行管理办法》。积极推进科学仪器共享，出台《上海市促进大型科学仪器设施共享规定》，促进长三角跨区域共享，助力区域创新共同体建设。就软科学研究和科技研究制定管理办法，印发《上海市软科学研究基地管理办法》《上海市科技计划项目管理办法》。

在技术创新方面，积极推动长三角成为国家技术创新体系的战略节点。制定发布《关于上海市推进长三角国家技术创新中心建设的实施意见》《关于支持上海长三角技术创新研究院建设和发展的若干政策措施》。优化财政资助方式，发挥科技创新政策的引导作用，激发中小企业创新活力，修订印发《上海市科技创新券管理办法》。

在产业发展方面，重点支持科技型中小企业自主创新和成果转化。制定了《上海市科技小巨人工程实施办法》《上海市科技型中小企业技术创新资金计划管理办法》。注重科技成果转化，制定《上海市促进科技成果转移转化行动方案（2021—2023）》，打造高标准技术市场体系。强化科技创新的资金支持，出台了《上海市中央引导地方科技发展资金管理办法》，明确引导资金的使用效益。

在创新发展理念方面，制定行动计划和支持措施。把浦东建设成为国际科技创新中心核心区，引领上海科技创新发展。注重人才资助，明确了上海市浦江人才计划的资助对象和四类项目匹配条件。完善科技创新税收优惠政策，出台了系列相关税收政策，如《关于享受科技创新进口税收政策的科研院所和社会研发机构（事业单位性质）名单核定办法》《关于享受科技创新进口税收政策的社会研发机构（民办非企业单位性质）名单核定办法》等。积极推进科普工作的制度保障建设，出台《上海市科学技术普及条例》，助力科技创新与科学普及同步推进，提升全社会的科技素质。

表1 "十四五"时期上海科技创新中心主要指标

序号	指标（预期性）	2025年目标值	2022年水平	2021年
1	全社会研发（R&D）经费支出相对于全市生产总值（GDP）比例（%）	4.5左右	4.2	4.1
2	基础研究经费支出占全社会 R&D 经费支出比例（%）	12左右	—	—
3	高新技术企业数量（万家）	2.6	2.2	2
4	通过《专利合作条约》（PCT）途径提交的国际专利年度申请量（件）	5000左右	5591	4830
5	每万人口高价值发明专利拥有量（件）	30左右	40.9	34.2
6	战略性新兴产业增加值占 GDP 占重（%）	20左右	23.8	20.35
7	技术合同交易成交额占 GDP 比重（%）	6左右	8.9	6.4
8	外资研发中心（家）	累计560左右	531	506
9	地区生产总值（GDP，亿元）	—	44652.8	43214.85

注：其中，2022年受到疫情冲击，GDP偏低导致各项比重偏高。

资料来源：《上海市建设具有全球影响力的科技创新中心"十四五"规划》、2021年和2022年《上海市国民经济和社会发展统计公报》、《2023上海科技进步报告》。

三 "十四五"初期上海建设国际科技创新中心的进展分析

（一）战略科技力量不断强化，关键核心技术持续突破

整体上，上海研发经费稳步增加，R&D占地区 GDP 比重达 4.2%。技术

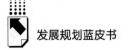
创新持续突破，全年 PCT 国际专利申请量为 5591 件，比上年增长 15.8%。每万人口高价值发明专利拥有量达 40.9 件，较上年增加 6.7 件。具体地，一是国家实验室体系不断完善。截至 2022 年底，张江、临港、浦江 3 家国家实验室组建完成。国家重点实验室开启重组步伐。上海市拥有全国重点实验室 44 家，占全国总量的 8%，位列全国第二。截至 2022 年底，推动了 25 家在沪国家重点实验室重组。二是基地建设不断推进，国家技术创新中心、国家工程研究中心、国家基础科学中心、国家企业技术中心等国家科研基地不断集聚。三是科技创新平台和机构加快集聚发展。依托重大科技创新平台，承接国家科技创新 2030 重大项目任务。截至 2022 年底，已累计牵头承担国家科技重大专项 929 项。

（二）原始创新实力不断增强，基础研究体制机制不断完善

2022 年上海科学家在国际顶尖学术期刊《科学》《自然》《细胞》发表论文 120 篇，同比增长 12.1%，占全国总数的 28.8%。具体地，一是整体推进张江综合性国家科学中心建设，推动张江科学城从"园"向"城"转变。持续推进"基础研究特区"等制度创新，强化长期、稳定和集中支持，在复旦大学、上海交通大学和中国科学院上海分院开展试点，鼓励更多"从 0 到 1"原始创新。二是积极推进基础研究多元化投入。与国家自然科技基金委共同出资设立区域创新发展联合基金，聚焦脑科学与类脑智能、量子科技等前沿领域。三是引导激励企业基础研究，上海科委与企业联合，共同设立"探索者计划"项目，拓宽基础研究到产业化的链接通道。

（三）科技领军企业培育加快，产业发展与新动能持续集聚

推进大企业牵头建立创新联合体，打造开放式创新平台，推动产学研融合创新以及大中小企业协同创新。2022 年战略性新兴产业增加值 10641.19 亿元，比上年增长 8.6%，战略性新兴产业增加值占 GDP 比重为 23.8%。高新技术企业和科技小巨人企业队伍加快壮大，全市有效期内高新技术企业突破 2.2 万家。科技龙头企业加速成长，截至 2022 年底，有 78 家上海企业在科创板上市。胡润研究院发布《2022 年中全球独角兽榜》中上海企业 69 家，占全国的 22%，总量保持全球第四。

（四）创新环境持续优化，长三角科技创新共同体稳步建设，国际创新合作网络持续拓展

对高水平人才吸引力强。根据《2022"理想之城"全球高水平科学家分析报告》，上海2021年高水平科学家人数排名全球20个主要城市中的第2位，人才"高地"特征明显。科技金融服务体系持续优化，科技信贷产品累计为6547家企业提供授信1951.4亿元，其中97%为科技型中小企业。法治保障与引领作用持续增强。上海先后出台了《上海市科学技术进步条例》《上海市促进科技成果转化条例》《上海市推进科技创新中心建设条例》等地方性法规。长三角国家技术创新中心进入实质运行，与细分领域科技型骨干企业共建230家企业联合创新中心。国际大科学计划、大科学工程以及科技合作协议和合作项目不断深化拓展。截至2022年底，上海已累计与五大洲20多个国家和地区签订政府间科技合作协议，建设"一带一路"国际联合实验室34家，累计531家外资研发中心落户上海。

四　存在的不足与政策建议

当前上海建设国际科技创新中心存在的不足主要表现为以下几点。一是创新人才短板，关键性人才制度有待突破，导致教育科技人才协同水平有待提高。世界顶尖科学家群体缺乏，尤其是能够建立重大原创理论体系、创立独特方法和形成学派的科学家群体。科研人才队伍有待进一步壮大，重点产业领域创新人才供需也存在较大缺口。二是基础研究有待突破，科学中心功能相对落后。根据《国际科技创新中心指数2022》，上海科学中心在全球排名第25位，远落后于其综合排名（第10位）（见表2）。数据显示，2015～2020年，上海基础研究投入占全社会研发经费的比重仅为8%左右，而世界科技领先国家这一比重一般在15%～25%。高校院所基础研究层次有待提高，企业基础研究作用有待充分发挥。张江综合性国家科学中心地位有待提升，"一心一园多区"协同作用未充分发挥。三是国际领军企业偏少，产业支撑有待强化。在技术合同成交总额方面，2022年北京为7947.51亿元，上海为4003.51亿元，仅约为北京一半；在新产品销售收入方面，上海也低于粤港澳大湾区水平。四是国际

影响力和话语权有待提升。《2022 年全球创新指数报告》显示，在全球"最佳科技集群"排名中，上海与苏州首次合并排名，位居第 6 位，低于深圳—香港—广州（第 2 位）、北京（第 3 位）。

表 2　全球科技创新中心的对比分析与发展趋势

城市（都市圈）	综合		科学中心		创新高地		创新生态	
	得分	排名	得分	排名	得分	排名	得分	排名
旧金山—圣何塞	100.00	1	97.93	2	100.00	1	100.00	1
纽约	87.13	2	100.00	1	74.77	4	94.52	3
北京	80.39	3	88.4	4	75.34	3	82.60	5
伦敦	79.49	4	85.17	8	65.77	20	97.41	2
波士顿	78.85	5	94.24	3	68.88	11	81.88	8
粤港澳大湾区	78.53	6	86.17	5	72.45	7	83.06	4
东京	78.39	7	74.31	39	84.15	2	75.94	20
日内瓦	74.89	8	85.84	6	65.49	23	82.12	7
巴黎	73.67	9	80.8	16	66.27	18	81.73	9
上海	73.05	10	78.12	25	68.31	13	79.09	12

资料来源：根据《国际科技创新中心指数 2022》整理。

针对以上不足，新时期要以"抓战略、抓改革、抓规划、抓服务""新四抓"，善作"加减法"，改革科技创新管理体制机制，充分释放科技创新潜力，激发各类创新要素活力，全面提升上海国际科技创新中心的整体效能。

第一，强化教育、科技、人才"三位一体"顶层设计，推进从战略到服务的部门联动和协同机制。一要强化一体化战略的顶层设计。高质量教育体系是培育科技人才的基础支撑，高效能国家创新体系是吸纳就业、激发人才活力的重要条件，创新型人才体系是实现建设科技强国的第一资源。要推进科教兴国战略、人才强国战略、创新驱动发展战略的全局协同，推动教育体系、人才体系和科技体系的系统性改革。二要构建部门联动和项目对接机制。组织部门牵头抓总，教育、科技、人才部门密切配合，构建创新教育—人才培养—科技创新联合体，建立常态化联席会议机制。要深化科研经费管理改革，在重大项目设计上推动教育改革、人才培养和科学突破对接。三要落实让经费为人服务的理念，推动协同试点和政策落地。创新驱动实质是人才驱动，要把握人才第一资源，推动政策从"管"到"服"的落地，强化服务、支持、激励等具体措施。在微观政策设计层面，在有条件的国家实验室、高校院所等探索教育科技人才"一体化"协同创新试点，积极探索有益做法和先进经验。

第二，分类扎实推进基础研究，优化基础研究多元化投入机制。一要探索将基础研究纳入科技工作的政策目标和分类管理制度。立足大科学时代，要强化基础研究的组织化程度，加强制度保障与政策引导，发挥制度政策的价值驱动和战略牵引。探索基础研究分类统计、测算、管理工作试点，科学界定战略导向、前沿导向和市场导向的内涵和外延，分类布局体系化、探索性和应用性基础研究。二要强化基础研究竞争性和稳定性支持，建立政府和市场以及社会力量广泛参与的多元化投入机制，全面提升投入效能。稳步加大基础研究财政投入，运用税收优惠等激励企业投入基础研究，广泛调动社会力量通过设立科学基金、科学捐赠等多元投入。

第三，坚持目标导向和自由探索两种模式"双轮驱动"，强化国家战略科技力量主体动能。一方面，强化目标导向，在脑科学与类脑智能、量子科技、变革性材料、生命调控等战略领域和重大方向，凝练重大科学问题、集聚优势资源、打破学科边界，发挥国家实验室体系和国家科研机构建制化组织作用。另一方面，鼓励自由探索，在数学、物理、化学、生物等基础学科领域，发挥"基础研究特区"制度优势，大胆探索项目选题、项目组织、经费使用、成果评价的新方法。

第四，要强化企业主体地位，推动科技—产业—金融良性循环，促进创新链产业链资金链人才链深度融合。一要全面激发各类企业创新主体活力，重塑国有企业的内在动力机制，优化民营企业公平竞争环境，发挥外资企业的创新溢出效应。发挥科技型骨干企业的引领支撑作用，优化科技型中小微企业成长环境，不断提高科技成果转化和产业化水平，着力打造具有全球影响力的产业科技创新中心。二要充分发挥科技领军企业"出题人""答题人""阅卷人"的作用。科技领军企业要发挥市场需求、集成创新、组织平台优势，整合集聚项目、基地、人才、资金等重点领域的创新资源，开展产业共性关键技术研发、科技成果转化及产业化、科技资源共享服务。三要依托上海国际金融中心优势，积极建设科技—产业—金融循环示范区，推动创新链产业链资金链人才链深度融合。持续推进人民币国际化，统筹建设全球金融网络节点与国际科技创新中心。完善金融支持创新的多层次服务体系，综合运用"投、贷、债、补"等金融工具，创新科技金融。持续完善面向创新的多层次资本市场，以更加包容的制度强化科创板的"硬科技"特色。

第五，打造内外双向开放创新生态，对内推动长三角科技创新共同体，对外拓展全球合作创新网络。一方面，高水平推动长三角国家技术创新中心建设，构建跨国家、跨区域、跨学科的全球协同创新资源网络，整合优质的全球创新资源，积极与国际国内高校院所开展战略合作。在区域范围内，探索团队管理、资金支持、项目运行、人才培养等方面的体制机制创新。另一方面，在统筹发展与安全基础上，就气候变化、生命健康等人类共性问题，加强国际合作和联合研发。依托上海国际化资源优势，参与设计和牵头国际大科学计划和大科学工程，设立面向全球的科学研究基金。

表3 "十四五"时期科技领域的重大工程项目

领域	重大项目
科技前沿领域攻关	01 新一代人工智能 02 量子信息 03 集成电路 04 脑科学与类脑研究 05 基因与生物技术 06 临床医学与健康 07 深空深地深海和极地探测
国家重大科技基础设施	01 战略导向型 02 应用支撑型 03 前瞻引领型 04 民生改善型

表4 上海加快构建以国家实验室为引领的战略科技力量

整体布局	政策措施	成效
国家实验室体系初步呈现"3+4"总体格局	集聚包括两院院士、领军科学家、海外人才等在内的全时科研人员约1500人。4家国家实验室基地已先期启动	牵头组建3家国家实验室高质量入轨运行:张江国家实验室(光子科技)、临港国家实验室(生命健康)、浦江国家实验室(人工智能)

续表

整体布局	政策措施	成效
全国重点实验室重组进度加快	根据重组国家重点实验室体系方案,研究制定《关于支持在沪全国重点实验室建设发展的若干举措》,通过优化人才计划、学科建设、国资国企、科研资金、市重点实验室培育等资源配置,全方位服务保障重组工作	上海全国重点实验室44家,占全国的8%,位列全国第2。已完成25家实验室重组,其中推荐3家实验室入选重组"标杆"

参考文献

陆园园:《加快推进国际科技创新中心建设》,《光明日报》2022年4月21日。

马海涛、陶晓丽:《区域科技创新中心内涵解读与功能研究》,《发展研究》2022年第2期。

王艳辉、伊彤、陈海燕:《中国三大国际科技创新中心建设比较研究》,《中国科技论坛》2022年第8期。

张全:《强化科创策源力提升核心竞争力》,《科技日报》2022年11月15日。

张文忠:《中国不同层级科技创新中心的布局与政策建议》,《中国科学院院刊》2022年第12期。

庄芹芹:《"十四五"时期上海建设国际金融中心的战略应对》,《科学发展》2020年第9期。

Csomos G. , Toth G. , "Exploring The Position of Cities in Global Corporate Research and Development: A Bibliometric Analysis by Two Different Geographical Approaches," *Journal of Informetrics*, 2016, 10 (2) .

Derudder B. , Taylor P. J. , "Central Flow Theory: Comparative Connectivities in the World-City Network," *Regional Studies*, 2017, 52 (8) .

Parnreiter C. , "Global Cities in Global Commodity Chains: Exploring the Role of Mexico City in the Geography of Global Economic Governance," *Global Networks*, 2010, 10 (1) .

Sassen S. , *The Global City: New York, London, Tokyo*, Princeton, NJ: Princeton University Press, 2001.

"The Rise of the Region State," *Foreign Affairs*, 1993, 72 (2) .

B.28
以科技创新促进提高劳动生产率[*]

刘建翠[**]

摘　要： 创新是经济增长的重要源泉，也是提高劳动生产率的重要途径之
一。在知识社会创新的作用越来越强，科技创新促进了经济社会
的发展和进步，提高了劳动生产率。本文首先分析了科技创新提
高劳动生产率的机理，用模型实证了科技创新能够提高劳动生产
率；其次提出了中国劳动生产率的变化特点，运用生产函数对劳
动生产率进行了分解，分析了影响劳动生产率的因素；再次与国
际比较发现，中国劳动生产率增长很快但还很低，为此，分析了
提高劳动生产率面临的困难；最后提出了提高劳动生产率的建
议，包括提高人力资本、完善劳动力市场、提高创新能力等。

关键词： 科技创新　劳动生产率　资本深化

提高劳动生产率是一个国家或区域增加经济总产出的必要手段。在新的发
展阶段和新发展格局下，全面贯彻新发展理念，提高劳动生产率是促进经济高
质量发展，走向共同富裕的重要途径之一。劳动生产率是指单位劳动投入带来
的产出，经济增长的主要动力在于劳动生产率的提高，劳动生产率是反映经济
增长质量的重要指标，表征劳动的投入产出效果，其值在很大程度上决定了工
薪阶层的劳动报酬，对消费、投资的可持续发展具有深刻的影响。另外，劳动
生产率反映了生产力水平，对于经济结构的调整也具有较强的指导作用。提高

---

[*] 本文部分内容已发表于吴滨、刘建翠、朱承亮等《中国生产率研究：新时代十年生产率变化
趋势分析》（第三章），中国社会科学出版社，2023。

[**] 刘建翠，中国社会科学院数量经济与技术经济研究所副研究员，主要研究方向为技术创新与
效率分析。

劳动生产率是我国一贯坚持的长期目标,《国务院关于印发"十四五"就业促进规划的通知》和《中华人民共和国国民经济和社会发展第十四个五年规划和 2035 年远景目标纲要》均提出了"十四五"期间"全员劳动生产率高于 GDP 增长率"的目标。

一 科技创新提高劳动生产率的机理分析

(一)科技创新与劳动生产率

经济学意义上的创新是源自经济学家熊彼特在 1912 年出版的《经济发展概论》,他提出了创新的五种情况,自此学者们对创新的研究如火如荼,尤其是 20 世纪 60 年代以后,伴随着新技术革命,创新的概念、理论得到了极大的扩展和补充,创新逐步形成系统的理论。随着信息化的发展,进入 21 世纪的知识社会,对创新的认识提高到了新的高度,习近平多次提到创新是一个民族进步的灵魂,是一个国家兴旺发达的不竭动力,也是中华民族最深沉的民族禀赋;创新是引领发展的第一动力,经济长远发展的动力源自创新;当今世界,谁牵住了科技创新这个"牛鼻子",谁走好了科技创新这步先手棋,谁就能占领先机、赢得优势;与发达国家比较,我国科技创新的基础还不牢固,创新水平还存在明显差距……唯有创新才能自强,才能争先。

科技创新推动了社会的发展和进步,促进了经济发展。内生经济增长理论表明经济的长期增长,不仅需要高质量的劳动力还需要始终保持创新。创新能显著提高企业绩效,提高劳动生产率。[1] Palangkaraya 等的研究结果表明创新使中小企业的生产率在 1~4 年后提高了 21%。[2] 创新活动创造了新的产品和改进了

---

[1] Murat A., Nilgün A., Fulya S., "The Relationship Between Innovation and Firm Performance: An Empirical Evidence from Turkish Automotive Supplier Industry," *Procedia-Social and Behavioral Sciences*, 2013, 75 (93); Ismail R., "The Impact of Human Capital and Innovation on Labour Productivity of Malaysian Small and Medium Enterprises," *Int. J. Productivity and Quality Management*, 2018, 25 (2).

[2] Palangkaraya A., Spurling T., Webster E., "Is Science-Based Innovation More Productive? A Firm-Level Study," *Australian Council of Learned Academies*, http://www.acola.org.au/, 2014.

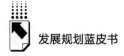
现有产品和服务的方法，提高了产出水平和劳动生产率，而专利和产品种类的增加也可以提高企业的生产率（自主创新）；同时由于技术水平提高，企业获得更多的利润，进行更多的投资，使得劳均资本提高，从而提高劳动生产率。创新活动还提高了企业吸收新技术的能力，便于企业引进技术、消化、吸收和再创新（模仿创新），提高产出和劳动生产率。同时，知识和创新通过国际贸易、外商直接投资等活动产生溢出效应（技术溢出），从而提高劳动生产率。

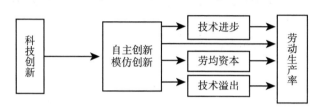

图 1　劳动生产率机制传导图

（二）科技创新对劳动生产率的影响机制分析

专利是表征科技创新的一个重要指标，专利申请量和授权量反映了一个国家或区域的科技进步程度，发明专利比其他形式的专利更加具有原创性和知识垄断性，更能体现知识更新的程度。同时相比专利授权量，专利申请量更能代表一个国家或区域的创新能力，以发明专利申请量作为表征科技创新的指标，揭示其对劳动生产率的影响，参考已有文献，模型设定如下：

$$\ln APL = \alpha_0 + \alpha_1 \ln APL_{-1} + \alpha_2 \ln PAT + \alpha_3 LK + \alpha_4 TRADE + \alpha_5 NAG + \varepsilon \qquad (1)$$

其中，APL 为劳动生产率；APL_{-1} 为滞后一期劳动生产率；PAT 是发明专利申请量；LK 是劳均资本存量，代表资本深化；$TRADE$ 是进出口总额与 GDP 的比值，进出口贸易能够带来技术溢出，影响劳动生产率；NAG 是第二产业和第三产业增加值之和占 GDP 比重，代表了产业结构高级化；ε 是其他误差项。为了消除异方差，劳动生产率和发明专利申请量均取对数。价值数据以2010 年为基期。

中国的专利统计始于 1986 年，用 1986～2021 年的时间序列数据分析创新对劳动生产率的影响。采用"OLS+稳健标准误"回归模型，经过稳健性检验后，计算结果如表 1 所示。

表 1 回归结果

变量	Coef.	Std. Err.	t	P>|t|	[95% Conf. Interval]
lnAPL_{-1}	0.784 ***	0.0591	13.28	0.000	[0.6636,0.9052]
lnPAT	0.045 *	0.0225	2.00	0.055	[-0.0010,0.0910]
NAG	1.355 **	0.4987	2.72	0.011	[0.3347,2.3747]
$TRADE$	-0.012	0.0685	0.17	0.865	[-0.1519,0.1284]
LK	0.002	0.0012	1.42	0.165	[-0.0007,0.0041]
_cons	0.580 **	0.2581	2.25	0.032	[0.0519,1.1075]
F(5,29)	7715.53				
R^2	0.9990				

注：*** 、** 、* 分别表示在1%、5%和10%水平上显著。

回归结果显示，滞后项和发明专利申请量以及产业结构高级化显著提高劳动生产率，分别在1%、10%和5%的水平上显著，产业结构高级化促进就业人员从生产率低的部门进入生产率高的部门，提高了劳动生产率，发明专利的增加能有效提高劳动生产率，说明科技创新提高了劳动生产率，与前文分析一致。资本深化能促进劳动生产率的提高，但不显著，说明资本深化对劳动生产率的提高作用降低，因为资本深化受到资本报酬递减规律的制约，当机器设备增加到一定程度后，投入的资本回报率会下降。所以，不能无限制地靠提高资本劳动比来提高劳动生产率。国际贸易抑制劳动生产率的提高，但不显著，说明目前国际贸易不能提高劳动生产率，随着我国技术水平的提高，国际贸易带来的技术溢出效应降低。回归结果显示发明专利能够显著提高劳动生产率，2021年与1986年相比，发明专利申请量提高了197.99倍，劳动生产率提高了12.76倍，劳动生产率有较大的提升空间。

二 中国劳动生产率现状

（一）中国劳动生产率变化特点分析

1. 中国劳动生产率的增长

中国劳动生产率从1980年的5675.78元/人提高到2022年的119989.92元/人（2010年价），年均实际增长率为7.54%，低于同期GDP增长率

9.01%，但 2016 年以来劳动生产率的增长率高于 GDP 增长率，中国提前实现了"十四五"规划提高劳动生产率的目标。

图 2 显示中国劳动生产率在测算周期内增长迅速，从增长率看呈现以下特点：第一，中国劳动生产率的增长率趋势与中国经济增长率的趋势一致，均呈"三上三下"态势，且波动幅度大于经济增长率波动幅度，尤其是 1995 年以前。第二，中国劳动生产率的增长速度与经济增长速度同样呈下降趋势，也就是增长率越来越小，是经济进入高质量发展阶段的特征。第三，2016 年以来中国劳动生产率的增长率下降速度低于经济增长率的下降速度，或许与中国就业总人数减少有关。

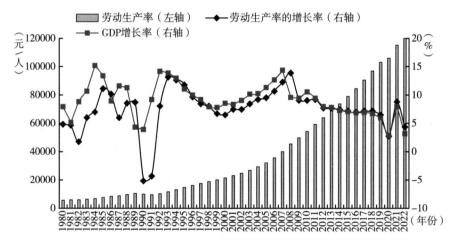

图 2　劳动生产率及增长率（2010 年价）

2. 基于生产函数的劳动生产率分解

对劳动生产率的分解，不同的角度有不同的分析方法，目前常用的有生产函数法、转换份额分析法（Shift-Share Analysis，又称偏离份额分析法）、随机前沿模型分解法等，因数据处理方法、研究时期和研究方法不同，分析结果存在较大差异。这里用生产函数法分解劳动生产率。从目前的研究文献看，教育、资本深化和技术进步对劳动生产率均有显著影响，[①] 随着中国老龄化程度

---

① 都阳、曲玥：《劳动报酬、劳动生产率与劳动力成本优势——对 2000~2007 年中国制造业企业的经验研究》，《中国工业经济》2009 年第 5 期；吴昊：《中国城市劳动生产率影响因素研究——基于 286 个城市数据面板分析》，《经济经纬》2017 年第 1 期；陈梦根、侯园园：《中国行业劳动投入和劳动生产率：2000~2018》，《经济研究》2021 年第 5 期。

加深，老龄化也显著影响劳动生产率①。

假设规模报酬不变的生产函数为：

$$Y = A_i K^\alpha L^{1-\alpha} \tag{2}$$

则劳动生产率为：

$$APL = \frac{Y}{L} = A_i K^\alpha L^{-\alpha} \tag{3}$$

对式（3）取对数：

$$\ln APL = \alpha \ln \frac{K}{L} + A_i = \alpha \ln LK + A_i \tag{4}$$

其中，APL 为劳动生产率；K、L 分别为资本和劳动；α 为资本的产出弹性；LK 为劳均资本存量，表示资本深化；A_i 为影响因素，包括人力资本、老龄化和技术进步等。人力资本用基于受教育年限和教育回报计算得到，1990~2019 年数据来自 PWT10.0，2020~2022 年数据根据 1990~2019 年数据预测得到；老龄化用 65 岁及以上人口占总人口的比重表示；技术进步用专利授权量表示，研究时期为 1990~2022 年，数据来自 2021 年的《中国统计年鉴》以及历年《中国科技统计年鉴》，2022 年数据来自《2022 年中华人民共和国国民经济和社会发展统计公报》。运用"OLS-稳健标准误"法对式（4）进行回归，方程均通过了稳健性检验，拟合效果较好，回归结果见表 2。

表 2　劳动生产率的影响因素

变量	Coef.	Std. Err.	P>|t|	[95% Conf. Interval]
常数项	6.7598 ***	0.2686	25.17	[6.2096, 7.31]
人力资本	1.0460 ***	0.1076	9.73	[0.8257, 1.2635]
老龄化	-0.0434 ***	0.0077	-5.62	[-0.0593, -0.0276]
资本深化	0.4752 ***	0.0366	12.98	[0.4002, 0.5501]
技术进步	0.0453 *	0.0251	1.81	[-0.0061, 0.0967]
R^2	0.9983			
F	5461.3200			

注：*** 、* 分别表示在 1% 和 10% 水平上显著。

---

① 江鑫、黄乾：《劳动生产率呈倒"U"型变化趋势的人口老龄化因素分析》，《当代经济研究》2019 年第 3 期。

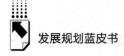

资本深化、人力资本在 1% 的水平上显著提高劳动生产率，技术进步在 10% 的水平上显著提高劳动生产率，而老龄化在 1% 的水平上显著抑制劳动生产率的提高。随着资本深化的加速，资本产出比也快速增加，2021 年资本产出比高达 3.99，资本的边际报酬递减过快，产出增长率下降，2014 年开始第二产业的就业人数下降，说明资本深化已经挤出劳动，因此不能无限制的提高劳均资本存量。从经济发展和人口素质关系来看，具有科技素养的人口占比越高经济往往越发达，尤其是研发人员占比是重要的衡量指标。根据 2021 年《中国科技统计年鉴》，2019 年每万人就业人员中从事研发活动人员方面，丹麦有 207 人，韩国有 194 人，比利时有 191 人，瑞典 178 人，英国 148 人，俄罗斯有 105 人，而 2020 年中国只有 70 人，差距较大。教育是提高人口素质的主要途径，但 2020 年就业人员中初中及以下占比仍然超过 60%。都阳和曲玥的研究结果表明，制造业职工的教育水平从高中提高到大专、大专提高到本科生两个阶段的变化对劳动生产率的拉动作用最大。[①] 在提高劳动生产率方面，提高教育年限的潜力还很大。专利授权量的快速增加不仅是中国创新能力提高的体现，也是技术进步的重要表征，与 1990 年相比，2022 年专利授权量提高了 190 倍多，万人专利授权量从 0.2 件提高到 30.62 件，技术进步有了较大提高。

随着中国老龄化程度的加深，老年群体越来越大，社会总体的劳动参与率将降低，从而降低整个社会的劳动生产率。同时老年人的创新能力和接受新知识能力低于年轻人，进而降低社会整体的创新能力和知识创造能力，影响经济高质量发展。随着智能化、数字化的发展，大部分行业的岗位，尤其是新兴行业对就业者的技能有了更高的要求，老年人群体更加难以胜任。同时，老龄化伴随着劳动力供给下降，带来劳动成本的迅速上涨；降低消费能力，造成总需求萎缩，并大幅增加医疗、养老支出，从而削弱产业竞争力，制约经济增长，降低劳动生产率。

（二）劳动生产率国际比较分析

与世界主要经济体比较发现（见表 3），虽然中国劳动生产率较低，但增

---

① 都阳、曲玥：《劳动报酬、劳动生产率与劳动力成本优势——对 2000~2007 年中国制造业企业的经验研究》，《中国工业经济》2009 年第 5 期。

长速度远远高于美、日等发达国家，反映了中国经济活力较强、增长潜力较大。与其他经济体相比，中国劳动生产率具有以下特点。

第一，中国劳动生产率仍然较低。2021 年劳动生产率最高的是美国，高达 134363 美元/人（2017 年不变价，PPP 美元），世界平均水平、高收入国家和中等收入国家分别是 41353 美元/人、105079 美元/人和 29437 美元/人，中国劳动生产率只有 32976 美元/人，分别只有世界平均水平、高收入国家、中等收入国家和美国的 79.74%、31.38%、112.02% 和 24.54%，明显偏低。

第二，中国劳动生产率在"金砖四国"中仅高于印度，属于较低水平。从"金砖四国"的劳动生产率看，中国不仅低于俄罗斯还低于巴西，2021 年只有俄罗斯的 55.09%。从增长速度看，2011~2021 年中国最高，印度次之，俄罗斯和巴西较低，分别只有 1.89% 和 0.88%。尽管如此，中国仍迫切需要大力提高劳动生产率。

第三，中国劳动生产率提高速度较快。2010 年，中国劳动生产率是 16123 美元/人，只有美国的 13.58%、世界平均水平的 49.24%。经过多年的发展，中国与世界平均水平及发达国家的差距不断缩小，2021 年中国劳动生产率达到世界平均水平的 79.74%，提高了 30 多个百分点。从劳动生产率的增长速度看，2010~2021 年世界平均水平是 2.14%，高收入国家是 0.82%，中等收入国家是 3.68%，美国是 1.13%，印度是 5.13%，中国是 6.72%，中国远远高于其他经济体。

表 3　劳动生产率国际比较（PPP 美元，2017 年不变价）

单位：美元/人

区域	2010 年	2015 年	2019 年	2021 年
中　国	16123	22946	29446	32976
俄罗斯	48697	52677	56966	59854
印　度	12106	16217	19990	20991
巴　西	33382	34071	33832	36748
日　本	77710	80651	78690	77271
加拿大	87324	92296	94256	94267
美　国	118758	123705	127969	134363
德　国	98453	102720	104313	104026
法　国	100394	105727	110593	107114

区域	2010 年	2015 年	2019 年	2021 年
英　国	88855	91936	94572	93281
高收入国家	96078	100500	103281	105079
中等收入国家	19790	24073	27720	29437
世界平均水平	32744	36587	39870	41353

注：世界银行的数据库每年都在对以前年度的数据进行更新，故从 2022 年世界银行 WDI 数据库得到的有关指标，与 2021 年世界银行 WDI 数据库得到的有关指标数值有差异。

资料来源：世界银行 WDI 数据库。

比较 2019 年和 2021 年的数据可以发现，受新冠疫情的影响，日本、德国、法国、英国等国的劳动生产率下降，加拿大变化较小，尤其是日本的劳动生产率低于 2015 年水平，德国、法国、英国三国的劳动生产率在 2016～2021 年的年均增长率是 0.2%，说明这些国家经济增长陷于停滞，可能是世界经济形势对这些国家的经济影响较大。

（三）提高劳动生产率面临的困难

从以上分析可以看出中国劳动生产率还很低，提高劳动生产率面临以下困难。

第一，教育水平低。根据联合国开发计划署 2020 年版《人类发展报告》（Human Development Report），2019 年中国平均受教育年限为 8.1 年，低于世界平均水平的 8.5 年，也低于高人类发展水平（High Human Development）的 8.4 年（中国位于高人类发展水平组别），在同组别的 53 个国家中，中国位列第 44 名，人均 GDP 位列第 10 名（PPP 国际元），经济发展与教育发展水平极其不匹配。例如乌兹别克斯坦人均 GDP 只有中国的 44.48%，但人均受教育水平比中国高 3.7 年。中国就业人员中初中及以下学历的占比 60% 以上，是就业人员主力。但初中学历难以满足智能化、数字化、信息化发展的需要，随着数字社会的到来，机器人代替工人是大势所趋，只有至少具有高中学历、具备现代化知识储备的年轻一代才能适应社会飞速发展的需求。并且，产业升级和数字化发展对技工要求不断提高，没有高中学历的年轻人，也不可能成为合格的职业技工人才。随着 Chat GPT 的面世，Chat GPT 技术的应用将会替代大量重复性劳动的工种，即这些工种的劳动者将面临失业，并且难以再找到工作，中国低学历的劳动者受到的冲击会更大。

第二，就业结构不合理，大量就业人员滞留在第一产业。三次产业中第一产业的劳动生产率最低，2021 年第一产业增加值占 GDP 的比重为 7.27%，就业人员占总就业人员的比重为 22.87%，与世界第一产业占比相似的国家相比，第一产业就业人员比重显然偏高。2019 年马来西亚、阿根廷、土耳其和乌克兰第一产业增加值占 GDP 的比重与中国不相上下（见表 4），但就业比重远远低于中国，土耳其较高，也比中国低 7 个百分点。高收入国家的人口和劳动力结构以高度非农化和城市化为特征，综观高收入国家的农业劳动力比重大部分低于3%，城市化率为 80% 左右。2021 年底中国第一产业劳动力人数为 17072 万人，也就是说至少有 1 亿的就业人员可以转移到第二或第三产业，这将会极大地提高劳动生产率。2021 年中国的城市化率为 64.72%，还有较大提升空间。

表 4　2019 年不同国家第一产业增加值和就业比重

单位：%

国　　家	增加值比重	就业比重
中　　国	7.1	25.4
马来西亚	7.3	10.4
阿 根 廷	7.2	0.1
乌 克 兰	9.0	14.5
土 耳 其	6.4	18.4

资料来源：世界银行 WDI 数据库。

第三，"未富先老"不利于经济增长，降低了劳动生产率。人口老龄化是一个国家发展的必然趋势，发达国家是经济发展到一定水平后才进入老龄化社会的，属于"先富后老"，但中国是"未富先老"，当老龄化人口占比 7% 时，中国人均 GDP 只有日本的一半。从长期看，老龄化影响了劳动供给结构，降低了劳动参与率，减少了劳动力供给并降低了劳动力质量、提高了劳动力成本，同时人口老龄化降低储蓄和国内消费能力、降低资本积累，通过改变资本—劳动要素禀赋结构从而影响创新，严重影响劳动生产率、经济增长和经济增长质量。

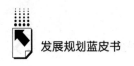
三　政策建议

根据世界银行 WDI 的数据，2021 年中国经济总量占世界经济总量的比重是 18.45%，美国是 23.92%，比美国低 5.47 个百分点；但人均 GDP 中国只有美国的 18.12%，作为世界第二大经济体的中国，劳动生产率不足美国的 1/4，为了实现第二个百年目标和共同富裕，中国必须提高劳动生产率，同时中国劳动生产率还有很大提升空间。提高劳动生产率，提高经济潜在增长率，壮大经济总量，促进共同富裕，是中国面临的重要命题，也是必须完成的重要任务之一。

（一）提升人口素质，提高人力资本

教育公平是最大的社会公平，也是实现共同富裕的基本路径之一。一方面，大力促进教育公平，延长义务教育年限，加大基础教育投入，推进教育资源均等化配置，全面提高人口素质，实现党的十九大提出的"努力让每个孩子都能享有公平而有质量的教育"，满足人民群众对教育的需要，坚持党的二十大提出的"教育优先发展""办好人民满意的教育"。另一方面，注重培养创新型人才，高等教育侧重培养中高端人才，适应创新发展。职业教育需培养应用型、技能型的高级技工，也应具备技术创新、产品创新、工艺创新、模式创新等方面的能力。同时中国就业人员的人力资本禀赋与发达经济体相比也存在巨大差距，2019 年中国人力资本指数只有发达国家的 70% 左右，通过教育和职业培训领域的发展和改革，加大技能教育培训力度，提高人力资本投入的总体回报。

（二）提高流动性，完善劳动力市场

随着经济体制改革的深入，中国不断完善就业机制，市场机制在劳动力配置中的作用越来越明显，提高了劳动力供给与行业需求间的匹配度。在新发展格局下，为了建设全国统一大市场，促进生产要素合理流动，2022 年 4 月《中共中央 国务院关于加快建设全国统一大市场的意见》发布，提出了"健全统一规范的人力资源市场体系，促进劳动力、人才跨地区顺畅流动"。这将使低生产率部门的剩余劳动力更顺利地向高生产率部门转移，也有利于就业的自由选择，促进人力资本跨行业和区域流动，实现劳动力资源的有效配置，从而提高劳动生产率。同时，建立企业的进入和退出市场机制，提高劳动力市场的流动性，促使生产率低的企业退出市场，劳动力进入生产率高的企业，提高社会整体劳动生产率。

（三）加大职业培训力度，缓解结构性就业矛盾

开展多层次多方式的就业职能培训。根据市场需求，建立多层次全方位的培训模式，针对不同需求的人员制定不同模式的培训方案，尤其是农村转移就业劳动者、脱贫人口、失业人员、就业困难人员等，大力提高被培训人员在新阶段下应该具有的技能和学习能力。充分发挥企业在职业技能培训中的主体作用，支持企业开展职工在岗培训，突出高技能人才培训、急需紧缺人才培训、转岗转业培训、储备技能培训、通用职业素质培训等。开展多样化的培训，积极探索"互联网+职业技能培训"，充分利用信息技术提高技能培训的便利性。实施职业技能培训共建共享行动，健全职业技能培训共建共享机制，开展县域职业技能培训共建共享试点。

（四）坚持创新驱动发展，提高自主创新能力

随着信息技术的快速发展，生产函数发生了深刻变化，科技创新对经济发展的作用愈发凸显，坚持创新驱动发展战略，全面推进科技创新，深化制度创新，大力提升国家创新体系的整体效能。坚持"四个面向"，瞄准世界科技前沿，加快实施具有战略性、前瞻性的国家重大科技项目，大力推动颠覆性技术创新，实现关键技术、前沿技术的突破；加强基础研究的前瞻谋划和统筹布局，加快实施基础研究十年规划，面向世界科学前沿和国家重大需求，凝练经济社会发展中的关键科学问题，建设一批基础学科研究中心，提高源头供给能力。引导社会资金和企业资金进行基础研究，发挥企业在技术创新中的主体作用，支持科技领军企业对关键核心技术的攻关能力。优化科技成果转化推广机制，大力推进科技成果转化为现实生产力。

参考文献

陈梦根、侯园园：《中国行业劳动投入和劳动生产率：2000～2018》，《经济研究》

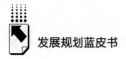

2021 年第 5 期。

都阳、曲玥：《劳动报酬、劳动生产率与劳动力成本优势——对 2000~2007 年中国制造业企业的经验研究》，《中国工业经济》2009 年第 5 期。

冯剑锋、陈卫民：《我国人口老龄化影响经济增长的作用机制分析：基于中介效应视角的探讨》，《人口学刊》2017 年第 4 期。

江鑫、黄乾：《劳动生产率呈倒"U"型变化趋势的人口老龄化因素分析》，《当代经济研究》2019 年第 3 期。

刘成坤、林明裕：《人口老龄化、人力资本积累与经济高质量发展》，《经济问题探索》2020 年第 7 期。

逯进、李婷婷、张晓峒：《储蓄、老龄化与经济增长》，《西安交通大学学报》（社会科学版）2021 年第 6 期。

吴昊：《中国城市劳动生产率影响因素研究——基于 286 个城市数据面板分析》，《经济经纬》2017 年第 1 期。

张季风、邓美薇：《人口老龄化、技术创新对经济增长质量的影响——基于中日两国的比较分析》，《日本问题研究》2019 年第 1 期。

Murat A., Nilgün A., Fulya S., "The Relationship Between Innovation and Firm Performance: An Empirical Evidence from Turkish Automotive Supplier Industry," *Procedia-Social and Behavioral Sciences*, 2013, 75 (93).

Palangkaraya A., Spurling T., Webster E., "Is Science-Based Innovation More Productive? A Firm-Level Study," *Australian Council of Learned Academies*, http://www.acola.org.au/, 2014.

Ismail R., "The Impact of Human Capital and Innovation on Labour Productivity of Malaysian Small and Medium Enterprises," *Int. J. Productivity and Quality Management*, 2018, 25 (2).

B.29

推动制造业高端化发展

吴　滨　李禄含*

摘　要： 制造业在国民经济中处于核心地位，是立国之本、兴国之器和强
国之基。推动制造业高端化发展是建设制造强国的本质要求，也
是实现中国经济高质量发展的重要手段。立足新发展阶段，本文
系统梳理了"十四五"时期以来制造业高端化方面的政策、方
案和规划，对制造业高端化发展现状进行了总结，并重点分析了
制造业高端化发展面临的问题，在此基础上提出了推动我国制造
业高端化的若干建议。

关键词： 制造业　高端化　政策取向　高质量发展

　　制造业是生产资料、生活资源的主要生产部门，在经济体系中占据重要地
位。在传统的理论中，制造业比重下降是工业化的重要标准，但随着发达国家
"制造业空心化"带来的问题，制造业的作用成为研究的焦点。大量的研究表
明，制造业在促进经济增长、推动科技创新、保障国家安全等方面具有重要作
用，特别是对大国的发展而言意义尤为重要。目前，我国已经开启全面建设社
会主义现代化国家新征程，制造业肩负着推进经济高质量发展的重要职责。第
十四个五年规划和2035年远景目标纲要提出保持制造业比重基本稳定的要求，
具有重要的战略意义。同时，新时期制造业发展并非传统模式的延续，要以转
型升级为基础，以转型升级带动制造业发展。高端化是制造业转型升级的关键
内容，推动制造业高端化发展对于实现经济高质量发展而言具有重要意义。

---

　*　吴滨，中国社会科学院数量经济与技术经济研究所研究员、中国社会科学院大学教授，主要
　　研究方向为技术经济；李禄含，中国社科院大学，研究方向为技术经济。

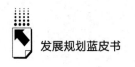

一 "十四五"制造业高端化的政策取向

制造业高端化是后发国家工业化发展到一定阶段后必然要面临的问题，推动制造业高端化旨在通过制造业转型升级突破我国制造业大而不强的现状，实现由制造大国向制造强国的转变。但制造业的高端化发展并非一个自发的过程，而是一项相当艰巨的任务，需要机制、科技和模式的创新加以支撑。"十四五"期间我国出台了一系列政策和措施，积极推进制造业高端化发展。

加快高端装备和高技术产业发展，推动制造业结构优化。从根本上看，制造业高端化就是实现产业结构的转型升级，大力发展高端制造是关键内容。"十四五"时期以来，党中央和国家对高端装备产业发展作出部署，地方政府积极响应，上海、浙江等省份结合实际陆续出台了"十四五"高端装备制造业发展规划。例如，《上海市高端装备产业发展"十四五"规划》明确，到 2025 年上海初步建成具全球影响力的高端装备创新增长极与核心技术策源地，届时高端装备产业规模将突破 7000 亿元。此外，2021 年 12 月，工信部等 8 部门发布《"十四五"智能制造发展规划》，要求大力推进智能制造，到 2025 年规模以上制造业企业大部分实现数字化网络化，并明确了"十四五"期间的重点发展任务。在相关政策推动下，高端装备和高技术产业领域行业发展规划正加速出台，《"十四五"医药工业发展规划》《"十四五"医疗装备产业发展规划》《"十四五"机器人产业发展规划》《环保装备制造业高质量发展行动计划（2022—2025 年）》《智能光伏产业创新发展行动计划（2021—2025 年）》《智能检测装备产业发展行动计划（2023—2025 年）》《关于推动能源电子产业发展的指导意见》等文件为"十四五"期间本行业高质量发展指明了发展方向和重点任务。

专栏：《"十四五"智能制造发展规划》

作为制造强国建设的主攻方向，智能制造发展水平关乎我国未来制造业的全球地位。发展智能制造，对于加快发展现代产业体系、巩固壮大实体经济根基、构建新发展格局、建设数字中国而言具有重要意义。

《"十四五"智能制造发展规划》的主要发展目标为：到 2025 年，规模以上制造业企业大部分实现数字化网络化，重点行业骨干企业初步应用智能化：

一是转型升级成效显著，70%的规模以上制造业企业基本实现数字化网络化，建成500个以上引领行业发展的智能制造示范工厂；二是供给能力明显增强，智能制造装备和工业软件市场满足率分别超过70%和50%，培育150家以上专业水平高、服务能力强的智能制造系统解决方案供应商；三是基础支撑更加坚实，完成200项以上国家、行业标准的制修订，建成120个以上具有行业和区域影响力的工业互联网平台。

《"十四五"智能制造发展规划》结合我国智能制造发展现状和基础，紧扣智能制造发展生态的四个体系，提出了"十四五"期间智能制造发展的创新、应用、供给和支撑四项重点任务，并据此部署了六个专项行动：一是开展智能制造技术攻关行动，重点突破基础技术、先进工艺技术、共性技术以及适用性技术等4类关键核心技术和生产过程数据集成、业务互联、协同优化以及仿真优化等4类系统集成技术；二是开展智能制造示范工厂建设行动，面向企业转型升级需要，打造智能场景、智能车间、智能工厂和智慧供应链，形成多场景、全链条、多层次应用示范；三是开展行业智能化改造升级行动，针对装备制造、电子信息、原材料、消费品等四个传统产业的特点和痛点，推动工艺革新、装备升级、管理优化和生产过程智能化；四是开展智能制造装备创新发展行动，加快研发基础零部件和装置、通用智能制造装备、专用智能制造装备以及新型智能制造装备等四类智能制造装备；五是开展工业软件突破提升行动，加快开发应用研发设计、生产制造、经营管理、控制执行、行业专用及新型软件等六类工业软件；六是开展智能制造标准领航行动，从标准体系建设、研制、推广应用和国际合作等四个方面推动智能制造标准化工作走深走实。

着力加强品牌建设，推动制造业价值链提升。品牌是高质量发展的重要象征，加强制造业品牌建设是推动制造业价值链提升的重要手段。2022年9月，国家发改委等7部门发布《关于新时代推进品牌建设的指导意见》，指出大力实施制造业"增品种、提品质、创品牌"行动，形成有影响力的"中国制造"卓著品牌，培育一批先进制造业集群品牌，并强调引导装备制造业加快提质升级，推动产品供给向"产品+服务"转型，在轨道交通、电力、船舶及海洋工程、工程机械、医疗器械、特种设备等装备领域，培育一批科研开发与技术创新能力强、质量管理优秀的系统集成方案领军品牌和智能制造、服务型制造标杆品牌。为做好制造业品牌建设工作，工信部相继发布了《关于做好2021年工业质量品牌建设工作的通知》《关于做好2022年工业质量提升和品牌建设工作的通知》，从多方面加强全面质量管理，明确指出推动原材料、装备制造、消费品和电子信息等重点行业质量提升，持续塑造"中国制造"品牌形象。从具体行业来看，2022年9月，工信部等4部门印发《原材料工业"三品"实施方案》，以促进原材料工业培育一批质量过硬、竞争优势明显的中国品牌，产品进入全球中高端供应链；2023年3月，工信部等11部门发布《关于培育传统优势食品产区和地方特色食品产业的指导意见》，提出打造一批全国知名地方特色食品产品品牌和地方特色小吃工业化典型案例，基本形成"百亿龙头、千亿集群、万亿产业"的地方特色食品发展格局。

加大专精特新企业培养力度，提高制造业创新活力。专精特新企业在我国制造业创新格局中占据重要地位，促进专精特新企业高质量发展有助于提高制造业创新活力。2021年1月，财政部和工信部联合发布《关于支持"专精特新"中小企业高质量发展的通知》，计划中央财政累计安排100亿元以上奖补资金，引导地方完善扶持政策和公共服务体系，分三批重点支持1000余家国家级专精特新"小巨人"企业高质量发展，并通过支持部分国家（或省级）中小企业公共服务示范平台强化服务水平，聚集资金、人才和技术等资源，带动1万家左右中小企业成长为国家级专精特新"小巨人"企业。2021年6月，工信部等6部门发布《关于加快培育发展制造业优质企业的指导意见》，提出构建优质企业梯度培育格局，支持"专精特新"中小企业发展成为"小巨人"企业、"小巨人"企业壮大成为单项冠军企业。2021年12月，工信部等19部门印发《"十四五"促进中小企业发展规划》，提出支持中小企业积极参与产业基础再造工程、制造业强链补链行动、国家重大科技项目和重点产品、工艺"一条龙"示范应用等，聚焦新一代信息技术、新能源、新材料、高端装备等关系国家安全和制造业核心竞争力的重点领域，深耕细分市场，掌握独门绝技，定点突破一批重要产品和核心技术，提升重点产业链配套协作能力。

实施降本减负行动，促进制造业平稳发展。我国制造业企业数量巨大，发展水平存在较大差异，易受市场经济环境影响。第十四个五年规划和2035年远景目标纲要明确提出要实施制造业降本减负行动，降低生产经营成本，提升制造业根植性和竞争力。受外部环境复杂性不确定性加剧、国内疫情多发等影响，制造业特别是中小微企业经营困难，2022 年 5 月，国务院促进中小企业发展工作领导小组办公室印发《关于印发加力帮扶中小微企业纾困解难若干措施的通知》，从多个方面采取有力措施帮扶中小微企业纾困解难。同年 9 月，国务院常务会议指出进一步延长制造业缓税补缴期限，并提出对于各领域主体在第四季度进行设备更新改造的，支持全国性商业银行积极投放中长期贷款以及中央财政为贷款主体贴息，以此增加制造业市场需求。同时，税务总局联合财政部跟进发布了《关于制造业中小微企业继续延缓缴纳部分税费有关事项的公告》。2022 年 11 月，工信部等 3 部门发布《关于巩固回升向好趋势加力振作工业经济的通知》，加快推动国务院扎实稳住经济一揽子政策和接续政策落地见效，巩固工业经济回升向好趋势。2022 年 12 月，国家发展改革委印发《"十四五"扩大内需战略实施方案》，提出要加大制造业投资支持力度，持续推进重点领域补短板投资。

二 "十四五"制造业高端化的进展成效

各省、自治区、直辖市人民政府纷纷出台相关政策文件推动落实制造业高端化，建设制造强国，中国制造业大国地位得到进一步巩固，制造业国际竞争力显著增强，我国制造业高端化取得良好开端。

（一）产业结构持续优化

我国制造业产业结构加快升级，高端化取得初步成效，高技术制造业和装备制造业发展迅速，增速高于规模以上工业平均水平，占规模以上工业增加值的比重逐年上升。2021 年规模以上工业中，高技术制造业[①]增加值同比增长18.2%，高于规模以上工业平均水平 8.6 个百分点，占规模以上工业增加值比重的 15.1%；装备制造业[②]增加值同比增长 12.9%，高于规模以上工业平均水

---

① 高技术制造业包括：医药制造业，航空、航天器及设备制造业，电子及通信设备制造业，计算机及办公设备制造业，医疗仪器设备及仪器仪表制造业，信息化学品制造业。

② 装备制造业包括：金属制品业，通用设备制造业，专用设备制造业，汽车制造业，铁路船舶、航空航天和其他运输设备制造业，电气机械和器材制造业，计算机、通信和其他电子设备制造业，仪器仪表制造业。

平 3.3 个百分点，占规模以上工业增加值比重的 32.4%。2022 年规模以上工业中，高技术制造业增加值同比增长 7.4%，高于规模以上工业平均水平 3.8 个百分点，占规模以上工业增加值比重的 15.5%；装备制造业增加值同比增长 5.6%，高于规模以上工业平均水平 2 个百分点，占规模以上工业增加值比重的 31.8%。各项数据表明，高技术制造业和装备制造业处于高速扩张阶段，发展态势良好，产业结构持续优化。

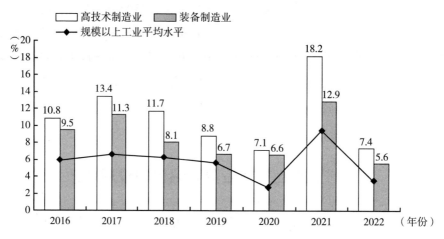

图 1 规模以上工业中高技术制造业和装备制造业增加值

资料来源：2016~2022 年《国民经济和社会发展统计公报》。

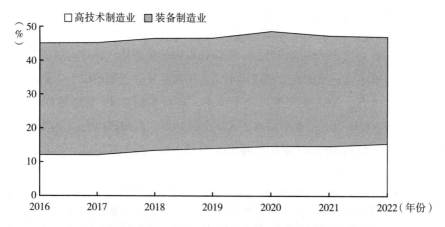

图 2 规模以上工业中高技术制造业和装备制造业增加值占比

资料来源：2016~2022 年《国民经济和社会发展统计公报》。

（二）产业链价值链不断升级

伴随着制造业结构的持续优化，我国制造业在产业链价值链上的相对地位逐步提升。先进制造业集群是产业分工深化和集聚发展的高级形式，同时也是产业链升级的具体体现。自 2019 年先进制造业集群发展专项行动实施以来，我国已经设立 3 批共 45 个国家级先进制造业集群，包括新一代信息技术领域 13 个、高端装备领域 13 个、新材料领域 7 个、生物医药及高端医疗器械 5 个、消费品领域 4 个、新能源及智能网联汽车领域 3 个，覆盖制造强国建设重点领域，2022 年 45 个国家级先进制造业集群产值超 20 万亿元。[①] 2023 年 1 月，工信部还公布了首批 100 个中小企业特色产业集群，这些产业集群在高性能材料、智能芯片、精密器件、新能源汽车动力系统等重点产业链供应链的某些关键环节形成了高水平、专业化的配套能力。[②] 与此同时，我国高品质、高复杂性、高附加值产品供应能力持续增强。从主要行业来看，2022 年，我国汽车产量达到 2718.0 万辆，同比增长 3.5%，其中新能源汽车产量达到 700.3 万辆，同比增长 90.5%；全国规模以上工业企业的工业机器人累计完成产量 44.3 万套，同比增长 21.0%；太阳能电池（光伏电池）产量为 3.4 亿千瓦，同比增长 46.8%；充电桩产量为 191.5 万个，同比增长 80.3%；[③] 我国造船完工量 3786 万载重吨、新接订单量 4552 万载重吨、手持订单量 10557 万载重吨，各项指标国际市场份额均保持世界第一，[④] 高技术产品产量延续快速增长势头。从具体产品来看，我国自主研制的 C919 大型客机顺利完成商业首飞，首台国产体外膜肺氧合机（ECMO）获批上市，以及首艘国产大邮轮即将交付等，各领域高附加值产品市场份额逐渐提高。

（三）产业技术水平稳步提升

制造业高端化依赖于生产技术和方式的转变，技术创新在其中发挥着关键性作用。"十四五"时期以来，我国制造业继续加强核心技术、关键零部件和

---

① 《中国发展先进制造业集群将提速》，中国新闻网，2023 年 5 月 10 日。

② https：//baijiahao. baidu. com/s？ id = 1763703264661474984&wfr = spider&for = pc.

③ 《中华人民共和国 2022 年国民经济和社会发展统计公报》，国家统计局网，2023 年 2 月 28 日。

④ https：//baijiahao. baidu. com/s？ id = 1755424933691983035&wfr = spider&for = pc.

装备攻关，取得了一系列重要突破。例如，中国中车自主研制的我国首套高温超导电动悬浮全要素试验系统完成首次悬浮运行，时速可达 600 公里，在高温超导电动悬浮领域实现重要技术突破[①]；国产 12MW 海上抗台风型风力发电机组主轴轴承成功下线，作为国产首套产品，该产品在多项数据上达到全球顶尖水平，标志着我国大功率风机主轴承研发实力进入全球第一梯队[②]；鞍钢集团依托"热冲压钢系列化产品开发"技术，实现世界最高强度 2000MPa 热冲压钢的全球首发应用，成功突破热冲压钢底盘应用技术瓶颈[③]；真迈生物获得单分子测序仪领域首个 NMPA 上市批件，产品通过国家药品监督管理局审核，获准临床应用，在全球范围内第一次实现单分子测序技术在临床诊断领域的准入[④]。中国科学技术协会 2023 年"科创中国"年度会议发布"科创中国"系列榜单，其中先导技术榜筛选出电子信息、生物医药、装备制造、先进材料、绿色低碳、产业基础六大领域的 150 项前沿技术，反映了我国在高端制造领域的最新技术成果。在相关技术突破特别是数字技术发展的带动下，制造业生产效率逐步提高。2022 年全国工业企业关键工序数控化率、数字化研发设计工具普及率分别增长至 58.6% 和 77.0%，制造业数字化转型明显提速[⑤]。例如，中信重工机械股份有限公司智能工厂项目让产品研制周期缩短 30% 以上、生产效率提高 20%，进一步增强了市场竞争力[⑥]。

三 "十四五"制造业高端化面临的问题

目前，虽然我国已经进入新发展阶段，贯彻新发展理念、构建新发展格局成为各项工作的核心，制造业发展由单纯的规模扩张向高质量发展转变，制造业发展的要求更加全面，但是，在高端化的过程中还存在一些问题和瓶颈。

一是制造业增速放缓，制造业投资减少。经过多年发展，我国制造业已形

---

① 《现代化产业体系建设迈出新步伐》，中国政府网，2023 年 6 月 2 日。
② http：//stock. 10jqka. com. cn/20220817/c641188929. shtml.
③ https：//finance. sina. com. cn/enterprise/central/2023-05-17/doc-imyuaize6011490. shtml.
④ https：//baijiahao. baidu. com/s？id=1755350500588019357&wfr=spider&for=pc.
⑤ 《数字中国发展报告（2022 年）》，国家互联网信息办公室网站，2023 年 5 月 23 日。
⑥ 《现代化产业体系建设迈出新步伐》，中国政府网，2023 年 6 月 2 日。

成完备的产业体系，2022 年制造业增加值达到 33.5 万亿元，制造业规模占全球的比重约 30%，连续 13 年居世界首位①。但是可能受高基数效应影响，叠加出口前景不明朗、企业利润增速下行以及去库存压力导致的制造商信心持续下滑，制造业增长速度总体上呈现放缓趋势，制造业的投资额也呈现下降趋势，且受到突发公共事件的影响表现出了一定的波动性。在此背景下，保持制造业基本稳定成为经济发展的关注重点，也是推动制造业高端化顺利进行的前提条件。制造业高端化与制造业稳定是辩证统一的，对于推动制造业高质量发展具有重要意义。目前，制造业正处于结构转型的过渡时期，高端装备制造和高技术制造业快速发展，但传统产业仍占据较大比重，部分地区"一刀切"式的发展模式不仅不利于传统行业的稳定，影响产业链供应链安全，也会对新兴产业发展造成冲击。

表 1　制造业增加值和固定资产投资增长情况

单位：%

项目	2015 年	2016 年	2017 年	2018 年	2019 年	2020 年	2021 年	2022 年
增加值增速	7.0	6.8	7.2	6.5	6.0	3.4	9.8	3.0
固定资产投资增速	8.1	4.2	4.8	9.5	3.1	-2.2	13.5	9.1

资料来源：2015~2022 年《国民经济和社会发展统计公报》。

二是制造业企业利润持续下滑，转型升级面临挑战。受到经济结构调整、原材料价格上涨、劳动力成本增加、国内外市场竞争加剧以及出口持续下滑等因素的影响，我国制造业企业利润趋于下降。特别是 2023 年以来，受内需放缓、全球供应链短缺、出口下降以及能源价格上涨等因素的影响，制造业企业的利润下降幅度有所扩大。另外，部分制造业企业在经济转型和升级的过程中缺乏技术创新、产品研发和市场拓展方面的优势，导致市场份额下降、生产效率低下以及成本上升等问题，从而影响了企业的盈利能力。虽然转型升级有利于制造业企业长远发展，但短期内投入大、风险较大，涉及企业研发投入、设备更新改造、新市场开拓等诸多环节，对企业生产经营业绩有较高的依赖，如何协调企业转型升级和企业经营效益对政策制定提出了更高要求。

①　《产业体系更完善产业链韧性更强》，中国政府网，2023 年 2 月 9 日。

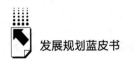

表2　制造业企业利润及增长情况

单位：亿元，%

项目	2018年	2019年	2020年	2021年	2022年
利润	56964	51904	55795	73612	64150
增长	8.7	-5.2	7.6	31.6	-13.4

资料来源：2018~2022年《国民经济和社会发展统计公报》。

三是技术创新支撑能力不足，技术水平有待提高。我国制造业大而不强的局面尚未得到根本改变，在某些核心技术和关键零部件等方面仍受制于人，关键环节"卡脖子"问题依旧突出。中国海关统计数据显示，当前高端制造领域短缺核心部件或关键设备共76个，涉及新一代信息技术、高端装备制造、生物医药、生物医学工程、新材料、节能环保、新能源汽车等领域①。这一现象背后折射出当前我国制造业技术创新支撑能力还相对较弱。部分制造业处于中低端水平，中小企业缺乏创新动力，同时支撑产业转型升级的高端人才与前沿知识储备仍显不足，高水平自主创新往往仅限于少数龙头企业。从研发投入来看，我国研发投入总体规模仍不到美国的一半，研发投入和强度低于世界制造强国3%左右的水平。在此背景下，不断提高自主创新能力，加快实现高水平科技自立自强，对于推动制造业高端化而言尤为重要，这需要我国在科技资源投入、技术创新机制和创新生态环境等方面持续发力。

四是区域产业同构现象较为突出，区域协同效应没有充分发挥。"构建国内大循环为主体、国内国际双循环相互促进的新发展格局"是党中央着眼于我国长期发展的重大战略部署，推动制造业高端化需要在构建"双循环"新发展格局的战略背景下进行系统谋划。从实践来看，我国制造业高端化发展已经得到充分关注，各省区市制造业转型升级稳步推进，但相比之下，对于区域协同的重视程度还有所欠缺。过去长期以来的出口导向战略在一定程度上导致产业对外依存度较高，部分地方更加注重国际产业关联，加之"锦标赛"模式加剧了地方之间的竞争，对国内产业配套和区域分工协作的关注度有所下降，从而导致区域产业同构现象较为突出。在某些相同产业内部，各区域都将

---

① 王春宇、王海成：《我国产业链安全风险特征及应对策略》，《经济学家》2023年第5期。

发展方向定位于产业生产主体部分，较少考虑配件部分，无法形成以主机制造为核心、上中下游协同配套的产业链。从未来发展来看，区域产业同构问题依然较为严重。通过梳理各省区市"十四五"相关规划，各省区市在未来先进制造业布局上仍有较多重合，生物医药、新一代信息技术、新材料、新能源汽车等产业成为发展重点，产业空间布局和分工协作还需要进一步优化和加强。

四 进一步推动制造业高端化的若干建议

制造业高端化具有一定的长期性，新发展阶段制造业高端化面临的形势更加复杂，需要进一步强化系统观念，妥善处理各方的关系，全面推动制造业高端化。

一是加大对企业的支持力度，进一步稳定制造业发展。加大对制造业的投资和补贴，狠抓落实已出台的大规模减税降费政策，统筹用好中央预算内投资、地方政府专项债券、结构性货币政策工具等，引导金融机构增加对制造业的中长期融资，在稳定和扩大制造业投资方面持续发力。稳定制造业投资要把握好"度"。一方面，要防止"大水漫灌"，避免用强刺激的调控政策逆势推动制造业投资大幅反弹，更多采用释放改革红利、激发市场活力、增强内生动力的方式稳定制造业投资。另一方面，要防止"一哄而上"，避免出现大量的低水平、粗放型的重复投资和跟风投资，形成新一轮的制造业产能过剩。严格履行制造业项目投资决策程序，落实企业投资决策自主权，强化投资项目效益的刚性约束。发挥政府购买的引领作用，通过采取订购、续购或购买配套服务等措施，帮助企业实现新产品价值增值，进而激发企业对创新产品和服务的创新，加快数字化智能化转型，实现生产过程网络化、协同化和生态化，同时提升基础运营能力。

二是围绕制造业高端化加强科技攻关，全面提升制造业创新能力。加强对制造业投资的要素保障，完善扶持政策，增强产业关键技术突破能力，壮大新兴产业发展新动能。制定实施制造业高端化提升行动方案，聚焦新装备、新应用、新前沿、新技术、新场景"五新"，依托创新型平台和企业，开展基础零部件国产替代、基础元器件迭代更新、基础材料强能提级、基础工艺水平提升、基础软件集成应用"五基"攻坚行动，推动传统产业"迭代"、新兴产业

"抢滩"、未来产业"破冰",全面提升产业基础高级化和产业链现代化水平。从创新主体方面来看,加强政府在关键基础性技术和共性技术攻关方面的组织力量,充分发挥新型举国体制优势,并对企业技术性投入给予一定的政策优惠与补贴,加强对企业技术成果的保护;突出企业科技创新主体地位,加大对技术研发的投入,优化技术研发流程,提高技术研发效率,加快对现有工艺技术的改造和升级。从创新模式来看,加强上下游制造业企业的沟通联系,形成产业链联盟,建立跨领域、跨系统、跨企业信息互通平台,合作攻克关键核心技术;加强企业与一流高校、科研院所的合作,采取科研合同、揭榜挂帅等新模式,共同开展技术开发、成果应用等工作,探索社会化、市场化运作方式,打造"体系化、任务型、开放式"的创新联合体。

三是立足新发展格局要求,优化高端制造业布局。加强顶层设计,在积极培育战略性新兴产业、推动集群化发展的基础上,根据区位条件和资源禀赋开展区域产业分工协作,发挥产业互补优势,进而保障国内经济大循环的畅通。建立有效的竞争机制,使得资源向有比较优势的产业流动,提高资源利用率,合理引导各地区间的协作分工,严令禁止区域、行业的地方保护主义,促进社会资源在全国范围内合理的流动,实现其在动态中的优化和组合。推进区域内产业的集中度以及相关产业的前后一体化,在整个经济区内形成合理的产业链,经济区各行政单元在产业布局上要有进有退,进入在区域内具有较大优势的产业领域,退出在区域内没有优势的产业领域,从而避免短期行为和重复建设。

四是加强新一轮产业变革研判,把握产业发展趋势。当前,全球制造业产业改革不断深化,必须将侧重点转向技术领先,把握先进制造业发展的关键时期,实现未来更高质量的发展。在数字化背景下,加快推进人工智能、大数据、互联网等与高端装备制造业的深度融合,充分利用数字网络的信息传导速度和整合资源能力帮助企业降低信息的搜索成本和交易成本,顺应消费者需求多元化与可定制化发展趋势,使得企业在供需双方能够更加顺畅的开展一系列创新活动。同时,发挥信息化基础设施建设在企业研发、生产以及应用等多环节中的串联作用,实现信息共享,带动部门之间的创新效率提升。现在 5G 技术、人工智能、物联网等的发展,将会为一部分制造业企业提供发展和转变制造对象的方向以及新的机遇;同时,也会被应用于另一部分制造业企业的生产中，用于产品研发、供应链管理等生产流程的各个方面，使得整体生产更加现代化、智能化，生产出更高附加值的高端产品。因此，我国制造业企业应该充分抓住历史的机遇，利用现代信息技术促进制造业发展。

参考文献

唐琼：《畅通供需循环下中国制造业转型升级的挑战与应对》，《湖北社会科学》2022 年第 4 期。

魏琪嘉：《当前制造业亟待解决和破解五大问题》，《宏观经济管理》2022 年第 3 期。

谢地：《制造业和实体经济是我国经济发展的主要着力点》，《马克思主义理论学科研究》2022 年第 10 期。

范保群、郑世林、黄晴：《中国制造业外迁：现状和启示》，《浙江工商大学学报》2022 年第 6 期。

黄群慧、杨虎涛：《中国制造业比重"内外差"现象及其"去工业化"涵义》，《中国工业经济》2022 年第 3 期。

叶振宇：《中国制造业比重下降趋势探究与应对策略》，《中国软科学》2021 年第 5 期。

李秋香、马草原、齐二石等：《中国制造业高质量发展研究：脉络、争鸣与盲区》，《科学学与科学技术管理》2022 年第 9 期。

王春宇、王海成：《我国产业链安全风险特征及应对策略》，《经济学家》2023 年第 5 期。

B.30
实施产业基础再造工程
和重大技术装备攻关工程

高洪玮*

摘　要： 推动实施产业基础再造工程和重大技术装备攻关工程，是我国提升制造业核心竞争力的关键举措，对于加快建设制造强国具有重要意义。"十四五"时期以来，我国产业基础再造和重大技术装备攻关取得了显著成绩，重点领域突破发展持续推进，重大技术装备攻关进展突出，基础产品和技术的市场化应用推广不断加快，产业技术基础服务能力明显改善，"专精特新"小巨人企业和产业集群加快发展。然而，我国在关键共性技术供给、产业链不同环节和主体协同联动、产学研融合协同创新、基础产品和重大装备的应用推广以及长效支持和配套政策等方面仍存在较大提升空间。未来应进一步强化基础研究和关键共性技术研发、加强产业链不同环节和主体协同联动、加快推动产学研一体化协同创新、依托国内大市场健全应用推广体制、完善长效支持和配套政策，更好推动产业基础再造和重大技术装备攻关。

关键词： 产业基础再造　重大技术装备攻关　制造强国　现代化产业体系

　　产业基础和重大技术装备的发展水平是一国工业综合实力的重要体现，其中，产业基础是制造业发展的基础支撑，重大技术装备是制造业升级的关键引

---

* 高洪玮，中国社会科学院数量经济与技术经济研究所助理研究员，主要研究方向为产业经济、技术经济。

领，二者均是提高制造业核心竞争力的重要抓手。改革开放以来，我国依靠低成本生产要素和大规模技术引进实现了制造业发展水平的大幅提升。2010年以来，中国制造业增加值已连续13年居世界首位，但从整体来看仍处于全球价值链中低端，关键核心技术"卡脖子"问题依然突出，存在产业基础能力薄弱、重大技术装备制造水平低等短板。随着国内经济迈向高质量发展新阶段以及国际逆全球化趋势的不断加剧，产业基础和重大技术装备领域的短板成为影响我国产业链供应链安全稳定、制约制造业做优做强的重要瓶颈，加快建设制造强国成为新发展阶段下我国实现新型工业化、推进社会主义现代化的首要任务。党的二十大报告提出，要建设现代化产业体系，实施产业基础再造工程和重大技术装备攻关工程。以建设现代产业体系为目标，充分发挥我国新型举国体制和超大规模市场等特色优势，加快关键基础材料、基础零部件（元器件）等工业"五基"①领域发展，提升重大技术装备研制水平，有利于我国不断增强制造业核心竞争力，实现产业基础高级化、产业链现代化，对于我国破解"卡脖子"难题、实现高水平科技自立自强、加快建设制造强国具有重要意义。

一 我国推动产业基础再造
和重大技术装备攻关的政策措施

（一）历史政策和发展脉络梳理

1. 产业基础再造的相关政策和举措

早在2011年，我国就认识到机械基础件、基础制造工艺和基础材料是我国制造业转型升级的薄弱环节，并开始把工业强基作为工业转型升级的重要举措。2011年11月，工信部印发《机械基础件、基础制造工艺和基础材料产业"十二五"发展规划》。2013年，工信部发布《关于开展工业强基专项行动的通知》，正式启动实施工业强基专项行动，聚焦部分国家重大工程和重点装备

---

① "五基"是指关键基础材料、基础零部件（元器件）、先进基础工艺、产业技术基础以及工业基础软件。

的关键问题，着力提高我国工业"四基"① 发展水平。2014 年 2 月，工信部发布《关于加快推进工业强基的指导意见》，提出到 2020 年工业基础能力的发展目标、发展重点和主要任务。2015 年 5 月，国务院提出实施"工业强基工程"。2016 年，国家"十三五"规划纲要提出，全面提升工业基础能力，实施工业强基工程。同年，为推进制造强国建设，工信部会同 7 部门共同发布《工业强基工程实施指南（2016—2020 年）》，明确了未来一个时期体系化推进工业强基的思路，并提出了"两步走"战略目标。11 月，国家制造强国建设战略咨询委员会发布《工业"四基"发展目录（2016 年版）》，明确提出加强企业和社会资本参与工业基础工程。2019 年，中央财经委员会第五次会议强调，要打好产业基础高级化、产业链现代化的攻坚战，实施产业基础再造工程，"产业基础再造工程"一词首次在中央高层重要会议中出现。2020 年 5 月，中央政治局常委会会议进一步明确，实施产业基础再造和产业链提升工程。2020 年底，工信部在工业"四基"的基础上，将工业基础软件列为新"五基"。

2. 重大技术装备攻关的相关政策和举措

我国在国家战略层面对重大技术装备攻关的关注可追溯到 20 世纪 80 年代。1983 年 7 月，国务院颁布《关于抓紧研制重大技术装备的决定》，并成立国务院重大技术装备领导小组，标志着中国重大技术装备发展被提升到国家战略层面。在此后的三个五年计划中，重大技术装备研制均被纳入国家攻关项目，有力推动了装备技术和质量的显著提升。1998 年 2 月，国家经贸委和国家计委联合发布《"九五"国家重大技术装备研制和国产化工作的规划方案》，进一步加强了对装备制造业发展的支持，并以国家重点工程为抓手，着力推进自主化建设。2005 年 12 月，国务院发布《国家中长期科学和技术发展规划纲要（2006—2020 年）》，将"掌握一批事关国家竞争力的装备制造业和信息产业核心技术，推动制造业和信息产业技术水平迈入世界先进行列"作为重要发展目标。2006 年 6 月，国务院发布《关于加快振兴装备制造业的若干意见》，强调了装备制造业发展的具体目标、推进原则、重点任务和政策举措，对加快我国装备制造业发展具有重要意义。2007 年，启动实施包括"高档数

---

① "四基"是指关键基础材料、基础零部件（元器件）、先进基础工艺以及产业技术基础。

控机床与基础制造装备"在内的十六个国家科技重大专项，旨在逐步增强我国高档数控机床和基础制造装备的创新发展能力，提升对工业转型发展的基础支撑水平。

2008 年，在"大部制"改革浪潮下，国务院组建工信部，明确"推动重大技术装备发展和自主创新"是工信部的主要职责之一，重大技术装备发展进入一个全新的阶段。2009 年 5 月，为了更好地支持我国重大工程和重点产业发展，国务院发布《装备制造业调整和振兴规划》，提出要全面提高重大装备技术水平，推动了新能源发电设备、高速动车组等一批重大装备实现自主研发。2010 年 10 月，国务院发布《关于加快培育和发展战略性新兴产业的决定》，其所包含的七大产业中有五个涉及高端装备制造。2012 年，工信部等 4 部门联合编制的《重大技术装备自主创新指导目录（2012 年版）》确定了 19 个重大技术装备领域，旨在更好提高装备制造业的自主创新水平，为国民经济发展和重点工程推进奠定坚实的基础。2015 年，高端装备创新工程作为五大工程之一，主要任务就是着力突破大型飞机、航空发动机等一批高端装备。2015 年 7 月，习近平总书记在吉林调研时强调，要把装备制造业作为重要产业，加大投入和研发力度，推动我国成为现代装备制造大国和强国。2018 年，国家发展改革委等 8 部门印发了《关于促进首台（套）重大技术装备示范应用的意见》，通过首台套示范应用助推我国重大技术装备发展水平进一步提升。

（二）"十四五"期间的相关政策和举措

"十四五"期间，我国产业基础再造和重大技术装备攻关的组织机构更加健全，政策措施愈加完备和细化，"实施产业基础再造工程和重大技术装备攻关工程"被正式提出，并进入全面推进阶段。2021 年，国家重大技术装备办公室对重大技术装备的范围进行调整，明确了我国重大技术装备涵盖的 15 个领域。同年，国家"十四五"规划提出，实施产业基础再造工程和重大技术装备攻关工程。2021 年 4 月，国家产业基础专家委员会成立，作为我国提升产业基础能力、推动产业基础高级化、实施产业基础再造工程的专业化、战略性决策参谋机构。为更好地落实规划中"加强产业基础能力建设"的任务目标，2022 年 3 月，十三届全国人大五次会议审议通过的政府工作报告提出，要启动一批产业基础再造工程项目。2022 年 7 月，《产业基础创新发展目录（2021 年版）》正式发布，较 2016 年版新增了工业基础软件，构成了"五基"创新发展目录，并系统梳理了 1047 项产业基础发展的"五基"重点产品和技术清单。2022 年 10 月，党的二十大报告提出，实施产业基础再造工程和重大技术装备攻关工程。2023 年 3 月，在"权威部门话开局"系列主题新闻发布会上，工信部新闻发言人介绍，将统筹协调推进产业基础再造工程和重大技术装备攻关工程，表明"两大工程"在国家层面开始进入加快实施阶段。

二　我国产业基础再造
和重大技术装备攻关的进展与成绩

近年来，随着全社会对制造业高质量发展的重视和相关工程的实施，我国产业基础能力和重大技术装备制造水平显著提升，重点行业突破不断加快，部分领域全产业链自主配套基本实现，重大技术装备攻关取得突破性进展，基础产品和技术的市场化应用推广不断加快，产业技术基础服务能力明显改善，"专精特新"小巨人企业和产业集群加快发展，部分领域关键核心技术"卡脖子"问题有所缓解，对重点领域和重大工程的保障能力显著增强。

（一）重点领域突破发展持续推进

重点行业发展质量明显提升。在电子信息制造行业，集成电路、5G 等领域的技术创新密集涌现，基础软件、工业软件等产品创新迭代不断加快；在电力行业，技术装备国产化水平进一步提升，超超临界燃煤发电、大容量水电机组、特高压输变电等技术研发和制造水平已经步入世界先进行列；在工程机械行业，国内市场满足率提高到 96% 以上，[1] 工程机械液压件实现国产化制造与生产；在工业机器人行业，高精密减速机、RV 减速器轴承、伺服电机等成功实现自主研发。[2] 部分领域全产业链自主配套基本实现。以光伏、核电等为代

---

[1]　工信部：《大力发展高端装备制造业——"新时代工业和信息化发展"系列新闻发布会第五场介绍十年来推动装备制造业高质量发展工作情况》，2022 年 9 月 6 日。

[2]　盛朝迅、李子文、徐建伟、任继球：《产业基础再造的国际经验与中国路径研究》，《宏观经济研究》2022 年第 2 期。

表的清洁能源产业链，除少数环节外基本实现自主可控，光伏产业链中多晶硅硅片、电池片等生产装备已基本实现国产化；2021年，华龙一号全球首堆中核集团福清核电5号机组投入商运，设备国产化率达到88%，[①] 标志着我国拥有了完全自主研发的第三代核电技术。以高铁为代表的轨道交通产业链逐步建立起自主完善的研发制造体系，高速动车组齿轮传动系统成功研发，中国标准动车实现自主化制造与应用。

（二）重大技术装备攻关进展突出

一批重大技术装备成功实现应用。在船舶工业领域，万米载人深潜器、极地破冰科考船、超深水半潜式钻井平台、大型液化天然气（LNG）船、超大型集装箱船等相继建成交付，我国已成为全球船舶与海洋工程装备制造业的重要主体。2022年，我国自主设计建造的大洋钻探船实现主船体贯通，标志着我国深海探测领域重大装备建设迈出关键一步。在航空航天领域，以新一代运载火箭、载人航天、北斗导航、月球探测、火星探测等为代表的航天重大工程取得历史性成就，一大批战略战术武器装备成功研制交付。在能源领域，全球单机容量最大的百万千瓦水轮发电机组在白鹤滩水电站顺利投产，标志着我国在水电站核心部件自主化和高端装备制造方面迈出重要一步。2022年，深水导管架平台"海基一号"在南海陆丰油田作业区正式投产，我国深水油气高端装备建造能力实现长足发展。在工程机械领域，16米级超大直径盾构机、700吨挖掘机、4000吨级履带起重机等一批重大装备成功研制并实现应用，2米及以上大型全液压旋挖钻机实现批量生产，掘进机国内市场占有率超过90%。[②]

（三）基础产品和技术的应用推广不断加快

近年来，围绕产业链重点领域，我国基础产品和技术的应用推广不断加快。2017年，工信部开始组织工业强基重点产品、工艺"一条龙"应用计划，推动整机与配套产需融合，促进产业链协同创新，一批关键基础产品和技术实现产业化发展，缓解了产业链发展重大瓶颈制约。2017~2019年，工信部共组

---

① 中国核能行业协会：《华龙一号全球首堆投入商业运行》，2021年2月1日。

② http://www.gov.cn/xinwen/2022-09/15/content_5709870.htm。

织推进了传感器等 16 个"一条龙"应用计划，发布了三批示范企业和示范项目，完成了《工业强基工程实施指南（2016—2020 年）》中的重点产品示范应用任务，有效地促进了优质基础产品和先进工艺的市场应用，实现了轻量化材料及技术在高端装备领域的创新应用、IGBT 器件在不同需求场景的研发和应用突破等系列重大成果，加快了基础产品和技术的产业化进程。"十四五"期间，我国继续推进"一条龙"应用计划，2021 年和 2022 年分别聚焦 14 个和 16 个重点方向，确定了年度重点产品、应用示范推进机构和参与单位，基础产品和技术的应用推广进一步加快，整机与基础产品的互动水平持续提升，产业链上下游协作畅通的新机制和新模式逐步建立。

（四）产业技术基础服务能力明显提升

产业技术基础贯穿工业基础发展的全过程，是产业基础再造的必要基础和支撑。2016 年以来，我国产业技术基础体系逐步完善。截至 2022 年底，工信部共发布四批产业技术基础公共服务平台名录，包括 93 个试验检测类服务平台和 32 个信息服务类服务平台。这些平台从新一代信息技术、高端装备制造、新材料、生物医药等重点领域和行业的发展需求出发，围绕可靠性试验验证、标准验证、计量检测、认证认可、产业运行分析、知识产权评估运用等方面开展服务，为产业创新发展和质量品牌提升提供了坚实的保障。与此同时，我国工业大数据平台建设加快推进。自 2019 年起，中国工业互联网研究院开始建设国家工业互联网大数据中心，截至 2021 年 6 月，国家工业互联网大数据中心共连接 41 家工业互联网平台、703 万家企业，数据条目达到 3.43 亿条，云化部署工业 App 1130 个，[①] 有力支撑了工业经济运行情况的预测、监测、评估和预警，为政府科学决策提供了重要参考。

（五）"专精特新"小巨人企业和产业集群加快发展

近年来，我国"专精特新"小巨人企业和制造业集群加快发展，持续推动产业基础高级化和重大技术装备发展。截至 2022 年底，我国已培育四批约

---

① https://baijiahao.baidu.com/s? id=1702644516241490763&wfr=spider&for=pc.

9000 家专精特新"小巨人"企业,[①] 为工信部实现"十四五"期间培育万家专精特新"小巨人"企业的总目标打下坚实的基础。"专精特新"企业主要集中在中高端产业,60%以上属于工业基础领域,具有较强的专业性和创新能力,超七成深耕行业 10 年以上,半数以上研发投入超过 1000 万元,[②] 通过在产业基础领域补短板、填空白,部分领域已实现国产替代。从制造业集群来看,截至 2022 年底,工信部共发布 45 个重点培育的国家级先进制造业集群,这些国家级集群覆盖了制造强国建设重点领域,涉及大量产业基础和高端装备领域。2022 年,45 个国家级集群主导产业实现产值超过 20 万亿元,建设了 18 家国家制造业创新中心,培育了 170 余家国家级单项冠军企业和 2200 余家国家级专精特新"小巨人"企业,[③] 产业生态愈加完善,已成为推动制造业协同创新和高质量发展的重要载体。

三 我国推进产业基础再造和重大技术装备攻关的问题与挑战

尽管在部分基础材料、零部件、重大技术装备等领域实现了一定的技术突破,但总体而言,我国在产业基础和重大技术装备领域的突破仍集中在点上,与发达国家相比存在较大差距,产业基础领域受制于人现象依然突出,高端重大技术装备供给能力严重不足,在关键共性技术供给、产业链不同环节和主体协同联动、产学研融合协同创新、基础产品和重大装备应用推广以及相关领域的长效支持和配套政策等方面仍存在较大的提升空间。

(一)关键共性技术供给能力亟待提升

关键共性技术是指可与其他技术组合,在多个行业广泛应用,并能对相关行业的技术进步产生深远影响的技术。目前,我国关键共性技术供给能力较为薄弱,成为制约产业基础再造和重大技术装备攻关的重要因素。一是关键共性

---

① http://www.gov.cn/xinwen/2022-09/04/content_5708196.htm.

② http://www.gov.cn/xinwen/2021-10/19/content_5643541.htm.

③ http://www.gov.cn/xinwen/2022-11/30/content_5729722.htm.

技术研发组织缺失。部分科研院所改制后，其营利性属性难以适应共性技术研发的公益性特征，致使共性技术研发和服务平台大量减少，稳定的研发力量和攻关机制严重缺失。虽然国家布局建设了国家制造业创新中心等新型平台，但相关体制机制仍有待探索。二是基础研究能力不足。基础研究是关键共性技术的源头，但我国的基础研究能力相对薄弱。一方面，我国基础研究投入依然不足，且主要投入来自中央财政，多元化投入机制尚未建立，投入效率不高，投入结构有待优化；另一方面，基础研究人才不足，具有世界影响力的科学家和顶尖基础研究团队依旧匮乏，基础研究人才差异化评价及长周期支持机制还不完善，尊重个性、宽容失败的科研氛围有待形成。三是高水平工业技术人才结构性缺失。产业基础和重大装备涉及大量隐性知识和技术诀窍，对技术人才的要求较高，而目前我国技术人才培养重理论、轻实践，难以满足产业技术研发的实际需要。

（二）产业链不同环节和主体协同联动不足

产业基础再造和重大技术装备攻关是系统工程，无论是基础零部件、基础材料、基础工艺等产业基础领域内部，还是产业基础和重大装备之间，都是相互关联、互为基础的，依赖产业链上不同环节和主体间的协同联动。目前，受信息资源分散、不同行业和主体间缺乏供需互动、资源整合和创新协同等因素影响，我国尚未形成系统的产业链协作模式，产业链各个环节和主体间的协同低效乏力，产业链上下游难以有效衔接，不利于产业基础和重大技术装备发展水平的提升。比如，我国重大技术装备中的高端轴承、齿轮、液压件和控制系统等核心基础零部件和系统与国际先进水平相比存在较大差距，在一定程度上影响了成套装备的质量和可靠性；[1] 再如，由于芯片的生产涉及设计、制造、封装测试等诸多环节，需要克服众多关键问题，在我国芯片行业的发展中，落后环节往往会制约进展较快的环节，从而限制行业整体的突破和发展。此外，行业交叉领域的研发往往较为滞后甚至空白，如汽车电子、数控机床等领域。[2]

---

[1] 费鹏、张李宁、董静、张峰：《关于发挥新型举国体制优势实施重大技术装备攻坚工程的建议》，《中国工程咨询》2022 年第 7 期。

[2] 盛朝迅、李子文、徐建伟、任继球：《产业基础再造的国际经验与中国路径研究》，《宏观经济研究》2022 年第 2 期。

（三）产学研融合协同创新还有待强化

当前，我国以企业主导的产学研协同创新发展动力不足、深度不够，制约了产业基础再造和重大技术装备攻关的有序推进。一是企业主体作用尚未充分发挥。产业基础和重大技术装备往往投入高、周期长、难度大，且具有一定的战略性，而企业以盈利为主要目标，对本学科理论研究的深度不足，高端创新人才及资金供给有限，基础研究投入较少，缺乏攻关的动力和能力。二是产学研协同创新水平有待深化。企业和科研机构缺乏深度联动，科技产业"两张皮"现象突出。从创新主体来看，企业聚焦产业需求不足，将实际的产业需求转化为科学问题的能力有限，且科技成果转化能力普遍较弱；高校和科研院所的研发创新活动面向国家重大需求不足，具有转化价值的科技成果不多。从研发组织来看，开放式的跨学科协同创新基础平台不足，尽管近年来，高校、科研院所和企业联合共建了新型研发机构、协同创新中心等协同创新平台，但知识产权、利益分配等相关体制机制问题尚未捋顺，科技成果与产业应用脱节的问题还未得到有效解决，新型科技成果转化平台的数量和质量均需提升。

（四）基础产品和重大装备的应用推广生态不佳

产业基础和重大技术装备的技术和产品对精度、稳定性和可靠性的要求较高，需要在应用中不断调整和完善，因此市场应用对技术和产品的迭代和升级至关重要。当前，我国产业基础和重大技术装备领域核心技术和产品的良好应用生态尚未形成，巨大的内需潜力未能有效转化为研发动力，基础产品和重大装备应用推广空间依然受限。由于产业基础和重大技术装备领域核心技术和产品产业化应用的复杂性高、难度大，加之国外基础产品和重大技术装备具有传统竞争优势，已在国内市场形成了较高的占有率，国内技术和产品即使实现了一定突破，但与国际先进水平相比依然存在一定差距，出于对新技术和新产品可靠性的担忧，加之路径依赖作用，下游企业仍然更偏好于采购国外零部件和技术装备。此外，国外的部分客户也会提出使用国外基础产品和重大设备的要求，不愿承担非必要的风险。这些新技术和新产品难以获得市场认可，也就难以在国内市场实现迭代和升级，相关研发企业也就难以获得接续研发的资金，在客观上形成了产业基础和重大装备发展迟缓，产品以中低端为主的局面。

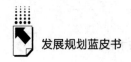

（五）相关领域的长效支持和配套政策有待健全

一是对基础领域的重视和支持不足。长期以来，我国的产业政策存在较为突出的重主机而轻零部件的导向，技术引进也以成套生产设备为主，基础领域的技术引进严重缺乏，产业基础服务体系与发达国家相比也存在一定差距；在科技创新方面，我国更为重视试验发展和应用研究，对基础研究投入不足，基础研究与应用研究割裂问题突出。二是对高端技术装备的支持机制还不健全。对高端产品的支持力度不足，补贴政策存在"一刀切"现象，比如，在农机领域，购置农机的财政资金补贴存在上限，导致高端产品和普通产品的补贴无异，政策导向不突出；重大技术装备示范应用及产业化推广有待强化，相关配套政策尚不完善，产业化基地和集群发展不足。三是对中小企业的支持力度仍需增强。以专精特新"小巨人"企业为代表的优质中小企业是产业基础能力提升的重要力量，但与大型龙头企业相比，我国优质中小企业获得的政策支持力度相对不足，在研发投入、资金支持、项目招标等方面仍面临多重障碍，发展生态有待进一步优化。

四　推动产业基础再造工程
和重大技术装备攻关工程的对策建议

产业基础再造工程和重大技术装备攻关工程是"十四五"及未来一个时期我国提升产业基础能力、推动产业链现代化和安全稳定的重要举措，对我国实现制造强国和经济高质量发展具有重大意义，必须高度重视，坚持系统推进，在强化基础研究和关键共性技术研发、加强产业链不同环节和主体协同联动、加快推动产学研一体化协同创新、依托国内大市场健全应用推广体制、完善长效支持和配套政策等方面持续发力。

（一）强化基础研究和关键共性技术研发

加大基础研究经费投入。加大财政经费投入与保障力度，设置"两大工程"①

---

① "两大工程"是指"产业基础再造工程"和"重大技术装备攻关工程"。

专项资金；创新多元化投入机制，加强财政资金对社会资本的引导和带动作用；引导和鼓励企业聚焦两大领域，加大基础研究经费投入。强化基础研究人才支撑。加强顶尖人才培养与引进，挖掘有潜力的科技领军人才并重点培养，优化海外人才信息获取渠道，完善并落实人才引进配套政策；加强青年基础研究人才培育，发挥高校在基础研究人才培养中的主力军作用，建设一批基础学科和交叉学科培养基地，深化新工科建设。加强基础研究体制机制保障。保障基础研究经费使用自主权，广泛推广项目经费"包干制"，赋予研究团队根据实际研究需要调整预算的权力；深入推进基础研究人才分类评价和长周期评价，营造尊重创新、宽容失败的科研环境。加强共性技术平台建设。打造一批新型共性技术平台，聚焦基础领域共性技术、前沿技术开展研究，完善国家制造业创新中心等新型平台的体制机制。改革现代技术工人的培养模式。针对产业基础和重大装备相关领域的紧缺人才，建设现代技术学校，加强与企业的交流和合作，定期组织学生赴企业开展实践锻炼，与企业签订人才供给合作协议。

（二）加强产业链不同环节和主体协同联动

健全不同环节和主体的协同攻关机制。支持"一条龙"链式创新，聚焦产业基础与重大装备领域的重点技术和产品，加强上下游企业协作攻关；鼓励整机企业与部件企业协作进行前期研究，鼓励上游中小企业主动参与下游企业重大技术和产品的早期开发，为专精特新企业及隐形冠军企业的培育和成长提供机会；加强产业链链长企业的带动和引领作用，鼓励链长企业与民营中小企业形成长期合作关系，引导并支持中小企业通过专业化分工、订单生产等途径与大企业建立配套关系，加强在技术攻关、生产验证、标准制定等方面的协同合作，提高产业链协同创新与融合发展程度。打造不同环节和主体协同创新生态。围绕产业基础和重大装备中的重点领域，聚焦产业链薄弱环节和风险点，分行业开展战略谋划，推动资源一体化统筹配置；支持龙头企业建立中介平台、行业协会、产业联盟等行业联合体和组织，有效增强各创新主体的黏性，推动上下游企业围绕重大技术开展长期合作；鼓励龙头企业建立开放共享共创式创新平台，促进各主体共享行业共性技术资源与成果，加强产业链关键环节合作研发，推动构建紧密协作、融合发展的产业生态。

（三）加快推动产学研一体化协同创新

强化企业创新主体地位。围绕产业基础和重大装备领域技术研发，大力培育产业链链主企业和专精特新、隐形冠军企业；突出企业主体作用，推动更多任务由企业提出，企业成为研发主体，提高企业的参与度和话语权，强化科技领军企业的引领和支撑作用。完善高校、科研院所与企业的协同攻关机制。支持不同主体以问题为导向开展协同攻关，构建产学研融合创新生态体系；创新产学研合作方式，探索完善"揭榜挂帅""众包众筹"等方式，提升科研团队的能力和主动性；加强不同主体间的交流互动，提升企业从实际需求中凝练技术和科学问题的能力，为高校和科研院所提供选题支撑，充分发挥高校和科研院所的人才优势，设立联合培养计划为企业输送专业人才，健全体制内外研发人员流动机制，探索公共研发平台人才双向流动机制。① 加快产业基础和重大装备领域创新平台的建设和整合。支持高校、科研院所与企业建立协同创新基础平台，探索新型研发机构在研发投入、知识产权归属、利益分配等方面的体制机制；建立健全产业技术基础公共服务平台和产业技术基础公共服务体系；加快国家重点实验室、国家工程实验室等创新平台整合重组，推进企业建立国家重点实验室，推动重点领域研究成果产业化。

（四）依托国内大市场健全应用推广体制

全面推进全国统一大市场建设。不断培育和拓展国内大市场，着力贯通生产、分配、流通、消费各环节，打通堵点、补齐短板、摊薄成本；破除国内市场分割、区域壁垒等体制机制障碍，打破行政垄断以及地方保护规则，完善公平竞争机制，优化市场竞争环境；消除商品要素跨区域流动障碍，加快国内各类专业市场体系整合与提升，在户籍制度、土地制度、融资体制等方面深化要素市场化配置改革。健全基础产品和重大装备应用推广体制。依托国家重大工程项目建设和创新应用场景发布，推进各类创新主体与需求单位对接，激发市场主体采用国内基础产品和重大装备的积极性；建立产业基础和重大装备领域的重点企业库，提高相关领域企业专家在新技术与新产品评估中的话语权，调动上下游企业积极

---

① 金观平：《扎实推进产业基础再造工程》，《经济日报》2022 年 4 月 4 日。

参与前置研究，提高新技术和新产品的供需匹配度，增加市场需求；推动重大装备和重点基础产品"一条龙"示范应用和产业化推广，加快建设一批重大装备的产业化基地和产业集群；加大政府部门的先行示范力度，通过政府采购、税费减免等举措加强需求侧拉动；完善国产首台（套）、首批次产品大规模市场应用风险补偿机制，破解国产化技术和产品不愿用、不敢用的难题。

（五）完善相关领域的长效支持和配套政策

加快完善长效支持政策。改变过去"抓大放小"的选择性政策，推动产业政策向支持重点领域技术研发企业转型，加大对中小企业主体的支持力度，建立稳定长效支持机制，推动中小企业有序开展技术攻关；完善产业基础服务体系，强化战略部署，探索完善国家质量基础设施和质量监管体系，加快制定和推广与国际先进水平接轨的标准体系。[①] 加大财税政策精准支持力度。依托国家制造业转型升级基金和中小企业发展基金，大力引导社会资本进入产业基础和重大装备领域；推进政府补贴前移，直接补贴基础领域的创新产品，同时强化高端导向；降低相关产业的增值税税率，加大出口退税优惠力度，针对国内进口替代产品严格落实税收优惠和减免税政策。加大金融保障力度。鼓励金融机构创新金融产品及服务，探索设立专项信用贷款业务，加强对"两大工程"的精准支撑；拓展多元化融资渠道，推动股权市场制度创新，设立重点领域企业上市优先通道，促进创业投资发展。持续优化"专精特新"企业发展生态。深化"放管服"改革，持续降低中小企业准入门槛，打造公平竞争的市场环境，以各类服务平台建设为抓手，完善"专精特新"企业公共服务体系；定期评估扶持政策实施效果，及时发现企业扶持政策中存在的问题，并有针对性地进行调整。

参考文献

费鹏、张李宁、董静、张峰：《关于发挥新型举国体制优势实施重大技术装备攻坚

---

① 黄群慧：《实施产业基础再造工程　打造一批先进制造业集群》，《经济日报》2020年1月21日。

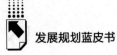
工程的建议》,《中国工程咨询》2022年第7期。

黄群慧:《实施产业基础再造工程 打造一批先进制造业集群》,《经济日报》2020年1月21日。

金观平:《扎实推进产业基础再造工程》,《经济日报》2022年4月4日。

盛朝迅、李子文、徐建伟、任继球:《产业基础再造的国际经验与中国路径研究》,《宏观经济研究》2022年第2期。

盛朝迅、徐建伟、任继球:《实施产业基础再造工程的总体思路与主要任务研究》,《宏观质量研究》2021年第4期。

B.31
提升先进制造业竞争力[*]

董婉璐[**]

摘　要： 发展先进制造业是增强制造业竞争优势、推动制造业高质量发展的重要发力点，既是我国综合国力和核心竞争力的集中体现，也是我国未来高质量发展、应对国际竞争的重要力量。本文介绍了我国先进制造业的发展背景，对先进制造业的内涵和特征进行了总结，归纳了近年先进制造业政策的趋势和特征，分析了影响先进制造业竞争力提升的机遇与挑战，并从起点、支撑和落点三个方面系统提出了提升我国先进制造业竞争力的政策建议。

关键词： 先进制造业　竞争力　制造强国

《中华人民共和国国民经济和社会发展第十四个五年规划和2035年远景目标纲要》提出，坚持把发展经济着力点放在实体经济上，加快推进制造强国、质量强国建设，促进先进制造业和现代服务业深度融合，强化基础设施的支撑和引领作用，构建实体经济、科技创新、现代金融、人力资源协同发展的现代产业体系。发展先进制造业是增强制造业竞争优势、推动制造业高质量发展的重要发力点，既是我国综合国力和核心竞争力的集中体现，也是我国未来高质量发展、应对国际竞争的重要力量。提升先进制造业竞争力、促进制造业高质量发展，是深入实施制造强国战略、推动制造业优化升级的关键环节，也是实现中国式现代化的重要引擎。

---

* 本文获得国家自然科学基金青年项目"中美先进制造业价值链风险和对策研究——基于全球可计算一般均衡模型的分析"（72103203）的资助。

** 董婉璐，中国社会科学院数量经济与技术经济研究所助理研究员，主要研究方向为产业政策、经济模型与政策分析。

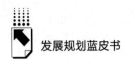
一 我国先进制造业发展背景

综合而言，先进制造业是指相对于传统制造业，在产业布局、生产技术和管理理念上更为高端、高值和高效的制造业。近年来，对先进制造业的界定和规划具有如下特征：第一，先进制造业具有产业布局上的先导性，通常位于全球产业体系的中高端，具有较高的附加值。第二，先进制造业具有生产技术上的先进性，不断吸收新一代科技革命和数字经济等技术突破带来的新生产技术和生产模式，重视新技术的应用和研发。第三，先进制造业具有管理协调上的高效性，依赖及时有效的精细化管理方式与高速畅通的信息和物流沟通渠道，提高生产环节和消费环节的技术效率。第四，先进制造业具有生产系统上的协调性，既重视生产环节细分带来的全球布局和效率提升，也重视制造业集群化带来的规模效益和外部效应。第五，先进制造业具有生态效益上的清洁性，追求生产环节上的低能耗和零污染，实现清洁低碳生产。总体来看，先进制造业既包括对现有制造业生产方式的改进和创新，也包括通过先进技术创造新的制造业生产和消费，是工业制造与科技研发、绿色低碳等新增长方式的融合，能够推动制造业生产实现信息化、智能化、现代化、强韧化和生态化。

关于先进制造业所包含的具体部门，目前并没有统一界定，各国各地区通常根据本地的生产实际和未来规划自行界定。比如，国家统计局研究制定的《新产业新业态新商业模式统计分类（2018）》中包含"先进制造业"大类，具体包括新一代信息技术设备制造、高端装备制造、先进钢铁材料制造、先进有色金属材料制造、先进石化化工新材料制造、先进无机非金属材料制造、高性能纤维及制品和复合材料制造、前沿新材料制造、生物产品制造、生物质燃料制造、生物制造相关设备制造、新能源汽车及相关设备制造、新能源设备制造、节能环保设备和产品制造14个产业部门；上海制定的《上海市先进制造业发展"十四五"规划》明确应发挥上海产业基础和资源禀赋优势，以集成电路、生物医药、人工智能三大先导产业为引领，大力发展电子信息、生命健康、汽车、高端装备、先进材料、时尚消费品六大重点产业，构建"3+6"新型产业体系，打造具有国际竞争力的高端产业集群；广东省经济和信息化委、广东省统计局印发的广东省先进制造业统计新口径规定，先进制造业包括高端电子信息制造业、先进装备制造业、石油化工产业、先进轻纺制造业、新材料制造业、生物医药及高性能医疗器械几大类产业。此外，美国 2022 年颁布的《国家先进制造业战略》提及要开发和实施先进制造技术，重点的 5 项战略包括实现清洁和可持续制造、加快微电子和半导体领域的制造创新、通过先进制造业支持生物经济、开发新材料和创新加工技术以及引领智能制造的未来。结合我国的发展规划以及未来发展，可以认为，先进制造业主要包含的产业部门应该是电子信息制造业、高端装备制造业、生物医药及高端医疗器械制造业、新材料制造业中的高技术产业部分。

2022 年 11 月，工业和信息化部公布了 45 个国家先进制造业集群的名单，覆盖了制造强国建设的重点领域。其中新一代信息技术领域 13 个、高端装备领域 13 个、新材料领域 7 个、生物医药及高端医疗器械领域 5 个、消费品领域 4 个、新能源及智能网联汽车领域 3 个。先进制造业集群将致力于构建省级—国家级—世界级集群梯次培育发展体系，成为引领带动重点行业和领域创新发展的重要力量。此外，国内大部分省份都制定了适合本地区发展规划的先进制造业发展战略。值得注意的是，近年国内外关于先进制造业发展规划的政策文件，不仅对先进制造业具体的部门覆盖进行了界定，而且强调了发展先进制造业过程中除技术改进与应用之外的其他关键点，主要包括：①关注先进制造业对传统制造业、农业和服务业的支持作用，避免因发展先进制造业而造成的产业失衡；②培育研发队伍和先进制造业劳动力，尤其注意加强职业教育，确保先进技术应用成为对工人技能的补充而不是替代；③提高制造业供应链韧性和抗风险性，促进制造业链条内部循环，提高供应链风险识别和应对能力；④侧重先进制造业生产过程中的清洁和可持续性，提高能源的使用效率以及固碳能力。

我国先进制造业竞争力的提高面临着多重挑战。

一是先进制造业的技术创新和成果转化能力不足。先进制造业的高新技术自主创新能力不足，许多关键技术和关键环节的"卡脖子"状况仍然严峻；人力资本供需结构失衡，高技术人才缺口较大；研究机构与生产企业的融合程度不高，技术研发和应用之间的循环不畅，严重制约先进制造业的技术研发和应用推广。

二是国内产业布局和连接的结构失衡相互掣肘。从产业结构调整角度看，传统产业仍然拥有一定生产要素，尤其是土地和劳动力，贸然以削减传统制造业的方式发展先进制造业，既影响产业体系的完整性，也影响经济社会的稳定性；从产业链上下游角度来看，我国制造业相对更集中于产业链下游，尤其是加工生产环节，增值能力、研发能力和核心竞争力相对较弱；从产业集群布局角度看，我国的产业集群机制尚且幼稚，制造业内部的上下游配套不全，先进制造业和现代服务业聚集程度较低，制约了集群优势的发挥。

三是大国博弈背景下技术壁垒和贸易壁垒不断抬高。大国博弈背景下，美国及其传统盟国对其产业链供应链的布局规划在一定程度上体现出了"去中国化"的战略意图。尤其是在高技术强度产业上，美国甚至鼓吹对华科技"脱钩"，意图将我国压制在全球产业链和价值链的中低端。同时，印度、越南等发展中国家依靠劳动力价格的相对优势以及对科技和营商环境的不断投入，能够在一定程度上对中国产业链形成替代，美国近年的亚太战略也乐见其成。技术壁垒和贸易壁垒的不断抬高严重影响我国先进制造业部门的技术培育和应用转化。

同时也应该看到，提升我国先进制造业竞争力面临多种机遇。

一是新一代技术革命高速发展带来的后发优势。新一轮科技革命背景下，以人工智能、区块链、数字经济和物联网等为代表的新一代信息技术日新月异，技术研发和应用速度前所未有地提高，这对于先进制造业的诞生和培育非常有利，我国在技术基础、生产条件和消费市场等方面是发展中国家中能力和潜力相对较好的，如果能够在新技术革命浪潮中占据首发地位，后发优势将十分明显。

二是不断强化的以国内大循环为主的双循环发展格局。我国幅员辽阔、资源丰富，农业稳健自给，工业体系完整健全，服务业蓬勃发展，国内生产能力提升和消费能力释放均具有广阔前景。在受疫情影响全球经济疲软、国际经济预期普遍降低的背景下，我国仍然可以在生产和消费两个方面有力支撑先进制造业的发展。尤其值得注意的是，我国近年来在产业链提升和先进制造业集聚方面连续出台切实有效的推动政策，提升先进制造业竞争力的国内环境十分优越。

三是高水平开放背景下不断深化的互利双赢国际合作。近年来，我国始终坚持实施更大范围、更宽领域、更深层次的对外开放，促进国际合作、实现互利共赢。"一带一路"倡议提出以来始终重视科技创新行动计划,包括科技人文交流、共建联合实验室、科技园区合作和技术转移等多项具体措施;而2022年起生效的《区域全面经济伙伴关系协定》(RCEP)十分重视推动产业的跨境合作和高质量发展,促进成员国在人员交流、技术合作和产业融合方面的多项合作,同时也将进一步扩展我国的国际市场。这都为我国先进制造业竞争力的提高提供了助力。

二 我国先进制造业竞争力评价

按照我们前述对先进制造业范围的界定,可以认为其与OECD所划分的高技术产业和中高技术产业的范围基本一致(即包含ISIC Rev4产品分类中的21、26、30、29、28、20和27)。据此,我们可以衡量中国在先进制造业产品上的国际贸易变化状况及其国际比较。

从规模上看,我国先进制造业的进口和出口金额呈现逐年增长趋势。2011～2021年,我国先进制造业产品的出口金额从9661.7亿美元增长到18229.5亿美元,在中国总货物出口中的比重从51%提高到54.8%;与此对应,我国先进制造业产品的进口金额从6210.6亿美元提高到10338.6亿美元,在中国总货物进口中的比重也从39.5%提高到41.1%。而在2022年,中国在先进制造业上的出口虽然进一步增长,为18645.4亿美元,但其进口却受国际环境的影响而显著降低,仅为9621.0亿美元。由于2022年的数据受突发政策影响较大,我们采用2021年的数据进行国际比较。结果显示,2021年,中国、美国、日本、韩国、德国和印度在先进制造业上的出口金额分别为18229.5亿美元、5393.1亿美元、4160.8亿美元、3962.4亿美元、8704.1亿美元和968.1亿美元,分别在其总货物出口中占比54.8%、39.6%、58.9%、61.5%、55.0%和24.5%;各国在先进制造业上的进口金额分别为10338.6亿美元、13751.4亿美元、2751.0亿美元、2360.5亿美元、6101.2亿美元和1531.3亿美元,分别在各国总货物进口中占比41.1%、48.9%、36.2%、38.4%、44.9%和26.9%。可以认为中国在先进制造业上的国际贸易规模增长迅速且占国际贸易的比重较大,与国际发达国家相比也仍具有规模和比重上的优势。

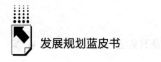

但需要看到的是，我国先进制造业的国际竞争力却仍有提高空间。以电子信息产品制造业为例，参考对制造业产品的零部件和组装分类及海关的 HS 高新技术产品目录组合，将电子信息产品分为高技术零部件、高技术组装品、低技术零部件和低技术组装品四类，以此分解中国与 RCEP 国家之间在电子信息产品上的贸易结构，主要结论如下：①中国对 RCEP 电子信息产品出口高速增长，主要出口类别为高技术零部件产品。2000 年，中国对 RCEP 出口电子信息产品总金额 149.1 亿美元，2020 年该数额达到 2373.4 亿美元，其中 2020 年中国对 RCEP 出口结构中高技术零部件比重最高，达到 42.8%，其次为高技术组装品，占比为 31.8%。②中国从 RCEP 进口的电子信息产品规模同样高速增长，主要进口产品类别是高技术零部件。2000 年，中国电子信息产品从 RCEP 进口额为 242.8 亿美元，2020 年增长到 3326.2 亿美元。2020 年中国从 RCEP 进口结构中份额最高的为高技术零部件，比重为 71.2%，高技术组装品占比为 15.3%。③整体上中国与 RCEP 的电子信息产品贸易处于逆差状态，且逆差呈现扩大趋势。2020 年电子信息产品贸易逆差为 952.8 亿美元。具体来看，高技术零部件自 2000 年以来处于净进口的状态，2020 年逆差为 1352.8 亿美元，是中国与 RCEP 国家电子信息产品贸易逆差的主要原因。可以看出，一直以来，我国与 RCEP 国家在电子信息产品制造业产业链上虽然联系密切，但总体来看我国处于 RCEP 国家下游，自 RCEP 国家进口高端电子零部件并进行组装，获取的附加值相对较低，也不利于产业升级。这显然不符合我国发展先进制造业、提高先进制造业竞争力的需要。

三　提升先进制造业竞争力的路径探索

随着新一轮科技革命和产业变革的深入发展，全球生产和贸易体系正在经历深度调整，全球产业链既出现了数字化、绿色化、融合化的新趋势，也出现了本土化、区域化、政治化的新特征。在此背景下，应着力完善顶层设计，重视独立自主和开放合作，协调产业布局和区域集聚，以提升先进制造业竞争力，推动我国产业链供应链实现现代化升级。

起点是完善顶层设计，协调应对国内和国际局势以及发展和稳定目标，立足全局、着力推进，以系统提升先进制造业的韧性和竞争力。站在中国先进制造业发展的重要关口，应该转变政府的服务方式，扎实做好制度设计和政策实施，在切实提升先进制造业竞争力的同时，保证整体经济社会系统的平稳升级。

一是产业协同。首先，在总体上，合理优化产业结构，综合考虑本地的资源禀赋和发展战略，合理选择先进制造业部门进行大力扶持，同时重视对传统制造业的转移和改造，稳步释放传统制造业的过剩产能和多余要素资源，避免出现大规模的劳动替代和失业。其次，在产业上，着力理顺产业发展链条，以先进制造业作为整个产业部门升级的推动力和着力点，助力产业内上下游有机联动、优势互补。最后，推动现代服务业对先进制造业的高度嵌入。现代服务业涵盖研发设计、检验检测、通信物流、金融保险等全方位的支撑和服务，促进现代服务业与先进制造业的深度产业融合，可以有效提高先进制造业的生产效率和升级速度，同时可以反过来带动现代服务业的进一步发展，实现整个经济系统的良性互动、协调发展。

二是区域协调。首先，坚定不移实施区域协调发展战略，畅通国内大循环。深入推进西部大开发、东北全面振兴、中部地区崛起、东部率先发展，促进各地区基于资源禀赋和产业基础，合理制定先进制造业发展战略，避免"高大全"和好高骛远，强化"东数西算"等跨区域的先进制造业产业联系，变产业梯度为发展势能。其次，加快建设先进制造业产业集群，提高先进制造业集群的专业化程度和产业关联度，加快构建省级—国家级—世界级集群梯次培育发展体系，推动集群内企业的集聚、协同和链接，发挥先进制造业集群的规模效应。

三是自主创新。首先，加强基础研究，尤其是关键核心技术的自主研发，精准破解美国对中国的技术代差优势，依托云计算、大数据、人工智能、宇宙探索、新材料开发等领域前沿技术群落，提升先进制造业的生产技术与管理方式，培育新业态、新模式、新增长点。其次，完善创新体制，系统推动先进制造业产业链与创新链的融通。建立"企业主导、院校对接、政府各部门协同支持"的技术创新体系，推进先进制造业形成研发—应用—改进—再研发的正向循环反馈。最后，加大财政和金融市场对创新和应用的支持力度，采用财政拨款、税收优惠、专项贷款和创投风投的多种方式"组合拳"，确保先进制造业中的高技术企业和高水平机构得到充足稳定的资金支持。

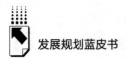
四是开放合作。利用百年未有之大变局的机遇，进一步强化以国内大循环为主体的双循环结构，积极利用国内国际两个市场两种资源发展先进制造业。首先，积极发挥巨大市场和人力资本赋予我们的市场性权力和生产性权力，与包括美国在内的发达国家在科技领域开展深度合作，塑造竞争与合作并存的交流互动关系。其次，进一步实施高水平的改革开放，提高自贸区合作方式的升级和深化，积极推进国际多边合作和区域经济一体化进程，积极参与国际治理和国际新规则的制定，扩展朋友圈、提升话语权。

五是增强韧性。提高制造业，尤其是先进制造业供应链韧性，增强应对政治冲突、网络供给、能源供应、金融风险以及自然灾害等风险的能力。首先，基于内循环系统培育尽可能完整可靠的生产和需求体系，尤其在关键环节上降低对国外产业链创新链的依赖程度，创造完整的先进制造业生态系统；其次，建立完善的智能制造标准体系，加强设备标准化更新和新产品规模化应用，改造先进制造业生产环节的管理体系和监督机制；最后，改进先进制造业供应链管理方法，积极监测、评估和管理风险因素，提高先进制造业生产环节在冲击下进行调整和重塑的敏捷性，提高先进制造业竞争力。

六是绿色低碳。首先，坚持绿色发展观，将制造过程脱碳和清洁能源制造技术纳入先进制造业的初期规划之中，同时以低能耗低排放为原则进行传统制造业的升级改造，尤其重视提效和固碳技术的研发和应用，降低低碳的经济成本；其次，正确认识和执行"双碳"目标，循序渐进、长期执行，兼顾经济效应与生态效应，避免让减排成为先进制造业发展的约束和负担；最后，大力发展回收技术和相关产业，将有价值的材料从废弃物中有效分离、重新利用，推进生产材料，尤其是对环境有害的重金属材料等的回收和循环，降低先进制造业发展对资源和环境的压力。

核心是以企业为主体。企业是提升先进制造业竞争力的核心主体和终端抓手，要始终把企业放在先进制造业发展规划的核心地位，围绕企业的发展需求进行顶层设计、政策执行和监测监管，充分发挥市场经济的强大力量，实施科学有效的财税政策和调控方法，创造一批有活力、有力量、有担当的先进制造业中坚企业，同时培育灵活高效的中小企业，创造真正兼顾经济效益与战略高度的先进制造业集聚体系。

落点是以人为本。确保制造业劳动力队伍与先进制造业竞争力的同步提升，确保先进技术应用成为对工人技能的补充而不是替代。首先，应培育研发队伍和先进制造业劳动力，尤其注意加强科学家的系统培养以及产业工人的深入教育，促使先进制造业内部的前沿培训与职业教育培训系统化、实质化、常态化，确保从业人员掌握尖端技术和尖端设备的操作方式，持续提高先进制造业的生产效率。其次，建立完善的社会保障机制和再就业机制，保证在传统制造业改造过程中进行职业调整的劳动者的生存和发展需要。

参考文献

卜洪运、郭雯：《产业集聚、产业融合对提升先进制造业产业绩效的影响——以京津冀城市群为例》，《科技和产业》2023 年第 5 期。

郭朝先：《产业融合创新与制造业高质量发展》，《北京工业大学学报》（社会科学版）2019 年第 4 期。

刘明达、顾强：《从供给侧改革看先进制造业的创新发展——世界各主要经济体的比较及其对我国的启示》，《经济社会体制比较》2016 年第 1 期。

王晓丹、陈烨：《先进制造业与现代服务业耦合协调发展研究——以珠三角地区为例》，《当代经济》2023 年第 4 期。

张丽娟：《美国发布〈国家先进制造业战略〉》，《科技中国》2023 年第 3 期。

B.32
提升产业链供应链韧性和安全水平

沈梓鑫*

摘　要： 近年来，美、欧、日等国推动产业链供应链多元化、近岸化和本土化，全球产业竞争格局加速重构。在贸易摩擦加剧、地缘政治变动和贸易保护主义抬头等因素叠加的背景下，我国将产业安全问题上升到国家战略层面，提升产业链供应链韧性和安全水平成为加快建设现代化产业体系的重要内容。国内外产业竞争格局的变化给我国带来诸多挑战：我国产业链供应链面临价值链"低端锁定"风险，关键核心技术存在"卡脖子"问题，供应链自主可控能力较弱，数字化转型和发展水平不足等困境。为应对挑战，我国需立足于以下四个方面：依托"南南合作"构建中国主导的区域价值链、实施关键核心技术国产替代战略、完善产业安全与韧性管理体系、以数字化和绿色化赋能产业链供应链转型，塑造我国产业链供应链的核心竞争优势。

关键词： 产业链　供应链　价值链　产业竞争力

在中美贸易摩擦、地缘政治变动以及疫情等不确定性因素叠加的背景下，全球产业链供应链遭遇频繁的"卡链""断链"冲击风险，原本按照要素禀赋优势参与国际分工的模式面临挑战。随着全球产业竞争格局加速重构，产业链供应链风险的强化促进了全球产业分工逻辑由效率主导向安全主导转变。新发展格局下，我国将产业安全问题上升到国家战略层面，党的二十大报告强调

---

* 沈梓鑫，中国社会科学院数量经济与技术经济研究所副研究员，主要研究方向为技术创新、产业政策与数字经济。

"着力提升产业链供应链韧性和安全水平",并将其作为推动经济高质量发展、加快建设现代化经济体系、维护国家产业安全的重要组成部分。2022年中央经济工作会议提出"产业政策要发展和安全并举","着力补强产业链薄弱环节",再次定调发展要安全,增强产业链供应链的韧性和安全水平成为当前推动经济高质量发展的重要战略任务。

一 产业链供应链韧性和安全的时代内涵与政策动态

(一)产业链供应链韧性和安全相关的内涵释义与理论研究

进入新发展阶段,国内学界有关我国产业链供应链"韧性"和"安全"的研究主题掀起热潮,但既有的文献中倾向于将"韧性"和"安全"作为产业链供应链的两重属性分开释义。肖兴志、李少林在研究中对产业链韧性做了明确的界定,"韧性"一词来自物理学,表示"系统受到外部干扰后的回弹能力","产业链韧性"主要指"开放经济条件下上下游相互关联的产业在遭受外部冲击或风险时避免断链的能力,是对未来不确定性的一种预测、反应和敏感程度"。[①] 李晓华从抗冲击和根植性两个维度来解读产业链韧性问题。[②] 结合时代背景和参考现有概念,产业链韧性主要指的是产业链供应链应对风险冲击的抵抗能力和恢复能力,产业链供应链韧性是产业链安全的基础条件。

李伟、贺俊认为,产业链安全侧重于从产业投入产出角度刻画产业链上下游环节间的断裂,供应链安全则侧重于从企业角度探讨某个企业停止供应所引发的产业链中断问题。[③] 产业链安全主要指的是一国在开放经济条件下对产业链上研发、生产、销售等各个环节的自主可控能力和国际竞争实力,解决产业链响应不及时所产生的安全问题需以提升产业链韧性为应对方案。保障产业安

---

① 肖兴志、李少林:《大变局下的产业链韧性:生成逻辑、实践关切与政策取向》,《改革》2022年第11期。
② 李晓华:《产业链韧性的支撑基础:基于产业根植性的视角》,《甘肃社会科学》2022年第6期。
③ 李伟、贺俊:《基于能力视角的产业链安全内涵、关键维度和治理战略》,《云南社会科学》2022年第4期。

全稳定的产业政策应该注重增强产业链供应链各环节上研发创新、生产制造和配套服务等方面的协调与控制能力，着力于锻长板补短板，提升全产业链的创新能力、制造能力和管理能力。

（二）国内外前沿政策追踪与我国产业链供应链布局的演变

面对来自美欧等国的贸易摩擦与技术封锁，我国产业转型升级和安全稳定面临前所未有的挑战，产业链、供应链存在"堵链""卡链""断链"风险。拜登政府上台以后，美国政府持续加强了对产业链供应链安全的关注，2022年2月美国白宫公布《2022年振兴美国制造业和确保关键供应链安全的计划》，旨在为保障美国供应链韧性和安全采取相应措施。欧盟在近年的产业政策中则更加关注芯片等关键原材料的供应安全，如欧盟委员会于2022年2月8日推出《欧洲芯片法案》，建立"欧洲芯片倡议"，提出确保欧洲芯片供应链安全的新框架，通过加大半导体研发创新投入和设置供应链威胁预警机制等方式，应对因芯片短缺所可能导致的断链风险。日本从后安倍时代开始就重视供应链安全问题，试图构建"内强外韧"的供应链体系，岸田内阁在征求经产界意见基础上于2022年5月正式出台《经济安全保障推进法》，其核心内容在于维护供应链安全，在全球范围内获得供应链竞争优势。为应对国际国内经济环境的复杂变化，我国也将产业发展和安全上升到国家战略层面，党的二十大报告强调要"着力提升产业链供应链韧性和安全水平"，产业链供应链自主可控、安全高效成为构建新发展格局的基础和前提。

随着近年来美、欧、日等国推动产业链供应链多元化、近岸化和本土化，全球产业竞争布局加速重构，主攻关键核心部件创新、突破制造业关键核心技术、补足自主研发能力的有限短板，是确保我国产业链安全、在全球制造业竞争中占得先机的关键一环。国际上看，制造业"回流"叠加贸易保护主义、单边主义带来的"断供""脱钩"风险，加剧了我国增强产业链供应链韧性以应对外部环境变化和潜在风险冲击的紧迫感。国内来看，重点产业关键核心技术"卡脖子"威胁产业安全，增强自主创新能力、掌握关键环节的控制权，是提升产业链供应链发展韧性的重要内容。为了适应国际国内经济形势的变化，我国产业链供应链现代化的重心亟须从单纯强调经济"效率"提升逐步转向产业"安全"稳定发展。

二 当前我国产业链供应链安全稳定发展的总体形势

（一）我国产业链完备体系和配套能力彰显优势

当前，我国稳居全球第二大经济体，制造业大国地位不断巩固，经历了工业"从无到有"和"从小到大"两个阶段以后，我国进入"由大到强"的高质量发展阶段。工业和信息化部的数据显示，过去十年内，我国工业增加值从2012年的20.9万亿元增加到2021年的37.3万亿元，其中制造业增加值从16.98万亿元增加到31.4万亿元，我国制造业增加值占全球的比重从22.5%提高到将近30%，自2010年以来，我国制造业增加值连续12年居世界第一。按照国民经济行业分类，我国拥有41个工业大类、207个工业中类、666个工业小类，其中，制造业有31个大类、179个中类、609个小类，是世界上产业门类最齐全、产业体系最完整的制造业，我国已成为全球唯一拥有制造业全产业链的国家。即使是在全球贸易保护主义抬头以及新冠疫情因素叠加的背景下，我国产业链供应链凭借体系完备和配套能力完善等方面的优势，展现出了强大的抗冲击力和协调韧性，在应对外部冲击的过程中彰显了优势。

国家发改委统计数据显示，2022年全年我国制造业投资同比增长9.1%，增速比全部固定资产投资高4.0个百分点，装备制造业投资增幅显著，如电气机械和器材制造业投资增长42.6%。2022年，我国高技术制造业投资保持了快速增长的势头，同比增长22.2%，增速与上年持平。装备制造业作为资本品工业属于制造业基础性行业，贯穿于产业链的上中下游，有力带动了全产业链上各行业的发展，我国产业链韧性进一步提升。以电子通信为代表的高技术制造业，不仅展现出较强的韧性，而且随着"九章"量子计算机、"北斗"组网等标志性创新成果的取得，更是成为我国制造业高质量发展的重要引擎。

（二）我国产业链供应链的主要特征与治理方向

随着全球产业分工格局加速重构，我国产业链供应链呈现出新的特征，在建设现代化产业体系的目标导向下，强化对产业链供应链的精准治理，成为提升我国全球产业竞争地位的重要途径。

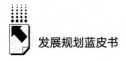
1. 产业链供应链韧性强化

现代的产业链供应链具有网络化特点，产业链主要指的是行业间形成的经济链条，贯穿于产业的上游、中游和下游环节，供应链则是对企业的生产经营活动进行了网络延伸，包括核心企业、多元层级的供应商、经销商，以及处于网络终端的消费者。内外部条件和环境的变化会使一个节点或链路受到冲击快速传递到其他链路，从而对整个生产与供应网络造成放大化的"断链"风险。作为应对这种风险的治理方案，强化产业链供应链弹性韧性应该包括增强抗冲击能力、快速恢复能力、增强极端情况下的结构调整能力和创新转型能力等目标，特别是在美欧技术封锁等极限施压情况下，要通过自主创新、强链补链，减少对"卡脖子"技术的依赖，有效防范重点领域核心技术和关键零部件受制于人所可能导致的断供风险，增强对因供应链断裂产生蝴蝶效应和连锁反应而造成巨额损失的风险抵御能力。

2. 产业链供应链安全水平提升

从国家安全的战略高度来看，产业安全与科技安全、能源安全、金融安全、粮食安全等方方面面密切相关，涉及对重点产业发展规划与国际趋势的客观分析及研判。产业链安全问题主要包括由关键核心技术缺失、产业转移和技术路线转换、产业链安全管理体系滞后等引发的安全问题。产业链供应链安全风险源自产业链能力的缺失或者供应链网络上某个关键环节的破坏，因此，产业链安全治理的核心应该是协调产业链上企业、研发机构、政府等各个主体之间的连接合作关系，通过构建产业链创新能力、制造能力和管理能力提升的高效机制，强化产业链供应链上各个参与主体的基础能力建设。

三 我国产业链供应链面临的多维冲击及风险挑战

（一）我国产业链供应链面临价值链"低端锁定"风险

改革开放以来，我国加速融入世界经济体系，以加工贸易为主要形式参与由发达国家跨国公司主导的全球生产与贸易体系。在新的国际分工格局下，同一产品的价值链在不同国家之间不断延展细化，"货物贸易"转变为"任务贸易"，中间产品贸易成为新的贸易形态。即使是在战略性新兴产业和知识密集型、资本密集型的资本品工业中也出现了"高技术不高"和"高端产业低端化"的现象。全球产业链价值链上，包括中国在内的发展中国家主要从事的是这些产品生产的低端加工环节，处于价值链"微笑曲线"底部，而价值链两端的高附加值研发设计和品牌营销环节则被发达国家跨国公司所掌握。发展中国家所从事的环节主要是那些"惯例化、低附加值、几乎没有创新机会窗口和进入壁垒很低的价值链低端环节"，难以沿着价值链逐步向价值链中高端攀升，陷入了"低端锁定"的产业链转型升级困境。

（二）我国产业链存在关键核心技术"卡脖子"问题

当前，全球价值链处于关键核心技术轨道切换期，从源头上突破关键核心技术弥补产业链关键核心竞争力的短板，是化解产业链与供应链风险、维护"双链"安全、实现科技自立自强的必经之路。"卡脖子"指的是某些关键核心技术自己没有掌握，且具有不可替代性，而长期受制于人。2020年，中国科学院将包括光刻机、高端芯片、操作系统、航空钢材在内的35项"卡脖子"技术列为科研任务清单。目前在核心零部件、关键基础材料、基础软件等领域我国均存在突出短板，中国芯片自给率不到16%，95%的研发设计类工业软件来自进口，加强针对关键核心技术的国产替代，是防范少数发达国家利用"卡脖子"技术对我国升级"芯片制裁"等战略遏制和打压的应对措施。

（三）我国产业链供应链自主可控能力较弱

自主可控的产业链供应链是我国产业安全和经济稳定的重要保障，"自主"指的是我国能够在关键供应链上起主导作用，"可控"指的是某些产业链供应链上，我国即使不能掌握主导权，也能够有较大的控制力和影响力。从内部因素来看，我国产业链供应链的核心技术创新能力、关键零部件制造能力不足。我国的出口竞争优势偏向于加工组装等低附加值环节，对核心技术、材料和关键零部件的进口依赖较为严重，在高端芯片、机器人、人工智能、高端数控机床等诸多关键领域存在研发能力、技术能力和制造能力短板。技术上的封锁使得我国本土企业在全球产业链上丧失议价能力和价值分配的主动权。当前我国在基础研究和底层技术环节上的掌握能力尚且不足，在短期内难以扭转核心技术和关键零部件高度依赖于国外供应商的被动局面。

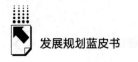

（四）我国产业链供应链数字化转型和发展水平不足

在新一轮科技革命和产业变革下，全球制造业数字化、智能化、绿色化产业新浪潮加速升级，由于我国产业链供应链核心环节和关键零部件受制于人，产业基础能力不足，产业链供应链现代化水平与国际先进水平相比仍然存在较大差距。传统产业虽然具有出口规模和配套优势，但普遍存在生产设备和技术工艺落后、产品结构和产能结构不合理、能源和资源消耗大等问题，传统产业转型升级动力不足。我国高铁、电力装备等高技术产业虽然在较短时间内实现从逆向工程能力向正向设计能力的跃升，但仍未充分发挥产业优势，锻造出一些"杀手铜"技术，拉长产业链长板，形成对发达国家的战略反制。新能源、新材料等战略性新兴产业自主创新基础能力有待提升，由于 5G、物联网等数字基础设施薄弱，高端制造、运输仓储等产业链供应链环节数字化、智能化程度不高，战略性资源能源的供应保障问题还有待破解。产业链供应链数字化、智能化、绿色化转型程度和发展水平的不足将严重限制我国产业核心竞争能力的重塑和产业体系的可持续发展。

四　提升我国产业链供应链韧性
和保障产业安全的政策建议

第一，依托"南南合作"构建中国主导的区域价值链，以本土化助力全球产业链价值链升级。为应对近年来美国在重点产业领域加速构建西方阵营，实施产业链价值链"去中国化"战略，我国可以考虑依托南南贸易发展和顺应终端市场从北向南转换的趋势，在"不对称全球化"战略下，加强与"一带一路"沿线国家的合作，重视南南合作的国际区域建设，构筑起由中国主导的区域价值链。在"逆全球化"背景下，我国应该立足于本土市场需求，实施关键核心技术国产替代战略，由本土企业掌握产品价值链的核心环节，畅通国内大循环，依托广阔的本土市场获得品牌和销售终端渠道以及产品链高端的自主研发能力，建立包含价值链高端部分的国内价值链，同时通过对南方国家的技术与产业转移，在"一带一路"沿线国家构筑的区域价值链中占据主导地位，完成在全球产业链分工生产体系中从低端参与者向高端掌控者的角色转换，走出一条"外围包围中心"的经济全球化新道路。

第二，实施关键核心技术国产替代战略，"多链融合"推动关键核心技术攻关。关键核心技术的国产替代是一个长期过程，需要得到政府支持、供应链协同和技术就绪度等多方面的支撑。一是政府充分发挥社会主义市场经济条件下的新型举国体制优势，坚持有效市场与有为政府相结合，政府引导大力支持基础研究，帮助企业建立关键核心部件的开发平台，加大对"隐形冠军"的支持力度；而企业作为创新主体应该发挥企业家精神，开展系统性连续性的颠覆式创新研发活动，通过组织成功的集体学习过程，实现关键核心技术的突破攻关。二是促进产业链供应链与创新链、资金链、人才链融合发展，推动关键核心技术产业协同创新。技术上，推动产业基础技术与共性技术研发平台的建设；资金上，加强对关键核心技术项目的财政支持；人才上，不拘一格从企业、高校、国家实验室、政府机构等部门挑选有战略眼光的项目经理，采取以任务为导向的项目经理短期聘任制，保证人才背景的多样性。

第三，布局产业链供应链"强基"战略，构建完善的产业安全与韧性管理体系。为防范以美国为首的发达国家对芯片等关键零部件的"断供"制造频繁的产业链外部冲击，我国应从战略高度上积极应对，加强顶层设计和基本框架的整体谋划，提升产业基础能力，精准攻克产业安全威胁板块，围绕产业安全出台法律法规与相关配套制度。具体可以借鉴《美国供应链行政令》百日评估报告，定期出台产业链安全评估报告或供应链行动方案，对产业链供应链上的关键技术进行全面评估，筛查梳理出产业链供应链上的薄弱点，并纳入国家和地方政府制定的中长期战略目标和技术路线图，明确列出核心基础零部件、关键基础材料、先进基础工艺、产业技术基础等领域的技术攻关任务清单，分类攻关，逐个击破，加强基础研发，有效推进"产业基础再造工程"。管理层面，应该尽早建立完善的产业安全与韧性管理体系，建立风险预警和响应机制。充分利用行业协会和数据库等社会资源，推进安全信息网络和供应链风险监测平台建设，建立全产业链市场信息互通机制。

第四，构筑"数字+绿色"双底座赋能产业链供应链转型，塑造产业链供应链的核心竞争优势。在数实深度融合和碳达峰碳中和目标背景下，加速推动产业数字化、智能化、绿色化升级改造，塑造产业链供应链核心竞争优势成为重要任务。一是推动产业链供应链数字化、绿色化改造，提升管理效率和价值增值。产业链上数字技术的应用和智能化程度的提高不仅可以使得产业的前后向联系得到广泛拓展，而且可以优化要素资源在链上企业间的配置。政府应帮助企业务实推进数字技术的推广应用和应用场景开发，鼓励企业积极采用成熟的数字化与智能制造技术，推行柔性生产方式，降低管理成本。二是建立数字化的供应链监测平台，有效缓解供需错配矛盾。由地方政府牵头，基于当地区域性产业链集群，构建上下游企业合作联盟，利用大数据、工业互联网等技术对重点产业、关键技术、市场需求等情况进行有效监测，为企业生产决策提供科学的数据分析参考。

专栏：拜登政府《美国供应链行政令》百日评估报告解读

2021 年 6 月，白宫联合商务部、能源部、国防部、卫生与公众服务部四部门发布了供应链百日评估报告《对第 14017 号行政令的百日回顾：建立有弹性的供应链，重振美国制造业，促进广泛增长》。

拜登政府发布的报告主要由四个部门针对四个关键行业的供应链进行风险评估，并提出具体的工作建议。

一是美国商务部评估半导体和先进封装业，指出其主要问题在于过于依赖中国原料和本土半导体生产能力下降，建议通过财政激励和立法行动扶持本土半导体产业发展。

二是美国能源部评估大容量电池，指出其主要问题是美国的高容量锂离子电池的关键材料，特别是一级镍、锂和钴资源缺乏，建议建立从矿物开采、加工、电池制造、电池组装到材料回收的五阶段供应链。

三是美国国防部评估关键矿物和原材料，指出其问题是面临因自然灾害或不可抗力事件而中断的严重风险，建议由国防部牵头进行跨机构评估，以提高战略和关键材料供应链的可持续性。

四是美国卫生与公众服务部评估原料药，指出其主要问题在于对外国生产的原料高度依赖，导致供应链的中断和药品短缺的风险，建议提高供应链的透明度和激励效率，激励本土生产。

资料来源：《美国拜登政府发布关键供应链短期审查报告》，《科技政策与咨询快报》2021 年第 8 期。

参考文献

贺俊：《从效率到安全：疫情冲击下的全球供应链调整及应对》，《学习与探索》2020 年第 5 期。

贾根良、沈梓鑫：《普雷维什-辛格新假说与新李斯特主义的政策建议》，《中国人民大学学报》2016 年第 4 期。

肖兴志、李少林：《大变局下的产业链韧性：生成逻辑、实践关切与政策取向》，《改革》2022 年第 11 期。

李晓华：《产业链韧性的支撑基础：基于产业根植性的视角》，《甘肃社会科学》2022 年第 6 期。

〔美〕迈克尔·波特：《竞争优势》，陈小悦译，华夏出版社，1997。

李伟、贺俊：《基于能力视角的产业链安全内涵、关键维度和治理战略》，《云南社会科学》2022 年第 4 期。

沈梓鑫、江飞涛：《美国产业政策的真相：历史透视、理论探讨与现实追踪》，《经济社会体制比较》2019 年第 6 期。

田正、刘云：《日本供应链安全政策动向及评估》，《现代国际关系》2022 年第 8 期。

李先军、刘建丽、闫梅：《中国集成电路设备的全球竞争力、赶超困境与政策建议》，《产业经济评论》2022 年第 4 期。

谢富胜、王松：《突破制造业关键核心技术：创新主体、社会条件与主攻方向》，《教学与研究》2019 年第 8 期。

黄群慧、杨虎涛：《中国制造业比重"内外差"现象及其"去工业化"涵义》，《中国工业经济》2022 年第 3 期。

中国社会科学院工业经济研究所课题组：《提升产业链供应链现代化水平路径研究》，《中国工业经济》2021 年第 2 期。

胡登峰、黄紫微、冯楠、梁中、沈鹤：《关键核心技术突破与国产替代路径及机制——科大讯飞智能语音技术纵向案例研究》，《管理世界》2022 年第 5 期。

贺俊、吕铁、黄阳华、江鸿：《技术赶超的激励结构与能力积累：中国高铁经验及其政策启示》，《管理世界》2018 年第 10 期。

王昶、何琪、耿红军、周依芳：《关键核心技术国产替代的逻辑、驱动因素与实现路径》，《经济学家》2022 年第 3 期。

郝伟伟、李玥儒：《借力数字化加速提升我国产业链供应链竞争力》，《中国工业和信息化》2022 年第 9 期。

B.33
提升产业链"链主"企业生态主导力

许雪晨[*]

摘　要： 培育"链主"企业，提升其生态主导力，是提升我国产业链供
应链竞争力的重要抓手，是加快我国产业转型升级的关键举措。
当前"链主"企业产业协作整合力欠缺、技术创新引领力不足、
数字转型赋能乏力、国际市场控制力不强等问题制约其进一步发
展。针对上述问题，结合国际成功经验，本文认为"链主"企
业应注重自身核心技术创新能力，构建技术研发平台和产业合作
网络；提高管理水平，注重高端化、智能化、数字化、绿色化、
全球化升级；促进效率提升，引领制造业高质量、高效益发展。
在营商环境方面，亟须构建产业生态平台，为"链主"企业成
长提供土壤。在配套措施方面，政府应强化精准扶持，为中小企
业发展保驾护航。

关键词： "链主"企业　创新引领　数字赋能

一　引言

党的十九届五中全会审议通过的《中共中央关于制定国民经济和社会发
展第十四个五年规划和二〇三五年远景目标的建议》强调提升产业链供应链
现代化水平。这是统筹中华民族伟大复兴战略全局和世界百年未有之大变局，
就推动"十四五"乃至更长时期工业和信息化高质量发展、加快建设制造强
国和网络强国做出的重大战略部署，具有强烈的时代特征。2020 年，中国工

---

* 许雪晨，中国社会科学院数量经济与技术经济研究所，主要研究方向为产业链等。

业和信息化部明确提出"十四五"时期将培育一批具有生态主导力的产业链"链主"企业,作为推动产业链供应链现代化的重要支撑。

习近平总书记在党的二十大报告中指出,"强化企业科技创新主体地位,发挥科技型骨干企业引领支撑作用,营造有利于科技型中小微企业成长的良好环境,推动创新链产业链资金链人才链深度融合"。这些重要论述深化了对企业发展和创新规律的认识。提升"链主"企业生态主导力就是要发挥优质企业的创新引领和协作整合作用,企业是生产网络的细胞,没有强企业,建设现代化产业体系和制造强国就无从谈起;而抓住"链主"企业,就是抓住了产业链供应链的"牛鼻子",是提升我国产业链供应链竞争力的坚强保障和加快产业转型升级的关键举措。

目前关于"链主"企业生态主导力问题的研究主要集中在"链主"企业概念阐述上。学界普遍认为"链主"企业是基于产业链提出的,一条完整的供应链,至少包括原材料供应商、制造商和销售商。国内文献中"链主"一词最早出现在周勤和周绍东①的研究中,近年来,世界各国高度关注产业链供应链问题,"链时代"的市场竞争已经从单个企业扩大到整个产业链供应链。"链主"企业在整个产业链供应链中发挥着领头雁的重要作用。综合已有研究,产业链"链主"企业是对整个产业链供应链具有绝对掌控能力和话语权的核心企业。② 从产业分工来看,"链主"企业有可能是掌握稀缺原材料的供应商,也可能是具有不可替代核心竞争力的制造商,还可能是掌控营销网络体系和客户资源的分销商,甚至有可能是负责货物储运、信息流通的物流部门。③

由此可见,产业链上的任何企业都有机会成为"链主","链主"企业具有以下明显特征:一是在产业链中具有核心竞争优势,二是在产业链中不可替代,三是在整个产业链中具备协调供应和资源整合能力。一般而言,"链主"企业是市场选择的结果,是产业链供应链中自然形成的连接上下游企业、辐射

① 周勤、周绍东:《产品内分工与产品建构陷阱:中国本土企业的困境与对策》,《中国工业经济》2009 年第 8 期。
② 盛朝迅:《产业生态主导企业培育的国际经验与中国路径》,《改革》2022 年第 10 期。
③ 张堂云、张晓磊:《培育链主,提升产业链供应链自主可控能力》,《中国招标》2021 年第 10 期。

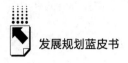

带动产业链发展的关键企业。"链主"企业通常规模较大、与产业链其他企业联系广泛、具有较强的品牌效应、掌握行业核心竞争优势和营销网络。

本文尝试探析提升"链主"企业生态主导力"缘何发展"与"往何处去"的问题。为此，本文首先分析了提出"链主"企业的现实背景，其次剖析了"链主"企业发展中存在的问题，再次以美国太空探索技术公司（SpaceX）为例，总结其成功经验，最后提出提升我国"链主"企业生态主导力的政策建议。

二 提升产业链"链主"企业生态主导力的现实背景

（一）应对全球产业链供应链重构的主动选择

近年来，百年未有之大变局加速演进，国际环境日益复杂。局部冲突和动荡频发，全球性问题加剧，单边主义、贸易保护主义抬头，使得本已严重受挫的全球产业链供应链遭遇新打击。伴随着全球价值链重构，全球产业链供应链更加复杂多变。保障产业链供应链安全稳定，提升产业链供应链现代化水平是当前各国应对不确定性挑战的重要任务。① 2020 年，工业和信息化部提出培养一批具有生态主导力的产业链"链主"企业，整合创新资源和要素，打造一批具有全球竞争力的世界一流企业。

作为产业链供应链的"牛鼻子"，"链主"企业在全球产业链重构的关键时期意义重大，没有一批在各行各业执牛耳的"链主"企业，就无法实现产业链供应链的自主可控，更不可能实现真正意义上的产业链供应链现代化。因此，培育一批"链主"企业应对不确定性风险是应对全球价值链重构的主动选择。

（二）实现我国制造业强国的必经之路

经过 70 多年的发展，中国已成为全球第二大经济体，这得益于制造业的发展。现阶段，我国已建立了完备的现代工业体系，涵盖 39 个大类、191 个中类、525 个小类全部工业门类，成为产业链供应链现代化的坚实基础。随着

---

① 陈英武、俞晓峰：《产业链"链主"企业生态主导力提升路径研究——以江苏为例》，《经济研究参考》2022 年第 11 期。

全球产业重构，贸易保护主义放大了国际贸易与分工的不确定性，从制造大国迈向制造业强国之路困难重重，主要体现在：部分核心环节和关键技术受制于人，产业基础能力不足；发展的质量效益有待提高，高端和高质量产品供给不足；产业链供应链数字化水平不高，自主创新能力不强。

在全球化逆流、单边主义、保护主义趋势不断强化的背景下，"链主"企业应承担起建设制造强国的担当使命，集中力量解决制约我国产业安全的一系列"卡脖子"问题；提高中国制造业整体素质，跻身世界制造强国行列；发挥领头雁作用，带领建成全球领先的行业体系和技术体系，提升产业链供应链现代化水平。

（三）增强自主可控能力、畅通双循环的应有之义

中央作出"建设以国内大循环为主体，国内国际双循环相互促进的新发展格局"重大部署，党的十九届五中全会上提出要提升产业链、供应链现代化水平，中央经济工作会议提出要增强产业链、供应链自主可控能力。但是近年来，西方国家对我国高精尖行业围追堵截，加之疫情破坏了产业链供应链稳定性。双循环格局首要之义便是增强产业链供应链自主可控能力，而当前创新能力不足严重影响我国内循环市场供给，无法满足消费者消费升级的需求，无法实现生产与消费、供给与需求之间的动态匹配。

世界经贸格局演变和中国制造业发展成果奠定了"链主"企业发展的时代背景和产业基础，内外部因素叠加要求国内产业发展也需要"同频共振"，通过"链主"企业夯实产业发展基础，畅通双循环。

三 产业链"链主"企业生态主导力存在的突出问题

我国高度重视"链主"企业的培育，全国各地出台一系列扶持政策，"链主"企业生态主导力不断提升，成效显著。各行业"链主"企业呈"星火燎原"之势，为进一步提高产业链"链主"企业的生态主导力，在更大空间范围和更长时间维度提供了实践样本。然而也应该看到，中国产业链"链主"企业生态主导力发展仍处于起步阶段，其战略定位、配套措施与运行机制等方面仍然存在不足，因外部环境的快速变化而"风雨飘摇"。

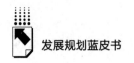

（一）产业协作整合力欠缺

"链主"企业在产业协同方面取得了一定成效，但总体水平仍然较低，在发展过程中存在一些问题和挑战：一是"链主"企业生态主导力的实现方式大多是基于比较优势的流量变现，通过"掠夺"产业链上下游企业而获取本企业利润，其发展可持续性有待提升。二是尚未形成适应市场经济的合作机制。受"分灶吃饭"财税体制的影响，条块分割严重，区域内各省区市之间协调成本较高。三是产业协同整合发展机制不畅。目前产业链上企业"各自为政"，企业主体之间竞合不足，组织创新滞后，"如何协同"的路径问题尚未理顺；由此引发利益主体之间冲突得不到解决，利益共同体尚未形成，紧密利益联结机制尚未形成；产业链上下游企业利益得不到保障，分享产业链的增值收益还不够，企业联盟稳定性不强。

（二）技术创新引领力不足

技术创新是企业长盛不衰的源泉，是生产经营组织结构调整的中心环节，是"链主"企业产业链生态主导地位稳固的核心要素。当前，部分"链主"企业技术创新引领力尚不足，主要体现在：一是作为技术创新的主体，"链主"企业生态主导力对技术进步的重要性认识不足。部分"链主"企业在面对涌现的新型技术挑战时还处于被动应对的局面，未能真正意识到技术水平是生态主导力的有效手段。研发部门机构不健全、目标不明确，严重影响研发职能的发挥。二是科研管理体制保守僵化。部分"链主"企业的科研管理没有完全实行对外开放，没有真正融入全球科技发展大势，急功近利。三是人才总量不足、质量不高，人才培养体系尚不完善。

（三）数字转型赋能乏力

新一轮科技革命和产业变革在全球范围蓬勃兴起，新一代信息技术取得突破性创新与融合应用，数字赋能日益成为推动经济社会发展的核心驱动力。企业数字化转型是通过数字化手段对企业生产经营全流程进行根本性变革，而传统行业的数字原生程度低。因此，传统行业"链主"企业面临更多困难，如耗费时间长、选择路径不明确、前期投入耗资巨大等。

一是在转型思想上，部分"链主"企业数字化转型决心不坚定，绝大多数"链主"企业认可数字化转型是未来企业的发展趋势，但对"是否马上启动"犹豫不决。二是在政策配套上，数字化转型推动机制不甚完善，仍有少数"链主"企业只是为了获得政府补贴进行"形式上的转型"，政府对补贴去向与成效的追踪机制不健全。三是在转型能力上，数字化转型基础条件不扎实，企业数字化转型是一项系统工程，高额的资金与时间投入使得部分"链主"企业望而却步。四是在转型方向上，数字化转型发展路径不清晰，不同行业对数字化应用的需求和匹配不尽相同。面对多种转型路径，企业往往难以选择最优路径，很难统筹战略方向与系统优化等多方面的要求。

（四）国际市场控制力不强

与发达国家相比，中国"链主"企业生态主导力质量仍存在诸多差距和不足，特别是国际化运营能力落后于世界领先企业。中国的"链主"企业大多依靠国内市场得以发展壮大，而国际化运营，如利用全球资源、市场与规则的能力相对较弱，持续发展的动力相对不足。

一是中国"链主"企业国际市场控制力缺失，导致在国际贸易中，国外厂商占据了绝大部分利润份额，而中国产业链利润极其微薄，使得中国产业链处于不利地位，直接影响中国发展战略的实施效果。二是部分"链主"企业在国际市场开拓方面缺乏明确的国际化战略，缺乏对目标市场的深入了解和分析，导致市场定位不准确，产品和服务无法满足国内外市场需求。三是缺乏品牌影响力，国内企业缺乏品牌战略和品牌管理经验，在国际市场上因缺乏品牌影响力而无法参与国际市场竞争。四是缺乏国际化人才，在人才引进和培养方面投入不足，"链主"企业在国际市场开拓方面缺乏具有国际化背景和经验的人才，难以适应国际市场需求的变化。

专栏：提升产业链"链主"企业生态主导力的国际经验：
以美国太空探索技术公司（SpaceX）为例

美国太空探索技术公司（SpaceX）成立于 2002 年 6 月，成功开发可部分重复使用的猎鹰 1 号和猎鹰 9 号运载火箭，是美国国家航空航天局（NASA）

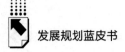
的主要承包商，也是全球航天产业链名副其实的"链主"企业，其成功离不开勇于开拓创新的企业家精神，更得益于对产业链供应链的科学布局与管理。

首先，SpaceX 早期即通过企业并购、签订合同等方式进行战略布局，逐步构建起集卫星制作与运营服务、火箭发射与回收、地面站建设于一身的完整航天产业链。依托于完整的产业链，自与 NASA 订立合同后，SpaceX 不断承接世界各国的项目。

其次，SpaceX 秉持"自给自足"原则，凭借对关键零部件和工艺技术的掌控，通过垂直一体化掌控整条产业链。因此，即使航天供应链是最高复杂程度的供应链之一，SpaceX 也无须与众多供应商合作，即可自主制造火箭。

最后，SpaceX 具有极强的前瞻性，将数字技术贯通于产业链，首创"互联网+航天"模式。一方面，发挥网红经济效应，吸引优质资源和客户；另一方面，进行数智化转型，全面设计和构建从战略到运营、从研发到生产的全过程各环节。

SpaceX 经过 20 多年的发展，从昔日默默无闻的小微企业发展成为世界商业航天重量级"链主"企业，其经验对我国在"十四五"时期提升"链主"企业生态主导力具有重要的借鉴意义。

一是适当放宽民营企业市场准入。在保障安全的前提下适当扩大重点行业、关键领域的开放，一方面，允许民间资本入场，鼓励民营企业与国有企业合作，共同促进重点领域技术成果的推广应用；另一方面，促进不同企业间、企业内部部门间技术与科研人才的跨企业、跨部门流动，促进交流合作。二是构建完善的"链主"遴选和评价机制。产业链供应链对"链主"企业要求极高，需要科学的遴选标准、方式和评价机制，对入围企业进行全方位全过程评估。三是以目标为导向，整合创新要素与资源，采取具有针对性的政策措施培育"链主"企业，着力做好"链主"企业本土培育和国外引进，强化企业联盟竞争与合作。四是重视数字赋能。一方面，借助数字技术打造供需对接、资源整合的供应链数字协同平台；另一方面，加快数字基础设施建设，适度超前布局，加快光纤网络扩容提速、5G 商用部署和规模应用，加快基础设施数字化、智能化改造。

四 提升产业链"链主"企业生态主导力的政策建议

立足于提升"链主"企业生态主导力的时代背景，针对当前我国产业链"链主"企业生态主导力存在的主要问题，结合世界"链主"企业的成功经验，对进一步提升我国产业链"链主"企业生态主导力提出以下政策建议。

（一）专注核心技术，提高创新引领能力，构建技术研发平台和产业合作网络

第一，鼓励"链主"企业参与制定科技创新规划，承担重大科技项目、工业强基工程和高端装备研制赶超工程，引导创新资源向"链主"企业集聚，突破技术瓶颈；支持"链主"企业联合高校、科研院所共同设立产业技术创新战略联盟，建设企业技术中心、工程研究中心、制造业创新中心、重点实验室等创新基地，打造跨区域研发平台，开展科技攻关、科技成果转化等创新活动；探索建立以市场需求为导向、"链主"企业为主体、政府政策为引导的产学研用合作创新机制，推动产学研用共同参与、共同投入、共担风险、共享成果，构建技术研发平台和产业合作网络。

第二，强化"链主"企业在技术研发投入和创新成果转化中的主体地位。一方面，鼓励"链主"企业重点发力，提升自身发展实力基础，并通过新技术、新工艺进行全方位技术改造，进一步辐射带动产业链全流程升级。另一方面，重视创新成果转化及其与产业链供应链体系的对接，实现创新融通，加速推进应用落地。

第三，支持"链主"企业与上下游企业建立产业链联盟，围绕市场需求固链、强链、延链、补链，形成产业链、供应链、创新链、数据链、人才链五链协同联动的发展新模式，提高产业链供应链的稳定性和竞争力。针对人工智能、量子信息、先进制造、生命健康、脑科学等重点行业的发展特点和需求，联合开展关键共性技术和跨行业融合技术攻关，例如，着力补齐基础工艺与原材料、高端芯片、工业软件、重大装备等基础领域的技术短板，带动生产网络转型升级。

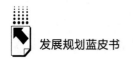

（二）提高管理水平，注重高端化、智能化、数字化、绿色化、全球化升级

第一，提高经营管理水平。从品质、服务、标准和品牌等方面规定企业经营管理的基本规范，加强研发设计、采购、生产、服务等全过程质量管理，提高企业管理能力和水平。一是加强质量基础能力建设，引导"链主"企业根据客户需求开发高质量产品，利用人工智能、大数据、物联网、移动互联网等新一代信息技术开发新业态新模式，扩展产业增值服务，向价值链中高端攀升。二是推动计量、标准、认证认可、检验检测等发展，提供高效便捷的质量技术服务，建立"统一管理、权责清晰、协调配套、上下联动、支撑有力"的保障体系。三是提升"链主"企业品牌质量，加强目标市场创设，将品牌管理贯穿于企业生产经营的全过程。

第二，实施智能化改造。一方面，开发具有全球领先水平的自动化装备及控制软件，围绕智能制造、个性化定制与远程运维服务等新模式开展应用，建立快速响应市场需求的智能化产品开发体系，提升生产效率和安全性。另一方面，推动建设一批具有引领示范作用的智能化"样板工厂"，实现生产过程、企业管理与生产销售的无缝对接，提高"链主"企业生产经营决策的智能化水平。

第三，强化数字转型赋能。一是推动"链主"企业加快运用新一代技术信息，推动生产设备和过程的数字化改造。二是加快工业互联网发展，搭建综合型、特色型和专业型工业互联网平台，鼓励"链主"企业引领基于消费需求和互联网技术的动态产业组织新模式。三是推动"链主"企业与互联网大厂合作，建立转型服务平台体，实现领域技术攻关、产业化合作等，促进产业链业务协同和供需对接。四是支持"链主"企业积极开展大数据、人工智能、云计算、5G、物联网、区块链和数字孪生应用场景研究，通过新场景催生新业态，探索新模式，形成新增长点。

第四，加快绿色化转型。一是打造"链主"企业绿色生产试点示范。选择具有代表性的"链主"企业进行净零碳工业园区试点，推进园区循环化改造和绿色低碳试点示范。二是充分利用新一代信息技术，探索绿色供应链体系，积极发挥"链主"企业引领作用，推动全产业链企业深度脱碳。三是提升绿色金融供给水平，发展绿色直接融资和间接融资，鼓励银行、担保机构等为"链主"企业绿色转型提供担保服务和信贷支持；建立绿色财政政策与绿色金融政策联动机制，以财政贴息方式撬动金融资本投资绿色领域。

第五，实施全球化战略。一是做好顶层设计，以可持续创新理念为指引，建设人才强国，推动创新成果"走出去"；以普惠供应理念推动国际贸易与投资，推动全球经济治理体系向更加公正合理的方向发展。二是掌握国际标准制定话语权，将推动中国标准国际化作为"链主"企业参与全球治理、提升国际竞争力的重要举措，抢占标准制高点，以标准化助推国际化。三是强化品牌意识，提高品牌曝光度和国际影响力，深化品牌内核，拓展品牌外延，打造国际性、行业性知名品牌，打造"中国精品"，提高"中国制造"的美誉度。

（三）促进效率提升，引领制造业高质量、高效益发展

一方面，鼓励"链主"企业有步骤地兼并重组，建立各类专业的市场服务机构，如并购重组服务平台为"链主"企业重组提供个性化服务，快速获取新技术、拓展产品线、开发新领域，实现做大做强。支持"链主"企业立足产业链上下游一体化、网络化发展，持续提升"链主"企业在产业链中的话语权、主导力和控制力。

另一方面，支持"链主"企业引领开展行业共性技术开发、科研成果转化，形成完善的自主知识产权技术体系，锻造企业核心竞争力，提升技术水平，引领整个行业的发展；鼓励"链主"企业构建以大数据应用为核心的经营管理数字化体系，提升战略管控水平，创新商业模式，提高网络与信息安全保障水平。

（四）培育营商环境，打造产业生态平台，为优质"链主"企业成长提供土壤

第一，深化"放管服"改革，持续优化营商环境。高标准高质量优化政务服务，聚焦"链主"企业在金融服务与公共配套等方面的需求，"一企一策"地制定专项扶持政策；注重培养"链主"企业健康可持续的经营管理理念和企业文化，提升企业家的市场前瞻、生产管理、品牌培育能力和水平。

第二，完善财税金融制度，提升服务效率。创新税收优惠工具，支持和激励"链主"企业加大创新投入。例如，对基础研究投入增量大、强度高的

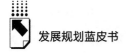
"链主"企业给予特殊优惠；对知识产权使用、许可费用、产品或者服务的销售收入等收益进行税收减免；鼓励金融机构落实重点领域企业差异化信贷政策，精准落实"链主"企业信用为供应链上下游中小微企业提供高效便捷的融资渠道。

第三，建立"链长+链主"制度，通过"一企带一链，一链成一片"实现产业纵向成链、横向成群。通过"链长"推动，培养产业园区，扶持配套企业，通过"标准地"配套、标准厂房免租等政策措施，吸引一批关键零部件企业；整合现有企业做好协同配套，成立产业联盟，整合全国关联企业，降低产业链生产成本。

（五）健全政策支持，强化对专精特新中小企业的精准扶持

一方面，建立"链主"企业标准统一遴选机制，充实"链主"企业培育库。针对各类产业链的具体特点，从技术创新能力、行业标准制定、品牌效应和市场控制等层面，系统构建"链主"企业培育标准，形成"链主"企业培育库、示范库、候选库；同时实行"末位淘汰"制，形成对在库企业的实时评估和动态管理；对"链主"企业在项目申报、评选、评优等方面予以支持。

另一方面，聚焦"链主"企业，特别是规模优势明显、具备较强产业链协作整合能力的终端产品和整机企业，培育一批根植本土的世界级领军企业；联动摸排重点企业需求、畅通政企联系绿色通道，及时提供"直通车"服务，协同破解专精特新中小企业发展面临的重大难题，支持企业做优做强。

参考文献

陈英武、俞晓峰：《产业链"链主"企业生态主导力提升路径研究——以江苏为例》，《经济研究参考》2022年第11期。

盛朝迅：《产业生态主导企业培育的国际经验与中国路径》，《改革》2022年第10期。

张堂云、张晓磊：《培育链主，提升产业链供应链自主可控能力》，《中国招标》2021年第10期。

周勤、周绍东：《产品内分工与产品建构陷阱：中国本土企业的困境与对策》，《中国工业经济》2009年第8期。

B.34
数字乡村战略促进乡村振兴

彭 战*

摘　要： 结合党的二十大报告提出的"加快构建新发展格局，着力推动高质量发展"，从"数字乡村战略"对全面推进乡村振兴产生的影响和作用进行分析。国家乡村振兴有关产业兴旺、生态宜居、乡风文明、治理有效、生活富裕的总要求，对数字中国战略中提出的数字乡村进行政策梳理。加快推进农业现代化，要坚持农业农村优先发展，建立健全城乡融合发展的体制机制和政策体系，把农业现代化和农村现代化放在同等重要的位置，"推进乡村治理体系和治理能力现代化"不仅是对国家治理体系治理能力现代化理论的具体应用，更是对中国式现代化的丰富与完善。中国特色社会主义进入新时代，把乡村振兴与脱贫攻坚、共同富裕作为有机整体加以研究，对"乡村振兴"发展战略的实现路径进行整体系统谋划。

关键词： 数字乡村战略　农业农村现代化　粮食安全　治理现代化　数字经济

　　2019年中办、国办发布《数字乡村发展战略纲要》，提出到2020年全国行政村4G覆盖率超过98%，农村互联网普及率明显提升，同时"网络扶贫行动向纵深发展，信息化在美丽宜居乡村建设中的作用更加显著"。农村数字经

---

* 彭战，中国社会科学院数量经济与技术经济研究所副编审，研究方向为数字经济、乡村振兴。

济快速发展，建成一批特色乡村文化数字资源库，"互联网+政务服务"加快向乡村延伸。尽管面对影响全球的新冠疫情，预计到 2025 年"数字乡村建设仍将取得重要进展。乡村 4G 深化普及、5G 创新应用，城乡"数字鸿沟"① 明显缩小等目标有望基本实现。其中城乡、中心城区与边缘地区的"数字鸿沟"在信息社会时代一直是重大问题，应引起高度重视。

发挥大数据在农业生产、经济运行、资源环境监测、农产品产销等方面的作用，推广大田作物精准播种、精准施肥施药、精准收获，推动设施园艺、畜禽水产养殖智能化应用。推动构建智慧水利体系，以流域为单元提升水情测报和智能调度能力。

一　从国家信息化战略到"数字中国"

20 世纪 90 年代，随着互联网的普及，全球范围信息技术不断突破创新，信息产业持续发展，信息网络广泛普及，信息化成为全球经济社会发展的显著特征，全方位带动社会变革。1997 年 10 月中国互联网络信息中心（CNNIC）发布的第一份《中国互联网络发展状况统计报告》，全国上网计算机 29.9 万台，用户数 62 万，从上网家庭人均月收入来看，400~1000 元占 58%、1000~2000 元占 32%，合计约占 90%（另外 400 元以下占 7%，2000 元以上占 3%）。连接美国、德国、法国、日本及中国香港地区的国际线路总容量为 25.408Mbps，WWW 站点约 1500 个。在上网用户中，从事科研、教育、计算机行业的用户及学生超过一半（占 54.7%），用户希望从网上获得科技信息（80.4%）、社会新闻（42%）、商业资讯（39.6%）、金融信息（32.8%）、休闲信息（24.8%）等内容，而"真正的消费型用户占的比例很小"。之后，1998 年 7 月、1999 年 1 月和 1999 年 7 月 CNNIC 3 次发布《中国互联网络发展状况统计报告》，并从 1998 年起每年 1 月、7 月发布统计报告，以互联网发展为基础的信息化进入新阶段。

---

① 数字鸿沟（Digital Divide）是指在全球数字化进程中，由于对信息、网络技术的拥有程度、应用程度以及创新能力的差别，在不同国家、地区、行业、企业之间存在信息落差进而导致贫富分化趋势。

（一）乡村振兴中的数字基础设施建设

2005 年中央"一号文件"为加强农村基础设施建设，改善农业发展环境，提出加快农村小型基础设施建设，并首次提出"加强农业信息化建设"。2006 年 5 月，中办、国办印发《2006—2020 年国家信息化发展战略》进一步提出"信息化是当今世界发展的大趋势，是推动经济社会变革的重要力量"。推进信息化发展是覆盖中国现代化建设的全局性战略举措，也是"贯彻落实科学发展观、全面建设小康社会、构建社会主义和谐社会和建设创新型国家的迫切需要和必然选择"。2017 年党的十九大提出实施乡村振兴战略，按照"产业兴旺、生态宜居、乡风文明、治理有效、生活富裕"的原则，建立健全城乡融合发展体制机制和政策体系，加快推进农业农村现代化。2018 年发布的《关于实施乡村振兴战略的意见》中首次提出"数字乡村"概念，在乡村振兴与国家数字化、信息化发展的战略背景下，建设数字乡村成为必然选择。《乡村振兴战略规划（2018—2022 年）》提出加强农村基础设施建设，夯实乡村信息化基础，通过深化电信普遍服务，加快农村地区宽带网络和 4G 网络覆盖步伐，实施新一代信息基础设施建设工程。并且进一步提出实施"数字乡村战略"，加快物联网、地理信息、智能设备等现代信息技术与农村生产生活的全面深度融合，深化农业农村大数据创新应用，通过推广远程教育、远程医疗、金融服务进村等信息服务，建立空间化、智能化的新型农村统计信息系统。"数字乡村"既是乡村振兴的战略发展方向，也是"数字中国"建设的重要内容。

2020 年中央农村工作会议上，习近平总书记提出"民族要复兴、乡村必振兴"。党的二十大报告提出，全面建设社会主义现代化国家，最艰巨最繁重的任务仍然在农村。巩固拓展脱贫攻坚成果，增强脱贫地区和脱贫群众内生发展动力。2022 年中央经济工作会议再次强调，要全面推进乡村振兴，坚决防止出现规模性返贫。应该看到，相当一部分脱贫户基本生活有了保障，但收入水平仍然不高，脱贫基础还比较脆弱；一些边缘户本来就晃晃悠悠，稍遇到点风险变故马上就可能致贫；脱贫地区产业普遍搞起来了，但技术、资金、人才、市场等支撑还不强，有的地方甚至帮扶干部一撤，产业就可能垮掉。中共中央、国务院发布《关于实现巩固拓展脱贫攻坚成果同乡村振兴

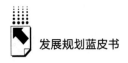

有效衔接的意见》确定 160 个国家乡村振兴重点帮扶县名单，其中除新疆、西藏外，10 个中西部省份中县级市 6 个，市辖区 8 个，27 个少数民族自治县（旗），其余 108 个县，9 个旗（含鄂伦春自治旗）在内蒙古。很多都是西南老少边穷地区，基础条件差、信息化程度低，距离更好发展数字经济存在诸多障碍。

2021 年 7 月，中央网信办等多家单位组织编写了《数字乡村建设指南 1.0》，提出了数字乡村建设的总体参考框架以及大量可参考的数字技术应用场景，供各地区推进数字乡村建设时借鉴使用。该框架包含乡村数字经济、智慧绿色乡村、乡村网络文化、乡村数字治理以及信息惠民服务五个大项以及智慧农业发展等 21 个小项。从 2019 年开始，中央网信办信息化发展局、农业农村部市场与信息化司指导农业农村信息化专家咨询委员会编制《中国数字乡村发展报告》对数字乡村建设进行研究分析。

2023 年 3 月第 51 次《中国互联网络发展状况统计报告》从互联网基础建设、网民规模及结构、互联网应用发展、工业互联网发展、在线政务服务发展、互联网安全等方面对中国互联网进行统计分析。截至 2022 年 12 月，网民规模达 10.67 亿，互联网普及率达 75.6%；手机网民规模达 10.65 亿，比例为 99.8%。特别提到"农村网民规模达 3.08 亿，占网民整体的 28.9%"。

（二）智慧农业创新发展行动

当前数字化、信息化、智能化技术创新空前活跃，不断催生出新技术、新产品、新模式，这既构成了数字乡村建设的必要性，也为数字乡村建设提供了机遇。在全球新一轮技术变革背景下，以物联网、大数据、区块链、人工智能、云计算等为代表的数字技术成为驱动产业模式、社会结构和政府治理等发生系列变革的新动能，加速了人类由工业文明向数字文明迈进的步伐。立足新时代国情农情，数字乡村作为数字中国建设的重要方面，将为整体推动农业农村现代化、进一步解放和发展农村生产力、提升乡村治理水平起到重要作用。

在推动乡村振兴的过程中，建设数字乡村是一项重要路径，通过数字技术与发展理念为乡村振兴战略的顺利实施注入新的动能。《乡村振兴战略规划（2018—2022 年）》提出要夯实乡村信息化基础，"实施数字乡村战略，加快物联网、地理信息、智能设备等现代信息技术与农村生产生活的全面深度融合"。智慧社会是继农业社会、工业社会、信息社会之后一种更为高级的社会形态。加快建设农业强国，扎实推动乡村产业、人才、文化、生态、组织振兴。全方位夯实粮食安全根基，全面落实粮食安全党政同责，牢牢守住 18 亿亩耕地红线，逐步把永久基本农田全部建成高标准农田，深入实施种业振兴行动，强化农业科技和装备支撑，健全种粮农民收益保障机制和主产区利益补偿机制，确保中国人的饭碗牢牢端在自己手中。数字乡村建设的推进涉及近年来一系列国家发展战略，这些国家战略为新时期我国乡村建设发展提供了方向性指导，构成了数字乡村建设的宏观背景。

（三）新业态、新模式发展行动

中国特色社会主义进入新时代以来，农业农村发展取得的历史性成就，为党和国家事业提供了重要支撑，在农村基础设施建设重大工程中，除了农村公路建设、农村交通物流基础设施网络建设、农村水利基础设施网络建设、农村能源基础设施建设之外，特别提出"农村新一代信息网络建设"，要求"十三五"期间努力做到高速宽带城乡全覆盖，2018 年提前实现 98% 行政村通光纤，重点支持边远地区等第四代移动通信基站建设。持续加强光纤到村建设，4G网络向行政村和有条件的自然村覆盖，到 2020 年中西部农村家庭宽带普及率达到 40%，在部分地区推进"百兆乡村"示范及配套支撑工程。改造提升乡镇及以下区域光纤宽带渗透率和接入能力，开展有关城网扩容，实现 90% 以上宽带用户接入能力达到 50Mbps 以上，有条件地区可提供 100Mbps 以上接入服务能力。

初步建成一批兼具创业孵化、技术创新、技能培训等功能的新农民新技术创业创新中心，培育形成一批叫得响、质量优、特色显的农村电商产品品牌，基本形成乡村智慧物流配送体系。乡村网络文化繁荣发展，乡村数字治理体系日趋完善。在乡村信息化基础设施建设过程中，同步规划、同步建设、同步实施网络安全工作。

二　数字乡村发展战略纲要

数字乡村是伴随网络化、信息化和数字化在农业农村经济社会发展中的应

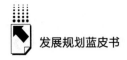

用，以及农民现代信息技能的提高而内生的农业农村现代化发展和转型进程，既是乡村振兴的战略方向，也是建设数字中国的重要内容。"数字鸿沟"是信息社会困扰人类的问题，当信息高速列车风驰电掣之时，还有很大一部分人尚不能享受信息发展带来的福利。截至2019年7月，全世界人口中访问互联网的人数比例为58.8%，这意味全球尚有将近31.8亿人口没有接入互联网。尤其在非洲，互联网的渗透率不到40%。2019年颁布的《数字乡村发展战略纲要》强调加快乡村信息基础设施建设，发展农村数字经济，强化农业农村科技创新供给，建设智慧绿色乡村，繁荣发展乡村网络文化，推进乡村治理能力现代化，深化信息惠民服务，激发乡村振兴内生动力，推动网络扶贫向纵深发展，统筹推动城乡信息化融合发展等内容。

（一）加快乡村信息基础设施建设

农村各领域信息化为城乡公共服务智慧化打下了良好的基础，之后随着智慧城市建设、数字乡村建设以及新一代信息技术的快速发展，城乡教育、医疗、养老、公共文化等各类公共服务从传统的信息化向智慧化快速升级、繁荣发展。"数字乡村"建立在网络化、信息化、数字化基础上的农业农村发展方式转变，是以数据为基础，以系统、平台、产品多种技术手段为依托，是对传统农业农村现代化转型的大推进。《数字乡村发展战略纲要》在按照乡村振兴中产业兴旺、生态宜居、乡风文明、治理有效、生活富裕"五位一体"总要求的同时，发挥信息技术创新的扩散效应、信息和知识的溢出效应、数字技术释放的普惠效应，加快推进农业农村现代化，并发挥信息化在推进乡村治理体系和治理能力现代化中的基础支撑作用，繁荣发展乡村网络文化，构建乡村数字治理新体系。

农业农村部、中央网络安全和信息化委员会办公室印发的《数字农业农村发展规划（2019—2025年）》强调"加快推进农业农村生产经营精准化、管理服务智能化、乡村治理数字化"。2020年7月中央网信办等七部门联合印发《关于开展国家数字乡村试点工作的通知》，试点工作包括七个方面内容：一是开展数字乡村整体规划设计，二是完善乡村新一代信息基础设施，三是探索乡村数字经济新业态，四是探索乡村数字治理新模式，五是完善"三农"信息服务体系，六是完善设施资源整合共享机制，七是探索数字乡村可持续发展机制。同时选择全国 31 个省区市及新疆建设兵团共计 117 个地区，部署开展国家数字乡村试点工作。其中，内蒙古兴安盟扎赉特旗和陕西省商洛市柞水县是国家乡村振兴重点帮扶县，其数字乡村建设非常具有代表性和中国特色，希望能够认真观察并加以研究。

（二）发展农村数字经济

在数字乡村战略实施过程中，对全国各地的数字乡村建设情况进行定期评估十分必要，可以为进一步相关国家政策制定提供依据，也可以为各地了解自身建设水平、相互取长补短提供参考。然而，由于数字乡村建设内容繁多、相关数据可获取性参差不一，开展全国性数字乡村建设评估面临诸多挑战。必须坚持农业农村优先发展，坚持城乡融合发展，畅通城乡要素流动。加快建设农业强国，扎实推动乡村产业、人才、文化、生态、组织振兴。发展农村数字经济，与工业化、城镇化、商业化更加鲜明的特点是基础投入大、收益性小、变化因素多。但就超过世界大多数国家人口总数的，生活在农村、从事农业生产的农民来说，仍然是一个巨大基数，没有这些人参与的信息化，不能算作真正具有普世意义的数字经济，为避免因"数字鸿沟"而影响共同富裕的最终实现，必须做好以下各项工作。

第一，夯实数字农业基础。通过完善自然资源遥感监测"一张图"和综合监管平台，对永久基本农田实行动态监测。建设农业农村遥感卫星等天基设施，大力推进北斗卫星导航系统、高分辨率对地观测系统在农业生产中的应用。推进农业农村大数据中心和重要农产品全产业链大数据建设，推动农业农村基础数据整合共享。强化粮食安全，树立大食物观，发展设施农业①，构建多元化食物供给体系。充分运用工业化创造的各类技术，并与传统农业加以结合发展乡村特色产业，拓宽农民增收致富渠道。

第二，推进农业数字化转型。加快推广云计算、大数据、物联网、人工智能在农业生产经营管理中的运用，促进新一代信息技术与种植业、种业、畜牧业、渔业、农产品加工业全面深度融合应用，打造科技农业、智慧农业、品牌

---

① 设施农业是在环境相对可控条件下，采用工程技术手段，进行动植物高效生产的现代农业方式。设施农业涵盖设施种植、设施养殖和设施食用菌等。

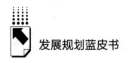

农业。建设智慧农（牧）场，推广精准化农（牧）业作业。

第三，创新农村流通服务体系。实施"互联网+"农产品出村进城工程，加强农产品加工、包装、冷链、仓储等设施建设。深化乡村邮政和快递网点普及，加快建成一批智慧物流配送中心。深化电子商务进农村综合示范，培育农村电商产品品牌。建设绿色供应链，推广绿色物流。推动人工智能、大数据赋能农村实体店，促进线上线下渠道融合发展。

第四，积极发展乡村新业态。推动互联网与特色农业深度融合，发展创意农业、认养农业、观光农业、都市农业等新业态，促进游憩休闲、健康养生、创意民宿等新产业发展，规范有序发展乡村共享经济。

面对百年未有之大变局，席卷全球的新冠疫情、以美国为首的去全球化浪潮，以及俄乌冲突等，导致国际国内形势发生了深刻变化，全方位夯实粮食安全根基，全面落实粮食安全党政同责，牢牢守住18亿亩耕地红线，逐步把永久基本农田全部建成高标准农田，深入实施种业振兴行动，强化农业科技和装备支撑，健全种粮农民收益保障机制和主产区利益补偿机制，确保中国人的饭碗牢牢端在自己手中。

（三）建设智慧绿色乡村

后疫情时代，人类意识到最珍贵的资源是"健康"，"有机食品"是人类最难得的奢侈品，人类最急需的健康保障是"肌体修复"，人类生存最息息相关的是"衣食住行"。衣、食、行已琳琅满目，但"住"仍需要巨大的观念变革，必须由简单的普通住房，提升到高品质健康住房，才能实现房地产业高科技创新及高质量发展。推广被动式超低能耗建筑势在必行、刻不容缓。以保障和改善农村民生为优先方向，不断深化信息惠民服务。一方面，大力推进"互联网+政务服务"向乡镇、村延伸覆盖，将与农民生产生活密切相关的行政审批、便民服务等事项搬到网上，为农民提供更多便利，进一步促进城乡基本公共服务均等化。另一方面，为农村转移人口提供针对性服务，加快实现城乡居民基本医疗保险异地就医直接结算、社会保险关系网上转移接续等。让数据多跑路、群众少跑腿，既是提高农村治理效能的迫切需要，也是有序推进农村转移人口市民化的现实需要。

健全党组织领导的村民自治机制，加快形成共建共治共享的现代基层社会治理新格局。数字技术的应用，为村民的民主参与开辟了新的渠道。一些地方通过微信群、"移动议事厅"等平台，把包括在外务工群体在内的村民组织起来，参与村里重大事项讨论，实现在线议事，提高了决策的民主性和科学性。借助数字技术进一步提高乡村治理精细化、现代化水平，在许多方面大有可为。比如，推动"互联网+社区"向农村延伸，大力推动乡村建设和规划管理信息化；加快推进"互联网+公共法律服务"，建设法治乡村。

三 数字经济促进城乡产业融合发展

2021年公布的第七次全国人口普查结果显示，居住在城镇的人口占全国人口的63.89%，达到9.02亿，居住在乡村的人口数仍然超过5亿。城乡间差别是工业化过程中存在的突出矛盾，王海艳等基于2014～2019年中国省级面板数据，构建数字经济与城乡融合发展的评价指标体系，通过固定效应模型从要素差异性和区域异质性角度分析数字经济对城乡融合发展的影响，认为数字经济对城乡融合起到显著促进作用，但不同地区影响因素不同，其中东部地区信息化发展相对突出、中部地区数字交易关联度高、西部地区互联网影响显著。[①] 按照各地区位条件、资源禀赋和发展基础，各产业融合发展，因地制宜发展小城镇，促进特色小镇规范健康发展。同时按照基础公共服务均等化的要求，健全城乡基础设施统一规划、统一建设、统一管护机制，推动市政公用设施向郊区乡村和规模较大中心镇延伸，完善乡村水电路气以及邮政通信、广播电视、物流等基础设施，提升农村住宅建设质量，努力实现城乡之间双向流动。

（一）统筹推动城乡信息化融合发展

因此，建议政府因地制宜，在各自地域优势的基础上，进一步加大对信息化技术投入、互联网发展创新、数字交易变革，充分发挥数字经济的驱动效

---

① 王海艳、林云舟、滕忠铭：《数字经济对城乡融合发展的影响因素研究》，《中共福建省委党校（福建行政学院）学报》2022年第3期。

447

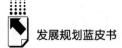

应，进而提高城乡融合发展效率。随着农村各领域信息化为城乡公共服务智慧化打下了良好的基础，之后随着智慧城市建设、数字乡村建设以及新一代信息技术的快速发展，城乡教育、医疗、养老、公共文化等各类公共服务从传统的信息化向智慧化快速升级。

城乡智慧教育加快普及。信息技术在乡村教育的应用可以追溯到20世纪90年代的教育信息化，近年来，教育部陆续发布多个教育信息化规划、行动计划，包括《教育信息化十年发展规划（2011—2020年）》《教育信息化2.0行动计划》，以及教育部、国家发展改革委、财政部、国家乡村振兴局《关于实现巩固拓展教育脱贫攻坚成果同乡村振兴有效衔接的意见》等，智慧学校建设和智慧教育应用快速发展，城乡智慧教育加快推进。国家智慧教育平台加快建设，我国所有中小学（含教学点）全部实现联网。随着网络信息技术不断提速，加之疫情影响，"互联网+课堂"加快普及应用，同步互动混合课堂、同步互动专递课堂、多媒体课堂、有组织的在线学习平台（慕课）、基于新媒体的知识分享平台等多种模式加快创新、推广。2019年和2020年，教育部开展了两批次"智慧教育示范区"创建项目，各地积极创新探索城乡智慧教育发展模式，成效显著。城乡医疗智慧化水平快速提升。"互联网+医疗"有力促进了城市优质医疗服务向农村延伸，提高了优质医疗服务的可获得性和共享性。智慧医疗根据应用类型主要可以分为智慧医院系统、区域卫生系统以及家庭健康系统。近年来，在《"健康中国2030"规划纲要》《国务院办公厅关于促进"互联网+医疗健康"发展的意见》，以及国家卫生健康委、国家发展改革委等13部门《关于印发巩固拓展健康扶贫成果同乡村振兴有效衔接实施意见的通知》指导下，互联网诊疗服务、互联网医院、远程医疗服务等快速发展，村镇、社区等基层医疗机构智慧化水平快速提升。2021年9月，工业和信息化部、卫生健康委员会确定了987个5G+医疗健康应用试点项目，5G智慧医疗健康新产品和新模式快速发展，为基本公共服务均等化打下了坚实的基础。

（二）乡愁与数字文旅振兴行动

"望得见山、看得见水、记得住乡愁"是以人为核心的新型城镇化建设的重要内容，文旅、康养等产业是乡村产业转型的重要组成部分，发展乡村特色产业，拓宽农民增收致富渠道。加快农村数字化、信息化建设将在很大程度上带动和提升农业农村现代化，促进农业全面升级、农村全面进步、农民全面发展。同时，新一轮科技革命和产业变革正在萌发，人工智能、大数据、云计算等技术推动数字化、信息化建设进入新阶段，也成为国家社会经济发展的重要新动力。近年来，国家针对相关技术发展及其在经济社会领域的应用颁布了若干政策文件，将数字化、信息化、智能化发展提升至国家发展战略的重要地位。

相关政策也涉及以数字化、信息化推进农业农村发展，2016 年 7 月中共中央办公厅、国务院办公厅印发了《国家信息化发展战略纲要》，提出要把信息化作为农业现代化的制高点，推动信息技术和智能装备在农业生产经营中的应用，包括培育互联网农业，建立健全智能化、网络化农业生产经营体系，加强耕地、水、草原等重要资源和主要农业投入品联网监测，保障"绿水青山就是金山银山"，通过健全农业信息监测预警和服务体系等推动农业信息化发展，实现文旅融合发展。

（三）绿色康养健康乡村打造行动

作为指导未来 10 年国家数字化、信息化发展的纲领性文件，《国家信息化发展战略纲要》为数字乡村建设提供了方向性指引。随着老龄化的加快，应巩固拓展脱贫攻坚成果，增强脱贫地区和脱贫群众内生发展动力。统筹乡村基础设施和公共服务布局，建设宜居宜业和美乡村。保障进城落户农民合法土地权益，鼓励依法自愿有偿转让。完善农业支持保护制度，健全农村金融服务体系。统筹乡村基础设施和公共服务布局，建设宜居、宜业、和美乡村。

巩固和完善农村基本经营制度，发展新型农村集体经济，发展新型农业经营主体和社会化服务，发展农业适度规模经营。深化农村土地制度改革，赋予农民更加充分的财产权益。保障进城落户农民合法土地权益，鼓励依法自愿有偿转让。完善农业支持保护制度，健全农村金融服务体系。

四 数字经济对"三农"发展的政策建议

（一）提升数字治理能力，激发乡村振兴内生动力

数字治理包括完善全国一体化政务服务平台，推动实现网上政务服务省、

市、县、乡、村五级全覆盖，提高涉农事项全程网上办理比例，推动政务服务"网上办、掌上办、一次办"。推进电子政务外网向乡镇、村延伸，扩大乡村基层便民服务中心、服务站点部署范围，推进线上线下深度融合。建立健全政务数据共享协调机制，稳步扩大涉农政务信息资源共享范围。扩大农村综合服务网点覆盖面，推进农村地区数字社区服务圈建设，提升政务、商超、养老等综合服务功能，做好乡村服务"最后一百米"。建设农村工程建设项目管理信息化平台，实现农村工程建设项目"一网统管"和"一网通办"。推动"互联网+政务服务"向乡村延伸。

依托天空地一体化监测体系，加强自然灾害综合监测预警，对乡村地质灾害、洪涝灾害、林牧区森林草原火灾等灾害及生产生活安全进行监测预警。依托应急资源管理平台，合理调度防灾救灾物资，做好乡村受灾人群应急救援和保障服务。完善覆盖全面、实时监测、全局掌控的乡村数字化公共卫生安全防控体系，建立突发事件风险监测与预警信息共享平台，引导村民开展自我卫生管理和卫生安全防控。完善农村气象灾害智能预报系统，构建广覆盖、立体化的预警信息发布体系，建立精细到乡镇的气象预报和灾害性天气短时临近预警业务，推动预警信息到村到户到人。加快应急广播体系建设，推进基层应急广播主动发布终端覆盖，建立应急广播快速传达通道。加强农村智慧应急管理体系建设。

特别要在治理过程中，加强党的领导，完善农村智慧党建体系。推进全国党员干部现代远程教育系统优化升级，加强网络党课在农村党员教育中的应用。丰富党建信息化综合平台功能，加快基层党组织"上云"。综合运用重点新闻网站、政务网站、"两微一端"等平台，积极稳妥、依法依规推动党务、村务、财务等信息网上公开，拓宽党群沟通渠道，畅通社情民意。

（二）从网络扶贫向乡村振兴纵深发展

进入新时代，抓好网络扶贫行动和数字乡村发展战略的无缝衔接，坚持以人民为中心，探索建立与乡村人口知识结构相匹配的数字乡村发展模式，着力解决农民最关心、最直接、最现实的利益问题，不断提升广大农民群众的获得感、幸福感、安全感。建立与乡村人口知识结构相匹配的数字乡村发展模式，坚持以人民为中心，保障农业稳、乡村治、百姓安、国家兴。数字化为城乡发展和治理模式创新带来了更大空间和广阔前景。数字化、网络化、智能化技术在乡村的广泛运用，不仅深刻影响着农民群众的生产生活方式，也为乡村治理现代化提供了新的路径。进一步发掘信息化在乡村振兴中的巨大潜力，建立灵敏高效的现代乡村社会治理体系，对于提高乡村善治水平具有重要意义。脱贫地区防止返贫的任务还很重，要做好巩固拓展脱贫攻坚成果同乡村振兴有效衔接，工作不留空当、政策不留空白，绝不能出现这边宣布全面脱贫，那边又出现规模性返贫。

进一步完善农村智慧党建体系，强化基层党组织的战斗堡垒作用，有助于解决好这一问题。可以在推动党建平台"上云"、党务村务"上网"、党员活动"上线"等方面多做探索。比如，加强"人民党建云"等智慧党建平台在农村的推广运用，积极稳妥推进党务、村务、财务网上公开，通过"两微一端"等探索"线上+线下"党员联系群众、服务群众新方式等。这样的数字化赋能，将使乡村治理更切合实际、更富有实效。坚持农业农村优先发展，坚持城乡融合发展，畅通城乡要素流动。数字乡村是乡村振兴的战略方向，也是建设数字中国的重要内容。党的十八大以来，我国农村信息化建设取得长足进展，农村信息基础设施加快建设，线上线下融合的现代农业加快推进，农村信息服务体系加快完善。立足新时代国情农情，应着力发挥信息化在推进乡村治理体系和治理能力现代化中的基础支撑作用，繁荣发展乡村网络文化，构建乡村数字治理新体系。

（三）公共服务效能提升行动

公共服务效能提升行动要求推进"互联网+教育""互联网+医疗健康"、完善农村社保与就业服务、提升面向农村特殊人群的信息服务水平、深化农村普惠金融服务。提升村级事务管理智慧化水平。推广村级基础台账电子化，建立统一的"智慧村庄"综合管理服务平台。推广村级事务"阳光公开"监管平台，推进村级事务及时公开、随时查看。进一步丰富村民自治手段，推进村民在线议事、在线监督。加快农村集体资产监督管理平台建设，促进建成便民快捷、管理高效、上下联动、部门共享的农村集体资产大数据库。

通过逐步完善"互联网+网格治理"服务管理模式，打造基层治理"一张

网",推广"一张图"式乡村数字化治理模式。深入推进公共法律服务网络平台、实体平台、热线平台三大平台融合发展,整合法律服务网与司法行政App、小程序功能。推广运用智能移动调解系统,拓展利用移动端开展法律服务,为农民群众提供在线法律咨询、法律援助、维权指引、视频调解等线上服务。高质量建成涵盖所有县、乡、村的公共安全视频图像应用体系,进一步加快农村地区公共安全视频图像应用系统建设。引导各级各类社会化视频图像接入公共安全视频图像信息共享交换平台,积极推动视频图像资源与网格中社会治理基础数据有效融合、开放共享。推动社会综合治理精细化。

参考文献

夏显力、陈哲、张慧利、赵敏娟:《农业高质量发展:数字赋能与实现路径》,《中国农村经济》2019 年第 12 期。

沈费伟、刘祖云:《发达国家乡村治理的典型模式与经验借鉴》,《农业经济问题》2016 年第 9 期。

周颖悟:《结合国外经验论中国乡村休闲农业旅游产业的发展策略》,《世界农业》2016 年第 2 期。

中国农业银行三农政策与业务创新部课题组:《发达国家推动乡村发展的经验借鉴》,《宏观经济管理》2018 年第 9 期。

王海艳、林云舟、滕忠铭:《数字经济对城乡融合发展的影响因素研究》,《中共福建省委党校(福建行政学院)学报》2022 年第 3 期。

苏红键:《数字城乡建设:通往城乡融合与共同富裕之路》,《电子政务》2022 年第 10 期。

B.35
以数字经济驱动制造业转型升级[*]

焦云霞[**]

摘　要： 随着各类数字技术在传统制造业中的不断深入融合应用，数字经济已经成为推动传统制造业转型升级的重要动力。目前，我国制造业数字化转型进程进一步提速，工业互联网成为推动制造业转型升级的关键基础设施。虽然中国制造业的数字化转型升级已取得卓越成效，然而仍然面临很多挑战，数字基础设施仍难以支撑传统制造业转型升级，制造业数字化融合发展程度还比较低，数字化赋能的制造业产业链协作程度不高等。为应对这些挑战，应该进一步推动数字基础设施建设，提高数字化赋能的产业链协作程度和培育数字技术人才。

关键词： 数字经济　制造业　数字化转型　智能制造

目前，中国经济已经进入以万物互联、数据驱动、智能主导为主要特征的数字经济时代。中国政府高度重视数字经济的战略意义，习近平总书记多次强调，要加快发展数字经济，坚持以供给侧结构性改革为主线，推进数字产业化和产业数字化，打造新产业新业态。随着数字技术的不断涌现和广泛应用，数字经济将引发产业变革，对制造业的转型升级产生重要的推动作用。制造业是现代产业体系的核心，是立国之本、强国之基、兴国之器。中国作为制造业大国，是世界上制造业门类最齐全、规模最庞大、产业基础体系最完整的国家。

---

* 本文获得"数字经济核心产业对传统制造业数字化转型的支撑能力调研"项目（GQZD2022002）的资助。

** 焦云霞，中国社会科学院数量经济与技术经济研究所副编审，主要研究方向为数字经济、技术创新等。

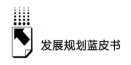

但中国制造业发展存在"大而不强，全而不优"的问题，还面临发达国家"再工业化"与发展中国家同类竞争的"双向挤压"，迫切需要转型升级应对挑战。

一 数字经济与制造业转型升级领域的相关政策

（一）数字经济领域的相关政策

在数字经济逐渐成为中国经济社会发展的重要支柱产业的背景下，中国各级政府先后出台数字经济相关政策。2015年7月，《国务院关于积极推进"互联网+"行动的指导意见》的发布，是数字经济政策开始逐步转向与其他传统行业融合应用的重要标志。"十四五"时期以来，有关数字经济的重要政策如下。

2021年10月，工信部等八部门联合印发《物联网新型基础设施建设三年行动计划（2021—2023年）》，明确到2023年底，在国内主要城市初步建成物联网新型基础设施，推动10家物联网企业成长为产值过百亿元的龙头企业，物联网连接数突破20亿。2021年11月，工信部发布《"十四五"大数据产业发展规划》，强调"十四五"时期大数据产业发展要以推动高质量发展为主题，着力推动数据资源高质量、技术创新高水平、基础设施高效能，打造数字经济发展新优势，为建设制造强国、网络强国、数字中国提供有力支撑。

2022年1月，国务院印发了《"十四五"数字经济发展规划》，这是中国数字经济领域的首部国家级专项规划。该规划提出"十四五"时期，中国数字经济逐步转向深化应用、规范发展、普惠共享的新阶段，2021～2025年，要加快建设数字经济、数字社会、数字政府，以数字化转型整体驱动生产方式、生活方式和治理方式变革。2022年2月，《不断做强做优做大我国数字经济》强调，数字经济具有高创新性、强渗透性、广覆盖性，不仅是新的经济增长点，而且是改造提升传统产业的支点，可以成为构建现代化经济体系的重要引擎。2022年6月，国务院发布《关于加强数字政府建设的指导意见》，指出要以数字政府建设全面引领驱动数字化发展。2022年11月，工信部发布《中小企业数字化转型指南》，从加大转型政策支持力度和增强企业转型能力等方面为地方政府支持中小微企业数字化转型提供方向引导。

2023 年 2 月，国务院发布《数字中国建设整体布局规划》，指出建设数字中国是数字时代推进中国式现代化的重要引擎，是构筑国家竞争新优势的有力支撑，要全面提升数字中国建设的整体性、系统性、协同性，促进数字经济和实体经济深度融合。

（二）数字经济驱动制造业转型升级的相关政策

当前中国正处于新旧动能接续转换、促进经济高质量发展的关键阶段，政府陆续颁布相关政策促进利用数字技术来推动制造业转型升级。2015 年，中国推进中国制造业的数字化转型，提高制造业的智能化水平，期望从制造大国转变为全球高科技制造强国。2017 年国务院发布《关于深化"互联网+先进制造业"发展工业互联网的指导意见》，明确工业互联网成为支撑制造业数字化转型的关键。2020 年，财政部出台《关于支持新一代信息技术产业发展的若干政策》，提出了支持传统行业数字化转型的政策措施，包括为传统行业数字化转型提供财政资金支持、鼓励数字化技术在传统行业的应用等。2021 年 1 月，财政部与工信部于发布《关于支持"专精特新"中小企业高质量发展的通知》，强调要促进"专精特新"中小企业的"数字化网络化智能化改造，业务系统向云端迁移，并通过工业设计促进提品质和创品牌"。

"十四五"时期以来，有关利用数字技术来推动制造业转型升级的重要政策如下。2021 年 12 月，工信部等部门联合印发的《"十四五"智能制造发展规划》提出，"十四五"及未来相当长一段时期，推进智能制造，要立足制造本质，紧扣智能特征，以数据为基础，依托制造单元、车间、工厂、供应链等载体，构建虚实融合、知识驱动、动态优化、安全高效、绿色低碳的智能制造系统，推动制造业实现数字化转型、网络化协同、智能化变革。

2022 年 10 月，党的二十大报告明确要求，加快建设制造强国、网络强国、数字中国，推动制造业高端化、智能化、绿色化发展。数字化作为第四次工业革命的新浪潮，正加速推动制造业生产方式的深刻变革，已成为促进产业链、供应链高效协同和资源优化配置的有效手段，是制造业高质量发展的重要路径。

2023 年 1 月 18 日，工信部等十七部门联合印发《"机器人+"应用行动实

施方案》，指出要培育机器人发展和应用生态、增强自主品牌机器人市场竞争力、推进中国机器人产业自立自强，为加快建设制造强国、数字中国，推进中国式现代化提供有力支撑，力争到 2025 年制造业机器人密度较 2020 年实现翻番。

二 以数字经济驱动制造业转型升级的发展现状和挑战

数字经济以信息通信技术、信息网络和数据要素为触角，向制造业不断渗透，对中国制造业产生了全方位影响，为中国制造业的转型升级奠定了基础。

（一）以数字经济驱动制造业转型升级的发展现状

近年来，中国数字经济快速发展。据中国信通院的数据，2022 年中国数字经济规模达到 50 万亿元左右，同比增长 10% 左右，位居世界第二。上海社科院发布的报告预测，到 2030 年，中国数字经济规模有望超过美国，位列世界首位。得益于数字经济的持续健康发展，制造业的数字基础设施不断完善，制造业数字化转型进程进一步提速。据工信部数据，截至 2022 年，中国重点工业企业关键工序数控化率达到了 58.6%，数字化研发设计工具普及率达到了 77%，智能制造孵化解决方案供应商已经超 6000 家，服务范围覆盖 90% 以上的制造业领域。其中，汽车制造行业对数字化研发设计工具的应用最普及，达到了 85.3%。

工业互联网作为由工业云和多种新一代信息技术集成的平台，是推动制造业转型升级的关键基础设施。党的十八大以来，中国工业互联网从无到有、从小到大，打造了 "5G+工业互联网" "5G 工厂" 等中国品牌。据工信部数据，截至 2022 年，中国工业互联网的核心产业规模达到 1.2 万亿元，较上年增长 15.5%，预计到 2025 年，工业互联网平台应用普及率将达到 45%。目前，中国已基本形成综合型、特色型、专业型的多层次工业互联网平台体系，重点平台连接设备超过 8100 万台（套），覆盖国民经济 45 个行业大类，平台化设计、数字化管理、智能化制造等新模式新业态蓬勃发展。目前，中国具有影响力的工业互联网平台达到了 240 个，遍布多个制造行业。

在数字经济的渗透下，制造业的产业数字化规模持续扩大，但是就整体水平来看，截至 2021 年中国制造业数字化渗透率仅为 22%，全球平均水平为 33%，德国、韩国、美国则分别为 43.9%、43.6%、36%，远低于发达国家水平。

（二）以数字经济驱动制造业转型升级面临的主要挑战

1. 数字基础设施支撑传统制造业转型升级乏力

虽然目前中国数字经济规模已居世界第二位，数字基础设施建设在国际上具有一定竞争力，但是在数字基础设施的核心技术领域与发达国家相比仍有一定的差距。尤其是高端机器人 90% 的核心零部件，以及 95% 的研发设计类工业软件、50% 的高端生产控制类工业软件都依赖进口，还未把关键技术掌握在自己手中，不能有效地提高制造业企业在全球价值链中的地位。另外，随着数据要素在生产中的作用越来越重要，有效数据不足将成为制造业数字化升级的阻碍，目前中国制造业的生产制造环节生产设备数字化率还比较低，满足标准规范要求的企业数字中心机房建设滞后，生产设备的落后及网络基础设施的不完善，严重影响了生产数据的采集和生产设备的网上互联，制约了制造业的数字化转型升级。

2. 制造业数字化融合发展程度不高

中国传统制造业企业和数字经济的融合程度处在由机械化向自动化转变阶段，在很多方面的数字化改进与世界制造强国相较差距较大。一方面，很多制造业企业并不了解自身对工业互联网、人工智能等数字技术的具体需求，企业缺乏主动挖掘数据的意识，特别是传统制造企业，仅把数字化技术看成提高生产效率的一种方式，并没有意识到数字化转变会给产品带来质的改变，甚至会对企业产业链产生整体提升的作用。另一方面，进行数字化转型和创新需要大量投资进行基础设施建设，数字化投资对企业来说是一项很大的挑战，导致制造业企业缺乏应用数字技术的主动性。同时，国内拥有自主知识产权，并且具有较强市场竞争力的智能制造系统解决方案供应商还比较很少，制造企业难以找到合适、可靠的解决方案供应商，这也是制造企业在数字化转型升级过程中普遍遇到的问题。

3. 数字化赋能的制造业产业链协作程度不高

尽管中国制造业数字化转型已经取得了一定成效，但是数字化赋能的产业

链协作程度不高的问题依然严重。数字赋能产业链强调构建"生产线数字化—车间数字化—企业数字化—产业链数字化—数字化生态体系",实现全链条、全领域、全渠道数据流和产业链的深度耦合,需要打通制造业上下游产业链各环节的数据流通渠道,但是在这方面还存在很多难点堵点。一是制造业数据标准不统一。各类制造企业使用不同的生产制造设备,而且设备的应用场景复杂,每天产生的经营管理数据、设备运行数据、外部市场数据等,由于目前还没有统一的数据标准,还不能转化为有效的数据要素资源,无法实现数据的互联互通。二是企业数据的安全保障应需进一步加强。相较于消费数据,工业数据的安全要求更高。工业数据涉及生产设备、管理运营等,一旦出现泄露、篡改问题,会带来严重的安全隐患。三是应进一步提高数据的开放共享水平。只有将企业内外的各类数据,如产业链上下游企业信息、政府监管信息、公民基础信息等进行有效整合才能产生应用价值,但是要实现数据的开放共享还有很长的一段路要走。

4. 数字技术人才供给不足

随着数字化的发展,数字化方向的研发机构、专业人员缺乏,尤其是体现在中国的尖端技术、科技研发和核心领域。专业人才的缺乏导致中国制造业在数字化转型方面存在较大的困难。在数字化转型的实际中,需要能够将数字技术专业知识与制造业行业特点有机结合起来的优秀人才,使数字经济有效融入实体经济,从而解决制造业面临的真实需求、提升基础创新能力、助力数字化升级。而现实状况是,中国制造企业现有的很多员工缺乏数字技术专业知识,也不能及时跟踪和掌握快速更新的数字技术知识。同时,大多数制造企业对技术研发创新的资金投入不足,难以吸引和留住高水平的数字技术人才。只有复合型数字人才加入制造业企业的发展中,才能及时解决生产过程中遇到的问题,促使数字经济和制造业深度融合。

三 以数字经济驱动制造业转型升级的国际经验

美国、德国、日本等发达国家都结合自身发展优劣势,加强战略布局,以数字经济驱动制造业转型升级,着力打造国家先进制造业竞争新优势。

（一）美国

自 20 世纪 90 年代开始美国制造业经历了大规模的衰退，并带来制造业规模下降、就业人数缩减等一系列严重后果，为此，美国政府陆续出台一系列支持政策重振制造业，引领制造业向高端领域迈进，提升美国在全球先进制造领域的地位。2012 年 2 月，美国出台《先进制造业国家战略计划》，提出要发展先进生产技术平台、先进制造工艺及设计与数据基础设施等先进数字化制造技术，从国家层面明确制造业数字化转型思路。为了配合《先进制造业国家战略计划》，2012 年 3 月建立"美国国家制造业创新网络"。2014 年，美国通过《振兴美国制造业和创新法案 2014》，计划打造国家制造创新网络，相继成立数字化制造与设计创新研究所等多家研究机构。2015 年，美国发布《国家创新战略》，多次提及构建美国创新生态系统，把创新生态系统看作实现全民创新和提升国家竞争力的关键所在。2018 年发布《美国机器智能国家战略报告》，提出国家机器智能战略，旨在通过长期资金支持，加快数字技术应用，提升国家先进制造业的数字化创新水平。2022 年 10 月，发布了《先进制造业国家战略》，提出研发和应用先进的制造技术，提升制造供应链的弹性。

（二）德国

德国早在 2013 年就提出了"工业 4.0"的概念，并出台经济数字技术项目和智能数据计划等，计划借助数字化激发经济增长潜力。制造业数字化是德国"工业 4.0"的核心领域，通过引入新型的数字技术来实现智能制造。为此，德国政府搭建"工业 4.0 平台"和"中小企业工业 4.0 卓越中心"，为工业企业的数字化转型提供帮助。为助力工业 4.0 战略体系的建设，2014 年 8 月德国发布《数字议程 2014—2017》，推动信息通信技术与各产业的融合发展，并且从夯实数字基建、推进数字研发、激励数字创新和保障数字安全等方面助推先进制造业领域的数字化。另外，为保持关键技术术语的一致性，2016 年 4 月德国设立"工业 4.0 标准化理事会"以推进标准的制定。2016 年，德国发布《德国数字战略 2025》，指出要将德国建设成最现代化的工业国家，涉及数字基础设施扩建、促进数字化投资与创新、发展智能互联等。2023 年 2 月，

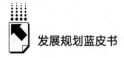

德国发布《未来研究与创新战略》，旨在建设创新型国家，具体布局了发展数字技术等六个方向的重点任务。

（三）日本

日本早在20世纪90年代就制定了智能制造发展的十年计划，后来又陆续发布《E-Japan战略》《U-Japan战略》《I-Japan战略》，以及"机器人新战略"和"工业价值链计划"等一系列政策规划，提出"工业互联"概念。2011～2013年，日本政府先后发布《政府ICT战略》《活力ICT日本》《世界最尖端IT国家创造宣言》，明确以大数据为核心的国家战略，并逐渐确定了以机器人、3D打印等为基础，以物联网、大数据等为手段，对制造业进行优化升级的战略规划，聚焦制造业特定领域的发展。2016年12月，日本发布《工业价值链参考架构》，明确智能工厂的基本架构。2017年，日本提出"互连产业"，意图使各企业、部门的数据互通互联。《东京举措2017》提出互联产业重点发展制造与机器人、重型工厂与基础设施等领域，进一步促进先进制造产业互联。2018年6月，日本发布《日本制造业白皮书（2018）》，明确将互联工业作为制造业发展的战略目标。

四　以数字经济驱动制造业转型升级的政策建议

（一）加快数字基础设施建设，夯实制造业发展基础

数字基础设施建设是制造业数字化转型升级的基石。首先，亟须提高数字技术的自主研发能力，要逐渐掌握高端机器人、数控机床、高端工业软件等核心技术，为此政府应该加大对数字基础技术和前沿技术的研发支持力度，保证企业有充足的资金进行研发，做到关键技术不受制于人。其次，要加速建设5G技术、物联网和人工智能等新型移动互联网通信设施，丰富数字传输渠道，提升数字网络能力，加强数字技术在实体经济中的运用，尤其是引导数字技术应用于制造业融合发展。再次，要积极推动云计算、大数据中心等数字平台的孕育和应用，为制造业的平台化发展夯实基础，聚集行业资源，提升产品研发设计能力和生产能力，共享数字经济发展红利。最后，推动制造业生产装备智

能化改造，建设可靠、灵活、安全的工业互联网基础设施，提升平台设备的连接能力，扩大制造资源的弹性供给，提升基础设施的网络化、智能化、服务化、协同化水平。

（二）推动制造业深度融合发展

首先，建立引导激励机制有效增强制造企业的数字化转型意愿。一方面，可以培育打造一批制造业数字化转型成功的标杆企业，通过在行业内示范推广，深化制造企业对数字化转型的认识；另一方面，针对数字技术设备的推广转化成本过高，无法满足大多数制造企业数字化转型需求的问题，应该建立健全以制造业现实发展需求为导向的数字技术推广转化机制，抓住现阶段数字技术规模化成本高的痛点，进行有针对性的技术研发和积累以降低推广成本。其次，制造业具有典型的重资产特征，且制造业领域设备种类繁多、应用场景复杂，不同种类的制造行业具有各自的生产运营特点，因此，不同制造行业应考虑不同行业、不同类型、不同层次和不同发展阶段企业需求的特殊性和一般性，研究一批可复制、可推广的数字化转型方案，引导企业结合具体行业特性、区域特征优势和企业主体个性等因素统筹推进数字化转型。

（三）提高数字化赋能的产业链协作程度

首先，制造业数字化改造的技术标准尚未统一，系统平台、设备接口标准并不统一，导致互联互通的难度加大；种种现实问题，需要政府的积极作为，加强制造业数字化转型的政府顶层设计。制定合理的制造业数字化转型规划，加快国家工业互联网、智能制造等制造业数字化应用体系标准构建，统一产业技术、设备设施连接标准并有序推广，促使技术设施相互转化的渠道更加通畅。其次，要构建更加完善的数字安全管理体系。从国家层面来看，政府应加快出台针对数据安全的法律法规，通过法律保障数字信息安全，为制造业优化升级提供基础制度保障。从企业层面来看，要保障信息数据库的安全性，对信息的采集、处理、分析等环境进行监控，让制造业在合理使用消费者信息的基础上实现数字化发展，保障消费者信息安全，确保信息授权的合理性，防止数据泄露等事件发生。

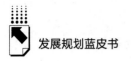

（四）培育数字技术人才，提升制造业人力资本水平

在制造业数字化转型过程中，制造企业内部通常会出现人力资本与数字化设备不匹配的状态。因此，首先，构建国家制造业数字技能学习平台，通过政策引导和激励制造业劳动者提升自身数字技能，同时支持数字化转型成功的制造企业和平台企业，以及培训机构、行业组织等开发、开放数字学习资源。其次，深化大学教育改革，强化产学研合作，加强特色化示范性软件学院和现代产业学院建设，培养复合型、创新型、应用型数字人才。最后，建立和完善员工数字技能在职培训制度，引导制造企业对生产管理人员、一线员工开展有针对性的培训。

参考文献

李春发、李冬冬、周驰：《数字经济驱动制造业转型升级的作用机理——基于产业链视角的分析》，《商业研究》2020年第2期。

焦勇：《数字经济赋能制造业转型：从价值重塑到价值创造》，《经济学家》2020年第6期。

任保平、何厚聪：《数字经济赋能高质量发展：理论逻辑、路径选择与政策取向》，《财经科学》2022年第4期。

韦庄禹：《数字经济发展对制造业企业资源配置效率的影响研究》，《数量经济技术经济研究》2022年第3期。

张艳萍、凌丹、刘慧岭：《数字经济是否促进中国制造业全球价值链升级？》，《科学学研究》2022年第1期。

朱小艳：《数字经济赋能制造业转型：理论逻辑、现实问题与路径选择》，《企业经济》2022年第5期。

数字经济与智能治理

B.36
把握我国数字经济发展的趋势和挑战[*]

蔡跃洲[**]

摘　要： 数字经济代表着新一轮科技革命和产业变革的主流方向，促进数字经济健康发展体现了新发展理念的内在要求，为新发展阶段下构建新发展格局、促进高质量发展提供了重要支撑。国内国际新形势下，数字经济发展面临技术、资金、人才、监管、安全等诸多挑战。为了应对挑战，应当从构建现代化数字产业体系，加快推动产业数字化转型，完善人才培养体系、数据要素流动制度体系、数字经济治理体系等角度入手，推动我国数字经济持续健康发展。

关键词： 数字经济　新发展阶段　新发展格局　高质量发展　数字化转型

---

* 本文主要内容以《新发展阶段下中国数字经济发展的定位、趋势及挑战》为题已发表于《财经智库》2023年第1期。

** 蔡跃洲，中国社会科学院数量经济与技术经济研究所研究员，主要研究方向为数字经济、技术创新与经济发展。

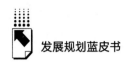
一 新发展阶段数字经济的定位

（一）新发展阶段与新一轮科技革命和产业变革交汇重叠

新发展阶段涵盖的时间范围大致是，从 2021 年全面建成小康社会、实现第一个百年奋斗目标开始，持续到 2050 年前后全面建设社会主义现代化强国、实现第二个百年奋斗目标。而这一阶段恰好与世界新一轮科技革命和产业变革所对应经济长周期的上升期交汇重叠。

从创新经济学的视角来看，从 18 世纪 60 年代到 20 世纪 90 年代，全球大致经历了 5 次技术革命，分别是：①18 世纪 60、70 年代，以"斯密顿水车""珍妮纺纱机""阿克赖特水力织布机"等为标志，拉开了工业革命的序幕；②18 世纪末到 19 世纪 30 年代，以"瓦特蒸汽机"广泛应用和"利物浦—曼彻斯特"铁路线开通为标志，人类社会进入"蒸汽和铁路时代"；③19 世纪 70 年代，以钢铁、电力及重型机械等为代表的第三次技术革命将人类社会带入"钢铁和电气时代"；④20 世纪初，以石油化学、汽车制造为代表开启了"石油与汽车时代"；⑤20 世纪 60、70 年代，以英特尔公司微处理器发布为标志宣告了"信息时代"的到来。① 而 2008 年前后逐步孕育兴起的新一轮科技革命和产业变革，则可被看作第六次技术革命。②

前 5 次技术革命演进的历史经验表明，技术革命与经济增长有着密切关联。20 世纪 30 年代末，创新经济学的鼻祖约瑟夫·熊彼特发现工业革命以后世界经济增长呈现出 50 年左右的周期性变化，该周期也被称为"熊彼特长周

---

① Freeman C., Continental, *National and Sub-national Innovation Systems-complementarity and Economic Growth Systems of Innovation*, Edward Elgar Publishing, 2008; Freeman C., Perez C., "Structural Crises of Adjustment, Business Cycles," *Technology*, *Organizations and Innovation*: *Theories*, *Concepts and Paradigms*, 2000 (2); Perez C., "Technological Revolutions and Techno-economic Paradigms," *Cambridge Journal of Economics*, 2010 (1); Mathews J. A., "The Renewable Energies Technology Surge: A New Techno-economic Paradigm in the Making?" *Futures*, 2013 (46).

② 蔡跃洲：《"互联网+"行动的创新创业机遇与挑战——技术革命及技术—经济范式视角的分析》，《求是学刊》2016 年第 3 期。

期"或"康波周期"①。在发生时间上，技术革命与经济长周期之间存在耦合，即几乎每一轮技术革命的标志性事件都会在上一轮经济长周期的下降阶段出现，比新一轮经济长周期的起点（及上升阶段）提前10~20年。②

作为第六次技术革命的此轮科技革命和产业变革，其标志性事件出现在2008年前后。基于技术革命与经济长周期的耦合机制，经过十多年在全社会范围内的影响和渗透，新一轮经济长周期上升阶段开启的时间应该在2020年前后，与我国新发展阶段的起始点基本重合。从我国以及全球经济实际运行状况来看，尽管受全球化逆流和疫情冲击影响，宏观经济整体未能表现出强劲增长，但疫情冲击下数字经济快速发展的势头有目共睹。根据前五次技术革命的经验，每一次所对应经济长周期的上升阶段会持续30年左右。③ 如果延续此规律，那么新一轮经济长周期也有望持续30年左右，覆盖2020~2050年这段时间，正好与我国的新发展阶段形成交汇重叠。

---

① 苏联的农业经济学家康帝拉季耶夫于1926年利用英国、法国、美国的统计资料，也提出了一个类似的、跨度为48~60年的长周期概念。熊彼特与康帝拉季耶夫的研究截至20世纪20年代末，后续的长周期仍然存在，但是跨度似乎缩减到40年左右，为简便起见不妨将熊彼特经济周期（或康德拉季耶夫周期）简称为"经济长周期"。

② Schumpeter J. A., *Business Cycles: A theoretical, Historical and Statistical Analysis of the Capitalist Process*, New York: MacGraw-Hill Book Company, 1939; Perez C., "Technological Revolutions and Techno-economic Paradigms," *Cambridge Journal of Economics*, 2010 (1); Kondratieff N. D., "The Long Waves in Economic Life," *Review of Economic Statistics*, 1935 (17); Mathews J. A., "The Renewable Energies Technology Surge: A New Techno-economic Paradigm in the Making?" *Futures*, 2013 (46).

③ 从2014年开始，互联网金融、本地服务、人工智能、区块链、工业互联网、新基建、元宇宙等数字经济热点不断涌现，继早期的BAT后，京东、滴滴、美团、小米、字节、拼多多等新的互联网科技公司在短短5年左右时间里迅速崛起，全社会对数字经济的认知和接纳程度也不断提升。与此同时，习近平总书记讲话和中央文件对"新一轮科技革命和产业变革"的表述也在不断调整，由2013年十八届政治局第九次集体学习中的"孕育兴起"，逐步变为2016年的《国家创新驱动发展战略纲要》中的"加速演进"，再变为2020年党的十九届五中全会决议中的"深入发展"。因此，大致可以认为，到2020年左右，无论是从大众认知还是经济社会运行实践来看，就以数字技术为核心的世界新一轮科技革命和产业变革演进方向基本达成了共识。另外，虽然受新冠疫情影响2020年中国GDP增速仅有2.2%，但2021年的GDP增速高达8.1%；其中，数字经济在疫情中逆势增长，特别是平台经济、在线活动等新模式为应对冲击、稳定发展发挥了不可替代的作用。

（二）发展数字经济有助于构建新发展格局

根据马克思政治经济学经济循环的相关论述，经济社会运行的本质是以生产为起点、消费为终点、分配和交换为中间环节的动态循环过程；或者说，经济社会运行可抽象为具有相互继起关系的四类活动，即生产、分配、交换（流通）和消费①。构建以国内大循环为主体、国内国际双循环相互促进的新发展格局，关键在于打通生产、分配、流通、消费各环节的堵点断点，畅通经济循环。而人类社会的经济循环过程又都伴随着物质流/能源流、资金流、信息流的传递和流转。畅通经济循环的最终结果应该是，生产环节产出的商品/服务（物质流）能够快速、精准地从供给侧配置到需求侧。为完成商品及服务交付，需要消耗一定的能源，如交换（流通）过程中能量耗费，并进行资金的交割结算。在完成上述活动，实现经济循环过程中，会产生相应的信息流。不同经济形态和文明发展阶段下，受制于当时的信息通信技术和信息交流方式，物质/能源、资金、信息等在经济循环中流转的模式存在较大差别。

数字经济时代，新一代信息技术的大规模商业化应用，全方位降低了数据信息收集、处理、分析、传输、交互等成本；数据信息获取使用的即时性、便利性得以大幅提升，成为经济社会运行的新关键要素，为信息流引导物质流、资金流，加速经济循环，构建新发展格局提供了有力的支撑。当然，畅通经济循环要求数据要素充分、快速流动，数据要素流转又必然带来信息安全问题，而跨境数据流动更是事关国家安全，并且涉及国与国之间的博弈和制度协调。构建完善新发展格局，要求相关部门协同配合，切实统筹好数字经济领域中发展与安全两件大事。

（三）发展数字经济有助于实现高质量发展

发展数字经济还将为高质量发展提供基础性支撑。从供给侧来看，经济高

---

① 《〈政治经济学批判〉导言》"2. 生产与分配、交换、消费的一般关系"中有如下相关表述："生产表现为起点，消费表现为终点，分配和交换表现为中间环节……我们得到的结论并不是说，生产、分配、交换、消费是同一的东西，而是说，它们构成一个总体的各个环节，也支配着其他要素"。见《马克思恩格斯全集》第46卷（上册），人民出版社，1979。

质量发展要求实现"质量变革、效率变革、动力变革，提高全要素生产率"，而数字经济作为新经济形态，最为突出特点就是经济运行效率的大幅提升。在微观层面，基于数字技术的广泛渗透和应用，不仅产生大量数据资源，还能够从中迅速提炼出有效信息，并在生产消费各环节中实时传递，提升生产经营各环节、各主体、各要素之间的协同性，从而提高全要素生产率。在宏观层面，数据要素所具备的非竞争性、（部分）非排他性等技术—经济特征，使之能够同时应用于多个不同场景，发挥上述协同性和效率提升作用，最终体现为对经济发展的放大、叠加、倍增效应。从需求侧来讲，高质量发展应该更好地满足"人民日益增长的美好生活需要"，在新时代意味着更多满足收入水平提高后的多元化、个性化需求。而以平台经济为代表的各种数字经济新模式，通过挖掘长尾市场、提供个性化产品服务等方式，能够更好地满足消费者需求，带来更多的消费者剩余。[①]

二 数字经济发展的基本状况与趋势

（一）全球数字经济发展态势与格局

1.互联网用户规模及渗透率

在通信网络建设方面，移动互联网是近年来的主要发展趋势。根据国际电信联盟（ITU）公布的数据，[②] 2021年世界平均3G（及更高代技术）移动网络人口覆盖率达到95%，发达国家为98.6%，发展中国家为94.3%，最不发达国家也达到83.2%。与十年前相比，移动网络人口覆盖率实现显著提升，互联网用户规模也呈现快速增长趋势。根据国际电信联盟公布的数据，截至2021年11月，全球互联网用户达到49亿，大约占全球总人口的63%，2019

---

① Gordon R. J., "Why has Economic Growth Slowed When Innovation Appears to be Accelerating?" National Bureau of Economic Research, 2018; Veldkamp L., Chung C., "Data and the Aggregate Economy," *Journal of Economic Literature*, 2019；蔡跃洲、马文君：《数据要素对高质量发展影响与数据流动制约》，《数量经济技术经济研究》2021年第3期。

② 资料来源于国际电信联盟统计数据库（ITU Statistics Database），http：//www.itu.int/en/ITU-D/Statistics/Pages/stat/default.aspx。

年以来上升了近 17%，增速极其惊人。① 2020 年以来，新冠疫情在全球的传播进一步加速了数字技术的渗透和数字经济规模的增长，疫情本身及防控措施带来的出行减少、社会隔离等情况促使越来越多的活动在网上进行。数据显示，2020 年全球互联网宽带使用量增加了 35%，这是 2013 年以来增长幅度最大的一年，作为对比，2019 年这一数字是 26%。② 中国 3G/4G 移动网络人口覆盖率在 99% 以上，基本实现了全覆盖，而且在 5G 网络建设和技术开发方面处于世界领先地位。

2. 数字基础设施建设分布

数据的传输和存储依赖于通信网络、海底光缆、卫星、数据中心等数字基础设施，本国的数据传输主要依靠通信网络，而跨国数据传输主要依靠海底光缆。国际电信联盟绘制的全球通信网络连接地图显示，③ 海底电缆网络密度最高的是北部跨大西洋路线和跨太平洋路线，即美国和欧洲之间以及美国和亚洲之间的线路。2000 年以前的海底光缆基本都是运营商投资建设，近十年来，随着超大型互联网平台数据传输需求的激增，以谷歌、亚马逊、微软、脸书为代表的美国互联网巨头积极投入海底光缆建设，并逐渐成为海底光缆的主要建设主体。相比之下，中国拥有的海底光缆数量非常有限，且中国的大型互联网平台很少参与海底光缆建设。在数据中心建设方面，联合国贸易和发展会议 2021 年发布的报告显示，大约 80% 的联合定位数据中心（Co-location Data Center）集中在北美和欧洲的发达国家，其中美国占 38%，欧洲占 29%，中国仅占 3%；在超大规模数据中心建设方面，美国约占总数的 39%，中国占 10%，日本占 6%。④

3. 算力需求变化及结构

IDC 和浪潮信息联合发布的《2020 全球计算力指数评估报告》显示，美

---

① International Telecommunication Union, "Measuring Digital Development：Facts and Figures 2021," 2021.

② TeleGeography, "The State of the Network：2021 Edition," TeleGeography, San Diego, CA, Available at：https：//www2. telegeography. com/hubfs/assets/Ebooks/state - of - the - network - 2021. pdf, 2021.

③ 具体参见国际电信联盟（ITU）通信网络地图网站，https：//bbmaps. itu. int/bbmaps/。

④ UNCTAD, "Digital Economy Report 2021," https：//unctad. org/webflyer/digital - economy - report-2021, 2021.

国和中国是全球计算力指数最高的两个国家，在计算能力和基础设施支持上大幅领先于其他国家。① 计算力的提升既依赖于数据中心、智能计算中心等基础设施的投资，也依赖于人工智能、云计算等前沿数字技术的发展，近年来人工智能计算（AI 计算）的支出快速增加。从技术发展来看，在人工智能、云计算等前沿数字技术，以及被视为下一代颠覆性技术的量子计算等方面，中国的科学研究和投资快速增长，与美国、欧盟成为共同的领导者。② IDC 等发布的《2021~2022 全球计算力指数评估报告》显示，2021 年 AI 算力支出在总算力支出的占比与五年前相比提高了 3 个百分点，中国的 AI 算力支出增速尤其瞩目，过去五年 15 个国家 AI 支出的增长中有 60% 来自中国。③ 不过，从相关技术重要科研成果的引用率和核心专利质量来看，中国与美国相比仍有一定差距。

4. 平台企业发展及分布状况

近年来，超大型数字平台的崛起引发了全球关注，数据平台带来的垄断和数据隐私安全等问题成为全球性议题。尽管如此，数字平台作为一种新的生产力组织方式，其在各行各业的渗透已经成为不可逆转的趋势，特别是新冠疫情期间，数字平台已经成为经济社会运行的重要支撑，在推动产业升级、优化资源配置、畅通经济循环上发挥着越来越重要的作用。目前，超大型数字平台主要集中在美国和中国。联合国贸易和发展会议发布的《2021 年数字经济报告》显示，截至 2021 年 5 月，全球市值最高的前 100 家数字平台企业中，美国企业有 33 家，中国企业有 24 家，两国的数字平台企业占到一半以上。④ 数字平台是数据价值链上的重要角色，大型数字平台企业聚集了海量用户，在数据收集和价值挖掘上具有显著的规模优势。从数字平台发展的角度来看，虽然中国和美国都是全球的领导者，但是从市值来看，美国数字平台企业的市值远高于中国数字平台企业。

---

① IDC、浪潮信息：《2020 全球计算力指数评估报告》，2021 年 2 月。
② OECD，"OECD Digital Economy Outlook 2020," OECD Publishing，Paris，https：//doi. org/10. 1787/bb167041-en，2020.
③ IDC、浪潮信息、清华大学全球产业研究院：《2021~2022 全球计算力指数评估报告》，2022 年 4 月。
④ UNCTAD，"Digital Economy Report 2021," https：//unctad. org/webflyer/digital - economy - report-2021，2021.

（二）中国数字经济发展规模及趋势

得益于海量用户红利和丰富的技术应用场景，过去二十年中国数字经济一直维持着较高的增长速度。本文基于蔡跃洲和牛新星[①]提出的模型对中国数字经济增加值规模进行了测算，结果显示，1993~2021 年，中国数字经济增加值规模占 GDP 的比重从 2.7% 上升到 18.3%，年均增速达 16.6%，远高于同期 GDP 增速，2021 年全国数字经济增加值规模约为 21.0 万亿元，如图 1 所示。

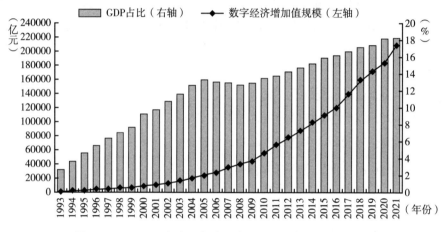

图 1　1993~2021 年中国数字经济增加值规模与 GDP 占比

资料来源：笔者根据蔡跃洲、牛新星《中国数字经济增加值规模测算及结构分析》（《中国社会科学》2021 年第 11 期）中的数据整理绘制。

从发展趋势来看，中国数字经济经历了从高速增长到平稳增长再到高速增长的过程，2010 年以后，伴随着新一代信息技术的加速创新和深度融合，数字经济重新进入高速增长期，2010~2021 年数字经济增加值年均增速为 9.9%，而同期中国经济进入新常态，GDP 年均增速下降到 7.9%。该研究将数字经济分为"数字产业化"和"产业数字化"两部分，前者主要包括与 ICT 产品服务提供直接相关的数字部门，后者主要涵盖 ICT 渗透至传统行业后带来的新模式。测算结果显示，1993~2021 年，产业数字化的增速整体快于数字产业化，

---

① 蔡跃洲、牛新星：《中国数字经济增加值规模测算及结构分析》，《中国社会科学》2021 年第 11 期。

但是在 2013 年之后，随着电子商务、数字媒体等新兴数字部门的爆发式增长，"数字产业化"的增速高于"产业数字化"。不过，2021 年"数字产业化"部分的增速出现下降，而"产业数字化"部分的增速则快速增加。新一代信息通信技术与传统产业的深度融合释放出巨大能量，成为引领经济发展的强劲动力，其中制造、金融、交通运输业是增速最快的行业，产业数字化正在开启新的一波增长浪潮。

专栏：2035 年中国数字经济规模预测

2020 年，中国数字经济规模约为 18.4 万亿元（按 2020 年人民币对美元平均汇率中间价 6.9 折算约为 2.7 万亿美元），在全球数字经济规模中的占比为 20.4%，这一数字超过 2020 年中国 GDP 在全球的比重（根据国际货币基金组织的测算，2020 年中国 GDP 约为 14.7 万亿美元，占全球 GDP 的 17.4%）。本文基于蔡跃洲和牛新星①的测算模型及数字经济各组成部分年增长率，通过趋势外推方法对 2022~2035 年数字经济增长率进行预测，并估算这些年份相应部分的增加值规模，进而得到加总的数字经济规模预测值。预计到第十四个五年规划结束时（即 2025 年），中国数字经济增加值规模将达到 325166.5 亿元（名义值），其中数字产业化增加值为 151789.3 亿元，产业数字化增加值为 173377.2 亿元；数字经济增加值规模（名义值）将在 2035 年接近百万亿元。在《中共中央关于制定国民经济和社会发展第十四个五年规划和二〇三五年远景目标的建议》起草和征求意见过程中，一些地方和部门建议，明确提出到 2035 年实现经济总量或人均收入翻一番的目标。如果要实现 2035 年人均 GDP 翻一番的远景目标，要求未来 15 年 GDP 实际增速年均达到 4.8%。这种增长速度将使我国 GDP 从 2020 年的 103.0 万亿元左右上升到 207.5 万亿元（2020 年不变价格）。以此为参照，2035 年数字经济增加值规模占 GDP 的比重将接近 50%。未来 15 年，数字经济将在促进经济增长方面发挥越来越重要的作用，不仅是我国全面建设社会主义现代化国家的重要支撑，也将成为全球数字经济发展的重要驱动力。

---

① 蔡跃洲、牛新星：《中国数字经济增加值规模测算及结构分析》，《中国社会科学》2021 年第 11 期。

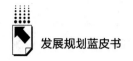

三　新发展阶段中国数字经济面临的挑战

（一）发展面临的挑战

一是数字经济核心技术研发创新能力仍存在重大短板。芯片是数字技术的物质载体，是数字经济发展的物质技术基础。在高端芯片制造、集成电路关键加工设备及材料、工业软件等方面，我国本土企业与国际领先企业相比存在较大的技术差距。2018 年以来，中美科技战叠加新冠疫情冲击，已经对我国部分关键数字技术产品服务的持续稳定供给乃至产业链、供应链安全造成了一定影响，数字技术领域"卡脖子"风险日益凸显，短期内通过提升研发创新能力来化解"卡脖子"风险仍然存在诸多技术和商业障碍。2022 年以来，美方对华在集成电路领域的封锁和打压不断强化，包括成立"芯片四方联盟"、禁售 3nmEDA 设计软件、出台《芯片与科学法案》、限制 ASML 对华出售 14nm 光刻机等。由于技术资金门槛、用户习惯、产业链条及产业生态等方面的特殊性质，数字关键核心技术实现自主可控目标所面临的困难远比想象的要多。

二是推动数字技术与实体经济深度融合面临资金约束。加快产业数字化转型、推动数字技术特别是新一代信息技术与实体经济深度融合，需要大量投资对传统产业进行全方位数字化改造。由于一次性投入大且回报周期较长，通常只有效益较好的大型企业才有意愿和条件全面推进，对于中小企业，"融资难、融资贵"问题长期存在，全面推进制造业数字化转型面临现实的资金约束；现阶段实现数字化应用对生产经营的全面覆盖，所需资金量大，如不能在三年内收回投资，将直接影响企业正常资金周转。即便是财务状况较好的行业领军企业，巨大的数字化建设投入也容易遭到股东或实际控制人的质疑。某个环节的数字化改造或机器替代，其投入回报还比较容易测算，但全面数字化建设可能带来企业整体运营效率的提升很难与投入一一对应，难以准确核算出每一项投资的具体回报；当企业股东或实际控制人在考察成本收益时，管理层很难解释企业最终的盈利中哪部分应归属于数字化转型方面的投入。

三是制造业数字化转型面临信息技术（IT）与操作技术（OT）融合瓶颈。

工业/制造业是未来数字技术与实体经济深度融合的主战场。在消费和服务领域，业务场景主要是汇集商品、卖家、买家相关信息，然后进行交易撮合，实现数字化转换的难度相对较小。不同于消费互联网相对简单的交易场景，传统产业特别是工业/制造业的生产过程较为复杂，实现数字化转换需要信息技术（IT）与不同行业操作技术（OT）的深度融合。掌握计算机软硬件技术的 IT 人员只有在充分理解制造工艺/操作技术前提下，才可能将其通过软硬件加以实现。不同行业的制造工艺千差万别，IT 人员不可能深入了解每一个行业，而 OT 人员如果缺乏 IT 方面的知识背景又很难将其以 IT 人员易于理解的方式提出数字化建设需求。因此，既懂 OT 又懂 IT 的复合型数字人才是支撑深度融合的关键。然而，从我国制造业企业实际情况来看，复合型数字人才往往是由企业内部 OT 人员自学 IT 技能而逐步成长起来的，培育周期长；复合型人才缺乏短期已经成为制造业企业数字化转型的重要瓶颈。

（二）规范面临的挑战

一是平台经济等新模式、新业态带来新的监管难题。作为新一代信息技术和数据要素支撑的模式创新，互联网平台具有低成本性、高开放度、高共享度、网络外部性等技术—经济特征。在初期高速发展阶段，低进入成本和高开放度使互联网平台能够以网状结构连接各种类型的用户，而低边际成本和高共享度则促进了用户间数据信息的产生和流动，并为用户低成本利用数据信息创造了条件，促进了数据要素价值的释放，带动用户福利提升。然而，进入稳定成熟阶段后，平台的福利提升效应逐步趋于稳定，而其网络外部性特征则继续发挥作用通过"马太效应"形成若干优势平台。少数优势平台凭借积累的大量用户和数据信息，获得了市场垄断势力和数据垄断能力，形成垄断竞争乃至寡头垄断的市场格局。在实践中，受资本控制的垄断平台一般都有着滥用自身优势地位过度进行剩余索取的倾向，由此将损害平台上消费者、商户等其他主体利益，给政府监管带来新的挑战和难题。

二是统筹数据要素市场发展与数据安全面临挑战。数字经济时代，数据收集、处理、分析、传输的便利性，为加速经济循环、构建新发展格局提供了有力支撑。数据充分流动是加快经济循环的必要条件，然而数据流动过程中也伴随着数据安全问题。近年来，消费互联网平台对消费者数据的滥用和个人隐私侵犯等问题，已经引起了社会各界的关注和反思。在供给侧，产业链上下游客户和供应商对企业数据安全的顾虑，一直是制约工业互联网平台发展的瓶颈。而跨境数据流动更是事关国家安全，世界主要经济体围绕数据主权和数据跨境流动已经展开了博弈。例如，欧盟出台《通用数据保护条例》（GDPR），美国出台了《明确境外数据合法使用法案》（CLOUD），日本则对其《个人信息保护法》进行修改并同美欧分别达成相关协议，等等。数据要素流动涉及的境内、境外、技术、制度等各种因素相互交织、错综复杂，给统筹数字要素市场发展与数据安全带来了很大挑战。

四 关于新发展阶段促进数字经济发展的建议

（一）构建现代化数字产业体系

首先应当加快实现关键核心技术自主可控，构建起现代化数字产业体系。一是"补短板"，充分发挥我国超大规模市场优势和举国体制优势，选取高端芯片、操作系统、工业软件、网络安全等若干"卡脖子"技术，综合运用首台套补贴、首台套保险、政府采购、集成电路产业投资基金等多种政策手段，加大研发创新力度，尽早实现数字技术产业链、技术链的自主可控，切实筑牢数字经济发展的技术底座和国家网络信息安全屏障。二是"锻长板"，加大对5G等优势技术商业化应用的支持力度，强化其技术领先优势和商业应用优势，为保障数字经济发展安全准备更多反制手段。三是提前布局，在（数字领域）技术预测基础上，围绕可能出现颠覆性创新的细分领域，如碳基芯片、量子计算、量子通信及下一代移动通信、人工智能（类脑智能），尽早开展预研并推动示范性应用，力争在全球数字竞争中抢占先机。四是推动完善产业生态体系，以集成电路/芯片制造为核心形成的数字技术/ICT产业生态系统，具有超长的产业链条，涵盖材料、设备、制造、应用四大模块，每一个模块又细分为多个环节。其中，处于上游的材料和设备是整个集成电路产业的基石，处于中游的制造模块其产成品芯片则几乎构成所有数字技术的物质载体，下游则是经济社会不同领域的应用，涉及经济体量规模可观。完善以芯片制造为核心的产业生态系统，构建起现代化数字产业体系，可以为保障数字技术产业链供应链安全、构建现代化产业体系提供有力支撑。

（二）降低产业数字化转型门槛

优化数字基础设施布局及运行模式，降低产业数字化转型门槛。一是优化数字基础设施布局，完善信息网络基础设施，结合各地生产生活实际需要和主流技术及标准变化情况，适时进行扩容升级，提高网络覆盖率，为未来智能工厂、无人驾驶、远程医疗（手术）等诸多应用场景提供低时延、大容量、高速率的数据信息传输保障。二是完善数字基础设施运行相关的标准协议，畅通关联基础设施之间的连接，例如工业互联网标识解析体系、通信协议以及配套的基础软件、工业 App 等，夯实数字技术与实体经济深度融合的底层基础，提升数字基础设施运行的整体效能。三是创新数字基础设施运行运营模式，切实降低产业数字化转型的成本和门槛。相比消费互联网等数字经济新模式，产业数字化转型特别是制造业数字化转型有着更为专业的应用场景和更高的技术复杂度，企业数字化转型改造也需要承担更高的成本。为此，有必要立足中国现实国情，摒弃急功近利的做法，将各地特色优势与工业互联网等数字基础设施的技术特点结合，创新运行运营模式，通过降低成本引导企业数字化转型。

（三）完善人才培养引进保障体系

完善人才培养引进保障体系，以支撑数字化转型和高质量发展。一是探索复合型数字人才培养模式，改变关键岗位复合型人才偶发性自我成长的模式，从培训体系、人事制度、用工激励等入手形成系统性的复合型数字人才培养机制。二是做好高层次数字人才引进的顶层设计，特别要把握好中美博弈背景下海外华人科技人才回流的特殊机遇，统筹人才引进、安置、调配等各项工作并形成制度，做到"引得回、用得上、留得住"。三是构建并不断完善数字人才培养体系，在全面落实好《提升全民数字素养与技能行动纲要》的基础上，围绕提升全体公民数字素养和专业人员数字技能的目标，调整优化课程设置和教育培训模式，形成基础教育、高等教育、职业教育、技能培训等有机衔接的数字人才培养体系。四是实现公民数字技能提升与岗位替代人员分流安置的有

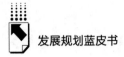

机衔接，充分利用数字经济新模式新业态提供的各种非标准就业（零工就业）做好分流安置工作，同时通过对分流安置人员的数字技能培训更好地支撑新业态发展。五是提高非标准就业人员的社会保障水平，切实解决好从业者安全、医疗、养老等保障问题，降低非标准就业从业风险，在稳定就业队伍、支撑新业态发展的同时也让更多群体享受到数字化红利，避免收入及福利差距过大。

（四）构建完善的数据要素流动制度体系

构建完善的数据要素流动制度体系，保障数据安全有序充分流动。一是完善公共数据开放共享机制；在现有的归集整理、分级分类和公共数据开放平台建设基础上，细化公共数据开放共享的权限设定、安全保障及激励机制，从改变本位主义观念、明确数据共享权责、增强开放共享激励等方面入手，循序渐进推动各级各部门加大数据开放共享力度。二是完善社会数据确权、定价、交易、分配等制度体系；在现有《个人信息保护法》《数据安全法》的法律框架下，进一步明确数据当事人、数据收集者、数据使用者的权利义务，设计数据交易后的收益分配规则；从技术角度入手，改变数据产品服务提供方式，将交易对象由原始数据转变为经由技术服务商提供的数据产品，设计匹配的交易规则和定价机制，结合数据交易实践探索规范"原始数据不出域，数据可用不可见"的交易模式。三是完善跨境数据流动制度体系。一方面，健全数据跨境流动安全审查机制，在现有《数据安全法》《网络安全法》《个人信息保护法》等数据安全相关法律框架下，结合国际规则对涉及数据跨境流动的条款进行细化，并在中央层面由网信、工信等部门牵头成立专业的数据信息安全审查管理部门和安全评估机构。另一方面，加强跨境数据流动国际合作，建立完善的数据跨境流动双多边合作机制，充分利用《区域全面经济伙伴关系协定》（Regional Comprehensive Economic Partnership，RCEP）签署生效以及未来加入《全面与进步跨太平洋伙伴关系协定》（Comprehensive and Progressive Agreement for Trans-Pacific Partnership，CPTPP）的机遇，推动数据跨境流动规则与国际接轨。

B.37
推动做强做优做大数字经济

李雯轩[*]

摘　要： 随着我国数字经济规模不断扩大，对经济的渗透融合作用不断增强，数字经济已经成为拉动我国经济增长的新动能。为了更好地发挥数字经济作为主引擎的作用，应通过激发数据要素活力、推动传统产业数字化转型、培育壮大新兴数字产业、完善数字治理协作体系积累创新动能，为我国经济行稳致远提供助力。

关键词： 数字经济　创新　新发展格局

一　数字经济不断壮大，为高质量发展注入新动能

推动做强做优做大数字经济，是把握新一轮科技革命和产业变革的战略选择。习近平总书记指出，"数字经济发展速度之快、辐射范围之广、影响程度之深前所未有，正在成为重组全球要素资源、重塑全球经济结构、改变全球竞争格局的关键力量"。根据中国信息通信研究院的测算，2021年我国数字经济规模已经达到7.1万亿美元，成为疫情之后经济复苏的关键。

（一）数字产业化规模扩大，数字经济核心产业高速成长

数字经济产业是数字技术的主要应用领域，无论从规模还是结构来看，我国的数字经济产业一直保持合理的增长态势，相关企业的国际竞争力进一步凸显。

---

* 李雯轩，中国社会科学院数量经济与技术经济研究所副研究员，主要研究方向为互联网经济、产业经济。

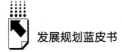

一是在规模层面，数字经济产业规模持续扩大。根据工业和信息化部的统计，2022年通信业、电子信息制造业、软件和信息技术服务业、互联网和相关服务业的发展保持稳定态势，其中通信业中的电信业务累计收入达1.58万亿元，比上年增长8%；规模以上电子信息制造业增加值同比增长7.6%，实现营业收入15.4万亿元，同比增长5.5%；软件和信息技术服务业累计完成业务收入10.81万亿元，突破10万亿元大关；互联网和相关服务业完成业务收入1.46万亿元。数字产业的增速总体高于同期GDP年增长率，成为稳定我国经济的重要组成。二是在结构层面，数字产业新产品新服务发展迅速。2022年信息技术服务收入中云服务、大数据服务收入达到1.04万亿元，占比达到14.9%，比2021年提升了2个百分点；以数据中心、云计算、大数据、物联网等为主的新兴数字化服务对电信业务收入增长贡献率达64.2%；移动网络的终端连接总数达35.28亿户，越来越多的消费者使用上移动网络、物联网服务。三是在企业竞争力层面，我国数字经济企业的国际影响力不断提升。根据《2022年中全球独角兽榜》，2022年中国有独角兽企业312家，仅次于美国625家，其中排名前十位的独角兽企业中总部位于中国的有5家，包括抖音、蚂蚁集团、Shein、微众银行和京东科技，分列第1、第3、第5、第8、第9位，在社交媒体、电商平台、金融科技领域具有较大的竞争力。

（二）产业数字化向纵深推进，经济主引擎作用凸显

数字技术对其他产业的渗透、融合影响愈发显著，产业数字化成为推动我国经济企稳向好的重要引擎。

在消费领域，从渗透程度来看，根据《数字经济蓝皮书：中国数字经济前沿（2021）》，数字经济渗透率已超过50%，特别是网络购物领域（85.2%）、餐饮领域（78.6%）、文化娱乐领域（66.7%）的数字消费比例远远超过50%，数字技术已经深刻改变了中国消费者的消费方式。在工业领域，从工业机器人使用数量来看，根据国际机器人联合会的统计，2021年中国新装工业机器人数量达到268195台，超过当年全球工业机器人新装量的50%，其中电子行业（32.87%）、汽车行业（22.97%）、金属和机械制造业（12.86%）是新装量最多的三个领域，也是中国制造业出口规模较为领先的部

门。在农业领域，根据农业农村部的统计，2021年加装北斗卫星导航的拖拉机、联合收割机超过60万台，植保无人机保有量97931架，同比增长39.22%，数字技术有效提升了农业生产质量。

（三）数字产业集群发展壮大，创新要素加速集聚

集群化发展是一个地区产业竞争力增强的显著特征，我国已经形成特色和比较优势鲜明、创新要素集聚的数字产业集群。

一是数字经济产业集群蓬勃发展，成为推动高质量发展的重要力量。在国家发展改革委公布的66个战略性新兴产业集群中，与数字经济相关的集群达到30个；在科技部公布的创新型产业集群名单中，1/3是数字经济相关集群。其中，中关村新一代信息技术产业、武汉东湖光电子、上海张江集成电路产业规模分别占全国的17%、50%、35%，为拉动地方经济、探索创新路径做出了巨大贡献。二是数字产业集群发展与城市群建设有机融合，加速形成数字技术创新高地。作为中国数字经济最为发达的三大城市群，京津冀、长三角、粤港澳大湾区依托核心城市、逐步探索各具特色的数字经济发展模式。北京致力于打造成为全国数字经济的先行区和示范区、全球数字经济标杆城市，汇集了人工智能、软件、智能网联汽车等多个数字产业集群；上海市规划打造具有世界影响力的国际数字之都，围绕数字新产业、数据新要素、数字新基建、智能新终端进行布局；广东省规划将粤港澳大湾区打造成为全球数字经济发展高地，建设协同高效的计算存储设施集群，并积极开展电子信息产业虚拟集群的布局，推动电子信息产业率先实现数字化、智能化发展。三大城市群出台了相关的产业配套发展规划，目前已经成为吸纳全球创新要素、集聚创新资源的创新高地。三是中西部地区以数字产业集群为牵引，夯实新型工业化基础。中西部地区以"东数西算"工程、"数字中国"规划等战略为契机，加强数字基础设施建设，抢抓数字经济发展新机。贵州和宁夏利用区位优势，积极培育具有地方特色的大数据相关产业集群；安徽省积极承接东部地区产业转移，同时加大力度支持人工智能、新型显示器等数字产业的发展；湖南省充分利用制造业基础好的优势，向智能制造领域发力……数字产业集群成为中西部地区探索新型工业化的有效路径。

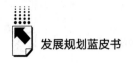

（四）政策红利不断释放，数据要素助力经济高质量发展

作为战略性产业，我国近期密集出台多项政策优化数字经济发展环境，提升数据要素使用效能。

一方面，相关政策密集出台，为数字经济确定了发展方向。2020 年以来，中共中央、国务院以及各部门先后发布了《"十四五"数字经济发展规划》《关于加强数字政府建设的指导意见》《关于构建数据基础制度更好发挥数据要素作用的意见》《数字乡村发展行动计划（2022—2025 年）》《虚拟现实与行业应用融合发展行动计划（2022—2026 年）》《中小企业数字化转型指南》《工业和信息化部等十六部门关于促进数据安全产业发展的指导意见》等一系列规划和政策，对未来数字经济的发展目标、发展程度、发展重点、发展支撑做了清晰的规划，明确提出为数字经济提供竞争性、公平性的发展环境，并扎实推动政府、企业数字化转型，利用数字技术缩小城乡基础设施差距，优化公共服务。另一方面，机构改革和数字政府建设保障了数字经济红利惠及人民。为了更好地利用数据资源、统筹数据要素管理、厘清数字治理领域的权责，我国组建国家数据局，专门负责对数据要素的使用和安全进行监管，促进数据产业的有序发展。此外，各地方政府不断探索，先后出台有利于提升数字产业创新效能的政策。例如北京市的《北京市数字经济促进条例》充分贯彻创新、共享的发展理念，提出符合条件的各类市场主体和社会资本，有权平等参与投资、建设和运营数字基础设施；上海市黄浦区细化资金支持条件，对助力核心技术突破、拓展产业创新应用、激发产业发展动能、营造产业生态环境的企业给予 5 万~550 万元不等的资金奖励；贵州省对贵安新区达到"独角兽"标准且在境内成功上市的大数据企业，一次性给予不超过 400 万元的奖励；对使用"云系统"的企业发放不超过 5 万元的补助。

二　数字经济做强做优做大面临的挑战

虽然我国数字经济持续稳定发展，但是与美国相比，在部分核心领域仍有差距，"双轮驱动"有向"一超多强"演变的风险；同时国内数字经济资源要素分配不均的问题短期难以得到解决，有可能衍生新的"数字鸿沟"；随着中美科技"脱钩"加剧，中国企业在国际上面临的环境愈发严峻，有可能损害中国数字经济产业未来的竞争力。

（一）数字核心技术仍有短板，缺乏开创性的普适性技术

与发达国家相比，我国数字经济在核心技术方面仍存在一定短板，在引领数字经济前沿应用方面处于较为落后的地位。一是在芯片、算法、工业软件等领域短期难以补齐短板，仍面临"卡脖子"风险。虽然中国近年来利用"揭榜挂帅"等方式，在14纳米制程的芯片领域取得了突破，但是在14纳米以下的 CPU、GPU、FPGA 等高端芯片领域仍存在短板，使我国未来布局数据中心、基站可能面临一定的安全性风险。在算法、工业软件领域，我国高端人才储备不足，缺乏领军型的人才和创新型企业，直接影响我国其他产业的产业链供应链稳定。二是缺乏开创性的数字技术，难以提升在数字技术前沿领域的声誉。近年来数字经济领域的技术创新大多由美国企业引领，从无人驾驶、元宇宙再到 ChatGPT，虽然我国数字产业企业在相关领域的技术水平与美国企业相差不大，但跟随式创新不仅难以获得先发优势，更难以促成独立自主的原创性创新，长此以往将影响中国在数字经济领域的全球声誉，不利于吸纳全球顶尖的人才。

（二）数字经济资源要素分布不均，地区间数字鸿沟可能加深

虽然我国近年来一直致力于提升中西部地区的数字基础设施供给水平，但是在资源、人才、应用场景、产业配套等方面，东部地区仍然具有压倒性优势。一是人才要素分布不均导致高质量人才集中在东部地区，影响中西部地区的赶超。数字经济是创新要素汇集的领域，创新的关键是人才。根据《中国统计年鉴》，2017 年全国专科及以上学历占总人口比重约为 13.87%，其中位居前三的北京、上海、天津分别为 47.61%、37.03%、28.85%，超过第四位内蒙古（18.13%）10 个百分点以上；2021 年全国平均水平提升至 18.86%，北京、上海、天津占比也分别提升至 49.14%、38.65%、32.95%，仍然高于第四位内蒙古（22.82%）10 个百分点以上。近年来东部地区对高学历人才的吸纳作用不断增强，可以提供的数字经济岗位数量和平均工资水平也超过中西部地区，短期内仍然形成对中西部地区创新人才的虹吸效应。二是中西部地区

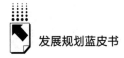

缺乏利于数字技术迭代的应用场景，区域间创新能力差距日益拉大。产业数字化是数字技术应用最重要的组成部分，数字技术的发展需要大量的数据进行迭代。东部地区产业门类齐全、工业化水平较高，可以提供数字技术应用的场景也更为多元，有利于衍生出更多的数字创新技术；中西部地区工业化水平较低，能够提供的数字技术应用场景较为单一，难以从行业应用中积累数字技术能力，长此以往区域间创新能力差距将拉大。三是不断进步的人工智能技术对中低端产业链造成不利影响，形成新的"数字鸿沟"。以 ChatGPT、工业机器人等为代表的技术不断冲击劳动力市场，形成对制造业、服务业领域中低端产业环节的替代，容易造成大规模失业，从而加剧区域间、行业间收入不平等问题。

（三）国际竞争压力增加，龙头企业国际化受阻

数字经济是各国关注的战略性领域，近年来以美国为首的发达国家出台各项保护性政策，阻碍中国企业的国际化布局。一方面以国家安全为由不断对中国企业进行反垄断调查，阻碍中国企业参与国际竞争。美国政府连续通过《确保国防关键供应链安全》《无尽前沿法案》《美国创新与竞争法案》等，通过立法等手段遏制中国高科技企业发展；叠加反垄断、"实体清单"等手段限制中国企业的国际化经营，在高科技、金融各个领域与中国脱钩，中国数字企业经营环境日趋恶化。在《2022 年中全球独角兽榜》中排名第一的抖音近期就因"隐私"和"儿童安全"等问题被美国国会质询，面临被封禁的风险，其估值也大幅下降。另一方面组建对中国高科技领域的技术封锁联盟，影响我国数字经济企业的产业链安全。在半导体领域，美国明确对 ECAD 软件等四种材料和技术进行出口管制，还联合日本、印度等国建立科技联盟，构建排除我国的半导体产业生态圈，并限制荷兰对我国出口光刻机，严重影响了我国半导体产业链的稳定运行。在人工智能和电信领域，美国通过加入七国集团"人工智能全球合作伙伴组织"等方式，推行更有利于美国企业的标准和规则，联合英国等国家减少或限制对中国企业产品的采购和使用，降低中国产品的海外竞争力。

专栏：以色列数字经济企业的发展经验

以色列是全球知名的创新之国，也是创业之国。根据 IVC Data and Insights

的数据，截至 2022 年 11 月，以色列约有 9484 家活跃的高科技企业，其中约1/4 属于 IT 与软件行业，22% 属于互联网领域，19% 属于生命科学领域。近年来以色列企业在数字经济领域取得了一系列重要的技术突破，如 2013 年被谷歌收购的 Waze Mobil 公司（开发出基于 GPS 的导航软件 Waze）等，以色列的高科技团队一直在数字经济领域引领全球企业竞争新方向，其孕育高创新性数字经济企业的经验值得我国借鉴学习。

一是较高质量的人力资本。以色列重视教育对经济社会发展的推动作用，人力资源水平位于全球前列。根据世界银行统计数据库的数据，2020 年以色列教育公共开支占 GDP 比重约为 7.07%，高于美国同期 1.02 个百分点（6.05%），高于中国同期 3.5 个百分点（3.57%）。根据 OECD 统计数据库的数据，2021 年以色列 25~64 岁劳动人口中接受过高等教育的人口占比约为49.7%，在发达国家中位于前列。① 在高等人才培养方面，以色列的耶路撒冷希伯来大学、特拉维夫大学、以色列理工学院、魏茨曼科学研究学院等高等学府，在数学、计算机科学与工程、材料科学与工程、航空航天工程等方面位于世界前列，为以色列储备了大量的科技人才。此外，以色列有独特的服兵役制度，其特殊的地理位置使军转民技术需求也较为旺盛，因此很多年轻人在服兵役期间会掌握一些先进的信息科技技术，为其创业积累了知识。

二是对高科技企业和个人较为优惠的税收政策支持。为了激励全球的高科技企业向以色列投资，以色列政府专门出台了针对高科技企业的税收减免政策。例如在 A 类开发区投资的关键工业和高科技企业，可以享受 7.5% 的公司税，同期以色列其他地区的企业则需要缴纳 16% 的公司税；针对营业收入超过一定规模的企业，以色列还可以给予 5% 的公司税优惠。此举吸引了大批国外企业到以色列进行投资，特别是国际知名科技企业的研发中心纷纷在以色列落户，如英特尔、IBM、微软、Facebook 等，使以色列成为全球重要的创新中心。针对高科技企业雇佣的员工，以色列也出台相应的法规解决劳动力短缺问题。例如 2022 年以色列创新、科学和技术部针对移民海外和有资格获得以色列国籍的高科技企业工人提供专门的个人所得税优惠，在其回到以色列的第一

---

① 数据来自 OECD 数据网站，https://data.oecd.org/eduatt/adult-education-level.htm#indicator-chart。

年适用最高 30% 的个人所得税税率，第二年个人所得税税率最高为 35%，而同等条件下以色列人的个人所得税税率最高为 47%。

三是明确的创新目标。以色列的高科技企业具有明确的创新目标，鉴于其与美国亲密的盟友关系，绝大部分的以色列高科技企业以到美国纳斯达克上市为创业目标，或是被大企业收购。近年来谷歌、微软、亚马逊等美国知名互联网企业不断收购全球创新企业，其中很多就是来自以色列的初创企业，比如 2017 年英特尔收购开发车辆辅助驾驶系统芯片的 Mobileye，2020 年英伟达收购芯片制造商 Mellanox 等。通过收购以色列企业，不仅激励了以色列本国在数字经济相关领域的创新创业热情，而且吸引了国外投资者对以色列的投资，形成了投资—创新的良性循环。

四是产学研密切的合作关系。以色列是国家创新体系较为完善的国家之一，产学研协作效率很高，已形成自下而上多层次互动的创新生态。在政府层面，于 2021 年并入以色列科技部的创新署负责为政府、高校和企业搭建合作的桥梁，不仅为企业各项创新活动提供资金支持，也会关注全球前沿科技的演变趋势，是企业对接全球合作的平台。在学校层面，以色列知名高校积极和企业展开合作，既有各大数字企业合作创办的聚焦前沿技术的研发中心，也有支持科技成果转化的各种类型的孵化器。以色列政府也会适时调整支持创新的政策，为整个创新生态提供有力的保障。

三 聚焦新发展格局，做强做优做大数字经济

虽然目前我国数字经济发展面对一定的风险和挑战，但是我国仍然拥有超大规模市场优势，具有多层次多样化的消费需求及其引致产生的海量数据资源，可以将资源优势、存量优势、内需优势转化为经济优势、发展优势、循环优势，为构建新发展格局注入不竭动力。

（一）培育创新生态，提升数字技术内生动力

创新是数字经济发展的核心，数字经济发展壮大依靠包容开放、竞争有序的创新生态。一是要构建"企业为需求主体、科研院所为智力支持、政府为

保障后盾"的创新项目合作机制，坚持企业为创新主体的定位，建立分行业、分企业体量不同类型的创新项目支持项目，鼓励民营企业、中小微企业参与国家技术创新中心、国家创新实验室等创新平台的建设工作。二是要建立不同级别、互为支撑的创新基金项目，引导激励产学研不同主体积极参与创新工作。要完善科技孵化器、众创空间的政策支撑体系，通过实施适合产业发展特性的资金政策，根据项目完成情况和质量分阶段予以资金支持和奖励；完善知识产权金融政策，为知识产权质押融资等创造更为宽松的环境；建立资金和项目投入产出台账，由科技部统筹建设创业创新项目数据库，建立"白名单""黑名单"制度，保障资金和资源的合理使用。三是要构建产业链创新链循环互动的创新共同体，促进数字经济产业融合集群发展。通过设立专门的资金项目，促进数字经济领域重点产业、重点环节龙头企业、链主企业的培育；同时要完善链主企业选拔规则，将在产业链创新中的牵引作用作为重要参考标准，构建大中小企业网络化发展集群。

（二）关注数字经济新趋势，抢占数字产业发展新赛道

应用场景为数字经济发展提供了重要素材，是促进衍生创新的重要路径。我国应重点关注消费需求大、应用场景广、数据需求量大的细分领域，如车联网、无人驾驶、无人机运输、智慧农业、智慧医疗等，强化对这些领域的政策支持。一方面，要随时关注发达国家的数字产业动态，尤其是国际知名数字企业的投资、收购动向，做好数字经济技术发展的前瞻性布局；另一方面，要适时调整相关政策法规，为数字经济新产业、新赛道提供更为宽松的政策体系。同时，可以在部分省份开展试点工作，针对无人驾驶、无人机运输等新技术，在中西部地形较为复杂的地区开放试验区，为数字经济企业积累数据的同时，也能够促进当地相关产业发展。

（三）深化数实融合，加快推进产业数字化升级

数实融合是数字技术发展的主战场，要持续推动落实产业数字化转型。一是要以新一代信息技术为牵引，推动数字技术在不同产业的应用。要持续推动数字经济与实体经济深度融合，鼓励实体企业"上云、用数、赋智"；加快培育数据要素市场，促进数据要素与传统要素融合；加快发展生产性服务业，率

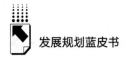
先推进生产性服务业数字化、平台化、智能化转型。二是要以高新区、自创区、科技园区为载体，率先开展数字化转型。要以园区数字化为抓手，加强工业园区的数字基础设施建设，提升园区的数字化管理水平，将数字化、智能化纳入对高新区、科技区的考核体系，激发工业区的数字化转型动力。三是要建设符合数字经济发展的教育培训体系，加大对传统产业数字化人才的培养力度。应在高校、职业院校增加数字技术通识课程，并建立动态监测、调整制度，定期调整数字技术授课内容；在职业院校增加数字技术培训课程，以提供学习券、奖励金等形式鼓励在岗员工提升自身技能；对有效开展数字化培训课程、安排职业院校学生实习的企业提供财税减免，切实提升传统产业数字化人才的质量和水平。

（四）加强海外布局合作，鼓励企业开拓全球产业链

开放和共享是数字经济的特点，我国数字经济龙头企业仍需要定位于全球市场，积极构建基于全球产业网络的生产服务体系。一是要积极对接国外创新资源，建立跨地区、公益性的创新合作平台，通过建设海外孵化器、海外研究中心、海外研究院、科技产业合作联盟等形式汇聚不同地区创新高地的智力资源。二是要做大做强平台经济，构建自主可控、开放共享的产业链创新链。夯实平台发展的技术基础，以平台构建起连通国内外的技术桥梁，在保障安全的基础上，适时分享产业链创新链数据，构建数据驱动的创新链体系。三是利用多种形式稳妥布局海外产业链。要以"一带一路"、RCEP 等区域合作协议为依托，在营商环境较为友好国家布局相关产业链；在海外经营中做好本土化工作，更多地承担当地企业责任，提升中国企业的形象；通过贸促会、广交会等契机，积极向海外客商开展营销工作，也为海外上下游企业提供了解中国企业的机会。

（五）完善数字治理协作体系，提升数字贸易质量

一是要以筹建国家数据局的契机，完善数字治理协作体系。加强对数字经济领域规则制定与监管的顶层设计，明晰数字经济各领域监管机构的职能，避免权责不分、交叉管理的情况；率先推动数字经济领域监管机构的数字化、智能化改革，提升日常监督管理的精准性；建立包容审慎的监管机制和会商机

制，对数字经济领域出现的新问题、新情况统一监管口径；针对数字技术引发的安全风险进行触发式监管。二是要提升对数字贸易的治理效能，提升数字贸易质量和水平。要加快对数据确权、使用、流通、跨境规则的制定，为数据跨境贸易提供安全保障；要推动国际数字贸易规则的统一、完善，为数字贸易发展提供稳定的政策环境；要鼓励地方先行先试，探索建设数字贸易展会、数字贸易示范区，为全国数字贸易有序开展提供参考路径。

参考文献

陈文玲：《美国在几个重要经济领域对华遏制的新举措综述与应对》，《人民论坛·学术前沿》2023 年第 4 期。

王晓红、夏友仁：《中国数字贸易发展：现状、挑战及思路》，《全球化》2022 年第2 期。

中国信息通信研究院：《中国数字经济发展研究报告（2023 年）》，2023 年 5 月。

B.38
加快发展新一代通信技术

韦结余*

摘　要： 近年来，我国信息通信技术实现了跨越式发展，5G 技术及相关产业发展取得了重大突破，助力我国信息通信产业成为具有国际竞争力的行业，为数字经济高质量发展奠定了坚实的物质技术基础。现阶段，我国 5G 技术已经在很多领域走向深度应用，6G 技术也进入研发阶段，技术创新与产业融合趋势不断增强。但是，我国面临关键核心技术自主创新不足的风险，中美科技竞争对我国通信产业安全带来严峻挑战。"十四五"期间，需要持续加大新一代通信领域的基础研究投入，推进新型信息基础设施建设，促进技术不断迭代升级，实现产业链自主可控。

关键词： 新一代通信技术　5G　6G　物联网　量子通信

一　移动通信技术的发展历程

总体来看，我国移动通信经历了"1G 落后、2G 追赶、3G 突破、4G 同步、5G 领先"的跨越式发展，技术上经历了 GSM、TD-SCDMA、WCDMA、CDMA2000、TD-LTE、FDD-LTE 等四个时代，[①] 实现了由跟跑、并跑到领跑的转变，取得了巨大进步。现在已经迈入 5G 时代，正在积极布局 6G 技术研发和标准制定。

---

* 韦结余，中国社会科学院数量经济与技术经济研究所助理研究员，主要研究方向为科技政策、创新管理。

① 朱国祥：《蜂窝移动通信技术的发展历程及趋势》，《卫星电视与宽带多媒体》2019 年第 8 期。

（一）1G 模拟语音（20世纪80、90年代）

20 世纪五六十年代以来，随着计算机技术的迅猛发展，数据通信技术也迅速发展，为移动通信技术奠定了基础。20 世纪 70 年代，随着第一代模拟移动通信系统的出现，人类首次进入个人移动通信时代。1981 年诞生了第一代蜂窝移动通信系统，采用模拟调频技术，也就是 1G。1987 年，为了迎接第六届全运会，在广东省建立了中国首个移动通信网络，标志着中国的移动通信正式开始。但 1G 通信的缺陷也非常明显：一是系统容量太小，无法接入大量的用户；二是保密性差，非常容易被截取；三是各自都有相对独立的网络标准，不能实现漫游。

（二）2G 数字语音（20世纪90年代至21世纪初期）

1991 年，欧洲 GSM 协会制定了全球通用的移动通信标准 GSM，标志着 2G 网络的开始。从这一代开始数字传输取代了模拟传输，在一定程度上弥补了第一代技术的缺陷，带来了通信质量的大幅提升。随着 GSM 系统开始大规模部署，用户数量大幅提升。1997 年，GPRS 网络正式推出，成为 2G 网络的代表。GPRS 网络提供了数据传输功能，可以实现手机上网、发送短信和接收电子邮件等功能。21 世纪初期，随着手机的大规模普及，我国开始了 2G 的大规模应用。GSM 系统具有迄今为止覆盖面积最广、时间最长、最稳定的网络，最高时在全球范围内拥有近 45 亿的用户，但是其局限性也非常明显，其中最大的问题就是不能满足人们对移动宽带流量的需求，传输速率远远无法满足人们的使用需求。

（三）3G 移动互联（21世纪初期至21世纪初期）

20 世纪末，国际电联颁布了 3G 移动通信网络的三个技术标准，分别是TD-SCDMA、WCDMA 和 CDMA2000。2007 年，随着苹果公司推出智能手机，移动通信进入快速发展期，各大运营商开始大量部署 3G 网络，我国也正式步入 3G 时代。相应地，我国信息通信产业逐步打造了涵盖系统、芯片、终端、仪表和关键元器件等的产业链，首次构建完整的产业链，为我国后续移动通信技术的研发与产业化打下了坚实的基础。

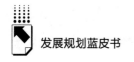
（四）4G 数据通信（21世纪10、20年代）

随着智能手机的快速普及，人们越来越需要更快的网络和更低的流量资费，2008 年 3GPP 组织提出将长期演进技术（LTE）作为 3.9G 的技术标准，2009 年全球第一个 LTE 网络开始部署建设。由于 LTE 网络具有高速率、低延迟和大容量的特点，并且只有 FDD-LTE 和 TD-LTE 两种制式标准，所以 4G 网络一经推出便开始快速普及。2013 年 12 月，我国工业和信息化部发放 4G（TD-LTE）牌照，标志着我国正式进入 4G 商用时代。同时，我国积极参与全球标准制定，积极推动 TD-LTE 成为国际标准，加上我国在用户规模和市场空间的显著优势，我国移动通信产业的竞争力大大提升，在全球具有核心地位。

（五）5G 万物互联（21世纪20年代至今）

2019 年 6 月，我国发放了第一个 5G 商用牌照，正式进入商用元年。2020 年以来，政府出台了一系列政策，从技术创新、标准建立、产业应用等方面，积极推进 5G 发展。同时，我国坚持自主创新与开放合作相结合，积极参与全球通信标准建设，我国在 5G 应用上已处于国际领先地位。工业和信息化部统计数据显示，截至 2023 年 3 月，我国已经建成了规模最大、技术最先进的 5G 网络，5G 移动手机用户已经超过了 5.75 亿。在技术标准方面，我国倡导的 5G 概念、应用场景和技术指标已被纳入国际电信联盟（ITU）的 5G 定义；在产业发展方面，我国率先启动 5G 技术研发试验，加快推进 5G 设备研发和产业化，目前 5G 技术和产品日趋成熟，产业链主要环节已基本达到商用水平，在很多工业领域已经开始商用部署。

从我国通信技术的发展历程来看，通信技术已经取得了巨大进步，呈现出以下特点。从技术特性来看，新一代移动通信技术实现了从传统的语音传输向高速数据传输转变，传输速度不断提升，技术的稳定性与可靠性不断增强，技术成本也逐步降低，促进了人类社会的整个信息化水平提升。从应用范围和程度来看，新一代通信技术的应用越来越深入和广泛，已经从传统的通信领域扩展到生产和生活的方方面面，发挥着越来越重要的作用。从生活方面来看，新一代通信技术可以实现多种形式的信息传输，更加方便快捷，为人们的生活提供了很多便利，通信成本也更低；从生产方面来看，5G、物联网和工业互联网的大规模应用，大大拓展了传统产业的边界，逐步渗透至各个领域，通过对传统产业进行赋能，产生了很多新业态和新模式，加速了产业融合趋势，促进了经济社会快速发展。

表1　2020~2023年我国5G发展政策

发布时间	文件	颁布部门
2020年3月	工业和信息化部办公厅关于推动工业互联网加快发展的通知	工业和信息化部
2020年3月	工业和信息化部关于推动5G加快发展的通知	工业和信息化部
2020年4月	工业和信息化部关于调整700MHz频段频率使用规划的通知	工业和信息化部
2021年3月	"双千兆"网络协同发展行动计划（2021—2023年）	工业和信息化部
2021年6月	关于印发《能源领域5G应用实施方案》的通知	国家发展改革委、国家能源局、中央网信办、工业和信息化部
2021年7月	5G应用"扬帆"行动计划（2021—2023年）	工业和信息化部、国家发展和改革委员会等十部门
2021年11月	"十四五"信息通信行业发展规划	工业和信息化部
2021年11月	关于印发《贯彻落实碳达峰碳中和目标要求推动数据中心和5G等新型基础设施绿色高质量发展实施方案》的通知	国家发展改革委、中央网信办、工业和信息化部、国家能源局
2021年12月	工业和信息化部关于加强5G公众移动通信系统无线电频率共享管理有关事项的通知	工业和信息化部
2021年12月	国务院关于印发"十四五"数字经济发展规划的通知	国务院
2022年9月	工业和信息化部办公厅关于印发5G全连接工厂建设指南的通知	工业和信息化部
2023年4月	两部委关于加强5G+智慧旅游协同创新发展的通知	工业和信息化部、文化和旅游部

专栏：5G赋能传统制造业——5G在云锡铜业公司的应用

作为云锡集团的分公司，云锡铜业公司以推进"数字云锡"建设为契机，探索5G工业应用，积极打造数字化、智能化工厂。目前，铜业分公司已完成5G智能仓库建设，实现了铜库信息系统的无缝连接，打通了业务流程的自动化，迈出了"无人铜电解车间"的一大步，在国内铜冶炼行业率先实现了产

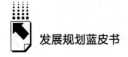
品铜库全流程智能化管理，促进了公司信息化、数字化、智能化水平的大幅提升。

通过运用5G技术，公司实施智能制造数字化工厂改造，以往繁多的制造流程、复杂的应用场景、大量的生产数据、分散的生产空间和劳动力，通过稳定、可靠、智慧的网络将人机物连接在一起，改变传统工厂相互孤立、隔绝的局面，从而最终实现智能工厂中工业全系统全要素的互联互通，完成铜冶炼行业的智能化生产和网络化协同新模式创新，产能得到有效释放、生产效率大幅提升。不仅如此，依托"基于5G无人铜电解智能技术研究"项目建设，公司取得了一系列智能制造技术成果，生产、过程管控、销售等流程智能化水平不断提升，带来了实实在在的经济价值、技术价值、效益价值，实现产业转型升级和提质增效，为锡业股份高质量发展注入强大动能。

二 新一代通信技术的发展趋势

现阶段，我国5G已经开始进入深度应用阶段，推动建立更加高效的连接，与此同时，很多国家开始了6G的研发部署，致力于打造海陆空一体新时代，物联网进入加速迭代期，融合趋势不断加强。

（一）5G深度应用推动更高效连接

与4G相比，5G具有高宽带、低延时、大连接、低能耗的显著特性，融合边缘计算、人工智能、网络切片等技术，可以实现更加高效连接，极大地对传统企业进行赋能。不仅如此，各种技术融合还能形成新的业态，促进产业链上下游协同创新、融合发展，主要表现在三个方面：一是应用范围更广，5G实现从人人互联迈入万物互联；二是应用深度更深，逐步实现从外围辅助走向核心环节，在医疗、采矿、工业等关键领域实现了深度应用；三是力度更大，从助力产业转型升级演变成推动新型工业化，通过工业化与数字化、网络化、智能化融合，"5G+工业互联网"正在成为加速新型工业化进程的催化剂和助推手，产生了车联网、云AR/VR、元宇宙、工业控制等新场景，促进新场景、新模式、新业态不断涌现。

（二）6G 将打造海陆空一体新时代

2019 年 11 月，我国宣布成立国家 6G 技术研发推进工作组和总体专家组，正式启动 6G 技术研发工作。目前，6G 技术仍在开发阶段，很多国家已经开始制定 6G 发展规划，预计 2030 年左右可以实现商用。从技术特性来看，6G 网络将是一个地面无线与卫星通信集成的全连接世界。6G 通信技术不再是简单的网络容量和传输速率的突破，而是通过将卫星通信整合到 6G 移动通信，实现万物互联这个终极目标。与 5G 相比，6G 具有更高的带宽、更低的延迟、更高的可靠性等特点。一是具有更高的带宽和传输速度，6G 将采用更高频率的无线电波，如太赫兹波，以实现更高的数据传输速度和更大的带宽，传输能力有可能比 5G 提升 100 倍；二是更低的延迟，6G 网络延迟也可能从毫秒降到微秒级，约为 5G 的 1/10；三是更高的可靠性，空天地一体网络架构是 6G 的核心方向之一，6G 将采用天基、空基、陆基、海基，以提高信号质量和扩大覆盖范围，形成空天地一体通信网络，实现全球无缝覆盖。①

（三）物联网进入加速迭代期

随着以 5G、人工智能、云计算、大数据为代表的新一代信息技术与物联网的深度融合，我国物联网正在步入加速发展期。据 IDC 预测，2025 年我国物联网产业市场规模将超过 3000 亿美元，全球占比约 26.1%。② 从技术特点来看，物联网将呈现"边缘的智能化、连接的泛在化、服务的平台化、数据的延伸化"等新特点，其应用正在向工业研发、制造、管理、服务等业务全流程渗透，行业界限不断模糊，跨行业、跨学科、跨领域协同融合的创新发展模式将会不断涌现。③ 其中，智慧健康、智能车联、智能家居、智能环保等应用将会推动物联网爆发式增长，深刻改变传统产业形态和社会生产生活方式，引领全球迈入万物互联的智能社会。

---

① https：//finance. sina. com. cn/money/fund/jjzl/2023-03-10/doc-imykkzcp2905241. shtml.

② https：//baijiahao. baidu. com/s? id=1718186972771705949&wfr=spider&for=pc.

③ https：//baijiahao. baidu. com/s? id=1743227674696759541&wfr=spider&for=pc.

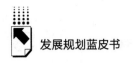

（四）量子通信开始迈入产业化前期阶段

从全球来看，现阶段，量子通信技术处于产业应用早期阶段。根据技术方向，量子通信主要分为量子密钥分发（QKD）、量子随机数发生器（QRNG）和量子隐形传态（QT）三大技术路线。其中，量子密钥分发技术发展最为成熟，正加速走向实用化阶段，量子随机数发生器和量子隐形传态目前还处在基础研究阶段，距离实际应用尚远。① 目前，我国量子通信技术走在世界前列，已经实现了在电力、国家安全、金融等方面的应用。从长远来看，随着量子卫星科技、量子中继、量子计算技术、量子传感器等新兴技术应用的实现与突破，将逐渐形成量子云计算技术、量子传感网等许多新的技术应用，不断加速与各行业的深度融合，进入更多全新的领域，发挥越来越重要的作用。②

三 新一代通信技术的产业创新特点和趋势

从产业应用来看，随着5G技术不断成熟，行业跨界融合将不断加快，物联网开始步入产业化应用时期，新一轮新基建的投资热潮也将持续推进。

（一）5G不断拓展行业深度和广度，跨界融合不断加快

一直以来，信息技术都是技术变革与应用创新最为活跃的领域。移动互联网出现以后，信息技术促进产业升级的速度明显加快，技术和业务变革融合速度也日益加快，涉及领域不断拓展，渗透程度越来越深。一方面，从消费端来看，4G的出现推动了以平台为主体的消费互联网快速发展，网络零售规模不断攀升，互联网金融持续创新，促进了传统服务业的转型升级。另一方面，从生产端来看，5G的出现，使工业互联网的大规模应用成为可能，智能制造生产模式加快推进，生产的网络化、智能化、绿色化特征日趋明显。同时，5G与人工智能不断融合，将会催生更多新应用、新业态、新模式，深化产业链上下游协同。

---

① 曹方、张鹏：《全球量子信息科技三大领域创新演进趋势分析》，《科技中国》2022年第9期。

② 李赓：《量子通信技术研究现状》，《电子元器件与信息技术》2022年第6期。

（二）新型网络建设不断推进，新基建投资热潮持续推进

基础设施建设是新一代通信网络建设的物质基础。党的二十大报告指出，构建新一代信息技术、人工智能等一批新的增长引擎，深入推进"数字中国"建设。"十四五"规划也提出要加快新型基础设施建设，加快 5G 网络规模化部署，前瞻性布局 6G 网络技术储备。可见，新型基础设施建设仍将是下一阶段我国通信领域的重点发展任务，新基建的投资热潮仍将持续。5G 网络建设的推进，将进一步带动物联网、人工智能、智能驾驶、智能交通、智能家居、智慧医疗等产业发展，同时物联网和人工智能的快速发展，又将推动移动通信产业进入新一轮的基础设施建设发展繁荣期。

（三）物联网开始产业化应用，助力社会发展更加智能高效

物联网有利于扩展移动通信的服务范围，从人与人通信延伸到物与物、人与物智能互联，使移动通信技术渗透至更加广阔的行业和领域。目前，我国物联网的应用水平已位居世界前列。从发展阶段来看，我国物联网已经开始进入加速应用阶段，被广泛应用于各行各业，并在网络技术和人机配合的基础上实现了对物物联系的实时把控。在实践层面，物联网进一步向各领域深入渗透，朝着社会层面的全网整合稳步迈进。特别是在国家电网、水路交通和物流运输等领域，物联网成为行业高效运转的强大动力和重要保障。[1] 综合来看，物联网产业对提升经济活力、提高整体创新能力、产生大规模的产业集聚效应等具有重要作用。

四　我国新一代通信技术发展面临的挑战

随着新一轮科技革命和产业变革的加速演进，美国对我国通信领域不断进行封锁打压，给我国新一代通信技术的发展带来了很大的安全风险。我国通信领域的关键核心技术面临自主创新不足的问题，产业融合发展也受到地域和行业特性的制约。

---

[1]　郝运：《智能物联网技术及应用的发展新趋势》，《科技创新与应用》2022 年第 12 期。

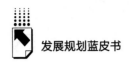

（一）全球科技和产业竞争对我国通信产业安全带来挑战

随着新一轮科技革命和产业变革的加速演进，我国新一代通信技术的发展面临很大不确定性。2018 年以来，美国为了维护在信息通信技术上的世界领先地位和产业控制力，不断对我国集成电路进行遏制打压，从出台《2022 年芯片与科学法案》，到组建"四方芯片联盟"，再到"芯片三方协议"，美国试图从集成电路整个产业链发起封锁，将我国产业孤立在全球供应链体系之外。这不仅给全球信息通信产业供应体系带来了新的挑战，也导致我国信息通信产业发展和供应链安全面临严峻的挑战。在新形势下，我们应充分认识新一代信息通信技术的发展趋势，坚持自主创新和开放创新相结合，推进关键技术自主可控，降低技术封锁带来的风险。

（二）关键核心技术面临自主创新不足的挑战

目前，我国信息通信技术在集成电路、人工智能、云计算等很多方面都面临自主创新不足的问题。集成电路作为整个信息通信技术的物质基础，长期面临关键核心技术"卡脖子"问题，主要在于我国上游高端设计软件 EDA、高端光刻胶和光刻机等材料和设备均未实现国产化，高端处理芯片和存储芯片仍高度依赖进口。在人工智能领域，深度学习基础理论基本由国外引领，我国的技术创新主要集中在已有技术优化和工程实现上，离引领核心技术仍差距较大。在云计算领域，我国独立设计制造核心云基础设施的掌控能力尚显不足，云系统软件对于开源系统存在严重依赖，缺乏核心主导地位。①

（三）新一代通信技术面临新旧投资替代问题

从通信技术发展的历程看，每一代通信网络的建设都要人财物投入，每一次的技术升级换代都涉及很多环节的设备以及内部组件的替换升级，所耗费的成本都对市场需求提出了很大的挑战，这也导致每一代移动通信技术的升级都不可能在短期内完成。目前，我国 4G 投资规模巨大，投资回收期比较长，而

---

① 齐硕：《我国新一代信息技术融合发展面临的挑战及对策建议》，《中国科技产业》2022 年第 12 期。

5G采用高频网络，覆盖范围相对变小，基站建设难度、密度及工作量将显著增加。在5G升级换代过程中，涉及移动终端、基站、机房服务器以及运营商核心网等不同环节。整体来看，新一代通信技术面临新旧投资替代问题，5G的升级替代需要较长一段时间才能完成。

（四）融合发展受到地域和传统行业特性的制约

尽管5G、云计算、人工智能等新一代信息技术持续向各领域各行业融合渗透，但目前这些技术与实体经济融合发展还停留在部分环节，缺乏覆盖全流程的数字化解决方案，主要有两个方面的原因：一方面，不同行业、区域、群体的数字化基础不同，发展差异明显，如农业、工业等传统产业尚处于数字化转型的起步阶段，难以匹配新一代信息技术落地要求；另一方面，应用新技术的前期投入较大，收益难以量化，部分企业面对数字化转型存在不愿、不敢、不会的困境。同时，我国中小微企业较多，实现融合发展的难度较大，数字化转型也相对滞后。

五　政策建议

"十四五"及未来一段时间，需要持续加大新一代通信领域的基础研究投入，加快5G、算力网络、物联网等新型基础设施建设，拓展技术应用场景，促进技术不断优化升级。

（一）加大基础研究投入，引领科学技术前沿

瞄准6G、量子科技、集成电路等先进科学技术前沿，提升原始创新能力，加强基础研究、应用基础研究和应用研究三个层面的协同推进，攻克技术、材料和工艺、制造等领域难关。一是充分发挥新型举国体制优势，加强国家重大科技基础设施、国家实验室和国家工程实验室建设，组建新型国家联合攻关团队，引领科学研究前沿，为技术创新提供原动力。二是加强核心技术攻关，聚焦重点领域，建设国际领先的核心技术研发中心，支持优势企业联合科研机构建立产业创新联盟，引导产学研用协同攻关，共同开展技术研发、试验验证和产业化应用。三是提高专利质量，积极参与国际标准制定。注重提高专利创新

水平，提升我国在信息通信领域的竞争优势，同时积极参与国际标准制定，推动中国标准"走出去"，提升我国技术标准话语权。

（二）加快新型信息基础设施建设，促进新兴技术不断成熟

新型基础设施是推动整个社会数字转型、智能升级、融合创新的基础性设施，是经济社会发展的新动能。现阶段，需要大力推进以 5G、算力网络、物联网为重点的新型信息基础设施，加快构建"连接+算力+能力"的新型信息服务体系，补齐数字经济短板，实现全面引领发展。同时，积极吸引社会资本，通过设立重大项目和重大工程的方式，成立产业基金或者 PPP 方式，推进新型信息基础设施建设，促进新技术不断落地和应用。在推进新型基础设施建设过程中，一方面，加强技术协同创新，加快产业融合标准研究和制定，提升技术产品的成熟性和应用能力，推动基础设施大规模应用；另一方面，加强跨部门的规划与协调，加强产业链上下游协作，通过技术合作、项目合作等方式加快新型基础设施建设。

（三）拓展新一代信息技术应用场景，促进技术不断迭代升级

由于移动通信的产业链较长，包括芯片和元器件厂商、网络系统设备厂商、网络运营商、终端设备商和应用服务商等众多环节，产业链的协同发展至关重要。这就需要积极拓展信息技术的应用场景，其中推进产业数字化转型、促进信息技术和实体经济深度融合是一条必由之路，需要把新一代信息技术的创新点放在赋能实体经济上，推动形成新一代信息技术应用的创新体系。从生产领域看，可以重点推进工业互联网、车联网、智慧物流、智慧电力、智慧农业等领域的深度应用，加快重点行业数字化转型；从服务领域看，可以重点加强在智慧教育、智慧医疗、智慧文旅和智慧城市的 5G 应用创新，探索新模式新业态。

（四）加强信息通信技术人才队伍建设

一是深化人才发展体制机制改革，加大国际一流领军人才和创新团队的吸引力度。大力引进国际高端人才，健全创新激励和保障机制，吸引国外优秀人才来华工作、创业，增强我国信息通信关键核心领域研发的综合实力。二是进

一步加快基础学科建设，推动高校在 5G、集成电路、物联网等新一代信息通信领域的学科布局，借助国家重点实验室平台，积极培养本土高端技术人才。

参考文献

朱国祥：《蜂窝移动通信技术的发展历程及趋势》，《卫星电视与宽带多媒体》2019 年第 8 期。

曹方、张鹏：《全球量子信息科技三大领域创新演进趋势分析》，《科技中国》2022 年第 9 期。

李赓：《量子通信技术研究现状》，《电子元器件与信息技术》2022 年第 6 期。

郝运：《智能物联网技术及应用的发展新趋势》，《科技创新与应用》2022 年第 12 期。

齐硕：《我国新一代信息技术融合发展面临的挑战及对策建议》，《中国科技产业》2022 年第 12 期。

B.39
加快实现人工智能高水平自立自强

彭绪庶 *

摘　要： 人工智能是新一代信息通信技术与多学科知识和技术相结合的综合性集成创新，是适应和推动经济社会智能化发展的核心典型技术。本文在分析人工智能创新发展趋势的基础上，重点比较了中美人工智能"一超一强"两个大国的创新能力，针对我国在实现人工智能高水平自立自强上具备的优势与存在的劣势，提出：要统筹发展与安全，加快完善人工智能国家发展战略；要发挥新型举国体制优势，多渠道攻关"卡脖子"技术；要发挥数据和人才优势，健全人工智能创新生态体系；要发挥应用牵引作用，推动实体经济+智能融合创新。

关键词： 人工智能　科技自立自强　信息通信技术

2018 年，习近平总书记在中央政治局第九次集体学习时指出，"人工智能是新一轮科技革命和产业变革的重要驱动力量"和"战略性技术"，"溢出带动性强"。"加快发展新一代人工智能是事关我国能否抓住新一轮科技革命和产业变革机遇的战略问题"。要"以问题为导向，全面提高人工智能科技创新能力，加快建立新一代人工智能关键共性技术体系"。2017 年国务院发布《新一代人工智能发展规划》，明确指出人工智能是重大战略机遇和重大历史机遇，是建设创新型国家和世界科技强国、实现中华民族伟大复兴的强大支撑。"十四五"规划纲要、党的二十大报告和 2023 年两会政府工作报告都以不同

---
* 彭绪庶，中国社会科学院数量经济与技术经济研究所研究员，主要研究方向为产业技术创新与创新政策等。

形式提出，要整合优化资源实施重大科技项目，加快实现人工智能的战略性重大科技创新，培育打造新增长引擎。近期 ChatGPT 等生成式人工智能热再次激起各国对人工智能发展的高度重视。在世界"进入激烈动荡期"，"外部打压、遏制不断上升"背景下，有必要对标国际先进水平，分析我国人工智能实现高水平自立自强的优劣势与挑战，研究提出未来工作重心和针对性政策措施。

一　智能化与人工智能发展

（一）人工智能的本质内涵

在不同时代和不同语境下，人们对人工智能有不同的理解。例如，提出人工智能思想的计算机科学家图灵（Turing）认为人工智能是指能与人对话且会可能被误认为是人的机器，人工智能之父明斯基（Marvin Minsky）甚至将人大脑称为"肉做的机器"（a meat machine），他和帕特里克·温斯顿（Patrick Winston）都相信人类思维可以通过机器模拟，人工智能就是实现机器去做只有人才能做的智能工作的科学，后者直接将人工智能定义为一种将"思维、感知和行动联系在一起的循环的模型"。其他如约翰·麦卡锡（John McCarthy）、艾伦·纽威尔（Allen Newell）等也都分别从逻辑、计算理论、行为系统理论甚至哲学认识论的角度对人工智能做出了不同解释。美国国家标准和技术研究所就将人工智能定义为一种复合软件和/或硬件，其"能学习解决复杂问题，进行预测或执行需要视觉、言语和触觉等人类感官完成的任务，如感知、认知、计划、学习、交流和身体运动等"。OECD 将人工智能定义为一种能通过为给定的一组目标产生预测、建议或决策等输出来影响环境、基于机器的系统。

显然，虽然人工智能在科学层面多被认为是计算机科学的分支，但现代人工智能发展实际上是计算机科学与数学、物理学、心理学甚至哲学等紧密结合的综合性应用学科。在具体技术层面，人工智能技术离不开物理的芯片、存储和计算、网络、通信等设备，也离不开数据、算法等软件系统，因此人工智能本质是新一代信息通信技术与自然科学和社会科学等多学科结合的综合集成创新，这也是人工智能能模拟甚至在某些领域超越人类智能行为的科学基础。

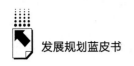

（二）人工智能与经济社会发展的智能化趋势

20 世纪 50 年代至今，人工智能发展经历多次高潮与低谷。到 20 世纪末，随着电子计算机的计算能力提升和互联网的应用普及，建立在逻辑学、概率论等基础上的神经网络建模和深度学习等行为主义人工智能开始成为主流，人工智能发展迎来了第三次高潮。

从消费互联网占主导到重视产业互联网和创新驱动，促进数字技术与实体经济深度融合，已成为数字经济发展的新趋势。近年来，从智慧农业到智能制造、无人矿山和自动驾驶，人们看到或感受到的，都预示了经济社会发展的智能化趋势。美国波士顿咨询调查发现，84%的人认为人工智能将是未来竞争优势形成的关键，75%的人认为人工智能将帮助企业进入新业务领域。IBM 调查发现，2022 年全球企业人工智能采用率已达 33%，比 2021 年增加 4 个百分点。2022 年以来，ChatGPT 和文心一言等文本生成式大语言模型的出现刷新了公众对人工智能的认知，也预示了人工智能几乎将渗透至各行各业，渗透至生产生活的方方面面，为经济社会发展带来远超数字化的智能化"巨变"。

二　新一代人工智能创新发展趋势

（一）人工智能将成为新一轮科技革命核心和引领性技术

人工智能既离不开高速宽带网络环境、大数据和高效即时大算力的支撑，还能引领带动软硬件等相关产业发展，同时影响经济社会运行和生活的方方面面。人工智能的广泛渗透性和引领性是其引起各国战略重视和形成战略竞争力的重要原因。人工智能被认为是与基因工程和纳米科学并列的 21 世纪三大重要前沿技术之一。国际电气与电子工程师学会（IEEE）认为，人工智能已成为当前最重要的技术之一。

（二）人工智能应用加速落地，颠覆性创新影响日益明显

近年来，人工智能在安防、药物研发、流行病调查等领域形成了多样化的应用，并推动在线社交、电子商务、搜索、在线游戏娱乐等不断创新，在交

通、金融、矿业、制造和城市运维等领域也逐渐形成了许多新的应用场景实践和标杆性案例，涌现出一批独角兽和专精特新企业。人工智能正式告别"喊口号""包装概念"时代。百度发布大模型"文心一言"后 1 小时内，超过 3 万家企业申请其 API 调用服务测试，显示人工智能应用将进入爆发期。与此同时，无人驾驶网联车等证实人工智能正在改变汽车生产、车辆驾驶、汽车产业链甚至道路交通运维和管理等范式，展现了人工智能的颠覆性潜能。

（三）人工智能将进入芯片+算力+算法+数据的"四轮"驱动发展格局

人工智能涉及计算机学科的多个领域，其中最密切的主要是芯片、算法，分别从硬件和软件层面为人工智能发展提供支撑。例如，深度神经网络和卷积神经网络的发明和应用，可以极大提高计算机系统分析处理图像的水平，但其需要的计算工作量和计算时长也是史无前例的，必须依赖大量高性能图形处理单元（GPU）构建并行处理功能。ChatGPT 3.5 使用了 3 万块英伟达先进的 A100GPU。由此芯片对人工智能发展的重要性可见一斑。此外，人工智能技术性能提高通常还需要通过增加参数和基于大规模数据的训练来实现，因此芯片、算法、算力和数据将成为推动人工智能创新发展必不可少的因素。

（四）人工智能应用长尾效应逐渐显现

随着人工智能应用场景的日益多元化，人工智能降低生产成本、提高生产效率、优化生产组织的作用将更加显著，这将推动越来越多的行业和企业加快接入人工智能，形成人工智能应用的庞大长尾市场。在一般市场中，长尾市场通常为 80% 左右，任正非认为，人工智能软件平台的直接贡献可能不到 2%，对工农业发展的贡献可能高达 98%。从创新的角度来看，长尾效应将进一步降低人工智能应用成本，大量应用产生的数据和需求将激励人工智能技术加快迭代升级，形成创新—创新应用—市场—创新的正反馈循环。

（五）国际人工智能竞争将进入空前激烈期

人工智能不仅是培育新动能的重要载体，是新科技革命中的科技和产业制高点，还是推动经济社会数字化智能化转型，引领质量变革、效率变革和动力变

革的"驱动器"，是保障国家安全必不可少的利器。人工智能技术快速发展，应用场景日益丰富，影响更加深远，各国都加大了对人工智能发展的支持力度。美国竭力打压我国人工智能发展表明未来国际上围绕人工智能的竞争将日益激烈。

三　中美人工智能创新比较

（一）创新人才比较

创新人才是主导人工智能变革的核心因素。甚至有智库研究认为，如果控制影响人工智能创新人才的劳动力供给规模，不仅欧盟将超越中国，美国也将获得更大领先优势。总体上，现阶段美国人工智能人才更多且更有经验，中国人工智能人才规模相对较小，经验相对欠缺。

在高质量人才方面，根据对人工智能顶级会议研究论文作者的分析发现，如图 1 所示，在美国和中国工作的人工智能顶尖人才分别占 59% 和 11%，居全球前两位。据研究筛选出来的过去 10 年全球人工智能研究领域最有影响力和最有活力的 2000 位学者（AI2000）统计分析发现，2022 年美国和中国分别入选 1146人次和 232 人次，居全球前两位，全球占比分别为 57.3% 和 11.6%。从人工智能涉及的 20 个具体领域来看，中国在多媒体和物联网两个子领域入选的 AI2000 学者人数分别为 36 人和 29 人，居第 1 位，在经典 AI 和语音识别等 11 个子领域入选学者人数居第 2 位，美国在其他 18 个子领域入选学者人数均居第 1 位。总体上，虽然中国入选顶级人工智能学者人数与美国尚有较大差距，但与 2021 年相比，入选 AI2000 的美国学者人数减少了 18 人次，而中国增加了 10 人次。从近 3年统计来看，中国入选学者数增速均超过美国，显示中美之间的差距缩小。

（二）知识创新比较

1. 科学出版数量比较

期刊、会议和电子预印本论文等科学出版物是知识创新的重要体现。据研究统计，中国、美国和欧盟是全球人工智能出版物的主要力量。不同的是，近十年来，美国和欧盟教育部门的出版份额持续下降，美国企业部门出版物份额全球最高，且持续上升。中国教育部门人工智能出版物份额持续上升。2021

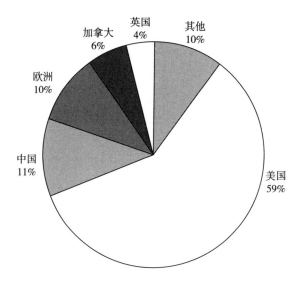

图1 全球人工智能顶尖人才（Top-tier AI Researchers）国别分布

年，中国和美国教育部门的出版物份额分别为60.24%和57.63%，企业部门的份额分别为3.93%和9.76%，显示美国企业更加重视知识创新和基础研究。

具体从期刊论文来看，中美都是主要的人工智能期刊论文出版大国。不同的是，如图2所示，2010~2017年，中国出版的人工智能期刊出版全球占比从45%左右大幅下降至27%左右，随后缓慢提升至2021年的约31%，美国人工智能期刊出版全球占比则相对较为稳定，基本维持在14%左右。从引用情况来看，中国人工智能期刊被引用量的全球占比近年虽略有下降，但总体保持上升态势，2021年达27.84%。美国人工智能期刊被引用量的全球占比则总体上呈持续下降态势，2021年为17.45%，显示中美人工智能期刊论文质量差距大幅缩小，中国相应的知识创新水平快速提升。

此外，从会议文献来看，得益于中国人工智能会议数量快速增加，会议出版物大幅增长，从2017年开始居全球第1位，2021年中美人工智能会议出版物数量全球占比分别约为27.6%和16.9%，被引用量占比分别为15.3%和29.5%。电子预印文献方面，2021年美国文献数量和被引用量全球占比分别约为32.5%和38.5%。中国发表的电子预印文献全球占比从2010年的不足3%增加到2021年的16.6%，被引用量全球占比也增加到16.4%，表明中美之间的差距快速缩小。

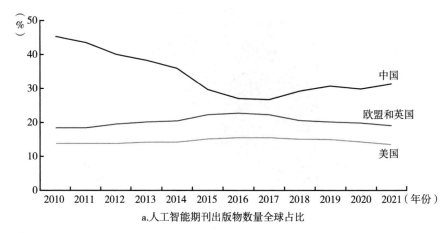

a.人工智能期刊出版物数量全球占比

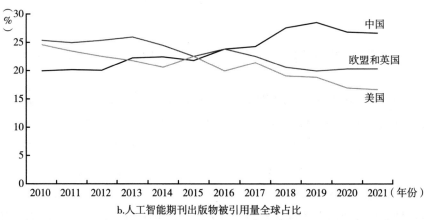

b.人工智能期刊出版物被引用量全球占比

图2 主要国家或地区人工智能期刊出版物比较

资料来源：斯坦福人工智能研究所。

2. 科学出版质量比较

如果只考虑顶级期刊和顶级会议发文情况，中美人工智能领域的高质量论文数量总体均保持增长态势。如图3所示，2020年，中美人工智能高质量论文分别为4135篇和8400篇，全球占比分别为29.81%和60.56%。中国人工智能高质量论文增长更为迅速，但从高质量论文绝对数量来看，中美之间的实际差距进一步拉大，显示美国在人工智能领域的知识创新仍然在全球占有绝对优势地位，其领先和主导地位并未有削弱迹象。

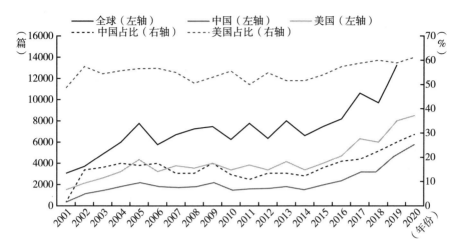

图3 全球和中美人工智能高质量论文比较

资料来源：贾夏利、刘小平：《中美人工智能竞争现状对比分析及启示》，《世界科技研究与发展》2022年第4期。

（三）技术创新比较

1. 专利申请和授权比较

从通用国际发明专利（PCT）申请和授权情况来看，不同研究均发现，中美是人工智能领域技术创新的主要力量，美国始终是优势主导力量，但中美差距不断缩小，尤其是在2012年人工智能进入快速发展阶段后，以国家电网、百度、腾讯等为代表的企业在人工智能专利申请方面异军突起，中国专利份额超过美国跃居第1位。最新统计发现，自2017年开始，中国人工智能专利申请量占比超过全球的一半。2021年，中美人工智能专利申请量分别约为8.73万件和1.96万件，但同年美国授权专利近9500件，中国授权专利只有1407件，显示中国人工智能技术创新存在一定程度上的虚假繁荣。

从授权专利累计量来看，尽管不同研究定义的人工智能专利范围略有不同，由于中国人工智能研究起步晚，总体上都认为美国专利占比超过40%，中国专利占比不超过10%，中美之间仍然存在较大差距。但从人工智能授权专利占世界比重来看，如图4所示，中国人工智能技术创新水平快速提升，美国的相对优势和中美差距呈持续缩小态势。

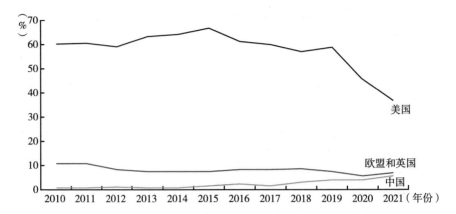

图4 2010~2021年主要国家或地区人工智能授权专利全球份额的变化

资料来源：Stanford University Human-centered Artificial Intelligence，"Artificial Intelligence Index Report 2022，"https：//aiindex. stanford. edu/ai-index-report-2022/。

2. 专利创新重点和差异比较

总体上，研究发现，美国在人工智能基础层、技术层和应用层等三个层面的专利申请相对均衡，中国人工智能专利申请主要集中在应用层，呈现出严重的发展不协调现象。具体而言，按专利申请量体现的专利国际地位和专利质量，中国在处理器/芯片和智能运载领域具有相对优势，在智能设备、深度学习、知识图谱产品等5个领域具有较大发展潜力，在计算机视觉、自然语言处理和机器学习等6个领域相对落后。美国在处理器/芯片、自然语言处理、机器学习和自然语言处理等4个领域均具有相对优势，美国在知识图谱产品、智能运载、智能设备和智能机器人等领域相对落后，间接反映出中国作为后来者更加注重人工智能相对成熟的应用，同时正在发力制约人工智能的半导体芯片等领域。

3. 基础和核心关键技术创新比较

由于人工智能涉及软硬件等多个学科和领域，很难用简单指标比较国家间基础技术和核心关键技术创新的差异。从人工智能专利和企业分布来看，中国创新布局主要集中在机器学习、无人机、智能机器人、语音识别、自动辅助驾驶等人工智能应用领域，美国则在处理器和智能芯片、大模型算法和大型平台等领域有更好的技术积累和优势。

在通用人工智能基础平台方面，由于中国大力布局应用层创新，在图像平台和语音平台，中美势均力敌；在云平台领域，中国云平台市场领域企业与美国谷歌云、微软 Azure 和亚马逊 AWS 等无论是在市场规模还是在创新能力和技术水平方面都存在一定差距。在深度学习平台方面，美国主要大型科技公司均有具有较大影响力的开源平台，如谷歌的 TensorFlow 和脸书的 Torch 等，中国仅百度的 Paddle 有一定影响力，美国的开发者数量、平台数量更多，且平台影响力相对更大。但从向 GitHub 存储库提交的公共开源 AI 项目数量及占比变化来看，如图 5 所示，中美在人工智能创新软件层面的差距迅速缩小。

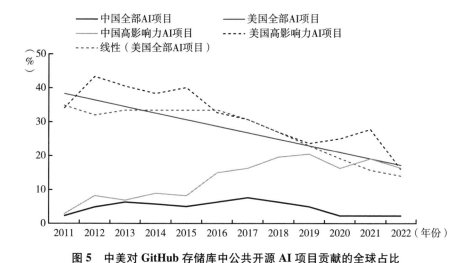

图 5　中美对 GitHub 存储库中公共开源 AI 项目贡献的全球占比

资料来源：OECD, "Visualisations Powered by JSI Using Data from Github," accessed on 30/3/2023, www. oecd. ai, Supported by the Patrick J. McGovern Foundation, 2023。

（四）创新创业投资比较

风险投资对推动人工智能创新有着极为重要的作用。中国和美国是全球人工智能风险投资浪潮的主要推动者。2020 年，中美两国企业的人工智能风险投资约占全球的 80% 以上，高于两国全部风险投资全球占比约 8 个百分点。中美两国人工智能风险投资交易笔数约占全球的一半。美国人工智能投资始终保持较为稳定的增长趋势，2020 年约为 420 亿美元，占全球的 57%。中国人工智能风险投资早期相对较低，2015 年后快速增长，但近年受疫情和美国推动的脱钩断链等影响，中国人工智能风险投资有所下降，2020 年约占全球的24%，中美间差距有所拉大。

从针对人工智能初创企业（AI start-up）的风险投资来看，中美两国投资领域和投资对象略有差异。美国不仅风险投资规模大，而且涉及的风险投资公司多，且多数是早期天使或种子融资，对创新的促进作用相对更大。中国人工智能风险投资涉及的公司相对较少，且有一些针对移动和自动驾驶汽车等行业的大额交易，超过 1 亿美元的交易比例较高，相较而言风险投资的交易属性更强，对创新的促进作用相对较弱。

表 1　2012~2020 年中美欧人工智能初创企业风险投资重点占比

单位：%

位次	美国		中国		欧盟 27 国	
1	移动和自动驾驶汽车	30	移动和自动驾驶汽车	41	媒体、社交平台和营销	27
2	医疗保健	13	媒体、社交平台和营销	14	业务流程和支持服务	19
3	业务流程和支持服务	11	机器人、传感器和 IT 硬件	13	金融和保险服务	16
4	IT 基础设施和托管	10	IT 基础设施和主机	8	IT 基础设施和托管	13
5	媒体、社交平台和营销	8	业务流程和支持服务	7	医疗保健、药品和生物技术	12

（五）创新资源比较

算力是人工智能创新必不可少的资源。据统计估算，2021 年美国和中国算力规模分别为 160EFlops 和 140EFlops，全球算力份额分别为 31% 和 27%，居全球算力规模前两位。中美算力规模差距不大，但中国对人工智能创新有较大影响的智能算力和超算算力占比相对较低。2021 年中国智能算力占总算力的 20.7%，比全球平均水平低 1 个百分点。在超算方面，以 TOP500 超级计算机为例，如表 2 所示，得益于"神威·太湖之光"和"天河二号"等超级计算机的发展，中美超算的算力差距迅速缩小。但近年随着美国加强超级计算机领域的创新，研发出全球首台 E 级（EFlops，百亿亿级）超级计算机 Frontier，并先后在 2019 年 6 月和 2022 年 4 月两次将中国相关超算领域的 12 家公司列入"实体名单",中国超算发展受到暂时性影响,中美超级计算机算力差距再次呈拉大之势。

表 2　中美超级计算数量和算力比较

年份	中国			美国		
	超级计算机 TOP500 数量	算力 (GFlops)	全球占比 (%)	超级计算机 TOP500 数量	算力 (GFlops)	全球占比 (%)
2012 年 6 月	68	11397100	9.23	252	59974567	48.60
2013 年 6 月	66	47485017	20.78	252	106737018	46.70
2014 年 6 月	76	52129820	18.71	232	122452335	43.95
2015 年 6 月	37	49567685	13.61	233	161267425	44.29
2016 年 6 月	109	211142446	36.91	199	173222639	30.28
2017 年 6 月	160	234683092	31.15	168	251663305	33.41
2018 年 6 月	206	354544958	29.28	124	458255257	37.84
2019 年 6 月	220	466872777	29.94	116	600014746	38.47
2020 年 6 月	226	565553101	25.64	114	621655590	28.18

资料来源:笔者根据 https://www.top500.org/statistics/overtime/整理。

四　实现人工智能高水平自立自强优劣势分析

(一)实现人工智能高水平自立自强的主要优势

1. 新一代网络基础设施处于全球领先水平

当前我国已初步"建成全球规模最大、技术领先"的新一代网络基础设施体系。据统计,至 2022 年底,已建成 5G 基站 231 万个,移动互联网和移动物联网连接分别超过 35 亿户和 18 亿户。具备千兆网络服务能力的 10G PON 端口超过 1500 万个,行政村和中小学全部实现宽带全覆盖。除此之外,目前我国已分别在天津等 9 个城市建设了国家级超算中心,统筹东西部算力均衡发展和全国一体化大数据中心与协同创新体系建设,国家规划了八大国家算力中心枢纽节点,国家新型算力网络加速构建。截至 2021 年底,中国数据中心标准机架规模达 520 万,算力规模超过 140EFlops,其中智能算力规模和超算算力规模分别约为 29EFlops 和 2EFlops。与美国相比,中国算力增速更快,且中

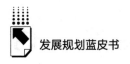

国 AI 算力超过美国，居世界第一位。

2. 超大规模市场提供潜在数据优势

近年来我国数字产业集群的国际竞争力不断提升，数字经济与实体经济融合水平不断提升，超大规模市场优势为数字经济发展提供了丰富的应用场景。数据要素化基础制度的不断健全，将会进一步强化中国超大规模市场和海量数据及其应用优势。据估算，2015 年至今，我国数据年均增长超 30%，仅次于美国居全球第二位。预计 2021 年我国数据产量约 6.6ZB，占全球的 9.9%。预计 2025 年中国数据规模将达到 48.6ZB，占全球数据量的 27.8%，到 2030 年数据总量将超过美国。数据规模大、数据标签成本低，"数据的力量"被认为是中美人工智能竞争的重要优势。

3. 人工智能和 STEM 人才规模将迎来快速增长

2022 年全国有 95 所高校新增获批人工智能专业，40 所高校新增获批数据科学与大数据技术专业，42 所高校新增获批大数据管理与应用专业，北京大学和清华大学等国内知名高校都与企业合作设立了人工智能研究院或联合实验室，开始大规模人工智能人才培养。在教育部支持下，北京大学等制定了人工智能人才培养方案，开展人工智能教师队伍建设试点，加快探索产教深度融合的人工智能人才教育培养模式，人工智能人才培养进入快车道。与此同时，中小学 STEM 教育和机器人、软件编程等社会教育蓬勃发展。超过半数学校正筹备开设或已经开始人工智能教育教学活动。预计 2025 年中国 STEM 毕业博士生将是美国的 2 倍。拥有大量相对低成本的大学毕业生，将是中国相较于美国在人工智能竞争中的巨大优势。

（二）中国人工智能创新发展存在的劣势与面临的主要问题

1. 高端人工智能芯片科技自主创新能力严重不足

人工智能创新需要图形处理器（GPU）、现场可编程逻辑门阵列（FPGA）和人工智能（AI）专用芯片。但据 IDC 统计，GPU 主要被英伟达、AMD、Intel 等垄断，其中英伟达市场份额超过 95%。中国 GPU 和 FPGA 设计生产企业多为 2010 年后成立，发展历史短，技术积累相对较少。景嘉微等部分领先企业被美国在 2021 年列入实体清单，且未来中国公司设计的先进制程 GPU 生产部分仍受限于台积电和美国对传输速率高于 600Gb/s 芯片的管制。AI 芯片部分，华为昇腾和百度昆仑芯等近年进步很快，与美国的技术差距快速缩小，但同样面临先进制程生产制造的约束。总体来看，中美在 GPU 和 FPGA 芯片领域创新差距，以及受制于美国对先进制程生产等的制裁，短期内将是中国人工智能自立自强的重要制约。

2. 核心算法和框架等原始创新自主可控能力有待加强

算法和系统软件直接影响人工智能系统的计算和程序效率，是人工智能发展的"灵魂"。当前国内企业多数基于国外开源人工智能算法开发，或者是直接接入国外人工智能算法或模型系统实现技术加成，中国学者对当前国际上广泛遵守或引用的人工智能基础算法模型贡献不大。绝大多数企业的研发创新主要集中于应用层，少数企业布局模型层，尤其是较少企业在框架层和芯片层布局人工智能算法和框架等原始创新和基础创新。例如，谷歌的 TensorFlow 和脸书的 Pytorch 人工智能框架在我国市场份额超过 85%。核心关键算法和系统基础软件仍是制约人工智能发展的短板。

3. 数据资源开放共享程度低，数据质量有待提升

数据是人工智能创新必不可少的"生产资料"。由于数据要素化和市场化基础制度建设刚起步，数据开放程度和共享程度低。以政务数据为例，虽然各省区市建设了数据开放平台，但平台上线开放数据规模和层次不一。2020 年底，约 50% 的数据开放平台上线数据集不超过 100 个，能按季度持续新增或更新数据集的数据开放平台占比不足 10%。此外，数据采集、加工和发布缺乏标准化，不同地方平台之间相互封闭，数据调用难、调用数据容量小的问题较为突出。互联网行业数据存在被少数企业垄断现象，再加上跨境数据流通不畅，"数据碎片化"和"数据孤岛"现象已成为制约中国人工智能创新的重要因素。

五 加快实现人工智能高水平自立自强的政策建议

（一）统筹发展与安全，实施人工智能国家发展战略

强化人工智能创新发展顶层设计和系统推动是各国的通行做法。借鉴美国立法、系统推动和重视公私合作的经验，在实施《新一代人工智能发展规划》

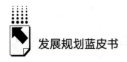

的基础上，进一步从统筹发展与安全角度完善人工智能国家战略的顶层设计，将人工智能高水平自立自强纳入国家安全战略范畴，成立国家人工智能发展领导小组，统筹协调部门政策资源和数据资源，形成政策合力，强化自上而下的系统推动和横向协调协作。成立国家人工智能战略咨询委员会和人工智能国家安全委员会，建设促进人工智能发展的战略性和专业性决策咨询平台，强化人工智能在国家安全中的创新和应用。

（二）发挥新型举国体制优势，多渠道攻关"卡脖子"技术

首先，国家相关部门应加强统筹协调，调度利用科研院所和地方高性能芯片共享解决关键问题，在"东数西算"框架下科学布局人工智能算力中心和国家超算中心，避免智算中心"无序"发展造成高性能芯片和超级计算机资源无法形成合力，加快建设智能算力网统一调度结算公共服务平台，以云端智能计算弥补高性能芯片不足。其次，科学分析分解"卡脖子"技术问题，协调科研院所、高等院校和企业成立若干国家人工智能工程研究中心，建立类似于美国的人工智能研究院网络，形成人工智能发展的国家战略科技力量。研究设立开展"卡脖子"技术联合攻关的科技重大专项。再次，统筹运用好财政、税收、金融和人才等政策工具，支持企业与科研院所和高校联合开展"卡脖子"技术攻关与产业化，着眼国家安全加强人工智能关键产业链的国产替代支持。发挥国家半导体大基金在人工智能产业化中的引导作用。最后，国家自然科学基金委加大对芯片、算法、算力平台等人工智能基础研究支持力度，加大对数学、物理学和材料科学等人工智能原始创新的基础研究支持力度，着眼长远夯实人工智能发展的理论根基。

（三）发挥数据和人才优势，健全人工智能创新生态体系

首先，以成立国家数据局为契机，加强数据要素市场建设顶层设计，加快建立健全数据要素化制度和标准规范，加大地方数据交易及资源整合力度，加强数据集建设与管理，推进建设数据要素有序流动的数据要素市场。同时，提升各省区市数据开放平台的可用性和跨区域平台间数据互调能力，推动公共数据开放共享，发挥海量数据优势。其次，深化高校科研院所与企业间的人工智能人才流动机制改革，加快健全具有全球竞争力的高层次人才

激励政策体系，充分利用人才规模优势。最后，加强海外华人引进与创新合作。"一人一议""一事一议"，多渠道探索引进和加强与海外高层次华人合作的有效途径。

（四）发挥应用牵引作用，促进实体经济+智能融合创新

首先，引导和支持人工智能创业。近年来许多人工智能领域的重大创新和突破性创新均来自创业公司，相反大公司则仅在人工智能应用和产业化领域有更多优势。应重视并进一步完善创新创业政策，支持科研院所和高等院校、大企业设立创业平台，激发人工智能人才创业的积极性。其次，支持人工智能重大创新应用。开展无人驾驶等重大创新应用试点，加快推动人工智能在国防和国家安全等领域的应用，以及在智慧城市等城市管理和监测预警等国土空间和环境保护中的重大应用。最后，推动传统产业数字化智能化转型。以制造业、农业、物流业、采掘业、金融、商务和生活服务及卫生健康等为重点，开展人工智能应用场景创新试点，探索形成技术赋能产业升级、应用带动技术创新的相互促进发展格局。

专栏：美国人工智能发展政策措施特点

重视立法战略推动。从特朗普政府开始，美国先后发布《国家人工智能倡议》《推进美国人工智能创新法案》，系统制定国家层面的人工智能发展战略。《2020 国防授权方案》、《2022～2026 财年国家科学基金会拨款方案》和《无尽前沿法案》等，明确将人工智能纳入科技创新关键领域予以支持。

重视体制系统推动。从 2018 年开始，美国先后成立跨部门的人工智能专门委员会，隶属国防部的联合人工智能中心（JAIC）和人工智能国家安全委员会，以及国家人工智能行动办公室、人工智能机构间委员会、国家人工智能研究资源工作组和国家人工智能咨询委员会（NAIAC），表明美国极为重视国家层面的系统推动。

重视合作生态推动。美国国家科学基金会牵头建设人工智能研究院网络，与相关部门和谷歌、因特尔等科技企业合作成立 20 余家国家人工智能研究中心和人工智能研究院，支持由华盛顿大学牵头组建由 10 余家机构参与的人工智能算法研究所。除此之外，美国在相关政府部门设置首席数据官，联邦管理

和预算办公室成立首席数据官委员会，统筹推动数据安全、共享管理和监督。能源部和国家航空航天局的超计算机 Frontera 和 Pleiades，以及新一代人工智能超级计算机 Perlmutter、阿贡国家实验室建设人工智能测试平台等均为社会提供服务。

重视预算资金支持。美国科学基金会等相关部门直接投资 11 个国家人工智能研究中心，推动人工智能关键领域的研发。此外，人工智能是美国科学基金会 2021～2025 年重点支持的十大关键科技创新之一。2022 年度更被列入预算拨款增加的优先支持领域。

参考文献

梁迎丽：《人工智能的理论演进、范式转换及其教育意涵》，《高教探索》2020 年第 9 期。

陈霖：《新一代人工智能的核心基础科学问题：认知和计算的关系》，《中国科学院院刊》2018 年第 10 期。

肖峰：《人工智能与认识论的哲学互释：从认知分型到演进逻辑》，《中国社会科学》2020 年第 6 期。

任正非：《擦亮火花，共创未来——在"难题揭榜"火花奖公司内外的获奖者及出题专家座谈会上的讲话》，2023 年 3 月 17 日。

中国科学技术信息研究所：《2020 全球人工智能创新指数报告》，科学技术文献出版社，2022。

虞舒文、周立军、杨静、瞿羽扬：《全球人工智能专利合作格局演化研究》，《科学与管理》2022 年第 6 期。

陈军、张韵君、王健：《基于专利分析的中美人工智能产业发展比较研究》，《情报杂志》2019 年第 1 期。

聂洪光、范海荣：《基于专利数据的中美人工智能创新能力比较研究》，《中国科技论坛》2020 年第 5 期。

张诚、朱东华、汪雪峰：《集成电路封装技术中国专利数据分析研究》，《现代情报》2006 年第 9 期。

杨晶、李哲：《大国博弈背景下加强我国数据资源布局的思考》，《全球科技经济瞭望》2022 年第 9 期。

《〈2022 年人工智能教育蓝皮书〉发布》，https://m.waitang.com/report/47481.html，2022 年 11 月 15 日。

前瞻产业研究院：《中国行业大数据市场发展前景预测与投资战略规划分析报告》，https：//www. esensoft. com/industry-news/dx-20794. html，2020 年 8 月 9 日。

邓美薇：《日本人工智能的战略演进和发展愿景及其启示》，《日本问题研究》2022 年第 2 期。

U. S. PTO, "Inventing AI: Tracing the Diffusion of Artificial Intelligence with U. S. Patents," https：//www. uspto. gov/sites/default/files/documents/OCE-DH-AI. pdf, Oct. 2020.

OECD (forthcoming)，" OECD Framework for the Classification of AI Systems-Preliminary Findings," OECD Publishing, https：//one. oecd. org/document/DSTI/CDEP（2020）13/REV1/en/pdf, 2020.

BCG, "Artificial Intelligence: Ready to Ride the Wave?" BCG Executive Perspective, https：//media-publications. bcg. com/BCG-Executive-Perspectives-AI-Ready-to-Ride-the-Wave. pdf, December 2021.

IBM, "IBM Global AI Adoption Index 2022," https：//www. ibm. com/watson/resources/ai-adoption, May 2022.

《全球 AI 领域人才报告》，https：//business. linkedin. com/zh-cn/talent-solutions/c/17/07/AI-Report，2017 年 7 月 27 日。

Castro D. , McLaughlin M. , Chivot E. , "Who is Winning the AI Race: China, the EU or the United States?" Center for Data Innovation, https：//www2. datainnovation. org/2021-china-eu-us-ai. pdf, 2021.

MacroPolo, "The Global AI Talent Tracker," https：//macropolo. org/digital-projects/the-global-ai-talent-tracker/, June 9, 2020.

Stanford University Human-centered Artificial Intelligence, "Artificial Intelligence Index Report 2022," https：//aiindex. stanford. edu/ai-index-report-2022/, 2022.

OECD, "OECD Framework for the Classification of AI Systems: Preliminary Findings," https：//www. oecd. org/publications/oecd-framework-for-the-classification-of-ai-systems-cb6d9eca-en. htm, 2022-02-22.

"Top500 List," https：//www. top500. org/statistics/overtime/, 2023-03-20.

Lee Kai-Fu, "AI Superpowers: China, Silicon Valley, and the New World Order," Boston, MA: Houghton Mifflin Harcourt, 2018.

W. C. Hannas, Huey-Meei Chang, Daniel H. Chou, Brian Fleeger, "China's Advanced AI Research," CSET, https：//cset. georgetown. edu/publication/chinas-advanced-ai-research/, July, 2022.

B.40
构建人工智能新增长引擎*

胡安俊**

摘　要： 在梳理人工智能政策的基础上，首先分析了人工智能通过学习优势、赋能效应和渗透能力推动形成新增长引擎的理论逻辑，然后，从顶级人才、风投市场、数据开放与安全、体制机制等四个方面分析了构建人工智能新增长引擎的主要挑战。针对这些挑战，从吸引和培育顶级科学家、发展风投市场、发挥政府数据示范作用、探索制度创新等四个方面提出政策建议。

关键词： 人工智能　新增长引擎　数据开放与安全　风投市场

一　2021～2022年中国人工智能领域相关政策及其特点

作为新一轮科技革命和产业变革的代表性技术，新一代人工智能是赢得全球科技竞争主动权的重要战略抓手，是推动科技跨越发展、产业优化升级、生产力整体跃升的重要战略力量。经济政策是影响产业发展的重要因素，中国高度重视人工智能的发展，发布了许多支持人工智能产业发展的政策文件。基于中华人民共和国国务院政策文件库，2021～2022年国务院等发布人工智能相关文件17个（见表1）。综合分析这些文件，可以发现2021～2022年发布数量不断增长，并呈现从宏观支持到宏观支持与微观应用齐飞、从中长期政策到中长期与年度政策结合、从支持发展到支持发展与规范约束并重的特点。

---

* 本文获得国家自然科学基金"中国沿海地区高质量发展的综合评价与政策耦合研究"（42071155）的资助。
** 胡安俊，中国社会科学院数量经济与技术经济研究所、中国经济社会发展与智能治理实验室副研究员，主要研究方向为人工智能发展规律及其对经济社会和资源环境的影响。

第一，宏观政策。①中长期政策。党的二十大报告指出，推动战略性新兴产业融合集群发展，构建新一代信息技术、人工智能等一批新的增长引擎。《中华人民共和国国民经济和社会发展第十四个五年规划和2035年远景目标纲要》指出，人工智能作为战略性新兴产业可以强化国家科技战略力量。《"十四五"数字经济发展规划》从优化升级数字基础设施、加快推动数字产业化、持续提升公共服务数字化水平、健全完善数字经济治理体系等四个方面进行了部署。②年度政策。2021年《政府工作报告》指出加快数字化发展，打造数字经济新优势，协同推进数字产业化和产业数字化转型，加快数字社会建设步伐，提高数字政府建设水平，营造良好数字生态，建设数字中国。2021年中央经济工作会议提出了七大政策，其中，科技政策与人工智能密切相关，从基础研究、科技体制、产学研结合、科研作风、国际合作等方面进行了部署。2022年《政府工作报告》指出培育壮大集成电路、人工智能等数字产业，提升关键软硬件技术创新和供给能力。2022年中央经济工作会议强调加快人工智能等前沿技术研发和应用推广，建设现代化产业体系。

第二，微观政策。①应用市场支持政策。《关于加快场景创新以人工智能高水平应用促进经济高质量发展的指导意见》强调，以促进人工智能与实体经济深度融合为主线，以推动场景资源开放、提升场景创新能力为方向，强化主体培育、加强应用示范、创新体制机制、完善场景生态，加速人工智能技术攻关、产品开发和产业培育，探索人工智能发展新模式新路径，以人工智能高水平应用促进经济高质量发展。《"十四五"东西部科技合作实施方案》深化跨区域结对合作，推动人工智能等领域科技成果在欠发达区域转化应用和创新创业，增强区域高质量发展新动能。《关于支持国家级经济技术开发区创新提升更好发挥示范作用若干措施的通知》鼓励国家级经开区内制造业企业应用人工智能等新技术，提升产业创新能力。《关于深入推进智慧社区建设的意见》指出，通过集约建设智慧社区平台、拓展智慧社区治理场景、构筑社区数字生活新图景、推进大数据在社区应用、精简归并社区数据录入、加强智慧社区基础设施建设改造，推进智慧社区建设。《全国一体化政务大数据体系建设指南》指出充分运用人工智能等技术，提升数据的基础能力、治理能力和服务能力。②规范发展政策。《关于加强互联网信息服务算法综合治理的指导意见》从健全算法安全治理机制、构建算法安全监管体系、促进算法生态规范发展等方面提出了具体要求。《工业和信息化领域数据安全管理办法（试行）》强调，加强数据安全管理，保障数据安全，促进数据开发利用，保护个人、组织的合法权益，维护国家安全和发展利益。《关于加强科技伦理治理的意见》强调，提升科技伦理治理能力，有效防控科技伦理风险，不断推动科技向善、造福人类。

表1　2021~2022年人工智能领域代表性政策文件

项目	2021年	2022年
政策文件	<ul><li>2021年政府工作报告</li><li>2021年中央经济工作会议</li><li>中华人民共和国国民经济和社会发展第十四个五年规划和2035年远景目标纲要</li><li>"十四五"数字经济发展规划</li><li>关于加强互联网信息服务算法综合治理的指导意见</li><li>支持长沙市建设国家新一代人工智能创新发展试验区</li><li>支持苏州市建设国家新一代人工智能创新发展试验区</li></ul>	<ul><li>党的二十大报告</li><li>2022年政府工作报告</li><li>2022年中央经济工作会议</li><li>关于加快场景创新以人工智能高水平应用促进经济高质量发展的指导意见</li><li>"十四五"东西部科技合作实施方案</li><li>关于支持国家级经济技术开发区创新提升更好发挥示范作用若干措施的通知</li><li>关于深入推进智慧社区建设的意见</li><li>全国一体化政务大数据体系建设指南</li><li>工业和信息化领域数据安全管理办法（试行）</li><li>关于加强科技伦理治理的意见</li></ul>

二　人工智能与新增长引擎的理论逻辑

从长周期看，创新是经济增长的引擎。当今世界正处于百年未有之大变局，攻关潜在和现有的关键核心技术"卡脖子"问题是增强自主创新能力的关键。综合考虑现在和未来，根据关键核心技术是否"卡脖子"这一变量，可以将自主创新领域划分为未来可能"卡脖子"的科学前沿无人区、当前"卡脖子"的关键核心技术领域、没有"卡脖子"但有巨大提升空间的传统产业领域等三个部分。人工智能具有突出的学习优势、赋能效应和渗透能力，能够从推动前沿科学创新、攻关"卡脖子"关键核心技术、促进传统产业跨越式升级三个方面增强自主创新能力，成为中国经济增长的新引擎（见图1）。

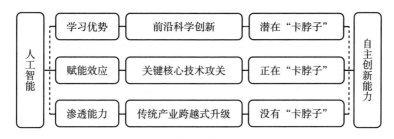

图1 人工智能增强自主创新能力的路径

（一）利用学习优势，助力前沿科学创新

前沿科学创新是增强自主创新能力的根本动力。随着大数据时代的到来和理论模型复杂度的提升，计算代价指数增长，严重制约人类科学的进步与发展。近年来，深度学习的快速发展，大幅提升了机器的学习优势，为前沿科学探索提供了新手段。作为通用元技术，深度学习通过搜索（知识获取）和发现（结合现有知识生成新知识）两个方面，提高人工智能在预测哪些知识对研发人员可能有用以及哪些现有知识组合将产生有用的新发现方面的能力，推动前沿科学的知识生产。具体而言，①随着数据大爆炸时代的到来，研发人员面临巨大的"知识负担"，人工智能通过深度学习方便快捷地提供知识搜索结果。②从根本上说，新思想和新知识的产生是一个组合过程。[1] 随着知识总量和种类的增加，新知识的潜在组合呈现组合爆炸的态势。人工智能通过深度学习能够快速预测哪些现有知识组合将会产生有价值的新知识，推动前沿科学更快抵达过去无法触及的新领域。[2]

（二）深化赋能效应，推动关键核心技术攻关

当前中国在多个关键核心技术领域面临"卡脖子"问题，主要原因在于关键材料、核心器件、生产过程等方面的基础科学数据不够翔实、技术过程和工艺流程不够精准、设计制造精度不够严格等。[3] 人工智能快速的信息处理能

---

① 〔美〕布莱恩·阿瑟：《技术的本质》，曹东溟、王健译，浙江人民出版社，2018。

② Agrawal A., Gans J., Goldfarb A., *The Economics of Artificial Intelligence: An Agenda*, The University of Chicago Press, 2019.

③ 王英俭：《"卡脖子"问题到底被什么卡住了》，《科学与社会》2020年第4期。

力、智能研判和预测能力、高效仿真特性给研发人员带来显著的赋能效应，协助形成翔实实验数据，提高工艺流程和设计制造的精度，助力"卡脖子"关键核心技术攻关。[①] 首先，人工智能通过充分挖掘实验条件、实验过程和实验结论之间的因果关系，形成从数据到结论的复杂因果网络，形成准确、可靠、全面、详细的基础科学数据。[②] 其次，人工智能依托 AR、VR、元宇宙等技术，在虚拟空间中形成全方位、全工况、全覆盖的系统受控实验，探索不同情景下产品性能演变的条件与路径，提高工艺流程和设计制造的精准度。

（三）发挥渗透能力，促进传统产业跨越式升级

中国存在相当数量的信息化程度不高、自主创新不足的传统产业。然而，这些产业却在很大程度上决定着生产与生活质量。在构成人工智能的三大支柱中，算法是核心。在摩尔定律、吉尔德定律、梅特卡夫定律、瓦里安定律的综合作用下，随着学样仿样推广法的推进，人工智能示范企业快速增多，人工智能应用推广成本将呈指数级下降，人工智能对传统产业的渗透能力将得到充分发挥，这将加快推动传统产业迭代升级的"补课"进程。具体而言，①人工智能推动传统产业从生产设备、流水线到车间的数字化、网络化、智能化升级，实现精准调控和柔性化生产，增强企业的多样化生产能力。[③] ②人工智能通过对企业管理进行智能化升级，提高管理效率，实现精益管理。[④] ③在保障数据安全与数据隐私的前提下，企业使用人工智能技术，挖掘客户消费足迹，增强企业与市场的精准对接能力。④随着人工智能的广泛应用和数据平台的建设，产业集群内部上下游企业之间可以实现数据传输的高速率、低延时、大连接，将整个产业集群演变成一个工业 4.0 工厂，推动产业集群柔性运作。[⑤]

---

① Agrawal A. , Gans J. , Goldfarb A. , *The Economics of Artificial Intelligence：An Agenda*，The University of Chicago Press，2019.

② 罗威、罗准辰、雷帅、程齐凯、陆伟、张瑾、韩涛、冯岩松、韩先培、冯冲、张均胜、刘志辉、乔林波、李东升、许儒红、陈敬一：《智能科学家——科技信息创新引领的下一代科研范式》，《情报理论与实践》2020 年第 1 期。

③ 胡安俊：《人工智能、综合赋能与经济循环》，《当代经济管理》2022 年第 5 期。

④ 姜李丹、薛澜、梁正：《人工智能赋能下产业创新生态系统的双重转型》，《科学学研究》2022 年第 4 期。

⑤ 黄奇帆：《结构性改革》，中信出版社，2020。

三 构建人工智能新增长引擎的主要挑战

（一）顶级人才面临不足

随着国际科技贸易保护主义的兴起，决定人工智能国际竞争力的核心要素是顶级人才。根据清华大学 2022 年发布的人工智能全球最具影响力学者榜单①，人工智能 21 个子领域②的榜首人才，有 13 人来自美国，有 2 人来自中国，其他的来自加拿大、德国、日本和意大利（见图 2）。从榜单中入选学者和提名学者的数量看，美国有 1146 人次，超过总数的一半，中国有 232 人次，位居第二（见图 3）。通过数据对比，可以发现中国人工智能领域的顶级人才与美国存在很大差距，顶级人才的不足成为制约中国人工智能持续发展与国际竞争力快速提升的重要因素。

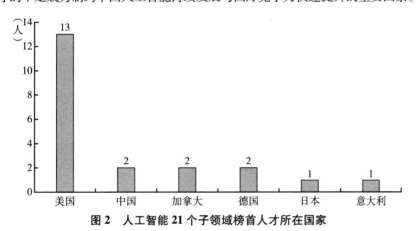

图 2 人工智能 21 个子领域榜首人才所在国家

资料来源：清华大学 2022 年发布的人工智能全球最具影响力学者榜单。

（二）风投市场有待发展完善

作为一种代表性前沿技术，人工智能的应用要与行业特有的技术、知识、

---

① https：//www. cs. tsinghua. edu. cn/info/1088/4796. htm.
② 21 个子领域包括经典 AI、机器学习、计算机视觉、自然语言处理、机器人、知识工程、语音识别、数据挖掘、信息检索与推荐、数据库、人机交互、计算机图形、多媒体、可视化、安全与隐私、计算机网络、计算机系统、计算理论、芯片技术、物联网、虚拟现实。

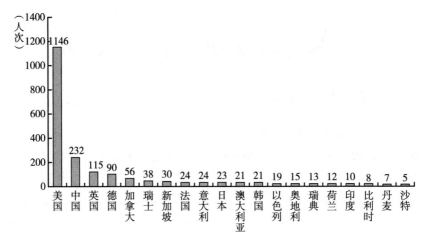

图3 人工智能全球最具影响力学者榜单入选和提名学者的国家分布

资料来源：清华大学2022年发布的人工智能全球最具影响力学者榜单。

经验紧密结合，复杂度高，成本投入大，回收周期长，面临巨大的不确定性。为此，风险投资对于人工智能企业的创立和发展十分重要和关键。一方面，风险投资看重的是具有发展前景的科技型初创企业，目标是通过资金支持将其做大做强，这与人工智能初创企业的目标一致；另一方面，风投公司介入初创公司不仅仅是给予资金支持，风投公司的第一个角色是做顾问，帮助初创公司开展业务，是初创公司的朋友和帮手。[①] 因此，风投公司的发展情况与科技型企业的发展密切相关。

目前中国的风投市场发展不足，根据《2022全球创投风投行业年度白皮书》，2021年流入美国的风投资金有3290亿美元，超过全球风投融资总额的一半，有620亿美元风投资金流入中国，仅相当于美国的18.84%。从我国既有的融资分布看，主要集中在医疗、先进制造、企业服务、传统行业等领域，人工智能领域的融资件数与融资金额相对较少。具体而言，从融资件数看，人工智能占3.25%；从融资金额看，人工智能占4.96%（见图4），人工智能的风投市场有待完善。

---

① 吴军：《浪潮之巅》，人民邮电出版社，2019。

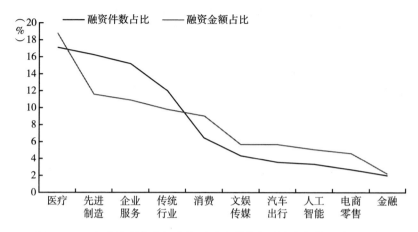

图 4　2021 年中国创投市场各领域融资件数与融资金额的百分比分布

资料来源：《2022 全球创投风投行业年度白皮书》。

（三）数据孤岛与开放风险并存

数据是人工智能产业发展的基石，而数字化是形成大规模数据的基础。作为一个后发国家，中国各个地区和各个产业相关数据的数字化程度参差不齐，存在相当数量的数据没有数字化的问题。同时，在条块分割的行政管理体制下，部门之间、区域之间的数据联通不足，存在相当程度的数据孤岛问题。数据孤岛的出现，导致了数据支离破碎，难以形成数据资源的规模效应。

数据还存在开放风险问题。数据作为生产要素不具有显著的竞用性，也不天然地具有排他性。数据一旦完成采集，经过整理组合成为生产要素，就可以很容易地被复制、传播、重复利用并可以同时进入多个生产流程。[①] 而数据的排他性需要专门的产权制度和安全措施才能实现，在产权制度不完善、脱敏技术和防护能力等安全措施不足的情况下，由于数据本身的价值很高，大数据系统成为不法黑客攻击的重要目标，面临着巨大的安全风险。近年来发生了多起重大数据泄密事件，涉及领域广泛、人群众多，凸显了数据开放的风险（见表2）。

[①] 苏玺鉴、胡安俊：《人工智能的产业与区域渗透：态势、动力、模式与挑战》，《经济学家》2023 年第 2 期。

表2 近年来全球发生的重大数据泄露事件

时间	企业	内容
2017年10月	雅虎	黑客攻击，导致30亿用户的账户信息被泄露
2018年3月	Under Armour	超过1.5亿用户信息被获取
2018年11月	国际万豪酒店	黑客入侵，泄露5亿客户个人信息
2019年5月	Canva	黑客攻击，导致1.39亿用户信息被泄露
2019年7月	Capital One	1亿消费者信息被泄露
2019年9月	Zynga	黑客入侵，2.18亿个人账户被泄露
2019年12月	TrueDialog	数万条SMS短信和超过10亿用户个人信息被泄露
2020年3月	Whisper	为受保护的数据库，将超过9亿用户的信息被泄露
2020年12月	巴西卫生部网站	网站代码被解码，超过2.43亿巴西人的个人信息被泄露
2021年4月	Facebook	系统漏洞，导致超过5.33亿用户个人信息被泄露

（四）体制机制障碍

体制机制是影响人工智能产业发展的重要因素。一是在吸引人才的政策方面不够灵活，在提供宽松的研究环境方面有待大幅提升，在考核制度方面存在重数量、轻质量，重短期、轻长期等问题，容易错失顶级科学家的引进机会。二是财政政策的支持过于单一，需要根据产业发展的不同阶段和产品的生命周期，实施不同的支持政策，从而激发企业内生动力。三是科技成果转化的利益分担机制不足，中介机构发育不够，产学研"两张皮"问题仍然存在，人工智能企业与研究机构、市场之间无法形成良好的桥梁和纽带，进而导致人工智能相关的科研成果转化不足。四是各区域各部门政策协同不够，政策破碎化，集成度不高，无法形成政策的综合优势。

四　构建人工智能新增长引擎的政策建议

针对存在的问题，完善人才、资金、数据开放与数据安全、制度创新等方面的政策，全力推动构建人工智能新增长引擎。

（一）吸引和培育顶级科学家，形成持续增长动力

通过优化环境、增加待遇、提供机会等措施，大力引进和培育顶级科学家，形成人才聚集高地。首先，顶级科学家是实现技术突破和建立技术标准的领军人

才，事关未来发展话语权，具有极为显著的长板效应。其次，顶级科学家具有强大的影响力，顶级科学家的入驻意味着关键技术的突破和关键技术路径的明晰化，应吸引相关的技术人才和管理人才入驻，进而增加人工智能企业的数量。最后，顶级科学家的入驻会吸引风险资本。风险资本最为看中的是人，尤其是顶级科学家，顶级科学家能够更好地把握科技趋势，提高创新创业的成功率。需要特别注意的是，吸引顶级科学家入驻的同时，更要借助顶级科学家培育人才，形成多层次人才梯队，打造后备力量，这是保障人工智能产业高质量发展的关键所在。

专栏：深圳吸引和培育顶级科学家的做法

深圳是我国人工智能企业最为集中的城市之一，在我国人工智能产业发展中处于领先地位，这种领先地位与顶级人才密不可分。近年来，深圳入选全球"高被引科学家"榜单和全球前2%顶尖科学家榜单的顶级科学家不断增多，深圳人才"蓄水池"效应逐渐凸显，主要做法集中为：①营造良好的人才环境，加强对优秀人才的引进与培养。构建引育并重的人才政策体系，推动人才R字签证、出入境和停居留便利等措施落地实施，清单式引进高精尖缺人才，着力建设开放包容先行的国际人才高地。②不断加大在基础研究、科研院所、国家级研发平台和高等院校等方面的投入，瞄准全球科技前沿，通过重大科学问题的原创性突破，为发展未来产业夯实科学基础。加速建设光明科学城、西丽湖国际科教城、河套深港科技创新合作区等，培育发展壮大产业集群，构建起"基础研究+技术攻关+成果产业化+科技金融+人才支撑"全过程创新生态链。

（二）发展风险投资市场，缓解企业融资约束

融资难是困扰人工智能企业发展的一大难题。一般而言，缓解融资难问题主要有五大渠道：银行贷款、公募融资、政府支持、大型国有企业和头部企业资金支持、风险投资。对于人工智能这种创新型产业，发展风险投资市场是缓解融资约束的必然之路和根本举措。

发展风险投资市场是一项浩大的工程，需要从融资端、投资端、机构端三方面长期努力。当前着力减少三大障碍，一要建立完善的政府监管机制，在全社会形成良好的信用环境，减少风投企业发展的不确定性，形成制度保障。二

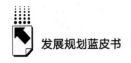

要纠正企业认知和文化上的偏见。很多人工智能企业主对出让股权仍抱有认知和文化上的偏见，从而错失风投资金的引入机会，不利于企业融资与发展。三要改善税制，将股权资本成本计入经营费用，减少税额，激励企业引入风投资金。根据国内外发展经验，发展风投行业是一个长期过程，即便是运行良好的风投行业也同样需要政府或大型企业为人工智能产业提供资金支持。

（三）发挥政府数据示范作用，促进数据安全开放

针对当前数据开放与数据安全之间的两难困境，需要各级政府发挥数据开放的示范作用，并从多渠道保障数据安全，从而打破两难困境、推动人工智能产业发展。

首先，发挥政府数据示范引领作用，加快数据的开放和联结。各级政府需要明确政务数据和公共数据授权使用的职责，共享教育、医疗、水电气、交通等民生领域的公共数据，消除数据孤岛，实现数据开放与有效联通，扩大数据规模。在此基础上，与更多区域实现网络直联，建设数据走廊，提升网络传输效率，降低时延，促进数据要素集聚，让数据存起来、跑起来、用起来，形成推动人工智能产业发展的强大支撑力。

其次，保障数据安全，是数据开放的基础。一要立法确定数据的所有权，明确数据收集、存储、处理、使用等各个环节的边界。二要使用"联邦学习"策略，在数据不出本地的前提下，各个数据拥有方依托各自数据建立模型，将各地的模型参数上传到云端，再在云端训练大数据和人工智能模型，然后将优化的模型参数返回到各地共享，从而保护数据安全。三要借助大数据和人工智能等技术，建立一套基于"大数据+威胁情报+安全知识+安全专家"的全新战法，构建智能网络防御系统，从而应对网络战争，保障网络安全。

（四）探索制度创新，激发产业发展活力

吸引和培育顶级科学家、发展风险资本、培育人工智能产业，需要一系列政策的配合，形成政策体系。

第一，建立适合国际顶级人才的宽松、自由和信任的环境，满足顶级人才在人工智能方面的事业追求，使顶级人才获得事业成功的满足感。落实以增加知识价值为导向的收入分配政策，合理确定收入水平，有效引导预期，持久性、根

本性地提高人才合理待遇,对高端人才实施"一人一议"的非常规灵活政策。用人单位需要坚持以人为本,给予细致的人文关怀,解决人才的实际困难。

第二,按照人工智能产业不同产品的开发周期、不同企业的发展阶段,出台相应的财政扶持政策,更多支持前瞻性、基础性、公共性的研究开发,以及创业初期的项目和企业,发挥政策促进创新的导向作用。

第三,建立类似《拜杜法案》的法律制度,形成发明人、投资人、转化者之间的利益分担机制。同时,学习德国弗朗恩霍夫研究所的经验,大力培育技术转移机构和技术经理人,在人工智能企业与研究机构、市场之间形成良好的桥梁和纽带,促进人工智能企业创立和发展。

第四,强化各区域各部门的协同合作,提高人工智能相关政策的集成度和兑现率。加强各区域各部门之间的协同合作,解决人工智能相关政策之间衔接不畅、集成度不高等问题,定期统筹政策制定、贯彻、落实和评估等问题,提高人工智能相关政策的科学性、合理性。把人工智能相关政策落实情况纳入各部门的绩效考核,提高政策的实施效果。

参考文献

〔美〕布莱恩·阿瑟:《技术的本质》,曹东溟、王健译,浙江人民出版社,2018。

胡安俊:《人工智能、综合赋能与经济循环》,《当代经济管理》2022年第5期。

黄奇帆:《结构性改革》,中信出版社,2020。

姜李丹、薛澜、梁正:《人工智能赋能下产业创新生态系统的双重转型》,《科学学研究》2022年第4期。

罗威、罗准辰、雷帅、程齐凯、陆伟、张瑾、韩涛、冯岩松、韩先培、冯冲、张均胜、刘志辉、乔林波、李东升、许儒红、陈敬一:《智能科学家——科技信息创新引领的下一代科研范式》,《情报理论与实践》2020年第1期。

苏玺鉴、胡安俊:《人工智能的产业与区域渗透:态势、动力、模式与挑战》,《经济学家》2023年第2期。

王英俭:《"卡脖子"问题到底被什么卡住了》,《科学与社会》2020年第4期。

吴军:《浪潮之巅》,人民邮电出版社,2019。

周鸿祎:《人工智能安全及应对思考》,《民主与科学》2019年第6期。

Agrawal A., Gans J., Goldfarb A., *The Economics of Artificial Intelligence: An Agenda*, The University of Chicago Press, 2019.

B.41
充分挖掘工业大数据价值创造潜力

陈 楠*

摘 要: 工业大数据是支撑产业数字化转型、促进数实融合的关键生产要素。与其他数据类型相比，工业数据具有更强的排他性、价值性、系统性和风险性，在提升价值创造潜力的同时，也对其价值创造机制形成更多约束。我国工业大数据产业仍处于发展的初期阶段，既具备数据规模、产业配套、政策环境等优势，又面临交易模式难以满足企业需求、数据采集存储技术难度提升、数据分析和深加工能力较弱、数据应用场景不足等难题和挑战。以日本CIOF、欧盟 IDS 为代表的"数据空间"模式是目前较为可行的工业数据开发路径，为我国产业发展提供了可资借鉴的经验。为充分挖掘工业大数据价值创造潜力，有必要从工业数据管理制度、数据交易服务模式、核心数据技术攻关、产业发展平衡性等角度，进一步推动工业大数据开发利用，更好支撑我国经济高质量发展。

关键词: 工业大数据 数据要素 价值创造

党的十九届四中全会后，数据在经济发展中的关键要素地位逐步被社会各界所认同。然而，对数据要素的关注更多的是集中在消费互联网领域的个人行为大数据，对工业大数据的关注明显不足。工业大数据来自企业生产经营一线，其开发利用能够直接提升效率、创造更多价值。伴随传感器、物联网、工业互联网等新技术新模式的快速发展和广泛应用，以工业数据为主体

---

* 陈楠，中国社会科学院数量经济与技术经济研究所助理研究员，主要研究方向为数字经济。

的非个人数据规模呈现爆发式增长，且各国数字经济的发展重点也逐步由消费互联网领域转向产业互联网领域。因此，围绕工业大数据的交易流通和开发利用，将成为促进数字经济与实体经济深度融合、推动实现数字经济高质量发展的关键所在。

"十四五"时期以来，我国工业数据规模快速增长、数字技术加速创新、相关政策体系持续完善，工业大数据产业整体呈现良好增长态势。然而，围绕工业大数据的开发利用仍不充分，相关的高附加值应用场景十分有限，除了各方关注度较低以外，在实际应用中还面临流动意愿、应用场景、技术能力、复合人才不足等客观限制。有必要顺应工业大数据属性特征和价值创造机制，从工业企业对数据安全、数据复用和数据收益的核心关切出发，创新相关体制机制，充分释放工业大数据价值创造潜力，更好支撑我国经济高质量发展。

一 工业大数据的内涵、特征与价值创造机制

（一）工业大数据的内涵和分类

根据《工业和信息化部关于工业大数据发展的指导意见（2020）》，工业大数据是指工业领域产品和服务生命周期数据的总称，涵盖企业内部从客户需求到研发设计、生产计划、制造工艺、库存物流、售后服务等各个业务环节，并逐步扩展至产业链上下游、产业生态等外部数据。工业数据已经成为智能制造、工业互联网等数字经济新业态、新模式的关键生产要素，是推动传统产业数字化转型、数字经济高质量发展的基础性、战略性资源。围绕工业数据的采集、存储、分析、可视化等工业大数据技术，产品个性化定制、设备安全预警和预测性维护、生产制造流程优化等工业大数据应用场景，数据基础设施、数据和网络安全防护、数据交易流通制度等支撑环节共同构成了广义的工业大数据产业。

从不同研究视角出发，可以对工业大数据进行多个维度的类别划分。

首先，按照资料来源，可以将工业大数据分为三类：一是企业内部信息化数据，即企业资源规划（ERP）、产品生命周期管理（PLM）、供应链管理（SCM）和客户关系管理（CRM）等信息化系统累计的企业内部数据，属于工

业企业的传统数据资产。二是企业内部物联网数据，即使用传感器、RFID、智能终端、物联网等数字技术，对生产设备、生产环境、工业产品所采集的生产过程、环境、结果数据，并通过制造执行系统（MES）与企业信息化系统实时传递交互。在智能装备广泛应用的背景下，企业物联网数据属于工业企业增速最快、价值潜力最大的内部资料来源。三是企业外部数据，包括供应商、客户等产业链上下游数据，以及市场、地理、环境、法律和监管等外部跨界信息和数据。近年来，工业互联网等新模式的发展，为工业企业汇聚和使用外部数据提供了便利。

其次，按照数据结构，则可以将工业大数据划分为结构化数据、半结构化数据和非结构化数据三类。[①] 其中，工业企业的信息化系统数据、设备传感器数据、市场订单数据等都属于结构化数据，可以使用传统的关系型数据库采集存储，是工业大数据中的主体部分；网页数据、更加广泛的工业互联网数据等则属于半结构化数据；而智能制造场景所产生的人机互动数据等以视频、图片数据为主，属于非结构化数据。相较于其他行业的大数据资源，工业数据的多源异构特征更为明显，因而对工业企业的数据采集、存储、分析和应用能力都提出了更高要求。

此外，还可以按照工业企业生产运营和价值链分布不同环节，将工业大数据划分为：①研发设计类数据，包括设计图纸文档、开发测试代码等；②生产制造类数据，包括控制信息、工况状态、工艺参数、系统日志等；③经营管理类数据，包括系统设备资产信息、客户与产品信息、业务管理数据等；④应用服务类数据，包括设备运行数据、设备维护数据、知识机理、数字化模型、物联采集数据、平台应用与服务数据、平台运行数据、标识运营数据、数据产品信息、交易信息等。[②]

（二）工业大数据的属性和特征

数据要素的属性可以分为物理属性和经济属性。[③] 其中，工业大数据与其

---

① Ji, Cun, Qingshi Shao, Jiao Sun, Shijun Liu, Li Pan, Lei Wu, Chenglei Yang, "Device Data Ingestion for Industrial Big Data Platform with a Case Study," *Sensor*, 2016, (16).

② 张雪莹、杨帅锋、王冲华等：《工业互联网数据安全分类分级防护框架研究》，《信息技术与网络安全》2021年第1期。

③ 戎珂、陆志鹏：《数据要素论》，人民出版社，2022。

他数据类型的物理属性基本一致，主要表现为：①数据形态的虚拟性；②数据采集、加工和交易等环节的高流动和易复制性；③数据使用过程的非消耗性；④数据个体之间的非匀质性。这些物理属性是数据要素的基本特征，也是其区别于土地、劳动力、资本等传统生产要素的主要特征，不受经济社会等外部因素的影响和限制。

当工业大数据作为一种生产要素进入生产制造流程、参与经济社会活动后，数据要素即开始展现其经济属性。已有研究普遍认为，数据要素具有价值不确定性、非竞争性、部分排他性、外部性等经济属性和特征。[①] 数据的经济属性是其参与企业生产经营活动的基础，也是分析其价值创造机制的理论依据。区别于相对稳定的物理属性，数据要素的经济属性往往会随着数据的使用环境、交易模式、收益分配制度等因素的变化而改变。[②] 因此，不同类型的数据要素在经济属性方面可能存在较大差异。与个人数据、公共数据相比，工业大数据具有更强的排他性、价值性、系统性和风险性，这些经济属性提升了工业数据的价值潜力，但也为其价值创造机制带来了更多约束条件。

第一，工业大数据权属相对清晰，权责利关系较为明确，能够有效实现明确的排他性限制。工业数据的主体来源于工业企业内部的信息化系统和生产设备，是对生产设备、生产线、车间厂房、工业企业运转经营过程的记录。工业企业既是数据行为主体也是数据加工使用者，[③] 企业对这类数据通常拥有相对明确的所有权、使用权和收益权，权属界定较为清晰。[④] 因此，在理论层面，更容易对工业数据采取明确的排他性限制，从而避免了确权成本高、收益分配

---

① 徐翔、厉克奥博、田晓轩：《数据生产要素研究进展》，《经济学动态》2021 年第 4 期；熊巧琴、汤珂：《数据要素的界权、交易和定价研究进展》，《经济学动态》2021 年第 2 期；蔡跃洲、马文君：《数据要素对高质量发展影响与数据流动制约》，《数量经济技术经济研究》2021 年第 3 期；Carriere-Swallow Y., Hakskar V., "The Economics and Implications of Data: An Integrated Perspective," IMF Working Paper, 2019。

② 戎珂、陆志鹏：《数据要素论》，人民出版社，2022。

③ 蔡跃洲、刘悦欣：《数据流动交易模式分类与规模估算初探》，《China Economist》2022 年第 6 期。

④ 在工业运行实践中，也有部分设备运行数据会通过网络直接上传给设备提供商，工业大数据产权也会存在与个人行为数据类似的权属争议。在融资租赁模式下，设备运行数据的权属划分就更为复杂。

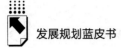

难等制度约束。然而，在实践层面，明确的数据权属和市场竞争压力也会降低企业的数据供给意愿，数据资源集聚的大型企业往往没有动力对外提供其生产和业务数据，造成工业数据的供给水平整体偏低。

第二，工业大数据包含高价值的业务信息和商业机密，数据分析结果有利于显著提升企业自身和行业发展水平。工业大数据的本质是对企业生产运营过程的数字化描述和记录，每一家企业的数据都包含了高价值的业务信息和商业机密。即便是基于内部数据的积累和分析，也可以为企业带来较大幅度的效益提升。例如，通过对企业产品图片、物联网设备运转、生产环境检测等数据进行分析，能够更好更快识别产品质量或生产设备异常、排查可能影响产品质量的环境因素等，有效降低人为失误，提升企业效率。而当对企业内部数据与产业链上下游企业、产业生态数据进行融合分析时，则有利于提升产业链透明度、解决行业共性难题等。因此，相较于个人消费数据而言，工业大数据具有较高的价值，可以在微观企业、行业发展、宏观调控等多个层面带来显著的价值提升。

第三，工业大数据以结构化数据为主，内在逻辑关系明确，数据之间的关联性、系统性特征突出。工业大数据的产生、收集、分析和使用以工业互联网为基础设施支撑，产品、产线、车间、企业等各层级的工业数据之间必须遵循相应的行业机理和运行逻辑。因此，工业大数据的分析不能停留在简单的相关关系判断，而必须将行业机理模型与数据模型相结合，分析数据之间的因果关系，从而得到符合行业逻辑的分析结果，用于指导和优化工业企业的生产运营流程。这对企业的数据管理和使用能力提出了更高要求，使得工业数据价值的不确定性增加。同时，工业数据的系统性特征也表明在各细分行业的应用场景中，来自不同工业系统、遵循不同机理模型的数据难以实现广泛的跨场景复用，从而在一定程度上限制了工业数据价值的溢出效应或倍增效应。

第四，工业大数据包含核心商业机密，且与工业物理系统关联，数据泄露后果严重，由此带来更大的风险。工业大数据通常包含材料配比、工艺参数等高价值核心信息，任何设备、产线、车间的数据对企业个体而言都意义重大，直接关系企业生存；同时，工业数据与控制系统、生产设备等直接关联，一旦发生数据泄露事件，轻则造成质量事故或停产，重则导致人身伤害，甚至重大经济社会灾难和群体性后果。因此，尽管个人信息安全、隐私保护等问题得到了更多的社会关注，但是工业企业可能面临更大的数据泄露及负外部性风险，进一步限制了企业的数据供给意愿，限制了工业大数据的流通和应用。

（三）工业大数据的价值创造机制

从价值创造角度来讲，工业大数据的开发利用有助于提升企业运行效率、优化行业资源配置、实现价值创造倍增、加强宏观经济调控，是加快数字经济与实体经济深度融合、推动传统产业转型升级的重要基础性支撑。

在微观层面，工业大数据及相关数据产品和服务，能够帮助企业降低内部决策面临的不确定性，从而实现效率提升。伴随经济社会发展，企业日常生产经营活动所面临的选择不断增加，每一个选择背后的潜在结果和发生概率都不确定，导致企业运营风险和成本的提高。特别是中小企业所掌握的信息和资源有限，风险承受能力弱，更加难以应对日益复杂的外部环境。基于工业大数据分析的各种数据产品和服务，其本质就是在研发设计、原料采购、设备选型、仓储物流、市场营销、售后服务等每一个环节提供更多有效信息，辅助企业决策，帮助其优化生产运营模式，从而实现企业效率的提升。

在行业层面，工业大数据的开发利用可以打破企业间信息壁垒，实现产业链信息的"横向"和"纵向"打通，优化资源配置。以服务中小企业的工业互联网平台模式为例，平台企业通过量化每一家成员厂家的产能、已有订单量、生产效率、工艺优势等，实现生产厂家层面的信息"横向"整合；再通过收集上游原材料、生产设备，以及下游销售渠道、终端市场需求等相关信息，实现产业链信息的"纵向"整合；在此基础上，将行业资源和市场订单分配至生产能力与需求匹配度最高的厂家，由此实现行业层面的资源配置优化。同时，数据要素的使用及影响也具备打破传统产业壁垒的潜力，形成数字经济时代的新模式、新业态，实现更大范围的信息共享与价值创造。

在宏观层面，工业大数据的集成可用于化解共性难题，提升宏观经济调控能力。工业数据具备易复制性、非竞争性等数据要素的基本特征，使其能够在多场景中重复使用，通过与其他数据资源的集成和分析，获得增量信息，并产生超过预期的价值创造，由此实现正向的网络外部性。然而，工业数据的排他性、系统性等个性特征，又在一定程度上阻碍了数据的跨企业、跨行业复用，使其价值创造的外部性面临更多的不确定因素。此外，从宏观经济调控角度而言，将分布在各个企业的设备数据、能源消耗、生产安全等工业数据汇聚整合后，提炼形成行业和宏观层面的综合信息，能够为相关部门决策提供数据支撑，加强宏观调控能力，确保国民经济安全稳定运行。

二 我国工业大数据产业发展现状与困难挑战

（一）我国工业大数据产业发展现状

近年来，伴随数字经济快速发展、传统产业加速数字化转型，我国工业大数据资源快速扩张，工业大数据市场规模占比与国际水平基本一致，且数据体量持续增长。根据国外统计机构 Statista 的估算，2018 年全球大数据市场收入规模总计 420 亿美元，预计 2026 年将增长至 960 亿美元。① 另有国外研究机构估算 2018 年全球制造业大数据规模约 32.2 亿美元，预计 2026 年将增长至 91.1 亿美元。② 尽管不同机构的统计口径存在差异，但粗略估算制造业作为工业经济的主要组成部分，其数据规模约占整体数据市场的 7.7%~9.5%。就国内市场而言，赛迪顾问估算我国数据市场 2019 年整体规模为 1781.8 亿元；同年，工业大数据规模为 146.9 亿元，约占国内数据市场的 8%，与国际市场测算结果基本吻合。据预测，2019~2024 年，我国工业大数据市场年复合增长率约为 30%，2024 年工业大数据市场规模有望达到 497.6 亿元。③ 尽管我国工业大数据市场规模占比与国际水平基本一致，但现阶段我国工业大数据的开发利

---

① Statista, "Big Data Market Size Revenue Forecast Worldwide from 2011 to 2027," https：//www. statista. com/statistics/254266/global-big-data-market-forecast/, 2018.

② Fortune Business Insights, "Big Data in Manufacturing Industry Size, Share & Industry Analysis," https：//www. fortunebusinessinsights. com/big-data-in-manufacturing-industry-102366, 2020.

③ 前瞻研究院：《2020 年中国工业大数据行业市场现状及发展前景分析》，https：//bg. qianzhan. com/trends/detail/506/201013-84b5fe9e. html，2020。

用仍处于较低水平，工业领域的数据分析使用明显滞后于市场营销、金融征信等服务行业。前瞻产业研究院发布的市场报告表明，2020 年我国工业大数据应用规模仅占总规模的 5.7%，而以个人数据应用为主的互联网、政府、金融和电信行业的数据应用规模合计占比为 77.6%。[1]

工业互联网是工业数据产生、采集、加工、使用等各环节的基础设施，为工业数据的价值创造提供了物质基础和技术支撑。基于工业互联网基础设施的数据产品和服务供给，其本质就是对工业大数据资源的分析和利用，因而可以从一定程度反映工业大数据的开发利用水平和价值创造潜力。截至 2022 年底，我国具有影响力的工业互联网平台超过 240 家，重点平台连接设备超 8100 万台（套），连接设备数量最多的是电力设备、交通设备和仪器仪表。工业 App数量超过 60 万个。[2] 工业互联网平台应用已覆盖众多国民经济大类，形成了平台化设计、智能化制造、网络化协同、个性化定制、服务化延伸、数字化管理六大应用模式。平台推动产业链上下游、大中小企业融通发展，提质、降本、增效、绿色、安全作用日益彰显。为继续推动基于工业互联网基础设施的工业大数据开发利用，工信部在《工业互联网创新发展行动计划（2021—2023 年）》中特别提出，应推动工业互联网大数据中心建设，持续提升国家中心的数据汇聚、分析、应用能力，推进区域分中心与行业分中心建设。计划到 2023 年，基本建成国家工业互联网大数据中心体系，建设 20 个区域级分中心和 10 个行业级分中心。

（二）我国工业大数据战略规划与制度探索

党的十八大以来，我国政府高度重视工业大数据及其相关产业的发展。2014 年，首次将"大数据"写入《政府工作报告》。2015 年和 2017 年国务院先后印发《促进大数据发展行动纲要》《关于深化"互联网+先进制造业"发展工业互联网的指导意见》，对大数据的工业应用做出重要部署。2019 年 10月，党的十九届四中全会首次将数据确立为生产要素。2020 年 4 月，国务院

---

① 前瞻研究院：《2022 年中国大数据产业全景图谱》，https：//baijiahao. baidu. com/s？id=
1746102944152166400&wfr=spider&for=pcl，2020。

② 中国工业互联网研究院：《中国工业互联网平台创新发展报告》，https：//www. china-
aii. com/newsinfo/5877411. html？templateId=1562623，2023。

发布《关于构建更加完善的要素市场化配置体制机制的意见》，明确了数据要素的基础性和战略性地位，并要求积极拓展不同行业、不同领域的规范化数据开发利用场景。同年 3 月和 5 月，工信部印发《工业数据分级分类指南（试行）》《关于工业大数据发展的指导意见》，围绕工业大数据的管理规范、交易流通、行业应用、安全治理等问题，提出了基本要求和基础框架。

进入"十四五"时期，为落实上述政策规划的目标要求，充分发挥工业大数据的价值创造潜力，中共中央、国务院及相关决策部门陆续出台一系列细化措施，逐步形成系统性、多层次的工业大数据政策体系（见表1），鼓励和支持工业大数据产业的长期健康发展。

首先，在整体规划层面，特别强调工业大数据对我国数字经济高质量发展的重要作用。《"十四五"数字经济发展规划》指出"数据要素是数字经济深化发展的核心引擎"，应强化高质量数据要素供给、加快数据要素市场化流通、创新数据要素开发利用机制，从而充分发挥数据要素作用。《"十四五"大数据产业发展规划》特别提出"工业大数据价值提升行动"，推动工业大数据深度应用，优化工业大数据产业价值链。

其次，在技术和产业配套层面，工信部、科技部等部门出台多项行动规划和指导意见，为工业大数据的交易流通和开发利用提供了良好环境。一是合理布局数据中心、5G 通信、IPv6、物联网、工业互联网等数字基础设施，在数据资源规模快速增长的背景下，确保工业大数据采集、存储、传输等所需的基础环境稳定；二是继续推动人工智能等前沿数字技术创新，为工业大数据的深度分析和应用提供关键技术支撑；三是从机器人、智能制造、中小企业数字化转型、细分行业高质量发展等多个角度，拓展和深化工业大数据应用场景，增强企业数据资产管理意识。

最后，在制度层面，工信部印发《工业和信息化领域数据安全管理办法》，在《数据安全法》的基础上，形成工业和信息化领域数据安全管理的顶层制度文件。2022 年 12 月，《中共中央　国务院关于构建数据基础制度更好发挥数据要素作用的意见》发布，被业内简称为"数据二十条"。其中，特别强调保障市场主体对于工业大数据等企业数据的合法权益和合理回报，加强数据要素供给激励，创新数据开发利用模式和机制，为进一步推动工业大数据的开发利用提供了更为系统化的行动指南和制度保障。

表1　"十四五"时期我国工业大数据相关政策文件

类别	发布时间	文件名称	发文机构
产业规划	2021	《"十四五"数字经济发展规划》	国务院
	2021	《"十四五"大数据产业发展规划》	工信部
技术支撑	2021	《新型数据中心发展三年行动计划(2021—2023年)》	工信部
	2021	《工业互联网创新发展行动计划(2021—2023年)》	工信部
	2021	《物联网新型基础设施建设三年行动计划(2021—2023年)》	工信部等八部门
	2021	《5G应用"扬帆"行动计划(2021—2023年)》	工信部等十部门
	2021	《IPv6流量提升三年专项行动计划(2021—2023年)》	工信部、中央网信办
	2022	《关于加快场景创新以人工智能高水平应用促进经济高质量发展的指导意见》	科技部等六部门
行业应用	2021	《"十四五"信息化和工业化深度融合发展规划》	工信部
	2021	《"十四五"机器人产业发展规划》	工信部等十五部门
	2021	《"十四五"智能制造发展规划》	工信部等八部门
	2021	《"十四五"促进中小企业发展规划》	工信部等十九部门
	2022	《制造业质量管理数字化实施指南(试行)》	工信部
	2022	《石化行业智能制造标准体系建设指南(2022版)》	工信部
	2022	《中小企业数字化转型指南》	工信部
	2022	《推进家居产业高质量发展行动方案》	工信部等四部门
	2022	《关于推动轻工业高质量发展的指导意见》	工信部等五部门
制度保障	2022	《工业和信息化领域数据安全管理办法(试行)》	工信部
	2022	《关于构建数据基础制度更好发挥数据要素作用的意见》	中共中央、国务院

（三）我国工业大数据产业发展优势与挑战

"十四五"时期以来，我国工业大数据产业展现出良好的发展态势，工业数据规模体量快速增长，人工智能、云计算、区块链等前沿数字技术不断创新，工业大数据政策体系持续完善。就产业中长期发展前景而言，我国工业大数据及相关产业在数据规模、产业配套、政策环境等多个方面都具有较强的比较优势。一是数据资源规模优势。近年来，我国传感器、物联网装备等数据采集设备市场规模快速增长，且汽车电子、工业制造、网络通信等工业部门是相关设备的主要应用行业。由此产生的工业大数据规模加速扩张，将成为大数据资源的主要组成部分。二是产业配套优势。我国制造业规模居全球首位，且拥有门类齐全、独立完整的现代工业体系。一方面能够提供多行业、多环节的丰富应用场景，为工业大数据开发利用提供了广阔的市场空间和收益保证；另一方面也为原始工业数据资源的积累提供了不竭动力。三是国家和地方政策环境优势。我国高度重视数据要素的战略地位，陆续出台多项国家性政策法规，加快数据要素市场化流通，创新数据要素开发利用机制。同时，地方政府也纷纷颁布各自的数据管理条例，为工业大数据及相关产业发展提供了积极的政策环境。

然而，对工业大数据的社会关注度不足，再加上数据开发利用中存在的现实障碍，造成我国工业大数据应用依然处于探索和起步阶段，工业企业、生产性服务企业、工业互联网平台等数据使用主体普遍面临制度、业务、技术、人才等方面的挑战。

第一，现有数据交易模式难以满足工业企业需求。有关数据权属界定、交易定价机制、个人隐私保护等方面的大量研究和实践探索，更多关注个人行为数据。例如，依托大数据交易所、数据交易平台的原始数据和数据产品交易模式可以满足金融征信、市场营销等领域的个人数据市场化配置需求，但并不适用于工业业务场景。工业大数据具有高价值性特征，原材料处理要求、生产工艺参数等过程数据属于核心商业机密，企业几乎不可能向外传输此类数据。而从数据价值创造机制来看，工业数据的通用性不强，很难单纯依靠跨企业数据汇聚整合，提炼出可交易的通用型数据产品，由此影响了工业企业数据供给的积极性。

第二，工业大数据的采集存储技术难度日益提升。由于产业链条长、工艺流程复杂、资料来源多样且缺乏标准，工业大数据的采集成本高、难度大；伴随传感器、RFID、物联网等数据采集技术的渗透应用，生产过程数据的爆发式增长对工业企业的数据收集存储能力提出了更高要求。同时，工业企业的信息化系统和生产设备上线时间不同、设备接口和通信协议不统一，造成工业数据采集成本高、周期长、整合难。另外，我国工业硬件设备、软件系统依然存在"卡脖子"环节，中高端传感器及芯片、高端工控软件等依赖进口，而部分国外厂商的设备和软件数据读写不开放，进而限制了工业大数据的可获得性。

第三，工业大数据分析模型注重因果、强调机理。与个人行为数据分析不同，工业大数据分析不能停留在数据驱动的相关性判断上，而要进一步探讨数据之间的因果关系。在厘清数据逻辑关系的基础上，以行业机理引导大数据建模和分析，获得能够为行业机理所解释的分析结果，再以数据分析洞见反哺和提升机理模型精度。我国大多数工业企业在知识体系、技术路线等基础领域的积累不足，工业大数据深加工能力较弱，限制了工业数据价值的挖掘利用。同时，工业大数据分析模型的构建和实施还要求企业具备信息技术与工业操作技术的融合使用能力，相关复合型人才积累不足也是阻碍工业大数据应用的重要影响因素。

第四，工业大数据开发利用场景有待进一步开发。工业大数据应用场景有待开发，相关企业的数据资产管理意识和能力普遍较弱。现阶段，尽管我国工业大数据资源规模增长迅速，但工业数据应用主要集中在单设备故障预警和远程维修、单厂房智能制造等领域，真正实现跨系统、跨企业、联通产业链上下游的数据应用还非常有限。中国社科院数技经所数字经济前沿课题组在对国内工业企业的走访座谈中发现，即便是行业领军企业也依然面临工业大数据应用场景不明晰的困惑，由此进一步减弱了企业供给和分享数据的动力。同时，我国绝大多数工业企业的数据资产管理意识欠缺、数据管理能力还处于中低水平，难以为工业大数据的开发利用、工业数据应用场景的挖掘和拓展提供有力支撑。

三 基于数据空间的工业大数据价值实现路径

工业大数据具有较大的价值创造潜力，但其独特的经济属性也给价值实现过程带来了更多约束。我国工业大数据相关企业普遍面临交易模式难以满足安全需求、数据采集和分析的技术短板明显、数据深度应用场景有限等困难挑战。围绕工业大数据的交易流通和开发利用，必须首先解决工业企业所面临的上述难题。我国工业大数据产业发展还处于早期阶段，可参考借鉴的行业实践非常有限。为此，我们选取工业基础和技术水平较为领先的日本和欧盟，分析其在工业数据领域的战略布局和"数据空间"模式创新，以期为更好释放工业大数据价值潜力、推动我国工业大数据产业高质量发展提供启示和参考。

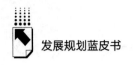
（一）日本"互联工业开放框架"

日本政府高度重视工业领域数据资源的开发利用，希望依托在机器人等工业装备制造、集成电路等电子信息制造领域的积累，把握工业大数据带来的发展机遇，维持其产业优势地位和国际竞争力。日本政府自 2002 年起每年发布《日本制造业白皮书》，2017 年白皮书提出"互联工业"概念，即通过企业、人、数据、机械相互连接，创造新的价值，提供新的产品和服务，提高生产力；2018 年白皮书明确"互联工业"是日本制造业的未来，也是实现"超智能社会"的产业发展方向。

2019 年，日本工业价值链协会发布《互联工业开放框架》（Connected Industries Open Framework，CIOF），聚焦底层工业数据的流通共享，打造互联产业开放框架，旨在实现工业数据的深度共享和开发利用。CIOF 的三大特征包括：一是通过制定数据流通合同，规范工业数据的使用许可范围、供需双方权利义务以及衍生数据等问题；二是采用自下而上的方式，由数据供应方和使用方直接对接，逐步形成双方认可的行业数据字典；三是由 CIOF 直接负责管理现场数据及相关数据资产，使用区块链技术保证数据按需加密和传输，防止数据泄露、数据伪造等风险。在此框架下，工业价值链协会正在推进一项包含日本 100 强企业的工业数据共享项目。

（二）欧盟"工业数据空间"

在数据治理和应用领域，欧盟一直执行着较高的隐私、安全与伦理标准，颁布了以《通用数据保护条例》为代表的一系列数据治理法规与条例。在对个人数据提供严格保护的同时，也一定程度上限制了数据价值开发，阻碍了成员国的数字经济发展。近年来，非个人数据规模不断增长，加上数据存储和分析技术的进步，工业大数据等非个人数据逐渐成为数据资源的主体部分，数字经济有望进入以工业数据为核心驱动的发展新阶段。在此背景下，2020 年欧盟委员会发布《欧盟数据战略》，在其愿景中提出"欧盟应该创造一个有吸引力的政策环境……企业可以轻松地访问几乎无限量的高质量工业数据，促进增长和创造价值"。

在产业实践层面，《欧洲数据战略》的核心举措是建立欧洲共同数据空间

（European Common Data Space），设计规划了9个不同行业的数据空间。其中，欧洲工业数据空间（Industrial Data Space，IDS）旨在鼓励制造业企业开发非个人数据的潜在价值，以支撑欧盟相关产业的竞争力和业绩表现。IDS是一个利用现有标准和技术，以及公认治理模型的虚拟数据空间，可以促进可信业务生态中的数据安全交换和轻松链接，能够为智能服务场景和业务流程创新提供基础支撑，同时确保数据所有者的数据主权。在工业数据的存储、管理和应用等方面，IDS具有以下主要特点：一是保证数据拥有者对数据使用的控制能力，数据拥有者可以在数据被传输给使用方之前，将数据使用限制信息附加到数据上，使用方在完全同意的情况下才可以获取数据。二是去中心化的数据管理，IDS不需要统一的中央数据存储功能，而是一种链接不同平台的架构方法，数据在被传输到可信方之前，在物理层面存储于数据拥有者域内。同时，IDS还可以实现多版本的实施路径、标准化的操作界面、安全的数据供应链等，以保证空间参与者之间安全、高效、可信的数据交换。

专栏：欧洲工业数据空间

工业数据空间（Industrial Data Space，IDS）是一个利用现有标准和技术，以及公认治理模型的虚拟数据空间，以促进可信业务生态中的数据安全交换和轻松链接，能够为智能服务场景和业务流程创新提供基础支撑，同时确保数据所有者的数据主权。

数据主权（Data Sovereignty）是工业数据空间所关注的核心内容，可以被定义为自然人或企业对其数据完全自主的控制能力。工业数据空间为确保数据主权及其相关内容提出了参考框架模型（Reference Architecture Model），包括如何确保业务生态系统中的数据安全交换需求。

IDS与工业4.0的关系：工业数据空间的框架和具体内容与工业4.0平台密切相关，特别是在参考架构工作组层面。需要注意的是，工业4.0平台涉及完整的工业业务流程架构层，而工业数据空间计划则仅侧重于数据层。同时，工业数据空间计划的范围比工业4.0平台更广，不仅仅局限于工业场景，还包括智能服务场景。

资料来源：Fraunhofer & Industrial Data Space Association，"Reference Architecture Model for the Industrial Data Space，" 2017。

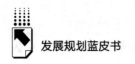

（三）中国"可信工业数据空间"

中国在工业数据领域开展了丰富的制度探索，逐步形成多层次的工业大数据政策体系，从产业规划、技术创新、行业应用、制度支撑等多个方面引导和鼓励工业大数据产业生态体系的发展。《工业和信息化部关于工业大数据发展的指导意见》明确提出，"推动工业数据开放共享……共建安全可信的工业数据空间，建立互利共赢的共享机制"，将"可信工业数据空间"作为推动工业大数据流通和应用的重要方向。2022年，中国信息通信研究院发布《可信工业数据空间系统架构1.0》，提出了一种面向工业数据可信、安全共享和流通的新型基础设施——可信工业数据空间（Trusted Industrial Data Matrix）。其功能主要包括：一是为数据拥有者提供数据控制能力，采用"工业数据可用不可见、可控可计量"的应用模式；二是为数据处理者提供数据流通使用日志存证，实行有效的数据合规管理；三是为数据供需双方提供中间服务，便利供需对接，服务工业数据的价值转化。

依照上述框架设计和制度安排，深圳数交所、中国信息通信研究院、长虹控股、数鑫科技创新等机构自2022年12月开始合作建设可信数据空间的技术底座；2023年3月17日，国内首笔基于数据空间技术的数据业务合作宣告达成，标志着可信数据空间技术正式实现国产商业化落地。

（四）工业大数据产业异同与启示

对日本、欧盟、中国的工业大数据战略布局和产业实践进行简要梳理后，可以对比分析其工业大数据制度和实践异同，总结归纳产业发展的共同趋势和个性化特征，为探索适合我国国情的工业大数据开发路径提供参考与借鉴。

第一，在战略规划方面，日本和欧盟已经将工业大数据视为数字经济时代的基础性战略资源，从制度、技术、人才等多方面提供专业化支撑。《日本制造业白皮书》《欧盟数据战略》均高度重视数据资源的积累和应用，认同工业大数据在提升效率、价值创造领域的巨大潜力及其对数字经济发展关键的支撑作用。同时，各经济体重视数据技术、数据人才等配套环境和能力的培育，强调分行业、分领域的数据治理和应用，且已经在相关领域进行了详细布局。我国大数据相关制度建设对工业数据的专业化支撑还相对不足，已有政策文件仅提供了原则性、指导性意见，需进一步落实工业数据在细分领域和场景的开发和治理。

第二，在产业实践方面，"数据空间"模式能够较好地应对工业企业在安全、技术、场景等方面的挑战，是目前较为可行的工业数据开发模式。基于大数据交易所、公开交易平台的场内交易模式难以适应工业数据特征、满足工业企业需求，日本的 CIOF 与欧盟的 IDS 属于较为前沿的产业实践探索。二者均采用了可信数据空间框架，在确保平台参与方数据安全和权利收益的前提下，加强工业数据标准化、行业数据字典等基础制度建设，通过提供联合开发工具、专业数据服务商等方式，持续探索和创新工业数据的流通和使用模式。由中国信息通信研究院牵头建设的可信数据空间就是在借鉴欧盟 IDS 框架后，结合我国工业数据市场具体情况而做出的有益探索，相关成效已初步实现，值得继续关注其发展动向。

第三，在国际竞争方面，各经济体依托技术优势和产业积累，展开差异化竞争，以确保各自在新一轮科技革命和产业变革中的竞争力。日本工业价值链协会联合发那科、尼康、三菱等机器人、集成电路高端制造企业，借助"互联工业开放框架"实现行业数据共享，充分挖掘和释放工业大数据潜力。欧盟尽管对个人数据采取了以保护个人利益为最高原则的《通用数据保护条例》，但在工业数据领域，则以促进数据流通和企业数据敏捷获取为目标，积极探索工业数据交易流通和应用模式创新。希望依托欧盟成员国在制造业等工业领域的传统优势和产业积累，把握产业互联网阶段的数字经济发展机遇。我国在工业大数据产业发展和制度建设方面，也应考虑如何构建自身产业特色和国际竞争力，充分发挥我国超大规模市场、完整工业体系等独特优势。

四　充分挖掘工业大数据价值创造潜力的对策建议

基于前述分析可知，尽管我国工业数据体量庞大且增长迅速，但工业大数据应用依然面临制度、业务、技术、人才等多方面的困难和挑战，而现有研究和实践对工业大数据的特征及其发展障碍有所忽视和混淆。为进一步激发我国工业数据要素潜力、推动工业大数据产业高质量发展，需要从工业数据管理制度、数据交易服务模式、核心数据技术攻关、产业发展平衡性等角度，重点回

应工业企业对数据安全、数据复用、数据收益等方面的核心关切。

第一，完善工业数据管理体系，优化数据应用基础制度和环境。一是加强工业数据标准化建设，提高数据的互操作性，为工业数据的多场景复用、深度加工分析等高附加值应用提供良好的基础。二是落实《工业数据分类分级指南（试行）》，对工业数据进行分类标识、逐类定义、分级管理；发挥行业协会和龙头企业的带头作用，细化工业数据分类分级标准，加快出台细分行业的核心数据和重点数据目录，形成行业统一的数据采集和存储标准，建设多层级工业大数据体系，服务于不同类型、不同级别的工业数据需求。三是为工业大数据的采集、存储、流通和应用提供安全可靠的基础设施和技术保障。进一步推动建设适合我国经济社会发展阶段和行业特点的可信工业数据空间，以满足工业数据"可用不可见、可用不可存、可控可计量"的市场需求。

第二，培育专业化数据服务商，提升工业大数据开发利用水平。工业数据的高价值特征决定了企业供给和分享自身生产经营数据的意愿不足，以大数据交易所、数据交易平台为代表的场内交易模式难以适应工业数据的交易流通和开发应用需求，应考虑建设以第三方数据服务商为主体的工业数据要素市场。发挥行业龙头企业、设备供应商、软件服务商、互联网平台企业等市场主体在工业数据资源、行业机理模型、软件集成服务、互联网平台运营等方面的专业优势，培育构建多样化、多层次的工业数据服务商体系。从服务质量、数据合规、网络安全等方面对服务商开展定期审核，鼓励并支持高水平、专业化工业数据服务商的发展。借助服务商的专业积累和技术能力，分行业挖掘工业数据应用场景，丰富数据产品和服务内容，提升高价值数据产品和服务的供给水平。

第三，加强关键核心技术攻关，确保工业大数据产业健康发展。一是提升上游设备和软件供应商的技术水平。重点关注高端设备和工业软件领域的"卡脖子"环节，加强政策引导和激励机制建设，抓紧实现关键核心领域的技术突破，保障产业链供应链安全。二是提高下游数据使用企业的数据分析处理能力。注重专业知识的信息化转化和应用、行业机理模型的沉淀和实施；加强机理模型与数据模型、操作技术和信息技术的融合使用，重视相关领域的复合型人才培养。三是支持加密传输、差分隐私、联邦学习、区块链存证、一体化智能合约等前沿技术的创新和应用，从数据安全、隐私计算、存证溯源、数据控制等多个方面为工业大数据开发利用提供技术保障。

第四，扶持中小企业数据开发，实现公平和效率的进一步统一。受资金、人才、技术等资源短板限制，中小企业普遍存在数据管理意识不强、数据应用能力较弱等问题。为防止工业大数据资源过度集中于少数大型企业或平台企业，以及由此造成的市场垄断和不公平竞争等问题，应在工业大数据产业发展过程中，特别关注中小企业发展状况和需求。充分发挥行业协会、行业联盟、第三方平台等主体的积极作用，构建基础型工业大数据平台，在汇聚中小企业零散数据的基础上，把握和理解细分领域中小企业的共性需求和痛点，通过引入专业数据服务机构等方式，为其提供技术和人才支撑，从而实现行业层面的工业数据价值创造。在帮助中小企业实现数据收益的基础上，不断提升企业数据供给意愿、提高企业内部数据管理应用能力，形成中小企业层面的工业大数据产业正向循环机制。

参考文献

蔡跃洲、刘悦欣：《数据流动交易模式分类与规模估算初探》，《China Economist》2022 年第 6 期。

蔡跃洲、马文君：《数据要素对高质量发展影响与数据流动制约》，《数量经济技术经济研究》2021 年第 3 期。

戎珂、陆志鹏：《数据要素论》，人民出版社，2022。

熊巧琴、汤珂：《数据要素的界权、交易和定价研究进展》，《经济学动态》2021 年第 2 期。

徐翔、厉克奥博、田晓轩：《数据生产要素研究进展》，《经济学动态》2021 年第 4 期。

张雪莹、杨帅锋、王冲华等：《工业互联网数据安全分类分级防护框架研究》，《信息技术与网络安全》2021 年第 1 期。

Carriere-Swallow Y., Hakskar V., "The Economics and Implications of Data: An Integrated Perspective," IMF Working Paper, 2019.

Ji, Cun, Qingshi Shao, Jiao Sun, Shijun Liu, Li Pan, Lei Wu, Chenglei Yang, "Device Data Ingestion for Industrial Big Data Platform with a Case Study," *Sensor*, 2016 (16).

B.42
数实融合背景下推动电子商务高质量发展[*]

叶秀敏[**]

摘　要： 电子商务是我国驱动实体经济转型升级的最强动力。在国内外环境日益复杂多变的背景下，只有推动电子商务高质量发展，才能加快数实深入融合，推进中国式现代化高质量发展。本文总结了2022年我国电子商务发展的现状、面临的主要问题，并有针对性地提出对策建议，包括：一是深化电子商务与实体经济融合，推动传统企业转型升级；二是鼓励平台加大创新力度，加速企业进入新的成长周期；三是开展社会化敏捷监管，彻底解决顽疾问题；四是加强物流能力建设，建立物流配送应急快速反应体系。

关键词： 电子商务　高质量发展　数实融合

　　虽然受到疫情和日益复杂国际形势的不利影响，我国电子商务却"一枝独秀"，依然保持稳定增长，网络购物在保障民生、满足人民日常需求、拉动内需等方面发挥了重要作用。伴随人工智能、5G等现代信息技术的创新，电子商务新模式和新业态不断涌现并快速发展，直播带货和虚拟人带货成为热点。电子商务生态环境持续优化，一系列鼓励政策和规范出台，有效促进和激发了企业主体的公平竞争和创新热情，推动电子商务高质量发展，并成为驱动数字经济与实体经济融合的重要抓手。

＊　本文主要内容已发表在《互联网天地》2023年第8期。
＊＊　叶秀敏，中国社会科学院数量经济与技术经济研究所研究员，主要研究方向为电子商务、平台经济。

一　电子商务稳定发展，疫情期间保障民生

（一）网络交易额持续增加，满足百姓生活需求

虽然经济下行抑制了消费，但是疫情期间网络零售加速发展，网络交易额稳中有升。网络零售发挥"无接触"经济优势，在疫情期间保障了供给、拉动了内需。京东、拼多多、美团等平台在严格落实防控措施的背景下，拓展同城配送业务，保证了居民食品和生活日用品的需求。在商品大类上，农产品电子商务交易额继续快速增长，全年网络零售额实现 5313.8 亿元，[①] 增速为9.2%。此外，金银珠宝、烟酒等大类商品实现线上交易额突破，增速分别达到 27.3% 和 19.1%。

网络交易额增速相对放缓，但是占比持续增加。2022 年全国网上零售交易额实现 13.79 万亿元，[②] 增速为 4%，创下有史以来网络零售交易额增速的新低，首次进入到个位数区间。其中，实物商品网上零售额为 11.96 万亿元，占社会消费品零售总额的比重达到 27.2%，首次超过 1/4。

（二）跨境模式多样化发展，个人创业掀起小高潮

我国跨境电商呈现高增长态势，持续驱动外贸高质量发展。2022 年我国跨境电商进出口（含 B2B）2.11 万亿元，[③] 同比增长 9.8%。其中，出口 1.55万亿元，同比增长 11.7%；进口 0.56 万亿元，同比增长 4.9%。出口方面，生产企业积极布局数字化转型，拓展跨境电商渠道。进口方面，跨境电商成为消费升级的重要依托，满足消费者品牌化和个性化需求。根据京东国际的统计数据，2022 年上半年进口品牌商品 SKU（库存单位）数量增长 51%。

跨境电商发展依然呈现东强西弱的特点，电商平台绝大多数分布在珠三角、长三角和京津地区。其中，广东省有跨境电商企业 9000 余家，[④] 具有绝

---

① 数据来源于商务部。
② 数据来源于商务部。
③ 数据来源于中国海关。
④ 数据来源于前瞻研究院。

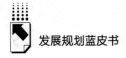

对领先优势。跨境电商头部企业有天猫国际、考拉海购、京东国际等。平台企业加大布局跨境电商力度，2022 年 9 月，拼多多和字节跳动均推出跨境电商平台，进军海外电子商务市场。其中，SHEIN 和 Temu 两个跨境电商 App 成功入驻美国市场并且取得耀眼的成绩。在进口方面，平台企业市场集中度相对较高，阿里系处在市场领先位置；出口方面，市场相对分散，亚马逊是市场的绝对领导者。未来，随着品牌企业加快数字化和国际化转型步伐，越来越多的中小企业跨境电商平台会涌现出来。

专业化分工趋向深入，跨境电商创业生态逐步形成。平台、供货商、网店主形成专业化跨境电商合作链条，结合物流、代运营等专业化服务商，跨境电子商务生态日趋完善。伴随着直播带货的发展，服务商招募越来越多的个人创业者，开通视频号或者成为网店主，作为跨境电商的流量入口，发挥分销商品的作用。服务商为网店主提供培训和价值链支撑服务。网店主无须囤货，低门槛就可以从事跨境电商运营。

（三）基础设施完善，直播推动农村电商持续发展

农村电子商务交易额稳定增长，新农人创业热情不断升温。商务部数据显示，2022 年全国农村网络零售额达 2.17 万亿元，同比增长 3.6%。其中，农村实物商品网络零售额 1.99 万亿元，同比增长 4.9%，每天有 1 亿多件快递进出农村。直播带货和短视频快速发展，带动了土特产品销售和乡村旅游融合发展，有力地促进了乡村振兴。

农村电子商务支持政策日益增多，农村商业基础设施逐步完善。商务部等部门出台《关于加强县域商业体系建设 促进农村消费的意见》，要求各地积极完善农村商业基础设施，畅通国内大循环。截至 2022 年 11 月，我国已经有 990 个①县设立公共配送中心，建设 27.8 万个村级快递服务站点。

（四）平台企业寻找突破口，直播电商成为发展趋势

受不利环境和监管政策的双重影响，电子商务头部企业缩减了扩张和营销活动，在追求平稳发展的基础上，积极从多个维度拓展市场，包括线上和线下

---

① 数据来源于交通运输部。

的融合、平台企业与传统制造业的融合、平台企业与直播等新业态的融合、平台企业与元宇宙虚拟世界的融合等。

特色平台稳健发展，多维度建设商业生态。垂直电商平台唯品会保持高端品牌和高质量定位，坚持高性价比的产品优势，对价值链环节进行全程品控，合作的品牌商家已经超过 4 万家，2022 年实现利润 63 亿元，增速达到 14%，连续 10 年保持盈利。定位于生鲜电商的叮咚买菜积极建设生态链，不仅孵化了 18 个独立品牌，还拓展了 565 家生鲜基地供应商，保障了货源的稳定和质量。叮咚买菜还创新服务模式，推出预制菜"订单"服务，不仅满足上班族便捷性的需求，更提高了产品的附加价值，新产品合作的生产企业达到 40 余家。

社交电商用户群继续增长，交易额稳步攀升。2022 年，平台企业继续拓展社交电商和社区电商的商业生态，布局服务网点，增加产品大类，提升服务品质。其中，拼多多交易总额达到 16676 亿元，增速高达 66%；平均月活跃用户同样保持高速增长，总量达到 7.199 亿，增速为 50%。

直播电商平台高增长，成为年度亮点。抖音直播电商交易额实现 14130 亿元，增速达到 76%，远远高于其他类型的电子商务平台，显示出广阔的发展空间。

头部超大电商平台调整发展战略，放慢投资步伐。战略上，头部平台企业把业务发展重点放在四个方面，分别是：拓展现有业务，深化技术研发，提升管理效率，价值链整合。以京东为例，2022 年，京东注重在管理上下功夫，库存周转次数从每年的 10 次提升到 12 次。效率促进了发展，京东全年营收额首次突破万亿元大关，增速达到 9.9%。

（五）疫情期间社区团购爆发，生鲜电商稳中有进

疫情期间社区团购快速普及并保持高速增长。在疫情期间，社区团购平台优化供应链条，增加与居民生活密切相关的商品大类。各大平台还简化购物流程，实现一站式购物，提高消费者购物体验。生鲜是居民团购的主要商品，2022 年中国生鲜电商交易规模达 5601.4 亿元，[①] 增速为 20.25%，是整个电商

---

① 《2022 年度中国生鲜电商市场数据报告》，网经社，2023 年 3 月 28 日。

交易额增速的 5 倍，显示出可观的增长潜力。当前，我国生鲜电商相关企业已经达到 2.7 万家，五年间增长了 3 倍。

团购商品不仅物美价廉，消费者还可以选择最方便的供货点自行提货，受到了广泛的欢迎。团购渗透率不断提升，数据显示，65.4% 的消费者增加了生鲜购买频率，51.6% 的消费者增加了生鲜购买额。[①] 消费者偏好的生鲜电商平台分别是盒马鲜生、美团买菜、本来生活等。[②]

（六）传统企业布局，直播带货继续高速增长

直播电商快速发展，逐步成为主流网购方式。直播电商具有互动性强、社交性强的多重优势，因此也成为品牌消费、激情消费、兴趣消费的主战场。截至 2022 年 6 月，我国电商直播用户规模为 4.69 亿，[③] 增速达到 83.77%，显示出强大的增长潜力。直播电商全年交易额达到 3.5 万亿元，[④] 占电商零售额总额的比重达到 23%。头部电商平台全年直播场次超 1.2 亿场，累计观看超 1.1 万亿人次，直播商品累计 9500 万个。此外，随着数字技术的进一步创新及应用，未来元宇宙直播间、数字虚拟人主播、虚拟试衣间等"云逛街"模式将进一步与商务活动紧密融合，带动营销模式优化升级。相关监管政策不断完善，促进直播电商日益走上健康发展的轨道，并朝着多平台、多账号、跨界直播的方向发展。

传统品牌企业也纷纷开通网络直播间，拓展宣传和销售渠道。2022 年"双 11"购物节期间，品牌企业自播的场次同比增长 145%，[⑤] 销售额增长 99%。科沃斯和吉列产品的直播效果最引人注目，二者在购物节活动期间直播带货的销售额占比分别为 94% 和 82%。超市、大卖场等传统零售企业纷纷拓展线上市场，盒马鲜生线上交易额已经超过线下，并且首次实现盈利。

---

① 艾瑞咨询：《2022 年中国生鲜电商行业研究报告》，2022 年 8 月。
② 艾瑞咨询：《2022 年中国生鲜电商行业研究报告》，2022 年 8 月。
③ CNNIC：《第 50 次〈中国互联网络发展状况统计报告〉》，2022 年 9 月。
④ 数据来源于商务部。
⑤ 数据来源于飞瓜统计。

二 政策持续调控,电子商务生态环境日益完善

(一)在重点领域精准发力,试点和示范有条不紊

疫情影响了经济增长,但是电子商务作为新动能,对传统经济转型升级、扩大就业、拉动内需等起到了重要的驱动作用。政府有关部门坚持深化"放管服"改革和包容审慎的监管原则,围绕激发市场主体活力,积极完善电子商务发展生态环境,持续推动电子商务健康发展。针对电子商务发展的阶段、规律及存在的问题,各部门有的放矢,相继出台了一系列政策文件。一些比较重要的政策和规范如表1所示。

表1 2022年电子商务相关政策

时间	政策	部门	内容
2022年12月	2022中央经济工作会议公报	国务院	• 大力发展数字经济 • 提升常态化监管水平 • 支持平台企业在引领发展、创造就业、国际竞争中大显身手
2022年10月	二十大报告	党中央	• 建设现代化产业体系,加快建设网络强国、数字中国 • 加快发展数字经济,促进数字经济和实体经济深度融合
2022年9月	关于印发支持外贸稳定发展若干政策措施的通知	商务部	• 发挥外贸创新平台作用。抓紧新设一批跨境电子商务综合试验区 • 进一步发挥跨境电商稳外贸的作用。出台进一步支持跨境电商海外仓发展的政策措施
2022年9月	商务部关于2022年增补国家电子商务示范基地的通知	商务部	• 增补14家电子商务园区为国家电子商务示范基地 • 表扬10个国家电子商务示范基地 • 培育壮大电子商务企业、促进模式和业态创新、带动创业就业、促进乡村振兴
2022年2月	关于同意在鄂尔多斯等27个城市和地区设立跨境电子商务综合试验区的批复	国务院	• 扩大跨境电商试验区城市和地区范围 • 推进贸易高质量发展 • 维护跨境电商安全

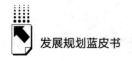

续表

时间	政策	部门	内容
2022 年 1 月	"十四五"现代交通体系建设规划	发改委	• 促进跨境贸易多元化发展 • 深入推动跨境电商综合试验区建设
2021 年 12 月	"十四五"数字经济发展规划	国务院	• 以数据为关键要素，深化数实融合 • 加强数字基础设施建设，完善数字经济治理体系 • 协同推进数字产业化和产业数字化，培育新产业、新业态、新模式，做强做优做大我国数字经济
2021 年 11 月	关于推动生活性服务业补短板上水平提高人民生活品质的若干意见	发改委	• 加快线上线下融合、推动服务数据开放共享 • 推动生活服务市场主体特别是小商户"上云用数赋智" • 完善电子商务公共服务体系 • 引导平台企业依法依规提供一体化服务
2022 年 11 月	社交电商从业人员服务能力评价通则	中国服务贸易协会	• 对社交电商从业人员进行能力评价 • 引导从业人员提高服务水平
2021 年 10 月	"十四五"国家知识产权保护和运用规划	国务院	• 推进《电子商务法》等相关法律法规修改完善 • 完善电子商务领域知识产权保护机制
2021 年 10 月	"十四五"电子商务发展规划	商务部等三部门	• 明确创新驱动、消费升级、深化融合等举措，设置 23 项重点工作
2021 年 2 月	关于加强网络直播规范管理工作的指导意见	网信办等七部门	• 对主播账号实行分级分类管理 • 规范网络主播行为
2021 年 1 月	关于推动电子商务企业绿色发展工作的通知	商务部	• 推动电子商务企业节能增效 • 推进包装物流供应链绿色管理

（二）政策逐步显效，电子商务营商环境持续改善

1. 加大支持力度，农村电商和跨境电商健康成长

聚焦电子商务发展的重点领域、短板瓶颈，各部门创新管理思路，在遵循市场发展规律的基础上，寻找突破点和关键点，并加大政策引导和支持力度，先后出台一系列有针对性的对策措施。

针对刚刚起步的跨境电子商务发展缓慢问题，继续出台试点和示范政策，如继续设立一批新的跨境电子商务综合试验区、支持跨境电商平台企业建设海外仓等。当前，国家已经批准建设了 7 批跨境电商综合试验区，共设立 165 个示范点。此外，各部门还积极完善跨境电商贸易机制，简化办事流程，切实降低运营门槛。

针对发展相对滞后的农村电子商务，2022 年的中央一号文件要求加速推进涉及农村电子商务的三大重点工程："数商兴农"工程、"快递进村"工程和"互联网+"农产品出村进城工程，并要求加速融合发展。自 2014 年起，我国逐年评选电子商务进农村示范县，给予农村电子商务资金和政策扶持。截至 2021 年底，全国共有 1555 个县（市）被评定为"电子商务进农村综合示范县"，极大地推动了县域和农村电子商务的发展。

2. 补齐短板领域，针对违法行为进行重点打击

监管部门重拳出击，维护公平竞争的市场秩序。针对电商中的知识产权侵权问题，国务院出台规划，完善电子商务领域的知识产权保护机制。一些电子商务示范基地还专门成立了知识产权服务部门，为企业进行培训和答疑解惑。另外，国家有关部门还扩大监管检查的覆盖面，2022 年，国家认证认可监督管理委员会专门针对电子商务平台开展 CCC 认证（China Compulsory Certification，中国强制性产品认证）产品的"双随机"抽查，共查出并下架 103 万件不符合要求的产品。

针对快递中的过度包装和供应链效率低问题，国务院出台《关于进一步加强商品过度包装治理的通知》，要求推动平台企业绿色发展，重视节能增效，不仅要求提高物流环节的包装效率，更要求提高商品过度包装在全链条上的治理能力。

3. 加强专项治理，平台恶意竞争和资本无序扩张事件锐减

近年，我国针对平台经济加大监管力度，努力营造公平竞争的市场环境。中央高层会议先后两次提出加强反垄断和防止资本无序扩张。2021 年 2 月，国务院反垄断委员会正式印发《关于平台经济领域的反垄断指南》，细化了有关规定，指导平台经济领域的反垄断工作。九届中央纪委六次全会也特别强调"着力查处资本无序扩张、平台垄断等背后腐败行为，斩断权力与资本勾连纽带"。

2022 年 5 月，高法出台《关于为加快建设全国统一大市场提供司法服务和保障的意见》，明确提出依法打击垄断和不正当竞争行为。强化司法反垄断和反不正

当竞争，加强对平台企业垄断的司法规制，及时制止利用数据、算法、技术手段等方式排除、限制竞争行为，依法严惩强制"二选一"、大数据杀熟、低价倾销、强制搭售等破坏公平竞争、扰乱市场秩序行为，防止平台垄断和资本无序扩张。

2021年7月，市场监管总局重罚22起违法实施经营者集中行为的平台经营者，重罚的平台包括阿里巴巴、腾讯、苏宁和美团。2022年1月，国家市场监督管理总局再次处罚13起互联网平台违法实施经营者集中行为，再次涉及腾讯、阿里、京东和哔哩哔哩等企业。

4.政策施力过猛，市场出现不适

在加大反垄断和数据隐私保护监管力度后，我国头部电子商务平台企业发展势头放缓。平台企业减慢扩张步伐，导致中美平台经济在一些指标上呈现差距扩大趋势。从价值规模来看，2022年，上市的数字化服务商企业美国TOP5的市值总和为339982亿元[1]，而我国TOP5的市值总和为66425亿元，只相当于美国TOP5的19.54%。阿里巴巴和京东的两年市值蒸发比例分别达到58.51%和60.33%（见表2）。以阿里巴巴为例，2021年，其股价下跌50%以上，2022年，股价继续下跌25%。根据阿里巴巴公布的2022年第三季度财报，其季度营收增长10%，是上市以来的最低水平。

表2 阿里巴巴和京东市值变化

单位：亿元，%

总市值	2020年底	2021年底	2022年底	两年市值蒸发比例
阿里巴巴	39699	20531.63	16469.39	58.51
京东	8268.46	7057.03	3280.07	60.33

三 瓶颈问题依然严峻，制约电子商务高质量发展

（一）阻力重重，虚实融合进展缓慢

传统企业的数字化融合不够深入，表现在：一是认识不充分，观念转换

---

[1] 《2022全球数字化服务商市值百强榜TOP100》，数字化转型网，2022年9月27日。

慢，内生动力不强；二是大多数中小企业的数字化转型还处在初级阶段，仅仅把电子商务作为一个销售渠道，缺少战略层面的整体规划；三是数据还没有成为驱动企业转型和成长的生产要素，企业数据采集和应用能力相对较弱；四是缺少各类型企业转型成功的模式、经验和案例，对企业的吸引力和引导不足；五是中小企业缺少支撑数字化转型的资金和人才。

（二）新老问题交替涌现，新模式需要监管创新

网络购物的顽疾问题依然存在，并且呈现增长态势。2022 年网民投诉案例增加，同比增长 35.3%，[①] 投诉的主要问题仍然集中为一些顽疾问题，包括退款、网络欺诈、商品质量、售后服务、发货等问题。此外，生鲜电商中的蔬菜水果不新鲜，缺斤少两、虚假宣传、配送不及时等也一直是投诉的焦点问题。尤其在直播带货领域，以次充好、言行失范、虚假宣传、偷税漏税等问题仍然比较突出。

老问题没有彻底根除的同时，新问题不断涌现。消费者投诉集中的问题包括"小程序"购物售后无保障、网络诈骗、国内平台"国际购"业务售后渠道不畅等。[②] 其中，有些问题是有预谋的诈骗犯罪行为，有些问题是利用小程序购物、平台嵌入平台等新模式的监管漏洞或者是故意躲避监管。

（三）瓶颈难破，生鲜和跨境电商难以实现跨越

生鲜电商瓶颈问题难以突破。首先，我国生鲜产品供应链水平相对落后，表现在农产品标准化和品牌化程度较低，商品化难度大，电商经营损耗率高，商品存在同质化、低价格竞争问题，冷链仓储及物流基础设施落后。这些问题的存在导致经营成本高企，产品和服务质量难以保证，消费者体验感较差。此外，生鲜电商企业经营也面临重重困境，我国有 4000 多家生鲜电商平台经营企业，实现盈利的企业微乎其微，绝大多数还处于烧钱阶段。例如，股票上市仅一年的每日优鲜 App 就遭遇停止运营。

农村电商的瓶颈问题依然存在。第一，农村电子商务东西部发展严重不平

---

① 电诉宝：《2022 年度中国电子商务用户体验与投诉报告》，2023 年 3 月 16 日。
② 数据来源于中国消费者协会。

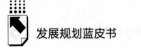
衡，东部和中部地区农村网络零售额占比超过 90%，远远高于西部和东北地区。第二，农村电商配套服务体系不完善，生产加工、运营、培训、金融等产业链环节需要加强。第三，农村电商缺少专业性和跨界的高端人才。第四，农村物流基础设施不完善依然制约农村电子商务发展。

（四）疫情期间物流应对突发事件能力不足

新冠疫情暴露出物流系统应急能力不足的短板，亟待重视并着力建设快速反应和保障体系。物流是电子商务的基础，是商品顺畅流通的保障，尤其食品和药品的按时送达是人民基本生活的需要。疫情防控措施导致封路、封城、封小区，物流严重受阻。消费者无法正常收到生活和消费货物，基本生活无法满足；商家销售遇阻，退货量显著增加，生鲜商品腐烂被弃；生产企业因缺少原材料而无法正常生产，而生产出的商品又无法销售出去；仓储和物流点出现爆仓现象。

四　加速数实深入融合，推动电子商务
高质量发展的政策建议

电子商务连接了供需、对接了国内外大市场，是数字经济中发展最稳定的重要组成部分，也是驱动实体经济转型升级的最强动力。在国内外环境日益复杂多变的背景下，只有加快数实深度融合，推动电子商务高质量发展才能加快构建新发展格局，推进中国式现代化高质量发展。

（一）深化电子商务与实体经济融合，推动传统企业转型升级

电子商务发展势头不可逆转，传统企业只有不断适应、融合和创新，才能在市场竞争中占据更有利的位置。为此，各地政府应积极推动电子商务应用与融合。一是政府转变服务方式，深入平台和企业了解需求，沟通多方信息，对接资源，搭建合作桥梁。二是推动电子商务平台和传统企业进行价值链合作，从管理、营销、研发、物流、服务等多个角度进行融合，进行商业模式创新和管理创新。三是政府联合平台企业积极挖掘各种类型的成功案例，总结其做法和成功经验，向社会普及和推广。四是政府继续加大对电子商务的支持力度，

推动电子商务园区建设，优化融资、物流仓储、培训、人才引进等方面的服务，为传统企业提供更多的支持和帮助。

（二）鼓励平台加大创新力度，加速企业进入新的成长周期

鼓励平台企业通过创新，开启新一轮快速成长空间。首先，政府各部门应充分认识到大型平台企业在促进数实融合中发挥的不可替代重要作用，尤其能有效帮助中小企业低门槛进行数字化转型。因此，在维护市场公平竞争秩序的基础上，要保持监管政策的稳定性，降低对市场的干预程度，增强大型平台企业对市场的信心，激发其投入的积极性。其次，鼓励中小型电商平台企业加速成长和创新发展，出台政策鼓励中小平台企业加大研发投入，提高研发费用税前扣除比例，在人才引进方面给予支持，推动中小平台聚焦专业、特色、创新、优质服务等发展重点。最后，鼓励平台企业进行多角度的合作，促进平台与学校及科研机构之间的科研合作和资源共享，提高创新效率和成果转化率；积极引进国内外高端人才，促进国内外技术交流与合作。

（三）开展社会化敏捷监管，彻底解决顽疾问题

建立多主体合作的动态监管机制，实现信息共享、实时协同反应的敏捷监管。第一，建立健全权责清晰的监管机制，政府、行业协会、平台、商家、消费者明确各自在交易过程中的责任和义务，形成有效的监管机制和责任追究机制。第二，畅通监管信息共享渠道，实现监管数据的共享和协同，提高监管效能和准确度。第三，完善监管执法的技术手段，通过远程视频监控、电子标签等手段，提高数字化和智能化监管水平。第四，对违法违规行为进行严厉制裁，提高违法成本，增强监管的威慑力。

（四）加强物流能力建设，建立物流配送应急快速反应体系

面临复杂多变的市场环境，政府部门要协调物流企业充分做好应急物资配送能力建设。一是科学规划物流园区、配送中心和仓储设施建设。二是加强物流数字化和智能化水平建设，促进全过程、多主体的信息共享，实现人、货、场、订单的协同和快速反应，提高整个流程的运作效率。三是优化物流流程，提高精细化管理能力，降低物流成本，提高物流效益。四是提高应急响应能

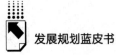
力，建立健全物流应急响应机制，完善物流企业内部的应急管理体系，制定应急预案和快速反应流程，进行应急培训和演练，提高应急响应速度和效能。五是加大政策支持力度，鼓励民间资本投资物流行业，制定税收优惠等扶持政策。

参考文献

习近平：《高举中国特色社会主义伟大旗帜　为全面建设社会主义现代化国家而团结奋斗——在中国共产党第二十次全国代表大会上的报告》，2022 年 10 月 16 日。

叶秀敏：《平台经济治理面临的难点和对策》，《互联网天地》2022 年第 8 期。

叶秀敏：《我国电子商务市场竞争分析》，中国财富出版社，2019。

B.43
数字经济和实体经济融合的治理研究

白延涛*

摘　要：　随着新一轮科技革命和产业变革深入发展，内外部多重因素影响着我国数字经济与实体经济融合发展。一方面，我国数字经济发展的政策环境不断优化，数字技术广泛应用于生产生活，工业互联网、智能车间、智能制造、车联网、平台经济等融合型新产业新模式新业态成为驱动产业数字化转型发展的动力引擎。"十四五"时期加快数字化转型有基础、有潜力。另一方面，当前世界主要国家都将推进数字化转型作为实现创新发展的重要动能，在前沿技术研发和深化应用等方面加快前瞻性布局。相比而言，我国数字化应用发展较快，但仍然存在明显差距。这需要各行业各领域共同努力，加强数字经济和实体经济融合发展。本文从数字经济和实体经济的发展现状出发，通过分析提出我国数字经济和实体经济融合发展的有效途径。

关键词：　数字经济　实体经济　金融服务

一　数字经济和实体经济融合的基本概念

（一）数字经济的由来

数字经济是指利用数字技术，通过互联网、移动互联网等信息化手段，开展数字化、网络化、智能化的经济活动，创造和实现经济价值的一种新兴经济

---

* 白延涛，中国社会科学院数量经济与技术经济研究所助理研究员，主要研究方向为数字经济。

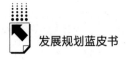
形态。数字经济的兴起离不开计算机技术、互联网技术的发展和政策支持的推动。

20世纪80年代和90年代，计算机技术和互联网技术开始迅速发展。计算机技术的发展，使得数据处理和信息交流变得更加便捷和高效。互联网的发展，则使得信息传递的成本大幅降低，信息获取更加容易。随着计算机技术和互联网技术的发展，信息产业和电子商务开始崛起。数字经济快速发展壮大，也得益于政策支持和市场需求的不断增加。2008年全球金融危机后，数字经济得到了更多关注。随着移动互联网和物联网的兴起，数字经济进一步发展壮大。各国政府纷纷出台数字经济发展规划和政策措施，加速数字经济发展。我国政府提出"互联网+"战略，鼓励数字经济发展，推动传统经济向数字经济转型。

数字经济在电子商务、在线支付、社交媒体、云计算、大数据、人工智能等领域不断创新发展。电子商务使得消费者可以在互联网上购物、支付和评价商品和服务，商家也可以在互联网上销售商品和服务。在线支付为消费者提供了便捷和安全的支付方式，推动了电子商务发展。社交媒体成为人们交流和分享信息的主要平台，也成为商家开展市场营销和宣传的重要渠道。云计算为企业提供了强大的计算和存储能力，可以更加高效地开展业务。大数据和人工智能则为企业提供了更加精细化的数据分析和智能决策支持。数字经济的发展，对经济和社会产生了深远的影响。数字经济也改变了人们的生活方式和消费习惯，推动了传统产业向数字化转型升级，促进了经济结构的优化和转型，也创造了大量的就业机会。

（二）实体经济的代表

实体经济是指以生产、制造和销售实物商品和提供服务为主要活动的经济形态。它是经济发展的重要基础和支撑，是一个国家经济的主体，为国家的经济增长和社会进步做出了巨大的贡献。实体经济主要包括以下几类行业。一是制造业。制造业是实体经济的重要组成部分，为经济发展和社会进步做出了重要贡献。制造业的发展不仅可以促进国民经济增长，还可以提高国家的技术水平和创新能力。二是农业。农业是一个国家的基础产业之一，为人们提供食物和原材料，是国民经济的重要组成部分。随着农业现代化的不断推进，农业的生产效率和质量得到了极大的提高，为国家经济和社会的发展做出了重要贡献。三是商贸服务业。商贸服务业对于国家和地区的经济发展和消费升级起着非常重要的作用。随着消费结构的变化和消费水平的提高，商贸服务业也面临着新的机遇和挑战。四是建筑业。建筑业是实体经济中重要的产业之一。建筑业不仅是基础设施建设的重要支撑，也是城市化进程和现代化建设的重要组成部分。建筑业的发展对于国家和地区的经济发展和社会进步有着重要的作用。五是房地产业。房地产业的发展不仅可以提高城市和农村居民的住房条件，还可以促进相关产业的发展，为国家经济和社会的发展做出重要贡献。六是交通运输业。交通运输业对于国家和地区经济的发展至关重要，为各行各业提供了必要的物流支持，同时也是国际贸易和经济合作的桥梁。

实体经济是经济发展的基础和重要组成部分，其作用不仅局限于经济增长，还包括扩大就业、人民生活水平提高以及科技创新和产业升级等。因此，我们应该重视实体经济的发展，加强对实体经济的支持和管理，创造良好的发展环境，为实体经济的蓬勃发展提供保障。同时，实体经济也需要与数字经济相融合，通过数字化、智能化等手段提升生产力和效率，促进实体经济的可持续发展。

二 数字经济和实体经济融合的现状分析

习近平总书记在中共中央政治局第三十四次集体学习时提出，要加强数字经济和实体经济的融合发展，通过互联网新技术实现传统产业的全方位、全链条改造，提高全要素生产率，发挥数字技术的放大、叠加、倍增作用，促进经济发展。《"十四五"数字经济发展规划》也确立了到2025年数字经济发展的总目标，即数字经济迈向全面扩展期，数字经济核心产业增加值占GDP比重达到10%，数字化创新引领发展能力大幅提升，智能化水平明显提高，数字技术与实体经济融合取得显著成效。这是对我国数字经济和实体经济融合发展的总体要求。

（一）数字经济和实体经济融合现状

数字经济和实体经济融合发展是当前的重要发展趋势，已经成为各国政策制定者和企业家关注的热点。下文是对数字经济和实体经济融合发展现状的分析。

一是产业融合日益加强。数字经济和实体经济融合的产业范畴日益扩大。比如，传统制造业正在积极应用数字技术，实现数字化、网络化、智能化转型升级，推动实体经济与数字经济深度融合。另外，新兴数字产业的快速发展也为实体经济注入新的活力，推动了共享经济、智慧城市、数字农业、数字医疗等领域的发展。二是信息技术加速渗透。信息技术是数字经济和实体经济融合的重要支撑。随着新一代信息技术的不断发展，数字经济和实体经济融合速度越来越快。例如，人工智能、大数据、云计算等技术的应用，不仅为传统产业注入了新的动力，也为新经济发展提供了前所未有的机遇。三是企业创新能力提升。在数字经济和实体经济融合发展的过程中，创新是关键。为了加速数字经济和实体经济融合，企业需要不断提升自身的创新能力，推动产业升级和转型发展。例如，传统零售企业开始积极探索线上销售渠道，利用电子商务平台打造全渠道零售模式，提升企业竞争力。四是政策支持不断加强。政策支持是数字经济和实体经济融合的重要保障。政府出台的一系列政策和措施，鼓励企业加速数字化转型，促进数字经济和实体经济融合。例如，政府加大对数字基础设施建设的投入，加强知识产权保护，推动数字经济和实体经济的良性互动。

（二）数字经济和实体经济相互促进的主要方式

促进数字经济和实体经济融合需要采取多种方式，形成互惠共赢的局面，推动经济的可持续发展，两者相互促进的主要方式如下。

一是信息化助力实体经济转型升级。数字经济的信息化技术可以应用于实体经济，从而提高实体经济的运行效率、降低成本、改进管理等，推动实体经济转型升级。二是实体经济需求推动数字经济发展。实体经济中的需求可以促进数字经济发展，例如，消费者的数字支付需求促进了数字支付发展，企业的信息化需求促进了云计算、大数据等发展。三是数字经济和实体经济的双向融合。数字经济和实体经济形成双向融合，催生更高效、更具竞争力的经济模式。例如，实体经济企业可以利用数字技术进行产品创新，而数字经济企业也可以通过与实体经济企业合作扩大市场。四是共享经济模式。共享经济模式可以将数字经济和实体经济有机结合起来，共享经济的发展可以提高实体经济的运行效率，例如，共享经济模式可以通过物品、服务等实体资源共享，降低企业成本，提高社会资源的利用率。

（三）数字经济和实体经济相互影响的主要路径

数字经济和实体经济融合是相互促进、相互依存的过程。数字经济的发展推动了实体经济的转型升级，实体经济的发展为数字经济的发展提供了广阔的市场。双方之间的融合，有助于实现更加高效、可持续的经济发展，其相互影响的主要路径如下。

一是技术赋能实体经济。数字技术为实体经济注入了新的活力和动力。数字技术的应用可以提高实体经济的生产效率和产品质量，改善供应链管理，提高企业的核心竞争力，促进传统产业的转型升级。二是实体经济的需求推动数字经济的发展。实体经济中的需求是数字经济发展的重要推动力量。实体经济对于数字化服务、数字化产品等的需求不断增加，推动了数字经济的快速发展。例如，电商平台的崛起得益于人们对于便捷、高效的购物需求的增加。三是产业融合促进数字经济和实体经济的深度融合。数字经济和实体经济的深度融合需要不同产业之间的协同和融合。传统产业与数字经济的融合将催生更多的新产业、新业态和新模式，有助于实现数字经济和实体经济的双赢。例如，智能制造使传统制造业与数字技术相融合，提高了生产效率和产品质量。四是人才培养和交流促进数字经济和实体经济的互补发展。数字经济和实体经济的深度融合需要各类专业人才的支持。数字经济与实体经济之间的人才交流和互补，可以促进双方的发展。例如，数字化营销和电商等新兴职业的出现，需要具有数字技术和营销能力的人才来支撑。同时，传统产业也需要不断提升自身的数字化能力，为数字经济的发展提供更广阔的空间。

三　数字经济和实体经济融合的治理研究

数字经济的发展也带来了一些挑战和问题，需要进行有效的治理和管理。数字经济的发展可能会导致产业结构失衡，加深"数字鸿沟"，加大数据安全

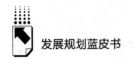

和隐私保护风险，引发新的社会和经济不平等等问题。因此，对于数字经济的发展需要进行有效的治理和管理。

（一）我国数字经济和实体经济融合的主要问题

一是"数字鸿沟"问题。"数字鸿沟"是指数字技术应用在不同地区、不同人群之间的差距和不平衡现象。在数字经济和实体经济融合的过程中，"数字鸿沟"可能会进一步加深。特别是对于一些基础设施不够完善、科技创新相对滞后的地区，数字经济的发展可能会受到一定制约。

二是数字安全问题。数字经济和实体经济融合带来的数字化转型也加剧了信息安全问题。随着数字技术的应用不断扩大和深化，数字安全问题成为当前数字经济发展面临的重大挑战。网络攻击、数据泄露、隐私侵犯等问题都会给数字经济和实体经济带来巨大的风险。

三是人才培养问题。数字经济和实体经济的融合需要具备跨界知识和技能的人才，需要加强协作和交流，共同推动人才培养和创新创业。数字经济需要实体经济的专业技能人才，而实体经济也需要数字经济的专业技能人才。

除了上文提到的"数字鸿沟"、数据安全、人才培养等问题外，在我国数字经济和实体经济融合过程中还存在其他问题。

一是产业结构调整不平衡。我国实体经济的发展相对较快，但是数字经济发展相对滞后，因此数字经济和实体经济的结构不平衡。目前，数字经济仍然以互联网、电子商务为主导，人工智能、区块链等数字技术的应用和发展相对滞后。这种产业结构不平衡可能会导致数字经济和实体经济融合不均衡，进而影响数字经济和实体经济的发展。

二是创新能力仍需提高。我国实体经济创新能力较强，但数字经济领域的创新能力相对较弱。当前数字经济中的一些技术和模式并非原创性的，大多是在国外发展成熟的基础上进行本土化改进。因此，在数字经济和实体经济的融合过程中，提升我国数字经济的创新能力是关键。

三是政策和法规不完善。数字经济和实体经济融合需要政策和法规的支持和指导。然而，当前数字经济领域的政策和法规体系还不完善。例如，数据隐私、数字版权保护、跨境电商等方面的法规尚不健全，这可能会给数字经济和实体经济的融合带来不利影响。

四是企业数字化转型困难。数字经济和实体经济融合需要企业进行数字化转型,但是当前我国一些企业在数字化转型方面面临较大困难。例如,一些传统企业数字化基础设施不足,数字化能力不强,对数字化转型的理解不到位等,都会制约企业的数字化转型。

五是数据共享机制尚不完善。数字经济和实体经济融合需要建立数据共享机制,促进数字经济和实体经济的信息流动和互通。然而,目前我国数据共享机制尚不完善,存在一定的障碍。

(二)国外数字经济和实体经济融合治理的路径

国外数字经济和实体经济融合治理路径主要包括政策引导、合作创新、科技支撑、金融服务等。下文就这些方面进行介绍。

一是政策引导。政策引导是国外数字经济和实体经济融合治理的重要路径之一。各国政府都制定了相关政策和法规来促进数字经济和实体经济的融合发展。例如,欧盟制定了数字单一市场计划,旨在通过数字技术打破市场壁垒,促进数字经济和实体经济的融合。美国颁布了《数字经济报告》等政策文件,推动数字经济和实体经济的融合发展。

除了欧美地区外,其他国家和地区也在积极推动数字经济和实体经济的融合发展。例如,日本政府制定了数字日本战略,旨在促进数字技术在实体经济中的应用,提高实体经济的创新能力和竞争力。澳大利亚政府也提出了数字经济战略,鼓励企业加大对数字技术的投入,推动数字经济和实体经济的融合发展。

二是合作创新。合作创新是国外数字经济和实体经济融合治理的重要路径之一。各国政府、企业、学术界和社会组织等各方合作,开展数字经济和实体经济的融合创新,推动数字技术的应用和创新。例如,德国政府联合企业推出了"工业4.0"计划,将数字技术应用于实体经济的各个领域,推动实体经济的数字化转型。政府、企业和学术界等积极参与,实现了跨部门、跨行业和跨领域的合作创新。例如,德国汽车制造商和信息技术公司合作开发数字化生产线,实现了实体经济和数字经济的深度融合。美国则推动大型科技企业与传统企业合作,开展数字化转型。例如,谷歌与福特汽车合作,研发自动驾驶汽车

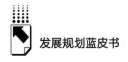

技术；苹果与 IBM 合作，推出企业级移动应用。这些合作创新不仅促进了数字技术的应用和创新，也为传统企业带来了更多的数字化转型机遇。

除了政府、企业和学术界的合作创新，社会组织也在数字经济和实体经济融合中发挥了重要作用。例如，美国的"Maker Movement"运动，是由爱好者组成的社群发起，利用数字技术提供产品和服务，促进数字经济和实体经济的融合发展。这种社群组织的合作创新方式，也在一定程度上推动了数字技术的应用和创新。

三是科技支撑。科技支撑是国外数字经济和实体经济融合治理的重要路径之一。各国政府和企业加强数字技术的研发和应用，提高数字经济和实体经济的融合水平。在欧洲，欧盟将数字技术的研究和开发作为重点，推动数字技术在实体经济中的应用。欧盟通过制定政策和资金支持等方式，鼓励企业和研究机构加强数字技术的研发和创新，同时加强数字技术在传统产业中的应用。在美国，科技巨头积极推动数字技术在实体经济中的应用。例如，谷歌和苹果等公司通过推出数字化营销和服务解决方案，帮助传统企业实现数字化转型；亚马逊则通过数字化技术实现全球供应链的数字化，提高效率和质量。

四是金融服务。金融服务是国外数字经济和实体经济融合治理的重要路径之一。各国政府和金融机构推出各种金融服务，支持数字经济和实体经济的融合发展。例如，德国设立了"中小企业数字化创新基金"，为中小企业提供数字化转型的资金支持。美国设立了"数字信贷联盟"，为中小企业提供数字化转型的金融服务。随着数字经济的快速发展，金融服务也成为数字经济和实体经济融合发展的重要组成部分。各国政府和金融机构推出各种金融服务，以促进数字经济和实体经济的融合发展。这些金融服务既有传统金融服务的延伸，也有新型金融服务的创新，为数字经济和实体经济融合发展提供了强有力的支持。

四　研究结论和政策建议

针对数字经济和实体经济融合的研究得出了一些主要结论，这些结论对于指导数字经济和实体经济融合发展具有一定的理论和实践意义。

（一）主要研究结论

一是数字经济和实体经济是相互促进、相互依存的关系。数字经济和实体经济是相辅相成的。数字经济为实体经济提供了更多的增长动力和创新机会，而实体经济为数字经济提供了广泛的应用场景和资源支持。数字经济和实体经济的融合发展可以实现资源优化配置和效率提升，为经济发展提供更多的动力。

二是数字经济和实体经济融合需要政府和市场双重作用。政府需要出台相关政策和法规，引导市场主体积极参与数字经济和实体经济融合发展。市场主体需要主动适应数字化转型，积极探索数字经济和实体经济的融合发展路径和模式。政府和市场主体共同作用，可以推动数字经济和实体经济的融合发展。

三是数字技术是数字经济和实体经济融合的核心和关键。数字技术的应用和创新可以促进数字经济和实体经济的深度融合，提高经济运行的效率和质量。数字技术应用包括云计算、大数据、人工智能、区块链等，对于数字经济和实体经济的融合具有重要的意义。

四是金融服务是数字经济和实体经济融合发展的重要支撑。政府和金融机构可以推出各种金融服务，支持数字经济和实体经济的融合发展，为中小企业提供数字化转型的资金支持和金融服务。

此外，提高数字化素养是数字经济和实体经济融合发展的重要保障。数字经济和实体经济的融合发展是未来经济发展的重要方向，需要政府、企业、学术界和社会组织等共同努力。只有通过不断的创新和合作，加强数字技术支撑，提高数字化素养，平衡发展和隐私安全问题，才能实现数字经济和实体经济的良性互动，推动经济高质量发展。

（二）数字经济和实体经济融合建议

数字经济和实体经济融合已成为推动经济发展的必然趋势，针对数字经济和实体经济融合中存在的问题，有以下几点建议。

一是加强政策引导。政府需要出台相关政策和法规，支持数字经济和实体经济的融合发展。政策引导可以从金融、税收、科技等方面入手，营造良好的环境和氛围。政策引导是数字经济和实体经济融合发展的重要途径之一。政府

需要加强金融、税收、科技等方面的支持，建立健全数字经济和实体经济融合的法律和法规，为数字经济和实体经济融合发展营造良好的环境和氛围。

二是推进合作创新。推进合作创新需要加强平台建设，搭建数字经济和实体经济融合的交流平台和合作平台。这些平台可以促进各方之间的信息共享和资源共享，推动数字技术在实体经济中的应用和创新。此外，还可以通过建立数字化转型联盟、产业联盟等，加强各方合作，共同推进数字经济和实体经济的融合发展。

三是加强数字技术支撑。数字技术是数字经济和实体经济融合的重要支撑。在数字化时代，数字技术不仅能提高生产力和效率，还能创造全新的商业模式，对实体经济的发展起到至关重要的作用。为此，加强数字技术支撑是数字经济和实体经济融合发展的必要条件。

四是支持金融服务创新。金融服务是数字经济和实体经济融合发展的重要支撑，能够促进中小企业发展，提高经济发展质量和效率。随着数字技术的不断发展，金融服务也在不断创新，从传统的贷款、保险、支付等服务转向更加智能化、个性化、场景化的服务。政府和金融机构可以通过推出各种金融服务，支持数字经济和实体经济的融合发展，为中小企业提供数字化转型的资金支持和金融服务，以推动经济稳健发展。

五是提高数字化素养。提高数字化素养是数字经济和实体经济融合发展的重要前提。随着数字经济的发展，越来越多的企业和个人开始依赖数字技术，而数字化转型已成为企业发展的必经之路。因此，提高数字化素养对于促进数字经济和实体经济融合发展而言至关重要。数字经济和实体经济融合需要全社会的共同努力。政府和社会各界需要加强数字化素养教育，加快数字化转型，推动数字经济和实体经济的融合发展。

参考文献

洪银兴、任保平：《数字经济与实体经济深度融合的内涵和途径》，《中国工业经济》2023 年第 2 期。

马述忠、吴鹏、房超：《东道国数据保护是否会抑制中国电商跨境并购》，《中国工业经济》2023 年第 2 期。

沈斌、黎江虹：《论公共数据的类型化规制及其立法落实》，《武汉大学学报》（哲学社会科学版）2023 年第 1 期。

王勇等：《数字信用与在线社交对共享经济发展的影响——基于线上二手商品市场的分析》，《数量经济技术经济研究》2023 年第 1 期。

白仲林、曾晶、薛雁：《数字驱动、网络平台与宏观经济政策协调》，《统计研究》2023 年第 2 期。

张国峰、蒋灵多、刘双双：《数字贸易壁垒是否抑制了出口产品质量升级》，《财贸经济》2022 年第 12 期。

江小涓、靳景：《数字技术提升经济效率：服务分工、产业协同和数实孪生》，《管理世界》2022 年第 12 期。

王香艳、李金叶：《数字经济是否有效促进了节能和碳减排?》，《中国人口·资源与环境》2022 年第 11 期。

李雪松、党琳、赵宸宇：《数字化转型、融入全球创新网络与创新绩效》，《中国工业经济》2022 年第 10 期。

赵宸宇、王文春、李雪松：《数字化转型如何影响企业全要素生产率》，《财贸经济》2021 年第 7 期。

党琳、李雪松、申烁：《制造业行业数字化转型与其出口技术复杂度提升》，《国际贸易问题》2021 年第 6 期。

蔡跃洲、马文君：《数据要素对高质量发展影响与数据流动制约》，《数量经济技术经济研究》2021 年第 3 期。

黄鹏：《重构全球化：全球经济治理的改革取向》，《探索与争鸣》2021 年第 2 期。

江小涓：《以数字政府建设支撑高水平数字中国建设》，《中国行政管理》2020 年第 11 期。

B.44
借鉴智慧城市与数字治理的国际经验

马晔风*

摘 要： 世界新一轮科技革命与产业变革给城市治理带来了深刻影响，大数据、云计算、人工智能、物联网等数字技术融入城市的各个系统，极大地促进了城市管理和公共服务的升级与发展。本文通过梳理和总结国内外具有代表性的智慧城市在数字治理方面的经验和模式，分析我国城市数字治理的优势和存在的不足，未来在推动智慧城市建设和数字治理方面，应当进一步落实"以人民为中心"的理念，提升科技创新和环境保护的数字治理能力，制定面向全体市民的数字技能提升计划，并加强数据要素市场相关制度建设和数据安全保护法律保障。

关键词： 数字治理 智慧治理 智慧城市

一 国内外智慧城市发展现状

（一）智慧城市的概念

2008 年以来，"智慧城市""智慧治理"等发展理念在全球范围内快速传播，许多国家都在尝试利用数字技术让城市变得智能、便捷、高效、清洁。智慧城市建设在推动城市基础设施数字化升级改造的同时，也重塑了原有的城市治理模式，使得城市治理更加"以人为本"，大大提高了城市治理的包容性和创新性。

---

* 马晔风，中国社会科学院数量经济与技术经济研究所副研究员，主要研究方向为数字经济。

智慧城市体现的是一种理想化的城市规划理念和城市发展生态，类似的概念还包括"智能城市""网络城市""数字城市"等，表达了利用不断发展的数字技术改善城市治理的愿景。不过，与其他城市概念相比，智慧城市更加强调对"人"的赋能。当前国际上虽然没有标准的智慧城市技术和应用清单，但其核心理念大致相同：使用数字技术来收集和共享以前不可用或分布在不同机构的市政运营数据，以人民/市民的需求为驱动，通过大数据技术改善市政管理和服务。

（二）国内外智慧城市建设概况

"智慧城市"的概念最早出现于20世纪90年代，2008年美国IBM公司重新提出这一概念并赋予新的含义后，新的"智慧城市"概念引起美国政府的高度重视，并很快将其融入城市发展和建设，而后传播到世界各地。

美国的智慧城市建设开始于2008年，奥巴马总统上台后，美国政府利用财政资金推进一系列智慧城市信息基础设施建设，引导企业、高校以及研究院所等作为主体进行智能电网、智能交通、智慧医疗等业务、产业模式创新。2012年底，美国国家情报委员会发布报告《全球趋势2030》指出，未来全球经济发展最具影响力的四类技术是信息技术、自动化和制造技术、资源技术、健康技术，其中"智慧城市"被列为信息三项技术之一。当前，美国已经逐步发展成以互联网、物联网、云计算等技术为基础的智慧城市建设方案和标准，美国纽约、波士顿等成为智慧城市的典型代表。

欧洲国家的智慧城市建设策略与美国类似，主要致力于推进市政设施数字化、城市数据的开放利用和各个层面的数字化合作。欧洲通过实施"i2010"战略、欧洲2020战略和"智慧城市和社区欧洲创新伙伴行动"，推进成员国智慧城市的发展，分步实施促进智慧城市建设的战略。2011年5月，欧盟Net Works论坛发布了白皮书 *Smart Cities Applications and Requirements*，强调低碳、环保、绿色发展，这也成为欧洲智慧城市建设的指导方针。欧洲在智慧城市建设方面走在世界前列，英国伦敦、法国巴黎、瑞典斯德哥尔摩、荷兰阿姆斯特丹、奥地利维也纳均是智慧城市建设的先驱典范。

我国的智慧城市计划是从早期分散在不同领域的信息化政策演变而来的，最初主要体现为信息化系统在城市管理中的应用，特别是政府部门的信息化系

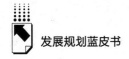
统建设。2009 年前后，我国第一次提出"智慧城市"建设，开启和推动了新一代信息技术在城市治理中的应用。2010 年底，科技部在国家"863"计划中提出"智慧城市"主题项目，围绕城市信息基础设施建设、信息产业和现代服务业发展、战略性新兴产业发展等国家重大需求，开启了"智慧城市"建设的科学探索。2015 年开始，党和国家进一步提出"新型智慧城市建设"，继续深化新一代信息技术的应用，借助无处不在的移动网络、物联网和大数据分析等技术提高城市规划和治理的智能化、自动化水平。2010 年以来，在工业和信息化部的指导与支持下，先后有超过 300 个城市开展智慧城市建设，城市治理的功能性、高效性和快速响应性大大提高，也涌现出了一大批智慧城市建设成功案例，如北京、上海、深圳等。

二 智慧城市建设背景下的数字治理

（一）数字治理的概念

随着智慧城市和数字政府的建设发展，数字技术在城市治理、社会治理中扮演着越来越重要的作用，许多国家都在经历从"电子政务"（Digital Government）向"数字治理"（Digital Governance）的转变。前者主要指的是一种数字化的政府结构和运行方式，通过使用数字技术促进政府与民众、政府与企业以及政府部门之间的互动；而后者指的是一种数字化的管理过程和模式，借助数字化的手段连接不同的利益相关方，并制定系统性的政策、目标、执行计划等。在国际语境中，"数字治理"也常常被称为"智能治理""智慧治理"，这几个概念在本质上都体现了数字技术对社会治理、城市治理的赋能。

在中国，"治理"的概念主要与"国家治理"紧密相关，随着智慧城市建设的快速发展，"治理"的概念被运用于更广泛的领域。2010 年以来，大数据、云计算、人工智能等数字技术加速商业化应用，催生了各种新业态、新模式，大幅提升经济社会运行的网络化、复杂化程度，重塑社会关系及组织架构，对社会治理带来巨大挑战。与此同时，数字技术广泛应用也积累了日益丰富的数据资源，并为社会治理的模式创新和数字化转型提供了技术和要素两方面的支撑，数字治理成为提升国家治理能力现代化和城市治理水平的重要手段。

（二）智慧城市建设与数字治理

数字治理与智慧城市建设密不可分，智慧城市建设的一项重要内容是智慧城市治理，而数字治理是智慧城市治理的重要手段。Alawadhi 和 Scholl 总结了智慧城市建设和评价的 8 个维度：组织和管理、技术、政策、治理、人和社区、经济、基础设施建设、自然环境。其中在治理维度下，主要考虑 7 个方面的内容：①规则和规范，如制定项目的预算、执行、评估规则和规范；②政策，如政策制定及其可持续性和适应性；③实施，如进行局部数字化改造或全面改造，以及相关的开放性、透明度等问题；④信息，如信息共享、信息处理机制；⑤技术，如信息和通信技术（ICT）的创新和应用；⑥技能和人力资本，数字治理对技能和人力资本提出了更高的要求；⑦利益相关方的关系管理，这是决定数字治理效果的关键性因素。[①]

从智慧城市的内容和维度来看，智慧城市既涵盖了数字治理的内容，也为数字治理提供了数据信息、网络连接、人力资本等基础性支撑。在实践中，世界各国的智慧城市建设规划和实践都将数字治理作为重要的组成部分。例如，欧洲的智慧城市指数中将数字治理（智慧治理）作为智慧城市建设的 6 个维度之一（其他 5 个维度还包括智慧环境、智慧交通、智慧生活、智慧人和智慧经济），智慧治理维度主要关注市民生活、公共服务、社会服务和透明化治理。IMD 商学院世界竞争力中心与新加坡科技设计大学联合发布的智慧城市指数中，治理也是 5 个评价维度之一，并从传统治理和数字治理两个层面评估城市智慧治理表现。

中国在数字治理方面的实践主要关注大数据相关技术以及大数据资源对社会治理模式创新的技术驱动。得益于各级政府在打造数字政府、建设智慧城市等方面的实践，国内学者围绕以大数据为驱动的新型国家治理/社会治理开展了相应的理论和实证研究。孟天广和赵娟基于大数据技术和数据资源日益丰富的趋势和治理诉求多元化的现实，从理论层面探讨了大数据驱动智能化社会治理体系构建的运行机制。[②] 汪玉凯结合数字时代中国政府治理的创新实践，归

---

① 汪玉凯：《数字化是政府治理现代化重要支撑》，《国家治理》2020 年第 14 期。
② 孟天广、赵娟：《大数据驱动的智能化社会治理：理论建构与治理体系》，《电子政务》2018 年第 8 期。

纳了数字治理相较于传统政府管理的主要变化，包括治理主体的变化、权力行使方向的变化、公开透明度的大幅提升，以及治理手段的变化。这些由数字化转型带来的变化和治理模式创新，为全面推进国家治理体系和治理能力现代化提供了助力。[①]

三 国内外智慧城市建设与数字治理比较

（一）国外代表性智慧城市建设与数字治理的基本情况

从前文对智慧城市、数字治理相关概念的梳理可以看出，虽然从政策规划上数字治理只是智慧城市建设的一个方面或维度，但是在实践过程中，数字治理已经不限于城市管理服务的智能化，而是涵盖经济、社会发展方方面面的内容，从这个角度看，智慧城市建设和城市数字治理已成为一个有机整体。因此，本文选取全球最具代表性的智慧城市，对比国内外智慧城市建设和数字治理方面的发展规划、政策法规和创新案例，梳理各城市数字治理的共性和差异。在城市选择上，本文参考了 IMD 商学院世界竞争力中心与新加坡科技设计大学联合发布的智慧城市指数，结合城市规模、城市特征和区域代表性，选择新加坡、苏黎世、奥斯陆、纽约进行对比研究。

1. 新加坡

2021 年 IMD 智慧城市指数将新加坡评为全球最智能的城市。作为一个城市型国家，新加坡很早就将智慧城市建设上升到国家战略，先后提出"智慧国 2015 计划""智慧国 2025 计划"。新加坡智慧国计划的目标是将新加坡建设成为世界级的由技术驱动的国家，利用技术改变人民和企业的生活、工作和娱乐方式。该计划主要包括 3 项内容：数字社会、数字经济和数字政府。[②] 在数字政府建设方面，提出"以数字为核心，用心服务"的理念，致力于依托数字技术设计包容、无缝和个性化的政策和服务，以更大的同理心为公民服务。新加坡的数字政府建设不是简单的电子政府建设，而是融入全面的数字治

---

① 汪玉凯：《数字化是政府治理现代化重要支撑》，《国家治理》2020 年第 14 期。

② 内容收集整理自新加坡智慧国建设官方网站，参见 https：//www.smartnation.gov.sg/。

理理念，从 6 个方面进行建设，具体包括：①围绕公民和企业需求整合服务；②加强政策与业务间、业务间的系统化和一体化；③重新设计政府的信息通信技术基础设施；④运行可靠、有弹性和安全的数字系统；⑤提高政府工作人员的数字化能力，不断追求创新；⑥与公民和企业共同创造，并促进技术的应用。

2. 苏黎世

2021 年 IMD 智慧城市指数将苏黎世列为全球最智能城市的第 2 名，仅次于新加坡。苏黎世在智慧城市建设和数字治理方面取得的成功是基于其在城市管理方面形成的良好基础。苏黎世在智慧城市建设过程中围绕 4 个核心：一是面向城市的挑战和目标群体的需求；二是建立基于人、物、组织的智能网络；三是可靠、开放、安全的数据基础设施；四是不断测试和尝试创新方法。在数字治理方面，苏黎世致力于建立更强大、便捷的网络，以鼓励民众与政府部门增加接触，促进民众的参与。具体来看，主要包括 3 个方面的内容：一是推动行政管理部门的创新，设立数字化创新基金，支持城市管理的数字化创新，鼓励行政管理人员开展创新实践，以及设立"创新伙伴项目"，邀请 ICT 领域的学者和业界专家加入进来；二是促进城市层面的广泛合作，通过成立"智慧城市实验室"（Smart City Lab）统筹各项目的开展，鼓励国内外不同利益相关方的合作，在保护个人隐私的前提下大力推动政府数据开放；三是通过数字化手段促进交流和对话，如搭建智慧城市项目网站，提供个人参与的接口，实时监测来自民众的建议和反馈。

3. 奥斯陆

奥斯陆在 2021 年 IMD 智慧城市指数排名中列第 3 位。奥斯陆在智慧城市建设中因绿色环保而知名，2019 年被欧盟委员会授予"欧洲绿色首都"称号。2019 年 8 月，挪威发布了"挪威智慧和可持续城市社区路线图"，为挪威各地政府提供了智慧城市建设指南。指南中的各项计划都致力于使城市变得更加绿色、环保、可持续和有韧性。例如，利用物联网技术（IoT）监测和追踪垃圾废料、降低建筑交通的能源消耗、提升水供应的稳定性等。挪威的智慧城市建设计划中将奥斯陆选为智能绿色交通解决方案的测试实验室。作为电动汽车领域的世界领导者，奥斯陆计划从 2025 年开始禁止销售内燃机汽车，以实现到 2020 年将温室气体排放量减半、到 2050 年之前实现碳中和的宏伟环境目标。

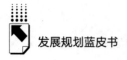

政府在推广零排放汽车上制定了有效的激励措施，取消大部分税收，提供免费停车和充电点，并授予公交车道使用权。

专栏：奥斯陆通过数字治理促进城市包容性发展

奥斯陆将智能建筑建设与数字治理相结合，促进城市包容性发展。奥斯陆政府推出了一个为期 10 年的"Future Built 计划"，联合私人和公共合作伙伴完成 50 个建筑和社区发展项目，与现行标准相比，建设项目必须将碳排放减少 50%，提供真正的城市建筑，且位于公共交通枢纽附近。此外，作为一个老龄化压力加大的城市，奥斯陆也在积极探索面向老年人和特殊人群的智慧建筑创新，例如"阿尔玛之家"示范公寓项目就是应用数字辅助技术，服务于痴呆症患者及其家人。这些项目体现了奥斯陆在数字化治理方面的包容性，包容性也成为奥斯陆在数字化治理方面的一大特色，使得政府与不同部门建立起良好的关系。奥斯陆成立的"奥斯陆加速器"组织，成为政府和私营部门联系的"桥梁"，该组织定期举办"智能奥斯陆球场"（Smart Oslo Pitch）比赛，使企业家能够展示在居民日常生活领域的创新成果。

4. 纽约

作为世界知名大都市，纽约早在 2011 年就提出了"数字城市路线图"，并制定了明确的数字战略。在智慧城市建设方面，纽约既重视基础设施完善，也重视数字包容性的提升。2011 年以来，纽约推动大规模的基础设施修缮工程，通过数字技术的应用提升照明、水质保护、废物管理、空气污染等基础设施的功能；并启动一系列计划，扩大低收入地区的免费无线网络覆盖范围，为市民、初创公司提供数字技术项目的协同办公空间等。2015 年，纽约制定"物联网战略"，致力于建立一个健康的跨部门物联网生态系统。纽约的智慧城市建设和数字治理不是只停留在推动数字技术创新和应用层面，而是真正地践行"数据驱动"这一理念。纽约高度重视数据开放，2012 年通过《开放数据法案》，并设立纽约开放数据平台（NYC Open Data），向公众开放大量政府部门数据。与此同时，纽约还推动以数据为驱动的行政体制机制改革，如设立首席信息官、开设市长数据分析办公室等。

（二）国内代表性智慧城市建设与数字治理的基本情况

得益于新一代信息技术的高速发展和商业化，我国已成为智慧城市计划的全球领导者，大数据、物联网、人工智能等技术在城市管理领域得到大规模应用。下文以北京、上海、深圳为例，分析三大具有代表性的智慧城市的数字治理特点。

1. 北京

我国的智慧城市建设与行政管理数字化转型绑定在一起，北京作为首都，在行政管理数字化转型方面一直发挥着引领和带动作用。当前，在全国范围内大规模推广的网格化管理模式就起源于北京。2004 年北京市东城区首创城市网格化管理模式，通过运用信息技术和再造工作流程来解决城市管理面临的难题。2008 年为保障奥运会顺利举办，北京建成城市运行监测平台，在奥运期间每天报送城市运行体征指标，为决策提供依据，成为城市管理数字化转型的重要转折点。奥运会之后，随着智慧城市建设的深入，北京逐步构建起由生命线、市政市容、环境卫生、网格化管理四大板块组成的城市运行管理信息化"一张网"，下设几十个子系统以支持全流程、精准的城市管理，同时也大力推动不同部门数据的汇聚和以数据为中心的辅助决策机制。在数据开放方面，2012 年北京推出北京市政务数据资源网，整合北京政务部门向社会开放的政务数据资源，网站以定向授权开放为主，公开数据主要来自教育、科技、司法、人社、环境保护、民政、国土和公安等部门。

2. 上海

2011 年上海发布《上海市推进智慧城市建设 2011—2013 年行动计划》，提出利用新一代信息技术为城市管理提供全面支撑，并部署云计算、物联网等8 个专项计划，为智慧城市建设夯实基础。上海从智慧生活、智慧产业、智慧政府等方面做出全面部署，并逐步建成以政府服务"一网通办"和城市运行"一网统管"为抓手的城市数字治理基础设施。"一网通办"相关举措在全国形成示范效应，产生了广泛而深远的影响。近年来，上海不断完善"一网通办"门户功能，推动移动端"随申办"的广泛应用，不断拓展政务服务场景，提升政务服务质量。在城市运行管理上，上海通过"一网统管"系统的建设，极大地提高了城市管理能力。"一网统管"系统由 1 个城市运行指挥系统和数

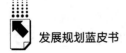
10个涵盖应急管理、社会管控、经济运行和市场监管、生态环境、城市日常管理等的应用系统组成，并形成贯穿于市、区、街镇3级的网格化管理系统。此外，上海还开通了12345市民服务热线和12319城建服务热线，将热线平台系统与城市网格化管理系统进行对接，公众能够通过拨打热线电话反映城市管理问题，为社会公众参与城市管理提供了有效途径。

3. 深圳

2011年深圳发布《智慧深圳规划纲要（2011—2020年）》，提出智慧城市建设的目标和核心内容。与其他特大城市类似，深圳最初的建设规划也是聚焦ICT基础设施建设和城市管理系统（应用）开发。2018年深圳响应推动新型智慧城市建设的国家战略，发布《深圳市新型智慧城市建设总体方案》，提出利用ICT提升公共服务、公共安全、城市治理和经济发展的多重愿景。在基础设施上，构建一个能提供计算、存储、网络、物联感知的统一支持体系；在体制机制改革上，建设城市大数据中心和智慧城市运行管理中心，前者负责城市数据资源的整合、数据开放共享等支撑功能，后者负责城市运行态势展现、跨域业务协同和决策支撑服务；在具体应用方面，推进公共服务、公共安全、城市治理和智慧产业四大领域的应用工程建设。同时，深圳还非常重视网络安全保障体系和新型智慧城市建设标准规范体系的建设，为智慧城市建设提供根本保障。

（三）智慧城市建设与数字治理的经验比较

我国智慧城市建设规划和路线与国外城市有很大不同，国外智慧城市建设依赖政府、企业、市民的多方协作和参与，而我国的智慧城市建设主要是自上而下、以政府投资驱动为主的模式。国外智慧城市在初期建设中就对数字治理的目标理念、实施方案等内容做出了设想和规划，通过加强数字基础设施建设、促进数字技术应用、推动数据驱动创新等方式鼓励民众与政府部门增加接触，积极参与。可以说，国外城市在智慧城市建设过程中自然而然地实现了数字治理，并根据政府和市民的互动不断优化数字治理，提升数字治理能力。我国的智慧城市建设有统一的顶层设计，在国家智慧城市规划和相关政策的指导下，各地开始积极探索，结合自身城市管理难点，大力推动城市治理数字化，在推进政务数字化的过程中积累了宝贵的经验，而后将这些经验推广到更多的地方。如以"一网通办""一网统管"为代表的公共服务创新机制就起源于北京和上海，并逐渐复制到全国，形成了数字治理"中国模式"，实现了基层社区治理的数字化、规模化有序运作。

通过对比国内外具有代表性的智慧城市建设和数字治理的发展历程可以看出，所有城市都非常重视基础设施的数字化及"数字鸿沟"的弥合，并提供具有包容性的数字化服务。国内城市在数字技术应用方面做得更好，特别是在数字基础设施（如互联网覆盖率）和城市运行管理方面形成显著优势。在超大人口规模下，以北京、上海、深圳为代表的网格化、精细化城市治理模式，不论是在实际治理效果还是群众满意度上都有不错的表现。

但是与国外城市相比，国内城市在以下四个方面还存在不足，这也是未来我国智慧城市建设和数字治理应当改进和努力的方向：一是在智慧政府和互联网政务相关系统建设上，国内城市仍遵循政府职能划分和事件分类的思路，而不是根据"人"的需求进行设计。二是在治理内容上，国内城市对创新生态建设和绿色环保的关注度仍然不足，缺少面向整个城市的顶层设计和系统规划。三是在技术对人的赋能上，国内城市对市民数字素养培养和数字技能提升的关注度不够；对特殊群体的关注度不够，在当前的数字治理框架和实践中缺乏提升城市包容性方面的考虑。四是数据开放和共享仍然不足，与新加坡、纽约等城市相比，国内城市的数据开放仍处于打击违法违规行为的被动治理等初级阶段，尚未形成由数据开放带来的活跃的社会创新生态，究其根本还是数据治理能力较弱。

四　借鉴国际经验提升我国城市数字治理能力

基于对国内外具有代表性的城市在数字治理方面的对比，就"十四五"期间推进我国城市数字治理提出以下建议。

第一，不论是互联网政务相关的系统建设还是实际的城市运行管理，未来努力的方向除了变得更加"精细化"外，还应变得更加"以人民为中心"。系统建设可以效仿新加坡的"人生时刻"（LifeSG）应用程序，每个人可以根据自身的需求添加相关服务需求，避免系统界面越来越复杂，特别是降低老年人的操作难度，兼顾不同群体的利益。在实际管理中也应当尝试满足个性化的需

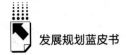

求，弱化管理、强化服务，让人民群众办理事务更加高效，以及有更强的意愿参与城市管理、参与城市建设。

第二，提升科技创新和环境保护方面的数字治理能力，为中小企业和个人的参与提供更好的平台和渠道。在科技创新治理方面，借助数字技术和数字平台，构建政府主导与市场调节有机结合的新型创新资源配置机制，围绕城市建设和城市治理问题，搭建类似于阿姆斯特丹、苏黎世的"智慧城市实验室"平台，促进城市层面的广泛合作，提升社会科创资源动员整合能力；在环境保护治理方面，应从"政府治理"转向"市民治理"，促使每个人都承担起保护城市环境的责任，可以首先在废物和垃圾回收领域试点，增强个人的环保节能意识。可以效仿伦敦的智能废物回收措施，在市内投放大量智能垃圾桶，提高市民垃圾回收便利性的同时，将智能垃圾桶作为自动报警设施，协助保障市民人身安全。

第三，制订面向全体市民的劳动力技能提升计划，在城市数字治理中注重特殊群体社会服务的改善。制定面向全体市民的数字素养培养计划和劳动力技能提升计划，可借鉴新加坡的做法。新加坡教育部于 2016 年成立精深技能发展局，搭建了面向全体国民的技能学习平台，邀请企业在平台上发布课程、提供实习信息，并鼓励企业和高校联合开办培训班，对于积极参与劳动力技能培训的企业，政府会制定有效的激励措施进行资助和补贴。在特殊群体社会服务改善方面，可以借鉴奥斯陆的经验，奥斯陆作为一个同样面临老龄化压力加大的城市，积极探索面向老年人和特殊人群的智慧建筑创新，例如"阿尔玛之家"示范公寓项目就是应用数字辅助技术，服务于痴呆症患者及其家人。通过上述努力，提升城市治理的包容度。

第四，加强数据要素市场相关制度建设和数据安全保护法律保障，促进政府数据的开放共享。具体来看，有以下建议：一是推动数据交易的标准化，针对数据质量、交易合同文本、数据定价机制制定统一的技术标准或参考规范；二是推动建立合理的数据要素收益分配机制，加快数据权益保护立法，营造安全有序的数据流通环境；三是加强数据要素市场监管的法律保障，建立数据溯源追踪机制，从制度上保障数据的合法流动和使用，保护个人隐私和数据安全，并加大对非法数据交易的查处和打击力度；四是提升政府数据开放水平，建立需求导向型的公共数据开放机制，切实提高开放数据的实用性。

参考文献

孟天广、赵娟：《大数据驱动的智能化社会治理：理论建构与治理体系》，《电子政务》2018 年第 8 期。

汪玉凯：《数字化是政府治理现代化重要支撑》，《国家治理》2020 年第 14 期。

曹志佳：《关于加强北京城市治理"一网统管"建设的路径思考》，《城市管理与科技》2021 年第 5 期。

EU-China Smart, Cooperation Green-City, "Comparative Study of Smart Cities in Europe and China," *Current Chinese Economic Report Series*, Springer, 2014.

Burak Erkut, "From Digital Government to Digital Governance: Are We There Yet?" *Sustainability*, 2020, 12（3）.

Alawadhi Suha, Scholl Hans J., "Smart Governance: A Cross-case Analysis of Smart City Initiatives," IEEE, 2016.

Rudolf Giffinger, Fertner Christian, Kramar Hans, et al., "Smart Cities: Ranking of European Medium-sized Cities," Vienna University of Technology, 2007.

B.45
科学治理数字消费补贴发放[*]

钟洲　李琛[**]

摘　要： 我国数字经济的发展使得财政补贴以更直接、更精准的方式向需求端发放，而如何处理好数字消费补贴政策与公平竞争政策之间的关系成为新时期的新课题。本文对2020年以来各省区市与各一线、新一线城市的相关情况进行了研究，发现在数字消费补贴发放过程，很容易产生对补贴适用商品、商户进行不合理限制，以及对发放、核销平台进行不合理限制两类行政垄断风险，对我国统一大市场的建设与国内大循环为主体的战略实施产生负面影响。结合欧盟统一大市场的建设经验，本文建议在数字消费补贴发放过程中，坚持"公开透明"与"竞争中性"原则，加强公平竞争审查。

关键词： 反垄断　消费券　数字经济　公平竞争审查

一　数字消费补贴的政策措施与成效

（一）数字消费补贴的发放情况

受新冠疫情及俄乌战争影响，全球经济受到严重冲击，居民线下消费意愿低，民生服务业大幅收缩，尤其是抗风险能力弱的中小微企业收益急剧减少。

* 本文获得北京市教育委员会科学研究计划项目资助（SM202310038005）。

** 钟洲，中国社会科学院数量经济与技术经济研究所助理研究员，主要研究方向为反垄断、竞争政策；李琛，首都经济贸易大学经济学院讲师，主要研究方向为企业理论。

为保障就业、恢复经济，除了对企业减税降费和向市场提供充足的流动性之外，中央和地方政府多次出台扩大内需、促进消费的政策。其中，通过数字平台，以"数字消费补贴"的形式发放财政补贴成为各地政府刺激消费的重要政策选项，也是数字经济背景下我国财政补贴发放的创新举措。

公开信息显示，2020 年初至 2022 年底，31 个省、自治区和直辖市的所有一线、新一线城市都曾发放数字消费补贴。①

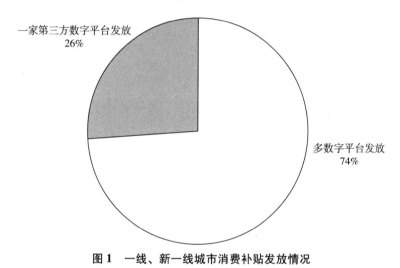

图 1　一线、新一线城市消费补贴发放情况

（二）数字消费补贴发放的必要性及成效

通过数字平台发放财政补贴的最大意义是刺激潜在消费需求，起到加速消费回暖的作用。在数字化发展程度较低的时期，一些国家或地区也曾通过发放纸质消费补贴刺激经济，或作为一种经济救济手段，用于帮扶低收入人群改善生活，维护社会稳定，但均并未大规模铺开。与纸质消费补贴不同，本轮我国各地方政府的财政补贴基本都通过数字平台发放，居民可通过支付宝、微信、美团、云闪付、大众点评、携程等平台领取数字消费补贴。而无论从成本还是效率角度看，数字消费补贴都更具优势，体现在以下方面。

---

① 新一线城市为城市发展研究院发布《2021 年全国城市综合实力排行榜》中所列新一线城市，https://xw.qq.com/amphtml/20210217A08DLE00。

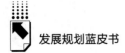

一是覆盖范围广、效率高。平台基于在支付、社交等方面的属性，本身在消费者中具有较高的普及率和渗透率。数字消费补贴借助这些平台的广泛覆盖特点进行发放，能够大范围且快速发放到特定区域、特定人群手中，提高在消费端的触达率。我国电子支付方式的不断创新也使得数字消费补贴能实现高效发放，每日完成数百万份消费补贴的发放和核销。

二是运营成本低、透明度高。数字消费补贴采用电子形式，制作边际成本接近于零，并且采用数字平台进行发放和核销，天然具备防伪能力。此外，数字消费补贴通过互联网数字平台的个人账户信息进行精准发放，增加了消费补贴发放的透明度，保障政府补贴确实落到居民手中，避免贪腐问题。

三是流通轨迹易监测、便于后续决策。数字消费补贴的领取分发、使用、核销都是在平台上进行。平台能够准确、快速地检测到每一份消费补贴信息，如消费补贴的使用时间、地点和方式等。这些数据便于政府部门了解消费补贴流向和评估效果，从而为政府不断优化和调整消费补贴政策提供数据支撑。

对消费补贴刺激效果的早期研究普遍支持消费补贴对经济纾困的刺激效果，但对不同类型产品（如耐用品与非耐用品）的刺激效果存在显著差异。[1]而国内学者的研究则普遍证实了数字消费补贴的积极效果。其中，林毅夫等通过分析微信支付数据、疫情数据和城市经济状况数据发现，发放数字消费补贴对消费有积极效果，且在第三产业占比高的地区，数字消费补贴会显著增加交易活跃程度。[2] Liu 等[3]和 Xing 等[4]分别通过对杭州数字消费补贴和绍兴数字消费补贴的研究发现，数字消费补贴对居民消费有积极效果。汪勇等基于绍兴数字消费补贴数据发现，数字消费补贴显著提高了餐饮商户的经营业绩，且这种

[1] Hoynes H., Schanzenbach D., "Consumption Responses to In-kind Transfers: Evidence from the Introduction of the Food Stamp Program," *American Economic Journal: Applied Economics*, 2009, 1 (4).

[2] 林毅夫、沈燕、孙昂：《中国政府消费券政策的经济效应》，《经济研究》2020 年第 9 期。

[3] Liu Q., Shen Q., Li Z. H., Chen S., "Stimulating Consumption at Low Budget-Evidence froma Large-Scale Policy Experiment Amid the COVID-19 Pandemic," *Management Science*, 2021, 67 (12).

[4] Xing W., Zou E., Yin Z. T., Wang Y., "Quick Response' Economic Stimulus: The Effect of Small-Value Digital Coupons on Spending," Forthcoming in *American Economic Journal, Macroeconomics*, 2022.

影响具有一定持续性。此外，数字消费补贴在增加消费者对食品、手机等商品消费的同时，并未挤占其对其他零售商品的消费。①

二 数字消费补贴发放的行政垄断风险

值得注意的是，在地方政府通过数字平台发放消费补贴的过程中，也隐含了一些行政垄断风险。党的二十大报告提出加强反垄断和反不正当竞争，破除地方保护和行政性垄断，依法规范和引导资本健康发展。从中长期来看，若不对这些垄断风险进行提前预防、合理规范，将不利于我国统一大市场的建设与国内大循环为主体的战略安排。

有鉴于此，本文基于2020年以来各地方政府数字消费补贴发放的实际情况，对相关行政垄断风险进行了研究，发现：在数字消费补贴发放过程中，主要存在两类相关行政垄断风险，第一类是限制适用商品或适用商户，第二类是限制发放平台或核销平台（见表1）。根据《反垄断法》对滥用行政权力排除、限制竞争的规定，相关行为涉嫌违反《反垄断法》第四十条"行政机关和法律、法规授权的具有管理公共事务职能的组织不得滥用行政权力，通过与经营者签订合作协议、备忘录等方式，妨碍其他经营者进入相关市场或者对其他经营者实行不平等待遇，排除、限制竞争"以及第四十二条"行政机关和法律、法规授权的具有管理公共事务职能的组织不得滥用行政权力，以设定歧视性资质要求、评审标准或者不依法发布信息等方式，排斥或者限制经营者参加招标投标以及其他经营活动"。

（一）对适用商品、商户进行不合理限制

当前各地发放的数字消费补贴普遍仅适用于特定的商品或商户，主要存在以下四种可能的风险行为。

一是将消费补贴的适用商品限定为特定辖区内生产、提供的特定商品。例如，某省的汽车补贴仅限于省内生产的车辆，某省针对旅游的消费补贴仅适用

---

① 汪勇、尹振涛、邢剑炜：《数字化工具对内循环堵点的疏通效应——基于消费券纾困商户的实证研究》，《经济学（季刊）》2022年第1期。

于省内 A 级景区、星级饭店、民宿、乡村旅游点、文化艺术演出场所、非遗产品销售等。其可能带来的风险是，辖区内生产、提供的特定商品与辖区外生产、提供的商品常常属于同一相关地域市场，则将消费补贴的适用限定为特定辖区内生产、提供的特定商品（不包括提供销售外地商品的服务）可能会损害相关市场内其他同类经营者的合法利益，危害市场竞争秩序。

表 1　数字消费补贴的行政垄断风险与公平竞争审查的适用标准

主要风险	风险点	适用标准	适用标准细则
风险 1：对消费补贴适用商品、适用商户的范围进行不合理限制	限定为特定辖区内生产、提供的特定商品	商品和要素自由流动标准	对外地和进口商品、服务实行歧视性价格和歧视性补贴政策
			排斥或者限制外地经营者参加本地招标投标活动
	限定为特定特征、型号、功能的商品	影响生产经营成本标准	给予特定经营者优惠政策
	限定为特定辖区、或场所内的商户	商品和要素自由流动标准	对外地和进口商品、服务实行歧视性价格和歧视性补贴政策
			排斥或者限制外地经营者参加本地招标投标活动
		市场准入和退出标准	限定经营、购买、使用特定经营者提供的商品和服务
	对商户、场所遴选进行不合理的限制	商品和要素自由流动标准	排斥或者限制外地经营者参加本地招标投标活动
		影响生产经营成本标准	给予特定经营者优惠政策
风险 2：对消费补贴的发放、核销平台进行不合理限制	限定特定发放、核销渠道	市场准入和退出标准	限定经营、购买、使用特定经营者提供的商品和服务
	对发放、核销渠道的招投标、遴选标准进行不合理的限制	商品和要素自由流动标准	排斥或者限制外地经营者参加本地招标投标活动
		影响生产经营成本标准	给予特定经营者优惠政策
	未合理区分发放和核销环节	市场准入和退出标准	限定经营、购买、使用特定经营者提供的商品和服务

资料来源：笔者整理。

二是限定为特定特征、型号、功能的商品。如一些地方政府将消费补贴限制为适用特定价位（如 10 万元）的汽车，或特定本地生产的特定型号的汽车。如果在同一相关市场内，适用消费补贴的商品与不适用消费补贴的商品相竞争，则限制适用商品的范围将对相关市场的竞争产生负面影响。

三是将消费补贴的适用商户直接限定为特定辖区或场所内的商户，包括将消费补贴的适用商户限定为特定地域范围内的企业，或限定为特定数字平台、线下商场内的企业，甚至特定企业。如某市消费补贴的发放、核销、适用商户都被限定为京东商城自营部分。类似做法相当于给同一辖区内的特定经营者予以补贴，很可能促使消费者偏向在特定经营者处进行交易，排除、限制商户之间的公平竞争。

四是虽未直接限定商户，但对商户遴选进行不合理的限制，进而影响商户之间的公平竞争。如某地绿色节能消费补贴规定家居建材零售企业直营门店不少于 3 家，超市直营门店不少于 10 家，家电零售企业直营门店不少于 20 家。这事实上将同一辖区内的中小商户排除在外，可能排除、限制商户之间的公平竞争。

（二）对数字消费补贴的发放、核销平台进行不合理限制

当前各地发放的数字消费补贴普遍通过特定的第三方平台进行发放、核销，其间存在三种行政垄断风险。相关行为同样涉嫌违反《反垄断法》第四十条"行政机关和法律、法规授权的具有管理公共事务职能的组织不得滥用行政权力，通过与经营者签订合作协议、备忘录等方式，妨碍其他经营者进入相关市场或者对其他经营者实行不平等待遇，排除、限制竞争"以及第四十二条"行政机关和法律、法规授权的具有管理公共事务职能的组织不得滥用行政权力，以设定歧视性资质要求、评审标准或者不依法发布信息等方式，排斥或者限制经营者参加招标投标以及其他经营活动"。

一是未经公平竞争审查、招投标程序，直接限定第三方发放渠道。地方政府通过自身平台进行发放消费补贴是一种行政过程性行为，并不会影响消费补贴发放服务市场上的竞争。但若地方政府通过第三方平台发放消费补贴，地方政府应当为相关平台提供公平竞争的环境，不得滥用行政权力排除或限制数字平台的竞争。大部分一线、新一线城市在发放数字消费补贴过程中，都限定由一个数字平台进行发放、核销，如果未进行严格的公平竞争审查，将存在行政垄断风险。根据对公开信息的检索，仅少数省区市公布了消费补贴发放的公平竞争审查工作的通知。

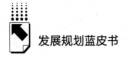

二是在相关遴选、招投标过程中，对发放渠道的招投标、遴选标准进行不合理的限制。其可能实施的行为包括排斥或者限制外地经营者参加本地招标投标活动，或在相关招投标活动中，设置偏向特定经营者的标准。限定或变相限定供应商，甚至直接指定消费补贴发放平台。通过信息检索财政部中国政府采购网采购公告，时间段选取 2019 年 1 月 1 日至今，关键词选取为"消费补贴"，仅检索出有限的消费补贴相关采购公开信息。这些公开信息显示，地方政府并未将公开招标作为选择第三方发放、核销平台的主要方式，而是将竞争性谈判、竞争性磋商、单一来源采购，以及可能适用的邀请招标等作为选择第三方发放、核销平台的主要方式。

由于公开招标时间周期较长，而地方政府的消费补贴发放服务具有技术复杂、性质特殊的特点，且时间要求往往较为紧急，故可以适当选择除公开招标以外的其他采购方式。但其他采购方式相较于公开招标而言，供应商选择范围较小，易导致地方政府通过设定不合理条件排斥或限制其他供应商参与政府采购活动，限定或变相限定供应商，甚至直接指定消费补贴发放平台，这可能涉嫌滥用行政权力排除或限制相关市场竞争。因此，对消费补贴发放渠道招投标活动的采购方式选择、设定供应商条件与标准等行政行为应该进行严格的公平竞争审查，防范和避免行政垄断行为。

三是未合理区分发放和核销环节所涉第三方渠道。当前许多地方政府都将消费补贴的发放和核销限制在同一平台，即消费者需要在同一平台获取消费补贴并通过该平台进行使用（见图2）。其间若存在行政垄断行为，既可能对发放环节相关市场的竞争产生影响，也可能对核销环节相关市场的竞争产生影响。

三　治理消费补贴发放的国际经验——以欧盟为例

（一）欧盟平衡财政政策与竞争政策的制度安排

欧盟实行分散的财政政策与统一的竞争政策。一方面，成员国独立制定本国的财政与产业政策；另一方面，"欧盟统一大市场"的目标要求欧盟成员国在处理涉及市场竞争问题时，须遵守欧盟法律法规。在这种政策体系下，欧盟对包括消费补贴在内的所有公权力参与市场行为的法律判断、立法策略、法律

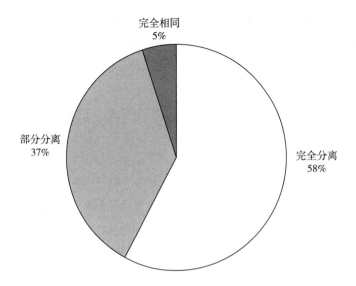

图2　一线、新一线城市消费补贴发放平台和核销平台重叠情况

程序均有详细规定，可为我国科学治理消费补贴发放、推进统一大市场建设提供参考。

根据欧盟及其成员国财政补贴或国家补贴发放相关规则，欧盟处理补贴问题的主要导向是维护其内部市场统一，保障内部市场中各要素的自由流动。在此基础上，欧盟立法者将补贴活动拆分为三个阶段：补贴准备阶段、补贴合法性判断阶段、补贴发放阶段。

补贴准备阶段与补贴合法性判断阶段受到欧盟补贴法的专门规制。在形式上，补贴与补贴合法性的判断标准、审批机关的层级被控制在欧盟层面，成员国没有对应的立法权限与管辖权限；在内容上，补贴与补贴合法性的判断标准由诸多不确定法律概念组成，主要依据欧盟立法上的细化规则最终确定。

补贴发放阶段则受到欧盟法与成员国相关法律法规的共同规制。在形式上，基于欧盟统一大市场的目标要求，成员国完成本国法律法规体系建设；在内容上，虽然立法规则仍需要借助不确定法律概念保证规则的灵活度与可执行性，但是由于目标要求中包括了成员国提供司法权力救济路径，这些不确定概念在法院判决文书中被不断阐释。伴随实践中的经验积累，这些不确定概念的边界与细化标准逐渐清晰化，其中一些甚至发展成为确定概念，并被纳入立法。

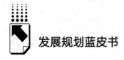

为了避免相关补贴排除、限制竞争，危害欧盟内部统一大市场。欧盟补贴法特别强调对补贴的事前合法性审查，包括两类形式：一是由欧盟委员会主导的"一事一议"审查框架，二是由补贴发放人主导的《补贴标准法案》（以下简称"标准法案"）自审框架。在"一事一议"审查框架下，欧盟委员需要判断成员国的行为是否属于国家补贴，以及是否有足够的依据、证据表明该笔国家补贴具有合法性。欧盟预设了国家补贴行为排除、限制竞争的立场，但同时也承认国家补贴有一定的必然性与合理性，并为此设置了诸多允许国家补贴的标准与要求，涉及补贴相对人、选择补贴相对人的方法、补贴为相对人带来的收益、补贴涉及的国家手段、扭曲竞争的情形、行为在成员国之间产生的负面影响等六个标准。

在标准法案自审框架下，欧盟成员国可以根据标准法案确定的补贴大类设计补贴方案，无须事前向欧盟委员会申报，即可发放国家补贴。所有成员国在发放国家补贴之前都需向欧盟委员会申报，由欧盟委员会判断成员国能否向特定企业或行业提供补贴。在符合标准法案规定的情况下，成员国被免除申报义务，可以不经欧盟委员会同意就发放国家补贴，但同时保留欧盟委员会、欧盟其他成员国、受到补贴不合理影响的经济主体就国家补贴向补贴发放人提起诉讼的权力。此外，立法者在标准法案中规定了补贴大类，以及不同情况下具体补贴数额的上限与可发放补贴的时间区间（见表2）。一旦补贴发放人违反这两个硬性标准，将退回到欧盟委员会主导的"一事一议"审查框架，或必须在法定期限到来时停止补贴行为。

表2 欧盟标准法案的内容结构

标准法案内容结构	
概念界定	正文部分统一界定了143个相关概念；附件1专门界定了"中小企业"*
补贴大类	地方性补贴
	中小企业补贴
	开设中小企业的补贴
	科研、发展与创新补贴
	教育补贴
	雇员补贴（仅限生活障碍和身体残疾雇员）
	环境保护补贴
	灾后重建补贴
	偏远地区居民社会补贴

续表

标准法案内容结构		
补贴大类	宽带基础设施建设补贴	
	文化与文化遗产保护补贴	
	体育基础设施与多功能休闲基础设施补贴	
	地区基础设施补贴	
监督机制	向欧盟委员会登记;事前公开信息	
生效期间	2014:2014.01.01~2020.12.21	
	2020:2014.01.01~2023.12.31**	

注:"*"该附件见 https://www.foerderdatenbank.de/FDB/Content/DE/Foerderprogramm/EU/allgemeine-gruppenfreistellungsverordnung-agvo.html。"**"在 2020 年,欧盟将标准法案生效期限延长至 2023 年 12 月 31 日。

资料来源:Verordnung (EU) Nr. 651/2014。

(二)德国新能源汽车补贴的发放

在 2020 年,欧盟将标准法案生效期限延长至 2023 年 12 月 31 日后,德国即开始着手发放包括新能源汽车补贴在内的各类国家补贴(见表 3)。德国各个补贴发放人只需尽可能地将其补贴的发放与标准法案的补贴类型联系在一起,即可免除补贴发放在欧盟层面的事前合法性审查。

表 3　2020 年以来德国新能源汽车补贴项目一览

补贴项目	发放单位	补贴设计思路
Förderrichtlinie Elektromobilität	联邦交通与数字基础设施部	环境、能源与科技创新类补贴
Umweltbonus	联邦经济与出口控制办公室	环境类补贴
Förderrichtlinie Markthochlauf NIP2	联邦数字与交通部	促进市场效率类补贴
Wirtschaftsnahe Elektromobilität	柏林地区 州级别补贴	地区经济运行类补贴
Förderprogramm Inklusionstaxi Berlin	柏林地区 州级别补贴	出租车行业(生产工具转型)补贴
Klimaschutz-förderrichtlinie Unternehmen	Mecklenburg-Vorpommern 州 州级别补贴	气候保护、中小企业类补贴
BW-e-Solar-Gutschein	巴登符腾堡 州级别补贴	环保、气候保护类补贴

补贴项目	发放单位	补贴设计思路
Taxiladekonzept für Elektrotaxis im öffentlichen Raum	科隆市 市级别补贴	出租车行业(生产工具转型)补贴
Klimaschutzoffensive für den Mittelstand	德国复兴信贷银行	环境保护类补贴(借贷、金融、信用类)
Treibhausgas Minderungsquote	通过经济主体之间碳排放交易,变相补贴消费者	

资料来源：根据公开资料整理。

德国新能源汽车补贴设计思路有两点值得借鉴。一是在适用商品和商户的确定方面，在事前充分收集符合标准的产品清单，再通过"形式审查"将所有符合条件的新能源汽车供应商及相关型号纳入补贴范围。以联邦经济与出口控制办公室组织的"Umweltbonus"项目为例。"Umweltbonus"项目的补贴对象是符合特定碳排放标准的新购或近期购置的新能源汽车。联邦经济与出口控制办公室在补贴正式发放开始之前发布事前公告，征集符合相关技术标准的产品清单。生产商或经销商主动申报满足相关技术标准的汽车型号和定价，其间不存在政府采购或行政指令行为。产品清单会随产品的不断增加而更新。终端消费者根据产品清单向补贴发放人申请补贴发放，经形式审查后，补贴发放人通过申请人在申请中填写的银行信息，将补贴转账至申请人账户。

二是补贴发放人可以通过政府采购将补贴发放交由第三方完成，但需要进行严格的遴选程序。补贴发放人是否自行实施发放，取决于两方面的考虑：其一，补贴发放人是否有能力自己完成补贴发放；其二，交由第三方实施补贴发放是否有经济合理性，即包括成本—收益与财政活动的溢出效应。若选择由第三方发放、核销，补贴发放人会面临两难问题：第一，难以准确预估交由第三方进行补贴发放、核销服务的具体履行条件，而政府采购合同中又常常需要明确合同相对人、给付数量、给付方式等内容；第二，政府采购本身带有公权力参与经济活动的属性，如果仅将补贴发放交由一家供应商，那么可能会影响到相关市场的公平竞争秩序。有鉴于此，德国政府常常选择通过采购程序，先签订"框架协议"，等到时机成熟，再签订采购合同。其中，框架协议事前公告的内容、对框架协议成员企业的特别要求等都需要满足公平竞争的相关要求。

四 政策建议

党的二十大报告提出加强反垄断和反不正当竞争，破除地方保护和行政性垄断。基于党的二十大精神，有必要在数字消费补贴发放过程中，协调好补贴政策与公平竞争政策的相互关系。建议在后续数字消费补贴发放过程中，坚持"公开透明"与"竞争中性"原则。

公开透明原则要求在确定适用商品、商户、发放、核销平台过程中，公开透明。一是消费补贴公开立项，确保能够参与消费补贴发放的数字平台都能知晓相关信息。二是公开招标或遴选。有关部门应该进行充分的事前公告，以保证适格的商户、商品、数字平台都能够有机会参与招标或遴选。参考欧盟国家的经验，事前公告充分与否，取决于有关部门是否公开招标或遴选规则，且事前公开的规则是否使数字平台能够通过这些规则判断其能否参与招标或遴选。[①]

竞争中性原则要求对数字消费补贴的发放、核销过程进行严格的公平竞争审查。2016 年颁布的《国务院关于在市场体系建设中建立公平竞争审查制度的意见》要求政策制定机关在制定市场准入、产业发展、招商引资、招标投标、政府采购、经营行为规范、资质标准等涉及市场主体经济活动的规章、规范性文件和其他政策措施时，进行公平竞争审查，避免排除、限制竞争。2022 年 4 月颁布的《中共中央 国务院关于加快建设全国统一大市场的意见》进一步提出"完善公平竞争审查制度，研究重点领域和行业性审查规则，健全审查机制，统一审查标准，规范审查程序，提高审查效能"。这就要求地方政府在微观层面，对数字消费补贴出台前进行详细的公平竞争审查，对照公平竞争审查相关实施细则（见表 1），防止行政垄断风险。为提高对各地消费补贴进行公平竞争审查的效率，应明确审查重点、统一相关审查标准，国家反垄断局可参考欧盟标准法案的经验，发布专项审查细则。

---

① 钟洲、蔡跃洲：《数字经济时代协调消费补贴与公平竞争面临的新问题及其应对》，《中国发展观察》2022 年第 11 期。

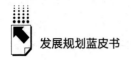
参考文献

林毅夫、沈燕、孙昂：《中国政府消费券政策的经济效应》，《经济研究》2020 年第 9 期。

汪勇、尹振涛、邢剑炜：《数字化工具对内循环堵点的疏通效应——基于消费券纾困商户的实证研究》，《经济学（季刊）》2022 年第 1 期。

钟洲、蔡跃洲：《数字经济时代协调消费补贴与公平竞争面临的新问题及其应对》，《中国发展观察》2022 年第 11 期。

Hoynes H., Schanzenbach D., "Consumption Responses to In-kind Transfers: Evidence from the Introduction of the Food Stamp Program," *American Economic Journal*: *Applied Economics*, 2009, 1 (4).

Hsieh C., Shimizutani S., Hori. M., "Did Japan's Shopping Coupon Program Increase Spending," *Journal of Public Economics*, 2010 (94).

Kan S. K. Peng, P. Wang, "Understanding Consumption Behavior: Evidence from Consumers Reaction to Shopping Vouchers," *American Economic Journal*: *Economic Policy*, 2017, 9 (1).

Liu Q., Shen Q., Li Z. H., Chen S., "Stimulating Consumption at Low Budget-Evidence froma Large-Scale Policy Experiment Amid the COVID-19 Pandemic," *Management Science*, 2021, 67 (12).

Xing W., Zou E., Yin Z. T., Wang Y., "Quick Response' Economic Stimulus: The Effect of Small-Value Digital Coupons on Spending," Forthcoming in American Economic Journal, *Macroeconomics*, 2022.

B.46
以平台经济增加中低收入群体要素收入[*]

端利涛[**]

摘　要： 按要素分配是中国特色社会主义市场经济分配制度的重要内容，探索多种渠道增加中低收入群体要素收入是当下推进共同富裕的重要任务。本文梳理了平台经济中的劳动要素收入分配情况，认为平台经济可以作为增加中低收入群体要素收入的重要途径。增加劳动就业、优化收入分配和改善公共服务是平台经济增加要素收入的三个着力点。在此基础上，本文提出平台经济增加中低收入群体要素收入的实现路径：第一，规范和保障零工经济发展；第二，加快推进平台经济均衡发展；第三，大力推广基于平台模式的共享经济。

关键词： 平台经济　中低收入群体　要素收入

一　中国要素分配演进与平台经济中的劳动力要素收入

按生产要素分配是中国特色社会主义市场经济分配制度的重要内容，是依据不断发展的中国经济，内容逐渐丰富的中国式分配方式。从新中国成立初期对社会主义制度的探索，到改革开放后对市场经济的尝试，再到新时代中国平台经济的繁荣发展，按生产要素分配在提高国民收入方面一直发挥着决定性作用。特别是进入新时代后，移动互联网的快速发展使平台经济在国民经济深度渗透，越来越多的劳动力开始从依靠工资收入逐步转向依靠分成收入（按生产要素贡献分配）。

---

[*] 本文为2022年国家社科基金重大项目"健全互联网领导和管理体制研究"（22ZDA079）阶段性成果。

[**] 端利涛，中国社会科学院数量经济与技术经济研究所，中国社会科学院信息化研究中心，中国经济社会发展与智能治理实验室，主要研究方向为平台经济、数字经济、信息化。

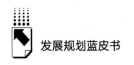

（一）中国要素收入分配的发展历程

"让要素参与收入分配"是新中国成立以来，在中国共产党的领导下不断在实践中探索和完善的结果。新中国成立之后，通过公私合营、三大改造逐渐确立了社会主义制度，为发展社会主义市场经济奠定了制度基础；改革开放之初，基于当时的世界环境和中国的实际情况，充分论证了市场经济的属性与国家的政治制度没有必然联系，只要符合"三有利于"，都可以用来为社会主义现代化建设服务。在此基础上，中国共产党领导下的中国不断进行经济制度改革，从党的十四大到党的二十大，逐步建立起"公有制为主体、多种所有制共同发展"的基本经济制度和"坚持按劳分配为主体、多种分配方式并存"的分配制度（见表1）。在这个过程中，尽管从绝对增量上看，人均收入实现了大幅提升，但年增长率低于工资性收入（见图1），这反映出中国居民要素收入不足的事实。

表1　改革开放后社会主义市场经济要素分配的重要事件

年份	会议	相关表述	改革里程碑
1992 年	党的十四大	以按劳分配为主体,其他分配方式为补充,兼顾效率与公平	提出允许多种分配方式并存
1993 年	党的十四届三中全会	允许属于个人的资本等生产要素参与收益分配	明确资本作为生产要素参与分配
1997 年	党的十五大	把按劳分配和按生产要素分配结合起来。着重发展资本、劳动力、技术等生产要素市场	增列技术为生产要素
2002 年	党的十六大	按劳分配为主体,多种分配方式并存,确立劳动、资本和管理等生产要素按贡献参与分配的原则坚持效率优先、兼顾公平	增列管理为生产要素
2007 年	党的十七大	要坚持和完善按劳分配为主体、多种分配方式并存的分配制度,健全劳动力、资本、技术、管理等生产要素按贡献参与分配的制度,初次分配和再分配都要处理好效率和公平的关系,再分配更加注重公平	提出创造条件让更多群众拥有财产性收入

续表

年份	会议	相关表述	改革里程碑
2013 年	党的十八届三中全会	健全资本、知识、技术、管理等要素市场决定的报酬机制 强调国家保护各种所有制经济产权和合法利益，保证各种所有制经济依法平等使用生产要素、公开公平公正参与市场竞争、同等受到法律保护，依法监管各种所有制经济	增列知识为生产要素
2019 年	党的十九届四中全会	健全资本、知识、技术、管理、数据等生产要素由市场评价贡献、按贡献决定报酬的机制	增列数据为生产要素
2022 年	党的二十大	完善按要素分配政策制度，探索多种渠道增加中低收入群众要素收入，多渠道增加城乡居民财产性收入	

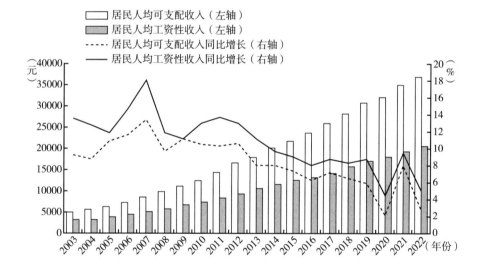

图 1　2003～2022 年居民人均可支配收入和人均工资性收入

资料来源：国家统计局。

　　长期以来，由于非劳动生产要素分布不均、资本相对劳动力稀缺，以至于生产过程中资本劳动力替代弹性较大（显著大于 1），资本对劳动力的替代显著拉低了劳动力收入份额，使劳动力要素在价值分配中的地位逐渐下降，客观上扩大了贫富差距。① 党的十八大之后，中国经济已经奠定了非常雄厚的基础，党中央开始逐渐将实现全国人民的共同富裕作为工作重心，不断提高劳动力要素在价值分配中的比重。根据张晓婧和丁一兵的研究，总体层面上，1997年之后中国劳动收入份额逐步下降，2012年开始逐步回升，但逐渐变缓，徘徊在50%左右。② 因此，为了进一步提高居民收入，党的二十大强调，要"完善按要素分配政策制度，探索多种渠道增加中低收入群众要素收入，多渠道增加城乡居民财产性收入"。

（二）平台经济中的劳动力要素收入

中国已经实现了全面脱贫，但从长期来看中国人民的收入渠道相对单一，绝大多数人主要依靠出卖劳动换取相对较低的工资性收入。根据国家统计局的数据，2021年城镇居民人均工资性收入占城镇居民人均可支配收入的60.07%，美国为62.33%；而与之相应的是，2021年美国GDP为22.99万亿美元，居民总可支配收入为20.98万亿美元，居民总工资性收入为13.08万亿美元，居民总可支配收入占GDP的比例为91.25%，居民总工资性收入占GDP的比例为56.89%，2021年中国GDP为17.73万亿美元，城镇居民人均可支配收入占GDP的58.55%，城镇居民人均工资性收入占GDP的35.17%。③ 显然，与美国相比，中国提高居民收入在国民经济中的比例，特别是基于工资性收入比例仍任重道远。党的二十大报告提出，"分配制度是促进共同富裕的基础性制度，完善按要素分配政策制度，探索多种渠道增加中低收入群众要素收入"。在这个背景下，"完善按要素分配政策制度"的本质就是要通过改善分配方式和分配结构，提高劳动在初次分配中的比重。

在新时代中国劳动份额增加的这个过程中，平台经济贡献了巨大力量。

---

① 陈登科、陈诗一：《资本劳动相对价格、替代弹性与劳动收入份额》，《世界经济》2018年第12期。

② 张晓婧、丁一兵：《中国行业层面劳动收入份额变动的测算及结构分解》，《劳动经济研究》2022年第2期。

③ 数据来自国家统计局和 CEIC Data，http://www.stats.gov.cn/tjsj/zxfb/202201/t20220117_1826403.html；https://www.ceicdata.com/zh-hans/united-states/gross-domestic-product-purchasing-power-parity/us-gni-ppp-gni-per-capita。

近十年来，平台经济为中国提供了大量相对高薪的岗位，例如码农、外卖小哥、快递小哥、自媒体经营者等。这些新的岗位直接改变了劳动力要素收入的分配方式。平台经济中，劳动者和平台则是一种合作关系，利用平台提供的机会获得收益分成。例如，微信公众号的经营者撰写文章，利用微信平台的流量获得"打赏"或者广告收益，并按照既定的比例与平台分成，但其与微信平台并不存在传统意义上的雇佣关系。同时，从一定程度上来讲，这种分配方式也改善了劳资分配比。例如，在很多平台与零工者（Gig Worker）的分配比例上，平台拥有者比例小，平台使用者（零工者）比例大，即"平台拿小头，零工者拿大头"。[①] 而且，这种分配方式增加了部分中低收入人群的绝对收入。[②]

因此，平台经济可以作为增加中低收入群体要素收入的重要途径。

二 平台经济增加要素收入的着力点

平台经济是依托于互联网多边平台市场而出现的一种经济形态。其中，互联网多边平台是在互联网虚拟空间中的一种结构系统，通过互联网将多个不同需求的用户群体连接于虚拟的互联网平台上，并利用大数据和智能算法实现不同群体之间的匹配，使之完成交易。在互联网多边平台（以下简称"平台"）撮合不同群体之间完成交易的过程中，平台本身不仅可以提供大量就业岗位，如网约车、网店、快递等，同时也改变了部分劳动力交易方式，[③] 不再是固定的工资模式，而是劳动者与平台方之间的分成模式，并且在这个过程中，劳动者获得的分成比重要大于平台方（如 Apple Store 的三七分成，滴滴打车近乎三七分成）。另外，平台本身也是一种公共服务（如网约车平台、在线医疗平台、在线教育平台等），而公共服务的改善有助于减贫增收和改善收入分配。[④]

---

① 姜奇平：《通用性资产倍增价值是否会极化社会分配》，《互联网周刊》2021年第10期。
② 吕宣如：《新业态下灵活就业人员的社会保险制度研究》，华东师范大学硕士学位论文，2019。
③ 董志强：《平台灵工经济：性质与挑战》，《求索》2022年第2期。
④ 朱盛艳、李瑞琴：《基本公共服务可获得性的农村贫困效应检验：基于增长效应与分配效应的双重审视》，《农村经济》2019年第8期。

因此，平台经济增加低收入群体要素收入有三个着力点：扩大就业、优化收入分配结构和改善公共服务。

（一）增加就业

1992 年诺贝尔奖得主贝克尔教授发现，发达国家的资本有 75% 以上不是实物资本，是人力资本，而人力资本价值的实现在于就业。平台经济对就业的影响一直备受关注，可以归纳为三种效应：替代效应、互补效应和创造效应。[①] 替代效应是指快速发展的数字技术替代了一些人工，造成了劳动力相对冗余；[②] 与此同时，填补平台经济创造岗位所需的劳动力来自其他行业，特别是制造业[③]，造成制造业劳动力相对短缺。但这种相对短缺对就业的影响并非全是负向，依据配第·克拉克定理，劳动者沿着产业结构升级的方向进行迁移，这种替代效应也表现出低附加值的第二产业劳动力向高附加值的第三产业转移。[④] 互补效应和创造效应方面，平台经济一方面与其他产业融合，促进了其他产业发展、创造新的就业岗位；另一方面，平台经济因为设备创新、产品创新和模式创新，可以产生"净岗位创造效应"。[⑤] 因此，平台经济增加就业可以表现在以下三个层面。

第一，平台经济直接创造了大量工作机会。根据《2023 中国数字经济前沿：平台与高质量充分就业》中的不完全统计测算，以微信、抖音、快手、京东、淘宝、美团、饿了么等为代表的平台，2021 年净创造就业岗位约 2.4 亿个，为当年约 27% 的适龄劳动力提供了就业机会。最典型的表现在外卖行业和快递行业。根据 Questmobile，2019 年美团外卖专职骑手数量为 46.5 万

---

① 李力行、周广肃：《平台经济下的劳动就业和收入分配：变化趋势与政策应对》，《国际经济评论》2022 年第 2 期。

② Katz L. F., Krueger A. B. "The Rise and Nature of Alternative Work Arrangements in the United States, 1995–2015," *ILR Review*, 2019, 72 (2).

③ 相较于传统制造业，平台经济所创造的岗位可以提供更高的收入和更灵活的就业方式，如快递行业和外卖行业；反观制造业，劳动力面临的是低收入和近乎"死板"的工作环境和工作方式，青年劳动力"用脚投票"，自然地从传统制造业流向平台。

④ 李敏、刘采妮、白争辉等：《平台经济发展与"保就业和稳就业"：基于就业弹性与劳动过程的分析》，《中国人力资源开发》2020 年第 7 期。

⑤ Katz L. F., Krueger A. B., "The Rise and Nature of Alternative Work Arrangements in the United States, 1995–2015," *ILR Review*, 2019, 72 (2).

人，截至 2021 年美团外卖骑手数量达 75 万人，预计 2025 年骑手人数将达 110 万人。而 2019 年通过美团获得收入的骑手总数达到 398.7 万人，2021 年更是达到了近 527 万人。[1] 特别是新冠疫情期间，在其他产业停摆的时候，仅 2020 年 1 月 20 日至 3 月 18 日，美团就新聘骑手 33.6 万人。在快递行业，仅 2021 年就新增社会就业 20 万人以上；党的十八大以来，我国邮政行业业务收入年均增长 21%，年快递业务量增长 18 倍，行业吸纳就业 400 余万人。除此之外，平台经济还为残障人士提供了就业机会。[2]

第二，平台经济衍生出的新业态促进了多元化就业。平台经济是商业模式创新非常活跃的领域。新冠疫情期间，在大部分传统产业停摆的时候，不仅大量经济活动由线下转到线上，而且围绕互联网平台也出现了新的业态模式。[3] 国家发改委等 13 部门发布了《关于支持新业态新模式健康发展激活消费市场带动扩大就业的意见》，在肯定数字经济新业态对就业的重要性的同时，具体提出 15 个新业态发展方向以促进经济发展和扩大就业。研究表明，劳动者可以利用互联网平台身兼数职，既可以在线下工作，也可以在线上加入"零工经济"增加收入。[4] 例如，对于一些上班族来说，下班之后可以从事电商销售、自媒体运营、文字内容创作、设计、翻译等线上工作，以及外卖配送、网约车或代驾等线下工作。[5]

第三，平台经济优化了劳动力资源配置。2021 年，中央财经委员会第九次会议指出，"平台经济有利于提高全社会资源配置效率"。从劳动力资源配置的角度来看，这种配置效率的提高可以体现在三个方面：一是有效提高了劳动力的匹配效率。平台经济为社会提供了大量的灵活就业岗位。例如，新冠疫情期间，大量的工厂工人迅速转变身份成为快递员和外卖员。这种灵活的就业形势同时也减少了摩擦失业。二是多边市场结构为劳动力拓宽了市场边界。在

---

[1] 美团研究院：《2019 年及 2020 年疫情期美团骑手就业报告》，2020 年 3 月 19 日。

[2] 中国工业设计（上海）研究院股份有限公司、深圳市信息无障碍研究会和埃森哲：《数字包容 科技普惠》，2022 年 6 月 21 日。

[3] 吕本富：《抗疫催生的 24 个数字经济新业态》，数字经济研学会微信公众号，2020 年 4 月 3 日。

[4] 李力行、周广肃：《平台经济下的劳动就业和收入分配：变化趋势与政策应对》，《国际经济评论》2022 年第 2 期。

[5] 周子元：《小心！身兼"数职"可能暗藏劳动风险》，《工人日报》2022 年 10 月 10 日。

线双边市场通过互联网将市场主体（互联网用户、劳动者、商户、厂商等）连接起来，突破地理限制，构建一个虚拟的网络空间，实现远程工作和交易。安德森通过分析 iPod 和 Amazon 上的音乐和商品发现，网络平台构建起一个庞大的利基市场，保证了小众商品的需求者也可以在平台上找到满意的商品。[①] 三是提高了劳动力创造的价值。根据莫怡青和李力行的研究，虽然外卖平台的发展会导致企业注册数量减少，但通过企业和行业层面的异质性分析发现，受到外卖平台负面冲击的主要是低质量、生存型的创业活动;[②] 而且，外卖平台的兴起带动了金融、信息、科研和人力资源等行业的创业，促进了市场细分。平台经济的发展为劳动力价值的充分释放提供了条件。

（二）改善收入分配

数字技术的发展促进了生产工序的分级和生产组织形式的变化，引发了生产活动的区公司化和区组织化。[③] 这种生产关系和组织关系的变化也促使收入分配发生了变化，使企业和劳动者不再是简单的雇用和被雇用的关系，而是一种合作的关系。[④] 在这种情况下，平台经济优化收入分配体现为如下三点。

第一，平台经济提高了劳动者收入水平。根据"用脚投票"原理，劳动者一定会随着市场发展流向效用（收入）最大化的行业。近年来，大量的劳动者涌进反映出平台经济对提升劳动者收入水平的作用。根据广州大学广州发展研究院发布的《2022 年中国广州经济形势分析与预测》，广州"快递小哥"超四成月收入在 5000~8000 元，月收入 1 万元以上的比例为 16.1%，其月平均收入为 6316 元，高于广州市私营单位就业人员平均工资水平，属于中等收入人群。吕宣如的调查显示，2018 年上海外卖骑手的月均可支配收入 6271 元，低于上海市月度平均工资 7132 元，但该数据高于上海打工人薪资收入的

① 〔美〕安德森：《长尾理论》，乔江涛译，中信出版社，2006。
② 莫怡青、李力行：《零工经济对创业的影响——以外卖平台的兴起为例》，《管理世界》2022 年第 2 期。
③ 李力行、周广肃：《平台经济下的劳动就业和收入分配：变化趋势与政策应对》，《国际经济评论》2022 年第 2 期。
④ 端利涛、蔡跃洲：《平台经济影响共同富裕的作用机制及实现路径——基于价值流转的机制分析》，《新疆师范大学学报》（哲学社会科学版）2022 年 11 月 16 日网络首发。

中位数 6000 元，即增加了低收入者的收入水平。[1]

第二，平台经济改善了劳资分成关系。从收入的性质来看，传统企业通过固定的工资购买劳动力的时间和在这段时间内的劳动，使绝大多数劳动力的价值创造存在一个天然的瓶颈——企业内部的分工要求，导致劳动者收入处于绝对水平（即固定工资），很难享受到价值增值部分的收益。[2] 而平台经济，特别是共享经济则不然。平台经济按照"市场化原则、商业化方式"向零工者"有偿共享"生产资料，改变了传统劳动力依靠固定工资获取收入的分配形式，代之以固定比例的佣金模式。在这种模式下，平台方按照一定的产出分成比（租金）公开向外出租平台（生产资料）的使用权，用户自愿选择与平台合作，租用平台提供的生产资料进行价值创造，最后按照既定的产出分成比实现收益分配。特别要指出的是，用户利用平台创造的价值只有转变成正向利润，平台才会从用户处按比例收取相应收益，否则平台并不会向用户收取费用。目前，电商平台、外卖平台、网约车平台、视频（短视频、直播）平台、App 开发平台都采用这种模式。

第三，平台经济挖掘了落后地区的资源价值。平台经济发展起来之前，由于客观条件限制，落后地区的资源很难被发达地区高收入人群发掘，致使这些地区的资源难以实现价值转变。在互联网的高度普及和数字算法的支持下，平台经济具有强连接性和强匹配性。这为落后地区资源的价值信息传播到发达地区创造了条件。在脱贫攻坚的过程中，众多平台企业利用这种强连接性和强匹配性，将落后地区资源的价值信息传播到全国各地，增加了落后地区人民的货币收入。例如，京东集团利用自身的电商平台和物流平台，一方面把落后地区的农产品资源销往全国各地，增加人民收入；另一方面，京东集团充分利用落后山区优良的自然环境，扶持当地人民发展高质量的养殖业，并通过京东商城代销。2016 年至 2021 年初，京东已帮助全国贫困地区上线商品超 300 万种，实现扶贫销售额超 1000 亿元，直接带动超 100 万户建档立卡贫困户增收。[3]

---

[1] 吕宣如：《新业态下灵活就业人员的社会保险制度研究》，华东师范大学硕士学位论文，2019。

[2] 尽管现在的一些企业采取奖金的方式弥补这部分收益，但这种奖金的分配往往是一种固定额度的形式，与工资并无本质区别，而且奖金也只有少数人能够获得。

[3] 《京东五年交出千亿扶贫成绩单》，《瞭望》2021 年第 5 期。

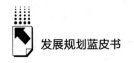
（三）优化公共服务

改善公共服务对于降低居民收入差距的容忍度、优化收入分配、消除收入不平等具有显著的正向作用。[①] "十四五"规划和2035年远景目标纲要提出，"聚焦教育、医疗、养老、抚幼、就业、文体、助残等重点领域，推动数字化服务普惠应用，持续提升群众获得感。推进学校、医院、养老院等公共服务机构资源数字化，加大开放共享和应用力度。推进线上线下公共服务共同发展、深度融合，积极发展在线课堂、互联网医院、智慧图书馆等，支持高水平公共服务机构对接基层、边远和欠发达地区，扩大优质公共服务资源辐射覆盖范围。加强智慧法院建设。鼓励社会力量参与'互联网+公共服务'，创新提供服务模式和产品"。

从现实来看，近十年来平台经济的发展改善了公共服务供给。

第一，平台企业本身就可以是一种公共服务的提供方。根据中国政府网国家政务服务平台关于公共服务的分类，公共服务涵盖了交通出行、医疗卫生、教育科研、就业创业、行政缴费、知识产权、环保绿化、文化体育、消费维权、公共事业等30个主题。[②] 在数字化背景下，从数据共享、业务协同、系统协同等层面，数字经济通过技术创新、模式创新和产品创新改变了公共服务的供给方式和服务方式。[③] 目前，国内平台经济涉及1/3的公共服务。例如，交通出行有网约车平台，医疗卫生有在线医疗平台，教育科研有慕课平台，就业创业有各类自媒体平台等。平台企业依靠多边平台市场模式向公众免费或者低价提供这些公共服务。

第二，平台模式优化了现有公共服务供给。在平台经济发展起来之前，中国的基本公共服务完全由政府提供。由于客观原因存在，"十二五"时期之前

[①] 李琦、倪志良：《公共服务支出提升了居民收入差距容忍度吗？——基于公共服务获得感的中介效应研究》，《经济问题探索》2021年第8期；朱盛艳、李瑞琴：《基本公共服务可获得性的农村贫困效应检验：基于增长效应与分配效应的双重审视》，《农村经济》2019年第8期；王娟娟、余干军：《我国数字经济发展水平测度与区域比较》，《中国流通经济》2021年第8期。

[②] 国家政务服务平台，http://gjzwfw.www.gov.cn/fwmh/bmfw/index.do。

[③] Henfridsson O., Mathiassen L., Svahn F., "Managing Technological Change in the Digital Age: The Role of Architectural Frames," *Journal of Information Technology*, 2014, 29 (1).

我国基本公共服务供给不足、发展不平衡的矛盾突出，基本公共服务的规模和质量难以满足人民群众日益增长的需求。[①] 进入新时代，一方面我国经济实力已经非常雄厚，始终不断地扩大和优化公共服务供给；另一方面，在这段时间，伴随着移动互联网发展的平台经济为公共服务供给提供了"助攻"。首先，各级政府都在构建各自的公共服务平台，将各种政务服务集成到政务服务平台，例如，浙江省推出了"最多跑一次"改革。其次，一些商业平台围绕政务服务开展业务，如黑猫投诉平台；也有一些平台出于公益目的拓展公共服务项目，如天猫利用自身影响力长期在快递包装上发布寻找丢失儿童的相关信息，支付宝和微信集成各种生活缴费接口。最后，政府与商业平台合作，共同优化公共服务供给，如广州的城市微信服务。

三　平台经济增加中低收入群体要素收入的路径

通过上述着力点，平台经济在一定程度上改善了中低收入群体要素收入结构，但仍存在一定问题。第一，平台经济在增加就业岗位和部分群体的收入的同时，也易使劳动者沦为算法的"奴隶"，灵活就业变成"无社保就业"。[②] 解决平台经济中劳动力的社保问题是当务之急。第二，"数字鸿沟"和数字基础设施分布不均导致平台经济主要在东部发达地区发展，而在西部地区平台发展不足，难以发挥平台经济优化收入分配的作用。[③] 第三，国家大力度提高西部地区的基本公共服务水平，但其普惠性的非基本公共服务设施相对于东部仍旧短缺，需要政府和市场协作，形成多元化供给格局。[④] 因此，平台经济增加中低收入群体要素收入的路径可围绕解决这三个问题展开。

---

① 翁列恩、胡税根：《公共服务质量：分析框架与路径优化》，《中国社会科学》2021 年第 11 期。

② 端利涛、蔡跃洲：《平台经济影响共同富裕的作用机制及实现路径——基于价值流转的机制分析》，《新疆师范大学学报》（哲学社会科学版）2022 年 11 月 16 日网络首发。

③ 吕杰、刘传明：《平台经济发展水平的地区差异及其分布动态演进》，《统计与决策》2023 年第 3 期。

④ 姜晓萍、康健：《实现程度：基本公共服务均等化评价的新视角与指标构建》，《中国行政管理》2020 年第 10 期。

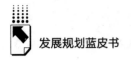
（一）规范和保障零工经济的发展

第一，明确平台和零工者之间的关系。目前，零工经济平台（如网约车）在用户注册时，要求申请人填写个人信息、资质信息（如驾驶证和汽车）、工作地点等内容，但并未包含《中华人民共和国劳动合同法》所列出的社会保险、劳动保护、劳动条件和职业危害保护等涉及申请人个人社保方面的内容。因此，从法律文本层面讲，零工者和用工平台之间并不存在基本用工形式的关系，而是处于一种介于劳动关系和民事关系之间的非标准劳动关系①———一方面平台没有与零工者建立明确的劳动关系；另一方面零工者的工作受到平台的直接控制。② 现实中，很多国家根据零工经济的具体工作形式、零工者工作内容、工资决定权，把一些零工关系定性为一种事实上的雇佣关系或劳动关系，如葡萄牙、西班牙、法国、澳大利亚和英国③等。④ 随着平台经济的深入发展，分工会进一步细化，去公司化和去组织化将会成为一种趋势，这必然推动零工经济愈加普遍。在这种背景下，基于事实去判断用工平台和零工者之间的关系是极为重要的。⑤ 为此，必须根据实际的劳动关系和劳动事实，针对零工者创建独立工人（Independent Worker）的分类，并以工人（Worker）而非基于雇

---

① 李力行、周广肃：《平台经济下的劳动就业和收入分配：变化趋势与政策应对》，《国际经济评论》2022 年第 2 期。

② 王全兴、刘琦：《我国新经济下灵活用工的特点、挑战和法律规制》，《法学评论》2019 年第 4 期。

③ 英国在 Uber BV and Others（Appellants）V Aslam and others（Respondents）（2021）UKSC 5 一案中，英国最高法院在判断 Uber 司机的身份时考虑了劳资审裁处作出的若干事实裁断所反映 Uber 公司对旗下司机的相对控制程度。这些事实裁断包括：①Uber 公司能够决定司机获得的薪酬；②司机提供服务所依据的合约条款由 Uber 公司决定；③司机登入 Uber 应用程式后，其接载乘客的选择受 Uber 公司限制；④Uber 公司通过各种方法大幅控制司机提供服务的方式，如审核车辆种类、建议路线、采用管理绩效的评级制度及与司机终止雇佣关系；⑤限制乘客与司机沟通，以防止司机与乘客建立超越一次车程的关系。基于劳资审裁处的事实裁断，最高法院裁断，Uber 公司严格控制了旗下司机及其提供的服务。

④ Martine H.，"Platform Work and the Employment Relationship," *International Labour Organization*，2021-4-27，https：//www.ilo.org/wcmsp5/groups/public/---asia/---ro-bangkok/---ilo-beijing/documents/presentation/wcms_ 794037.pdf.，2023-2-26。

⑤ Woodcock J.，Graham M.，"The Gig Economy，A Critical Introduction," Cambridge：Polity，2019。

员（Employee）为对象创建权利保障体系。[①]

第二，健全社会保障体系。分成制确实改善了劳资分配，一定程度上提高了平台上零工者收益。但在智能算法的约束下导致这些劳动者过分"内卷"，加大了疾病、工伤、失业等风险。目前，尽管大部分的零工者对当下平台工作总体上比较满意，但对于工作时长和社保层面的满意度比较低。[②] 根据清华大学2021年发布的《2021年中国一线城市出行平台调研报告》和中国社会科学院社会学研究所发布的《社会蓝皮书：2022年中国社会形势分析与预测》大部分网约车司机每周出车七天，每日工作8~16个小时，网约配送员、网络主播、网络文学写手等新业态青年平均每周工作6天、每天工作近9小时。这些长时间工作的人大多没有企业为他们缴纳社会保险或商业保险，缺乏承担意外风险的能力。健全社会保障体系就是要在明确平台和零工者之间的关系的前提下，根据当前的工作关系和未来平台经济的发展趋势，完善当前的社会保障体系，保障这些人的权益。同时也要从制度上严格避免一些组织为了弱化或转移雇主责任而采用灵活用工的关系结构的现象发生。[③]

（二）加快推进平台经济均衡发展

第一，发展东部地区的平台经济。东部地区的收入差距主要体现在城乡层面——农村居民收入低于城镇居民，而平台经济和数字基础设施也都集中在城市地区，乡村鲜有。因此，改善东部地区中低收入群体要素收入就是要不断发展平台经济，通过溢出效应使平台经济渗透至农村地区，带动农村经济发展。[④] 在这个过程中，一方面可以吸收农村劳动力进城务工，如美团外卖骑手有58%的为非本地区农村户籍人员；[⑤] 另一方面，也可以把乡村建设成为城市

---

① Stewart A., Stanford J., "Regulating Work in the Gig Economy: What are the Options?" *The Economic and Labour Relations Review*, 2017, 28（3）.

② 吕宣如：《新业态下灵活就业人员的社会保险制度研究》，华东师范大学硕士学位论文，2019。

③ 王全兴、刘琦：《我国新经济下灵活用工的特点、挑战和法律规制》，《法学评论》2019年第4期。

④ Alyakoob M., Rahman M. S., "Shared Prosperity（or Lack Thereof）in the Sharing Economy," Information Systems Research, 2022.

⑤ 《国际劳工组织工作报告11：中国数字劳工平台和工人权益保障》，2020年11月23日。

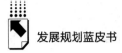

数字经济的外延基地,如贵州百鸟河数字小镇。更一般地,让城市周边的乡村成为各种保障基地,如仓储、果蔬、粮食等。

第二,进一步加大对西部地区数字经济投资力度。数字经济相对于传统工业经济具有低物理设备要求和低交通要求的特点;而且西部地区发展数字经济有优于东部地区的能源条件和自然环境条件(有利于数字设备散热)。因此,一定程度上可以认为西部地区比东部地区更适合发展数字经济。2022 年,国家正式实施"东数西算"工程,以充分利用西部的自然条件发展算力经济。西部地区有大量特色的旅游资源、农产品资源和矿产资源。针对西部地区数字经济的投资,可以通过社会企业形式发展平台经济,把西部地区的资源和信息传递到东部发达地区,从而转变为经济价值;[1] 同时在适合的地区推进数字产业化,推动地区数字产业发展,促进落后地区的数字产业与区域产业联动发展并扩大就业。[2]

第三,出台金融、税收和人才方面的优惠政策。从现实来看,欠发达地区相对于发达地区而言投资风险较大;数字经济沉默成本高,其零边际成本的特性进一步扩大了投资风险。单纯依靠市场力量很难吸引资本投向欠发达地区。因此,有必要为欠发达地区提供金融和税收方面的优惠政策,以降低投资成本和投资风险。具体地,中央制定基本的优惠政策,支持和鼓励欠发达地区进一步细化优惠政策。同时,从国家和地方两个层面出台人才政策,吸引人才到欠发达地区发展。

(三)大力推广基于平台模式的共享经济

第一,支持和鼓励共享经济企业到欠发达地区开展业务。目前,相对于东部地区,西部地区共享经济业务较少,基础设施不完善。以新疆为例,任甜甜等通过调查问卷发现,新疆 56% 的人周边有共享单车,63% 的人周边有共享充电宝,49% 的人周边有滴滴打车,38% 的人周边有二手市场。显然,共享经济的普及率并不高。[3] 因此,支持和鼓励共享经济企业到欠发达地区开展业务,

① 姜奇平:《通用性资产倍增价值是否会极化社会分配》,《互联网周刊》2021 年第 10 期。
② 王娟娟、佘干军:《我国数字经济发展水平测度与区域比较》,《中国流通经济》2021 年第 8 期。
③ 任甜甜、潘启行、任少华:《西部部分地区共享经济发展现状分析——以一定范围内调研为例》,《中小企业管理与科技(上旬刊)》2021 年第 3 期。

可以在一定时间段内选择性地放松对欠发达地区平台资本的管制，甚至对于一些可以明显提升公共服务质量的行业提供各种支持。

第二，鼓励欠发达地区地方政府与平台企业合作构建具有公共服务性质的平台，提供基本公共服务设施。对于欠发达地区来讲，依靠财政收入提供现代化的数字公共服务（如数字图书馆、大数据医疗、无线网络）存在较大压力。在这种现实背景下，政府可以与平台企业合作——政府提供必要的基础设施、数据和政策，企业创建虚拟平台。在公众享受公共服务的同时，一方面缓解政府财政压力，另一方面为平台企业发展和业态创新提供数据和环境支持。

四　结论

增加中低收入群体要素收入是我国在改善收入分配中的重要任务，对提高中低收入群体收入水平、缩小收入差距和推进实现共同富裕具有重大意义。进入新时代，平台经济获得了十足发展。平台经济有利于扩大就业、优化收入分配和改善公共服务的特性使之成为增加中低收入群体要素收入的重要载体；反过来讲，这些特性也成为平台经济增加中低收入群体要素收入的三个着力点。尽管如此，平台经济发展也会带来诸多问题，包括零工经济中的社保问题、西部地区平台经济发展滞后问题和非基本公共服务不足问题。因此，对平台经济增加中低收入群体要素收入的路径探索就可以针对这些问题展开。第一，规范和保障零工经济。通过改善平台劳动者，特别是零工者的社保条件，从而增加其实际收入。第二，加快推进平台经济均衡发展。在发展东部地区平台经济的基础上，通过加大投资和实施优惠政策促进西部欠发达地区平台经济发展。第三，大力发展基于平台模式的共享经济，提高欠发达地区的公共服务质量。

参考文献

〔美〕安德森：《长尾理论》，乔江涛译，中信出版社，2006。

陈登科、陈诗一：《资本劳动相对价格、替代弹性与劳动收入份额》，《世界经济》2018年第12期。

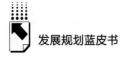
董志强：《平台灵工经济：性质与挑战》，《求索》2022年第2期。

端利涛、蔡跃洲：《平台经济影响共同富裕的作用机制及实现路径——基于价值流转的机制分析》，《新疆师范大学学报》（哲学社会科学版）2022年11月16日网络首发。

端利涛、姜奇平：《平台的公私双重属性及协同市场与政府的中间作用》，《财经问题研究》2022年第10期。

姜奇平：《对平台社会企业定位的探讨》，《互联网周刊》2022年第16期。

姜奇平：《通用性资产倍增价值是否会极化社会分配》，《互联网周刊》2021年第10期。

姜晓萍、康健：《实现程度：基本公共服务均等化评价的新视角与指标构建》，《中国行政管理》2020年第10期。

李力行、周广肃：《平台经济下的劳动就业和收入分配：变化趋势与政策应对》，《国际经济评论》2022年第2期。

李敏、刘采妮、白争辉等：《平台经济发展与"保就业和稳就业"：基于就业弹性与劳动过程的分析》，《中国人力资源开发》2020年第7期。

李琦、倪志良：《公共服务支出提升了居民收入差距容忍度吗？——基于公共服务获得感的中介效应研究》，《经济问题探索》2021年第8期。

李荣坦：《中国资本—劳动替代弹性的估算》，《经济问题探索》2015年第11期。

吕杰、刘传明：《平台经济发展水平的地区差异及其分布动态演进》，《统计与决策》2023年第3期。

吕宣如：《新业态下灵活就业人员的社会保险制度研究》，华东师范大学硕士学位论文，2019。

美团研究院：《2019年及2020年疫情期美团骑手就业报告》，2020年3月19日。

莫怡青、李力行：《零工经济对创业的影响——以外卖平台的兴起为例》，《管理世界》2022年第2期。

戚聿东、丁述磊、刘翠花：《数字经济时代新职业发展与新型劳动关系的构建》，《改革》2021年第9期。

任甜甜、潘啟行、任少华：《西部部分地区共享经济发展现状分析——以一定范围内调研为例》，《中小企业管理与科技（上旬刊）》2021年第3期。

王娟娟、佘干军：《我国数字经济发展水平测度与区域比较》，《中国流通经济》2021年第8期。

王全兴、刘琦：《我国新经济下灵活用工的特点、挑战和法律规制》，《法学评论》2019年第4期。

王永洁：《就业形态与平台劳动者工作满意度研究》，《劳动经济研究》2022年第1期。

翁列恩、胡税根：《公共服务质量：分析框架与路径优化》，《中国社会科学》2021

年第 11 期。

杨伟国、吴邦正：《平台经济对就业结构的影响》，《中国人口科学》2022 年第 4 期。

张丽君、巩蓉蓉、袁伟伦：《公共服务差距与区域间收入不平等的形成——基于 2000~2019 年省级面板数据的分析》，《公共管理评论》2020 年第 2 卷第 4 期。

张晓婧、丁一兵：《中国行业层面劳动收入份额变动的测算及结构分解》，《劳动经济研究》2022 年第 2 期。

周子元：《小心！身兼"数职"可能暗藏劳动风险》，《工人日报》2022 年 10 月 10 日。

朱盛艳、李瑞琴：《基本公共服务可获得性的农村贫困效应检验：基于增长效应与分配效应的双重审视》，《农村经济》2019 年第 8 期。

Acemoglu D., Restrepo P., "The Race between Man and Machine: Implications of Technology for Growth, Factor Shares, and Employment," *American Economic Review*, 2018, 108 (6).

Alyakoob M., Rahman M. S., "Shared Prosperity (or Lack Thereof) in the Sharing Economy," *Information Systems Research*, 2022.

Graetz G., Michaels G., "Robots at Work," *Review of Economics and Statistics*, 2018, 100 (5).

Henfridsson O., Mathiassen L., Svahn F., "Managing Technological Change in the Digital Age: The Role of Architectural Frames," *Journal of Information Technology*, 2014, 29 (1).

Katz L. F., Krueger A. B., "The Rise and Nature of Alternative Work Arrangements in the United States, 1995-2015," *ILR Review*, 2019, 72 (2).

Lyytinen K., Yoo Y., Boland Jr. R. J., "Digital Product Innovation Within Four Classes of Innovation Networks," *Information Systems Journal*, 2016, 26 (1).

Martine H., "Platform Work and the Employment Relationship," *International Labour Organization*, 2021-4-27, https://www.ilo.org/wcmsp5/groups/public/---asia/---ro-bangkok/---ilo-beijing/documents/presentation/wcms_ 794037.pdf., 2023-2-26.

Stewart A., Stanford J., "Regulating Work in the Gig Economy: What are the Options?" *The Economic and Labour Relations Review*, 2017, 28 (3).

Woodcock J., Graham M., "The Gig Economy, A Critical Introduction," Cambridge: Polity, 2019.

能源转型与低碳发展

B.47
积极推动区域协同降碳[*]

张友国[**]

摘　要： 碳达峰碳中和既是中国高质量发展的重要目标，也是高质量发展的重要抓手。中国地域辽阔，各地区资源禀赋、经济技术水平、产业结构存在很大不同，因而设计碳达峰碳中和实现路径既要重视区域差异化，也要重视区域间的协同。只有通过区域协同低碳发展才能有效缓解能源资源和绿色技术在区域分布上的供需背离矛盾，同时将碳达峰碳中和与构建新发展格局战略有机统一起来。中国区域间的能源—产业关联关系以及污染治理方面的深度协作，也使区域协同低碳发展具备了深厚的历史渊源和现实基础。不过，要保证区域协同低碳发展路径的顺利形成和长期稳定，还需要克服一系列体制机制问题。

关键词： 碳达峰　碳中和　区域协调　产业结构　能源结构　绿色低碳技术

---

[*] 本文主要内容已发表在《China Economist》2022年第2期。

[**] 张友国，中国社会科学院数量经济与技术经济研究所研究员，中国社会科学院环境与发展研究中心，主要研究方向为绿色低碳发展。

党的二十大明确要求积极稳妥推进碳达峰碳中和，这是促进人与自然和谐共生的中国式现代化的重大战略部署。在过去的两年中，碳达峰碳中和"1+N"政策体系建设进展十分迅速，很多地区、行业和重点企业的碳达峰碳中和行动方案都已形成，还有不少即将形成。根据国家统计局公布的数据，2021年和2022年中国能源消费增长速度分别为5.15%和2.90%，明显低于相应年份的经济增长率。这在很大程度上说明，即便受到新冠疫情的冲击，中国的经济增长仍保持了与碳排放的不断脱钩态势，或者是碳达峰碳中和工作仍取得了明显成效。不过，中国的碳达峰碳中和工作还面临不少困难和挑战，其中一大挑战就来自如何贯彻落实"全国一盘棋"原则。中国各地区资源禀赋、经济技术水平、产业结构、生态环境承载力差异巨大，按"全国一盘棋"原则展开碳达峰碳中和行动，不仅要强调行动方案的区域差异性，更要强调区域协同性。

一　区域协同是低碳发展的必由之路

中国从实现"碳达峰"到实现"碳中和"的时间要比发达国家短得多，同时还要解决能源资源禀赋、低碳技术区域分布不平衡的矛盾，这必然要求区域协同低碳发展。同时，区域协同低碳发展也是构建低碳发展的新发展格局、遵循绿色和协同的新发展理念的应有之义。

（一）能源资源和绿色技术方面存在突出的区域分布供需背离矛盾

中国存在突出的能源资源区域分布供需背离特征。从能源禀赋来看，中国的能源结构以煤为主，石油和天然气资源储量相对不足，煤炭资源又主要分布在西部和华北地区；可再生能源以水力资源为主，而水力资源又主要分布在西南地区。除煤炭和水电外，中国的新能源资源也主要分布在西部地区，其中西部地区拥有全国78%的风能资源技术开发量、88.4%的光伏资源技术开发量。[1] 中国的主要能源消费地区则是经济发达的东部沿海地区。上述能源区域分布供需背离特征，导致中国呈现"大规模、长距离的北煤南运、北油南运、

---

[1] 韦福雷：《论"双碳"下高耗能产业向西部地区的转移》，《开放导报》2021年第5期。

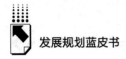

西气东输、西电东送，是中国能源流向的显著特征和能源运输的基本格局"。[1]

同时，中国的绿色技术在区域分布上也呈现明显的供需背离特征。绿色技术专利的数量和质量能在很大程度上反映一个地区的绿色技术水平。从中国国家知识产权局专利数据库中的绿色技术专利数据来看，中国各地区的绿色技术水平随时间的推移而不断上升，但呈现明显的东中西部地区逐次递减特征；同时绿色技术水平较高的城市都是经济发达且行政级别较高的大城市。[2] 有色金属、电力、钢铁、水泥等高耗能行业的能源技术水平总体也呈现由东向西递减特征，而且能源技术的地区差异没有呈现收敛趋势，这意味着能源技术区域扩散效应不明显。[3] 然而，绿色技术水平相对较低的中西部地区和数量众多的中小城市，却是最迫切需要通过先进绿色技术提升碳排放效率的地区，这些地区的绿色技术也难以满足其需求。上述原因造就了中国绿色技术在区域分布上的供需背离特征突出。

显然，无论是能源资源还是绿色技术的区域分布都呈现明显的供需背离矛盾，这些矛盾的解决需要区域间加强协同。东部沿海经济发达地区需要中西部地区提供大量的能源，而中西部地区需要东部地区的绿色技术以改善能源效率和发展清洁能源。

（二）低碳发展水平存在明显的区域不平衡

改革开放以来，为促进生产力发展，中国总体上采取了不平衡发展战略，使更具经济优势的东部沿海地区先行发展起来，中西部地区与东部地区的发展差距不断扩大。在这一过程中，东部沿海地区积极发挥人力资源、经济基础、公共基础设施、区位等方面的优势，充分利用国家给予的投资、财税、外资外贸、金融等方面的优惠政策，快速推进市场经济体制建设，率先接触、采用、开发新技术，使经济迅速发展起来，也造成区域间经济乃至技术水平的不平

---

① 中华人民共和国国务院新闻办公室：《中国的能源状况与政策》（白皮书），http://www.nea.gov.cn，2007 年 12 月 26 日。

② 孙博文、张友国：《中国绿色创新指数的分布动态演进与区域差异》，《数量经济技术经济研究》2022 年第 1 期。

③ 吴滨：《我国高耗能行业能源技术区域差异变化趋势分析》，《经济管理》2009 年第 5 期。

衡。国家统计局的数据①表明，虽然在 20 世纪 90 年代末期便开始实施西部大开发战略，其后又相继实施了东北振兴、中部崛起等力促区域发展平衡的战略，但由于交通、人才等各方面因素的制约，中西部地区以及东北地区的人均 GDP 与东部地区相比仍有较大差距。

与此同时，得益于较高的技术水平及产业结构的不断转型升级，东部沿海地区的低碳发展水平也远高于内陆地区。一方面，如前所述，虽然各地区的绿色低碳技术水平都不断进步，但总体上东部地区的水平明显高于其他地区。另一方面，近年来，特别是党的十八大以来，随着绿色低碳发展战略的实施、"双碳"目标的提出，我国整体的产业结构逐步向低碳化调整，但区域间低碳化水平存在差异，不同省区市间产业结构低碳化效应不尽相同。有的省份产业结构调整持续有利于碳减排，但调整速度有快有慢，而有的省份产业结构调整的碳减排效应还不明朗。②

在区域经济发展、技术水平、产业结构等存在较大差异的情况下，要在既定且较短的时间内实现"双碳"目标，对于经济发展存在障碍且本身产业布局又不具低碳优势的地区而言更是难上加难，为此不仅在经济发展上需要先发展带动后发展，而且在绿色低碳发展方面也同样需要先接近低碳的地区发挥带动作用。低碳发展先进地区应将其低碳发展的优势和条件辐射到周边地区，带动周边地区的低碳发展。

（三）构建新发展格局要求区域协同低碳发展

构建新发展格局与碳达峰碳中和这两大战略具有高度一致性。一方面，构建新发展格局与碳达峰碳中和在推动高质量发展这一目标上具有高度一致性。碳达峰碳中和既是高质量发展的主要目标之一，又是促进高质量发展的重要抓手，而构建新发展格局是推动高质量发展、实现"十四五"规划和 2035 年远景目标的主攻方向。另一方面，构建新发展格局与碳达峰碳中和都要遵循新发展理念。中国要构建的新发展格局是国内大循环为主体、国内国际双循环相互促进的新发展格局，其关键在于经济循环的畅通无阻，这对区域协同发展提出

---

① http://www.stats.gov.cn/tjsj/.
② 张友国、白羽洁：《区域差异化"双碳"目标的实现路径》，《改革》2021 年第 11 期。

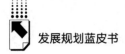

了更高的要求。除了高度强调协同发展外，构建新发展格局也必须遵循其他新发展理念，蕴含于绿色发展理念的低碳发展必然也是构建新发展格局的应有之意。实现碳达峰碳中和目标，自然也要高度重视贯彻落实协调发展理念，在新发展格局中同时打通经济发展与环境保护的矛盾点。

从国内大循环视角来看，区域协同低碳发展是构建新发展格局与碳达峰碳中和高度融合的需要，更是绿色和协同发展理念的综合体现。一方面，区域协同低碳发展，要求各区域的经济主体在碳达峰碳中和框架下相互配合与有机协作，这有利于有限的生态环境容量和资源承载力在空间配置上得到更好的优化，从而在资源禀赋总量有限且区域差异明显的条件下，保证各区域的经济高质量发展。另一方面，区域协同低碳发展不仅有助于改善生态环境，也将催生大量有益于人民身心健康的绿色、健康、安全的产品和服务，如生态有机食物、无害洗涤用品、节能环保厨具、新能源汽车、生态旅游服务等，从而有效扩大内需。而扩大内需正是构建新发展格局的战略基点。因此，推动区域协同低碳发展也是构建新发展格局的重要途径。

从国内国际双循环相互促进的视角来看，区域协同低碳发展也是推动新发展格局形成的重要途径。在气候变化越来越受国际社会关注的大趋势下，根据《巴黎协定》，绿色低碳发展已经成为国际合作的重要原则。新发展格局要求更高水平的对外开放，更好地利用国际国内两个市场、两种资源。坚持低碳发展显然有助于为中国与国际社会深度合作打下坚实的基础，有利于中国吸引更加高端的国外资源要素，助推国内大循环，从而也有利于优化贸易结构并促进中国的高水平对外开放。对外开放又是各个区域的经济主体共同参与的发展战略，而区域协同能够调动区域内外资源超强联动，综合利用内外部资源并发挥超强效用，因而是高水平对外开放的必然要求。因此，区域协同低碳发展有助于促进高水平对外开放，继而推动构建新发展格局。

二　区域协同低碳发展的历史渊源与现实基础

区域协同低碳发展具有长久的历史渊源和坚实的现实基础。一方面，如前所述，中国特殊的能源供需区域格局以及其他资源禀赋的区域差异性，使各区域间早已形成了密切的能源—产业关联关系，而区域协同低碳发展可视为区域间能源—产业关联的升级或更高要求。另一方面，中国近年来在污染防治领域实施的一系列区域协同治理措施，为区域协同低碳发展积累了宝贵的经验。

（一）长期发展中形成密切的区域间能源—产业关联

中国区域间始终保持着密切的经济关联。首先，区域间有着密切的直接能源关联性。由于中国的能源资源区域分布存在突出的供需背离矛盾，为了促进能源资源优化配置，中国实施了西气东输、西电东送、西煤东运、北煤南运等国家重大能源战略，斥巨资兴建了相关基础设施，如三峡工程、西气东输管道、西电东送电网系统、煤炭运输交通体系。大量的能源直接从能源富集地区直接调往东部沿海经济发达地区，以满足其能源消费需求。例如，2021年西气东输工程年输气量突破了1000亿立方米，截至2021年12月西气东输工程累计输送天然气7000亿立方米，覆盖了我国西部、长三角、珠三角和华中等地区的400多座城市、3000余家大中型企业，惠及近5亿人。[1]

其次，区域间有着密切的产业关联性。中国不仅能源资源的区域分布不均衡，其他很多重要资源的分布情况也是如此。同时，各地区经过长期发展逐渐形成了各自的支柱产业和优势产业，区域间有较强的经济互补性。这导致中国区域间产业关联密切，区域间贸易规模巨大。例如，根据2017年北京市地区投入产出表[2]的价值量数据，北京市的中间投入品中，有45%是从其他地区调入的产品或服务，这些调入的中间投入品占北京市总产出的29%；其他地区从北京市调出的中间投入品价值量占北京市总产出的17%；北京市的煤炭、石油和天然气更是完全需要从外地调入。

最后，区域间密切的产业关联产生了规模巨大的区域间碳排放转移。各种产品或服务的增加都需要消耗能源并产生碳排放，任何地区购入产品或服务就相当于将相应的碳排放转移到其他地区，这就是区域间碳排放转移。中国区域间贸易规模较大，由此形成的区域间碳排放转移量也不容小觑。根据张友国的计算结果，由于区域间碳排放转移量巨大，各地区按生产原则和消费者原则承担的碳排放责任差异较大。其中，由于通过区域间贸易转移出去大量的碳排

---

① http：//finance. people. com. cn/n1/2021/1228/c1004-32319228. html.

② 国家统计局国民经济核算司：《中国地区投入产出表2017》，中国统计出版社，2020。

放，浙江、上海和北京等地区的碳排放消费责任比其碳排放生产责任高60%～190%。[1]

（二）区域协同污染治理的显著成效和宝贵经验

近年来，中国为提升生态环境质量而不断推动环境治理体系和治理能力的现代化，其中在大气污染治理方面所采取的区域间联防联控措施取得了很好的成效，为区域协同低碳发展积累了宝贵的经验。[2]

一方面，重视协同治理机制的顶层设计和自上而下的周密部署。2010年国务院从防治重点区域和重点污染物、防治手段（产业结构调整、能源清洁利用、完善区域空气质量监管体系）等方面对大气污染防治工作进行了部署。认识到大气污染治理，特别是区域性大气污染治理需要区域间的协同推进。2015年9月中共中央、国务院印发《生态文明体制改革总体方案》，指出建立污染防治区域联动机制，完善京津冀、长三角、珠三角等重点区域大气污染防治联防联控协作机制。《中华人民共和国国民经济和社会发展第十四个五年规划和2035年远景目标纲要》进一步强调坚持源头防治、综合施策、强化多污染源协同控制和区域协同治理。

另一方面，以大型活动为契机，积极探索大气污染治理联防联控。例如2008年"绿色奥运"保障，华北六省（市）首次打破行政界线签署环境保护合作协议，实行区域协同、省际及部门联动，全面开展大气污染综合控制，确保奥运期间北京空气质量明显优于往年同期水平。2014年北京APEC会议期间使用了最严苛的超常规手段（机动车限行与管控、燃煤和工业企业停限产、工地停工、调休放假），使北京的天空呈现了久违的"北京蓝"。在2015年北京"九三"大阅兵、2016年G20杭州峰会等一系列活动中，相关地区和部门也重点针对联防联控范围、精准控制、浓度削峰、联动方式等进行了探索，使我国的大气污染防控在科学认识和防控能力上收获了宝贵的经验。

实践效果也表明，区域联防联控与协同减排是遏制区域性大气污染的根本

---

① 张友国：《区域协同低碳发展路径与政策：溢出—反馈效应的视角》，社会科学文献出版社，2018。

② 黄润秋：《凝心聚力　稳中求进不断开创生态环境保护新局面》，http://www.mee.gov.cn/ywdt/hjywnews/202201/t20220114_967163.shtml，2022年1月14日。

出路。2019年3月联合国环境规划署发布评估报告《北京二十年大气污染治理历程与展望》强调，北京市在五年内实现了国内外普遍认为难以完成的目标，2017年的PM2.5年均浓度比2013年下降35.6%。据不完全统计，2015～2020年，全国重污染天数降幅超50%，其中京津冀及周边地区重污染天数比例降低约6%。[1] 得益于周边地区的共同努力，2014年北京APEC会议期间出现的"北京蓝"，现在也几乎成为北京空气质量的"新常态"。这也进一步印证了区域协同降碳的必要性和有效性。

三　区域协同低碳发展的可行路径

低碳发展一要靠经济结构的持续低碳化转型，二要靠不断推进绿色低碳技术创新。其中经济结构的低碳化转型主要包括两方面，一方面是产业结构的低碳转型，另一方面是能源结构的低碳转型。因而，区域协同低碳发展的路径大体上可以从协同推进产业结构低碳转型、能源结构低碳转型、绿色低碳技术创新三个方面加以考虑。

（一）区域协同推进产业结构低碳转型

区域协同推进产业结构低碳转型就是要在碳约束下，通过充分发挥各区域的比较优势，使要素在更大空间范围内优化组合，使产业在空间布局上得到优化。从理论和实践来看，区域协同推进产业结构优化的路径包括区域间产业转移、产业融合发展等，不同类型下的协同方式又有多样性。区域协同推进产业结构低碳转型也可以采取上述方式，但要突出碳减排与经济发展的协调。

一是对于国民经济发展离不开的高耗能产业，就适宜通过产业转移使其向能源富集地区集聚。例如，可以考虑将东部地区高耗能低耗水的产业转移到西北能源富集地区，[2] 这样既避免了能源长途输送带来的损失，又能较好地发挥西北能源富集地区的比较优势，带动西北地区经济发展。又如，西南地区的贵

---

① 燕丽、雷宇、张伟：《我国区域大气污染防治协作历程与展望》，《中国环境管理》2021年第5期。

② 潘家华、廖茂林、陈素梅：《碳中和：中国能走多快?》，《改革》2021年第7期。

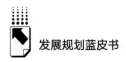

州省，其在长江经济带中的优势行业主要集中为煤炭开采和洗选业，可考虑通过承接产业转移，在巩固突出优势的同时，努力提升煤化工及其深加工以及电力、热力的生产和供应业优势。[①] 在具体产业转移方式上则可根据情况灵活而定，包括企业整体搬迁、共建专业产业园区、打造飞地经济、产业链整体转移、关联产业同步转移等。

二是区域间可以通过产业融合发展，协同促进低碳型高附加值产业发展，实现产业结构低碳转型。通过产业集聚实现产业结构低碳转型的区域协同。例如，在长江经济带中，长三角地区具有发展高附加值先进制造业的比较优势，上海可致力于建设成为全球性科技创新中心，江苏和浙江可以积极发展与上海支柱产业相对应的配套产业，从而在整个长三角地区实现先进制造业集聚发展，推动整个地区产业结构不断优化升级和绿色低碳发展。由于土地限制，长三角地区又可将先进制造业之外的其他技术密集型产业向长江中、上游地区转移，以带动整个长江经济带的产业结构低碳转型。

三是区域间还可以通过联合打造形成具有技术先进、高附加值、低碳化特点的高端产业链，实现跨区域产业结构低碳转型。对于新兴产业如先进制造业，相邻地区可以充分发挥各自的比较优势，采取区域间协同打造产业链的方式实现融合发展，避免低水平重复建设和恶性竞争。例如，京津冀地区正积极协同打造氢能产业链，其中北京将发挥技术创新中心、金融中心和国际交流中心的作用，为产业链发展创造相应的技术、金融和市场条件，并聚焦氢能高端整车制造；天津和河北则聚焦氢能供给、储运所需特种材料和设备的研发与供应。[②]

（二）区域协同推进能源结构低碳转型

区域协同推进能源结构低碳转型在中国其实已有很长的历史。西气东输工程的建成运行，使工程沿线地区实现了天然气对其他化石能源特别是煤炭的大规模替代，从而使沿线地区的能源消费结构得到了整体优化。西电东送工程将

---

① 张友国：《区域间产业转移模式与梯度优势重构——以长江经济带为例》，《中国软科学》2020年第3期。

② 张友国：《碳达峰、碳中和工作面临的形势与开局思路》，《行政管理改革》2021年第3期。

西部地区的煤电和水电源源不断地输送到东部地区，既减轻了煤炭运输压力和沿途的环境污染，又使东部地区节约了大量的发电用煤，能源结构得到极大优化。

不过，上述重大能源战略工程仍然只是起到了局部优化能源结构的作用，要在全国范围内使能源结构得到明显优化，还需要区域间进一步的协同合作。西气东输和西电东送虽然有效促进了东部地区能源结构优化，但似乎没有对西部地区能源结构优化产生明显影响，因而其在全国范围内对能源结构的优化作用大打折扣。这就需要进一步考虑西部地区的能源结构优化问题。如前所述，中国的新能源资源主要分布在西部地区，因而不断将这些新能源资源开发出来，替代以煤为主的化石能源，这将是优化西部地区乃至全国能源结构的必由之路。东部地区通过资金、技术、人才等多种方式帮助西部地区将储量巨大的新能源资源开发出来，则是未来区域协同推进能源结构低碳转型的主要途径。与此同时，东部地区也应因地制宜，通过"多能互补系统集成优化工程"和"互联网+智慧能源工程"建设，进一步加大风电、光伏、生物质能源等新能源开发利用力度，构建相应的分布式能源系统，从而部分缓解西部地区的煤电压力，优化西部地区的能源结构。

要强调的是，西部地区的能源结构优化一定要循序渐进，从国家的高度考虑本地区的能源结构优化。如果西部地区仅从本地的能源需求出发，那西部地区完全可以大规模削减煤炭发电，从而降低煤炭在能源消费中的份额，但这样则会对东部地区的经济社会发展造成冲击。这是因为东部地区对西部地区仍有较大的能源依赖性，特别是对西部煤电的依赖程度仍然很高。在新能源大规模投入使用之前，西部地区还需要向东部地区稳定地提供煤电，以保障东部地区经济社会正常运行，而不至于出现"拉闸限电"等影响社会民生的事件。这也是区域系统推进能源结构优化中需要特别重视的问题。

（三）区域协同推进绿色低碳技术创新

其一，针对绿色低碳关键技术、设备和零部件开展跨区域产学研一体化联合攻关。当前，中国的绿色低碳技术水平在不少领域，特别是在零碳负碳技术领域（如新能源技术），与国际先进水平相比还有较大差距，一些关键设备和零部件还受制于人，① 因此绿色低碳技术区域协同创新的重点是在绿色低碳技术的短板环节加强区域联合攻关。具体合作形式可以是区域间科研机构或高校的合作研究、企业间联合研发、科研机构或高校与企业的产学研一体化联合攻关。其中，要特别重视充分发挥企业在绿色低碳技术创新中的主体作用，因而产学研一体化联合攻关模式是未来绿色低碳技术区域协同创新的发展方向。

其二，通过区域协作，运用先进技术手段对跨区域产业链的碳排放进行监控和管理，以提升跨区域产业链的碳排放效率。各地可先建设基本覆盖地方主要用能单位的低碳节能智慧管理系统，并在此基础上强化区域内对重点行业的运行监测，建立完善的产业链供应链苗头性问题预警机制，加强问题分析研判，积极应对突发情况，及时处置潜在风险。

其三，打造绿色创新共同体。绿色创新是区域协同低碳发展的重要支撑，各区域的绿色创新比较优势存在差异，因而可以考虑依据"中心—外围"的发展模式，② 打造绿色创新共同体。

专栏：区域协同推进绿色低碳技术创新三种方式的典型案例

"二氧化碳（CO_2）循环发电试验机组"研制为关键绿色低碳技术区域协同创新积累了宝贵的经验。作为中国绿色低碳技术创新的一项重大成果，"二氧化碳（CO_2）循环发电试验机组"的研制就采用了跨区域产学研一体化联合攻关模式，该机组是由中国华能集团下属的西安热工院牵头组建创新团队，联合国内顶级高等院校、科研院所、设计单位、制造企业和工程建设单位等创新链、产业链上下游30余家机构开展集智攻关而成。区域协同绿色低碳技术创新模式还可用于推动超临界二氧化碳循环发电技术在高效光热、电热储能、先进核电和灵活火电等领域的研发与应用。

成渝地区率先尝试协同提升跨区域产业链碳排放效率。根据重庆市发展和改革委员会发布的《成渝地区双城经济圈碳达峰碳中和联合行动方案（征求意见稿）》，成渝地区提出了通过大数据技术协同控制产业链碳排放的设想。成渝地区紧邻具有"大数据"优势的贵州省，可以考虑与贵州省加强交流，

---

① 张友国：《碳达峰、碳中和工作面临的形势与开局思路》，《行政管理改革》2021年第3期。

② Krugman Paul, "Increasing Returns and Economic Geography," *Journal of Political Economy*, 1991（99）.

协同推进大数据发展，先行探索试验区域内产业链的碳排放监测与控制。

"上海+长三角"区域绿色创新共同体模式值得借鉴。作为长三角绿色创新的"领头羊"，上海正致力于建设具有全球影响力的科创中心，其在绿色创新领域具有较强的基础，通过产业带动、技术带动、平台带动、制度带动、载体带动，在长三角绿色科技创新共同体建设中发挥着引领带动作用。2017年12月，绿色技术银行总部落户上海，绿色技术银行管理中心在沪揭牌，创设35亿元绿色技术成果转化基金，使得这一系统内具备了技术创新及成果转化的资金条件。

资料来源：《我国首座大型二氧化碳循环发电机组投运》，http：//www.cpnn.com.cn/news/kj/202112/t20211213_1465222.html，2021年2月13日；周冯琦、胡静：《上海资源环境发展报告（2020）：共建生态绿色长三角》，社会科学文献出版社，2020。

要说明的是，区域协同低碳发展的三条主要路径并不是相互独立的，它们之间具有很高的融合性，往往是"两路并进"或"三路并进"。例如，北京市消费的电力主要是由内蒙古提供的煤电，北京与内蒙古开展新能源与可再生能源科技合作，[①] 就不仅是两地在绿色低碳技术创新方面的协同，也是两地在能源结构转型方面的协同。

四　结语

碳达峰碳中和已经成为中国重要的发展目标，"全国统筹"是实现碳达峰碳中和目标必须要坚持的原则，这一原则不仅意味着要根据各区域实际情况分类施策，更意味着各区域应协同施策。中国能源资源和绿色低碳技术在区域分布上的供需背离突出特征，区域间长期以来形成的深刻经济社会关联关系以及构建新发展格局的要求，使区域协同低碳发展成为碳达峰碳中和工作的必然选择和可行选择。从碳排放的关键影响因素入手，区域协同低碳发展应主要做好产业结构优化升级的区域协同、能源结构转型的区域协同以及绿

---

① 杨永平：《北京、内蒙古新能源、可再生能源科技合作对接会召开》，《内蒙古科技与经济》2009年第24期。

色低碳技术创新的区域协同三方面的工作，与之相适应的体制机制也应尽快
建立起来。

参考文献

国家统计局国民经济核算司：《中国地区投入产出表2017》，中国统计出版
社，2020。

黄润秋：《凝心聚力　稳中求进不断开创生态环境保护新局面》，http：//www. mee.
gov. cn/ywdt/hjywnews/202201/t20220114_ 967163. shtml，2022年1月14日。

潘家华、廖茂林、陈素梅：《碳中和：中国能走多快?》，《改革》2021年第7期。

孙博文、张友国：《中国绿色创新指数的分布动态演进与区域差异》，《数量经济技
术经济研究》2022年第1期。

韦福雷：《论"双碳"下高耗能产业向西部地区的转移》，《开放导报》2021年第
5期。

吴滨：《我国高耗能行业能源技术区域差异变化趋势分析》，《经济管理》2009年第
5期。

燕丽、雷宇、张伟：《我国区域大气污染防治协作历程与展望》，《中国环境管理》
2021年第5期。

杨永平：《北京、内蒙古新能源、可再生能源科技合作对接会召开》，《内蒙古科技
与经济》2009年第24期。

张友国：《区域协同低碳发展路径与政策：溢出—反馈效应的视角》，社会科学文献
出版社，2018。

张友国：《区域间产业转移模式与梯度优势重构——以长江经济带为例》，《中国软
科学》2020年第3期。

张友国：《碳达峰、碳中和工作面临的形势与开局思路》，《行政管理改革》2021年
第3期。

张友国、白羽洁：《区域差异化"双碳"目标的实现路径》，《改革》2021年第
11期。

周冯琦、胡静：《上海资源环境发展报告（2020）：共建生态绿色长三角》，社会科
学文献出版社，2020。

Krugman Paul, " Increasing Returns and Economic Geography," *Journal of Political
Economy*, 1991（99）.

B.48
确保能源资源与供应链安全

刘 强*

摘 要: 本文综述了"十四五"开局以来中国能源资源与供应链安全的新进展。2022 年以来,受疫情、极端气候、国际能源市场波动等因素叠加的影响,国内能源资源与供应链安全面临着复杂的局面,一方面,石油、天然气首次出现了对外依存度的"双下降";另一方面,煤炭在我国能源供应中的比例近年来首次上升,全球供应链出现了本土化和渠道重新调整的新现象,对我国实现碳达峰碳中和目标,继续保持我国新能源产业的全球优势都构成了新的挑战。为此,我国需要在提升新能源供应链安全和突破核心技术瓶颈方面作出更大的努力。

关键词: 资源安全 新能源供应链安全 碳中和 能源安全

党的二十大报告提出,"加强重点领域安全能力建设,确保粮食、能源资源、重要产业链供应链安全",将确保能源资源安全作为维护国家安全能力的重要内容。

中国能源工作要全面贯彻党的二十大精神,完整准确全面贯彻新发展理念,加快构建新发展格局,以推动高质量发展为主题,以把能源饭碗牢牢地端在自己手里为目标,深入推进能源革命,加快规划建设新型能源体系,着力增强能源供应链的弹性和韧性,提高安全保障水平;着力壮大清洁能源产业,加快推动发展方式绿色转型;着力推进能源产业现代化升级,充分发挥能源稳投资促增长的重要作用,实现能源更加安全、更加绿色、更加高效地发展,为我国经济社会发展提供坚实的能源保障。

---

* 刘强,中国社会科学院数量经济与技术经济研究所,主要研究方向为能源资源安全等。

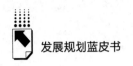

一　能源工作进展

（一）2022年能源生产消费情况

据国家统计局数据，2022 年，中国能源总量增速下调至 2.9%，中国原煤产量 45.0 亿吨，比上年增长 9.0%，进口量 2.9 亿吨，下降 9.2%；油气生产企业持续加强勘探开发和增储上产，提升油气自给能力。原油产量继续回升，天然气持续增产。全国规模以上工业原油产量 20467 万吨，比上年增长 2.9%，2016 年以来首次回升至 2 亿吨以上；天然气产量 2178 亿立方米，比上年增长 6.4%，连续 6 年增产超 100 亿立方米。原油进口量 50828 万吨，下降 0.9%；天然气进口量 10925 万吨，下降 9.9%。

国家统计局 2023 年 1 月发布的数据显示，2022 年，全国规模以上工业发电量 8.4 万亿千瓦时，比上年增长 2.2%。其中，火电增长 0.9%；水电、核电、风电和太阳能发电等清洁能源发电增长 5.3%，占全部发电量的比重比上年提高 0.9 个百分点。[①]

2022 年，中国着力增强能源生产保障能力，充分发挥煤炭主体能源作用，不断加大油气勘探开发力度，大力发展多元清洁供电体系，有力保障了经济社会稳定发展和持续增长的民生用能需求。

2022 年，全国原煤生产实现较快增长，产量创历史新高。全国规模以上工业原煤产量达 45 亿吨，比上年增长 9%，增速比上年加快 4.3 个百分点。

能源消费结构出现新变化。初步测算，2022 年能源消费总量比上年增长 2.9%，非化石能源消费占能源消费总量的比重较上年提高 0.8 个百分点，煤炭比重提高 0.2 个百分点，石油比重下降 0.6 个百分点，天然气比重下降 0.4 个百分点。

2021 年，中国原油的对外依存度出现 20 年来的首次下降，由 2020 年的 72.7%降至 2021 年的 72%；2022 年再次下降至 71.2%，下降幅度为 0.8 个百分点。

---

① http：//paper.people.com.cn/rmrbhwb/html/2023-01/31/content_ 25962208.htm.

值得一提的是，这是中国原油和天然气对外依存度在历史上首次出现同步下降，主要原因一方面是国内产量稳步增长；另一方面是受到中国宏观经济放缓等因素的影响，油气消费增速出现下降。以天然气为例，国家发改委的数据显示，2022 年全国天然气表观消费量 3663 亿立方米，同比下降 1.7%，是近 20 年来首次出现下降。

（二）2022年我国可再生能源发展情况

2022 年，可再生能源新增装机 1.52 亿千瓦，占全国新增发电装机的 76.2%。其中，风电新增 3763 万千瓦、太阳能发电新增 8741 万千瓦、生物质发电新增 334 万千瓦、常规水电新增 1507 万千瓦、抽水蓄能新增 880 万千瓦。截至 2022 年底，可再生能源装机达到 12.12 亿千瓦，占全国发电总装机的 47.3%，较 2021 年提高 2.5 个百分点。其中，风电 3.65 亿千瓦、太阳能发电 3.93 亿千瓦、生物质发电 0.41 亿千瓦、常规水电 3.68 亿千瓦、抽水蓄能 0.45 亿千瓦。2022 年，可再生能源发电量达到 2.7 万亿千瓦时，占全社会用电量的 31.6%，较 2021 年提高 1.7 个百分点。

2022 年，我国风电、光伏发电新增装机达到 1.25 亿千瓦，连续三年突破 1 亿千瓦，再创历史新高；风电、光伏发电量达到 1.19 万亿千瓦时，较 2021 年增加 2073 亿千瓦时，同比增长 21%，占全社会用电量的 13.8%，同比提高 2 个百分点。

（三）2022年中国能源政策回顾

受新冠疫情、极端气候、国际能源市场波动等因素叠加的影响，2022 年，中国能源在供给和需求两方面都受到一定程度的干扰，但是仍然起到了稳定保障的作用。

1. 保障能源安全，增强能源供应能力

2022 年发布《"十四五"现代能源体系规划》（发改能源〔2022〕210 号），提出了能源保障更加安全有力、能源低碳转型成效显著、能源系统效率大幅提高、创新发展能力显著增强和普遍服务水平持续提升五个现代能源体系建设的主要目标。随后，面对 2021 年下半年国际复杂局势和能源市场造成的波动，国家能源局在《2022 年能源工作指导意见》（国能发规划〔2022〕31

号）中突出了"以保障能源安全稳定供应为首要任务"。在生产供应方面，第一，要加强煤炭托底保障能力。优化煤炭产能布局，建设煤炭供应保障基地；完善煤炭跨区域运输通道和集疏运体系，增强煤炭跨区域供应保障能力。第二，提升电力安全保供能力。发挥煤电支撑性调节性作用，统筹电力保供和减污降碳，根据发展需要合理布局先进煤电；充分发挥现有煤电机组应急调峰能力，有序推进支撑性、调节性电源建设。第三，增强油气供应能力。加快油气先进开采技术开发应用，持续加大油气勘探开发力度；积极加快非常规资源勘探开发，加大页岩油、页岩气、煤层气开发力度；推动老油气田稳产，加大新区产能建设力度。第四，完善能源价格运行机制。加强煤炭市场价格调控监管，引导煤炭价格在合理区间运行；将气化服务由政府定价转为政府指导价，实行最高上限价格管理，激发接收站的活力和积极性，更好地发挥价格杠杆调节供需的作用。

2. 落实碳达峰碳中和目标

《关于完善能源绿色低碳转型体制机制和政策措施的意见》（发改能源〔2022〕206号）作为碳达峰碳中和与"1+N"政策体系的重要保障方案之一和综合性政策文件，突出统筹协同推进能源战略规划、统筹能源转型与安全、统筹生产与消费协同转型、统筹各类市场主体协同转型，从体制机制改革创新和政策保障的角度对能源绿色低碳发展进行系统谋划。

《"十四五"现代能源体系规划》提出了"十四五"非化石能源消费比重、非化石能源发电量占比、电能占终端能源消费比重，以及水电、核电装机规模等量化指标；同时设置"加快推动能源绿色低碳转型"专章，包含非化石能源发展、新型电力系统、强化节能降碳等内容，也重点提出了"十四五"能源绿色低碳转型重点工程，将碳达峰要求落实到具体任务、行动和工程上。

3. 推动全国统一电力市场体系建设，构建适应新能源发展的新型电力系统

2022年中国电力行业在全国统一电力市场体系建设、适应新能源的新型电力系统建设和新型储能发展规划等方面取得了重大进展。

一是明确了全国统一电力市场体系建设目标。《关于加快建设全国统一电力市场体系的指导意见》（发改体改〔2022〕118号）提出，到2025年全国统一电力市场体系初步建成；到2030年全国统一电力市场体系基本建成，适应新型电力系统要求，提升电力市场对高比例新能源的适应性，国家市场与省

（自治区、直辖市）区域市场联合运行，新能源全面参与市场交易，市场主体平等竞争、自主选择，电力资源在全国范围内得到进一步优化配置。

二是加快构建适应新能源发展的新型电力系统。《关于促进新时代新能源高质量发展的实施方案》（国办函〔2022〕39号）提出要加快构建适应新能源占比逐渐提高的新型电力系统。

三是新型储能高质量规模化发展。《"十四五"新型储能发展实施方案》（发改能源〔2022〕209号）提出了发展目标，即到2025年新型储能由商业化初期步入规模化发展阶段，到2030年新型储能全面市场化发展，基本满足构建新型电力系统需求。《关于进一步推动新型储能参与电力市场和调度运用的通知》（发改办运行〔2022〕475号）明确了新型储能可作为独立储能参与电力市场，要求建立完善的适宜储能参与的市场机制，完善调度运行机制。

四是着眼未来，先期布局氢能产业。《氢能产业发展中长期规划（2021—2035年）》明确提出了氢能和氢能产业的战略定位：氢能是未来国家能源体系的重要组成部分、用能终端实现绿色低碳转型的重要载体，氢能产业是战略性新兴产业和未来产业重点发展方向。根据《规划》，到2025年，中国将初步建立以工业副产氢和可再生能源制氢就近利用为主的氢能供应体系；到2030年，形成较为完备的氢能产业技术创新体系、清洁能源制氢及供应体系；到2035年，形成氢能产业体系，构建涵盖交通、储能、工业等领域的多元氢能应用生态，可再生能源制氢在终端能源消费中的比重明显提升。

（四）2023年能源工作重点

国家能源局发布《2023年能源工作指导意见》（国能发规划〔2023〕30号），提出主要目标如下。

持续增强供应保障能力。全国能源生产总量达到47.5亿吨标准煤左右，能源自给率稳中有升。原油稳产增产，天然气较快上产，煤炭产能维持在合理水平，电力充足供应，发电装机达到27.9亿千瓦左右，发电量达到9.36万亿千瓦时左右，"西电东送"输电能力达到3.1亿千瓦左右。

深入推进结构转型。煤炭消费比重稳步下降，非化石能源占能源消费总量的比重提高到18.3%左右。非化石能源发电装机占比提高到51.9%左右，风电、光伏发电量占全社会用电量的比重达到15.3%。稳步推进重点领域的电能替代。

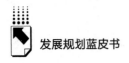

稳步提高质量效率。单位国内生产总值能耗同比降低 2% 左右。跨省区输电通道平均利用小时数处于合理区间，风电、光伏发电利用率持续保持合理水平。新设一批能源科技创新平台，短板技术装备攻关进程加快。

二　能源资源与供应链进展

能源资源安全是关系国家经济社会发展的全局性、战略性问题。能源安全对国家繁荣发展、人民生活改善、社会长治久安至关重要。我国已经成为世界上最大的能源和战略性矿产资源生产国和消费国，随着能源产供储销体系建设持续深入推进，煤电油气供应保障能力稳步提升，形成了煤炭、电力、石油、天然气、新能源、可再生能源全面发展的能源供给体系。

近年来，全球能源体系发生深刻变化，绿色低碳转型持续推进，能源相关地缘政治风险不断加剧。我国经济社会发展的能源需求仍保持高位，积极稳妥推进碳达峰碳中和对能源清洁低碳转型提出了更高要求，对战略性矿产资源需求仍将保持在较高水平，能源资源安全稳定供应仍面临各种风险挑战。

"十四五"开局以来，我国能源资源安全得到有效保障，能源生产能力显著提高。

能源供应保障能力大幅提升。煤炭运输能力大幅提高，"北煤南运""西煤东运"能力显著增强。大型清洁能源基地电力外送有序推进，电力跨省跨区输送通道建设不断加快，油气管网布局不断完善，基础设施网络基本形成。

能源储备能力显著增强。企业储煤设施条件不断改善，煤炭应急保障能力日益增强。电力系统调节能力明显改善，系统调峰能力稳步提高，煤电机组灵活性制造、灵活性改造工作全面推进，储能技术持续发展，储能产业应用不断升级。石油天然气储备能力明显增强。能源市场体系不断完善。全国统一的煤炭交易市场建立，电力市场化改革全面推进，电力与燃料价格协调的市场化机制建立健全，2021 年全国市场交易电量达 3.8 万亿千瓦时，占全社会用电量的 45.5%。① 油品市场秩序不断规范，有序竞争、高效保供的天然气市场体系

---

① 国家发改委：《确保粮食、能源资源、重要产业链供应链安全》，https：//www.ndrc.gov.cn/fzggw/wld/sw/lddt/202211/t20221115_1341274.html，2022 年 11 月 15 日。

加快构建，油气体制改革迈出实质性步伐。

资源保障能力不断提高。逐步建立了较为完整的战略性矿产资源产业体系，国内找矿行动取得积极进展，海外矿产资源权益份额明显增加，主要矿产资源储量实现增长，煤炭等矿产品产量多年保持全球第一。2022 年，自然资源部联合相关部门印发的《"十四五"全国矿产资源规划》是国家级专项规划，此外还发布了《新一轮找矿突破战略行动》《新一轮找矿突破战略行动"十四五"实施方案》。在开采消耗持续增加的情况下，主要矿产保有资源量普遍增加。发现 17 个亿吨级大油田和 21 个千亿立方米级大气田，新形成 32 处非油气矿产资源基地，形成了东西并重、油气并重、陆海并举的勘查开发新格局。①②

关键矿产资源方面，中国地质调查局发布的《全球矿产资源形势报告 2022》显示，2021 年，全球 45 种主要矿产中，中国有 36 种矿产消费量位居全球第一，其中有 20 种矿产消费量超过全球消费量的 50%。同时，以新能源产业为代表的新兴产业已成为我国经济高质量发展的重要驱动力，新兴产业不断发展壮大，对铜、钴、镍、锂等资源的需求不断增加。但与此相对应的是，2021 年我国矿产资源进口额占货物进口总额的 26%，金、铜等 21 种战略性矿产对外依存度超 40%。新能源领域，目前全球 75%~80% 的光伏电池产能来自中国，到 2025 年，中国的光伏产业链将占全球产能的 95%。在风电制造领域，中国已成为全球最大的风电装备制造业基地，风机产量占全球的 50% 以上。③

新能源汽车领域，中国汽车工业协会发布的数据显示，2022 年，我国汽车产销分别完成 2702.1 万辆和 2686.4 万辆，同比增长 3.4% 和 2.1%，保持了恢复性增长态势，展现出强大的发展韧性，为工业经济稳定增长起到了重要作用。新能源汽车供应链主要涉及原材料和核心零部件，包括电池材料、元器件、电机电控和常规部件等。

---

① 《强化关键矿产资源保障能力是当务之急》，https：//www.gold.org.cn/ky1227/kygc/202303/t20230322_193876_wap.html，2023 年 3 月 22 日。

② 自然资源部：《为国家能源资源安全保驾护航——2022 年自然资源工作系列述评之矿产资源篇》，https：//www.mnr.gov.cn/dt/ywbb/202301/t20230110_2772449.html，2023 年 1 月 10 日。

③ 《新能源产业如何应对国际风险和挑战》，https：//www.cpnn.com.cn/news/nygm/202302/t20230228_1587194.html，2023 年 2 月 28 日。

动力电池作为新能源汽车能量存储与转换装置的基础单元，是新能源汽车的核心零部件。近年来，国内动力电池的产量和装车量不断增加，市场需求不断增加也推动动力电池企业的产能扩张。根据中国汽车动力电池产业创新联盟的数据，2022年，我国动力电池累计产量545.9GWh，累计同比增长148.5%。其中，三元电池累计产量212.5GWh，占总产量的38.9%，累计同比增长126.4%；磷酸铁锂电池累计产量332.4GWh，占总产量的60.9%，累计同比增长165.1%。动力电池累计销量达465.5GWh，累计同比增长150.3%。其中，三元电池累计销量193.5GWh，占总销量的41.6%，累计同比增长143.2%；磷酸铁锂电池累计销量271.0GWh，占总销量的58.2%，累计同比增长155.7%。动力电池累计出口达68.1GWh。其中，三元电池累计出口46.9GWh，占总出口的68.9%；磷酸铁锂电池累计出口20.9GWh，占总出口的30.7%。[①]

三 能源资源与供应链风险分析

我国的能源发展也面临着外部和内部两方面的考验。从外部来看，世界地缘政治冲突、全球能源格局重构、全球经济波动等都将对全球能源的产业链供应链造成冲击。从内部来看，我国的能源行业仍面临能源品类发展不均衡、能源国际定价话语权不足、供应链金融市场赋能不充分等问题。因此，作为世界上最大的能源生产、消费国和进口国，筑牢产业链供应链的安全通畅是我国的当务之急。

（一）新能源产业面临的核心技术与关键矿产资源双重挑战

我国新能源产业在高端新能源材料领域与国外先进水平相比仍存在较大差距。例如，光伏胶膜核心原材料之一的聚烯烃弹性体（POE）依赖进口；高性能硅碳负极、高端隔膜材料与国际先进水平还有差距。氢燃料电池方面还存在质子交换膜、膜电极、碳纸以及储氢材料等关键材料、新能源汽车行业芯片都需进口的问题。

---

① 《2022年我国动力电池装车量达294.6GWh，同比增长90.7%》，https://www.ithome.com/0/667/331.htm，2023年1月12日。

（二）资源端和原料依赖海外供给，供给来源相对集中

相较而言，石油、天然气国际市场相对是比较自由与有保障的，供给来源较多，渠道相对分散，并有充足的金融对冲市场工具。

新能源产业是典型的"中国制造、世界市场"，在原料资源供给端，我国新能源产业家底薄弱、内供不足。镍、钴、铜、铝、锰、铬、锆、铍、铂族金属等资源储量的全球占比不足 5%，锂仅占 7%。境外资源分布和生产又高度集中，上述资源储量和产量前 3 位国家的全球占比超 60%。我国未来对锂等稀有矿物质的需求将持续增加，风能、太阳能和电池技术将面临越来越多的供应链障碍。

太阳能光伏、电动汽车和低碳氢的供应链风险方面，通常在资源开采、材料生产和供应链的制造阶段风险最大。对关键矿物的依赖是三种技术所有供应链中的短板，特别是电池产业链对锂和钴、太阳能光伏产业链对铜、氢产业链对铂和镍的依赖。

供应端结盟和"去市场化"趋势加剧。据国际能源署 2021 年发布的报告，预计 2040 年全球锂、钴、镍等需求将较 2020 年增加 6 倍，加之地缘战略思维兴起，未来围绕新能源矿产的全球布局和竞争将愈演愈烈。南美阿根廷、玻利维亚和智利"锂三角"国家正推动建立"锂矿行业的石油输出国组织"，以掌握国际市场锂矿定价权。其他几个锂资源丰富的国家也在采取动作，墨西哥通过锂资源国有化法案，成立国有化公司；加拿大工业部要求 3 家中国锂矿公司剥离其在加拿大关键矿产公司的投资。此外，资源国在供应链实施"去市场化"，要求 60% 以上的在建矿山与中下游签署包销协议，并要求产品仅在特定地区消化，这些举措增加了新能源产业链发展的不确定性和风险。[①]

（三）新能源领域存在贸易受限风险

我国风电、光伏、储能、新能源汽车全产业链飞跃式发展，相关产品在

---

① 《新能源产业如何应对国际风险和挑战》，https：//www.cpnn.com.cn/news/nygm/202302/t20230228_ 1587194.html，2023 年 2 月 28 日。

海外市场的竞争力快速提升。在光伏领域，全球 75%～80% 的光伏电池产能来自中国，到 2025 年，中国的光伏产业链将占全球产能的 95%。在风电制造领域，中国已成为全球最大的风电装备制造业基地，风机产量占全球的 50% 以上。新能源产业高度依赖国外市场易受地缘政治、经济制裁、贸易规制等因素的影响，容易导致国内企业在境外的无序和低价竞争，以及产能过剩等问题。

美国推出产业支持政策，其公布的总金额达 4300 亿美元的《通胀削减法案》中，有 3690 亿美元名义上是用于保护气候变化，但实际上是拟对美国本土制造的锂电、光伏等新能源产品进行高比例现金补贴或税收优惠补贴，补贴适用前提是汽车必须在美国和北美地区总装，而且所使用的电池及制造电池的原材料均来自北美地区。同时美国与其"可信任友好国家"间形成供应链合作和贸易关系，扰乱国际贸易的正常秩序。①

（四）行业标准规则领域存在不足

我国新能源产业的技术标准、产品检测、碳排放测算、认证等相关体系还不完善，没有形成支撑新能源产业发展的技术服务体系。我国新能源产品出口的行业标准未完全与国际标准接轨，而西方国家掌握着标准和认证的话语权，增加了我国进入国际市场的限制性风险。

四　对策建议

（一）统筹发展和安全的应对策略

中国是世界上最大的能源消费国，能源供给尤其是电力供给只能依托国内资源，否则将面临巨大的国际供给与价格波动冲击。然而中国除煤炭资源相对可观外，石油、天然气资源远不能满足国内需求。因此，发展可再生电力是提高电力供给安全性的重要途径。然而目前中国的可再生电力还是面临着核心技

---

① 《新能源产业如何应对国际风险和挑战》，https：//www.cpnn.com.cn/news/nygm/202302/t20230228_ 1587194.html，2023 年 2 月 28 日。

术与关键金属资源的对外依赖问题，此外可再生电力的波动性对电网安全也构成挑战，使中国面临两难困境，即以国内煤炭资源为基础但是温室气体排放压力巨大的火电与依赖国外关键技术和金属资源的可再生电力之间的两难选择。为此，我国不能离开国际市场的资源保障，但是要有效降低国际供给风险，注重海外资源投资和供应渠道分散化，同时突破可再生能源的核心技术，尤其是材料技术，实现技术的国产化和材料供应链的安全可控。

（二）扩大新能源制度型开放

中国经济是开放型经济，能源领域更需要国际市场。因此，中国需要扩大新能源制度型开放，提升国际合作水平。在新能源领域，需要加快实现从商品和要素流动型开放向规则、规制、管理、标准等制度型开放转变，推动在制度层面解决贸易争端、贸易制裁等问题。接轨国际标准、规则，深度参与全球产业分工合作，高度融入国际能源一体化产业链供应链，推进建立国际合作新模式。

（三）深入实施能源资源安全战略，加强能源供应保障能力建设

建议加大油气勘探开发力度，夯实国内产量基础，保持原油和天然气稳产增产；扩大油气储备规模，健全政府储备和企业储备有机结合、互为补充的石油储备体系；加快规划建设新型能源体系。推动建设新型电力系统，加强跨省区市能源优化配置，支撑可再生能源加速规模化发展和高比例灵活消纳。因地制宜发展氢能、生物质能、地热能等可再生能源，有序推进大型水电基地建设，安全有序发展核电，支持分布式新能源发展。

同时，应健全能源供应保障和储备应急体系。提高适应经济社会发展以及各种极端情况的能源供应保障能力，优化能源储备设施布局，完善煤电油气供应保障协调机制。完善煤炭、石油、天然气产供储销体系。

参考文献

车百智库、Roland Berger：《中国新能源汽车供应链白皮书2020——迎接全球新能源

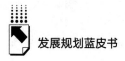
供应链变革》，2020 年 9 月。

国家能源局：《2023 年能源工作指导意见》，2023 年 4 月。

International Energy Agency，"Securing Clean Energy Technology Supply Chains," July 2022.

Mike Williams，Trevor Sutton，"Creating a Domestic U. S. Supply Chain for Clean Energy Technology，" Center for American Progress，2021.

B.49
加快规划建设新型能源体系

陈星星*

摘　要： 中国能源政策经历了从自给自足到多元互补再到节约高效三个阶段。从"十四五"时期要求加快构建现代能源体系，到党的二十大报告提出加快规划建设新型能源体系，中国能源体系绿色低碳转型成果显现。本文从中国能源政策演进、现代化新型能源体系及其内涵出发，厘清了现代能源体系与新型能源体系之间的关系，分析了新型能源体系在国际形势和国家安全战略制约下，在能源战略、体制机制、科技创新和供需消纳等方面面临的重大挑战，并进一步提出坚持短期以煤炭保供的思维底线，通过供需发力构建多元能源供给体系，科学布局新型能源体系跨区通道和基地，建立核心技术攻关机制，提升新型能源体系的数字化、智能化水平。新型能源体系不仅强调体系的低碳化和绿色化，更重视协调发展与安全的双重逻辑，在碳达峰碳中和目标以及新发展阶段、新发展理念的要求下，从供给侧、技术侧、消费侧和体制侧出发，探索以新型电力系统"源网荷储用"为主体的实施路径。

关键词： 新型能源体系　碳达峰碳中和　能源政策　新型电力系统

党的二十大报告和 2022 年中央经济工作会议指出，要加快规划建设新型能源体系，加快新能源等前沿技术研发和应用推广，在落实碳达峰碳中和目标任务过程中锻造新的产业竞争优势，加强能源产供储销体系建设，确保能源安

---

* 陈星星，中国社会科学院数量经济与技术经济研究所副编审，主要研究方向为能源体系建设、碳排放与碳市场等。

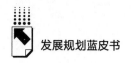
全。中国能源政策服务于"双碳"目标，能源系统绿色低碳化是未来能源政策设计的主旨。能源政策要基于需求侧管理和供给侧结构性改革协同的方向不断完善，提高能源自主创新能力，建立"有效市场+有为政府"的新型高质量能源体系。

一 中国支持能源体系建设的有关政策

（一）中国能源政策的演进

与世界主要产煤国相比，中国煤炭产业政策经历较为漫长的发展。新中国成立后，国家高度重视煤炭工业发展，将煤炭和粮食作为同等重要物资，确立了"以全面恢复为主，部分新建以东北为重点"的生产方针。2016年国务院印发《关于煤炭行业化解过剩产能实现脱困发展的意见》，"十三五"时期煤炭行业"去产能"供给侧结构性改革拉开帷幕，要求培育发展优质产能。作为高碳产业代表的现代煤化工，在"双碳"目标和"十四五"发展规划下，将承担更严峻的减排任务。2022年《第十次全国深化"放管服"改革电视电话会议重点任务分工方案》提出，督促中央煤炭企业加快释放先进煤炭产能，落实"四优先"措施，保障煤炭物资水路运输。

"十三五"时期，油气"X+1+X"政策体系初步形成。2017年国务院印发《关于深化石油天然气体制改革的若干意见》，有序放开油气勘查开采体制，深化下游竞争性环节改革。《石油天然气管网运营机制改革实施意见》推动油气管线独立，实现"输配分离"。2022年《关于"十四五"推动石化化工行业高质量发展的指导意见》进一步明确依靠产业结构调整和创新发展，实现"增储上产保供应，低碳智慧促转型"。

中国新能源产业异军突起，但在发展过程中仍存在电力消纳和上网平价问题，尤其是弃风弃光率较高，调节电源装机交叉，长期以来困扰国内新能源产业的发展。2018年《清洁能源消纳行动计划（2018—2020年）》提出，到2020年基本解决清洁能源消纳问题。2020年《关于建立健全清洁能源消纳长效机制的指导意见（征求意见稿）》提出形成有利于清洁能源消纳的电力市场机制，构建清洁能源消纳闭环监管体系。2022年《关于进一步做好新增可再生能源消费不纳入能源消费总量控制有关工作的通知》确定现阶段不纳入能源消费总量的可再生能源，绿证可以作为可再生能源电力消费量认定的凭证。2022 年 3 月 25 日，《中共中央　国务院关于加快建设全国统一大市场的意见》提出，要结合"双碳"目标，健全油气期货产品体系，推动油气管网设施互联互通，推进天然气市场化改革，健全多层次统一电力市场体系，完善全国统一煤炭交易市场，推进全国统一的能源市场建设。

（二）现代能源体系建设的有关政策

2020 年 9 月，中国正式提出"双碳"目标，国家能源战略重心转为加速绿色低碳转型，构建清洁低碳、安全高效的现代能源体系。2022 年 3 月，《"十四五"现代能源体系规划》（以下简称《规划》）是"十四五"时期加快构建现代能源体系、推动能源高质量发展的行动纲领。《2022 年能源工作指导意见》在《规划》的基础上，进一步提出培育能源新产业、新模式，明确了能源体系绿色低碳转型的任务举措。首先，通过加强能源技术创新，提升能源关键领域现代化水平。建立"四位一体"的能源科技创新体系和"三个一批"的建设路径，以"揭榜挂帅"方式实施一批能源重大技术创新项目。核电领域围绕科技重大专项和《核电技术提升行动计划》，加强新型电力系统、低碳零碳负碳等关键技术攻关，能源研发经费投入年增长 7%以上，关键技术突破领域新增 50 个左右。其次，通过加快绿色低碳转型，提升能源结构现代化水平。《"十四五"可再生能源发展规划》提出，2025 年可再生能源在一次能源消费增量中占比超过 50%，风能和太阳能发电装机容量继续领跑全球。《核能集中供热及综合利用试点方案》《氢能产业发展中长期规划（2021—2035 年）》《"十四五"新型储能发展实施方案》推动核能、氢能、新型储能多元化、产业化、规模化发展和综合利用。《关于进一步做好新增可再生能源消费不纳入能源消费总量控制有关工作的通知》明确新增可再生能源电力消费不纳入能源消费总量考核，消除了绿电利用障碍，对推动能源清洁低碳转型而言具有重要意义。再次，通过推进能源系统数字化、智能化升级，提升能源产业链供应链现代化水平。《规划》重点提出"加快能源产业数字化智能化升级"。《"十四五"能源领域科技创新规划》提及能源系统数字化、智能化技术，聚焦新一代信息技术和能源融合发展。2023 年 1 月发布《新型电力系统发展蓝皮书（征求意见稿）》，要求构建国家级能源数字经济平台，为能源电力产业链上下游企业提供"上云用数赋智"服务。此外，加快北斗系统、5G、国密算法、"互联网+安全监管"智能技术在能源领域的推广应用，实施"区块链+能源"技术创新的应用试点。通过落实《"十四五"新型储能发展实施方案》，形成能源储运、调节和需求侧响应，构建源网荷储用一体化多能互补体系。最后，通过强化立法、改革、监管，提升能源治理现代化水平。发布《电力可靠性管理办法（暂行）》，打通涉企服务堵点，将可靠性工作向规划、运维等环节深度延伸。通过严格查处用户受电工程"三指定"、虚拟货币"挖矿"等违法供电行为，充分发挥12398能源监管热线作用，贯彻能源"四个安全"治理理念，提升能源安全现代化水平。

（三）新型能源体系的提出及其内涵特征

新型能源体系的概念最早由中国工程院"推动能源生产和消费革命战略研究"课题组于2017年提出。2020年中央经济工作会议提出推动煤炭消费尽早达峰，大力发展新能源；2021年中央经济工作会议要求深入推动能源革命，加快建设能源强国。2022年1月发布《"十四五"现代能源体系规划》，明确了"现代能源体系"的内涵和定义，以"清洁、低碳、安全、高效"为主要内容，发展新型电力系统。

2022年10月党的二十大报告明确提出"加快规划建设新型能源体系"。根据2023年政府工作报告，新型能源体系的定义为：适应碳达峰碳中和目标背景下新能源占比大幅提高的要求，加大力度在沙漠、戈壁、荒漠化地区规划建设以大型风电光伏基地为基础、以其周边清洁高效先进节能的煤炭为支撑、以稳定安全可靠的特高压输变电线路为载体的新型能源供给消纳体系。同时，坚持立足国内、补齐短板、多元保障、强化储备，统筹新能源发展和煤炭等化石能源清洁高效利用，确保能源供应稳定、可靠、安全。新型能源体系区别于现代能源体系概念的主要特征是"新型"和"新体系"，核心是构建以可再生能源为主体的新型电力系统，在内涵特征和顶层设计上具有再审视的特点，是现代能源体系的"2.0"升级版。结合《"十四五"可再生能源发展规划》，新型能源体系建设将主要聚焦建设风光大基地和开发分布式光伏、分散式风电两种途径，提升可再生能源消费占比。新型能源体系不仅强调能源体系的绿色化和低碳化，还更重视能源安全与经济发展的双重逻辑，将国家发展观、安全观与能源现实结合，发挥能源供应"蓄水池"的核心功能。具体而言，新型能源体系以新型电力系统"源网荷储用"为实施路径，其"新型"从供给侧、技术侧、消费侧和体制侧出发，体现安全保障之新、结构成分之新、创新驱动之新；"新体系"通过煤炭清洁高效利用、电能氢能替代、绿色低碳转型和金融体系支撑，体现治理体系之新和支撑体系之新。

二　新型能源体系建设现状及存在的短板

（一）新型能源体系建设现状

1. 新型能源体系基本建设情况

中国新型能源体系建设绿色低碳转型成效显现。2022 年 12 月，太阳能、风电、水电、核电等可再生能源发电装机容量累计值突破 12.27 亿千瓦，可再生能源净发电量达到 20.61 万吉瓦时，[①] 中国可再生能源继续保持全球领先地位。但与此同时，2022 年中国煤炭占能源消费总量的比重仍为 56.2%，[②] 中国煤炭生产量、消费量和进口量仍居全球第一，能源体系整体转型任重道远。

从体制侧看，体制机制改革创新是新型能源体系建设的首要任务。当前，我国覆盖战略、规划、政策、标准、监管、服务的能源体系体制机制基本形成，能源市场不断发展，基础性制度框架加快构建。此外，中国新型能源体系规划建设工作有序推进，党的二十大报告、《关于完整准确全面贯彻新发展理念做好碳达峰碳中和工作的意见》等指明了新型能源体系高质量发展的总体方向。由《"十四五"现代能源体系规划》及可再生能源、科技创新等构成的"1+6"能源规划稳步实施，能源碳达峰方案等绿色低碳发展系列政策深入落实。新型能源体系有关政策的出台，明确了未来能源体系建设的目标和举措，推动新型能源体系建设工作落地、落实、落细。

从供给侧和消费侧看，根据国家统计局公布的数据，2022 年一次能源生

[①] 包括太阳能、风能、潮汐能和其他可再生能源。资料来源于 IEA，2023 年 3 月 17 日。

[②] https://data.stats.gov.cn。

产总量为46.6亿吨标准煤，能源消费总量为54.1亿吨标准煤，能源自给率达到86.14%。中国石油集团经济技术研究院的《2022年国内外油气行业发展报告》显示，2022年中国原油与石油对外依存度双双回落，天然气对外依存度为41.2%，降至近5年来的最低点。① 中商产业研究院的研究数据表明，2022年中国原油进口量为5.08亿吨，进口对外依存度为71.2%，为2001年以来连续第二年下降。② 截至2023年2月，全国发电装机容量累计值为26.00亿千瓦，其中煤电发电装机容量占比逐年降低，2023年同比下降20%，清洁能源装机容量占比提升最快的是太阳能和风电，2022年12月占比分别为15.31%和14.25%。

从技术侧看，中国在清洁能源领域的研发支出稳步增加，在太阳能光伏、风力涡轮机、电动汽车、充电、电池等行业，中国已成为全球关键的技术开发国和生产制造国。根据IEA的统计数据，2020年中国能源领域公共研发支出为84亿美元；中国企业在能源研发方面的支出接近350亿美元，超过日本和欧洲等其他发达经济体。③《智慧芽中国研发指数CIRD 2022年度中国研发创新活跃度观察》指出，2022年中国新能源汽车和新能源产业研发指数CIRD分别为134.8和131.7，远高于全行业平均水平，位居七大焦点科技领域研发指数榜首。截至2020年，中国在可再生能源技术领域获得的国际专利数量占比超过75%。

2. 新型能源体系中的产业链及供需关系

建设新型能源体系是一项复杂的系统工程，涉及能源产业链上下游、各能源品种、各用能行业和领域。当前中国能源体系中产业链、供应链自主可控，能源自给率始终保持在80%以上。提高能源体系产业链、供应链韧性，一是要立足能源禀赋，增强能源生产能力，在加强化石能源清洁利用的基础上，把握可再生能源的替代节奏，完善能源供应体系；二是要大力提升能源供应链的韧性和弹性，提高能源系统储备调节能力。从供给端看，我国已建立起以煤、

---

① 《国内成品油需求将渐进式复苏，天然气需求恢复较快增长》，https://finance.sina.com.cn/roll/2023-03-28/doc-imynmvha5346179.shtml，2023年3月28日。

② 中商产业研究院：《2023年中国原油最新进口数据分析》，https://www.askci.com/news/chanye/20230324/11592526796303627836301.shtml，2023年3月24日。

③ IEA：《追踪清洁能源创新：聚焦中国》，2022年3月。

油、气、核、可再生能源为主的多轮驱动能源供应体系，但是产业结构偏重、能源结构偏煤、能源效率偏低的问题依然存在。此外，随着新型能源体系建设中新能源产品生产规模的扩大，碳排放从使用环节转移到制造环节，从分散转向集中，供应链上游减碳压力加大。从需求端看，未来中国能源需求将保持增长，但能源消费预期仍需引导，能源供需衔接仍需强化。在"双碳"目标实现过程中，在新型能源体系成熟之前，传统化石能源既要保证供给又要持续减排。

3. 新型能源体系建设中存在的短板

可再生能源本身具有波动和间歇特性，新型能源体系建设中仍存在一些短板。一是新型电力系统发电功率短期预测误差较大。以风电、光伏太阳能为代表的新能源，在大量接入后给整体能源系统运行安全带来巨大压力，发电功率的短期预测误差较大将无法满足大规模并网安全稳定运行要求。中国风电功率短期预测的平均绝对误差为 6%~18%，而德国、美国、葡萄牙等欧美发达国家的风电功率短期预测平均绝对误差为 12% 以下。二是新型能源体系建设中的系统调节能力不足。新能源项目如果不能做到电源和电网"同步规划，同步投产，同步消纳"的"源网协调"，则会出现较严重的供需不匹配现象，从而对系统的调节能力提出更高的要求。2021 年，中国传统灵活调节电源占比仅为 6%，远低于美国和意大利的 47%、日本的 37%。三是新能源的低碳价值未能充分体现。由于电力市场机制不够健全，跨区交易市场壁垒存在，并且与电力市场相配套的绿电市场、全国碳市场体制机制仍处于初级探索阶段，目前中国新能源的电价未能体现绿色溢价部分即低碳价值。四是工业精准控能水平有待提升。一些地方控能考核未考虑产业链、供应链中的区域上下游协同，导致终端产品因上下游产能供应不足而难以正常生产。

（二）新型能源体系建设中的制约及挑战

1. 国际形势压力及国家安全战略的制约

俄乌冲突影响全球能源价格，也让中国从欧洲能源危机中看到"把能源饭碗牢牢端在自己手里"的重要性。与此同时，欧盟应对气候变化的雄心并非基于能源行业的底线思维，欧盟提出的碳边境调节机制以及美国的应对气候变化政策也是基于本国行业发展和排放话语权争夺而制定的。在复杂的国际形势下，中国新型能源体系的建设更要从能源发展和与时俱进的角度，积极应对能源形势和气候变化带来的国家能源安全挑战。

2. 厘清体制机制中的设置、规划、市场、监管和责任

一是体制机制亟须完善。基于现有技术实现"双碳"目标需要体制机制的全力支持，但技术上的可行绝非实践中的可行。二是规划制度与疏导成本"两张皮"。如新型电力系统中，存在主管部门"点菜"、落实部门"买单"的割裂局面，导致操作部门在特殊用途资金来源上存在压力。三是市场价格竞争机制有待完善。目前国内能源市场仍是"规划先行，价格兜底"，尚未形成由市场机制带来的技术筛选。四是市场主管、监管效能有待提升。一方面，煤油气核、水风光储不同能源领域存在不同的分置方案，"人人尽其责"却导致"合成谬误"；另一方面，能源价格市场化需要配套强大的监管体制，而管数量和管价格的部门分设，是能源价格市场化改革的障碍。五是国企的社会责任未能有效体现。国企的社会责任和经济责任尚未分开，社会责任未被纳入绩效考核。

3. 现有科技创新固有周期律及国外技术封锁的掣肘

一是科技创新自由周期律的限制。如芯片产业的"摩尔定律"，科技创新存在自有周期律，单纯依靠加大资金投入和价格补贴力度，很难改变科技突破性价比阈值的时间。二是科技创新的机会成本。科技创新的投入存在"挤出效应"，即创新前沿技术领域研发成本高而短期收效甚微，外加全产业涉及领域众多。三是国外能源领域技术封锁的掣肘。尽管中国能源科技创新能力显著提升，但新能源部分核心技术、高端材料、安全高效储能等亟须突破。四是能源关键技术适应性创新仍需攻克，绿色示范技术亟待推广。比如柔性直流关键技术有待进一步提升，实现直流电网大范围应用的关键技术仍需大量科技探索。

4. 新型能源体系供需两侧亟须协调，输送侧面临新挑战

一方面，供需两侧不匹配是由于运行机理发生变化，需要完善相应的体制机制；另一方面，新能源占比不断提升，对系统调节和支撑能力提出了更高要求。首先，从需求侧看，新型能源的消纳机制需要完善。新能源本地消纳机制在跨省支援、调峰补偿和电源辅助调节方面均需完善；在跨区送电方面，受供需影响、价格水平和地方利益等影响，"送端弃电，受端缺电""高峰不给，低谷不要"的现象时有发生，新型能源体系的通道利用率不高。其次，从供给侧看，一是由于新能源"靠天吃饭"的特性，中东部地区电力保供压力持续存在，在新能源发电条件较差的冬季保供期、向受端晚高峰期电力供给持续趋紧；二是新能源占比提升和新能源外送场景，要求电网适应更大范围的功率、频率和电压波动，系统内的存量调节能力难以满足需求。最后，从输送侧看，电网安全运行面临新挑战。随着西北部大型风光电基地、海上风电基地开发规模和范围的扩大，新能源外送面临源网支撑能力下降、电网孤岛等挑战。

三　加快规划建设新型能源体系的对策建议与改革举措

（一）坚持短期仍以煤电保供的底线思维，摒弃"只破不建，不增后破"的观念

中国"富煤贫油少气"的资源禀赋，外加对能源安全、经济发展的综合考量，决定了中国新型能源体系建设应"跳出产业看行业"，寻求"用炭不排碳"的化石能源清洁高效利用，实现多种能源协同发展。建议将底线思维作为第一要务，在一段时间内仍以煤电生产力保供，新增稳定可再生能源按一定比例折减后，再逐步减少煤机产量，摒弃"只破不建，不增后破"的观念。在多种能源协同发展的过程中，逐步降低碳排放强度，直至接近零排放，避免2022年四川史上最严重电荒重演。

（二）"一纲万目"，落实价格、市场、监管、责任体制机制改革

体制机制是新型能源体系建设的"纲"，只有"举一纲"方能"万目张"。具体而言，要加快价格、市场、监管、责任等方面的体制机制改革。一是设定"谁提议，谁出资"的运行机制，保障特定技术研发的有效运行和健康发展。二是由国家管定、监测价格，放开竞争价格，落实"两头放开，管住中间"的价格机制。三是统筹协调，形成"量价一体"的市场监管疏导机制，一方面主管部门要规划协同、统筹协调不同能源产业、不同能源类型的发展规模，另一方面监管部门要助力能源价格市场化的形成，主动化解疏导市场矛盾，提升监管效能。四是制定国企社会责任考核机制，量化企业社会责任考

核目标，弥补企业因保供付出的损失，激励企业为维护社会整体能源安全做出努力。

（三）供需发力构建多元能源供给体系，提高大规模电力输送消纳能力和储能支撑作用

在供给侧方面，优先发展清洁、可再生能源，逐步破除传统能源依赖，适度发展天然气、核能的多元能源供给体系，以此消彼长的动态平衡，向清洁低碳、安全高效的新型能源体系转型。在需求侧方面，推动建设需求侧响应能力，通过挖掘需求侧资源，充分发挥需求侧"削峰填谷"、供需平衡的作用。在输送侧方面，加强本地受电端电网建设，完善新型能源区域主网架结构，支撑跨区域直流高效运行。持续优化送受端电网结构，探索布局大型风光电基地送受端电网格局，加强区域电网互联，扩大电网规模，提高新型能源体系的大规模电力输送消纳能力和支撑能力。充分发挥新型储能系统"充电宝""蓄水池"的作用，研究长周期储能设施的技术适应性，在"风火光"配套储能，促进新能源的消纳利用。

（四）科学布局新型能源体系跨区通道、电源配置和基地建设

科学布局跨区通道，优化电源配置，加强基地开发建设，是构建新型能源体系的基础保证。第一，在跨区通道建设上，高质量建设"三交九直"跨区输电通道，常规电源与直流通道落实"同步规划、同步建设、同步投产"，建立安全可靠、集约高效的新能源跨区输送通道。在电源配置上，立足多能互补，形成具有较高送电可靠性的互补送电单元。第二，在基地开发模式上，优先考虑"一体化业主开发模式"，优化电源配置，保证电源项目运行的经济性，充分发挥集风光水火储于一体的现代能源基地综合效益。第三，在基地建设上，提前开展国土资源协调统筹、规划衔接，以电网为枢纽，系统调控能源，促进"电热冷氢"的深度融合，科学布局新型能源基地、煤电厂址、换流站址。

（五）建立核心技术攻关机制，提升新型能源体系数智化水平

应尊重科学技术的发展规律，跳出科技创新固有周期律的掣肘，避免将

主要精力放在支持哪类技术或者业态上，提高资金的使用效率，建立核心技术攻关机制。完善数字基础设施，打通数据壁垒，发展数字能源技术，提升能源领域核心技术的攻关能力，建立数字化、智慧化的新型能源体系。一是通过构建能源领域数据流、能量流、价值链"三流合一"的数字生态平台，完善数字化基础设施，打造全链条能源自主知识可控的核心设备体系；二是通过加强适应性能源电力数据的隐私计算技术研究，促进能源数据共享；三是通过攻克电力专用芯片、微型传感器、先进电力通信等专用技术，提高能源系统数字技术的可观、可测、可得水平；四是通过推广低成本储能、智能电网和虚拟电厂等技术，建立"新型电力体系发电，终端用能优化"的智慧能源体系。

专栏　智慧产业融合助力提高项目审批效率

2022 年 7 月 22 日，江苏省 2022 年光伏发电市场化并网项目第三批名单已公布，6 个光伏项目入选，规模 82 万千瓦，其中 1 项是位于淮安市洪泽区的综合智慧产业融合项目。江苏省发展改革委明确，针对项目申报优化流程，采取"随到随过、分批公布"的方式，一旦项目具备条件，及时纳入实施库管理，并采取短信形式通知项目联系人分批集中公布。各设区市发展改革委督促指导项目单位加快开展项目前期工作，在依法合规前提下尽快开工建设。综合智慧能源项目的备案，纳入省能源局市场化并网项目清单，标志着政府行政审批部门正在积极适应市场发展形势，逐步由单一的光伏、风电项目转向综合智慧能源项目，进一步提高项目审批效率。

资料来源：国家能源局：《〈关于促进新时代新能源高质量发展的实施方案〉案例解读》，2023 年 3 月 26 日。

参考文献

焦兵、许春祥：《"十三五"以来中国能源政策的演进逻辑与未来趋势——基于能源革命向"双碳"目标拓展的视角》，《西安财经大学学报》2023 年第 1 期。

王衍行、汪海波、樊柳言：《中国能源政策的演变及趋势》，《理论学刊》2012 年第

9 期。

周宏春：《新型能源体系建设须以降碳减污扩绿增长为导向》，《中华环境》2022 年第 11 期。

杜伟、文腾：《〈"十四五"现代能源体系规划〉等多项政策出台　布局中国新型能源体系》，《国际石油经济》2023 年第 1 期。

郝宇：《新型能源体系的重要意义和构建路径》，《人民论坛》2022 年第 21 期。

刘泊静：《三大着力点　协调推进新型能源体系建设》，《中国电力报》2023 年 3 月 9 日。

章建华：《深入学习贯彻习近平新时代中国特色社会主义思想　以能源高质量发展支撑中国式现代化建设》，《当代世界》2023 年第 2 期。

B.50
加快发展新能源

王 怡[*]

摘 要： 加快发展新能源，是我国深入推进能源革命、构建清洁低碳安全高效现代能源体系的战略选择，也是促进经济社会发展全面绿色转型、实现碳达峰碳中和目标的内在要求。本文系统梳理了2021~2022年新能源政策、国内外产业发展现状、市场热点，分析了我国新能源产业面临的问题与挑战，并提出对策建议。为促进我国新能源产业高质量发展，建议：加强统筹、促进新能源安全可靠替代；拓展新能源多元开发利用场景；加快电网、储能等基础设施建设，提升新能源就地消纳和跨地区互补互济水平；深化电力体制改革，构建以新能源为主体的新型电力系统；强化自主创新，持续提升新能源产业竞争力。

关键词： 新能源 清洁能源 可再生能源 新型电力系统

新能源又称非常规能源，通常包括太阳能、风能、核能、小型水电、生物质能、氢能、地热能、波浪能、洋流能、潮汐能等。[①] 自2006年《中华人民共和国可再生能源法》实施以来，我国以风电、太阳能发电为代表的各类新能源开发利用规模不断壮大，形成了全球最大、最完整的新能源产业体系，成为全球能源清洁低碳转型的重要引领者和推动者。碳达峰碳中和目标提出后，

* 王怡，中国社会科学院数量经济与技术经济研究所副研究员，主要研究方向为能源经济、DEA方法。
① 因篇幅制，本文所指新能源仅涉及风电、太阳能发电、生物质能、地热能等可再生能源以及近年来新兴能源技术，如抽水蓄能、氢能等。

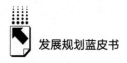
新能源产业被我国赋予未来"主体能源"的战略定位，按照《中共中央　国务院关于完整准确全面贯彻新发展理念做好碳达峰碳中和工作的意见》，2025年我国非化石能源占一次能源消费比重达到20%左右，2030年达到25%左右（风电、太阳能发电总装机容量达到12亿千瓦以上），2060年达到80%以上。

进入新发展阶段，面对新的发展形势和环境，习近平总书记的重要讲话和指示为新时代新能源高质量发展指明了前进方向、提供了根本遵循。2021年3月，习近平总书记在中央财经委员会第九次会议上提出，我国将构建以新能源为主体的新型电力系统。2021年12月，习总书记在中央经济工作会议上强调传统能源逐步退出要建立在新能源安全可靠的替代基础上。2022年1月，习总书记在中央政治局第三十六次集体学习时明确提出，要把促进新能源和清洁能源发展放在更加突出的位置，加快发展有规模有效益的风能、太阳能、生物质能、地热能、海洋能、氢能等新能源。2022年10月，习总书记在党的二十大报告中提出我国要积极稳妥推进碳达峰碳中和，新能源产业是未来经济增长的新引擎。2022年12月，习近平主席在首届中国—海湾阿拉伯国家合作委员会峰会的主旨讲话中提出，要构建能源立体合作新格局，加强氢能、储能、风电光伏、智能电网等清洁低碳能源技术合作和新能源设备本地化生产合作。

一　新阶段新能源政策梳理

（一）总体目标和战略部署

大力发展新能源，是我国碳达峰碳中和"1+N"政策体系的重要内容。2021年9月，《中共中央　国务院关于完整准确全面贯彻新发展理念做好碳达峰碳中和工作的意见》提出10个方面31项重点任务，明确了碳达峰碳中和工作的路线图、施工图。关于新能源发展，要大力发展风能、太阳能、生物质能、海洋能、地热能等；坚持集中式与分布式并举，优先推动风能、太阳能就地就近开发利用；因地制宜开发水能；积极安全有序发展核电；合理利用生物质能。加快推进抽水蓄能和新型储能规模化应用；统筹推进氢能"制储输用"全链条发展；构建以新能源为主体的新型电力系统，提高电网对高比例可再生能源的消纳和调控能力。2021年10月，国务院印发的《2030年前碳达峰行动方案》提出了碳达峰十大行动，明确了"N"的政策范围包括能源、工业、城乡建设、交通运输等行业的碳达峰实施方案以及相关保障政策。

加快发展新能源、壮大新能源产业、加快关键核心技术创新应用是"十四五"时期我国能源发展的重要目标任务。2021年3月，《中华人民共和国国民经济和社会发展第十四个五年规划和2035年远景目标纲要》提出，要推进能源革命，建设清洁低碳、安全高效的现代能源体系，提高能源供给保障能力，"十四五"时期将重点建设九个清洁能源基地和四个海上风电基地。同时，要巩固提升电力装备、新能源等领域的全产业链竞争力，加快关键核心技术创新应用，增强要素保障能力，培育壮大产业发展新动能。2021年11月，国家能源局、科学技术部印发《"十四五"能源领域科技创新规划》，提出"十四五"时期能源科技创新的总体目标，围绕先进可再生能源发电及综合利用技术、新型电力系统及其支撑技术、安全高效核能技术、绿色高效化石能源开发利用技术、能源系统数字化智能化技术，确定了相关集中攻关、示范试验和应用推广任务。2022年1月、6月，国家发展改革委、国家能源局等部门先后印发《"十四五"现代能源体系规划》《"十四五"可再生能源发展规划》，明确了"十四五"时期新能源产业发展目标：到2025年，新能源技术水平持续提升，新型电力系统建设取得阶段性进展，安全高效储能、氢能技术创新能力显著提高，减污降碳技术加快推广应用；可再生能源消费总量达到10亿吨标准煤左右，可再生能源年发电量达到3.3万亿千瓦时左右（其中，风电和太阳能发电量实现翻倍），可再生能源电力总量消纳责任权重达到33%左右（其中，可再生能源电力非水电消纳责任权重达到18%左右），地热能供暖、生物质供热、生物质燃料、太阳能热利用等非电利用规模达到6000万吨标准煤以上。

2022年5月，国家发展改革委、国家能源局制定的《关于促进新时代新能源高质量发展的实施方案》（即"新能源21条"）经国务院同意，由国务院办公厅转发。围绕新能源发展的难点、堵点问题，创新开发利用模式、构建新型电力系统、深化"放管服"改革、支持引导产业健康发展、保障合理空间需求、充分发挥生态环境保护效益、完善财政金融政策等，重点解决新能源"立"的问题，更好发挥新能源在能源保供增供方面的作用，为我国如期实现碳达峰碳中和目标奠定坚实的新能源发展基础。

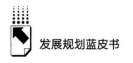

（二）2022年主要新能源政策

2022年，国家发展改革委、国家能源局等多部门陆续印发了支持、规范新能源行业发展的具体政策，主要涉及促进新能源健康发展、发展规划、平价上网电价政策、开发建设规范、安全运行规范等内容（见表1）。

表1 2022年主要新能源政策梳理

分类	主要政策
促进新能源健康发展的政策文件	《关于完善能源绿色低碳转型体制机制和政策措施的意见》《关于推进电力源网荷储一体化和多能互补发展的指导意见》《"十四五"新型储能发展实施方案》《2022年能源工作指导意见》
发展规划	《氢能产业发展中长期规划（2021—2035年）》《以沙漠、戈壁、荒漠地区为重点的大型风电光伏基地规划布局方案》
平价上网电价政策	《关于明确可再生能源发电补贴核查认定有关政策解释的通知》《关于2022年新建风电、光伏发电项目延续平价上网政策的函》
开发建设规范	《光伏电站开发建设管理办法》
安全运行规范	《关于积极推动新能源发电项目应并尽并、能并早并有关工作的通知》《电力二次系统安全管理若干规定》《关于进一步推动新型储能参与电力市场和调度运用的通知》《关于加强海上风电项目安全风险防控工作的意见》《光伏电站消纳监测统计管理办法》《风电场利用率监测统计管理办法》《关于加快推进地热能开发利用项目信息化管理工作的通知》

二 我国新能源发展现状

（一）2022年我国新能源开发利用的整体情况

2022年，我国新能源产业发展提速，风电和太阳能发电新增装机在1.2亿千瓦以上，累计装机规模超过7.5亿千瓦。国家能源局数据显示，2022年全国发电装机容量25.6亿千瓦，同比增长7.8%。其中，火电133239万千瓦，同比增长2.4%；水电41350万千瓦，同比增长5.8%；核电5553万千瓦，同比增长4.3%；风电36544万千瓦，同比增长11.2%；太阳能发电39261万千瓦，同比增长28.1%。电力装机结构如图1所示。

新能源已成为我国新增发电量的主体，风电和太阳能发电9157.2亿千瓦时，较上年增长22%。国家统计局的数据显示，2022年全国规模以上电厂发电量8.39万亿千瓦时，同比增长3.4%。其中，火电发电58531.3亿千瓦时，同比增长1.4%；水电发电12020.0亿千瓦时，同比增长1.5%；核电发电4177.8亿千瓦时，同比增长2.5%；并网风电发电6867.2亿千瓦时，同比增长21.2%；并网太阳能发电2290亿千瓦时，同比增长24.7%。发电结构如图2所示。

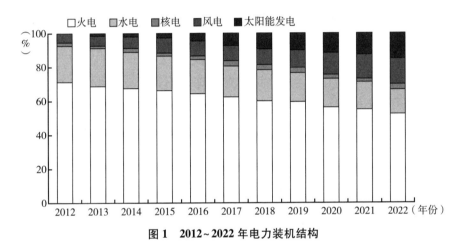

图1　2012~2022年电力装机结构

资料来源：国家能源局。

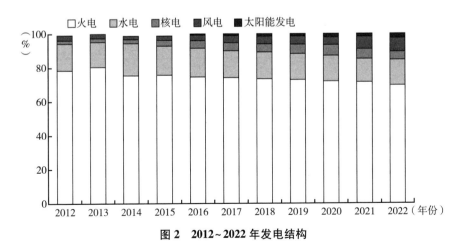

图2　2012~2022年发电结构

资料来源：国家统计局。

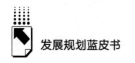

（二）2022年新能源市场热点

海上风电和氢能是2022年国内新能源市场最热门、规模增长最快的领域。

1. 海上风电

2022年是海上风电"国补退坡"元年，但是海上风电市场的火热势头却丝毫不减，沿海各地区"十四五"规划建设的海上风电项目陆续启动。据不完全统计，2022年海上风电项目招标总容量超过1300万千瓦，刷新历史最高纪录。其中，广东海上风电招标规模超过700万千瓦，山东、浙江、江苏等沿海省份海上风电项目总招标容量都超过了100万千瓦。根据央视网的报道，截至2022年全国海上风电累计装机容量达3250万千瓦，继续居全球第一。2022年10月，中广核汕尾甲子—50万千瓦海上风电项目78台风机全部并网发电，标志着国内首个平价海上风电项目实现全容量并网发电。整体来看，目前我国海上风电开发以近海开发为主，同时积极探索开展深远海海上风电开发、海上风电柔性直流集中送出、海洋牧场、海上综合能源岛、海上风电制氢、海上风电与火电耦合等前沿技术示范。

表2整理了沿海各地区提出的"十四五"时期海上风电装机目标。根据行业2022年11月发布的《2022全球海上风电大会倡议》，"十四五"期末我国海上风电累计装机容量预计达到1亿千瓦以上，2030年达到2亿千瓦以上，2050年达到10亿千瓦以上。

表2　"十四五"时期沿海各地区海上风电装机目标

地区	"十四五"时期海上风电装机目标
辽宁	2025年力争海上风电累计并网容量达到405万千瓦
河北	首次提出将在秦皇岛、唐山发展海上风电
山东	积极开发渤中、半岛北、半岛南三大片区海上风电资源，重点打造千万千瓦级海上风电基地，预计2025年开工1200万千瓦、建成800万千瓦
江苏	全力推进近海海上风电规模化发展，稳妥开展深远海海上风电示范建设，预计2025年海上风电装机达到1500万千瓦以上
浙江	"十四五"期间将新增装机或开工建设容量9.96GW，到2025年全省累计装机或开工建设容量达到10.41GW（1GW＝100万千瓦）
福建	"十四五"期间将增加海上风电并网装机410万千瓦，新增开发省管海域海上风电规模约1030万千瓦，力争推动深远海风电开工480万千瓦

地区	"十四五"时期海上风电装机目标
广东	2025 年海上风电累计建成投产装机容量力争达到 1800 万千瓦，在全国率先实现平价并网
广西	力争核准开工海上风电装机规模不低于 750 万千瓦，其中并网规模不低于 300 万千瓦
海南	重点开发临高西北部、儋州西北部、东方西部、乐东西部和万宁东南部海域等共计 11 个场址，总开发容量约为 1230 万千瓦

资料来源：各地区"十四五"规划以及公开资料整理。

2. 氢能

碳达峰碳中和目标提出以来，我国制氢规模呈现爆发式增长，2021 年制氢产量突破 3300 万吨，成为全球第一大制氢国。然而，从生产结构来看，我国氢能制取主要来自煤制氢等化石能源制氢，占比 64%左右，而工业副产制氢和可再生能源电解水制氢分别仅占 32%和 4%。

在我国，氢能主要应用于工业，交通运输业也有少量应用，建筑、发电等领域的应用仍处于探索阶段。在工业领域，氢气是合成氨、合成甲醇、石油精炼和煤化工行业中的重要原料，还有小部分副产气作为回炉助燃的工业燃料使用；未来，氢能有望广泛应用于氢冶金、燃料等领域，从而促进工业领域节能降碳。在交通运输领域，氢燃料电池汽车是新能源汽车发展的一大重要趋势。2021 年 8 月、12 月，我国先后两批次启动燃料电池汽车城市群示范应用推广，形成"3+2"（京津冀、上海、广东、河北、河南）示范格局。2022 年 2 月，北京冬奥会开创了国际奥运赛事大规模用氢的先例，不仅首次采用氢能作为全部火炬燃料，还投入运行超过 1000 辆氢燃料电池汽车，并配备 30 多个加氢站。2022 年 7 月 25 日，国内首款量产氢燃料电池轿车——长安深蓝 SL03 正式上市。此外，2022 年还有不少氢燃料电池重卡、牵引车、客车等订单完成交付。根据中国汽车工业协会的统计数据，2022 年 1~11 月，氢燃料电池汽车产销量分别为 2973 辆和 2760 辆，分别是 2021 年全年产销量的 167.3%和 174%，发展明显提速。氢能重卡更是呈现出较强的发展势头，2022 年 1~10 月仅氢能重卡终端市场就累计销售 1274 辆，较 2021 年的 435 辆增加 839 辆，增长近 2 倍。

2021~2022 年，青海、吉林、山东、广东等地区明确提出了"十四五"时期氢能发展目标。青海省提出，2025 年绿氢生产能力达 4 万吨左右，建设绿电制氢示范项目不少于 5 个，燃料电池车运营数量不少于 150 辆，矿区氢能重卡不少于 100 辆，建设 3~4 座加氢示范站，引进或培育 10 家氢能企业，绿氢全产业链产值达到 35 亿元。内蒙古提出，到 2025 年建成 60 座加氢站，推广燃料电池汽车 5000 辆，氢能产业总产值达 1000 亿元，打造 10 个以上氢能应用示范项目。吉林省提出实施"氢动吉林"氢工程，着力打造氢能"一区、两轴、四基地"发展格局，力争到 2025 年，可再生能源制氢产能达到 6 万~8 万吨/年，氢能产业产值达到百亿级规模。山东省提出围绕创建"国家氢能产业示范基地"，形成"中国氢谷""东方氢岛"两大高地，打造山东半岛"氢动走廊"；同时，实施"氢进万家"科技示范工程，推动氢能创新链与产业链的融合发展。广东省提出将努力打造氢能产业集群，建立广州、佛山、东莞、云浮氢能高端装备产业集聚区和惠州、茂名、东莞、湛江氢能制储运产业集聚区。

三　全球新能源市场情况

（一）全球新能源规模增长强劲

当前，全球能源体系深刻变革，越来越多的国家加入到"碳中和"行动之中，新能源发展迎来新的机遇。2022 年的俄乌冲突引发全球化石能源供应波动，一些地区出现了短暂的能源短缺，由此许多国家开始更加重视本国可再生能源和其他非化石燃料的开发利用。在此背景下，2022 年全球新能源发电装机规模增长强劲。

国际可再生能源署（IRENA）公布的《可再生能源装机容量统计 2023》显示，2022 年全球新能源发电累计装机 2115728 兆瓦（不含水电），较上年增长 14.9%。其中，风电占 42.5%，太阳能发电占 49.8%，生物质发电占 7.0%，地热占 0.7%。分种类来看：①风电装机 898824 兆瓦，同比增长 9.1%。其中，陆上风电装机 835624 兆瓦，同比增长 8.5%；海上风电装机 63200 兆瓦，同比增长 16.5%。②太阳能发电装机 1053115 兆瓦，同比增长 22.2%。其中，光伏装机 1046614 兆瓦，同比增长 22.4%。③生物质发电装机[①] 148912 兆瓦，

---

① 26 兆瓦是 2018 年的数据，之后数据未作更新。

同比增长 5.4%。其中，固体生物燃料和可再生垃圾发电装机 124979 兆瓦，同比增长 6.0%。④地热装机 14877 兆瓦，同比增长 1.2%。

中国是全球新能源开发利用的重要参与者、建设者。2022 年，中国新能源发电装机（不计核电）793110 兆瓦，占全球的 37%，较上年增加了 1 个百分点。①风电装机 365964 兆瓦，占全球的 41%。其中，陆上风电装机 335504 兆瓦，占全球的 40%；海上风电装机 30460 兆瓦，占全球的 48%。②太阳能发电装机 393032 兆瓦，占全球的 37%。其中，光伏装机 392436 兆瓦，占全球的 37%。③生物质发电装机 34088 兆瓦，占全球的 23%。其中，固体生物燃料和可再生垃圾发电装机 32161 兆瓦，占全球的 26%。④地热装机 26 兆瓦（包含固体生物燃料和可再生垃圾、液体生物燃料、沼气），占全球的 0%。

（二）全球新能源成本持续下降

近年来，全球范围内新能源技术水平和经济性大幅提升，主要得益于规模效应愈加明显、新能源技术飞速发展、各国政策的大力支持、新能源领域国际合作更加紧密等。根据国际可再生能源署的《2021 年可再生能源发电成本》，当前全球供应链危机和大宗商品价格上涨并未显著影响到新能源成本。2021 年，全球新能源陆上风电项目的全球加权平均平准化度电成本（LCOE）降至 0.033 美元/千瓦时，较 2020 年下降 15%；海上风电降至 0.075 美元/千瓦时，较 2020 年下降 13%；光伏发电的成本降至 0.048 美元/千瓦时，较 2020 年下降 13%。

（三）新能源成为创造就业的"新引擎"

新能源行业快速发展，创造了大量的新职业、新岗位和新的就业机会。国际可再生能源署《可再生能源与就业》的数据显示，①2021 年，全球风电行业从业人员数量为 137 万，较 2020 年的 125 万增长 9.6%。其中，亚洲占 57%，欧洲占 25%，美洲占 16%，非洲、大洋洲合计占 2%。②全球太阳能发电行业从业人员数量为 429 万，较 2020 年的 398 万增长 8%。其中，亚洲占 79%，美洲占 7.7%，欧洲占 6.8%，非洲、大洋洲合计占 6.5%。

就中国来看，①2021 年，中国风电行业从业人数为 65.4 万（占全球的 48%），比 2020 年的 55 万增长 19%。其中，制造环节的就业岗位数达到 30.5 万个，施工和安装环节为 26.3 万个，运维环节为 8.6 万个。2021 年，"国补"

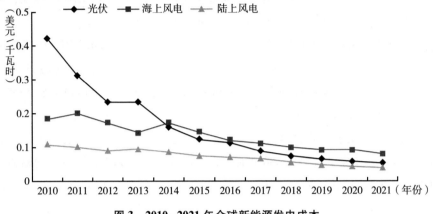

图3　2010~2021年全球新能源发电成本

资料来源：IRENA的报告《2021年可再生能源发电成本》。

的逐步退出导致中国海上风电装机量激增，由于海上风电所需的劳动力投入要远大于陆上风电，行业对劳动力的需求大幅增加。②中国太阳能发电行业从业人数为268万（占全球的62%），比2020年的231万增长16%。

四　我国新能源产业高质量发展面临的问题与挑战

（一）新能源发展与传统能源退出缺乏统筹

当前，我国正处在新旧能源体系转换过渡时期，需要高度重视新能源安全供应与新旧能源可靠替代的问题。一方面，新能源对能源电力系统的作用和影响愈加凸显，其随机性、波动性、间歇性等特征给系统安全稳定运行带来了诸多挑战。2021年至2022年第三季度，东北、川渝等地区出现的限电事件反映出我国一些地区对于新型能源体系与新型电力系统的运行风险认识不充分，对于极端天气等突发状况下能源保供的应急处理方案亟须完善。另一方面，我国可再生能源丰富的地区与能源主要消耗地区存在明显的区域分布不均衡问题，新能源开发利用迫切需要加强跨省通道建设，减少体制机制壁垒，提升省间电力互补互济水平。已出台的全国31省区市"十四五"规划，几乎都明确提出大力发展新能源产业。粗略估算，各省份已发布的新能源规划装机规模已远超国家"十四五"规划目标，却鲜有对跨地区新能源输送以及本地区新能源消纳等作出明确规划的，同时大量新能源项目集中上马，需警惕出现盲目扩张、重复建设和无序竞争等情况。

（二）新能源开发利用场景趋同，缺乏差异化竞争

电能是新能源开发利用的最主要载体形式，尤其是风电和太阳能发电，因分布广泛、储量大、可再生、技术相对成熟，成为新能源发展的主战场。除电能之外，新能源还可以通过氢能、热能等形式为人所用，但目前规模尚小、尚未纳入统计。在《中华人民共和国可再生能源法》实施的最初十年间，我国风电和太阳能发电开发以集中式开发为主：优先选择资源条件较好的地区以大规模装机实现规模经济，新能源发电统一并入电网、外送至负荷中心，不能卖给附近有需求的用户，个别地区的富余电量甚至白白弃掉。后来，"分布式"概念渐渐走入大众视野，德国、丹麦等欧洲国家的一些经验可供借鉴：新能源项目开发散布于机场、港口甚至乡间公路，与周围自然景观融为一体；新能源发电接入配电网，以附近就地消纳为主，多余电量再售给电网；社区居民可以购买新能源项目的股份，获得投资收益；国家则在强制回购、净电量结算、电力市场交易机制、安全标准、噪声光影影响标准等方面不断加强制度机制建设。由于我国在这些方面的体制机制仍不健全、不完善，分布式新能源开发进展缓慢，新能源开发利用场景趋同，同质化竞争等问题突出。事实上，分布式开发可以有效提升可再生能源的渗透率、拉长新能源产业链条，尤其是在农村地区，有助于实现农业增效、农民增收、农村增绿。分布式电源与储能、智能电网等技术组合起来，还可以降低电网的峰谷差率，提升电力系统的安全性。一旦出现极端天气、偶然事故等，一定区域的系统可以通过孤岛运行，在故障期间保障部分重要负荷的稳定供电。鉴于此，"十四五"时期我国启动了实施城镇屋顶光伏行动、"光伏+"综合利用行动、千乡万村驭风行动、千家万户沐光行动、新能源电站升级改造行动、光伏廊道示范等。

（三）能源基础设施短板仍然存在，跨区互济受限

随着高比例新能源并网，以单向能量流为特征的传统电力网络短板和弱项

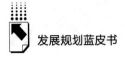
凸显，系统灵活性不足、调节力不够等问题越来越突出。由于电网建设和消纳机制滞后，2010年我国首次出现"弃风"，2015~2016年"弃风弃光"问题最为严重。2018年，国家能源局印发《关于加快推进一批输变电重点工程规划建设工作的通知》《关于保持基础设施领域补短板力度的指导意见》，特高压建设由此全面提速，"弃风弃光"问题得到缓解。截至2022年10月，我国已经建成直流特高压线路34条，送电规模是十年前的两倍以上。尽管如此，跨省跨区清洁电力互补互济水平仍然十分有限，一些地区的既有特高压输电通道尚未达到设计时的可再生能源电量输送比例。为了提升清洁能源跨区互济水平、加强"源网荷储"协调互动，迫切需要加快电力系统基础设施建设及智能化升级、构建新型电力系统。为此，"十四五"时期我国将重点加强电力系统基础设施建设，包括清洁能源基地输电通道、特高压主网架、配电网（尤其是农村和偏远地区）、智能电网、可再生能源存储调节设施、充电桩、氢能输送管网、加氢站等。

五　对策建议

（一）统筹发展与安全，促进新能源的安全可靠替代

优化新能源开发布局，在西部、"三北"地区和东部沿海加快"风光水火储"多能互补工程建设，着力提升本地区新能源就地消纳和外送能力，推进现有煤电由主体性电源向提供可靠容量、调峰调频等辅助服务的基础保障性和系统调节性电源转型。在中东南部地区，积极推进新能源分布式开发和多元利用，增加本地区清洁能源供给，有序推进本地支撑性电源与应急保障电源建设，鼓励具备条件的重要用户发展分布式电源和微电网，完善用户应急自备电源配置。完善各地区电力监控系统和电力安全应急指挥平台，进一步提升电力系统的安全态势感知、风险预警和应急调度管理能力。

（二）拓展多元开发利用场景，培育新能源发展新模式新业态

在风能和太阳能资源禀赋较好的清洁能源基地，加强可再生能源终端直接利用，扩大可再生能源非电利用规模，推动可再生能源规模化制氢，探索开展

区域输氢管网规划建设。在中东部地区，充分利用工业园区、经济开发区、公路铁路沿线、工矿废弃土地、油气矿区、公共建筑和工厂厂房等土地资源，推进风电和太阳能分布式开发，鼓励新能源技术与农林牧渔业生产生活渗透结合集成应用示范。稳步发展城镇生活垃圾焚烧发电和生物质热电联产，为城镇居民生活以及中小工业园区供暖供热。在粮食主产区、林业三剩物富集区、畜禽养殖集中区等，鼓励开展醇、电、气、肥等多联产示范，促进生物质能多元开发利用。有序发展地热能发电、地热能供暖制冷、潮汐能、潮流能、波浪能等新能源，积极探索"新能源+"多能互补模式。

（三）加强电网、储能等基础设施建设，增强新能源就地消纳和跨地区互补互济水平

完善电网主网架布局和结构，稳步推进大型清洁能源基地的清洁电力外送，有序建设跨省跨区输电通道重点工程，提高现有存量通道输送可再生能源电量比例。加快智慧电厂、智慧电网建设，提高电网接纳新能源和多元化负荷的承载力和灵活性。积极发展以消纳新能源为主的智能微电网，促进新能源优先就地就近开发利用。完善农村和边远地区电力系统基础设施，提高农村和边远地区清洁电力供应能力。加快建设清洁能源存储调节设施，因地制宜发展灵活分散的中小型抽水蓄能电站，推进各类新型储能规模化应用。

（四）深化电力体制改革，构建以新能源为主体的新型电力系统

深化电力行业"放管服"改革，简化新能源发电项目投资、核准、备案流程，推行项目核准"一站式"服务，规范项目安全运行管理，完善多部门联合协同监管机制。完善风电、太阳能发电等可再生能源全额保障性收购制度，明确各地区的年度消纳目标并逐年提升，逐步增加新能源参与电力市场化交易的比重。建立健全跨部门跨区域电力运行安全监测预警机制，完善异常天气和偶然事故等情况下电力应急预案和应急状态下的协同调控机制。完善新能源价格形成与交易机制，促进新能源与传统电源公平竞争，推动集中式与分布式协调发展。

663

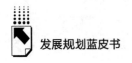
（五）强化自主创新，持续巩固提升新能源产业竞争力

加大对新能源技术创新的政策扶持力度，引导社会资本和金融机构对新能源前沿技术和核心技术装备研发、工程技术创新、科技成果转化的支持，完善创新转化链条，营造产业创新生态。推动新能源与人工智能、物联网、区块链、新能源汽车等其他战略性新兴产业，与传统化石能源行业，与"冷热水电气"供应业，与农林牧渔业的深度融合，促进跨领域、跨行业协同创新。建立健全新能源设备生产、项目建设、安全运行等标准体系，加强新能源装备检测、认证平台建设。加快新能源、储能、碳捕集等领域的紧缺人才培养，完善高端人才评价和激励机制，做好面向新时代能源产业高质量发展的人才队伍建设。

参考文献

国家能源局：《国家能源局发布 2022 年全国电力工业统计数据》，http：//www. nea. gov. cn/2023-01/18/c_ 1310691509. htm，2023 年 1 月 18 日。

《海上平价元年，风机市场重新洗牌》，http：//www. cnenergynews. cn/fengdian/2022/12/07/detail_ 20221207129001. html，2022 年 12 月 8 日。

IRENA（International Renewable Energy Agency），"Renewable Energy Statistics 2023，"Abu Dhabi，2023.

IRENA，"Renewable Power Generation Costs in 2021，"Abu Dhabi，2022.

IRENA，"Renewable Energy and Jobs，"Abu Dhabi，2022.

B.51
建立健全生态产品价值实现机制[*]

孙博文[**]

摘　要： 新时代，尤其是"十四五"开局以来，随着生态文明建设不断推进，我国严守生态保护红线、环境质量底线、资源利用上线"三条红线"，持续深入打好蓝天、碧水、净土保卫战，生态保护与环境治理取得突出成效，生态系统质量和稳定性不断提升，生态产品供给能力持续增强。在此基础上，生态产品价值实现机制不断完善，生态产品价值核算、经营开发、权益交易与价值实现模式探索取得新进展。然而，由于生态产品价值实现涉及生态修复、资源确权、价值度量、市场开发、生态补偿和生态金融支持等多个环节，加之各地资源禀赋、治理能力、技术支撑和考核导向等存在显著差异，生态产品价值实现依然面临着供给难、度量难、抵押难、交易难、变现难"五难"。未来要聚焦破解"五难"，不断提升生态产品基础供给能力、推动生态产品价值核算体系标准化统一化、加强生态金融政策支持与制度创新、搭建多层次生态产品交易平台、拓展生态产品价值变现模式。

关键词： 生态产品价值实现机制　生态文明　生态系统

　　建立健全生态产品价值实现机制，是贯彻落实习近平生态文明思想的重要

---

[*] 本文得到中国社会科学院重大创新项目"完整、准确、全面贯彻新发展理念研究"（2023YZD017）资助。本文主要内容刊发于《天津社会科学》2023年第4期。

[**] 孙博文，中国社会科学院数量经济与技术经济研究所副研究员，主要研究方向为绿色创新经济学等。

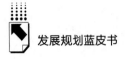
举措，是践行"绿水青山就是金山银山"理念的关键路径，是从源头上推动生态环境领域国家治理体系和治理能力现代化的必然要求，对推动绿色发展、实现经济社会发展全面绿色转型具有重要意义。习近平总书记指出，"要积极探索推广绿水青山转化为金山银山的路径，选择具备条件的地区开展生态产品价值实现机制试点，探索政府主导、企业和社会各界参与、市场化运作、可持续的生态产品价值实现路径"。党的二十大报告进一步强调，"建立生态产品价值实现机制"，这不仅是持续深入践行习近平生态文明思想的内在要求，在新发展阶段，还有助于将欠发达地区生态资源优势转化为经济优势，推动构建绿色低碳发展新格局和实现共同富裕，促进实现人与自然和谐共生的现代化。党的十八大以来，我国围绕建立健全生态产品价值实现机制出台了顶层制度设计和作出了一系列重要部署，2021 年 4 月，中共中央办公厅、国务院办公厅印发《关于建立健全生态产品价值实现机制的意见》，为建立健全生态产品价值实现机制搭建了"四梁八柱"、指明了工作方向。地方探索也在深入开展，生态产品产权界定、监测调查、价值核算、经营开发、市场交易等环节制度保障与技术支撑体系不断完善，涌现了大量特色"两山"转化实践模式。虽如此，由于生态产品价值实现涉及生态修复与环境治理、资源确权、价值度量、市场开发、生态补偿和生态金融支持等多个环节，各地资源禀赋、治理能力、技术支撑和考核导向等存在显著差异，导致生态产品价值实现依然面临着供给难、度量难、抵押难、交易难、变现难"五难"问题，成为各地区深入开展"两山"转化的现实制约，也是"十四五"期间建立健全生态产品价值实现机制亟待破解的难题。

一 建立生态产品价值实现机制政策措施与成效进展

（一）制度体系不断完善，地方实践探索有序开展

1. 加强顶层设计与完善政策体系

围绕"十四五"规划"建立生态产品价值实现机制"的任务要求，相关领域顶层制度设计及政策保障体系不断健全。顶层设计方面，2021 年中共中央办公厅、国务院办公厅印发《关于建立健全生态产品价值实现机制的意见》

和《关于深化生态保护补偿制度改革的意见》，明确了建立生态产品调查监测机制、价值评价机制、经营开发机制、保护补偿机制、价值实现保障机制和推进机制的关键任务，以及提出到 2025 年与经济社会发展状况相适应的生态保护补偿制度基本完备的目标。围绕实现人与自然和谐共生现代化的全局战略目标，党的二十大报告进一步对"建立生态产品价值实现机制，完善生态保护补偿制度"进行具体部署。政策保障方面，"十四五"开局以来，我国严守生态文明建设中生态保护红线、环境质量底线、资源利用上线"三条红线"，持续深入打好蓝天、碧水、净土保卫战，围绕自然资源资产监测与确权、生态环境综合治理、生态产品定价与经营、生态环境权益市场化交易和生态保护补偿等方面，国家有关部门出台实施了一系列规划、财税、金融、价格和投资等支持政策。

2. 生态文明建设实现新进步①

一是环境质量持续改善，天更蓝、水更清、土壤更安全。新时代，我国持续深入打好蓝天、碧水、净土保卫战，2012~2022 年，我国重点城市 PM2.5 实现连续 9 年下降、累计下降 57%，单位 GDP 碳排放下降 34.4%，地级及以上城市空气质量优良天数比例增至 87.5%，地表水 I~III 类优良水质断面比例达到 87.9%、接近发达国家水平，农村土壤生态环境也显著改善、污染风险得到有效控制。二是生态系统质量与稳定性不断提升，生态产品供给能力持续改善。我国坚持山水林田湖草沙一体化保护和系统治理，严守生态保护红线、环境质量底线、资源利用上线"三条红线"，2012~2022 年，初步建立以国家公园为主体的自然保护地体系，累计完成造林 9.6 亿亩，森林覆盖率由 21.6% 增至 24.02%，草原综合植被覆盖度从 42.4% 增至 50.32%，湿地保护率从 26.53% 增至 52.65%，自然保护地面积占陆域国土面积比例从 14.94% 增至 18%，生态安全屏障更加牢固。

3. 生态产品价值实现机制试点范围不断扩大

一方面，国家级试点范围不断拓展，持续发挥引领作用。党的十八大以来，国家层面试点深入推进，聚焦"两山"转化，党中央、国务院、国家发展改革委、生态环境部、自然资源部等批复一系列试点名单，截至 2023 年 4

---

① 中华人民共和国国务院新闻办公室：《新时代的中国绿色发展》（白皮书），2023 年 1 月 19 日。

月，已经出台实施了国家生态文明试验区（福建省、江西省、贵州省和海南省）、国家生态产品市场化省级试点（浙江省、江西省、贵州省和青海省）、国家生态产品价值实现机制试点城市（浙江丽水市、江西抚州市）、国家生态文明建设示范市县区（六批 468 个）、国家"绿水青山就是金山银山"实践创新基地（六批 187 个）、国家自然资源领域生态产品价值实现机制试点（10个）等。另一方面，地方试点有序推进，差异化路径探索形成示范。除国家级试点地区外，各省区市根据各自实际，2022 年因地制宜陆续出台实施了一系列市县层次的试点方案。截至 2023 年 4 月，全国各省（自治区、直辖市）已经基本出台推动生态产品价值实现的具体行动方案，并对阶段性目标和重点任务作出部署。另外，地方生态产品价值核算试点地区不断增多，涌现出了不少成功案例，为其他地区开展价值核算提供了示范。开展生态产品市场化经营和产业化发展成为地方主导模式，由政府引导、市场主导，加大生态农业、旅游业、加工业投资，以及出台配套支持政策，已成为地方探索的主要方向。

（二）机制创新深入推进，创新实践模式不断涌现

1.生态产品价值核算制度不断完善

一是全国及地方生态产品价值核算标准逐步实施。在生态环境部实施《生态系统生产总值（GEP）核算技术规范》等 GEP 核算标准基础上，地方标准也不断完善，为开展 GEP 核算、评估与地方考核奠定了基础。浙江作为"两山"理论的发源地，较早对 GEP 的核算和转化进行了探索，构建了市县乡村四级 GEP 核算体系，在全国首次完成乡级、村级 GEP 核算，2020 年底发布了全国首部省级《生态系统生产总值（GEP）核算技术规范 陆域生态系统》。城市 GEP 核算方面，深圳市在 2021 年实施了全国首个系统性的生态系统生产总值核算制度体系。截至 2023 年 4 月，浙江、北京、山东、江苏、青海、海南、内蒙古等均已发布相关核算标准。二是 GEP 核算标准与核算制度更加科学完善。各地区 GEP 核算指标体系一级指标基本涵盖物质供给、调节服务和文化服务三类，在二级及三级指标设定方面存在显著差异，有效突出了地方生态资源禀赋特征。其中，深圳在全国首创了包含 GEP 核算实施方案、GEP 核算地方标准、GEP 核算统计报表制度、GEP 自动核算平台在内的完整的城市 GEP 核算"1+3"制度体系，在全国起到了示范引领作用。

2. 生态资源权益交易机制不断完善

在传统意义上的排污权、水权、碳排放权、用能权等四大产权市场交易方面取得了不同程度的进展。随着排污权交易试点政策的深入推进，排污权交易制度不断完善，污染物交易种类和交易地区不断扩大。"十四五"规划及有关政策密集出台了水权交易支持政策，明确提出在长江、黄河等重点流域创新完善水权交易机制。碳排放权交易深入推进，2021年底，以发电行业重点排放单位为主体的全国碳排放权交易市场第一个履约周期结束，碳排放配额累计成交量1.79亿吨，市场运行平稳有序，2022年进入第二个履约周期。用能权交易还处于早期探索阶段，用能权交易通过提升能源效率这一短期路径实现了环境与经济的双重红利，但对产业结构升级和能源结构调整的长效促进作用还不明显，用能权交易的规范性、便捷性和制度完备性还有待改善。除了上述生态产权市场外，基于政府管控限额的绿化增量责任指标交易（如森林覆盖率交易、湿地占补平衡交易），以及自愿核证减排交易（如农业碳汇、林业碳汇、海洋碳汇交易、碳普惠机制等）也在探索中。

3. 生态产品经营开发机制更加健全

一是生态产业化与产业生态化协同推进。一方面，生态价值转化渠道深入拓展。各地通过生态环境综合整治以及充分发挥生态优势，积极探索生态要素价值市场化转化渠道，通过生态农业、生态精深加工业、生态文旅产业等生态产业化途径促进生态产品价值实现，并逐渐在全国推广。2019年以来，国家密集出台了系列政策支持生态环境导向的开发模式（EOD模式），以特色产业运营为支撑，以区域综合开发为载体，采取产业链延伸、联合经营、组合开发等方式，推动公益性较强、收益性较差的生态环境治理项目与收益较好的关联产业有效融合，成为打通"绿水青山"和"金山银山"渠道的前沿创新模式，2021年和2022年生态环境部分两批累计确定了94个项目开展EOD模式试点。生态资源权益交易方面，除早期的水权、排污权交易外，随着生态文明建设的深入推进，在"双碳"目标约束下，碳排放权、用能权、森林覆盖率指标、碳汇交易、生态积分交易成为生态资源权益交易的关键模式。除了直接权益交易外，基于资源分散输入、集中输出的"两山"银行、生态银行、湿地银行、碳汇银行模式，通过直接交易变现或者接续发展生态产业，成为生态权益交易的重要创新探索。另一方面，产业生态化、绿色化、数字化、智能化改造也深

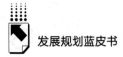

入推进。"双碳"背景下，传统产业绿色低碳化改造以及战略性新兴产业协同发展、产业数字化与绿色化协同融合成为发展方式转型的重要选择。二是生态产品价值增值方式更加多元。一方面，通过国家地理标志产品认证以及打造区域生态产品公共品牌，不断提升区域生态产品知名度、生态产业竞争力以及增加生态产品溢价。截至2022年底，我国累计批准地理标志产品2495个，地理标志产品年直接产值超7000亿元。围绕区域公共品牌塑造，各地出台了一系列实施方案，浙江省"丽水山耕"作为全国首个全区域、全品类、全产业链的地市级农产品区域公用品牌，品牌产值以及品牌影响力快速提升，2022年居中国区域农业形象品牌影响力指数地市级排名榜首。另一方面，数字技术为生态产品价值实现与增值提供全方位赋能。各地涌现了大量的实践案例，比如矿山数字修复、自然资源监测普查"一张图"、高精度数字森林土壤数据库、生态一二三产业数字化融合、生态资源权益数字交易平台等。数字技术应用贯穿于乡村生态产品价值实现的全过程，通过生态环境修复与综合整治、赋能生态产品监测普查、促进生态农业与生态工业数字化发展、打通生态产品市场化交易堵点、助力区域公共品牌打造、破解生态产品价值实现融资瓶颈等渠道，在促进生态产品价值转化与增值方面发挥了关键作用。

专栏：德国生态账户及生态积分案例

通过建立生态账户体系（Eco-account System），积累可交易的生态积分资产，并用以抵消项目开发对自然生态空间、景观产生破坏的生态补偿投入，是德国生态保护补偿的一种典型模式，并且生态积分也可以通过市场交易实现价值变现。实践路径体现为：一是培育生态积分交易需求。根据德国《联邦自然保护法》的有关规定，凡是影响地表形态或土地用途、影响地下水位变化的行为，都会带来生态破坏，相关主体需要通过自行运行生态账户或者购买生态积分的方式，消除生态负面影响。二是生态账户申请与运营。基于专门用于登记管理生态用地的GIS数据库，向有关部门申请将生态土地纳入管理，在土地整个保护与运营的过程中，其生态系统质量变动都将体现为生态积分变化，根据工程开展情况，测算需要补偿的生态积分数额。若选择生态账户补偿方式，则直接扣除账户积分数额。此外，生态积分也可以通过市场交易的方式转让给第三方。三是生态积分评价。德国各州对于生态积分的评价指标体系、评价原则与评价技术方法比较类似。一方面，对于农田、灌木等群落及生存空间，面积可以直接划定的，则根据《巴伐利亚州生态补偿条例群落生境名录划归细则》中的方法直接测算生态积分，这一方法占主导地位。另一方面，对于无法测定面积或者界定边界的，主要由专业景观规划师进行定性评估。四是生态积分市场交易。生态积分可依法进行资源交易，但德国法律规定，积分不能进行跨行政区交易。交易市场的培育方面，德国政府会制定生态积分最低指导价，最终交易价格则由市场决定。五是生态账户监管。政府监管措施有对生态账户登记、生态积分评估与发放、补偿项目验收进行全过程监管，要求开展生态账户建设的自然生态空间，一定期限内不得改变空间用途。

二　建立生态产品价值机制依然面临"五难"

（一）供给难：生态保护修复市场激励不足，"两山"转化与耕地保护不协调

一是生态系统修复和环境综合整治工程的市场风险较大。生态系统修复和环境综合整治工程对资金有较大需求，投资大、周期长、回报率低，短期内难以收回成本，而且缺乏可持续的生态融资渠道、稳定的现金流回报等外部性内部化机制。二是"两山"转化存在违法违规耕地占用问题。根据近三年自然资源部耕地保护督察案例，典型问题有占用永久基本农田开发生态修复工程项目、建设人工湖生态公园、建设环城生态治理工程、开发生态湿地公园、建设田园综合体项目、生态廊道造林绿化、种植观赏植物以及建设农业观光旅游项目等，加剧了耕地"非粮化""非农化"趋势，对国家粮食安全造成负面影响。

（二）度量难：尚未建立统一的生态价值核算体系，核算结果重评价轻应用

一是缺乏统一规范的 GEP 核算体系。GEP 核算方法尚不规范统一，在国内的应用还处于局部地区的探索和试点中，其核算体系和核算方法的市场认可度较低。不同地区在核算指标、核算方法、关键参数、时空尺度等要素

上存在主观偏差，GEP 核算结果缺乏可比性。GEP 核算对数据要求较高，自然资源富集的县、镇（乡）、村、林场等小尺度区域缺乏有效数据，导致 GEP 核算无法进行。GEP 核算中生态调节服务占大部分，实物量无法实际测量、更多依靠模型推算，价值量采用间接市场价值法（如支付意愿法、影子工程法、替代成本法）进行确定，而对此学术界争议较大。二是 GEP 存在重评价、轻考核问题。自"十一五"时期中央将环境治理目标纳入干部政绩考核范畴以来，与生态文明建设有关的指标也逐步被纳入地方经济社会发展评价和考核体系，GEP 考核制度探索也在不同地区深入开展。然而，在需求收缩、供给冲击、预期转弱三重压力下，地方经济发展与财政压力有所加大，拖累了 GDP 和 GEP "双考核"制度的深入推进。

（三）抵押难：生态产品价值核算市场认可度不高，生态金融政策支持不足

一是生态产品价值核算缺乏市场认可度，金融机构授信激励不足。生态资源产权界定不清晰、价值核算方法不统一导致生态产品价值出现"度量难"问题，而且价值核算结果的巨大差异和不稳定性，很大程度上削弱了 GEP 核算结果的市场认可度，通过 GEP "抵押"获得直接贷款的难度依然较大。二是生态信用体系不健全，应用场景偏少。构建科学的生态信用评分体系、开展生态信用积分评价，是破除生态产品"抵押难"的重要探索，这一重要制度创新还面临着全国层面信用体系不健全、生态信用评价体系不完善、生态信用应用场景较少以及生态信用和生态金融联动不足等问题。三是生态金融政策支持有待加强，产品协同性不足。我国绿色金融体系不断完善，但存在绿色信贷主导的结构性问题，存在金融创新产品少、产品分散、协同效应不足等问题。另外，生态资产交易存在供需信息不对称、地位不对等问题，不利于商业资本进入开发生态运营项目，制约了生态产品资产证券化。

（四）交易难：缺乏多层次的生态产品交易平台，市场化交易机制有待完善

一是生态产品交易平台地域性特征明显，全国性市场交易平台较少。根据交易类别，现有生态产品交易平台可分为四类，分别是经营性商品交易平

台（如农贸市场、电商平台等）、公共资源或产权交易平台（如水权交易、旅游资源交易）、生态资源交易平台（如"两山"银行、生态银行、湿地银行、碳汇银行）以及特定类别生态产权交易平台（如排污权交易、碳排放权交易、碳汇交易）等，除一些全国知名的经营性商品交易电商（如京东、淘宝、拼多多）和部分国家级北京绿色交易所、国家绿色技术交易中心（杭州）等平台外，其他生态产品交易平台具有显著的地方性、区域性特征，生态产品交易种类较少、覆盖面小，难以突破地理局限，实现更大范围生态产品的供需精准对接。二是生态产品市场交易主体发育不足，受益主体标识存在困境。生态资源具有典型的系统性和整体性特征，带来突出的产权边界的模糊性以及所有者缺位、产权界定不明晰等问题，导致生态产品市场主体发育不足，受益主体也难以标识，影响了其市场参与的积极性，也加剧了生态产品价值转化收益分配不均衡。三是生态产品交易效率有待提升。数字技术应用将促进"两山"转化速度更快、效率更高、韧性更强、供需对接更精准发展，但地区性的生态资源权益交易平台或者专门性的生态产品交易平台还面临着数字技术赋能不足、交易效率不高、交易系统不稳定等问题，平台建设在实现生态产品的供需精准对接方面还有待完善。

（五）变现难：生态产品价值变现渠道不畅通，变现机制存在诸多堵点淤点

一是生态经营性产品变现渠道存在堵点，供需匹配不畅。生态经营性产品在生产、流通、分配、消费等环节存在诸多"堵点"，面临着基础设施配套建设不足、人才支撑乏力、产品同质化、特色消费场景少等问题，生态标识、碳标识、绿色标识应用不足，制约了生态产品溢价和品牌塑造。现代信息技术的应用场景较为单一，制约了生态产品的高质量供给与需求的精准匹配。二是生态公共产品变现渠道单一，并且存在资金管理问题。一方面，生态保护补偿主要依赖于纵向财政转移支付，区域之间、流域上下游之间横向补偿偏少，资金渠道来源较为单一。另一方面，生态环境损害赔偿制度的执行存在诸多突出问题，生态环境损害赔偿诉讼案件和司法确认案件数量总体偏少，改革成效尚不显著，而且生态环境修复资金的管理和使用不透明、事权划分不合理、资金使用存在安全隐患等，"保护者受益、使用者付费、破坏者赔偿"的利益导向机

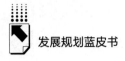

制还有待健全。三是生态资源权益交易变现渠道有待拓展，碳汇交易尚处于探索阶段。生态资源领域的生态林权、碳汇、绿化率指标等生态资源权益交易体系尚不成熟、实施路径不完善，还处于探索阶段。以碳汇交易为例，我国70%以上的国家核证自愿减排量（CCER）碳汇项目依然以造林、再造林项目为主，海洋、耕地、草地、湿地等碳汇类型尚未进入市场交易环节，碳汇交易还处于起步探索阶段。

三　破解生态产品价值实现"五难"对策建议

（一）健全生态工程生态补偿长效机制，统筹推进"两山"转化与耕地保护

一是完善政府引导、市场主导的生态工程利益补偿长效机制。加强政策引导，鼓励企业参与生态环境保护和修复，并给予适当的生态补偿，提高企业参与生态环境修复的积极性和主动性。健全重大生态修复工程投融资模式和利益补偿机制，缓解工程投资周期长、回报低、风险高的问题。二是推动"两山"转化与耕地保护协调发展。消除生态文明建设认识误区，解决生态产品供给中的违法违规占用耕地问题。习近平总书记多次强调统筹山水林田湖草沙系统治理，按照生态系统的整体性、系统性及其内在规律开展生态文明建设。统筹生态文明建设和耕地保护，科学认识耕地的生态系统调节功能，消除地方关于"生态文明建设就是植树造林"的错误认识。加强生态用地监管，开展全国生态用地占用耕地问题普查调查，严格生态用地、耕地与建设用地的用途变更审批手续。

（二）推动 GEP 核算体系标准化统一化，推进 GDP 与 GEP 双考核落地见效

一是加快建立统一的 GEP 核算标准体系，加强 GEP 核算考核应用。尽快解决 GEP 核算技术标准的统一问题是当前的工作重点。依托生态环境部所出台的《生态系统生产总值（GEP）核算技术规范》等基础性文件，加强多方协调，加快建立全国统一、市场认可的 GEP 核算框架体系，并在此基础上，由生态环境部、自然资源部牵头，尽快筹划搭建全国性的 GEP 核算信息发布

平台。可参考 GDP 核算原理，设计一套生态系统供应品和服务的供给表和使用表，建立内在一致、相互匹配的规范核算体系，着力提升 GEP 和 GDP 核算框架的兼容性。考虑到生态产品区域分布及价值核算的复杂性，也应当允许不同地区因地制宜地开展创新探索。二是树立高质量发展政绩观，稳步推进 GDP 和 GEP 双考核。在人与自然和谐共生现代化背景下，完整准确全面贯彻新发展理念，更好统筹推进生态环境保护和高质量发展，保持战略定力，摒弃"唯 GDP"论英雄的考核老路，深入推动 GDP 和 GEP 双考核稳步实施，努力实现生态环境保护与高质量发展"双赢"。三是由点及面扩大"双考核"范围，加强考核结果应用。在已有的探索基础上，根据顶层制度设计及地方实践基础，可考虑在广东、浙江、青海、贵州等地区开展示范工作，由点及面扩大考核范围，并根据地方发展禀赋为 GDP 和 GEP 赋予不同权重。加强考核结果应用，实现考核结果与财政资源分配、绩效评优等政策有效衔接。

（三）加强生态金融制度创新与政策支持，积极破解生态产品抵押难题

一是健全生态金融政策体系，引导金融机构加大生态信贷投放。加大对生态产品经营项目的财税和长期信贷支持力度，完善生态保护补偿转移支付制度，逐步扩大补偿范围，提高补偿标准；引导金融机构加大对生态产品价值实现领域的支持力度，发挥财政与金融的协同作用。二是健全生态信用评价制度，优化生态积分应用。加快建立生态信用评价指标体系、科学开展生态信用积分评价，引导金融机构开展生态信用积分抵押贷款业务，满足生态产品生产与交易主体融资需求。三是创新生态权益融资贷款模式，支持 EOD 创新模式深入推进。以生态资源权益核算价值和生态产业经营潜在现金流回报为基础资产，创新"生态资产权益+项目"担保贷款、水权和林权等使用权抵押、产品订单抵押、森林生态资产融资贷款、土地承包经营权抵押贷款、公益林补偿收益权质押贷款、林业碳汇质押贷款等生态金融模式。支持选择优质项目开展生态环境导向的开发（EOD）模式项目申报，推进生态环保金融支持项目储备库建设，开发生态环境关联度高、经济发展带动力强、项目收益好的产业项目，提高资金对接项目精准度。四是拓展生态产品资产证券化路径，支持优质生态项目发行绿色债券和资产支持证券。生态资产证券化是以确权颁证为基

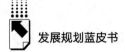

础、以抵押贷款和入股分红为基本形式、以生态产权变债权股权为基本内容、以生态项目运营超额收益为基本保障的生态金融深化机制。要支持品牌附加值高、盈利能力稳定、产业带动能力强、示范意义突出的优质生态项目发行绿色债券和资产支持证券（ABS），完善证券发行、承销和交易机制，为生态产品经营项目的市场化运作提供产权认证、交易以及投融资服务。

（四）搭建多层次生态产品交易平台，着力打通生态产品交易堵点淤点

一是搭建多层次生态产品交易平台。一方面，加快建设全国性生态资源权益交易平台。依托北京城市副中心加快打造国家级绿色交易所，建立全国统一的国家核证自愿减排量（CCER）注册登记和交易系统，推动建立企业和项目碳账户体系以及实现全国性林草碳汇、农田碳汇市场交易。另一方面，鼓励各地创新搭建生态产品交易平台。积极重组、整合地方交易所，成立区域性生态产品交易中心，不断丰富林权、水权、矿业权、林业碳汇、湿地占补平衡指标、绿化增量指标、森林覆盖率指标等生态产品交易种类，健全地区交易中心自愿减排（CCER）碳汇交易功能或建立专业性的碳汇交易平台等，探索将林业碳汇、海洋碳汇等纳入CCER市场，打造全域协同、全流程覆盖的生态产品市场交易服务体系。二是完善"分散输入、整体输出"模式下的生态资源权益收储平台。借鉴美国湿地银行、福建南平"森林生态银行"成功运作经验，通过对农村存量资产、生态资源、人文资源进行确权、登记、收储，开展存量资源权益的集中流转经营，促进实现生态资源权益的产权明晰、集中收储、转化提升、市场化交易和可持续运营等。三是降低交易成本、提高交易效率，促进生态产品供需精准对接。加快生态优势突出、欠发达地区的交通基础设施建设，提高生态产品物流效率。建立政府、企业和社会生态产品推广协同合作机制，整合资源、定期发布区域性生态产品分布地图，召开大型生态产品博览会、推介会，利用现代信息技术开展云招商、电商直播和电商平台推介等，促进更多人了解地方性特色生态产品的信息。加强区域性公共品牌塑造，打造地方特色生态产品的品牌矩阵，提升生态产品市场溢价水平和品牌知名度。健全生态产品认证和质量追溯体系，提升消费者认可度，消除消费者的后顾之忧。

（五）拓展生态产品价值多层次变现渠道，健全生态富民利益联结机制

一是完善生态保护补偿和生态损害赔偿制度，提升生态产品变现能力。根据科学的 GEP 核算结果，持续优化重点生态功能区转移支付资金分配机制，探索完善跨区域、跨流域横向生态保护补偿机制。创新市场化交易手段，优化政府购买生态服务机制，优化生态服务购买制度设计和实施路径，推动生态服务购买由"输血式"向"造血式"转换。完善生态环境损害赔偿制度，实现"谁污染、谁负责、谁付费"，严格规范生态环境损害赔偿资金监督、管理和使用办法，提高资金利用效率。二是完善生态权益融资变现途径，创新生态金融产品。在科学核算 GEP 的基础上，鼓励金融机构开展碳排放权、碳汇收益权、公益林补偿收益权等生态资产权益抵质押融资业务，创新"生态贷""两山贷""水权贷""绿水青山贷""林权抵押贷款"等新型金融产品，实现生态价值产品融资贷款落地见效。三是健全生态资源权益交易变现途径，实现直接交易与间接产业开发双管齐下。直接变现渠道方面，推动林权、水权、林草碳汇、海洋碳汇、森林覆盖率等生态权益直接交易变现，重点推动国家核证资源减排（CCER）、国际核证碳标准（VCS）下的林业碳汇交易项目落地。间接变现渠道方面，通过"两山"银行、生态银行、湿地银行、碳汇银行等平台集中收储资源，储备生态资源资产或者碳资产，开展后续产业开发或者间接交易，促进生态价值变现。四是创新生态产品市场经营模式，推动生态产品市场交易变现。塑造区域公共品牌，提升生态产品的影响力。开发特色产业、特色场景，包括生态农业、生态林业、绿色低碳产业、生态文旅业及配套场景等，拓展农业产业链，促进"农商文旅体"和一二三产业融合发展。发展人工智能、大数据、互联网等数字技术，赋能生态产业化、产业生态化。五是创新生态产业开发利益联结机制，推动生态富民。创新形式多样的股份合作模式，以特定区域为基本单元，优先考虑域内经济组织成员，对地区基础设施及生态资源进行资源摸底、折股量化，形成基于股份合作、折股分红的"社会资本、集体经济组织、农户"一体化发展模式，发展集体生态经济和生态产业，建立长效利益联结机制，实现共同富裕。

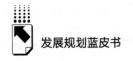

参考文献

程翠云、李雅婷、董战峰：《打通"两山"转化通道的绿色金融机制创新研究》，《环境保护》2020 年第 12 期。

董战峰、张哲予、杜艳春、何理、葛察忠：《"绿水青山就是金山银山"理念实践模式与路径探析》，《中国环境管理》2020 年第 5 期。

黄如良：《生态产品价值评估问题探讨》，《中国人口·资源与环境》2015 年第 3 期。

金书秦、丁斐、胡钰：《农产品碳标识赋能农业生态价值实现：机理与建议》，《改革》2022 年第 8 期。

潘家华：《生态产品的属性及其价值溯源》，《环境与可持续发展》2020 年第 6 期。

沈辉、李宁：《生态产品的内涵阐释及其价值实现》，《改革》2021 年第 9 期。

石敏俊、陈岭楠：《GEP 核算：理论内涵与现实挑战》，《中国环境管理》2022 年第 2 期。

宋德勇、陈梅、朱文博：《用能权交易制度是否实现了环境和经济的双赢?》，《中国人口·资源与环境》2022 年第 11 期。

孙博文、彭绪庶：《生态产品价值实现模式、关键问题及制度保障体系》，《生态经济》2021 年第 6 期。

孙博文：《建立健全生态产品价值实现机制的瓶颈制约与策略选择》，《改革》2022 年第 5 期。

孙博文：《协同推进降碳、减污、扩绿、增长》，《中国社会科学报》2023 年 2 月 10 日。

赵云皓等：《生态产品价值实现市场化路径研究——基于国家 EOD 模式试点实践》，《生态经济》2022 年第 7 期。

中国社会科学院宏观经济研究智库课题组：《多策并举应对三重压力着力稳定宏观经济大盘》，《改革》2022 年第 4 期。

周佳、董战峰：《碳汇产品价值实现机制与路径》，《科技导报》2022 年第 11 期。

B.52
完善碳达峰碳中和治理体系

蒋金荷*

摘　要： 应对气候变化作为国家战略，融入生态文明建设整体布局和经济社会发展全局。实现碳达峰碳中和是一场广泛而深刻的经济社会系统性变革。本文首先简述党的十八大以来我国碳治理体系的特征，从完成"碳双控"指标、经济发展的环境效应、资源利用效率等方面系统分析我国碳治理取得的进展，提出碳治理的关键途径，并就完善我国碳达峰碳中和治理体系提出对策建议。

关键词： 碳治理　碳达峰　碳中和

党的二十大报告提出，实现碳达峰碳中和是一场广泛而深刻的经济社会系统性变革，要积极稳妥推进碳达峰碳中和，因而，这就决定了完善碳治理体系的必要性和重要性。本文首先简述党的十八大以来我国碳治理体系的演进及特征，从完成"碳双控"指标、经济发展的环境效应、资源利用效率等方面系统分析最近几年我国碳治理取得的进展，以及政策实施过程中面临的困难与挑战，并提出完善我国碳治理体系的对策建议。

一　我国碳治理体系发展沿革及特征

党的十八大以来，我国将应对气候变化摆在国家治理更加突出的位置，实施积极应对气候变化的国家战略，推动共建公平合理、合作共赢的全球气候治

---

* 蒋金荷，中国社会科学院数量经济与技术经济研究所研究员，主要研究方向为绿色低碳经济等。

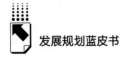
理体系。随着我国碳达峰碳中和战略决策的提出，完善碳治理体系成为各级政府、部门实现"双碳"目标的主要途径。因而，明确碳治理体系概念界定、梳理我国碳治理体系发展历程就显得很有必要。

（一）碳治理体系概念界定

治理是学术界和政策实践中使用最广泛但又缺乏严谨规范学术定义的概念之一。不同学者面对所关注的研究领域基于不同的学科理论提出了各自对"治理"的学术见解，如针对三个重要的治理实践领域，有社会治理、环境治理、公司治理等。气候变化、生态退化、生物多样性丧失、极端气候事件频发、水环境污染等全球性、地域性环境问题促使各国政府、学术界、实业界等认真考虑如何进行环境治理。21 世纪全球气候变暖是人类面临的共同挑战，建立强有力的气候治理体系是帮助各国实现气候目标的关键，这是国际社会的共识，才有了 2015 年达成、2016 年 11 月 4 日正式生效的《巴黎协定》。二氧化碳排放是最大的温室气体来源，2021 年约占全球温室气体排放总量的 75.3%（2021 年全球温室气体排放总量 545.9 亿吨二氧化碳当量，其中 CO_2 为 411.2 亿吨），[①] 降低碳排放就成为应对气候变化问题的最紧迫任务。因而，我国政府提出了"双碳"目标，即 2030 年前碳达峰、2060 年前碳中和。[②] 本质上，碳治理体系等同于气候治理体系，只是强调研究客体"碳排放"，碳治理体系就是为减缓二氧化碳排放、适应气候变化环境而制定的一系列制度安排、政策实施、行动方案。

在经济学上，碳治理就是研究如何合理分配碳排放权的空间资源。由于环境资源的共享性和复杂性，即如何合理内生化碳排放的外部性问题是碳治理面临的一大挑战。全球集体参与碳治理决策的必要性愈加重要，但是，每个国家、地区、部门等对"环境空间"的依赖程度存在巨大差别，相应地，参与全球碳治理的利益诉求也不尽相同，进而导致实施碳治理的措施存在差异。全球碳治理一直没有取得令人满意的效果，这是由于在碳治理机制、治理规模、

[①] Our World in Data, https://ourworldindata.org/grapher/ghg-emissions-by-gas? country = ~ OWID_WRL.

[②] 根据相关文件，碳达峰的碳即为 CO_2 排放量，而碳中和的碳指所有温室气体排放量，单位为二氧化碳当量。

治理层级、治理进程等直接影响碳治理效果的方面很难达成共识。

毫无疑问，全球碳治理越来越复杂和紧迫，学术界和各级机构发表了大量有关碳治理的研究成果和行动方案。从治理模式上，2015年前的全球碳治理模式属于自上而下的强制减排模式，《京都议定书》规定了发达国家减排量，这种减排模式没有得到很多国家的认可；且美国从未批准，加拿大于2011年宣布退出《京都议定书》，实际上《京都议定书》并未取得明显的减排成效。2015年通过的《巴黎协定》属于自下而上的碳治理模式，由各个国家提出自主自愿（NDCs），该协定改变了之前发达国家和发展中国家的划分，重新划分为发达国家、最不发达国家和小岛屿发展中国家、发展中国家三类，意味着国际社会充分考虑了最不发达国家和小岛屿发展中国家的主张。《巴黎协定》遵守了适用共同但有区别的责任原则，强调各个国家的具体国情，突出了社会的包容性发展。

从治理路径上，碳治理体系包括减缓气候变化与适应气候变化两大策略。减缓是指通过能源、工业等经济系统和自然生态系统较长时间调整，减少温室气体排放，增加碳汇，以稳定和降低大气温室气体浓度，减缓气候变化速率。适应是指通过加强自然生态系统和经济社会系统的风险识别与管理，采取调整措施，充分利用有利因素、防范不利因素，以减轻气候变化产生的不利影响和潜在风险。我国一贯坚持减缓和适应并重，实施积极应对气候变化的国家战略。

（二）我国碳治理体系特征

回顾全球气候治理体系演进历史，"里程碑"式的成果有：联合国于1988年成立政府间气候变化专门委员会（Intergovernmental Panel on Climate Change，IPCC），为预防温室效应带来的气候变化问题日益恶化，提出科学评价与政策建议。1992年在巴西里约热内卢召开的联合国环境与发展大会上签署通过的《联合国气候变化框架公约》（United Nations Framework Convention on Climate Change，UNFCCC）是全球第一个应对全球气候变暖的国际公约，也是国际社会在应对气候变化问题上展开国际合作的一个基本框架。政府间气候变化专门委员会成立三十多年来，每年一次以碳治理为核心议题的气候变化谈判取得了不少的成果，如1997年通过的《京都议定书》（Kyoto Protocol）和2015年通

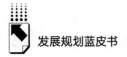

过的巴黎协定（Paris Agreement）。

积极应对气候变化是我国实现可持续发展的内在要求，也是推动构建人类命运共同体的责任担当。在"双碳"目标下，我国作出一系列新部署新安排，完善碳治理的各项制度、策略和行动方案，采取更加强有力的一揽子政策措施。

1. 加强顶层设计和统筹协调，完善碳治理机制

我国将应对气候变化作为国家战略，融入生态文明建设整体布局和经济社会发展全局，把系统观念贯穿于碳治理全过程，加强顶层设计。

1990 年，中国在环境保护委员会下设立"国家气候变化协调小组"。

1998 年，在国务院机构改革过程中，成立"国家气候变化对策协调小组"。

2007 年，成立"国家长期应对气候变化领导小组"，在国家可持续发展战略下制定协调发展经济、应对气候变化和改善生态环境的政策。2018 年 7 月和 2019 年 10 月国务院先后调整了国家应对气候变化及节能减排工作领导小组成员。

2021 年，成立碳达峰碳中和工作领导小组，强化对碳达峰碳中和各项工作的组织领导和统筹协调；各省（自治区、直辖市）成立碳达峰碳中和工作领导小组，加强地方碳达峰碳中和工作统筹。建立上下联动、统筹有序的工作机制。

2021 年，提出构建碳治理"1+N"政策体系。"1"是中国实现碳达峰碳中和的指导思想、系统谋划和总体部署，由 2021 年发布的《关于完整准确全面贯彻新发展理念做好碳达峰碳中和工作的意见》（简称《意见》）和《2030年前碳达峰行动方案》（简称《行动方案》）两个文件共同构成。"N"是重点领域、重点行业实施方案及相关支撑保障方案（见表 1）。

表 1　《意见》和《行动方案》主要内容概述

《意见》	《行动方案》
推进经济社会发展全面绿色转型	能源绿色低碳转型行动
深度调整产业结构	节能降碳增效行动
加快构建清洁低碳安全高效能源体系	工业领域碳达峰行动
加快推进低碳交通运输体系建设	城乡建设碳达峰行动

续表

《意见》	《行动方案》
提升城乡建设绿色低碳发展质量	交通运输绿色低碳行动
加强绿色低碳重大科技攻关和推广应用	循环经济助力降碳行动
持续巩固提升碳汇能力	绿色低碳科技创新行动
提高对外开放绿色低碳发展水平	碳汇能力巩固提升行动
健全法律法规标准和统计监测体系	绿色低碳全民行动
完善政策机制	各地区梯次有序碳达峰行动

资料来源：基于政府部门网站整理。

2. 制定中长期应对气候变化战略，完善碳治理政策体系

（1）制定中长期温室气体排放控制战略

将应对气候变化纳入国民经济社会发展规划。在 2006 年颁布的"十一五"规划纲要中开始将能源强度下降目标视为具有约束力的"强制性"指标，2010 年公布的"十二五"规划纲要中首次将碳排放强度下降率列入其中的约束性指标，还出台了专门的《"十二五"控制温室气体排放工作方案》。2016 年发布的"十三五"规划纲要、2021 发布的"十四五"规划和 2035 目标纲要都提出改善生态环境质量的具体目标，如到 2025 年单位国内生产总值能源消耗和二氧化碳排放分别比 2020 年降低 13.5%、18%。

2007 年国务院发布《中国应对气候变化国家方案》，这是中国第一部应对气候变化的政策性文件。同年 6 月，发布《应对气候变化科技专项行动》，落实把科技创新作为国家应对气候变化的重大举措，全面提高国家应对气候变化的科技能力，为应对气候变化提供科技支撑。

2009 年是中国应对气候变化的重要转折期，我国政府提出了实施低碳经济发展战略新途径和一系列应对气候变化的政策措施。8 月，全国人大常委会通过《关于积极应对气候变化的决议》，特别指出"气候变化是环境问题，也是发展问题"。在 12 月的哥本哈根气候变化会议上，中国政府就减缓、适应、技术转让、资金支持提出明确、具体的中国立场。

2014 年出台的《国家应对气候变化规划（2014—2020 年）》提出坚持减缓和适应气候变化同步推动原则，进一步强化重点领域和区域的适应气候变化行动。

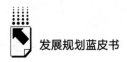

作出国际承诺，提出落实国家自主贡献的新目标新举措。2011 年 9 月，中国在碳收集领导人论坛第四届部长级会议上提出，到 2020 年单位国内生产总值二氧化碳排放比 2005 年下降 40%~45% 的行动目标。这是中国政府首次做出的量化减排国际承诺。

2016 年 9 月，在中国的倡议下，在杭州举办的二十国集团峰会上发表了首份气候变化问题主席声明，既为推动气候变化《巴黎协定》尽早生效奠定了坚实的基础，也为构建绿色低碳伙伴关系传递了积极信号。

2020 年 9 月 22 日，习近平主席在第七十五届联合国大会一般性辩论上宣布："中国将提高国家自主贡献力度，采取更加有力的政策和措施，二氧化碳排放力争于 2030 年前达到峰值，努力争取 2060 年前实现碳中和。"

2021 年 10 月，我国政府向 IPCC 正式提交《中国落实国家自主贡献成效和新目标新举措》《中国本世纪中叶长期温室气体低排放发展战略》。这是中国履行《巴黎协定》的具体举措，体现了中国推动绿色低碳发展、积极应对全球气候变化的决心和努力。

（2）编制实施国家适应气候变化战略

2013 年 11 月，由国家发改委、财政部等 9 部门联合编制的中国首部《国家适应气候变化战略》正式发布，标志着中国首次将适应气候变化提高到国家战略高度，为各部门、地方开展适应气候变化工作提供战略指导。

2022 年 6 月生态环境部、国家发展和改革委员会、科学技术部等 17 部门联合印发《国家适应气候变化战略 2035》，对当前至 2035 年适应气候变化工作作出统筹谋划部署。与 2013 年发布的版本相比，《国家适应气候变化战略 2035》具有以下四个特征：一是更加突出气候变化监测预警和风险管理；二是划分自然生态系统和经济社会系统两个维度，分别明确各重点领域适应任务；三是多层面形成适应气候变化区域格局；四是更加注重机制建设和部门协调，进一步强化组织实施、财政金融支撑、科技支撑、能力建设、国际合作等保障措施。①

3. 颁布法律法规，加强碳治理制度保障

为了健全相关法律法规体系，并完善应对气候变化保障制度，采取以下相

---

① 生态环境部等 17 部门：《国家适应气候变化战略 2035》，http：//www.gov.cn/xinwen/2022-06/14/content_ 5695549.htm，2022 年 6 月 14 日。

关行动。

（1）制定相关法规和落实重大政策文件的行动方案

为了加强对气候变化的治理能力，完善应对气候变化之相关法律法规，制定或修订《可再生能源法》《循环经济促进法》《节约能源法》《清洁生产促进法》等。

为贯彻实施《2030 年前碳达峰行动方案》，科学合理确定有序达峰目标，因地制宜推进绿色低碳发展，上下联动制定地方达峰方案。各省（自治区、直辖市）陆续出台碳达峰碳中和政策的实施意见。相关部门相继编制落实碳达峰政策文件，涵盖科技支撑、碳汇能力、统计核算、督察考核等支撑措施和财政、金融、价格等保障措施。

（2）制定碳达峰碳中和标准

2021 年 10 月，中共中央、国务院正式印发《国家标准化发展纲要》，其中第十一条明确提出，加强绿色发展标准化保障——建立健全碳达峰碳中和标准。旨在加强碳达峰碳中和标准化工作的统筹规划和协调管理，主要包括五个方面的工作：一是加快节能标准更新升级，抓紧修订一批能耗限额、产品设备能效强制性国家标准；二是加快完善地区、行业、企业、产品等碳排放核查核算标准；三是制定重点行业和产品温室气体排放标准，完善低碳产品标准标识制度；四是完善可再生能源标准，研究制定生态碳汇、碳捕集利用与封存标准；五是实施碳达峰碳中和标准化提升工程。

（3）建设全国碳市场制度体系

制度体系是推进碳市场建设的重要保障，为更好地推进碳交易市场发展，生态环境部积极推动《碳排放权交易管理暂行条例》立法进程，以规范全国碳市场运行和管理的各重点环节。2017 年出台《碳排放权交易管理办法（试行）》，2020 年印发《全国碳排放权交易市场建设方案（发电行业）》。2021 年以来，陆续发布了全国碳市场第一个履约周期配额分配方案、企业温室气体排放报告、核查技术规范，以及碳排放权登记、交易、结算三项管理规则，初步构建全国碳市场制度体系。

4. 开展宣传教育，积极参与全球气候治理

利用网络、数字平台、新闻媒体等多种手段开展宣传教育，增进全社会对气候变化的认识，同时也向国际社会进一步表明我国高度重视全球气候变化问

题，彰显负责任大国的形象和担当，积极推动共建公平合理、合作共赢的全球气候治理体系。2008年开始，中国政府每年发布中国应对气候变化的政策与行动年度报告，系统地介绍我国应对气候变化工作和落实国家方案所取得的成就。2022年10月，生态环境部编制发布的《中国应对气候变化的政策与行动2022年度报告》提出，将应对气候变化摆在国家治理更加突出的位置，将碳达峰碳中和纳入生态文明建设整体布局和经济社会发展全局，将减污降碳协同增效作为经济社会发展全面绿色转型的总抓手，推动应对气候变化工作取得新进展。

2007年2月，科学出版社出版发行的（第一次）《气候变化国家评估报告》，是由科技部等部委组织相关专家参与编写完成的。该报告全面、系统地评估了我国应对气候变化领域相关的科学、技术、经济和社会研究成果，准确、客观地反映了我国气候变化领域研究的最新进展。2011年10月、2015年9月、2022年9月分别发行第二次、第三次、第四次《气候变化国家评估报告》。这些评估报告为我国参与全球气候变化的国际事务提供科技支撑，为促进全面绿色发展提供科学决策依据。

二 我国碳治理进展

"十一五"时期以来，我国在各个领域积极实施碳治理政策，通过法律、行政、技术、市场等多种手段，协同推进降碳减污扩绿增长，探索符合中国国情的低碳绿色发展新模式，碳治理已成为经济社会发展全面绿色转型的总抓手。

（一）节能减碳效应显著

"十一五"时期以来，我国碳治理行动取得积极进展，节能减排效应显著。万元GDP碳排放2022年比2005年下降48.6%，万元GDP能源消费下降44.3%（见表2），2005～2022年因化石燃料燃烧产生的碳排放年均增长3.83%，碳排放弹性系数为0.48，即GDP每增长1%，碳排放相应增长0.48个百分点；同期，能源消费弹性系数为0.55，即GDP每增长1%，能源消费相应增长0.55个百分点。但经济发展与资源利用的协同效应还需加强。总体上，经济发展与碳排放、能源消费的"脱钩"还有较大的潜力空间（见图1）。

表2　2005～2022年中国碳排放总量、用水量及效率主要指标

年份	碳排放量（MtCO₂）	水耗强度（立方米/万元GDP）	碳排放强度（tCO₂/万元GDP）	能耗强度（tce/万元GDP）	碳排放弹性系数	能源消费弹性系数
2005	5471	301	2.92	1.40	1.152	1.185
2006	6052	274	2.87	1.36	0.835	0.755
2007	6514	241	2.70	1.29	0.536	0.613
2008	6707	223	2.54	1.21	0.307	0.305
2009	7218	206	2.49	1.16	0.811	0.515
2010	7798	188	2.44	1.13	0.756	0.686
2011	8488	174	2.42	1.10	0.926	0.766
2012	8753	162	2.31	1.06	0.397	0.496
2013	9168	152	2.25	1.02	0.610	0.473
2014	9155	139	2.09	0.98	−0.019	0.369
2015	9118	130	1.95	0.93	−0.057	0.192
2016	9100	121	1.82	0.88	−0.029	0.248
2017	9284	113	1.73	0.85	0.291	0.467
2018	9534	105	1.67	0.83	0.399	0.523
2019	9662	99	1.59	0.80	0.224	0.550
2020	9786	94	1.58	0.80	0.583	1.009
2021	10398	88	1.55	0.78	0.772	0.636
2022	10367	87	1.50	0.78	−0.100	1.081
各时期增长率（%，弹性系数除外）						
2006～2010年（"十一五"）	7.35	−8.95	−3.56	−4.19	0.65	0.59
2011～2015年（"十二五"）	3.18	−7.10	−4.40	−3.84	0.40	0.48
2016～2020年（"十三五"）	1.42	−6.34	−4.08	−2.78	0.25	0.49
2020～2022年	2.92	−3.74	−2.46	−1.25	0.53	0.76
2005～2022年	3.83	−7.04	−3.83	−3.33	0.48	0.55

　　注：①CO₂排放数据来自Our World in Data based on the Global Carbon Project（2022），https://ourworldindata.org/grapher/annual-co2-emissions-per-country；②其余数据笔者基于国家统计局发布数据整理（https://www.stats.gov.cn），GDP数据均按照2005年可比价格换算。

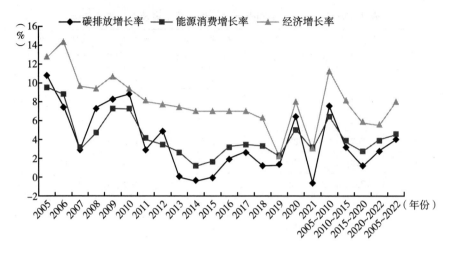

图1　中国碳排放率、能源消费率与经济增长率

资料来源：①CO$_2$ 排放数据来自 Our World in Data based on the Global Carbon Project（2022），https：//ourworldindata. org/grapher/annual-co2-emissions-per-country；②其余数据笔者基于国家统计局发布数据整理（https：//www. stats. gov. cn），GDP 数据均按照 2005 年可比价格换算。

在"十三五"规划纲要中列入了三个低碳发展相关的约束性指标：①单位 GDP 能源消耗降低 16%；②单位 GDP 二氧化碳排放量降低 18%；③单位 GDP 用水量下降 23%。实际完成情况：2020 年比 2015 年单位 GDP 能源消耗降低 13.8%，单位 GDP 二氧化碳排放量降低 19.0%，单位 GDP 用水量下降 27.7%。除了能源强度下降率表现稍差一些，其余两者都超额完成约束性考核指标，其中"十三五"时期的碳排放强度下降幅度最大，年均下降率达到 4.08%（见图 2）。"十四五"前两年，尽管经济下行，但碳排放强度、能耗强度的趋势是下降的，符合预期。

经济增长的环境效应、资源利用效率在不同时期的差异也非常明显。总体上，经济发展与碳排放、能源消耗、用水量的"弱脱钩"态势越来越显著，碳排放弹性系数从"十一五"时期的 0.65 下降到"十二五"时期的 0.40，再进一步下降到"十三五"时期的 0.25，用水效率也呈增长趋势，经济增长与碳排放增长、用水量几乎达到了一种"弱脱钩"水平。但需要特别指出的是，受疫情影响，2020~2022 年，这三种指标呈现反弹。随着经济复

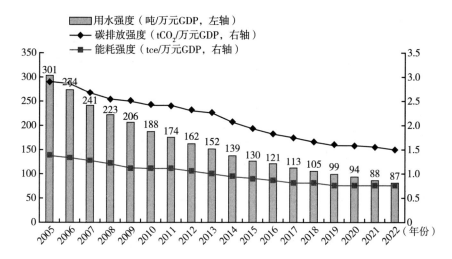

图 2　2005~2022 年中国碳排放、能耗、水耗效应

资料来源：①CO$_2$ 排放数据来自 Our World in Data based on the Global Carbon Project（2022），https://ourworldindata.org/grapher/annual-co2-emissions-per-country；②其余数据笔者基于国家统计局发布数据整理（https://www.stats.gov.cn），GDP 数据均按照 2005 年可比价格换算。

苏、各种促进低碳经济和绿色发展政策相继出台，碳治理政策效果会进一步显现。

（二）能源绿色低碳转型步伐提速

坚定不移实施能源安全新战略，为应对气候变化作出贡献。我国把非化石能源放在能源发展优先位置，大力开发利用清洁能源，推进能源绿色低碳转型。初步核算，2022 年底，我国清洁能源占能源消费总量比重提高到 25.9%（见图 3），比 2005 年大幅提升了 16.1 个百分点，其中 2020 年非化石能源占比15.9%，完成了"十三五"规划的考核任务。煤炭占能源消费比重由 2005 年的 72.4%降低到 2022 年的 56.2%。

从电力生产端分析，截至 2021 年底，我国可再生能源发电装机达到 10.63亿千瓦，占总发电装机容量的 44.8%，其中，水电、风电、太阳能发电装机均超过 3 亿千瓦，生物质发电装机 3798 万千瓦，海上风电装机跃居世界第一。可再生能源发电量达到 2.48 万亿千瓦时，占全社会用电量的 29.8%（见图 4），

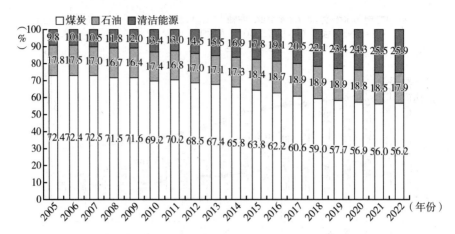

图3 2005～2022年中国煤炭、石油、清洁能源占能源消费比例

资料来源：作者根据国家统计局网站整理。

光伏和风电装机容量较2005年分别增加了3000多倍和200多倍。非化石能源发电量达到2.6万亿千瓦时，占全社会用电量的比重达到1/3以上。从电力消费终端分析，中国火力发电量占全国总电力消费量的比例从2005年的81.9%下降到2021年的71.1%。电源结构低碳化和清洁化趋势比较明显。

加强化石能源高效清洁利用。立足以煤为主的基本国情，持续推进煤炭清洁高效集中利用，大力推进煤电"三改联动"。截至2021年底，累计实施节能降碳改造近9亿千瓦，实施灵活性改造超过1亿千瓦，10.3亿千瓦煤电机组实现超低排放改造，占煤电总装机容量的93%，建成世界最大的清洁煤电体系。

高端化、多元化、低碳化是现代煤化工的发展方向，2021年我国煤制油、煤制气、煤（合成气）制乙二醇产能分别达到823万吨/年、61.25亿立方米/年、675万吨/年。应加强煤炭质量管理，提高煤炭洗选加工水平，强化商品煤质管理。

（三）产业低碳化转型明显

推动经济社会绿色化、低碳化发展是实现高质量发展的关键。稳步推进新能源、新能源汽车、绿色环保等产业集群建设，支持工业绿色低碳高质量发

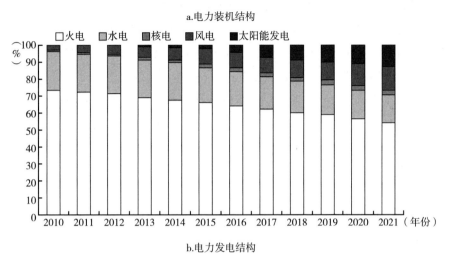

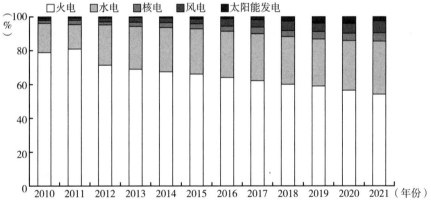

图4　2010~2021年中国电力装机结构、发电结构

资料来源：笔者根据国家统计局网站整理。

展。2022年我国第三产业增加值占GDP比重达到52.8%，规模以上工业中，高技术制造业增加值比上年增长7.4%，占规模以上工业增加值的比重为15.5%。全年新能源汽车产量700.3万辆，比上年增长90.5%；太阳能电池（光伏电池）产量3.4亿千瓦，增长46.8%，为绿色发展提供新动能。

新能源产业蓬勃发展。当前新能源汽车产业进入加速发展的新阶段，截至2022年6月，我国新能源汽车保有量超1000万辆。中国风电、光伏发电设备制造形成了全球最完整的产业链，技术水平和制造规模居世界前列，新型储能

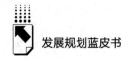

产业链日趋完善，为全球能源清洁低碳转型提供了重要保障。

绿色节能建筑呈跨越式增长。截至 2020 年底，城镇新建绿色建筑占当年新建建筑的比例高达 77%，累计建成绿色建筑面积超过 66 亿平方米。可再生能源替代民用建筑常规能源消耗比重达到 6%。①

绿色交通体系日益完善。综合运输网络不断完善，大宗货物运输"公转铁"、"公转水"、江海直达运输、多式联运发展持续推进。城市低碳交通系统建设成效显著，截至 2020 年底，已有 87 个城市开展了国家公交都市建设，43 个城市开通运营城市轨道交通。

（四）生态系统碳汇能力明显提高

我国坚持山水林田湖草沙一体化保护和系统治理，推进生态优先、节约集约、绿色低碳发展，发布了《全国造林绿化规划纲要（2011—2020 年）》，有效发挥森林、草原、湿地、海洋等的固碳作用。截至 2020 年底，我国建立了 2750 个自然保护区，其中国家级自然保护区 474 处，自然保护区面积达到 147 万平方公里，约占我国陆域面积的 15%，生态系统碳汇功能得到有效保护。②

森林是陆地生态系统的主体，植树造林是我国的光荣传统，也是实施绿色低碳发展的主要行动。根据第九次全国森林资源清查（2014~2018 年）结果，我国森林资源总体呈现数量持续增加、质量稳步提升、生态功能不断增强的良好态势。全国森林覆盖率 22.96%，森林面积 2.2 亿公顷，森林蓄积量 175.6 亿立方米（见图 5）。森林植被总生物量 188.02 亿吨，总碳储量 91.86 亿吨。年涵养水源量 6289.50 亿立方米，年固碳量 4.34 亿吨，年释氧量 10.29 亿吨。森林覆盖率不是增长最快的时期（增长 1.33 个百分点），但森林蓄积量是增长最快的时期，增长 24.23 亿立方米，远远超过了历次普查数据。

三 我国碳治理的关键途径

从碳达峰到碳中和，发达国家有 60~70 年的过渡期，而我国只有 30 年左右

---

① 生态环境部：《中国应对气候变化的政策与行动 2022 年度报告》，2022 年 10 月。
② 生态环境部、国家统计局、国家林业草原局官方网站。

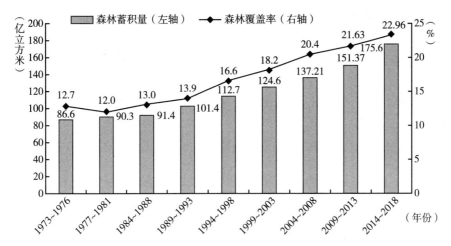

图5 森林资源清查中国森林覆盖率和蓄积量的变化

资料来源：历次森林资源普查数据，笔者整理。

的时间，这意味着我国温室气体减排的难度和力度要比发达国家大得多。党的二十大报告明确指出"实现碳达峰碳中和是一场广泛而深刻的经济社会系统性变革"。这就突出了碳治理的系统性、复杂性、长期性。尽管我国建立了比较完善的顶层制度设计和"1+N"政策体系，但最具挑战的是如何制定"N"行动方案以满足"1"总纲领的要求，以及各行动方案之间的衔接和协调。对于部门、地方政府、企业机构，还需要统筹兼顾系统的公平性、均衡性等。

（一）形成碳治理的新引擎：加快构建新型能源体系

构建低碳安全高效的新型能源体系是为实现经济社会全面绿色发展注入新动能，为如期实现"双碳"目标提供新引擎，满足人民群众对美好生活用能的新期待。立足富煤贫油少气的基本国情，如何统筹发展与安全，在推进新能源可靠替代过程中逐步有序减少传统能源是当前碳治理面临的最大挑战。①持续推进工业、建筑、交通运输、公共机构等重点领域的节能；②严格合理控制化石能源消费，尤其是煤炭消费的有序减量替代；③构建以新能源为主体的新型电力系统必须是安全有效的，如要确保电网对高比例可再生能源的消纳和调控能力。

（二）实施碳治理的重要举措：重点行业领域降碳减污

推动大数据、人工智能、互联网等新兴数字技术与绿色低碳产业深度融合，加快发展绿色低碳产业。①推动钢铁、有色、石化、化工、建材等传统产业优化升级，确保新上项目的绿色低碳标准；②统筹推进绿色低碳交通体系建设，提高铁路、水路在综合运输中的承运比重，加快淘汰高耗能高排放老旧车船；③加快发展绿色建筑，提高建筑用能电气化和低碳化水平，提高新建建筑节能标准。

（三）提供碳治理的安全途径：巩固提升生态系统碳汇能力

统筹推进山水林田湖草沙一体化保护和系统治理，提升生态系统碳汇能力。①严守生态保护红线，持续开展"绿盾"自然保护地强化监督，稳定现有森林、草原、湿地、海洋等的固碳作用；②实施生态保护修复重大工程，提升生态系统碳汇增量。

（四）保持碳治理的持续动力：加快绿色低碳科技创新

深化应用基础研究，加快推进低碳零碳负碳和储能新材料、新技术、新装备科研攻关。①推动化石能源绿色智能开发和清洁低碳利用、可再生能源大规模利用、二氧化碳捕集利用与封存等；②建立完善的绿色低碳技术评估、市场交易体系和科技创新服务平台，加快研发和推广先进技术；③推进碳治理人才体系建设，包括各层级人才培养规划，提高我国碳治理水平，以提升参与和引领全球气候治理的能力。

四　完善我国碳治理体系的对策建议

实现碳达峰碳中和目标是一项具有全局性、战略性的系统性工程，在分析总结其他国家经验的基础上，立足我国基本国情和发展任务，把握新发展阶段特点，全面贯彻新发展理念，探索具有中国特色的碳治理实践。

（一）提高战略与系统思维能力，积极参与全球气候治理

在"双碳"目标下我国经济发展加快全面绿色转型，将引发一场广泛而

深刻的经济与社会的系统性变革。因而，党和国家将"做好碳达峰碳中和工作"纳入国家重大发展战略。党的二十大报告明确指出，到 2035 年，"广泛形成绿色生产生活方式，碳排放达峰后稳中有降，生态环境根本好转，美丽中国目标基本实现"。碳治理工作覆盖面广、涉及领域众多、时间跨度长，必须坚持稳中求进。要提高战略与系统思维能力，就是要在实施碳治理过程中，坚持全局观和系统观，注意处理好以下机制：发展与碳减排机制，在经济发展中促进绿色转型；整体与局部、长远目标与短期目标协调机制，确保部门政策衔接、区域资源分布、产业分工布局、长远目标与短期目标权衡取舍机制；碳治理的包容性机制，要兼顾经济落后地区、生态脆弱地区、弱势人群的诉求，确保碳治理的公正性。基于碳治理的全球性环境问题特征，不仅需要政府各部门、社会机构、个人等的参与，还要加强国际交流合作，推进国际气候合作机制变革，推动建立公平合理、合作共赢的全球气候治理体系。

（二）加强绿色发展与碳治理的协同推进，促进能源体系清洁化、低碳化

绿色发展是新发展理念的重要组成部分，是生态文明建设的必然要求。发展是解决我国一切问题的基础和关键。气候变化是自工业革命以来人类不可持续发展模式的产物，只有在绿色转型和可持续发展的进程中，这个问题才可能得到根本解决。加强碳治理与绿色发展的协同推进是应对气候变化问题的有效策略。

我国进入新发展阶段，实施碳治理是破解资源环境约束突出问题、实现可持续发展的迫切需要，是顺应当代科技革命和产业升级变革的需要。促进能源体系清洁化、低碳化，加快构建新型能源体系，是实现"双碳"目标的最重要举措。新型能源体系的核心要义就是要立足我国能源资源禀赋，实施能源清洁化、低碳化双轮驱动策略。一方面，要继续推动新能源产业、新能源汽车产业发展。全面提升风能、太阳能供给能力，推动智能光伏在工业、建筑、交通、通信等领域的创新应用，支持新能源汽车产业稳健发展，大力发展氢能、环保装备等产业，促进生物基新材料研发及产业化。另一方面，要强化传统能源的清洁利用。加快煤矿智能化建设，加快跨省区输电通道规划建设和油气管网、储备能力建设，重点推进煤炭清洁高效利用，促进现代煤化工产业高端化、多元化、低碳化发展。

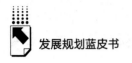

（三）充分发挥市场机制，加强有为政府与有效市场的结合

各国发展历史经验证明，环境问题的有效解决离不开市场机制的调节作用，同时也缺不了政府的"干预"机制。实现碳达峰碳中和也需要通过市场经济手段。承认并通过机制设计反映温室气体排放的市场价格有助于调动政府、企业、机构等各类社会主体参与减排的积极性。碳定价机制，包括碳交易体系和碳税制度，可将地区、区域、行业等差异作为政策选项。我国于2021年正式启动全国碳交易市场。经过八年碳交易市场试点和近两年全国碳市场的实际运行，政府主管部门首先需要全面评估这一市场的管理机制、排放权分配机制及其对生产和生活成本、企业竞争力的影响等，为在更大范围推广及与国际其他市场联结作准备。其次，完善温室气体排放统计核算体系，建立健全温室气体自愿减排交易机制。选择合适地区进行征收碳税试点，为完善碳定价机制积累经验，充分发挥市场机制在碳治理中的作用。

专栏：中国碳排放权交易体系（ETS）简介

国内外实践表明，碳排放权交易体系是以较低成本实现特定减排目标的政策工具。中国最初制定碳排放权交易机制是为了支撑国家和省级能源消耗强度、碳排放强度目标的实现。2011年七省市（北京、天津、上海、重庆、广东、湖北、深圳）启动碳排放权交易地方试点，并从2013年开始陆续上线交易。2016年，福建成为国内第八个试点碳市场。2017年末，国务院印发实施《全国碳排放权交易市场建设方案》，要求建设全国统一的碳排放权交易市场。2020年，中国政府提出"双碳"目标，"十四五"规划和2035年远景目标纲要设置"推动绿色发展，促进人与自然和谐共生"专篇并作出具体部署。

2020年12月，生态环境部发布关于印发《2019~2020年全国碳排放权交易配额总量设定与分配实施方案（发电行业）》《纳入2019~2020年全国碳排放权交易配额管理的重点排放单位名单》并做好发电行业配额预分配工作的通知。2021年1月，生态环境部发布《碳排放权交易管理办法（试行）》并于2021年2月1日起施行。2021年7月16日全国碳排放权交易市场启动，并顺利完成第一个履约期（2021年7月16日至2021年12月31日）。履约周期内共纳入发电行业重点排放单位2162家，年覆盖温室气体排放量约45亿吨二氧化碳，约占全国排放量的 30%。共运行 114 个交易日，碳排放配额累计成交量 1.79 亿吨，累计成交额 76.61 亿元。

2022 年，全国碳市场迈入第二个履约周期，全年共运行 242 个交易日，碳排放配额年度成交量 5088.95 万吨，年度成交额 28.14 亿元，成交均价为 45.61 元/吨。全国碳市场碳排放配额（CEA）累计成交量 2.30 亿吨，累计成交额 104.75 亿元。

目前，全国碳市场与地方碳市场实行双轨制，主要由履约驱动；碳市场发展程度不一，在配额确定方法、交易制度、交易流程等方面有待完善。2022 年各试点区域碳价相比 2021 年都有所上升，其中，北京碳价处于全国最高位，其次为广东，福建碳价处于最低位。

参考文献

蒋金荷：《全球气候治理与中国绿色经济转型》，中国社会科学出版社，2017。
中华人民共和国国务院新闻办公室：《中国应对气候变化的政策与行动》，2008 年 10 月。
生态环境部等：《国家适应气候变化战略 2035》，2022 年 6 月。
GCP, "Our World in Data based on the Global Carbon Project（2022），" https：//ourworldindata. org/grapher/annual-co2-emissions-per-country, 2022.

B.53
加快推进发展方式绿色转型[*]

王喜峰 姜承昊[**]

摘 要： 习近平总书记在党的二十大报告中明确提出，要加快发展方式绿
色转型，实施全面节约战略，发展绿色低碳产业，倡导绿色消
费，推动形成绿色低碳的生产方式和生活方式。我国绿色发展取
得众多成就，绿色政策也取得长足进步。然而，仍存在发展方式
绿色转型与发展安全的统筹急需强化、发展方式绿色转型先立后
破实现困难、绿色生活方式尚未形成、发展方式绿色转型促进经
济增长路径尚未完全打通等问题。新发展格局下，中国发展方式
绿色转型必须坚持和发展马克思主义，要面向人民、面向资源节
约、面向生产力增长，最终统筹生态文明建设与经济社会发展；
加快生产方式绿色转型必须坚持系统思维，要推动产业、能源、
交通的结构优化，推动全面节约和资源高效利用，推动绿色转型
政策体系完善和技术创新，加快发展绿色产业；必须坚持全域全
民参与，鼓励生活方式绿色转型新风尚、鼓励使用绿色低碳产
品、鼓励理论宣传与政策创新。

关键词： 发展方式 绿色转型 产业升级 消费升级

---

[*] 本文是国家社会科学基金后期资助项目"国家安全和高质量发展视角下水资源承载力提升路
径研究"（立项号：21FGLB093）的阶段性成果。本文主要内容发表于《价格理论与实践》
2023 年第 4 期、《中国社会科学报》第 Y02 版。

[**] 王喜峰，中国社会科学院数量经济与技术经济研究所副研究员，主要研究方向为水资源管理
等；姜承昊，黑龙江省社会科学院研究助理，主要研究方向为水资源管理等。

习近平总书记在中国共产党第二十次全国代表大会上指出，"我们要加快发展方式绿色转型，实施全面节约战略，发展绿色低碳产业，倡导绿色消费，推动形成绿色低碳的生产方式和生活方式"。发展方式绿色转型是贯彻新发展理念的战略要求，是实现高质量发展的题中应有之义，也是全面建设社会主义现代化国家的重大任务。

几千年来，中国文化尊重自然、崇尚和谐，生生不息、繁衍发展。改革开放以来，节约资源和保护环境成为我国的基本国策，可持续发展成为我国的国家战略，社会主义生态文明建设成为发展的重要任务。但是我国经济社会高速发展的同时，也出现了一系列环境问题，对自然生态系统产生负面影响。发展方式绿色转型，就是在进入新发展阶段、贯彻新发展理念、构建新发展格局的背景下提出的。

发展方式绿色转型，就是处理好人与自然的关系。一方面，"生态兴，则文明兴"，生态是影响文明兴衰物质基础的重要因素。马克思在《1844年经济学哲学手稿》中阐释道："自然界，就它自身不是人的身体而言，是人的无机的身体。"这意味着人们所赖以生存的自然条件，甚至用于改造自然、改造世界本身所依赖的物质条件，从根本上都是自然所带来的。另一方面，保护自然并不代表着放弃发展，并不意味着回到田园牧歌的想象中。习近平总书记也指出，"我们要建设的现代化是人与自然和谐共生的现代化，既要创造更多物质财富和精神财富以满足人民日益增长的美好生活需要，也要提供更多优质生态产品以满足人民日益增长的优美生态环境需要"。为此，我们既要追求经济社会发展带来的生产力提升，也要追求生态环境改善带来的全体人民福祉。

因此，发展方式绿色转型是对经济规律和自然规律的深刻把握，是中国式现代化的必然要求，是推动人与自然和谐共生的重要路径。根据国家发改委对于"十四五"规划的政策解读，发展方式绿色转型就是要建立起绿色低碳循环发展的生产体系、健全绿色低碳循环发展的流通消费体系、加快基础设施绿色升级、构建市场导向的绿色技术创新体系、健全资源节约循环利用体系、完善法律法规政策体系等。通过这些措施，最终在我国形成绿色低碳的生产方式和生活方式。

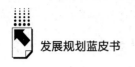

一　我国发展方式绿色转型的历史成就

（一）发展方式绿色转型政策不断完善

1. 法治建设不断加强

习近平总书记指出，"只有实行最严格的制度、最严密的法治，才能为生态文明建设提供可靠保障"。发展方式绿色转型离不开法治建设。党的十八大报告中将生态文明建设纳入了"五位一体"总体布局。党的十九大报告提出，加强对生态文明建设的总体设计和组织领导。党的二十大报告提出，"中国式现代化是人与自然和谐共生的现代化"，进一步明确了我国新时代生态文明发展、人与自然和谐共生的战略思路。

我国坚持以法治理念与方式，不断推动发展方式绿色转型。制定和修订长江保护法、黄河保护法、黑土地保护法，森林法、草原法、环境保护税法，以及大气、水、土壤污染法等法律，使其覆盖领域不断扩大、覆盖资源不断增多、覆盖要素不断齐全。案件侦办不断高效、执法行为不断规范、司法制度不断完善，法治建设不断加强，为发展方式绿色转型提供了坚实的法治保障。

2. 绿色财政制度不断完善

绿色财政制度不断完善。我国当前的财税政策是以税收激励和约束"双向用力"，涉及资源开采、资源利用、污染排放、资源循环等多个领域和链条，通过资源税、环境保护税、企业所得税双向调节环保主体行为，促进绿色发展和节能减排。财税政策作为政府调控经济的重要工具，在推进绿色投资、遏制超标项目、推动绿色低碳和促进生态环境改善上不断发挥作用。2016年，全国人民代表大会常务委员会通过了《中华人民共和国环境保护税法》。2022年4月，财政部印发《中央对地方重点生态功能区转移支付办法》等一系列文件，深化生态补偿制度改革，加强重点生态功能区转移支付分配、使用和管理。

绿色消费财政引导机制不断完善。针对不同的绿色产品先后出台各项财政补贴和支持政策，针对高效照明产品推广、废弃电器电子产品处理、节能产品惠民工程、清洁能源发电以及新能源汽车均在不同阶段给予了一定的补贴。就新能源汽车来说，2009 年，《汽车产业调整和振兴规划》提出，启动国家节能和新能源汽车示范工程，由中央财政安排资金给予补贴。2013 年 9 月，财政部、科技部、工信部、发改委四部门联合发布《关于继续开展新能源汽车推广应用工作的通知》。目前，我国新能源汽车产业发展已经达到世界领先水平。

绿色采购规模递增。2004 年 12 月财政部、发改委印发《节能产品政府采购实施意见》，强调应当优先采购节能产品，并以"节能产品政府采购清单"形式公布。2005 年 7 月，国务院发布《国务院关于加快发展循环经济的若干意见》，提出政府机构要实行绿色采购，优先考虑节能、节水和环保认证产品。此后还出台《中华人民共和国清洁生产促进法》等，不断提高中央和地方政府的绿色采购水平。绿色采购极大地促进了国内绿色产品的生产和开发。

绿色税收体系逐步建立。为了保护和改善环境，减少污染物排放，我国不断完善绿色税收制度。目前我国通过水资源税试点、《中华人民共和国资源税法》等不断推进环境保护税改革，规范完善资源税体系，利用税收调节的双向机制，加大绿色税收对产业的激励和约束作用、对消费者行为的引导作用。

3. 资源节约集约利用机制不断规范

为了保障资源利用更加高效，我国不断完善资源有偿使用和资源高效利用机制，先后出台了《国务院关于实行最严格水资源管理制度的意见》《国务院关于全民所有自然资源资产有偿使用制度改革的指导意见》《水利部 国家发展改革委关于印发"十四五"用水总量和强度双控目标的通知》等政策文件。

通过资源有偿使用和资源节约集约利用的机制建设，资源节约集约利用效能不断提高。以水资源价格为例，水资源价格改革不断推进，水资源节约利用效能不断提高。2004 年出台《国务院办公厅关于推进水价改革促进节约用水保护水资源的通知》，随后国家出台了一系列政策推动水资源价格改革。2021年《国家发展改革委关于"十四五"时期深化价格机制改革行动方案的通知》，提出"创新完善水利工程供水价格形成机制""鼓励探索建立城镇供水上下游价格联动机制""结合计划用水与定额用水管理方式，有序推进城镇非居民用水超定额累进加价制度"。

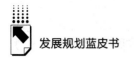

（二）生产方式绿色转型不断推进

1. 传统产业绿色转型不断深化

绿色生产标准不断完善。国家先后出台一系列政策或标准文件，引导绿色生产行为。商务部、环境保护部、工业和信息化部印发《企业绿色采购指南（试行）》，工业和信息化部、国家标准化管理委员会制定《绿色制造标准体系建设指南》，农业农村部出台《农业绿色发展技术导则（2018—2030年）》。此外，还出台了《绿色工厂评价通则》等国家标准。绿色生活标准不断完善。绿色产品、有机产品标识不断完善，节能节水、垃圾分类、绿色出行等现实场景不断丰富，绿色公共机构消耗定额和排放指标不断完善。

传统产业绿色转型再造行动蓬勃发展。产业绿色转型推动了绿色产业基础再造行动，为了与节能减排理念靠拢，也为了降本增效，对产业进行技术更新和升级成为企业转型的可行路径。在这一过程中，现代工业淘汰了原有效能较低的生产资料，针对绿色高效的固定资产进行投资以换取预期内符合政策规范且利润较高的产品。

产业价值链不断延伸化、增值化和高端化转型。随着人们的生活水平提高，人们对于绿色、健康、环保、全生命周期管理的产品更为青睐。绿色产业不断延伸产品价值链条，对接市场需求，提供了更为优质的服务和产品，减少了无效供给，是供给侧改革的重要环节。

2. 能源低碳绿色转型不断深化

可再生能源比重大幅提升。可再生能源是能源供应体系的重要组成部分，在持续增长的能源需求与日趋严峻的全球气候变化形势下，发展可再生能源已经成为推进绿色转型的核心内容和应对气候变化的重要途径。中国可再生能源比重大幅提升，"十三五"期间，我国可再生能源发电装机达到9.34亿千瓦，占发电总装机的42.5%，风电、光伏发电、水电、生物质发电装机分别达到2.8亿千瓦、2.5亿千瓦、3.4亿千瓦、0.3亿千瓦，连续多年稳居世界第一。

可再生能源应用场景不断丰富。新能源汽车、新能源装备制造、新能源基建、可再生能源制氢、特高压输电网建设等新业态不断丰富可再生能源的生产、储能、运输、消费等上下游的应用场景，带动了材料研发、智能制造、城市规划等一系列的研究应用，实现产学研科技价值转化链条的闭环，为可再生能源产业的可持续发展打下坚实的基础。

化石能源高效节约利用。燃煤发电技术不断改进，单位发电煤耗和供电煤耗不断降低。清洁燃煤方面，我国建成世界上最大的清洁燃煤发电体系。同时，工业过程燃烧技术、煤炭转化技术、天然气利用技术等取得了长足进步。

3. 流通方式绿色转型不断深化

产业供应链、运输链不断绿色转型。以绿色经济为核心，绿色产业链供应链逐渐延长。农业方面，生态农业、冷链运输、电商营销等为生态产品价值转化赋能；工业方面，绿色工厂、清洁能源、清洁生产拓展了产业发展的上下游，以新能源为代表的产业链蓬勃发展，为绿色交通运输提供了能源保障。服务业方面，通过互联网调整劳动力资源的供求关系，使得劳动力、资本、土地等各个要素充分连接，进一步发挥资源高效利用的优势。

4. 生态环境影响不断降低

经济社会发展方式绿色转型的同时，对生态环境的影响显著降低，具体表现如下。

森林覆盖率不断提高。2015~2021 年，森林面积由 20768.73 万公顷增加至 22044.62 万公顷，其中人工林由 6933.38 万公顷提升至 8003.10 万公顷，提高了约 15.43%。森林覆盖率由 21.63% 提高到 22.96%。

空气质量不断提高。在监测城市中，全年空气质量达标的城市占比由 21.6% 提高到 64.3%，取得了历史性成就，细颗粒物（PM2.5）年平均浓度由 53.01 微克/米^3 降低至 30 微克/米^3。

突发环境事件次数不断降低。2015~2021 年，全国突发环境事件次数由 334 次降低至 199 次，一般环境事件由 326 次降低至 188 次。

（三）生活方式绿色转型不断推进

1. 绿色知识教育不断推进

发展方式绿色转型教育融入育人过程。具体而言，各级教育行政部门和中小学校高度重视习近平生态思想进校园工作，在学科教学、课外活动及学校管理方面，充分体现出勤俭节约、绿色低碳消费的教育内涵。教育部办公厅等四部门发布《关于在中小学落实习近平生态文明思想、增强生态环境意识的通知》，要求实行"无塑"开学季，杜绝塑料造成的白色污染，助力广大中小学

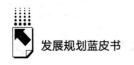
生的健康成长。发展方式绿色转型也催生了教育新业态，自然教育、自然研学等新型生态环境保护科普宣传形式得到了家长和学生的一致认可。

发展方式绿色转型教育融入家庭理念。目前，环保装修、节能电器、无磷洗涤剂、净水器、新风空调、厨余处理机等绿色消费品受到追捧，其根本原因是我国一直以来鼓励生活方式绿色转型的理念深入人心。家庭教育上，全民节约、光盘行动、低碳生活的家教理念深入人心，浪费食物、浪费水电、浪费燃气的行为得到了约束。

发展方式绿色转型教育融入社会常识。政府信息公开化取得重大进展，政府预算透明度不断提高，人民监督公共机构用电用能方式多元化。绿色建筑标准、公共建筑能耗、公共机构能源资源节约，成为社会治理中的新动向。河北省出台了公共机构能源审计实施方案、广东省出台了公共机构节能办法、南京市发布了《机关办公建筑合理用电指南》，发展方式绿色转型"全域推进，全民监督"。

2. 绿色产品消费不断增加

绿色农副产品得到青睐。有机食品、有机药材品牌得到认可，NFC 果蔬汁、零碳牛奶、有机饮品等新产品丰富了市场业态，赋予了消费者更多的选项。地理品牌标志建设不断加快，平遥牛肉、五常大米、黄山毛峰茶等农产品地理标志得到了有效保护和发展。

绿色工业品牌得到认可。环境、社会和治理（ESG）的评价标准得到肯定，履行相关社会职责的绿色工业品牌得到了消费者的认同。共建 ESG 生态，共促可持续发展的企业经营理念逐渐内化为企业的经营目标。以国有企业为首的国资企业主体，成为我国可持续发展实践的先锋模范与榜样标杆。

绿色服务得到发展。传统服务行业绿色化转型，餐饮企业、外卖平台等新模式的服务规范不断更新，从原料生产、餐食制作到包装运送的绿色标准不断完善。生态旅游方面，生态研学、生态康养等模式不断发展。绿色金融服务不断创新，绿色债券、绿色基金等金融工具支持发展方式绿色转型的能力明显增强。

3. 绿色建设能力不断增强

生活垃圾无害化处理能力不断提高。2015～2021 年，新增无害化处理厂

517 座，提升了 58.09%；城市生活垃圾无害化处理能力由 57.69 万吨/日提高到 105.71 万吨/日；城市生活垃圾无害化处理率从 94.1% 提升到 99.9%。

二 我国发展方式绿色转型的关键问题

（一）发展方式绿色转型与发展安全未有效统筹

党的二十大提出，加快规划建设新型能源体系，统筹水电开发和生态保护，积极安全有序发展核电，加强能源产供储销体系建设，确保能源安全。"十四五"时期，我国不断完善能源产供储销体系，着力增强能源产业链供应链的安全性，全面构建清洁低碳、安全高效的能源体系，持续增强能源安全保障能力。

但同时，在发展方式绿色转型过程中，部分地区也面临时段性电力、煤炭供需偏紧的挑战，以及新能源大规模发展对电力系统安全稳定运行的压力，需要进一步加强能源安全保障能力建设，满足经济社会发展和人民日益增长的美好生活清洁用能需求。只有坚定不移地走生态优先、绿色低碳的高质量发展道路，逐步减少对化石能源依赖，才能保障我国能源安全。

（二）发展方式绿色转型先立后破路径未形成

习近平总书记在 2020 年第 75 届联合国大会上表示，中国将力争到 2030 年前实现碳达峰、到 2060 年前实现碳中和。要保障"双碳"目标的实现，发展方式绿色转型是关键。在过去的十几年内，中国处于密集开采资源并快速消耗的工业化阶段，化石能源的大量使用在推动经济发展的同时，也使气候问题日益严峻。但是，中国作为发展中国家的一员，经济发展仍然是当前的主要任务之一，经济发展与碳达峰碳中和目标之间存在一定矛盾。

除此之外，我国各地区之间经济发展水平，以及能源结构、生态环境等因素各不相同，存在较大的差异性，导致影响发展方式绿色转型的因素纷繁复杂，各地不同因素对发展方式绿色转型的影响可能存在差异。因此，绿色转型如何先立后破仍面临一定挑战。

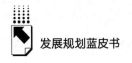
（三）绿色生活方式尚未形成

绿色生活方式不能脱离社会而单独进行，应基于中国的基本国情和社会主要矛盾。地区之间、城乡之间明显存在不平衡问题，受制于目前我国发展不平衡不充分问题，在全社会范围内形成绿色生活方式的合力存在阻碍。

除此之外，人民对绿色生活方式的认知参差不齐。绿色生活理念提出以来，城市居民开始意识到自己的生活行为对生态影响的重要性，但是在农村地区、偏远地区受限于经济发展水平，绿色生活观念没有得到很好的宣传和普及。

总体来说，我国目前仍处于绿色生活认知薄弱状态，而绿色生活方式形成需要所有社会成员共同努力。绿色生活方式形成单单靠部分人的努力是不够的，如果这部分人不够自律，加上周围人的生活方式与环境保护相背离，更谈不上形成绿色生活方式。

（四）发展方式绿色转型促进经济增长路径尚未完全打通

习近平总书记在第二届联合国全球可持续交通大会上指出，"建立绿色低碳发展的经济体系，促进经济社会发展全面绿色转型，才是实现可持续发展的长久之策"。"要走生态优先、绿色低碳发展道路，在经济发展中促进绿色转型、在绿色转型中实现更大发展。"

发展方式绿色转型不仅可以保持经济的可持续发展，还有助于解决环境污染问题。在中国经济快速发展阶段，各个地区的环境承载能力已达到临界值，而绿色发展对改善我国环境具有重要作用，有助于推动经济高质量发展。

然而，化石能源消费仍然是我国最广泛的能源消费方式，发展方式绿色转型在优化能源消费结构、促使能源消费转型的同时，减少了对化石能源的使用频率。化石能源用量的减少，短期内会对经济造成一定冲击。解决这一问题的根本方式，就是统筹把握好生态安全与经济发展之间的关系，以发展方式绿色转型打通经济增长路径。

三 加快推进发展方式绿色转型的对策建议

（一）发展方式绿色转型必须坚持和发展马克思主义

1. 马克思主义世界观要求发展方式绿色转型必须以人民为中心

人民性是马克思主义的本质属性，发展方式绿色转型必须坚守以人民为中心。一是牢牢把握良好生态环境是最普惠的民生福祉的理念，始终把满足人民日益增长的优美生态环境需要作为绿色发展方式转型的出发点。随着我国社会主要矛盾转化为人民日益增长的美好生活需要和不平衡不充分发展之间的矛盾，绿色发展方式转型已经成为解决这一矛盾的必然选择。二是牢牢把握发展是"让全体中国人都过上更好的日子"的要求，始终把为人民提供更多更优质的生态产品作为建设人与自然和谐共生的现代化的落脚点。我们的发展如果付出了高昂的生态环境代价，破坏了最基本的生存需要，最后还要用获得的财富来修复和获取最基本的生存环境，就成为得不偿失的逻辑怪圈。

2. 马克思主义自然观要求发展方式绿色转型必须是资源节约的转型

面对我国当前资源环境约束趋紧、环境污染等突出问题，以习近平同志为核心的党中央坚持问题导向，认为发展是解决我国人与自然和谐共生问题的基础和关键，提出了绿色发展理念，促进经济社会发展全面绿色转型。一是把实现减污降碳协同增效作为促进经济社会发展全面绿色转型的总抓手。面对减污和降碳双重问题，坚持源头防治，加快推进产业结构、能源结构、交通结构、用地结构调整。二是优化国土空间开发格局。面对人口与资源环境不均衡、经济社会与生态效益不统一的问题，整体谋划国土空间开发，统筹人口分布、经济布局、国土利用、生态环境保护，科学布局生产生活和生态空间，逐步形成城市化生活区、农产品主产区和生态功能区。三是全面促进资源节约集约利用。面对资源约束趋紧的问题，推进资源总量管理、科学配置、全面节约、循环利用，全面提高资源利用效率。

3. 马克思主义历史观要求发展方式绿色转型必须是生产力增长的转型

发展方式绿色转型必须锚定生产力的增长而非倒退，要牢牢把握马克思主义的历史观，警惕极端环保主义。一是坚定人与自然和谐共生的中国式现代化

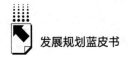

道路的自信。中国式现代化坚持以人为本，而不仅仅是关注经济增长，经济增长完全为了人的发展服务。人与自然和谐共生的中国式现代化，决定了中国的发展道路是对西方式现代化发展道路的革命，是走发展方式绿色转型的现代化道路。二是建设人与自然和谐共生的中国式现代化必须依靠自身。西方式现代化发展道路本质是将污染产业转移到其他国家来实现自身的生态环境保护。建设人与自然和谐共生的中国式现代化必须依靠自身，要彻底改变过去那种以牺牲生态环境为代价换取一时经济发展的做法。三是发展方式绿色转型要始终锚定社会生产力的真正增长而非倒退，避免单纯地用资本、劳动力、资源投入换取社会生产力粗放增长，研发依靠科技自立自强创新驱动，攻关核心技术、打破欧美垄断，研发具有自主知识产权的绿色低碳技术，构建科技含量高、资源消耗低、环境污染少的产业结构。

4. 马克思主义发展观要求发展方式绿色转型必须统筹生态文明建设与经济社会发展

发展方式绿色转型必须统筹生态文明建设和经济发展。"绿水青山就是金山银山"是建设人与自然和谐共生现代化的重大原则。习近平总书记指出，"我们既要绿水青山，也要金山银山。宁要绿水青山，不要金山银山，而且绿水青山就是金山银山"。这一重要论述守得了"生态环境保护和经济发展为了谁"的正道，创新性地阐释了生态环境保护和经济发展是辩证统一、相辅相成的关系，创新性地揭示了保护生态环境就是保护生产力、改善生态环境，就是发展生产力的道理，创新性地指明了实现发展和协同共生的新路径。

发展方式绿色转型就是进一步实行更有效率的发展方式。保护生态环境就是保护自然价值和增殖自然资本，就是挖掘经济社会发展潜力，使绿水青山得以持续转化为金山银山。正是这种守正创新，阐明了绿水青山既是自然财富、生态财富，又是社会财富、经济财富，把绿水青山建设得更美，把金山银山做得更大，切实同步提升生态效益、经济效益、社会效益，实现百姓福、生态美的有机统一。

（二）加快推进生产方式绿色转型必须坚持系统思维

1. 加快推动产业结构、能源结构、交通运输结构等调整优化

在经济社会发展方式绿色转型过程中，经济增长由要素堆砌的驱动模式转

向创新引发生产力变革的模式。一是要调整和优化产业结构，以数字化为契机，发挥信息技术在经济社会绿色发展方式转型中的重要作用，引领制造业依托数字化赋能减费降碳和提质增效。二是要进一步优化能源结构，既要塑造新型清洁能源的制造、储运、消费链条，不断增加可再生能源在能源生产和消费中的比例，又要注意防范重大能源风险，兼顾传统能源的合理发展。三是要不断优化交通运输结构，鼓励发展具有规模效益的多式联运等方式，降低物流成本，为实体经济赋能。

2. 实施全面节约战略，推进各类资源节约集约利用

实施全面节约战略是为了实现可持续发展和高质量发展。只有实施全面节约战略，推进各类资源节约集约利用，才能有效缓解我国发展面临的资源、环境难题，可以从以下两个方面进行落实：一是坚定不移地实施全面节约战略，不断提高资源利用效率。倡导绿色低碳的生产生活方式，推进企业、单位及公共设施的节能改造，从供给端降低碳排放和减少资源浪费。二是注重资源利用全周期管理。注重资源采集、加工、生产、流通、利用、回收的全生命周期管理，不断完善资源回收处理制度。

3. 完善支持发展方式绿色转型政策体系

稳定健康的发展方式，必须要有规章制度上的创新，这样才能使发展方式绿色转型更加顺利。一是强化法律法规支撑。不断推动资源生产、资源利用、环境污染等方面的法律法规完善，强化执法监督，创新环保监察等违法行为巡查和问责制度。二是健全绿色发展的价格机制。不断完善水资源保护、资源占用等价格机制，促进资源的有效保护、高效流转、节约使用。三是加大财税扶持力度。落实节能、节水和环保相关的所得税、增值税等优惠政策，鼓励相关绿色企业进行改造以促进资源循环利用、能源高效利用及产业可持续发展。四是鼓励绿色标准、绿色创新及绿色交易发展。支持绿色标准不断完善，建设全面系统的绿色标准体系，鼓励绿色产品认证及绿色产品保护。支持绿色创新和绿色交易发展，建立完善的绿色知识版权保护制度和市场交易制度。

4. 加快节能降碳先进技术研发和推广应用

节能降碳先进技术研发能力的提升是加快发展方式绿色转型的重要因素。加快节能降碳先进技术研发和推广应用，要从以下几个方面进行落实：一是构

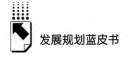

建以市场为导向的节能减碳技术研发创新体系。以市场需求为目标，前瞻性、战略性和颠覆性地布局科技攻关，利用好财税政策对技术研发予以支持。鼓励区域合作、产业合作、产研合作。二是注重知识产权保护。注重节能降碳技术的知识产权保护，针对知识产权侵权行为加强执法，保护创新成果和智力资源。三是注重科技成果转化。通过建设科技交易平台，推动政府、企业、高校、研究机构形成畅通的科技成果发现和应用链条，鼓励产业主动吸收和培养人才，鼓励高校知识成果转化。

5. 发展绿色低碳产业，健全资源环境要素市场化配置体系

绿色低碳产业是国家战略性新兴产业，已经成为生态环境治理的产业基础和构建绿色低碳循环经济体系的重要支撑。发展绿色低碳产业，健全资源环境要素市场化配置体系，要从以下几个方面进行落实：一是改变高排放、高消耗、高污染的要素投入体系，将创新和知识作为驱动，以市场需求为真实导向，使得资源、生产、要素配置与真实需求相适应，实现经济社会发展和生态环境保护协调统一。二是不断完善价格机制，积极发挥市场对于资源配置的决定性作用，破除地域保护、市场割裂的藩篱，降低制度成本，不断增强资源环境要素在市场化配置体系中的重要作用。三是加强行政执法，打造公平的市场环境，加快建设全国统一大市场，形成资源在全国范围内充分配置的国内大循环，避免"走老路"和"逆向淘汰"等现象。

（三）加快推进生活方式绿色转型必须坚持全域全民参与行动

家庭及个人作为绿色发展中的主体，其消费行为绿色与否直接关系到绿色发展能否得以推进。为了推动形成绿色低碳的生活方式，可从以下几个方面予以落实。

1. 鼓励生活方式绿色转型新风尚

倡导简约适度的生活方式。简约适度的生活方式并不是放弃消费，也不是过苦行僧式的生活，而是在物质欲望与真正需求之间找到平衡。随着生产力的提升，欲望与需求的界限逐渐模糊。现代社会的物质生活如此丰富，如果拥有足够的物质购买力，所有欲望都将从脑海中呼之欲出，所有的欲望都将转化为真实的需求，从而导致冗余的消费。简约适度的生活方式，就是要处理好人的心理欲望与物质需求之间的关系。

加强生态文明教育，开展绿色低碳宣传活动。生态文明教育并不应仅仅存续于教育系统之中，而应从个人、家庭、企业、政府等各种行为主体出发，主动接受有关发展方式绿色转型的教育宣传。例如，从限塑令等实际政策出发，加强政策解读，宣传生活方式绿色转型新思路、新做法。

营造绿色低碳生活的舆论氛围，增强人们行为的自觉性，引导改变消费观念。以"光盘行动"为例，要营造绿色低碳生活的舆论氛围，为低碳消费观念与资源节约行为造势，杜绝超额消费、过度消费等奢侈浪费行为，使得人人节约、理性消费蔚然成风。

2. 鼓励使用绿色低碳产品

鼓励绿色产品的生产和使用。从供给侧，应注意绿色低碳产品的研发生产，运用财税政策给予激励；从需求侧，要给予绿色低碳产品消费一定的激励，可以开展"产品下乡"等活动。

鼓励居民减少一次性用品的使用，提倡循环使用和重复使用。减少一次性筷子、一次性塑料制品的使用，减少过度包装与铺张浪费。

3. 加强理论宣传与政策创新

加强科普宣传，强化知识教育。加强低碳行为科普宣传，鼓励居民节水节能节电，加强节水节能节电知识宣传。倡导合适合理的低碳行为，宣传和教育要注意落到实处，如节约用纸、更换节水用具、更换老旧供暖设备，而不是倡导不切实际的生活规范。

加强政策创新，改善政策目标的实现程序。例如，面对个人的奢侈性消费，如果不是浪费食物等违背社会公德的行为，而是个人财力的盈余，政策方面不宜直接禁止和干扰，避免扰乱市场发展，而应以阶梯税收等方式对相关行为进行规范。

参考文献

曹东、赵学涛、杨威杉：《中国绿色经济发展和机制政策创新研究》，《中国人口·资源与环境》2012年第5期。

陈同峰、陈珂、李凯：《区域经济绿色转型评价指标体系研究》，《统计与决策》

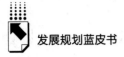
2019 年第 20 期。

李周：《发展方式绿色转型策略的思考》，《北京工商大学学报》（社会科学版）2023 年第 1 期。

石青川：《推动发展方式绿色转型，构筑长江上游生态屏障》，《中国经济周刊》2023 年第 5 期。

郑德凤、臧正、孙才志：《绿色经济、绿色发展及绿色转型研究综述》，《生态经济》2015 年第 2 期。

张平：《中国经济绿色转型的路径、结构与治理》，《社会科学战线》2022 年第 8 期。

周冯琦、尚勇敏：《碳中和目标下中国城市绿色转型的内涵特征与实现路径》，《社会科学》2022 年第 1 期。

Chang Xinfeng, Su Jian, Yang Zihe, "The Effect of Digital Economy on Urban Green Transformation: An Empirical Study Based on the Yangtze River Delta City Cluster in China," *Sustainability*, 2022, 14（21）.

Du Kerui, Cheng Yuanyuan, Yao Xin, "Environmental Regulation, Green Technology Innovation, and Industrial Structure Upgrading: The Road to the Green Transformation of Chinese Cities," *Energy Economics*, 2021（98）.

Gu Xinan, Pan Lingying, "The Impact of Industrial Green Transformation on Regional Economic Development in China: An Empirical Study Based on Spatial and Threshold Effects," *Sustainability*, 2022, 14（19）.

Wang Yujie, Chen Hong, Long Ruyin, et al., "How does Population Aging Affect Urban Green Transition Development in China? An Empirical Analysis Based on Spatial Econometric Model," *Environmental Impact Assessment Review*, 2023（99）.

Wang Yiming, "China's Transition to Green Development: Process, Challenges and Responsive Measures," *Chinese Journal of Urban and Environmental Studies*, 2020, 8（2）.

B.54

推动电力生产系统低碳化发展

潘 晨[*]

摘 要： 发电二氧化碳排放约占我国能源和工业生产过程相关二氧化碳排放总量的 40.5%，随着电气化水平和用电量的不断提高，电力生产系统低碳化对我国实现"双碳"目标而言至关重要。本文聚焦我国电力生产系统低碳发展，梳理 2022 年相关政策措施，进而分析目前我国电力生产系统低碳发展面临的问题，主要包括对电力生产系统的碳排放水平缺少官方评估、电力体制机制有待进一步完善、全链条电力低碳技术发展仍有不足等，基于此，提出我国电力生产系统低碳发展面临与电力供应安全及其他社会经济目标协调发展的挑战并探讨国际局势变动下国际能源低碳转型方向，结合政策措施、发展进展、问题挑战和国际经验为推动新形势下我国电力系统低碳发展提出对策建议。

关键词： 电力生产 低碳发展 新型电力系统 能源安全

党的二十大提出"加快规划建设新型能源体系"，清洁低碳是关键特征之一。2021 年，发电二氧化碳排放约占我国能源和工业生产过程相关二氧化碳排放总量的 40.5%，[①] 电力系统低碳化是建设新型能源体系的重要组成部分。随着经济发展和电气化水平不断提高，电力需求量将进一步提高，电

---

[*] 潘晨，中国社会科学院数量经济与技术经济研究所助理研究员，主要研究方向为低碳发展与能源安全、投入产出模型。

[①] 不同机构的核算结果存在差异，这里采用 Statista（www.statista.com，访问日期：2023 年 5 月 25 日）的数据。

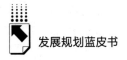

力系统低碳化发展对我国建设新型能源体系和实现碳达峰碳中和目标而言至关重要。

2021年3月15日，习近平总书记在中央财经委员会第九次会议上强调，要构建以新能源为主体的新型电力系统；2023年初发布的《新型电力系统发展蓝皮书（征求意见稿）》进一步针对新型电力系统发展提出了阶段性目标。这意味着风电、太阳能发电等低碳新能源将在未来电力系统中占据重要地位。然而，风电、太阳能发电受天气影响较大，其不稳定性为现有电力系统带来了巨大挑战，电力系统低碳转型将是一场系统性变革。2022年俄乌冲突引发欧洲能源危机，促使各国更加关注能源安全，重新审视将天然气作为过渡能源的安全性，并更加关注独立性更高的新能源。本文聚焦我国电力系统低碳发展，梳理2022年的政策措施，分析面临的问题和挑战，并提出对策建议。

一 2022年我国电力生产系统低碳发展措施

2021年，我国电力生产系统低碳发展相关政策以实现碳达峰碳中和目标的顶层设计为主。2022~2023年，在"碳达峰碳中和""1+N"政策体系的指导下出台了一系列较为具体的行业低碳转型发展措施，大体上可以分为体制机制、方案措施、计量核算、保障措施四大类。

（一）体制机制

在体制机制方面，《国家发展改革委、国家能源局关于完善能源绿色低碳转型体制机制和政策措施的意见》，是"1+N"政策体系在能源领域的具体化。该文件针对以绿色低碳为导向的能源开发利用新机制、新型电力系统建设和运行机制、能源绿色低碳转型安全保供体系，以及相关科技创新、金融支撑体系等提出了详细的指导意见，使得碳达峰碳中和目标下电力生产系统低碳发展的原则和方向基本明确。此外，国家发改委、国家统计局和国家能源局联合印发了《关于进一步做好新增可再生能源消费不纳入能源消费总量控制有关工作的通知》（发改运行〔2022〕1258号），从机制上为可再生能源提供了更广阔的发展空间。

（二）方案措施

在方案措施方面，电力规划设计总院等六家机构于 2023 年初出台了《新型电力系统发展蓝皮书（征求意见稿）》，阐释了新型电力系统的内涵和特征，并提出了阶段性发展目标，明确了总体架构和重点任务，为我国逐步建立新型电力系统提供了路径和方案。此外，工业和信息化部等三部门联合印发的《工业领域碳达峰实施方案》（工信部联节〔2022〕88 号）也关注了能源产业的碳达峰，强调新能源产业发展及工业绿色微电网建设等措施。

（三）计量核算

计量核算为电力系统低碳转型提供标准。2022 年，市场监管总局等九部门印发《建立健全碳达峰碳中和标准计量体系实施方案》（国市监计量发〔2022〕92 号），推动制定和修订低碳发展标准，电力行业是其重点关注对象之一，强调加强碳排放计量和监测，并提出了 2030 年和 2060 年我国标准计量体系发展目标。在碳排放核算标准上，国家发展改革委、国家统计局、生态环境部印发《关于加快建立统一规范的碳排放统计核算体系实施方案》（发改环资〔2022〕622 号），提出要完善行业企业碳排放核算机制，建立健全重点产品碳排放核算方法，并提出一系列保障措施，为我国碳排放核算体系发展提出了要求。具体到发电行业，生态环境部编制并发布了《2021、2022 年度全国碳排放权交易配额总量设定与分配实施方案（发电行业）》（国环规气候〔2023〕1 号），规定了详细的配额核算与分配方法。

（四）保障措施

上述政策措施几乎都提出了相关措施以保障发展方案的顺利实施。除此之外，相关部门也制定了特定领域的政策措施，为我国"双碳"工作保驾护航。

在财政支持方面，财政部印发《财政支持做好碳达峰碳中和工作的意见》（财资环〔2022〕53 号），指出要在 2030 年前，基本形成有利于绿色低碳发展的财税政策体系；2060 年前，财政支持绿色低碳发展政策体系成熟健全，推动碳中和目标顺利实现；并明确了包含能源体系在内的重点支持方向和领域。

在科技创新方面，《国家能源局综合司关于建立〈"十四五"能源领域科技创新规划〉实施监测机制的通知》（国能综通科技〔2022〕99号），明确了能源科技创新重点任务，推动形成项目库。科技部等九部门印发《科技支撑碳达峰碳中和实施方案（2022—2030年）》（国科发社〔2022〕157号），做出了全面的、多维度的部署，提出开展能源绿色低碳转型科技支撑行动。在绿色创新上，国家发展改革委、科技部印发《关于进一步完善市场导向的绿色技术创新体系实施方案（2023—2025年）》，提出了一系列发展措施。国家知识产权局办公室印发了《绿色低碳技术专利分类体系》（国知办函规字〔2022〕1044号），为绿色低碳技术专利提供了分类标准。

此外，在法律和人才建设方面，最高人民法院提出了《关于完整准确全面贯彻新发展理念为积极稳妥推进碳达峰碳中和提供司法服务的意见》，提出为"双碳"工作提供司法服务支持。教育部印发《加强碳达峰碳中和高等教育人才培养体系建设工作方案》（教高函〔2022〕3号），提出"双碳"专业人才培养方案。

二 我国电力生产系统低碳发展进展

（一）发电碳排放强度显著下降

近年来，我国发电碳排放强度持续显著下降。虽然不同数据库对我国发电碳排放强度的核算结果不同，但总体上均呈现下降态势。Our World in Data 基于英国石油（BP）和EMBER的数据测算了我国发电碳排放强度，结果显示，2016~2021年，我国发电碳排放强度从584.16 $gCO_2e//kWh$ 下降到544.36 gCO_2e/kWh，下降了约6.8%。[1] 据国际能源署测算，"十三五"期间，我国（含香港特别行政区）发电碳排放强度由2016年的626.9 gCO_2/kWh 下降到2020年的580.0 gCO_2/kWh，下降了约7.5%；并预测我国（含香港特别行政区）2021年发电碳排放强度将较2020年进一步小幅下降。[2] 另一个证据来自我国生态环境部。2022年3月，我国生态环境部发布了《企业温室气体排放

---

[1] Our World in Data, https：//ourworldindata.org/grapher/carbon-intensity-electricity.

[2] International Energy Agency, "Electricity Market Report-January 2022," Paris：International Energy Agency, https：//www.iea.org/reports/electricity-market-report-january-2022, 2022.

核算方法与报告指南发电设施（2022 年修订版）》，[①] 将电网平均碳排放因子由 0.6101 tCO$_2$/MWh 下调至 0.5810 tCO$_2$/MWh，也反映了我国发电碳排放强度的下降。

发电结构[②]的优化是排放强度下降的直接原因。近年来，我国低碳电源（包括水电、核电、风电和太阳能发电）发电量稳步增长。2016~2021 年，低碳电源发电量年均增长率达到 10%，与此同时，火电发电量增长率仅 5.47%。低碳电源发电量在总发电量中的比重上升，由 2016 年的 28.15% 上升到 2021 年的 32.59%。2022 年，受极端天气影响，西南地区水电发电量有所下降，而为补充水电不足，火电发电量在总发电量中的占比在连续 10 年下降后略有上升。[③] 但这是异常情况冲击下的短期变化，总体趋势仍是下降的。风电和太阳能发电量仍然呈增长态势。2022 年，我国风电、光伏发电量突破 1 万亿千瓦时，达到 1.19 万亿千瓦时，较 2021 年增加 2073 亿千瓦时，同比增长 21%，占全社会用电量的 13.8%，同比提高 2 个百分点，接近全国城乡居民生活用电量。[④]

发电碳排放强度的下降在一定程度上也得益于发电能效的提升。"十三五"期间，6000 千瓦及以上电厂供电标准煤耗由 312 g/kWh 下降到 304.9 g/kWh，下降了约 2.3 个百分点；[⑤] 2022 年，该指标进一步下降至 301.5 g/kWh，发电能效持续提升。

（二）电力装机容量结构持续低碳化

电力装机容量的电源结构与电力生产系统的减排潜力相关，低碳电源装机容量在电力装机容量中的占比越高，预示着发电碳排放强度降低的潜力越大。近年来，我国火电装机容量比重持续下降，低碳电源装机容量比重稳步提高，

---

① http://www.mee.gov.cn/xxgk2018/xxgk/xxgk06/202203/W020220315357528424119.pdf.

② "发电结构"指火电、水电、核电、风电、太阳能发电等电源发电量的比例结构。

③ 除特殊说明外，本文涉及 2016~2020 年的电力数据均取自《中国电力统计年鉴 2021》，涉及 2021 年的数据均取自《2021 年全国电力工业统计快报》，涉及 2022 年的数据取自《2022 年全国电力工业统计快报》和国家统计局网站（访问时间：2023 年 4 月）。

④ 国家能源局，http://www.gov.cn/xinwen/2023-02/14/content_5741481.htm，访问时间：2023 年 4 月。

⑤ 中国电力企业联合会：《全国电力工业统计快报》，2016~2020 年。

电力装机容量的电源结构呈现低碳化发展态势。

火电装机在我国电力装机容量中的比重持续下降，且容量增速低于用电需求。"十三五"期间，火电装机容量绝对量虽仍有所增加，但年均增长率仅为4.11%，显著低于同期低碳电源装机容量12.83%的年均增长率，使得火电装机容量在我国电力装机容量中的比重不断下降。"十四五"时期以来，火电装机容量的比重进一步下降，从2016年的64.3%下降到2022年的51.96%。

低碳电源装机容量在电力装机容量中的占比不断上升，主要取决于风电和太阳能发电装机比重的迅速提高。"十三五"期间，低碳电源装机容量在我国电力装机容量中的占比由35.72提高到43.39%，"十四五"时期以来，进一步提高到2022年的47.86%。2016~2022年，风电和太阳能发电的装机容量增速最为显著，累计增长率分别达到147.81%和414.49%。

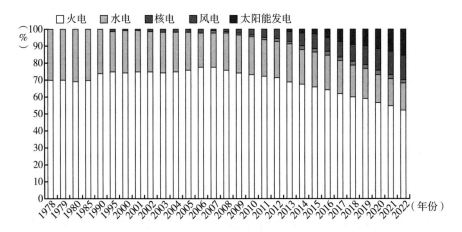

图 1　电力装机电源结构

资料来源：除特殊说明外，本文涉及2016~2020年的电力数据均取自《中国电力统计年鉴2021》，涉及2021年的数据均取自《2021年全国电力工业统计快报》，涉及2022年的数据取自《2022年全国电力工业统计快报》和国家统计局网站（访问时间：2023年4月）。

（三）电网对风光发电消纳比例提高

风电和太阳能发电的设备利用小时数受天气影响较大，且太阳能发电仅能在白天进行，二者均为不稳定的间歇性电源。因此，电网对不稳定电源的消纳能力和意愿不足是风光发展的制约因素之一。近年来，电网对风光发电的消纳比例逐步提高，主要体现为风光发电小时数的提高和风光发电量在总发电量中的占比提高。

近年来，风电和太阳能发电小时数有所增加。① "十三五"期间，我国低碳电力发电小时数总体上有所提高，水电、核电、风电和太阳能发电的6000千瓦及以上电厂发电设备平均利用小时数提高了8%，2021年较2020年进一步增长2.05%。这主要得益于风电和太阳能发电小时数的稳步提高。"十三五"期间，风电和太阳能发电小时数分别累计增长19.08%和13.46%；2021年，风电发电设备平均利用小时数进一步较2020年提高了7%，达到2232小时；太阳能发电设备利用小时数与2020年持平。从2016年以来的年均增长率来看，火电发电小时数的年均增长率显著低于风电和太阳能发电。

与此同时，风电和太阳能发电量在总发电量中的占比呈现指数增长（见图2）。"十三五"时期以来，风电占比从2016年的4%提高到2021年的7.83%；太阳能发电占比则从2016年的1.1%提高到2021年的3.9%。据EMBER的预测，2022年，我国风电和太阳能发电合计增长26%，满足了2022年全国电力总需求净增长量的69%。②

（四）电力低碳转型支撑体系持续改善

电力低碳转型支撑体系的改善体现在两个方面，一是电力低碳技术不断发展，二是相关体制机制不断完善。

电力生产系统向低碳化发展的根本动力是技术进步。近年来，我国电力生产系统低碳化发展取得较大进展，既是产业链各环节共同努力的结果，更有赖于发电技术朝着低碳化方向持续不断的创新发展。电力规划设计总院所发布的《中国低碳化发电技术创新发展年度报告2020》及六机构联合发布的《新型电力系统发展蓝皮书（征求意见稿）》显示，我国电力低碳技术已取得了有效进展：从传统发电技术来看，煤电技术始终朝着高效、清洁、灵活、低碳、智能化方向发展；全球最大单机容量100万千瓦水电机组投入运行。从新能源电力技术来看，风电和光伏发电的技术进步带来了效率提升和成本下降，2021

---

① 由于截稿时2022年风电和太阳能发电的设备利用小时数的数据未公布，这里采用2021年的数据说明发展趋势。

② EMBER：《2023年全球电力评论》，2023年4月。

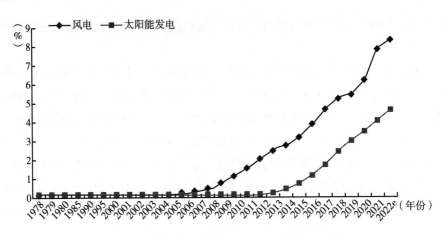

图2 风电和太阳能发电量占比

资料来源：除特殊说明外，本文涉及 2016～2020 年的电力数据均取自《中国电力统计年鉴 2021》，涉及 2021 年的数据均取自《2021 年全国电力工业统计快报》，涉及 2022 年的数据取自《2022 年全国电力工业统计快报》和国家统计局网站（访问时间：2023 年 4 月）。特别地，2022 年风电和太阳能发电量占比由笔者根据月度累计同比增长率估算。

年，单机容量 10 兆瓦全系列风电机组成功下线，光伏电池转换效率持续提升。核能技术自主发展，2021 年，全球首个高温气冷堆核电项目成功并网运行，华龙一号全球首堆投入商业运行，为我国核电安全高效发展提供了重要支撑，也为发展核能供热等更多的核能利用方式创造了条件。智能电厂、智慧能源、储能、风光火储一体化、源网荷储一体化等智慧融合技术也取得了长足发展，开展了较为广泛的科技研发和工程应用，为电力生产的系统性转型提供了技术支撑。此外，一些前瞻创新技术也在持续进步，如针对氢能、超临界二氧化碳发电、海洋能发电、干热岩利用等技术已普遍开展了探索性研究，部分领域已实现工程验证或即将进入试验示范阶段。这些电力低碳技术的持续研发和应用转化，为我国电力生产系统的低碳转型奠定了重要的基础。

电力体制机制的不断完善为电力系统低碳转型提供了重要保障，主要体现在：全国统一电力市场体系启动建设，具有中国特色的电力中长期、辅助服务市场机制和规则体系全面建立，现货市场建设试点稳定结算试运行。上网电价改革进一步深化，输配电价改革持续优化，分时电价、阶梯电价机制逐步健全。配售电业务加快放开，形成多元化市场主体参与的新格局。电力体制改革方向更加强调促进新能源发展，从理顺电价机制、完善交易机制、推进售电侧改革、开放电网公平接入等方面为新能源消纳提供支撑。①

三 我国电力生产系统低碳发展面临的问题和挑战

（一）我国电力生产系统低碳发展面临的问题

1. 对电力生产系统的碳排放水平缺少官方评估

对电力碳排放进行准确、年间可比的核算是电力生产系统低碳转型的观测基础。但目前我国尚未形成标准统一、数据权威的电力生产碳排放核算体系。由前文可以看出，多家机构对我国电力生产碳排放水平做出了评估，但核算的数据基础（包括发电量数据、排放因子、碳氧化率等）不够准确和权威，核算结果也不一致。这显然不利于对电力生产系统低碳转型进展进行持续观测。

2. 电力体制机制有待进一步完善

近年来，我国电力体制机制逐步完善，但仍存在一些有待改进的地方。一是电力供应系统上下游发展协调性不足，电网建设与电源结构低碳化在一定程度上不相适应。这将影响电网进一步消纳不稳定的风光电力的能力。二是电力系统市场化运行机制尚不完善，电力供应链上下游价格传导机制不完善，利益分配通道不甚畅通，这不利于新能源电力的发展，给电力系统低碳转型发展带来一定阻力。

3. 电力低碳技术发展仍有不足

近年来，我国电力低碳技术持续发展，为电力系统低碳转型提供了关键支撑。但从电力生产系统整个供应链的视角看仍存在一些不足。一是新能源核心技术掌握不充分、产业标准有待完善。目前，我国在大功率风机设计、关键零部件制造等方面与国际先进水平相比存在差距；光伏发电的部分关键技术、材料和零部件仍需进口。同时存在新能源产业标准不完善或落后于国际技术指标的问题。二是电网智能化、数字化水平难以适应电力系统发展要求。三是新型

---

① 《碳达峰碳中和目标下我国电力行业低碳发展现状与展望》，2021年12月29日。

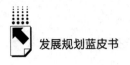

低碳能源技术发展不足，如储能、氢能等新型能源技术的发展尚无法满足电力
系统低碳发展需求。

（二）我国电力生产系统低碳发展面临的挑战

1. 如何协调电力供应安全与低碳目标实现

与风电和太阳能发电相比，火电的稳定性高，能够较好地保证电力稳定
供应，但其碳排放强度远高于其他电源品种。因此，火电在电源结构中的比
例下降，在降低发电碳排放强度的同时，也牺牲了一部分电力供应的稳定
性。2021年，"双碳"目标提出后的运动式减碳叠加"能耗双控"及国际煤
炭贸易摩擦等，导致部分地区电力供应不足，甚至影响到民生。2022年俄乌
冲突引发全球能源危机，石油、天然气价格剧烈波动，各国纷纷将能源安全
放在首位。2022年夏季，极端天气导致我国西南地区水电供应不足，反映出
电力生产系统韧性不足。国内国际一系列能源供应安全问题启示我们电力系
统低碳转型所面临的一大挑战：在逐步提高稳定性较低的风光电比例、降低
稳定性较高的火电比例的发展趋势下，应如何协调电力供应安全与低碳目标
实现。

2. 如何实现电力生产系统低碳转型与其他社会经济目标的协调发展

电力生产系统低碳转型是一个长期的过程，需要在经济、社会和环境可持
续发展的前提下进行。因此，在实现低碳转型的同时，需要考虑和协调其他社
会经济目标，以确保实现综合、协调和可持续的发展，主要包括经济增长、社
会公平及生态环境保护等目标。就经济增长而言，低碳转型可以为经济增长带
来机会，例如通过新的绿色产业实现经济增长、创造就业机会。但与此同时，
实现低碳转型的成本也可能会对经济增长造成负面影响。因此，如何协调低碳
转型和经济增长是电力生产系统低碳发展中的一个挑战。就社会公平而言，低
碳转型可能会对化石能源发电部门造成负面影响，导致化石能源发电部门员工
失业。因此，如何在实现电力生产低碳转型的同时兼顾公平性和包容性，是电
力低碳发展的另一挑战。就生态环境保护而言，虽然与化石能源相比，低碳电
力避免了温室气体及其他大气污染物排放，但也应注意其发展与保护生态环境
的协调，如水资源保护、地表植被保护等。

四 国际局势变动下的国际能源低碳转型

2022 年俄乌冲突导致国际油气价格剧烈波动和全球能源供需格局调整，或将对各国未来的能源结构产生影响。总体上看，各国能源结构向绿色低碳化转型的大趋势不会改变。俄乌冲突引发的油气价格暴涨和潜在供应不足使各国认识到能源安全的重要性，能源安全成为各国能源发展的重要诉求。本部分梳理国际局势变动下欧美能源低碳转型的路径选择，以期为我国电力低碳转型提供方向性参考。

（一）低碳转型路径选择

俄乌冲突促使欧洲积极摆脱对俄罗斯的能源依赖，对以天然气为过渡能源的欧洲能源低碳转型战略造成很大冲击。欧洲是全球能源低碳转型的倡导者和坚定支持者，要想在能源贸易领域实现多元化、去俄罗斯化，长期来看，发展绿色能源是唯一的途径。短期内，部分欧洲国家不得不重新启动部分退役的燃煤电厂以及核电厂，以便暂时满足能源安全需求。但长期来看，欧洲低碳能源转型趋势仍然不会变，俄乌冲突甚至加速了该进程。为尽快减少对俄罗斯能源依赖，欧盟于 2022 年 3 月发布《REPowerEU》计划，从节能、能源供应多样化、加速推广可再生能源三方面减少终端部门化石燃料消费，快速推动欧洲清洁能源转型，构建更具弹性的能源系统。[1]

（二）美国低碳转型路径选择

新能源清洁低碳，且具有较强的独立性，是未来能源增量的主体。俄乌冲突使清洁、便宜、安全这个"能源不可能三角"中的安全角的权重提升，而新能源在提升能源独立性和能源安全性方面的潜力也受到了进一步的关注。美国页岩气资源丰富，其天然气供应未受到俄乌冲突的影响。2022 年，美国天然气发电量的绝对增幅最大，增加了 115 TWh，天然气发电占比也小幅上升至

---

[1] REPowerEU, "Joint European Action for More Affordable, Secure and Sustainable Energy," 2022 年 3 月 8 日。

39.5%（+7.3%），取代了部分煤电。美国承诺到 2035 年实现"100%无碳"电力，其 2022 年发布的《通胀削减法案》（IRA）为实现这一承诺提供了补贴支持。根据美国能源部的资料，这是美国历史上在气候和能源领域最大的一笔投资。① 风电和太阳能发电在美国实现"100%无碳"电力中无疑将扮演重要角色，2022 年，风力发电量增长了 15%，在总发电量中的占比小幅上涨至 10.1%；太阳能发电量增长了 25%，在总发电量中的占比小幅上涨至 4.8%，两者共同满足了 68%的电力需求增长。

五 促进我国电力生产系统低碳发展的对策建议

新形势下我国电力生产系统低碳发展工作应主要围绕统筹低碳转型与电力供应安全两个目标展开。综合考察我国电力生产系统低碳发展进展、问题和挑战，参考国际能源转型路径选择，我国电力生产系统低碳转型工作主要从以下几个方面展开。

一是尽快完善电力生产碳排放核算体系。2022 年 8 月，国家发展改革委、国家统计局、生态环境部公布了《关于加快建立统一规范的碳排放统计核算体系实施方案》（以下简称《方案》），为我国电力生产碳排放计量体系的建立提供了有效的政策推动力。电力生产碳排放在我国碳排放总量中占比较大，是碳排放核算工作的重点。应尽快按照《方案》的要求建立碳排放核算体系，对电力生产碳排放进行准确、及时，具有较高的一致性、可比性和透明性的核算。

二是进一步完善电力体制机制。一方面，制定推动电源结构低碳化转型的系统性政策措施。在《新型电力系统发展蓝皮书（征求意见稿）》所提出的分阶段目标体系下，反推实现各阶段电源结构低碳化发展目标的路径和成本，制定创新机制、融资机制等，以保障转型过程所需资金、技术创新等支持；结合使用碳交易市场、税收、补贴等政策工具，形成推动电源结构低碳化转型的政策措施体系。另一方面，完善电力市场运行机制。在现有电力市场的基础上，探索有利于低碳电力发展的电力交易机制；电网的发展应主动适应电源结

① EMBER：《2023 全球电力评论》，2023 年 4 月。

构转型，进一步提高消纳不稳定低碳电源的意愿和能力。

三是提高电力生产系统供应链的低碳技术水平。加强低碳电力技术创新，加大核心技术攻关力度，提高国际标准话语权。加强与国际产业标准接轨，促进产业创新，形成良性的国际合作，助力我国低碳电力技术发展；借助市场规模优势创新新能源发展应用模式，切实提高国际竞争力。此外，还应加大低碳电力发展政策的支持力度，鼓励财政、金融等领域创新相关政策工具，促进低碳电力全链条创新，提升电力生产低碳转型发展效率。

四是提高电力系统韧性，助力能源安全。在国际形势日益严峻的背景下，能源安全成为能源发展的首要诉求。应尽快提高电力系统的韧性，为能源安全保驾护航。具体地，加快发展储能技术，如抽水蓄能及氢储能等新型储能技术，将储能作为风光等不稳定可再生能源电力的调节手段；适当提高能源多样性，提升电力生产系统的韧性；建立和完善区域间电力交易和调配机制，通过区域间电力互补提高电力供应系统的稳定性。

五是制定电力生产系统低碳转型与其他经济社会目标协调发展的支持措施。在经济发展方面，促进绿色产业发展，支持绿色低碳产业创新，引导建立绿色低碳电力产业链，形成新的经济增长点。在社会公平方面，注重传统电力部门员工的技能培训，为其转型就业设立支持基金。在生态环境保护方面，加强新能源项目的生态评估，鼓励发展模式创新，形成兼顾低碳转型和生态环境保护的发展路径。

六是持续提高能源利用效率。提高能源利用效率是节能减排和可持续发展的永恒课题。提高能源效率能够在一定程度上减缓用电需求增长，从而减小电力供应压力，为电力生产系统低碳转型争取更大的空间。具体来说，一是提高发电和电力配送环节的能源利用效率，减少电力供应系统的能量损耗；二是提高终端用能效率，尤其是随着终端用能场景电气化水平不断提高，提高终端用能效率十分必要。

专栏：欧洲跨国电网

欧洲跨国电网为提高大区域电力系统韧性提供了解决方案。作为世界上最大的区域互联电网之一，欧洲电网实现了跨国电网运营，允许多个国家之间进行电力分配。这一系统一方面可以为新能源电力提供消纳空间，将不同来源的

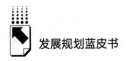

电力输送给整个地区的消费者；另一方面，提高了电力系统韧性，有助于保障高需求区域或电力供应不足区域及时获得电力。这对于我国在提高电力系统韧性的同时实现电力生产低碳转型具有较大的参考意义。

提高新能源电力消纳方面，欧洲跨国互联电网提高了低成本的间歇性可再生能源如风电和光伏发电使用率。欧洲可再生能源富集区域分布不均衡，且距负荷中心较为偏远，电网互联互通有利于加快可再生能源的开发利用。跨国互联的电网可以减少北海的风电大规模开发、南欧的光伏发电的大量装机因输出通道不够完备而造成的巨大浪费，促进清洁能源消纳。

消纳新能源电力催生的新技术方面，新能源电力具有波动性，若采用传统的高压交流电方法接入电网，可能会因当地电网对于负荷的就地消纳能力有限及短路容量不足而给电网管理带来困难。柔性直流输电可以快速调节功率，从而及时降低新能源电力并网带来的功率扰动。欧洲多个国家已经建设和规划了大量的海上风电场，其容量在数百兆瓦等级，并且已经有部分使用了柔性直流输电技术实现系统的接入。为更好地消纳新能源电力，英国国家电网输电公共有限公司（NGETplc）规划到2025年建设柔性直流近50条，以鼓励和促进新能源电力的发展。北欧地区规划到2030年通过多端柔性直流（MTDC）实现海上风电的接入，柔性直流输电被认为是最适合的实现手段。

提升电力系统韧性方面，欧洲各国电力结构不同，且电力需求与电力生产并不平衡，电力需求中心与电力资源富集区域存在差异。因此，欧洲跨国互联电网能够将电力资源从高能源生产区以低廉成本输送至高负荷消费区，不仅提高了电力资源的利用率，更是提高了电力供应的韧性，保障了电力供应的稳定性，减少了电力供应不足或局部停电的现象，是保障欧洲各国电力供应安全的重要手段。欧洲跨国电力输送次数多、体量大。频繁的电力交易带动了跨国输变电线路的建设与发展。欧洲大部分国家和其邻国电网之间的互联传输能力很强，跨国输电线路高度密集，遍布于成员国之间。电网建设与电力系统韧性形成了良性互动。

资料来源：《欧盟独特的跨国交易电网——欧洲电网》，https：//news. bj x. com. cn/html/20170816/843615-6. shtml，2017年8月16日。

B.55
以绿色金融促进高质量发展

刘丹 王俊鹏 袁梦*

摘　要： 高质量发展是全面建设社会主义现代化国家的首要任务，也是中国式现代化的本质要求。高质量发展离不开金融的全面支持，"十四五"时期以来，我国绿色金融体系基本形成，提升绿色金融资源配置效率，增强绿色金融供给与高质量发展需求的适配度，对于加快绿色金融体系创新、支持经济社会高质量发展具有重要意义。基于此，本文选取2011~2020年全国30个省级行政单位（不含西藏、港澳台地区）的数据，从绿色信贷、绿色证券、绿色投资、绿色保险、碳金融五个层面构建绿色金融指标体系，从创新、协调、绿色、开放、共享五个维度选取13个指标作为考察地区高质量发展水平的指标体系，探索绿色金融工具对高质量发展不同维度的影响，并提出以绿色金融促进高质量发展的政策建议：绿色信贷稳中求进、绿色证券扶优限劣、绿色保险扩容增效，以差异化、精准化、系统化为目标，优化配置金融资源、更好地满足人民群众多样化的金融需求。

关键词： 绿色金融　高质量发展　创新　协调　共享

一　绿色金融是促进高质量发展的重要动力

高质量发展是全面建设社会主义现代化国家的首要任务，也是中国式现代

---

* 刘丹，中国社会科学院数量经济与技术经济研究所助理研究员，主要研究方向为绿色金融、能源经济；王俊鹏，中国社科院大学，主要研究方向为能源经济；袁梦，中国农业发展银行浙江省分行，研究方向为外商直接投资、银行风险与管理。

化的本质要求。习近平总书记指出，"高质量发展是'十四五'乃至更长时期我国经济社会发展的主题，关系我国社会主义现代化建设全局"。"必须完整、准确、全面贯彻新发展理念"，"必须更好统筹质的有效提升和量的合理增长"，"必须坚定不移深化改革开放、深入转变发展方式"，"必须以满足人民日益增长的美好生活需要为出发点和落脚点"。高质量发展离不开金融的全面支持，绿色金融是促进高质量发展的重要动力。2016年中国人民银行、财政部等联合发布《关于构建绿色金融体系的指导意见》，第一次系统性地提出了绿色金融的定义、激励机制、披露要求和绿色金融产品发展规划及风险监控措施等，明确了构建绿色金融体系的发展方向和主要任务。2022年，中国银保监会制定《银行业保险业绿色金融指引》，要求多措并举推动银行业保险业发展绿色金融。

"十四五"开局以来，绿色金融体系蓬勃发展，绿色金融服务效率得到提升，绿色金融市场规模不断扩大，已基本形成绿色贷款、绿色债券、绿色保险、绿色基金、绿色信托、碳金融产品等多层次绿色金融产品和市场体系。2022年末，我国本外币绿色贷款余额为22.03万亿元，同比增长38.5%，全年增加6.01万亿元。其中，投向具有直接和间接碳减排效益项目的贷款分别为8.62万亿元和6.08万亿元，合计占绿色贷款的66.7%。我国绿色贷款余额整体保持高速增长态势。

表1　2018~2022年我国绿色贷款增长情况

年份	本外币绿色贷款		本外币各项贷款		绿色贷款增幅高于同期各项贷款（个百分点）	绿色贷款占同期本外币贷款比重（%）
	余额（万亿元）	同比增长（%）	余额（万亿元）	同比增长（%）		
2022	22.03	38.5	219.10	10.4	28.1	—
2021	15.90	33.0	198.5	11.3	21.7	8.01
2020	11.95	20.3	178.4	12.5	7.8	6.70
2019	10.22	15.4	158.6	11.9	3.5	6.44
2018	8.23	16.0	141.75	12.9	3.1	5.81

资料来源：中国人民银行。

2022年，我国绿色债券市场继续稳步发展，资产规模位居世界前列。2022年共计发行518期，发行规模为8735亿元，发行期数较上年（485期）

增加6.80%，发行规模较上年（6075亿元）增加43.78%。① 我国绿色保险保额也呈现逐年增长趋势。2022年10月末，保险业总资产共计26.75万亿元，同比增长9.43%，总资产规模居世界第二位；保险资金运用余额总计24.54万亿元，较年初增长5.64%。自2020年起，我国成为全球范围内规模最大的农业保险市场。大幅提升了为农户提供的风险保障水平，2021年承保的主要农作物规模达21亿亩，约占全国播种面积的84%，为实现我国的粮食安全，以及推动乡村振兴提供了重要保障。

表2　主要绿色金融工具发展情况

年份	绿色贷款余额 （万亿元）	绿色债券发行量 （亿元）	绿色保险保额 （万亿元）
2018	8.23	2826	12.03
2019	10.22	3862	14.68
2020	11.95	2895	18.33
2021	15.90	6075	
2022	22.03	8735	

资料来源：中国人民银行数据、《中国绿色债券市场报告》、《保险业聚焦碳达峰碳中和目标助推绿色发展蓝皮书》。

绿色金融政策框架和激励机制不断完善。据不完全统计，截至2021年末，国务院、财政部、国家发展改革委、中国人民银行、银保监会等国家有关部门制定的有关绿色金融的规划方案、指导意见等有20多个。各地区也加快制定和实施地方性绿色金融政策，完善绿色金融政策体系。截至2021年末，我国31个省（自治区、直辖市）出台的"十四五"规划纲要中都明确提出要大力发展绿色金融，部分省区市还制定了专项的绿色金融规划或方案。我国绿色金融体系的政策措施指明了绿色金融的发展方向，规范了发展途径，夯实了发展基础，有力促进了绿色金融体系建设。

---

① 《2022年度绿色债券运行报告》，https：//finance.sina.com.cn/money/bond/market/2023-0 3-21/doc-imymrtas3079279.shtml，2023年3月21日。

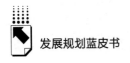
专栏　农发行 EOD① 贷款创新助力农业高质量发展

自 2022 年生态环境部启动首批 EOD 项目入库评审申报以来，在众多优质项目中，无锡市惠山区大美阳山生态环境修复与农文旅融合开发（EOD）项目脱颖而出，于 2022 年 7 月 28 日成功入选第一批国家生态环保金融支持项目储备库。该 EOD 项目是以惠山区阳山镇重点片区水环境综合治理工程、国家现代农业产业园水蜜桃产业配套升级工程、文创产业园区建设项目、阳山生态休闲旅游度假区配套提升项目等四个子项为依托，提升区域水环境质量，实现人居环境、生态环境高水平保护，助力惠山区阳山镇打造全国生态休闲度假区、长三角农文旅特色镇、"山水田园"宜居生态镇，为全省乃至全国农业高质量发展打造新标杆、新样板，变"绿水青山"为"金山银山"。

近年来，农发行江苏省分行按照"统筹山水林田湖草沙系统治理"的总要求，将履职服务和业务创新有机融合，积极拓展业务蓝海。无锡市分行通过走访调研，深入了解项目融资需求，及时主动对接，研究该 EOD 项目规划，量身定制融资方案。将该项目纳入无锡市分行与惠山区政府签订的银政合作协议，加快项目落地。在项目实施过程中，该行前中后台高效联动，开辟"联合办贷、优先审贷、加速投贷"的绿色信贷通道，在融资模式设计、信贷政策优惠、办贷流程提速以及业务推动保障等方面给予无锡市分行全方位支持和指导。在省市县三级银行的共同推动下，仅用了 14 个工作日就实现了快速审批和资金到位，授信总额度达 12 亿元，首笔投放 1 亿元。该行在确保国家库 EOD 项目顺利实施，推动当地乡村振兴的同时，通过产业链延伸、组合开发等方式，发现、设计、挖掘现金流，打通了 EOD 项目营销和拓展中的难点、堵点，为全系统大力支持 EOD 项目、推动业务创新发展提供了可借鉴案例。

二　绿色金融促进高质量发展的研究及借鉴

（一）国内学者关于绿色金融政策与经济发展的研究

关于绿色金融政策对宏观经济发展的影响问题，诸多文献从作用机制和绿

---

① "EOD"是生态环境导向的开发模式的简称，是将生态环境治理带来的经济价值内部化的创新性项目组织实施方式。

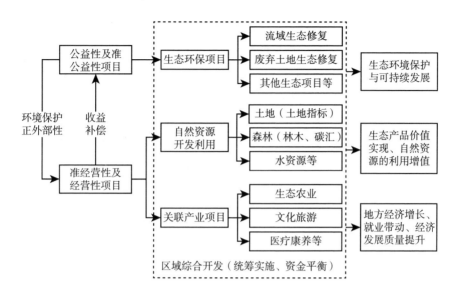

图 1　环境保护正外部性

色金融与其他经济对象的关系等方面进行了研究。从作用机制角度看，既有文件指出金融错配是造成环境污染、产业结构失衡的重要原因。[①] 绿色金融通过缓解金融错配问题，[②] 调节成本约束效应和创新补偿效应，[③] 实现经济可持续增长。诸多文献还从多个视角探讨绿色金融与其他经济对象之间的协调互动关系，可见绿色金融驱动产业结构调整、经济社会发展已成为学者共识。在乡村振兴方面，何广文等指出绿色金融对支持农村新型主体发展、提高农村低收入群体收入、推进美丽乡村建设具有重要作用。[④] 在产业结构方面，钱水土等认为绿色金融通过改变资本流量供给配置结构，推动产业向健康、高级化发展，

①　刘锡良、文书洋：《中国的金融机构应当承担环境责任吗？——基本事实、理论模型与实证检验》，《经济研究》2019 年第 3 期。
②　王遥、潘冬阳：《中国经济绿色转型中的金融市场失灵问题与干预机制研究》，《中央财经大学学报》2015 年第 11 期。
③　Ross Levine，"Financial Development and Economic Growth：Views and Agenda，" *Journal of Economic Literature*，1997，35（2）.
④　何广文、刘甜：《基于乡村振兴视角的农村金融困境与创新选择》，《学术界》2018 年第 10 期。

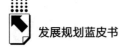
从而实现产业结构调整目标。[1] 李毓等研究发现绿色信贷对整体产业结构升级
具有正向促进作用，且对西部地区和第二产业的促进作用更大。[2] 在微观主体
方面，杨熠等发现绿色金融政策能提高企业环境信息披露水平和改善环保业
绩。[3] 综合相关内容可以发现，绿色金融在促进产业结构演进、企业竞争力提
升与经济增长方面扮演着重要角色。

关于我国绿色金融政策体系建设，绿色金融政策脉络梳理与碳中和背景下
的绿色金融政策展望是当前的研究热点。对绿色政策脉络的梳理主要可以分为
以下几类：一是根据金融领域分类，对绿色信贷、绿色保险、绿色债券的政策
沿革变迁进行梳理，结果表明我国已建立起覆盖多领域的绿色金融政策体
系。[4] 二是从时间维度出发，结合政策颁布和实践，将我国绿色金融发展划分
为三个阶段，对各阶段的内涵和主要特征进行分析比较。[5] 三是归纳总结我国
绿色金融发展路径，徐忠等将我国与西方绿色金融发展进行对比分析，指出
"自上而下"的顶层设计与"自下而上"的基层探索有机结合是我国绿色金融
发展的重要特征。[6] 另外，在"十四五"期间对碳中和背景下绿色金融政策的
展望也是当前研究的热点。

（二）国外绿色金融政策借鉴

国外绿色金融相关概念的起源最早可以追溯到 20 世纪 90 年代初，即 1992
年联合国环境署的《银行业关于环境和可持续发展的声明书》。经过多年的发
展，一些国家已建立了较为完善的绿色金融体系，其发展路径可以归纳如下。

1. 制定法律夯实基础

美国 1980 年出台《全面环境响应、补偿和负债法》（即《超级基金法

① 钱水土、王文中、方海光：《绿色信贷对我国产业结构优化效应的实证分析》，《金融理论
　与实践》2019 年第 1 期。
② 李毓、胡海亚、李浩：《绿色信贷对中国产业结构升级影响的实证分析——基于中国省级面
　板数据》，《经济问题》2020 年第 1 期。
③ 杨熠、李余晓璐、沈洪涛：《绿色金融政策、公司治理与企业环境信息披露——以 502 家重
　污染行业上市公司为例》，《财贸研究》2011 年第 5 期。
④ 中国银保监会政策研究局课题组：《绿色金融理论与实践研究》，《金融监管研究》2021 年
　第 3 期。
⑤ 陈凯：《绿色金融政策的变迁分析与对策建议》，《中国特色社会主义研究》2017 年第 5 期。
⑥ 徐忠、郭濂、冯殷诺：《绿色金融的可持续发展》，《南方金融》2018 年第 10 期。

案》），要求银行必须为客户造成的环境污染负责，并支付成本。这就要求银行等金融机构必须承担绿色社会责任，加强金融活动的环境风险管理。日本政府在绿色金融立法上最为全面，先后颁布《环境基本法》《推进形成循环型社会基本法》等，从社会、公司和个人等层面全面对绿色金融的发展加以规制。英国于20世纪70年代在环境问题驱动下，颁布实施了一系列环保法律，如《污染预防法》《污染控制法》《1989天然气法》等。法国在2015年举办巴黎气候峰会，达成《巴黎协定》，同年通过能源转换法令，加强对各金融投资机构应对气候变化的监管。①

2. 设立机构组织推动

美国建立了专门的绿色金融组织体制，建立了全国性环境金融中心、环境顾问委员会以及环境金融中心网络，以支持对绿色金融的管理。日本环境省成立了环境类融资贷款贴息部门，在国家层面开展绿色信贷工作；建立环境管理制度证书和注册机制，对企业的环保项目进行评估，并对环保实施情况进行检查；日本环境协会制定了环保型融资利息补助基金制度，促进金融机构对环保型企业的融资。法国部署了由地方政府、金融机构以及公共机构（法国环境与能源署和法国开发署）主导的各项公共机制，颁布了"未来投资计划"，推动法国可再生能源的发展。英国在机构设置上，成立了财务金融披露小组、绿色金融工作小组、G20中英绿色金融研究小组。

3. 丰富市场创新产品

美国金融市场发达，绿色金融创新产品丰富，包括绿色信贷、绿色保险、绿色债券等，涉及生产、消费诸多环节。例如，在绿色信贷方面，美国银行创新了支持节油技术发展的无抵押优惠贷款；美国进出口银行改变了传统贷款程序，制定了环境评估政策，对银行贷款进行预先环境评估；通过采取贷款利率优惠、降低贷款门槛等措施对环境友好型企业进行扶持。在绿色保险方面，美国制定了完善的环境污染责任保险制度，成立了专门的环境保护保险公司。在碳市场等权益交易上，美国环保署对汽车发动机生产企业实行排污信用的购买和交易机制。

4. 政策支持协同发展

美国在政策方面加强绿色财政政策与绿色金融政策的联动，通过财政贴息

---

① 马文杰编著《绿色金融：政策激励与市场发展》，上海财经大学出版社，2021。

撬动金融资本投资清洁能源领域。日本政府运用财政政策和货币政策对绿色金融予以支持，如绿色汽车减税制度、太阳能发电剩余电力收购制度、绿色住宅生态返点制度、绿色汽车购买补贴制度。三菱银行利用政府针对企业节能环保型设备投资出台的补助金参与推动"官民合作融资"，为可再生能源和环保项目提供融资。英国征收气候变化税，将其作为资金来源成立碳基金和碳信托；建立碳排放交易体系，并加入欧盟排放体系；将赤道原则纳入绿色信贷业务准则，制定绿色信贷指南，推出"绿色信用卡"。政府也为低碳项目提供担保，推进绿色基础设施建设。

当前我国绿色金融体系及政策体系框架基本形成，但仍存在绿色金融体系发展不均衡、绿色金融资源配置效果不清晰、绿色金融政策覆盖广但差异化不显著等问题。未来绿色金融发展应注重加快绿色金融产品创新，特别是要着力于提升绿色金融供给与高质量发展需求的适配度，从而使有限资源最大限度地发挥作用。

（三）绿色金融工具对高质量发展的影响初探

为进一步细化分析绿色金融工具对高质量发展不同维度的影响情况，本文采用 2011~2020 年全国 30 个省级行政单位（不含西藏、港澳台地区）的数据，从绿色信贷、绿色证券、绿色投资、绿色保险、碳金融五个层面构建绿色金融指标体系，从创新、协调、绿色、开放、共享五个维度选取 13 个指标作为考察地区高质量发展水平的指标体系，研究分析绿色金融资源配置对高质量发展的影响。

参考借鉴已有研究中的思路[1][2][3]，从高耗能产业利息支出比和环保企业贷款额两个层面衡量绿色信贷。对绿色证券的测度运用各省份上市公司中六大高耗能行业市值占比作为负向指标。对绿色投资的测度使用治理环境污染投资占比和节能环保支出占比这两个正向指标。在绿色保险方面，选取农业保险规模占比和农业保险赔付率作为正向指标。关于碳金融的测度，现有研

---

[1] 李毓、胡海亚、李浩：《绿色信贷对中国产业结构升级影响的实证分析——基于中国省级面板数据》，《经济问题》2020 年第 1 期。

[2] 于波、范从来：《绿色金融、技术创新与经济高质量发展》，《南京社会科学》2022 年第 9 期。

[3] 李成刚：《绿色金融对经济高质量发展的影响》，《中南财经政法大学学报》2023 年第 2 期。

究大多采用单位 GDP 二氧化碳排放强度作为代表指标①②而该指标更多从国民经济整体角度衡量碳排放水平，并不能很好描述金融工具对碳排放的影响，因此，本文使用碳排放贷款强度③来衡量碳金融。各指标的具体量化方法如表 3 所示。

表 3 绿色金融指标体系

一级指标	二级指标	测算方式
绿色金融 发展水平	绿色信贷	高耗能产业利息支出比
		环保企业贷款额
	绿色证券	高耗能行业市值占比
	绿色投资	治理环境污染投资占比
		节能环保支出占比
	绿色保险	农业保险规模占比
		农业保险赔付率
	碳金融	碳排放贷款强度

不同绿色金融工具对于高质量发展不同维度的影响程度不同。其影响显著程度依次为：绿色信贷、碳金融、绿色证券、绿色投资、绿色保险。绿色信贷、碳金融与高质量发展影响最为显著，表明信贷资金是支持高质量发展的主要力量，同时，技术创新、节能降碳、产业结构升级转型等也为绿色信贷创造了需求和空间。研发经费投入强度及创新成果的产出对降低高耗能企业的信贷资金投入及增强环保企业信贷资金投入程度尤为明显。

绿色证券、绿色投资与高质量发展显著相关。高耗能行业市值越高，污染问题越严重，越制约高质量发展。创新成果的产出促使高能耗产业加大转型力度，进而降低高能耗业务比例。但绿色投资指标中的治理环境污染投资在大部

---

① Yang Yuxue, Su Xiang, Yao Shuangliang, "Nexus Between Green Finance, Fintech, and High-quality Economic Development：Empirical Evidence from China," *Resources Policy*, 2021（74）.

② 张小溪、马宗明：《双碳目标下 ESG 与上市公司高质量发展——基于 ESG "101" 框架的实证分析》，《北京工业大学学报》（社会科学版）2022 年第 5 期。

③ 碳排放贷款强度，即人民币贷款余额与二氧化碳排放量之比，碳排放贷款强度越大，说明产生 1 单位碳排放所需贷款金额越高，因此同等贷款额所产生的碳排放水平越低，表明该指标是衡量碳金融水平的正向指标。

分情况下并没有显示对高质量发展带来积极影响。这反映出治理污染投资大的地区，高质量发展相对缓慢；而高质量发展越快的地区，治理污染投资越小。地区绿色水平、环保发展程度并不是影响绿色投资的重要因素，污染程度较高的地区并不必然就会绿色金融投入更多，绿色金融投入也并未改善地区的环境治理水平。环境治理落后的地区更应该善用绿色金融工具。

绿色保险与创新、共享发展的相关显著，与协调、绿色、开放的关联度不大。值得关注的是，绿色保险与医疗水平呈明显正相关，说明绿色保险投入并没有对地区的创新、协调发展等形成积极的影响；绿色保险规模扩大、农业保险赔付率提高，增强了当地抗风险能力，绿色保险通过参与基本医疗保障管理，有效提升了医疗保障水平。

高质量发展的外资依存度与绿色金融的关联不大，说明在新的经济格局下，我国高质量发展以国内大循环为主体，国内国际双循环相互促进，抵御外界风险的能力不断增强。在"双循环"发展格局下，更应善用绿色融资引入高质量的外商投资，改变中国"世界工厂"的非绿发展局面，转向高质量发展。对外融资机构如进出口行等，更应发挥政策性金融引领作用，提升对外绿色信贷标准、完善对外绿色服务体系，加强与世界沟通，推动绿色金融实践，在"一带一路"建设等对外合作上多下功夫。

绿色金融的节能环保投资与高质量发展各指标均没有明显关联，说明节能环保投资不是影响创新成果产出、提高劳动生产率、产业结构合理化、提升绿色水平、促进共享发展等的主要因素，而高质量发展的各方面也没有对节能环保支出产生直接影响。

三　绿色金融促进高质量发展的建议

面向未来，要以更高质效的绿色金融为我国高质量发展赋能。加快实现高水平科技自立自强是推动高质量发展的必由之路。绿色金融体系创新要与科教兴国战略、人才强国战略、创新驱动发展战略有机结合，着力提升科技自立自强能力；加快构建新发展格局是推动高质量发展的战略基点，绿色金融精准服务要与实施扩大内需战略、深化供给侧结构性改革有机结合，把着力点放在支持实体经济上，夯实我国经济发展根基。推进农业现代化是实现高质量发展的必然要求，绿色金融精准服务要与保障粮食和重要农产品稳定安全供给有机结合,支持以产业振兴带动乡村振兴,提高农业质量效益和竞争力,加快建设宜居宜业和美乡村。人民幸福安康是推动高质量发展的最终目的,绿色金融服务要与共享发展成果有机结合,在社会保障、医疗卫生、交通便利等方面创新服务。

实证研究表明,绿色金融与高质量发展具有高度的相关性,并且不同的绿色金融工具与高质量发展各方面的相关程度有显著差异,因此,要在多层次绿色金融体系基本形成的基础上,着力发展多样化的金融工具,提升绿色金融产品与创新、协调、绿色、开放、共享等方面的适配度,精准发力,促进高质量发展,据此,提出以下建议。

(一)高效衔接,完善绿色金融服务传导机制

加强绿色金融工具与高质量发展需求的高效衔接,重点解决绿色金融市场信息不对称、项目需求与绿色金融资源不匹配的问题,扩大绿色金融服务的范围。①建立政府、企业、金融机构、金融中介机构等多方参与的协同机制,开展项目遴选、认定和推荐工作,形成从需求端到供给端的衔接机制。②不断完善市场机制,倡导以企业为融资主体,通过银行、证券、基金等市场化方式开展绿色融资。加强对财政支出用于环保等方面有效性的评估,探索新的更加高效的投资方式。③形成多元化、具有绿色发展理念的社会责任投资群体。鼓励社会资本、境外资本参与绿色金融体系建设,畅通资本引入、退出渠道。发挥绿色发展基金引导作用,探索绿色基金与信贷资金投贷联动支持绿色产业的方式路径。④促进征信、信用评级等金融数据与税务、用能、环境违法违规记录等政务数据信息共享、精准对接,缓解信息不对称难题,发挥数据信息对绿色金融发展的支撑作用。⑤继续开展绿色金融与高质量发展相关研究,增强社会对绿色金融工具的认可度和识别度。加强绿色金融政策解读培训、产品专题培训等,提升从业人员的绿色金融业务能力。⑥将绿色消费纳入绿色金融支持范围,影响消费者偏好转变,形成崇尚绿色生活的社会氛围,以市场供求机制带动绿色产业发展。

(二)稳中求进,继续发挥绿色信贷的主力军作用

"十四五"时期以来我国绿色信贷增长显著,截至 2021 年末,国内 21 家

主要银行绿色信贷余额达 15.1 万亿元，占其各项贷款的 10.6%。① 绿色信贷的总额不断攀升，但绿色信贷的资金使用效率需要提高，覆盖的绿色领域需要更为广泛。①要进一步促进绿色信贷支持实体经济发展，聚焦绿色环保、节能减排、科技创新、高端制造等行业，在煤炭清洁高效利用、钢铁行业节能减排、电力储能、消纳技术开发应用等方面加大投放力度。制定或修订氢能、风力发电、抽水蓄能、林业等近 10 个绿色相关行业授信政策，从客户与项目准入标准、相关风险识别与防范、信贷管理策略等方面为绿色金融业务开展提供指导。②创新环境权益抵质押融资，积极支持绿色产业和对生态环境友好、履行社会责任、公司治理完善的企业；③创新绿色信贷业务模式，如 EOD 项目，支持经营活动对环境友好、保护生物多样性等的企业；支持绿色普惠企业，推动实现经济效益、环境效益和社会效益的有机统一。④在农林牧渔、采矿与冶金、油气化工、建筑房地产、交通物流等行业的授信政策中，加入环境与社会风险管理的约束性要求，ESG 风险管理相关政策覆盖投行、保险、基金、租赁、理财和投资等业务范围。⑤国家制定绿色信贷支持政策，利率和期限更贴近业务实际，加大优惠力度。

（三）扶优限劣，充分体现资本市场的绿色价值

2023 年 2 月开始，以股票发行注册制实施为标志，我国资本市场进入了新发展阶段。资本市场功能更加健全，直接融资渠道更加顺畅，在此背景下，①进一步提升资本市场对绿色科技创新的服务功能，实现科技、资本和实体经济的高水平循环。契合科技创新企业的特点和融资需求，支持"卡脖子"、关键核心技术、清洁能源等企业登陆科创板，在集成电路、生物医药、高端装备制造等行业加速产业集聚，促成以绿色发展为中心的产业集聚，合力发展。②加强信息披露监管，鼓励上市公司自愿开展碳排放信息披露，一方面有利于增强上市公司社会责任感，体现公司绿色投资价值；另一方面，通过资本市场的传导机制，引导广大投资者及全社会共同关注上市公司贯彻新发展理念。③推进交易、退市等关键制度创新。允许"两高一剩"行业遵

---

① 《中国银行保险报》，http://www.cbimc.cn/content/2022-03/24/content_458884.html，2022 年 3 月 24 日。

循绿色发展实际，转型或合理退出，让市场发挥在高质量绿色发展中扶优限劣的作用。

（四）扩容增效，以绿色保险创新促协调保民生

保险作为一种缓冲各种外生干扰对经济运行冲击的机制，通过发挥风险管理、经济补偿、资金融通和社会管理等功能，实现发展成果全民共享，在高质量发展中促进共同富裕。①要充分发挥保险资金长期限优势，有效引导资金投向清洁能源、清洁交通、绿色建筑、污染治理、节能减排等绿色领域，为绿色发展提供强劲的金融保障动力。②加强"三农"保险产品开发和服务创新，如农业巨灾险等，保障农业生产稳定，支持农业产业化发展。③积极发挥商业保险在补充养老方面的作用，提供多样化的商业养老保险产品，推动建立多层次社会保障安全网络，扩大社会保障覆盖面。发挥保险替代储蓄的功能，将消费能力从储蓄中释放出来，鼓励倡导绿色消费，提高家庭消费水平。④丰富健康保险产品，降低商业医疗保险投保费用。扩大普惠保险保障范围和投保范围，引导全民低成本参保，提高社会补充保险覆盖率，进一步提升医疗保险保障水平。⑤加强绿色保险产品创新，如开发绿色能源保险、绿色建筑保险、绿色航空保险等，鼓励社会各方采用可持续的生活方式，促进经济社会的可持续发展。⑥加强绿色保险的风险研究和数据积累，建立绿色保险的风险评估和预警机制，提高绿色保险的风险管理能力。

参考文献

陈凯：《绿色金融政策的变迁分析与对策建议》，《中国特色社会主义研究》2017年第5期。

何广文、刘甜：《基于乡村振兴视角的农村金融困境与创新选择》，《学术界》2018年第10期。

李毓、胡海亚、李浩：《绿色信贷对中国产业结构升级影响的实证分析——基于中国省级面板数据》，《经济问题》2020年第1期。

李成刚：《绿色金融对经济高质量发展的影响》，《中南财经政法大学学报》2023年第2期。

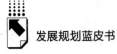
刘钒、马成龙：《绿色金融影响区域经济高质量发展的耦合协调研究》，《江西社会科学》2022 年第 6 期。

刘锡良、文书洋：《中国的金融机构应当承担环境责任吗？——基本事实、理论模型与实证检验》，《经济研究》2019 年第 3 期。

马文杰编著《绿色金融：政策激励与市场发展》，上海财经大学出版社，2021。

潘海英、张倩：《长江经济带绿色金融对经济高质量发展的影响》，《水利经济》2022 年第 3 期。

钱水土、王文中、方海光：《绿色信贷对我国产业结构优化效应的实证分析》，《金融理论与实践》2019 年第 1 期。

王遥、潘冬阳：《中国经济绿色转型中的金融市场失灵问题与干预机制研究》，《中央财经大学学报》2015 年第 11 期。

徐忠、郭濂、冯殷诺：《绿色金融的可持续发展》，《南方金融》2018 年第 10 期。

杨熠、李余晓璐、沈洪涛：《绿色金融政策、公司治理与企业环境信息披露——以502 家重污染行业上市公司为例》，《财贸研究》2011 年第 5 期。

于波、范从来：《绿色金融、技术创新与经济高质量发展》，《南京社会科学》2022年第 9 期。

张小溪、马宗明：《"双碳"目标下 ESG 与上市公司高质量发展——基于 ESG"101"框架的实证分析》，《北京工业大学学报》（社会科学版）2022 年第 5 期。

中国银保监会政策研究局课题组：《绿色金融理论与实践研究》，《金融监管研究》2021 年第 3 期。

Ross Levine, "Financial Development and Economic Growth: Views and Agenda," *Journal of Economic Literature*, 1997, 35 (2).

Yang Yuxue, Su Xiang, Yao Shuangliang, "Nexus Between Green Finance, Fintech, and High-quality Economic Development: Empirical Evidence from China," *Resources Policy*, 2021 (74).

B.56
全面提高资源利用效率

王　红*

摘　要： 本文总结了"十四五"时期以来我国提高资源利用效率政策制定和实施情况，分析了存在的主要问题，探讨了美欧日近年政策动态，在此基础上提出加快修订相关法律、深化资源利用制度改革等政策建议。

关键词： 资源利用效率　节能　节水　矿产资源节约集约利用　土地资源高效利用

一　背景

《中华人民共和国国民经济和社会发展第十四个五年规划和2035年远景目标纲要》提出全面提高资源利用效率，坚持节能优先方针、实施国家节水行动、加强土地节约集约利用、提高矿产资源开发保护水平。党的二十大报告提出加快发展方式绿色转型，实施全面节约战略，推进各类资源节约集约利用。"十四五"规划和党的二十大报告提出的战略目标和发展要求，为我国全面提高资源利用效率明晰了行动路径、确定了重点领域。本文将以此重点领域为基本框架。

得益于我国资源高效开发利用政策的完善，"十三五"时期我国资源利用效率大幅度提高，单位能耗实现国内生产总值从2015年的1586.8元/吨标准煤增加到了1828.6元/吨标准煤（按2000年不变价计算），增加了15.2%。

---

* 王红，中国社会科学院数量经济与技术经济研究所副研究员，主要研究方向为资源循环利用等。

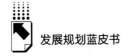

2020 年我国万元 GDP 用水量 57.2 立方米、万元工业增加值用水量 32.9 立方米，分别比 2015 年下降 28.0% 和 39.6%。利用物质流核算方法计算煤炭、原油、天然气、铁矿石、石灰石等重要矿产资源消费总量（含矿产资源开采量和进口量），得出我国万元 GDP 矿产资源消费强度从 2015 年的 1.40 吨/万元下降到 2020 年的 1.02 吨/万元，下降了 27.1%。

近年来我国提出要加快构建新发展格局，进入以降碳为重点战略方向的高质量发展和绿色发展新阶段。提高资源利用效率对于降低碳排放强度、助推碳达峰碳中和目标实现有重要作用。另外，随着地缘政治格局重塑，国际能源资源竞争日趋激烈，我国的能源资源安全保障面临严峻考验，党的二十大提出要"确保粮食、能源资源、重要产业链供应链安全"。提高资源利用效率对于保障国家资源安全也具有极其重要的意义。

我国提出了"十四五"时期各类资源利用效率目标，与 2020 年相比，2025 年单位国内生产总值能耗下降 13.5%、万元国内生产总值用水量和万元工业增加值用水量均下降 16.0%。为了实现"十四五"时期及更长期的资源利用效率目标，我国集中出台了众多法规和政策，并自 2022 年起逐步落地实施。以下重点总结"十四五"时期以来我国在节能、节水、矿产资源和土地资源高效利用领域的政策制定及实施情况，分析存在的问题和面临的挑战，借鉴美日欧相关经验，提出近期全面提高资源利用效率的政策建议。

二 政策制定和实施

"十四五"时期以来，在习近平总书记的高度关注下，我国围绕碳达峰碳中和实施"1+N"政策体系，针对能源、水、矿产和土地资源高效节约集约利用，从顶层设计、激励手段和保障机制等方面，集中出台了众多法规和政策。

（一）习总书记亲自部署

习近平总书记高度重视节约资源，就此发表过一系列重要讲话。2021 年 4 月，习近平提出要坚持节约资源和保护环境的基本国策，努力建设人与自然和谐共生的现代化。2021 年 5 月，习近平强调要坚持节水优先原则，提高水资源节约集约利用水平；2021 年 10 月，习近平强调要走好水资源高效利用的节约集约发展之路。2022年9月，习近平强调要坚持把节约资源贯穿于经济社会发展全过程、各领域。习近平总书记的讲话为推动我国资源节约集约高效利用提供了强劲的动力和清晰的思路。

（二）顶层设计强力推动

2021年9月中共中央、国务院发布了《关于完整准确全面贯彻新发展理念做好碳达峰碳中和工作的意见》；同年10月国务院发布了《2030年前碳达峰行动方案》，这两份文件把推进资源高效利用融入我国实现"双碳"目标的战略，从国家战略高度对资源高效利用给予充分的重视，对我国绿色低碳发展、全面提高资源利用效率提供了强大的驱动力。

（三）规划方案引导约束

各部门抓紧制定"十四五"绿色发展规划，提高资源效率是其中的重要内容。节能方面，国务院发布《"十四五"节能减排综合工作方案》、工信部发布《"十四五"工业绿色发展规划》，以及工业和信息化部、国家发改委等六部门联合发布的《工业能效提升行动计划》，部署了重点工业行业和工业园区节能目标和任务；工业和信息化部、国家发改委、生态环境部《关于印发工业领域碳达峰实施方案的通知》从减碳的角度提出工业节能改造重点。住建部和国家发改委发布《城乡建设领域碳达峰实施方案》、住建部发布《"十四五"建筑节能与绿色建筑发展规划》，明确了建筑节能的具体路径和目标；《"十四五"公共机构节约　能源资源工作规划》和国管局等部门印发《深入开展公共机构绿色低碳引领行动促进碳达峰实施方案》重点推进公共机构节能工作。

节水方面，水利部办公厅印发《"十四五"时期建立健全节水制度政策实施方案》、国家发改委等五部门印发《"十四五"节水型社会建设规划》，提出要深入实施国家节水行动，加快形成节水型生产生活方式，全面建设节水型社会。国家发改委、住建部发布《"十四五"城镇污水处理及资源化利用发展规划》，提出加大水资源再生利用设施建设和废水、再生水等非常规水资源利用。

土地资源高效利用方面，国务院办公厅印发《要素市场化配置综合改革试点总体方案》，明确以市场化方式盘活存量用地，批而未供和闲置土地是存

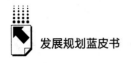

量建设用地的重要组成部分。国家发改委《"十四五"新型城镇化实施方案》明确了新增建设用地规模的控制目标。

（四）健全规范、定额和标准

"十四五"时期以来，我国各部门针对节能、节水和矿产资源节约集约利用，更新和推出了多个重要的节能规范、定额和标准，资源高效利用约束力和引导力进一步增强。在工业节能领域，主要开展了标准更新工作，更新了《高耗能行业重点领域能效标杆水平和基准水平（2021年版）》《高耗能行业重点领域节能降碳改造升级实施指南（2022年版）》《重点用能产品设备能效先进水平、节能水平和准入水平（2022年版）》《煤炭清洁高效利用重点领域标杆水平和基准水平（2022年版）》等，推动重点行业节能降碳改造升级，鼓励扩大绿色产品消费。

在建筑节能领域，新制定的《建筑节能与可再生能源利用通用规范》，覆盖面广，废止了原有20部标准及规范，所有条文强制执行，显著提高了节能水平（节能率）要求；新推出了《中央和国家机关能源资源消耗定额》，要求中央和国家机关自2021年始实施能源资源消耗定额管理；新制定了强制性国家标准《数据中心能效限定值及能效等级》，引领规范使用数据中心建设和运营。

在节水领域，2021年新发布农业、工业、服务业等19项国家用水定额，指导地方发布实施省级用水定额2216项，全面完成用水定额制修订三年行动计划，覆盖农业、工业和生活服务业的用水定额体系。

在矿产资源节约集约利用领域，矿产资源"三率"指标体系已完整建立，在此基础上，自然资源部提出构建完整的自然资源节约集约利用标准体系；《国家标准化发展纲要》将自然资源开发利用标准子体系的工作计划列为优先考虑范围。目前，矿产资源资产价值核算技术规范正在制定中，矿产资源资产监测技术指南、矿产资源可冶性评价技术要求、固体矿产技术经济评价一般性导则、包括重点区域和重要矿种的矿产开采方案编制规范等已在排队等待制定中。

（五）积极推荐资源节约技术

政府积极推荐资源节约技术，更好服务企业的资源高效利用。2021年以来发布了《国家工业节能技术推荐目录（2021）》《国家通信业节能技术产品推荐目录（2021）》《交通运输行业重点节能低碳技术推广目录（2021 年度）》《"能效之星"装备产品目录（2021 年版）》《国家工业和信息化领域节能技术装备推荐目录（2022 年版）》《国家成熟适用节水技术推广目录（2021 年）》《矿产资源节约和综合利用先进适用技术目录（2022 年版）》等。一些城市率先创新节能技术推广机制，推介节能低碳技术应用场景清单，推广示范高效节能技术及节能技术与人工智能、数字化技术等先进技术相结合的节能成效。

（六）深化资源节约制度改革

近年来我国重点在节水领域，针对水价和水权开展了资源管理制度改革。2021 年 7 月，国家发展改革委等四部门联合发布《关于深入推进农业水价综合改革的通知》，督促各地尽快完善农业水价形成机制。2022 年 8 月水利部、国家发展改革委和财政部发布了《关于推进用水权改革的指导意见》，提出要推动建立健全统一的水权交易系统，推动用水权交易，宁夏率先出台了地方用水权改革实施办法。目前，我国水权交易成交水量和单数大幅度增加，水权交易范围及影响力进一步扩大。

（七）推动资源高效利用试点示范

近年来我国重点加强了矿产资源节约集约、水资源和土地资源高效利用的试点和示范工作。绿色矿山和矿产资源节约集约示范区建设顺利进行，2021 年 10 月，中共中央、国务院印发《黄河流域生态保护和高质量发展规划纲要》要求黄河流域新建矿山全部达到绿色矿山要求。至 2022 年，全国已建设 1100 多家国家级绿色矿山。

生态环境部等四部门联合公布了《2022 年区域再生水循环利用试点城市名单》，明确了 19 个区域再生水循环利用试点城市，探索再生水利用配置模式。厦门经济特区、平潭对台实验区水资源节约集约先行示范区建设稳步推进。

2023 年，自然资源部认定 258 个县（市）为我国第一批自然资源节约集约示范县（市），提供了土地和矿产资源高效利用的一系列政策措施。2022 年以来，深圳和绵阳等地着手开展二三产混合用地综合改革试点。

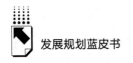

（八）强化绿色金融支持

近年来我国绿色金融体系逐步完善并取得显著进展。2022 年，国家发改委、国家能源局发布《关于完善能源绿色低碳转型体制机制和政策措施的意见》，提出加大对能效更高项目的金融支持力度；央行等四部门联合印发《金融标准化"十四五"发展规划》，强调要优化绿色金融标准体系；银保监会发布《银行业保险业绿色金融指引》，将绿色金融发展上升到国家战略层面；工信部、国家发改委等六部门发布《工业能效提升行动计划》，针对工业行业制定了上市融资和再融资、保险补偿机制等更丰富的金融支持政策。在国家政策扶持下，近年来绿色信贷与绿色债券均呈现规模扩张，绿色金融高速增长。

绿色债券和绿色信贷对资源高效利用的支持力度显著增大。中国人民银行、国家发改委和证监会更新《绿色债券支持项目目录（2021 年版）》，对符合条件的节能项目通过发行绿色债券予以支持；2022 年绿色债券标准委员会发布《中国绿色债券原则》，要求绿色债券的募集资金 100% 用于符合条件的绿色项目；绿色债券发展迅速，创新品种不断出现，发行规模逐年增长。绿色信贷规模也迅速扩张、增速明显。江苏、浙江、福建、山东等地启动"节水贷""节水惠"，对节水项目和节水型企业给予融资支持。

（九）加大财税支持力度

"十四五"时期以来我国对资源高效利用项目的财税支持力度持续加大。2021 年更新的《节能环保产业企业所得税优惠目录（2021 年版）》扩大了所得税优惠范围，新增数据中心节能改造、通信基站节能改造等节能项目和一些节水项目，调整了项目优惠需满足的条件，提高了政策的可操作性。

中央预算资金扶持力度加大。2021 年，国家发改委制定了《污染治理和节能减碳中央预算内投资专项管理办法》，继续统筹安排节能减碳中央预算内投资支持资金，取消了"单个项目补助金不超过 2000 万元"的补助上限。

地方政府密集出台大力度的扶持和奖励政策，比如北京市对实现节能绩效提升的项目和单位产品能耗达到先进值的企业给予奖励，上海市对年节能量达到一定规模的合同能源管理项目给予节能降碳补贴，对实施能耗在线监测系统建设的重点用能单位给予适当补贴。

（十）资源利用效率显著提高

在众多政策的推动下，"十四五"时期以来我国各类资源利用效率显著提升。2022 年全国能源消费总量有所增长但能耗强度持续下降，万元 GDP 能耗从 2020 年的标准煤 5.47 吨/万元下降到了标准煤 5.33 吨/万元，下降了2.6%。2022 年我国万元国内生产总值用水量为 49.6 立方米、万元工业增加值用水量为 24.1 立方米，分别较 2020 年下降 13.3% 和 26.7%，农田灌溉水有效利用系数从 0.565 提高到了 0.572，全国用水总量控制在 6100 亿立方米以内。利用物质流核算方法计算得出的我国万元 GDP 矿产资源消费强度从 2020 年的1.02 吨/万元下降到了 2021 年的 0.95 吨/万元，仅一年时间就下降了 6.9%。土地利用效率也明显提高，党的十九大召开至 2022 年，单位 GDP 建设用地使用面积（地耗）下降 21.51%。

三　存在的问题及挑战

"十四五"时期以来我国为全面提高资源利用效率，制定实施了诸多节能、节水、矿产和土地资源高效利用的政策，取得了显著成效，但也存在一定的问题。

第一，相关法律未跟上我国实践创新和制度创新步伐。在节能领域，五年前修订的《节约能源法》未能体现我国在节能领域的实践和政策创新。在节水领域，多年来我国立法工作进展缓慢，节水在相关立法中涉及的内容比较分散，节水规定缺乏制度设计和执行路径，节水制度约束力弱；2018 年国务院机构改革对涉水部门职能作了大幅调整，《水法》相关规定与现实已经不符。在矿产资源领域，《矿产资源法》（修订草案）于 2020 年 2 月正式报送国务院，但是至今还未正式批准执行。

第二，在节能和节水领域，规范、定额和标准设定趋于完善，但是矿产资源节约集约利用标准体系还没有完整建立，还需制定一系列技术指南和技术要求。在土地资源高效利用领域，国家正在大力推动土地复合利用，给现

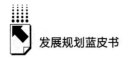

行单一的土地用途管制带来较大冲击，迫切需要对复合利用土地标准进行明确界定。

第三，水权交易制度改革存在一定障碍。水权交易市场处于起步阶段，市场建设进程缓慢，可交易水权主体和范围不清，未在全国范围内形成规范可操作的模式，水权交易价格形成机制不完善，常常演变为政府定价，造成水价过低。

第四，在矿产资源开发利用方面，我国战略性关键矿产资源大多禀赋差、开采成本高，资源开发利用核心技术及装备依然存在"卡脖子"问题。随着我国经济发展外部环境的不确定性增加，关键矿产资源供给面临更多挑战，需要重点关注关键矿产资源利用效率与资源安全问题。

第五，数字技术在资源高效利用领域的运用尚需进一步加强。以大数据、云计算、人工智能、物联网等数字技术为代表的新科技及其应用创新，可以有效推动我国资源利用效率的全面提高。目前数字技术在这一领域的运用还有很大拓展空间。一些城市率先推广示范了高效节能技术及节能技术与人工智能、数字化技术等先进技术相结合的节能成效，不过推广范围较小。

四　国际经验

本部分主要探讨近年美国、欧洲和日本在能源、水资源和矿产资源节约利用方面的政策新动态。

（一）节能领域

近年来美欧日节能政策新动态呈现不同特点。美国的节能政策不断细化完善。在工业领域，联邦政府为工业设备制定实施强制性能效标准和自愿性超高效率电机（NEMA Premium）标准，为工厂研发节能技术和节能改造提供资金支持，组织制定和推广能源管理体系系列标准。在建筑节能领域，对民用和商用住宅执行"能源之星"建筑节能、电器设备能效标准标识，提供自愿性模板型建筑节能规范，推行自愿性节能和零能房屋认证项目，对业主和物业管理者提供建筑能效跟踪和对标在线工具以计算建筑能源性能和绩效。

欧盟近年来加深了节能管理及其与能源和气候政策体系的融合。随着欧盟不断完善绿色低碳政策体系，各政策之间的协调合作显得尤其重要。2022 年 7 月欧盟公布了名为"减碳 55"（"Fit for 55"）的一揽子气候计划，通过集中修订更新欧盟立法并实施新举措，完善欧盟的能源和气候立法政策体系，使欧盟能源和气候法律政策体系更加协调统一，提高了法规政策体系的指导性、规范性、统一性和可操作性，缓解了法规政策之间的冲突。

日本节能工作的政府主导性加强。2021 年 10 月日本政府发布《第六次能源基本计划》，完善《节能技术战略》，推进节能技术开发和应用，强化对中小企业的技术服务支撑。同时，日本行业协会的自愿参与行动也更有力度。

（二）节水领域

在节水领域，美国继续实施一系列节水措施，工业和商业主要发展水处理技术，注重循环水再利用，农业普遍推广喷灌、滴灌等农业节水灌溉，生活领域则重点推广节水器具，近年一些地区提高了对节水器具的效率标准要求。

欧盟和日本近年来非常重视水的再生利用。欧盟于 2020 年发布的《水再利用条例》和新《循环经济行动计划》，以及 2021 年发布的《新的欧盟气候变化适应战略》都提出要更广泛地使用再生水。2022 年 10 月，欧盟通过了《城市污水处理指令》的提案，提出进一步促进水的再利用。日本近年在再生水利用方面的进展主要是推进细致全面的再生水利用分类统计，为水资源再生利用的信息化智能化管理奠定了坚实的基础。

（三）矿产资源高效利用

近年来，美欧日主要针对关键矿产资源开发利用提出了新的法案和政策。美国重视对关键矿产资源开发利用的资源审查和技术研发。2017~2020 年，特朗普政府连续签署三个行政命令，对美国关键矿产供应链进行"脱钩式保护"。2021 年 6 月，拜登政府发布了关键矿产供应链的阶段性报告，进一步增加了关键矿产类别。美国能源部支持研究关键矿产用途，加强关键矿产资源开发和废弃物综合利用技术研发。

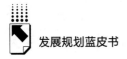

欧盟近年也非常重视关键矿产资源管理。《欧盟关键原材料》清单每3年更新一次，呈现出稳定扩张趋势。2023年3月欧盟发布的《关键原材料法案》为关键矿产战略提供了完整行政和法律框架，该战略目的之一是采取切实手段提高资源利用效率和循环性。日本很早就将国家战略材料产业作为发展重点，2015年《日本资源战略中金属的关键性评估》中必须确保的战略资源增加到22种。总体上，近年来西方国家针对关键矿产资源，着重推动尖端提取、回收和再利用技术研发，对关键矿产技术研发进行投资或补贴，以挖掘关键矿产资源节约集约利用潜力。

（四）小结

近年美欧日在节能、节水和矿产资源节约集约利用领域的政策新动态对我国有一定的借鉴意义。从政策工具来说，美国和日本均采取强制与自愿相结合的原则，既加强政府对节能的主导性和强制性规范，也注重通过自愿性标准激励社会各界广泛参与和自愿行动。从政策协调来说，欧盟将节能管理深度融合于能源和气候政策体系，其"减碳55"一揽子气候计划使欧盟能源和气候法律政策体系更加协调统一，缓解了法规政策之间的冲突。从重点资源类别来说，美欧日越来越关注关键矿产资源开发利用，提出了新的法案和政策，扩大了关键矿产类别，着力挖掘关键矿产资源节约集约利用潜力。从新兴替代资源来说，欧盟和日本日益重视再生水利用，分别利用法规制定和信息统计方法促进再生水资源利用。

五 政策建议

本文将我国"全面提高资源利用效率"的战略目标细化到节能、节水和矿产资源与土地资源节约集约利用领域，总结了"十四五"期间相关政策的制定实施，分析了存在的问题和挑战，整理了发达国家近年的政策新动态，在此基础上提出如下政策建议。

第一，健全法律法规，为资源合理配置和高效利用构建良好的秩序。抓紧时间修订《节约能源法》和《水法》，制定新的《矿产资源法实施细则》，统筹和细化矿产资源节约与综合利用的法律依据及实施方法。

第二，深化资源利用制度改革，促进水资源水权市场化交易。按照水利部要求，加快厘清用水权初始分配，推进多种形式的用水权市场化交易，完善水权交易平台，强化监测计量和监管等，推动水权交易制度体系的建设和完善。

第三，优化关键矿产资源管理，挖掘关键矿产资源节约集约利用潜力。抓紧制定关键矿产资源名录，开发关键矿产资源开发利用核心技术，提升我国应对各种复杂形势的资源安全保障能力。

第四，加强指导性技术政策工具运用，为资源高效利用提供驱动力。加强技术标准、技术规范、技术推广目录的制定、完善和更新，形成涵盖各类资源开采、加工、生产、消费等各环节的指导性技术政策体系，充分发挥指导性技术政策对资源高效利用的引领作用。

第五，加速融合数字化技术与资源节约集约利用技术，推动资源高效利用技术向集成化、智能化、网络化、信息化、系统化方向发展，重点推动企业加快能源水资源管控系统建设，鼓励企业探索实施数字化节能节水管理，协同推进用能用水数据的收集、分析和管理。

参考文献

李芳、朴光姬、王芬芬：《美日工业部门节能政策分析及启示——基于"政策金字塔"分析法》，《现代日本经济》2021年第4期。

李响、庞颖、蒙雅琦：《对优化广西农村产业融合发展用地政策的思考》，《南方国土资源》2022年第10期。

刘啸、戴向前、周飞、马俊：《国外节水相关制度建设经验借鉴》，《水利发展研究》2022年第11期。

陆慧闽、陈卓、倪欣业等：《日本污水处理与再生利用现状分析》，《环境工程》2023年第3期。

孟庆瑜、张思茵：《论水资源用途管制与市场配置的法律调适》，《中州学刊》2021年第9期。

庞无忌：《中国单位GDP建设用地使用面积5年下降21.51%》，中国新闻网，2023年1月12日。

夏玉娟：《美国节能和能效工作概述》，https://huanbao.bjx.com.cn/news/20200509/1070478.shtml，2020年5月9日。

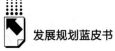
王杰锋：《西方的关键矿产战略》，《瞭望》2023年第13期。

王春业：《我国节水立法的不足及完善路径》，《深圳大学学报》（人文社会科学版）2020年第5期。

王遥、任玉洁、刘倩等：《中国地方绿色金融发展报告（2022）》，社会科学文献出版社，2023。

吴晓璐：《绿色债券发展势头迅猛　上交所将三方面推动绿债市场高质量发展》，《证券日报》2023年3月1日。

"Mineral Commodity Summaries 2021," U.S. Geological Survey, https：//doi. org/10. 3133/mcs202，2021.

Contents

Abstract: 2023 is the third year of the "14th Five-Year Plan" period. As we enter
the middle stage of the "14th Five-Year Plan", it is necessary to base on the achievements
of economic and social development, identify the favorable conditions and prominent
problems for China's future development, and propose countermeasures. Following this
idea, this paper first summarizes the progress and achievements China has made in the
fields of economic growth, employment and prices, technological innovation, regional
coordination, and reform and opening up in 2022. Secondly, from the perspective of
long-term development trends, this paper proposes three major characteristics of "major
stage transitions". Thirdly, this report focuses on the advantages that China has in the
areas of technological revolution, market size, population quality, and international
cooperation, as well as the challenges that China faces in core and key technologies,
domestic demand cultivation, real estate and local debt risks, and employment of key
groups. Finally, several policy recommendations are proposed to address these issues.

Keywords: Economic Growth; Deepening Reform; Expanding Opening Up;
Motivating Innovation

Abstract: Reviewing the historical development of China's modernization

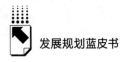

path, Chinese path to modernization could be divided into 1. 0, 2. 0, 3. 0 and 4. 0. The report of the 20th National Congress of the Communist Party of China (CPC) made a theoretical summary and comprehensive deployment of Chinese path to modernization from five aspects: Chinese characteristics, essential requirements, major principles, strategic arrangements, and mission commitment. It could be called Chinese path to modernization 4. 0. Chinese path to modernization 4. 0 not only has the common characteristics of modernization of all countries in the world, but also has its own characteristics based on its own national conditions, as well as reflects the characteristics of the future era. Based on the "Three-Dimensional" consideration, Chinese path to modernization 4. 0 is a modernization of high-quality development, all-round development, market-oriented development, security development, digital intelligence development, green development, people oriented development, and great harmony development. It breaks the myth of "Modernization = Westernization", subverts the modernization theory based on the western society, and creates a new form of human civilization.

Keywords: Chinese Path to Modernization 4. 0; Country Modernization; Society Modernization

B. 3 Deeply Implementing the Strategy of Expanding Domestic Demand: Current Situation, Problems, and Suggestions for Countermeasures   *Zhang Huihui* / 032

Abstract: The strategy of expanding domestic demand is an important measure taken by China to respond to the changes of the economic development environment in recent years, and is the strategic basis for building a new development pattern. By sorting out the policy measures to expand domestic demand and the current characteristics of China's domestic demand, this paper summarizes the prominent problems facing domestic demand, including insufficient consumption by residents, the need to upgrade consumption structure, limited space in traditional investment fields, the need to stimulate the vitality of private investment, and the high risk of local government debt. To address these issues, it is necessary to continuously deepen the reform of institutional mechanisms, strengthen the coordination of fiscal and monetary policies, and expand domestic demand from multiple aspects such as stabilizing employment, promoting the healthy development of the real estate market, developing modern service industries, building a modern industrial system, improving the business environment, and optimizing investment structures.

Keywords: Expanding Domestic Demand; Consumption; Investment

B.4　Optimizing the Composition of Fixed Assets Investment towards "Strengthening Areas of Weakness" and "Promoting Upgrading"

Feng Ming / 045

Abstract: Since the 14th Five-Year Plan period, the composition of fixed asset investment in China has been undergoing profound changes: the investment in the manufacturing sector has been growing above the trend, the investment in high-tech industries has been boosting rapidly, the social and livelihood investment has been accelerating its pace to strengthen weak links, while the real estate investment has shifted from rising to falling, with significant shrinkage in scale. In the second half of the 14th Five-Year Plan period and for an even longer period in the future, China should focus on "two major directions and five major areas" to optimize the composition of fixed asset investment: one major direction is towards "Strengthening Areas of Weakness", mainly covering the areas of weakness in infrastructure as well as the areas of weakness in social and livelihood; another major direction is towards "Promoting Upgrading", mainly covering such investment promoting the new urbanization strategy, investment promoting industrial transformation and upgrading, as well as new infrastructure investment promoting the arrival of the digital and intelligent era. At the same time, some constraints on investment should be resolved. In order to further expand the investment space and optimize the composition of investment, we recommend that: firstly, to stimulate the investment vitality of various type of market entity, accelerating the transformation and upgrading of industrial structure; secondly, to improve the management of government

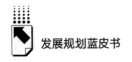
investment, enhancing its overall effectiveness; thirdly, to better design the investment and financing mechanism for infrastructure projects, preventing and resolving the risk of hidden debts of local governments; fourthly, to build a long-term mechanism for the real estate market; and fifthly, to take the initiative to respond to the opportunities and challenges brought by the renewal investment of existing fixed assets, at the same time of expanding incremental investment.

Keywords: Investment Composition; Real Estate Investment; Infrastructure

B.5 Creative Construction of Chinese Characteristic Consumption Centers
Zhou Yong / 057

Abstract: Building a consumption center and developing international consumption center cities and regional consumption center cities are important measures for China to develop consumption economy, boost domestic demand, smooth the domestic economic cycle and the international and domestic double cycle in the new era. Among the concepts of "consumption center", "consumption center city", "regional consumption center" and "international consumption center city", the "consumption center" is more essential and general. The "center" of consumption center includes both cities and regions. The construction of consumption center is a theoretical proposition with Chinese characteristics, which is far from the direction of western consumption city theory. It has a unique connotation of regional competition, regional economic transformation, regional new development and local development. The consumption center has been changing the territory of China's economic development, including the separation of production and consumption functions in regional central cities, the differentiation of production and consumption in professional central cities, the classification of remote central cities into relatively simple living and consumption functions, and the formation of special border consumption functions in transnational central cities and towns. The consumption center will also continue to change the territory of China's economic development. For example, the national economy will be more regional balanced with the help of the consumption center, the whole national economy will be more sectoral balanced with the help of the consumption center, and some central cities in central and Western China will accelerate their development with the help of the consumption center. The consumption center is the limited potential space for economic development in the East, The construction of consumption centers has accelerated the formation of regional economic growth poles in old, young, border, poor and underdeveloped areas.

Keywords: Consumption Center Theory; International Consumption Center City; Theory with Chinese Characteristics

B.6 Opportunities and Challenges in Promoting High-quality and Full Employment

Wan Xiangyu, *Ma Wenjing* / 068

Abstract: In the new development stage, China pays more attention to the all-round development of human beings, adheres to the important concept of people-centered, and takes the responsibility of continuously promoting people's well-being. At the same time, employment is the basic guarantee for people's happy life and the prosperity and strength of the society and country, employment is the biggest livelihood, and the quality of employment is also an important indicator reflecting the quality of economic development. This paper sorts out the goals and policies of high-quality employment, explains the current situation of high-quality employment development in China and the contradictory challenges it faces, and draws on foreign experience and historical experience to make relevant suggestions for the future high-quality employment development in China.

Keywords: The High-quality of Employment; New Form of Employment; Employment of Key Groups

B.7　Consolidating Expanding the Achievements of Poverty
Alleviation Efforts　　　　　　　　　　　*Zhang Yanqun* / 084

Abstract: After China's comprehensive victory in poverty alleviation, consolidating and expanding the achievements in poverty alleviation and comprehensively promoting rural revitalization have become one of the main contents of poverty alleviation during the "14th Five-Year Plan" period. The long-term impacts of the financial support on the former national-level poverty counties listed in the Seven Year Poverty Alleviation Program are empirically analysed based on the 27 poverty counties in Henan Province. The findings include that in general the financial supports have long-term positive impacts on the economic growth of the former poverty countries, although there exists heterogeneity among them. The financial supports stimulate the economic growth mainly through the investment and the upgrade of the industrial structure. The gap of economic development between the poverty and none-poverty counties still exists. The financial supports should continually play important role in consolidating the achievements in poverty alleviation.

Keywords: The 14th Five-Year Plan; National-level Poor Counties; Financial Support

B.8　Playing the Regulatory Effect of Fiscal Policies on
Income Distribution　　　　　　　　　　　*Duan Meng* / 099

Abstract: Based on the comprehensive consideration of budget constraints, utility maximization and asset portfolio behavior characteristics of various institutional departments, a financial CGE model is constructed, focusing on the analysis of the impact of individual income tax and transfer payment policy adjustment on the redistribution effect. The results show that, from a national perspective, reducing the effective tax rate of individual income tax by 10% is not conducive to improving the overall income distribution of residents, but increasing the transfer payment rate of residents by 5% and reducing the social security contribution rate of residents by 10%

can improve the overall income distribution of residents to a certain extent. However, from the perspective of urban and rural areas, the effects of reducing the effective tax rate of individual income tax by 10%, increasing the transfer payment rate of the government to residents by 5% and reducing the social security payment rate of residents by 10% show certain differences on the redistribution effect. This paper deepens the theoretical cognition of the internal logical relationship between financial policies such as personal income tax and transfer payment and the redistribution effect, and provides policy reference for improving the redistribution effect of our fiscal adjustment tool based on the goal of optimizing the income distribution structure during the 14th Five-Year Plan period.

Keywords: Gini Coefficient; Redistribution Effect; Financial Computable General Equilibrium Model; Fiscal Policy

B.9 Strengthening the Financial Stability Guarantee System

Cheng Yuan / 112

Abstract: The financial stability guarantee system is based on maintaining the safe and sound operation of the financial system through a series of financial risk prevention and control and financial crisis management arrangements. The goal of strengthening the financial stability guarantee system is to ensure the ability of the financial system to serve the real economy, maintain the stability and continuity of financial institutions, financial markets and financial infrastructure in providing basic services, curb the accumulation and expansion of financial risks, and prevent and resolve systemic financial risks. During the "14th Five-Year Plan" period, in order to strengthen China's financial stability guarantee system, the People's Bank of China, the China Banking and Insurance Regulatory Commission, the China Securities Regulatory Commission, and other departments implemented a series of policy guidelines such as improving the modern financial regulatory framework, strengthening supervision of systemically important financial institutions, financial platforms, financial companies, and financial institutions, strengthening the supervision of related party transactions and macro-prudential management of cross-

border capital flows, and strengthening anti-money laundering work. Currently, the challenges faced by financial regulation mainly come from real estate risks, government debt risks, and external market risk inputs. To address this, measures such as promoting market-oriented reform in the financial field, improving the financial regulatory framework, and strengthening prudential supervision, behavioral supervision, and functional supervision should be taken to strengthen the financial stability guarantee system.

Keywords: Financial Stability Guarantee System; Financial Risks; Financial Regulation

B.10　Preventing and Resolving Real Estate Risks

Hu Jie, Yu Xianrong / 125

Abstract: As a key sector of China's economy, the real estate industry plays a significant role in economic growth, employment, fiscal revenue, residents' wealth, and financial stability. Recent tightening of financial regulations has resulted in reduced liquidity of funds in the real estate sector and its associated upstream and downstream industries, leading to a range of issues, such as corporate defaults, dwindling market expectations, and weak supply and demand. Moreover, the impact of the ongoing epidemic has increased the risk of default on residential mortgage loans, the decline in real estate investment has heightened the risk of local government debt, and the decline in housing prices can lead to credit asset valuation losses, potentially trigger systemic financial risks. The current crisis faced by the real estate industry fundamentally stems from a crisis of confidence and expectations within the entire real estate market. The urgent task at hand is to rebuild market expectations and confidence. In the short term, it is crucial to adopt measures such as moderately relaxing financial support for real estate enterprises, mitigating the negative impact of risky ventures, and providing guidance on market expectations. In the long run, it is imperative to establish a sustainable mechanism for the healthy development of the real estate sector, encourage real estate enterprises to transition towards a new development model that is more stable, sustainable, and transformative.

Keywords: Real Estate; Liquidity Crisis; Debt Default

B.11   Actively Responding to the Aging Population

Luo Chaoyang / 140

Abstract: With the advent of the second "turning point" of population aging in China, the 20th Party Congress put forward the national strategy of actively coping with population aging and made the latest strategic deployment to cope with population aging. This paper systematically analyzes the current situation and development trend of population aging in China, as well as the policy measures and effectiveness of actively coping with population aging in China. On this basis, it summarized the problems in China in terms of aging services, aging industries and aging resources utilization, and analyzed the challenges brought by population aging to China's economic and social development from two aspects: potential economic growth and social security pressure. This paper proposes that to actively cope with population aging, first, we need to vigorously develop the aging industry and create a high-quality supply system of elderly services and products; second, we need to establish and improve a multi-pillar, hierarchical, fair and sustainable security service system; third, we need to explore the implementation of a flexible retirement system and reasonably utilize the talents of the elderly; fourth, we need to actively develop the "digital aging" and cultivate a new business model for the elderly; fifth, we should reduce the cost of childcare and increase the willingness to give birth; sixth, we should actively promote education reform and raise the level of education for all.

Keywords: Population Aging; Aging Industry; Aging Resources

B.12   Scientific and Technological Innovation to Support
Common Prosperity

Yang Boxu / 159

Abstract: Common prosperity is the essential requirement of Chinese path to modernization, and scientific and technological innovation is an important support for firmly promoting common prosperity. Based on the analysis of the main progress and problems and challenges of scientific and technological innovation supporting common prosperity, this chapter puts forward countermeasures and suggestions for scientific and

technological innovation supporting common prosperity. Firstly, this chapter expounds the main progress from two perspectives of the practical basis, advanced practices and effects of scientific and technological innovation in support of common prosperity. Secondly, this chapter analyzes the problems and challenges of scientific and technological innovation supporting common prosperity, including the insufficient and uncoordinated development of scientific and technological innovation, the lack of a scientific and technological "transfer payment" system, and the increasing unbalanced development of digital innovation. Finally, this chapter proposes countermeasures and suggestions for scientific and technological innovation to support common prosperity, that is, adhere to the first driving force of innovation, explore the transfer payment of scientific and technological achievements, grasp regional coordination and promote the development of digital empowerment.

Keywords: Technological Innovation; Common Prosperity; Policy System; Digital Innovation

B . 13   Accelerate the Construction of World-class Enterprises

Zuo Pengfei / 173

Abstract: The report of the 20th National Congress of the Communist Party of China pointed out that "we should improve the modern enterprise system with Chinese characteristics, promote entrepreneurial spirit, and accelerate the construction of world-class enterprises." This is a new idea of the Party Central Committee on the reform and development of state-owned enterprises, and it is also a necessary requirement for China's economy to transition from the stage of high-speed growth to high-quality development in the new era. As an inherent element of China's economic system, state-owned enterprises are an important force in promoting the construction of China's modernization with Chinese characteristics, promoting common prosperity for all people, and driving high-quality development and building a new development pattern. Based on the analysis of the current status of China's construction of world-class enterprises, this article focuses on the key difficulties and outstanding problems in the reform and development of state-owned enterprises, and combines the international experience of major countries in the world in building world-class enterprises to propose policy suggestions for accelerating the construction of world-class enterprises from aspects such as strengthening the position of state-owned enterprises as the main body of scientific and technological innovation, promoting strategic restructuring and specialized integration and collaborative development, accelerating the construction of talent teams, and enhancing the global operational capabilities of state-owned enterprises.

Keywords: World-class Enterprises; Global Competitiveness; Entrepreneurship; State-owned Enterprise

B. 14   Promoting the Mixed Ownership Reform in State-owned Enterprises

Li Wenjun, *Shi Xianyan* / 185

Abstract: State-owned enterprises play an important role in China's economy. Developing mixed ownership economy is an important direction for deepening reform of state-owned enterprises. This paper systematically reviews the development process of China's mixed reform of state-owned enterprises from germination and exploration, to growth and development, to adjustment and improvement, and to all-round deepening, and analyzes the achievements of the mixed reform of state-owned enterprises, as well as the problems existing in the participation enthusiasm of state-owned enterprises, mixed reform effect, mixed reform structure and the integration degree of mixed reform. It is proposed that further promoting the mixed reform of state-owned enterprises needs to adhere to the idea of " classification and stratification" mixed reform; improve the supervision system of state-owned capital and improve the efficiency of resource allocation of state-owned enterprises; improve the property rights protection system and stimulate the participation enthusiasm of the subject of mixed reform; take high standards to introduce strategic investors, and promote the reform of state-owned enterprises to improve quality and efficiency; improve the governance structure and modern governance level of state-owned enterprises.

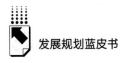
Keywords: State-owned Enterprises; Mixed Ownership; Corporate Governance System

B.15 Accelerating the Establishment of National Unified Market

Li Zhaochen / 197

Abstract: Building the national unified market is a fundamental support and requirement for building a new development pattern in China. Accelerating the establishment of the national unified market is of great significance to the high-standard market system and the high-level socialist market economy. It is conducive to promoting a more efficient, fair and open market in China, achieving a transformation from large to strong through high-quality development. "Unified", "large" and "market" respectively reflect the connotation of structure, scale and mechanism, which is conducive to the formation of a positive feedback mechanism. At this stage, China has made some achievements in building the rule framework, promoting the business environment, strengthening the market supervision, and energizing the market vitality. In the next stage, China needs to focus on breaking market barriers, investigating and punishing unfair competition, strengthening anti-monopoly, and improving the system and rules. For accelerating the establishment of the unified national market in the future, policy recommendations are proposed from three aspects, including building unified and interconnected market facilities, promoting the unified and fair regulatory model, and improving unified and coordinated institutional rules.

Keywords: National Unified Market; Domestic Circulation; Market Regulatory; Business Environment

B.16 Improving the Pattern of Income Distribution

Li Ying / 208

Abstract: Improving the pattern of income distribution is an important step in consolidating common prosperity. Since the 1990s, the pattern of income distribution in China has been characterized by continuous deterioration, gradual improvement, and then diversification during the 14th Five-Year Plan period. During the 14th Five-Year Plan period, the "digital dividend" and the "digital divide" brought about by the development of the digital economy have had an uncertain impact on the primary distribution. Moreover, the poor tax structure has limited the regulating strength and precision of redistribution, and the solidification of classes as a result of rising wealth inequality has placed greater demands on tertiary distribution. To address these challenges, we need to build a fair and efficient primary distribution mechanism, optimize the tax structure and improve the environment for the development of philanthropy.

Keywords: Income Distribution; Common Prosperity; Imbalance; Shared Development

B.17 Further Improving the Function of the Capital Market

Lyu Jun / 221

Abstract: On the basis of a brief introduction to the development of China's capital market in recent years, this paper summarizes the main achievements and problems of the capital market in terms of financing function, investment function and asset allocation function, and points out that there are some problems in China's capital market, such as the mismatch between investment function and financing function and the insufficiency of resource allocation function. The main reasons for these problems include lagging institutional investor governance, relatively weak punishment for violations of laws and regulations, and imperfect market environment. The government needs to maintain strategic focus, firmly pursue the concept of gradual development of the capital market with Chinese characteristics, and on this basis, strengthen the supervision of state-owned financial capital as a breakthrough point, gradually guide institutional investors to improve governance mechanisms, continue to increase the punishment of violations of laws and regulations in the capital market for fostering an environment conducive to the function of the capital market.

Keywords: Capital Market; Securities Market; Market Function

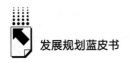

B. 18　Constructing an Open, High-level Capital Market that is Adaptable to the Requirements of Common Prosperity

Zhao Qifeng / 234

Abstract: Constructing an open, high-level capital market that is adaptable to the requirements of common prosperity is an important measure for China in the new development period and stage, aiming to establish a new development pattern and achieve shared prosperity throughout society. After more than 30 years of development, China's capital market has achieved significant progress and played an irreplaceable role in serving the real economy, creating market value, and improving wealth distribution. However, there is still a gap between the current level of China's capital market development and that of mature and developed modern open high-level capital markets. The capital market has yet to meet the overall requirements of promoting coordinated and sustainable development of the regional economy, achieving efficient resource allocation, narrowing income gaps, and realizing shared prosperity. Therefore, it is crucial to continue to promote and improve the construction and reform of China's open high-level capital market, based on the country's own conditions and international experience in developed countries' capital market construction. This will enable the market to play a greater role in driving national innovation and achieving shared prosperity.

Keywords: Capital Market; High-quality Development; Common Prosperity

B. 19　Steadily Expanding Institutional Openness

Li Shuangshuang / 247

Abstract: In the first half of the 14th Five Year Plan, due to the impact of the pandemic, China's economic growth experienced significant fluctuations and encountered significant difficulties. However, the pace of China's expansion of opening-up to the outside world has not stopped, and unfavorable conditions have instead become an important driving force for accelerating the implementation of institutional opening-up measures. Since 2021, China will focus on the construction of institutional opening carriers, rules, regulations, standards in terms of management openness, various policies have been implemented and achieved various results. However, as the reform enters the deep-water zone, the resistance and difficulties of reform increase, and the international community is in a century long upheaval, external unfavorable factors increase and risks increase. China is facing more challenges in the process of institutional opening up. Given the stability and long-term characteristics of institutional openness compared to policy openness, it is necessary for China to handle several special relationships in the second half of the 14th Five Year Plan and even further in the future, and to do a good job in institutional design and policy deployment.

Keywords: Institutional Openness; Rules; Regulation

B. 20 Promoting the High-quality Development of the Belt and Road Initiative *Zhu Lan* / 260

Abstract: During the 14th Five-Year Plan period, guided by the new development philosophy and adhering to the concept of green, open and clean development, the "Belt and Road" initiative will deepen and refine its construction in areas such as infrastructure, economic and trade cooperation, green development, and open systems, in order to promote the high-quality development of the initiative. In the face of risks and challenges brought about by global political instability, weak economic recovery, and intensified great power competition, it is suggested to strengthen national risk monitoring and prevention, innovate its development mode, take strategic initiatives, enhance resilience and quality, and expand its development space.

Keywords: The "Belt and Road" Initiative; Infrastructure; The Cooperation of Economic and Trade

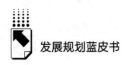

B.21 Evaluating the Economic Effect of China's Foreign Direct
Investment on the Joint Construction of the
"Belt and Road" *Lou Feng* / 273

Abstract: With the rising trend of "counter-globalization", how to better promote China's overseas direct investment (ODI) has become particularly relevant. Through a review of previous literature on ODI, this paper further analyses the impact mechanism of ODI on the national economy. Moreover, a GTAP model has been developed for analyzing China's ODI based on the latest version of the GTAP database. The results of the study show that China's enhanced investment cooperation with other countries is not only conducive to the speed of its own economic development, but also to the economic development of the host countries, which will truly bring about "mutually beneficial and win-win results". Finally, policy recommendations are put forward based on the research findings.

Keywords: Overseas Direct Investment; GTAP Model; Macroeconomics; Industrial Structure

B.22 Improving the Resilience of China's Supply Chain Participation
in Countries Along the "Belt and Road"
Dong Huimei, Cao Yiting / 291

Abstract: In recent years, geopolitical conflict and the spread of the COVID-19 have highlighted the vulnerability of the global supply chain. Major countries around the world have introduced a series of policies to enhance supply chain resilience, which has had a certain impact on the development space of China's export-oriented economy. This chapter analyzes the current situation of China's supply chain participation in "Belt and Road" countries from the perspectives of investment scale, investment industry structure, investment location structure and investment mode. The results show that China's position in the supply chain system of countries along the "the Belt and Road" has gradually strengthened, but there are risks. By sorting out the relevant policies of "the Belt and Road", this paper analyzes the specific path to improve the resilience of supply chain participation, and puts forward China's policy recommendations on the resilience of supply chain participation of countries along "the Belt and Road".

Keywords: Belt and Road Initiative; Supply Chain; Export-oriented Economy

B.23 Implementing the Strategy of Upgrading Pilot Free Trade Zones *Feng Feng* / 303

Abstract: The "Implementation of the strategy upgrading pilot free trade zones" is a major strategic decision made by the Party Central Committee based on the ground our efforts in the new development stage, apply the new development philosophy, and create a new development pattern. Building the pilot free trade zones into important hubs for international and domestic dual circulation is not only an important path to expand the global network of high-standard free trade zones, but also an important content to promote high-level opening-up to the outside world. This article systematically reviews the development process and policy documents of China's pilot free trade zones, summarizes the main achievements of the construction of the pilot free trade zone, and summarizes the development models of the Cologne Free Trade Zone in Panama and the Jebel Ali Free Trade Zone in Dubai. In response to the prominent issues of insufficient institutional innovation motivation, low openness of the service industry, and unresolved barriers to cross-border data flow in the construction of China's current pilot free trade zones, China should focus on promoting the high-quality development of pilot free trade zones from the following three aspects in the future: enhancing the systematic and holistic nature of institutional innovation; International trade and investment rules for elevation standards; Enhance the intensity of financial reform and innovation.

Keywords: Pilot Free Trade Zones; System Inovation; Serrice Industry Opening

B. 24　Research on Strategies for Winning the Battle of
　　　Key Core Technologies　　　　　　　　*Zheng Shilin* / 317

Abstract：With the escalating technology restrictions and blockade on China by the United States, it has caused a huge impact on China's economic and scientific security. The deep-seated reasons for the lack of key core technologies in China lie in multiple reasons, such as low investment in basic research by enterprises, insufficient innovation incentives for enterprises in key core technology areas, and lack of original achievements. In this regard, the report recommends that enterprises be stimulated to increase their investment in basic research, strengthen their position as the main body of R&D in key core technologies, as well as take advantage of a new system for mobilizing resources nationwide for key core technology research.

Keywords：Key Core Technology; Basic Research; A New System for Mobilizing Resources Nationwide

B. 25　Strengthening the Position of Enterprises as the Main
　　　Body of Scientific and Technological Innovation
　　　　　　　　　　　　　　　　　　Zhu Chengliang / 332

Abstract：Strengthening the dominant position of enterprises in S&T innovation is a key measure to deepen the reform of the S&T system and promote the achievement of high-level self-reliance and self-improvement in S&T. The shift of enterprises from being the main body of technological development and innovation to being the main body of S&T innovation indicates that their position, role, mission, and task in the national innovation system have undergone significant changes. Currently, high-quality innovative enterprises are constantly emerging, and the innovation vitality of enterprises is significantly enhanced. Enterprises are already the true main body of R&D investment, innovation output, and technology transfer and transformation. However, enterprises still face prominent problems such as weak aggregation of innovative elements, the need to increase the number of high-quality enterprises, the need to optimize the R&D investment structure, the "virtual" main role of enterprises in industry university research cooperation, and the low level of enterprise integration and innovation. There is an urgent need to enhance the aggregation ability of enterprise innovation elements, strengthen the deep integration of industry, academia, research and application, promote the integration and innovation of large and small enterprises, create a good enterprise innovation ecosystem, and forward-looking layout based on scientific industrial innovation.

Keywords: S&T Innovation; Enterprise Entity; Integration and Innovation; Industrial Innovation

Abstract: The construction of an open innovation ecology is of global significance, which is an urgent need to address common human challenges and solve the development problems of all countries, a necessary way to promote the recovery and prosperous development of the world economy, and an objective requirement to seize the opportunities of the new round of technological revolution and industrial change. This article focuses on building an open innovation ecosystem with global competitiveness. Firstly, it reveals the new situation facing the construction of an open innovation ecosystem with global competitiveness. It summarizes and refines the connotation and components of building a globally competitive open innovation ecology. Based on this, it describes the current situation of building a globally competitive open innovation ecology in China, and points out the existing problems. Finally, it puts forward policy recommendations for building a globally competitive open innovation ecology in China. The study finds that there are problems such as insufficient diversity of innovation subjects and weak innovation capacity in building a globally competitive open innovation ecology in China; insufficient channels and capacity building for collaborative innovation between industry, universities and research institutes; insufficient supply of high-quality innovation with international influence; the institutional system for open innovation is still inadequate; and an open and inclusive innovation culture has not yet been fully established. We should

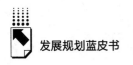
persistently continue to promote a high level of openness to the outside world; strengthen the capacity of innovation subjects; gather global high-end innovation resources; create an international first-class research environment, etc.

Keywords: Global Competitiveness; Open Innovation Ecology; Innovation Subject

B. 27   Promoting the Construction of High-level International Science and Technology Innovation Center

Zhuang Qinqin / 357

Abstract: The international science and technology innovation center is a strategic resource space layout to achieve high-level self-reliance in science and technology. It should simultaneously realize four functions: knowledge creation, innovation of frontier technology, development of innovation industry and open innovation ecology construction, and assist the national innovation-driven development strategy internally and lead the global science and technology innovation direction externally by radiation. The beginning of the "14th Five-Year Plan" 2021 - 2022, the construction of Shanghai as an international science and technology center accelerated, the ability of original innovation curation enhanced, key core technologies continued to break through, innovation kinetic energy was gathered, the open innovation ecology actively improved, the Yangtze River Delta Science and Technology Innovation Community steadily built, and the international innovation cooperation network continuously expanded. However, the overall effectiveness of Shanghai Science and Technology Innovation Center still needs to be improved, the synergy of education, science and technology talents is not high, basic research needs to be broken through, the function of science center is relatively backward, and the support of innovation industry needs to be strengthened. In view of the above shortcomings, in order to better play the leading role of the international science and technology innovation center in the process of science and technology to enhance national strength, the following countermeasures are proposed: First, strengthen the top-level design of the "trinity" of education, science and technology, and talents, and promote the linkage and synergy mechanism from strategy to reform; second, adhere to the two modes of goal-oriented and free exploration; Third, promote the virtuous cycle of science and technology-industry-finance, and promote the deep integration of innovation chain, industry chain, capital chain and talent chain; Fourth, Create a two-way open innovation ecology inside and outside, promote the Yangtze River Delta Science and Technology Innovation Community internally, and expand the global cooperation and innovation network externally.

Keywords: International Science and Technology Innovation Center; Technology Innovation; Shanghai

B.28 Promoting the Improvement of Labor Productivity Through Technological Innovation

Liu Jiancui / 368

Abstract: Innovation is an important source of economic growth, but also one of the important ways to improve labor productivity. The role of innovation in the knowledge society is becoming increasingly important. Scientific and technological innovation promotes the development and progress of economic society and improves labor productivity. Firstly, the mechanism of scientific and technological innovation to improve labor productivity is analyzed, and demonstrates that scientific and technological innovation can improve labor productivity with a model. Secondly, the changing characteristics of China's labor productivity are put forward, and decomposing labor productivity by production function and analyzing the factors that affect labor productivity. Thirdly, compared with international comparison, it is found that although China's labor productivity grows fast, it is still very low, and the difficulties in improving labor productivity are analyzed. Finally, some suggestions are put forward to improve labor productivity, such as improving human capital, perfecting labor market and improving innovation ability.

Keywords: Scientific and Technological Innovation; Labor Productivity; Capital Deepening

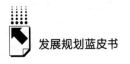

B.29　Promoteing the High-end Development of the
　　　　Manufacturing Industry　　　　　　　　*Wu Bin*, *Li Luhan* / 381

Abstract: The manufacturing industry is at the core of the national economy. Promoting the high-end development of the manufacturing industry is the essential requirement for building a strong manufacturing country and an important means to realize the high-quality development of Chinese economy. Based on the new development stage, this paper systematically compares the policies, programs and plans of manufacturing high-end since the 14th Five-Year Plan, summarizes the current situation of manufacturing high-end development, and focuses on analyzing the problems faced by manufacturing high-end development, based on which some suggestions are put forward to promote manufacturing high-end in China.

Keywords: Manufacturing Industry; High-end; Policy Orientation; High-quality Development

B.30　Implementing Industrial Foundation Reengineering Projects and
　　　　Major Technological Equipment Research Projects
　　　　　　　　　　　　　　　　　　　　　　Gao Hongwei / 394

Abstract: Promoting the implementation of industrial foundation reengineering projects and major technical equipment research projects is the key measure for China to improve the core competitiveness of manufacturing industry, which is of great significance to accelerate the construction of a strong manufacturing country. Since the "14th Five-Year Plan", China's industrial foundation reengineering and major technical equipment research have made remarkable achievements. Breakthroughs and development in key areas continue to advance, major technical equipment breakthroughs have made outstanding progress, market-oriented application and promotion of basic products and technologies have continued to accelerate, basic industrial technology service capabilities have improved significantly, and the development of "specialized, refined, special and new" small giant enterprises and industrial clusters has accelerated. However, there is still a lot of room for improvement in terms of supply capacity of key common technologies, collaboration between different links and entities in the industrial chain, collaborative innovation through the integration of industry, academia, and research, product application and promotion systems, and long-term support policies. In the future, we should further increase basic research and research and development of key common technologies, strengthen collaboration and linkage between different links and entities in the industrial chain, accelerate the integration of industry, academia, and research, rely on the domestic market to strengthen the application and promotion system, and improve long-term supporting policies to better promote the reengineering of industrial foundation and the breakthrough of major technical equipment.

Keywords: Industrial Foundation Reengineering; Major Technical Equipment Research; Manufacturing Power; Modern Industrial System

B. 31 Enhancing the Competitiveness of Advanced Manufacturing Industry *Dong Wanlu* / 409

Abstract: Developing the advanced manufacturing industry is an important driving force for enhancing the competitive advantage of the manufacturing industry and promoting high-quality development of the manufacturing industry. It is not only a concentrated reflection of China's comprehensive national strength and core competitiveness, but also an important force for China's future high-quality development and response to international competition. This article introduces the development background of China's advanced manufacturing industry, summarizes the connotation and characteristics of advanced manufacturing industry, analyses the trend characteristics of advanced manufacturing industry policies in recent years, lays out the opportunities and challenges that affect the competitiveness of advanced manufacturing industry, and systematically proposes policy recommendations to enhance the competitiveness of China's advanced manufacturing industry from three aspects: starting point, support policies and landing point.

Keywords: Advanced Manufacturing; Competitiveness; Policy Recommendations

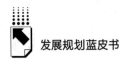
B.32   Improving the Resilience and Security Level of

   Industrial and Supply Chain   *Shen Zixin* / 418

Abstract: In recent years, countries such as the United States, Europe, Japan and other countries have promoted diversification, nearshore and localization of industrial chains and supply chains, and the restructuring of the global industrial competition pattern is accelerating. Against the background of escalating trade frictions, geopolitical changes, and the rise of trade protectionism, China has elevated industrial security to the national strategic level, making it an important part of accelerating the construction of a modern industrial system to enhance the resilience and security of industrial chain and supply chain. Changes in domestic and foreign industrial competition have brought many challenges to China: the risk of "low-end locking" in the value chain, the "bottleneck" problem of key core technologies, the weak autonomous controllability of the supply chain, and inadequate digital transformation and development level. To meet these challenges, China needs to focus on the following four aspects: building a regional value chain led by China through "South-South cooperation", implementing a domestic substitution strategy for key core technologies, perfecting industrial security and resilience management system, empowering the transformation of industrial chain and supply chain with digitalization and greening, which would shape the core competitive advantages of China's industrial chain and supply chain.

Keywords: Industrial Chain; Supply Chain; Value Chain; Industry Competition

B.33   Enhancing the Ecological Leadership of "Chain Owners"

   in the Industrial Chain

                                    Xu Xuechen / 428

Abstract: Cultivating "chain owners" enterprises and enhancing their ecological leadership is an important means to enhance the competitiveness of China's industrial chain supply chain, and a key measure to accelerate the transformation and upgrading of China's industries. At present, the "chain owner" enterprises are lack of industrial cooperation and integration, technological innovation leadership, digital transformation empowerment and international market control. In response to the above issues, combined with international successful experience, this article believes that "chain owners" enterprises should focus on core technological innovation, build technology research and development platforms and industrial cooperation networks; Improve management level, focus on high-end, intelligent, digital, green, and global upgrading; Promote efficiency improvement and lead the high-quality and cost-effective development of the manufacturing industry. In terms of business environment, create an industrial ecological platform to provide soil for the growth of high-quality "chain owners" enterprises. In terms of supporting measures, the government should improve policy support and strengthen precise support.

Keywords: "Chain Owners" Enterprise; Innovation Leading; Digital Empowerment

B.34 The Digital Countryside Strategy on Advancing Rural Revitalization *Peng Zhan* / 439

Abstract: As it is proposed to "accelerate the creation of a new development pattern and pursue high-quality development" in the report to the 20th CPC National Congress, this study analyses the impact of the Digital Countryside Strategy on advancing rural revitalization across the board. Research methodology: This study sorts out the general requirements for industrial prosperity, ecological livability, civilized countryside, effective governance and affluent living in the national rural revitalization, and reviews the policies on digital countryside proposed in the Digital China Strategy. Research findings: To accelerate agricultural and rural modernization, the agricultural and rural development shall be put first, and a sound institutional mechanism and policy system for the integrated development of urban and rural areas shall be established. The reference to agricultural and rural modernization is a theoretical innovation to traditional agricultural modernization. "Promoting the modernization of the rural governance system and governance capacity" is not only a concrete application of the theory of modernizing the national governance system and governance capacity but also enriches and refines the Chinese path to modernization.

Research innovation: As socialism with Chinese characteristics enters a new era, this study examines the rural revitalization, poverty eradication and common prosperity as an organic whole, and systematically maps out the realization path of the Rural Revitalization Strategy. Research value: The new rural infrastructure is the only way to achieve common prosperity through the Rural Revitalization Strategy. By developing and sorting out the main economic and social indicators, this study identifies and addresses the difficulties and blockages of "issues concerning agriculture, rural areas and farmers", so as to help achieve the goals successfully.

Keywords: Digital Countryside Strategy; Agricultural and Rural Modernization; Food Security; Governance Modernization; Digital Economy

B . 35   Driving the Transformation and Upgrading of the Manufacturing Industry with the Digital Economy

Jiao Yunxia / 453

Abstract: With the continuous application of various digital technologies in traditional manufacturing, the digital economy has become an important driving force for promoting the transformation and upgrading of traditional manufacturing. At present, the process of digital transformation of China's manufacturing industry has been further accelerated. Industrial Internet has promoted the key infrastructure for the transformation and upgrading of the manufacturing industry. Although the digital transformation and upgrading of China's manufacturing industry has achieved remarkable results, it still faces many challenges. Digital infrastructure is still difficult to support the transformation and upgrading of traditional manufacturing industry. The degree of digital integration and development of the manufacturing industry is still relatively low, and the degree of cooperation of the digital enabled manufacturing industry chain is not high. To address these challenges, it is necessary to further promote the construction of digital infrastructure, improve the degree of industry chain collaboration empowered by digitization, and cultivate digital technology talents.

Keywords: Digital Economy; Manufacturing Industry; Digital Transformation; Intelligent Manufacturing

B. 36   Grasping the Trends and Challenges of China's

Digital Economy Development   *Cai Yuezhou* / 463

Abstract: The digital economy represents the mainstream of a new round of technological revolution and industrial transformation. Promoting the healthy development of the digital economy reflects the inherent requirements of the new development concepts, and provides important support for building a new development pattern and promoting high-quality development in the new development stage. Under the new domestic and international situation, the development of the digital economy faces many challenges such as technology, capital, talents, supervision, and security. In order to meet the challenges, we should start from the perspectives of building a modern digital industry system, accelerating the digital transformation of the industry, improving the talent training system, the data element flow system, and the digital economy governance system, so as to promote the sustainable and healthy development of digital economy.

Keywords: Digital Economy; New Development Stage; New Development Pattern; High-quality Development; Digital Transformation

B. 37   Promoting the Strengthening, Optimization, and

Expansion of the Digital Economy   *Li Wenxuan* / 477

Abstract: With the expanding in scale and the increasing penetration and integration , the digital economy has become a new driving force for China's economic growth. In order to better play the role of the digital economy as the main engine, we should accumulate innovative momentum by stimulating the vitality of data elements, promoting the digital transformation of traditional industries, cultivating and strengthening emerging digital industries, and improving the digital governance collaboration system, so as to provide assistance for China's economic stability and long-term development.

Keywords: Digital Economy; Innovation; New Development Pattern

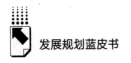
B.38 Accelerating the Development of New Generation
Communication Technology   *Wei Jieyu* / 488

Abstract: In recent years, China's information and communication technology
has achieved leapfrog development. 5G technology and related industries have made
major breakthroughs to help China's information and communication industry become
an internationally competitive industry, which lays a solid material and technology
foundation for the high-quality development of digital economy. At this stage,
China's 5G technology has begun to be deeply applied in many fields, and 6G
technology has also begun to enter the stage of research and development, with a
growing trend of technological innovation and industrial integration. However, China
faces the risk of insufficient independent innovation in key core technologies, and the
competition between China and the United States in science and technology poses
severe challenges to the security of China's communications industry. During the 14th
Five-Year Plan period, China needs to continuously strengthen the investment in basic
research in the field of new generation communication, promote the construction of
new information infrastructure, promote the continuous iteration and upgrading of
technologies, and realize the independent and controllable industrial chain.

Keywords: New Generation Communication Technology; 5G; 6G; Internet
of Things; Quantum Communication

B.39 Realizing High-level Technological Self-reliance and
Self-improvement in Artificial Intelligence   *Peng Xushu* / 500

Abstract: Artificial intelligence is a comprehensive integrated innovation that
combines the new generation of information and communication technology with
multidisciplinary knowledge and technology. It is a core and typical technology that
adapts to and promotes the intelligent development of the economy and society. On
the basis of analyzing the development trend of artificial intelligence innovation, the
article focuses on analyzing and comparing the innovation capabilities of two major
countries, China and the United States, namely "one super and one strong" in

artificial intelligence. In response to the advantages, disadvantages, and problems faced in achieving high-level self-reliance and self-reliance in artificial intelligence, it proposes to coordinate development and security, and accelerate the improvement of the national development strategy for artificial intelligence; To leverage the advantages of the new national system and tackle "bottleneck" technologies through multiple channels; To leverage the advantages of data and talent, and improve the artificial intelligence innovation ecosystem; We need to leverage the role of application traction and promote the integration and innovation of the real economy and intelligence.

Keywords: Artificial Intelligence; Technology Self-reliance and Self-improvement; Information and Communication Technology

B.40 Building A New Growth Engine of Artificial Intelligence

Abstract: On the basis of sorting out artificial intelligence policies, this paper first analyzed the theoretical logic behind the formation of new growth engines driven by artificial intelligence through learning advantages, empowerment effects, and penetration capabilities. Then, the main challenges of building a new growth engine of artificial intelligence were analyzed from four aspects: top talent, venture capital market, data openness and security, and institutional mechanisms. In response to these challenges, policy recommendations were proposed from four aspects: attracting and cultivating top scientists, developing the venture capital market, leveraging the role of government data demonstration, and exploring institutional innovation.

Keywords: Artificial Intelligence; New Growth Engine; Data Openness and Security; The Venture Capital Market

B.41 Fully Tap into the Potential of Industrial Big Data
Value Creation

Abstract: Industrial big data is a key production factor to support digital

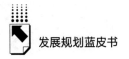

transformation of industries and promote the integration of digital and real economy. Compared with other types of data, industrial data is featured with stronger exclusivity, greater value, higher systematism and increased risk exposure, which not only enhance the potential of value creation, but also place more constraints on its value creation mechanism. China's industrial big data industry is still in the early stage of development. It not only has the advantages of data scale, industrial support and policy environment, but also faces difficulties and challenges such as incompatible data transaction mode with the needs of enterprises, technological difficulty in data collection and storage, weak data analysis and deep processing capabilities, and insufficient data application scenarios. The "data space" model represented by Japan's CIOF and EU's IDS is currently a more feasible path for industrial data development, providing valuable experience for China's industrial development. In order to fully explore the potential of industrial big data, it is necessary to further promote its development and utilization from the perspectives of industrial data management system, data transaction and service mode, core data technology breakthrough, and balanced industrial development, so as to better support China's high-quality economic development.

Keywords: Industrial Big Data; Data as Production Factor; Value Creation

B.42 Promoting High-quality Development of E-commerce in the Context of Digital and Real Integration

Ye Xiumin / 548

Abstract: E-commerce is the strongest driving force for the transformation and upgrading of China's real economy. In the context of increasingly complex and changeable domestic and international environment, only by promoting high-quality development of e-commerce can we accelerate the in-depth integration of data and reality and promote high-quality development of Chinese path to modernization. This chapter summarizes the current situation of e-commerce development in China in 2022, the main problems faced, and proposes targeted countermeasures and suggestions. The countermeasures and suggestions include: firstly, deepening the integration of e-commerce and the real economy, promoting the transformation and upgrading of traditional enterprises; secondly, encouraging platforms to increase innovation efforts, accelerating enterprises to enter a new growth cycle; thirdly, carrying out socialized and agile supervision to completely solve persistent problems; fourthly, strengthening logistics capacity construction, Establish an emergency rapid response system for logistics distribution.

Keywords: Electronic Commerce; High Quality Development; Digital and Real Integration

B . 43 Research on Governance of the Integration of Digital
Economy and Real Economy *Bai Yantao* / 561

Abstract: With the deepening development of a new round of technological revolution and industrial transformation, multiple internal and external factors are affecting the integration and development of China's digital economy and real economy. On the one hand, the policy environment for the development of China's digital economy has been constantly optimized. Digital technology has been widely used in production and life. Industrial Internet, intelligent workshop, intelligent manufacturing, Internet of Vehicles, platform economy and other new industries, new models and new integration have become the driving force for the development of digital transformation of the industry. There is foundation and potential for accelerating digital transformation during the "14th Five-Year Plan" period. On the other hand, currently, major countries in the world regard promoting Digital transformation as an important driving force to achieve innovation and development, and accelerate forward-looking layout in cutting-edge technology research and development and deepening application. Compared to other countries, although digital applications in China have developed rapidly, there is still a significant gap. This requires joint efforts from various industries and fields to strengthen investment and efforts in the integration of the digital economy and the real economy. This article starts from the current situation of the digital economy and the real economy, and proposes a governance approach for the integrated development of China's digital

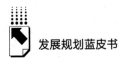

economy and the real economy through analysis.

Keywords: Digital Economy; Real Economy; Financial Service

B.44 Drawing on International Experience of Smart Cities and Digital Governance   *Ma Yefeng / 572*

Abstract: The world's new round of technological revolution and industrial change has brought profound impact on urban governance, and digital technologies such as big data, cloud computing, artificial intelligence and Internet of Things have been integrated into various systems of cities, greatly promoting the upgrading and development of urban management and public services. This paper summarizes and compares the experiences and models of digital governance in representative smart cities at home and abroad, and analyzes the advantages and problems of digital governance in Chinese cities. In the future, we should further implement the concept of "people-centered", improve the digital governance capacity of scientific and technological innovation and environmental protection, develop a digital skills enhancement plan for all citizens, and strengthen the construction of the system related to the data element market and the legal protection of data security.

Keywords: Digital Governance; Smart Governance; Smart City

B.45 Scientific Governance of Digital Consumption Subsidies Distribution   *Zhong Zhou, Li Chen / 584*

Abstract: The development of digital economy enables fiscal aids for consumers being more directly and accurately, while balancing aid policies and fair competition policies has become a new issue. Based on the relevant analysis upon provincial and municipal aids released in 2020, we found that issuing digital consumption aids may induce unreasonable restrictions on the products and undertakings that consumption aids apply to, as well as unreasonable restrictions on the digital platforms involved.

Such administrative monopoly risks may impose a negative impact on the construction of the unified single market. With experience of EU being taken into account, the paper proposes to highlight two principles of issuing digital consumption aids, namely "openness and transparency" and "competitive neutrality".

Keywords: Antitrust; Consumer Coupon; Digital Economy; Fair Competition Review

B.46 Increasing Factor Income for the Middle and Low-income Groups Through the Platform Economy

Duan Litao / 597

Abstract: Factor allocation is an important aspect of the socialist market economy system with Chinese characteristics. Exploring various channels to increase the income of the middle and low-income groups is an important task for promoting common prosperity. This article reviews the distribution of labor factor income in the platform economy and believes that the platform economy can be an important means of increasing the income of the middle and low-income groups. Increasing employment, optimizing income distribution, and improving public services are the three focus areas for increasing factor income in the platform economy. Based on this, the article proposes a path for the platform economy to increase the income of middle and low-income groups: first, standardizing and ensuring the development of the gig economy, second, accelerating the balanced development of the platform economy, and third, vigorously promoting the sharing economy based on the platform model.

Keywords: Platform Economy; Middle and Low-income Groups; Factor Income

B.47 Extremely Promoting Regional Collaborative

Carbon Reduction *Zhang Youguo* / 614

Abstract: Carbon peak and carbon neutrality (CPCN) are not only important goals of Chinese high quality development but also important tools for the high quality development. With heterogeneous resource endowments, economic and technological levels, and industrial structures across China's many regions, the design of pathways toward achieving CPCN should take fully consideration of both the regional differentiation and regional coordination. Regionally coordinated low-carbon development may be the only way for the Chinese government to mitigate supply and demand imbalances in the distribution of energy resources and green technologies and unify CPCN with constructing new development pattern. China's interregional energy industry and pollution abatement collaboration have also created conditions for regional collaboration in low-carbon development. Nevertheless, successful regional coordination for low-carbon development requires overcoming institutional problems.

Keywords: Carbon Peak; Carbon Neutrality; Regional Coordination; Industrial Structure; Energy Structure; Green and Low-carbon Technologies

B.48 To Enhancing the Security of Energy Resource and

Supply Chain of China *Liu Qiang* / 627

Abstract: This paper reviews the new developments in China's energy resources and supply chain security since the beginning of the 14th Five-Year Plan. Since 2022, affected by the impacts from the pandemic, extreme weather, and fluctuations in global energy market, domestic energy resources and supply chain security are facing a complex situation. On the one hand, the proportion of coal in energy mix increased for the first time in 2022 for many years, and there emerged localization and channel readjustment in global supply chain, which have become new challenges to the goal of carbon peak and neutrality of China. To this end, China needs to make greater efforts to improve the security of the new energy supply chain and break through the bottleneck of core technologies.

Keywords: Resource Security; New Energy Supply Chain Security; Carbon Neutrality; Energy Security

B.49　Accelerating the Construction of China's New Energy System

Chen Xingxing / 639

Abstract: China's energy policy has gone through three stages: self-sufficiency, diversification and complementarity, and then conservation and efficiency. To the request to accelerate the construction of a modern energy system during the 14th Five Year Plan period to the proposal to accelerate the planning and construction of a new energy system in the report of the 20th National Congress of the Communist Party of China, the achievements of green and low-carbon transformation in China's energy system have been demonstrated. Starting from the evolution of China's energy policy and the proposal and connotation of a modern new energy system, this article clarifies the relationship between the modern energy system and the new energy system, analyzes the significant challenges of energy strategy, institutional mechanisms, technological innovation, and supply and demand consumption. By leveraging supply and demand to build a diversified energy supply system, layout the cross-regional channels and base construction of the new energy system, this paper establishes a mechanism for tackling core technologies, and enhances the digitalization and intelligence level of the new energy system. The new energy system not only emphasizes the low-carbon and green nature of the system, but also pays more attention to the dual logic of coordinated development and security. Under the target requirements of "carbon peak carbon neutrality" and "new development stage, new development concept", it will develop from the supply side, technology side, consumption side and system side to build an implementation path in the new power system.

Keywords: New Energy System; Carbon Dioxide Emissions; Energy Policy; New Power System

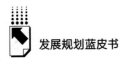
B.50　Accelerating the Development of New Energy Industry

Wang Qia / 651

Abstract：Accelerating the development of new energy is the internal requirement for China to further promote the energy revolution and build a clean, low-carbon, safe and efficient modern energy system. It is also a strategic choice to promote the comprehensive green transformation of economic and social development and achieve the goal of "carbon peak, carbon neutral". This paper systematically combs the new energy policies in 2021 and 2022, the development status of domestic and foreign industries, and market hotspots, analyzes the problems and challenges, and puts forward countermeasures and suggestions. In order to promote the high-quality development of China's new energy industry, it is suggested to coordinate development and security and promote safe and reliable substitution of new energy; Expand diversified development and utilization scenarios; Accelerate the construction of power grids, energy storage and other infrastructure, and enhance the level of local absorption of new energy and cross-regional complementarity and mutual assistance; Deepen the reform of the power system and build a new power system with new energy as the main body; Strengthen independent innovation and continue to consolidate and improve the competitiveness of the new energy industry.

Keywords：New Energy; Clean Energy; Renewable Energy; New Power System

B.51　Establishing and Improving the Value Realization

　　　Mechanism of Ecological Products　　*Sun Bowen /* 665

Abstract：In the decade of the new era, especially since the beginning of the 14th Five-Year Plan period, as ecological civilization construction progresses, China has strictly adhered to the "three red lines" of ecological protection, environmental quality, and resource utilization, continuously deepening the blue sky, clear water, and clean land protection campaign. Outstanding achievements have been made in ecological protection and environmental governance, and the quality and stability of the ecosystem continues to improve, the supply capacity of ecological products continues to strengthen. On this basis, the mechanism for realizing the value of ecological products has been continuously improved, and significant progress has been made in the valuation of ecological products, business development, equity trading, and implementation mode exploration. However, since the realization of the value of ecological products involves multiple aspects such as ecological restoration and environmental governance, resource right confirmation, value measurement, market development, ecological compensation, and ecological financial support, there are significant differences in resource endowment, governance capacity, technical support, and assessment orientation among different regions. The realization of the value of ecological products still faces difficulties in supply, measurement, mortgage, transaction, and realization. In the "14th Five-Year Plan" period and beyond, the focus should be on solving these "five difficulties," continuously improving the basic supply capacity of ecological products, promoting the standardization and unification of the valuation system, strengthening ecological financial policy support and institutional innovation, building multi-level ecological product trading platforms, and expanding the realization mode of ecological product value.

Keywords: Value Realization Mechanism of Ecological Products; Ecological Culture; Ecological System

B. 52 Improving China's Governance System for Carbon Peaking and Carbon Neutrality *Jiang Jinhe* / 679

Abstract: Addressing climate change, as a national strategy, has been integrated into the overall deployment of ecological civilization and the overall economic and social development. Achieving carbon peaking and carbon neutrality will lead to systemic economic and social changes in a broad and profound manner. This paper firstly briefly describes the characteristics of China's carbon governance system since the 18th CPC National Congress; then systematically analyses China's progress in carbon governance in terms of the achievement of the "carbon double control" targets, the environmental effects of economic development and the resource efficiency, and proposes key pathways to carbon governance; and finally puts forward

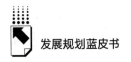
countermeasures to improve China's governance system for carbon peaking and carbon neutrality.

Keywords：Carbon Governance；Carbon Peaking；Carbon Neutrality

B . 53　Accelerating the Green Transformation of the Model of Economic and Social Development

Wang Xifeng，*Jiang Chenghao* / 698

Abstract：General Secretary Xi Jinping clearly proposed in the report of the 20th Party Congress to accelerate the green transformation of the development mode, implement a comprehensive conservation strategy, develop green and low-carbon industries, advocate green consumption, and promote the formation of a green and low-carbon production and lifestyle. The two key areas of the green transformation of the development mode are the green and low-carbon upgrade of the production mode and lifestyle. Since the reform and opening up policy, China has made numerous achievements in green development, and green policies have made great progress. However, there are still problems such as the urgent need to improve the coordination between the green transformation of development mode and development security, the difficulty to realize the green transformation of development mode before breaking it, the green way of life has not yet been formed, and the path of green transformation of development mode for economic growth has not yet been fully achieved. Under the new development pattern, the green transformation of China's development mode must adhere to and develop Marxism, be people-oriented, resource-saving and productivity growth-oriented, and ultimately coordinate the construction of ecological civilization and economic and social development；accelerate the green transformation of production mode must adhere to system thinking, promote the structural optimization of industry, energy and transportation, promote comprehensive conservation and efficient use of resources, and promote the green transformation policy system perfection and technological innovation, and accelerate the development of green industries；accelerate the lifestyle must adhere to the whole area of national participation in the action, encourage the new lifestyle green transformation trend, encourage the use of green low-carbon products, encourage theoretical propaganda and policy innovation.

Keywords: Development Mode; Green Transformation; Industry Upgrade; Consumption Upgrade

B.54 Promoting the Low-carbon Development of the Power

Production System *Pan Chen* / 713

Abstract: CO_2 emissions from power generation account foraround 40.5% of China's total CO_2 emissions from energy consumption and industrial processes. With the continuous enhancement of electrification level and electricity consumption, decarbonization in the power generation system is crucial to obtaining the "carbon peaking and neutral" goal. This chapter focuses on the low-carbon development of China's power generation system. Firstly, the relevant policies and measures in 2022 are sorted. Second, the development progress in 2022 was reviewed. Third, the problems of the low-carbon development of the power production system are explored to find that there is a lack of official assessment of the carbon emission level of the power generation system, mechanism of the power generation system need to be further improved, and the development of low-carbon technology for the whole chain of power generation is still insufficient. Further, it is proposed that the low-carbon development of China's power generation system faces the challenge of coordinated development with power supply security and other social and economic goals. Then, the direction of international low-carbon energy transformation under the changing international situation are expounded. Finally, based on the review of policy measures and development progress, analysis of problems and challenges, combined with the international experiences, the policy implications are discussed.

Keywords: Electricity Generation; Low-carbon Development; Power Structure; Energy Security

发展规划蓝皮书

B.55　Promoting High-quality Development via Green Finance

Liu Dan, Wang Junpeng and Yuan Meng / 727

Abstract：High-quality development is the top task of building China into a modern socialist country in all respects, and it is also an essential requirement for a Chinese path to modernization. Overall financial support is vital to high-quality development. From the start of the 14th Five-Year Plan, the construction of the green financial system is speeding up. Further optimizing the allocation of green financial resources and improving service quality of green finance is of great significance for accelerating green financial system innovation and supporting high-quality economic and social development. Based on this, this article uses data from 30 provincial units of China from 2011 to 2020 to establish a green financial index considering five aspects, namely green credit, green security, green investment, green insurance, and carbon finance, and we select 13 aspects reflecting the concept of innovative, coordinated, green, open, and shared development to establish an index system to measure regional high-quality development level. According to the results, our study proposes the routing of accurately promoting high-quality development by green finance. That is, to prioritize stability while pursuing progress in green credit, to support successful green securities while restricting unsuccessful ones, to expand the capacity and enhance the efficiency of green insurances, to optimize the allocation of financial resources targeting differentiation, precision, and systematization, and to forestall major financial risks, so as to better meet the diverse financial demands of the people, and to safeguard high-quality development.

Keywords：Green Finance; High-quality Development; Innovation; Coordination; Sharing

B.56　Improving Resource Use Efficiencies　　　*Wang Hong / 741*

Abstract：This chapter provides a brief introduction to China's policies and practices beginning from the 14th Five Year Plan period for comprehensively improving resource utilization efficiencies, analyzes the current major problems, and examines the policy dynamics in the United States, Japan and Europe. Based on the analysis, several policy advices are given, including the timely revision of resource saving laws and regulations and deepening of institutional reforms with regard to water rights transactions.

Keywords: Resource Utilization Efficiency; Energy Saving; Water Saving; Efficient Utilization of Mineral Resources; Efficient Utilization of Land Resources

皮 书

智库成果出版与传播平台

❖ 皮书定义 ❖

皮书是对中国与世界发展状况和热点问题进行年度监测，以专业的角度、专家的视野和实证研究方法，针对某一领域或区域现状与发展态势展开分析和预测，具备前沿性、原创性、实证性、连续性、时效性等特点的公开出版物，由一系列权威研究报告组成。

❖ 皮书作者 ❖

皮书系列报告作者以国内外一流研究机构、知名高校等重点智库的研究人员为主，多为相关领域一流专家学者，他们的观点代表了当下学界对中国与世界的现实和未来最高水平的解读与分析。截至2022年底，皮书研创机构逾千家，报告作者累计超过10万人。

❖ 皮书荣誉 ❖

皮书作为中国社会科学院基础理论研究与应用对策研究融合发展的代表性成果，不仅是哲学社会科学工作者服务中国特色社会主义现代化建设的重要成果，更是助力中国特色新型智库建设、构建中国特色哲学社会科学"三大体系"的重要平台。皮书系列先后被列入"十二五""十三五""十四五"时期国家重点出版物出版专项规划项目；2013~2023年，重点皮书列入中国社会科学院国家哲学社会科学创新工程项目。

皮书网

（网址：www.pishu.cn）

发布皮书研创资讯，传播皮书精彩内容
引领皮书出版潮流，打造皮书服务平台

栏目设置

◆ **关于皮书**
何谓皮书、皮书分类、皮书大事记、
皮书荣誉、皮书出版第一人、皮书编辑部

◆ **最新资讯**
通知公告、新闻动态、媒体聚焦、
网站专题、视频直播、下载专区

◆ **皮书研创**
皮书规范、皮书选题、皮书出版、
皮书研究、研创团队

◆ **皮书评奖评价**
指标体系、皮书评价、皮书评奖

◆ **皮书研究院理事会**
理事会章程、理事单位、个人理事、高级
研究员、理事会秘书处、入会指南

所获荣誉

◆ 2008 年、2011 年、2014 年，皮书网均
在全国新闻出版业网站荣誉评选中获得
"最具商业价值网站"称号；
◆ 2012 年，获得"出版业网站百强"称号。

网库合一

2014 年，皮书网与皮书数据库端口合
一，实现资源共享，搭建智库成果融合创
新平台。

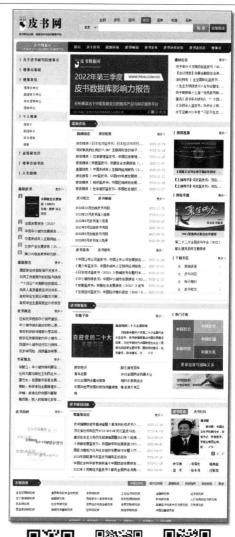

皮书网

"皮书说"
微信公众号

皮书微博

权威报告・连续出版・独家资源

皮书数据库
ANNUAL REPORT(YEARBOOK)
DATABASE

分析解读当下中国发展变迁的高端智库平台

所获荣誉

- 2020年，入选全国新闻出版深度融合发展创新案例
- 2019年，入选国家新闻出版署数字出版精品遴选推荐计划
- 2016年，入选"十三五"国家重点电子出版物出版规划骨干工程
- 2013年，荣获"中国出版政府奖・网络出版物奖"提名奖
- 连续多年荣获中国数字出版博览会"数字出版・优秀品牌"奖

皮书数据库

"社科数托邦"
微信公众号

成为用户

登录网址www.pishu.com.cn访问皮书数据库网站或下载皮书数据库APP，通过手机号码验证或邮箱验证即可成为皮书数据库用户。

用户福利

- 已注册用户购书后可免费获赠100元皮书数据库充值卡。刮开充值卡涂层获取充值密码，登录并进入"会员中心"—"在线充值"—"充值卡充值"，充值成功即可购买和查看数据库内容。
- 用户福利最终解释权归社会科学文献出版社所有。

社会科学文献出版社 皮书系列
SOCIAL SCIENCES ACADEMIC PRESS (CHINA)

卡号：295633957646

密码：

数据库服务热线：400-008-6695
数据库服务QQ：2475522410
数据库服务邮箱：database@ssap.cn
图书销售热线：010-59367070/7028
图书服务QQ：1265056568
图书服务邮箱：duzhe@ssap.cn

法律声明

“皮书系列”（含蓝皮书、绿皮书、黄皮书）之品牌由社会科学文献出版社最早使用并持续至今，现已被中国图书行业所熟知。“皮书系列”的相关商标已在国家商标管理部门商标局注册，包括但不限于LOGO（ ）、皮书、Pishu、经济蓝皮书、社会蓝皮书等。“皮书系列”图书的注册商标专用权及封面设计、版式设计的著作权均为社会科学文献出版社所有。未经社会科学文献出版社书面授权许可，任何使用与“皮书系列”图书注册商标、封面设计、版式设计相同或者近似的文字、图形或其组合的行为均系侵权行为。

经作者授权，本书的专有出版权及信息网络传播权等为社会科学文献出版社享有。未经社会科学文献出版社书面授权许可，任何就本书内容的复制、发行或以数字形式进行网络传播的行为均系侵权行为。

社会科学文献出版社将通过法律途径追究上述侵权行为的法律责任，维护自身合法权益。

欢迎社会各界人士对侵犯社会科学文献出版社上述权利的侵权行为进行举报。电话：010-59367121，电子邮箱：fawubu@ssap.cn。

社会科学文献出版社